Jürgen Dollase

F.A.Z.-Geschmackssache

Der neue Gourmet

Für Bärbel, Sophie und Sheila

Tre Torri

Liebe Leser,

ein Vorwort der klassischen Art widerstrebt mir. Ich will nicht darüber schreiben, wie viel Spaß die Arbeit an der Geschmackssache macht, ich will nicht darüber schreiben, wie viel Aufwand man oft treiben muss, ich will nicht über die vielfältigen Reaktionen schreiben und schon gar nicht über die Auswirkungen der „Geschmackssache“. Für mich ist etwas ganz anderes entscheidend: Die intensive Arbeit an kulinarischen Fragen auf breiter Front zeigt mir jeden Tag aufs Neue, wie ungeheuer vielfältig dieses Thema ist und dass es in alle Richtungen noch unbegrenzt weitergehen kann.

Im Anhang befindet sich ein größeres Glossar, in dem nicht nur eine ganze Reihe der im Zusammenhang mit der „Geschmackssache“ entstandenen Begriffe erläutert, sondern auch noch einmal einige typische Inhalte pointiert dargestellt werden.

Mein Dank gilt abermals Patrick Bahners und Andreas Platthaus vom Feuilleton der F.A.Z., die mir die Möglichkeit gegeben haben, das Feld der Gourmandise in einer so ungewöhnlich intensiven und weit gefächerten Form aufzuschließen. Von ihnen habe ich – ohne dass wir darüber viel diskutiert hätten – gelernt, dass Journalismus nicht nur reagieren muss, sondern auch Verantwortung für das Ganze tragen sollte.

Mein Dank gilt dem Illustrator der „Geschmackssache“, Oliver Sebel. Wir haben uns immer noch nicht persönlich getroffen, und ich konnte ihm deshalb noch nie in vollem Umfang mitteilen, welche Freude mir die Illustrationen immer bereiten. Abgesehen von der wundervollen zeichnerischen Qualität weiß ich vor allem zu schätzen, dass die Illustrationen oft eine ironisch-selbstironische Farbe in die „Geschmackssache“ bringen.

Mein Dank gilt natürlich auch dem Tre Torri Verlag, der mit seinen verlegerischen Visionen in den letzten Jahren ganz entscheidende Beiträge zu einer Intensivierung der kulinarischen Publizistik geleistet hat.

Einen wesentlichen Anteil an der „Geschmackssache“ hat auch meine Frau Bärbel, und zwar durch ihre hartnäckig optimierende Mithilfe. Der Ablauf ist seit Jahren der gleiche: Ich schreibe, dann lese ich ihr den Text vor und bekomme Kommentare und Nachfragen. Sie ist es, die Klarheit fordert, wenn die Komprimierung von Inhalten manchmal etwas zu dicht wird. Nach dieser internen Kritik durchläuft übrigens jeder Text auch noch einmal meine eigene Schlusskorrektur. Die hier abgedruckten Texte entsprechen natürlich präzise den im Feuilleton der F.A.Z. abgedruckten Kolumnen und haben keinerlei Änderung erfahren.

Mönchengladbach, im August 2007

Jürgen Dollase

Inhalt

2004

Der neue Gourmet	Rezepte für Esser, die dem kulinarischen Erlebnis gerecht werden	11
Allein das Dessert-Gen fehlt	Die Niederlande überflügeln Belgien an gastronomischen Ideen	12
Mir ist so herrlich rustikal	Nicht Effekt, sondern Handwerk muß in die Küche einziehen	14
Ich will 'nen Cowboy als Koch	Thomas Bühner ist auch jenseits klassischer Regeln sattelfest	15
Tiere sehen dich an	Wir müssen weg von der Unkenntlichmachung unserer Speisen	17
Sternedeuten leichtgemacht	Die Wertungen der Restaurantführer müssen transparenter werden	18
Willkommen und Abschied	Kreativ in Berlin (1): Christian Lohse im „Vivaldi“	20
Zen in der Kunst zu kochen	Kreativ in Berlin (2): Michael Hoffmann im „Margaux“	21
Hochküche à la Britannien	England will die fünfzig besten Restaurants der Welt gefunden haben	23
Eine Köchin unter vier Hauben	Johanna Maier zählt zum österreichischen Küchentriumvirat	24
Seine Schäume sind Träume	Massimiliano Alajmo gilt zur Zeit als größter Koch Italiens	26
Des Feuers Glut bezwingt er	Männer am Herd: Hauptsache, es sieht wie echtes Handwerk aus	27
Der richtige Erbe	Patrick Bertron führt „La Côte d'Or“ aus dem Unglück heraus	29
Wie Talent sich Bahn bricht	Aber nachhaltige Impulse stammen von Herren in den besten Jahren	30
Wut, daß es McDonald's gibt	Im Schnellrestaurant wird der Sinn fürs Eßbare ausgetrieben	32
Aus der Tiefe des Gewürzraumes	Das „Alte Rentamt“ in Klingenberg bläst zur Aromenattacke	33
Placeboeffekt als Stütze	Beispiel „Tantris“: Wie man mit gutem Ruf schlecht kochen kann	35
Aromen-Avantgarde	Alain Ducasse entwirft ein neues Bild globalisierten Kochens	36
Das letzte Rückzugsgebiet	Küche à la carte: Guy Savoy will die Zivilisation retten	38
Iß roh, so wirst du froh	Einfach kann genial sein: Vier Großmeister bei der Kleinarbeit	39
Die Langustine wird umgedeutet	Überraschend normal: Ist Philippe Rochat der beste Koch der Welt?	41
Was spüren Sie auf der Zunge?	Der Akkord von Essen und Wein: Protokoll eines Experiments	42
Das Provinz-Paradoxon	Alle Köche wollen weltläufig arbeiten, doch das Gute liegt so nahe	44
So habe ich's auch gemacht	Aber es kommt uns falsch vor: Kopisten am Herd	45
Ein höchst seltsamer Geschmack!	Der kulinarischen Sozialisation in Deutschland fehlt das Salz	47
Ziemlich vollsaftige Angelegenheit	Breiter, reicher, komplexer: Christian Baus deutscher Nationalstil	48
Schluß mit eurer Schulweisheit!	Konsequent leicht ungewöhnlich: Der Autodidakt Thierry Phal	50
Enorm anstrengend	Aber das ist ihm die Küche wert: Hermann Bareiss lehrt genießen	51
Verdient das so ein Fisch?	Mitgefangen, mitvergammelt: Das Meeresgetier wird malträtiert	53
Der Souverän braucht Vorkoster	Scheel als Erzieher: Zum Verhältnis von Politik und Kochkultur	54
Pioniere vor	Die erste F.A.Z. Gourmetvision mit Dieter Müller und Nils Henkel	56
Ist das der Königsberger Klops?	Nachholende Modernisierung: Rezepte junger deutscher Meister	57
Wer hat's mit den Klassikern?	Jenseits des Zenits: Für die Küchengroßmeister gibt es viel zu tun	59
Die Gebrauchsanweisung, bitte	Spitzenküche in unterschiedlicher Form: Ein Besuch im Elsaß	60
Ich genieße es richtig	Aber wie? Die sinnliche Wahrnehmung braucht Nachhilfe	62
Dem heiligen Eckart getreu	Ehrt eure großen Meister: Zur Verleihung des Witzigmann-Preises	63
Wir kennen die Gerichte	Die Nacht der Überraschungen flieht: Kreativitätsstau in Essen	65
Die Ware knirscht	Das ist ungewöhnlich: Stefan Wiesner kocht in der Schweiz mit Heu	66
Leih- statt Leitkultur	Warum die deutsche Küche keinen internationalen Standard hat	68
Gegen die Bratwurstlandschaft	Die F.A.Z.-Gourmetvision 2 von Andree Köthe und Yves Ollech	69
Klassischer Eintopf unserer Väter	Michel Troisgros hat durch Würzgeschick ein Erbe variiert	71
Wie essen wir zu Weihnachten?	Das Christentum gilt als genußfeindlich, aber das muß es nicht sein	72
Achtung, Entspannung!	Blick in die Zukunft: Entschlackte Küche ist der Trend der Zeit	74

2005

Noch etwas Apfelsaft in den Topf	Nicolas Le Bec aus Lyon zeigt, wie Kochfortschritt aussieht	75
Hanseatisch originell	In „Jacob's Restaurant“ hat Hamburg eine wegweisende Küche	77
Her mit dem Rezeptbuch!	Durch Kopieren zur Meisterschaft: Kochliteratur à la Ferran Adrià	78
Lutscht Langener Lutscher	Die dritte F.A.Z.-Gourmetvision: Juan Amador	80
Ist Genuß Sünde?	Vor der Fastenzeit: Ein Gespräch mit Joachim Kardinal Meisner	81
Interesse und Erkenntnis	Versuch einer Stufentheorie der kulinarischen Emanzipation	83
Querfeldein mit der Krabbe	Bestes Belgien: Das Hotelrestaurant „Sea Grill“ in Brüssel	84
Das zweite Leben des Fischs	Typisch schweizerisch nur in den Mängeln: Gérard Rabaeys Küche	86
Sternenklar ist gar nichts	Die neuen Bewertungen des französischen „Guide Michelin“	87
Was gibt es Neues bei Bocuse?	Kennt der Gast denn schon das Alte? Eine Küche der Referenz	89
Ja, so kann Soja sein	Die vierte F.A.Z.-Gourmetvision: Jörg Sackmann in Baiersbronn	90
Bewahrt die Fassung	Und verachtet mir den Meister nicht: Von Heinz Winkler lernen	92
Für eine neue Innerlichkeit	Man darf sich nicht von Vorurteilen gegen Speisen leiten lassen	93
Kirschlikör als Knalleffekt	Sommelierkritik: Wein und Essen brauchen genaue Abstimmung	95
Vollkommen verwürzt	Gesalzene Preise müssen genügen: Aromatische Abrüstung tut not	96
Die Stimmung und das Phänomen	Von der Dekonstruktion zum Strukturalismus: Jean-Georges Klein	98
Die Teller-Oper	F.A.Z.-Gourmetvision von Eric Menchon und Vincent Moissonnier	99
Ist das zum Essen oder Austreiben?	Völlig verwürzt: Die Kochsendungen im deutschen Fernsehen	101
Aufstieg aus der Regionalliga?	Originelles Händchen, diese Bayern: Alfons Schuhbecks Feinkost	102
Artischocken!	Theatereffekte des Purismus: Ein Italiener in Luxemburg	104
Das Rotbarbenproblem ist gelöst	Die sechste F.A.Z.-Gourmetvision: Harald Wohlfahrt	105
Grenzpolizisten unerwünscht	Pascal Barbot erweitert in seinem „L'Astrance“ die Kochkunst	107
Vergeßt die Basis nicht!	Kulinarische Regel: Schlicht darf es sein, aber auf höchstem Niveau	108
Kulinarik auf die schnelle Tour	Bei Peter Goossens bekommt man einen Crashkurs in Küchenkunst	110
Die Bocuse-Revival-Brigade	Ein echter Michelin-Star sollte keine Cover-Gerichte kochen	111
Das Beste ist nicht gut genug	Spitzenkochschelte: Heston Blumenthal hätte noch viel zu überlegen	113
Warum denn nicht gleich so?	Evident: Olivier Roellinger zieht den Hummer durch den Kakao	114
Die Würfel sind zerfallen	Martin Kruithof als Beispiel: Ohne Kriterien vergeht die Klassik	116
Erst Verständnis macht Genie aus	Kochausbildung braucht mehr als bloße Stationenabfolge	117
Urküchengeschrei vermutlich	Ob das dazugehört? Das reichhaltige Angebot im Londoner „Nobu“	119
Hoffnungslos	Ihm fällt nichts zu Gemüse ein: Was es für den Koch an Neuland gäbe	120
Bringt den Kessel!	Zwei Statthalter bitten zu Tisch: Alain Ducasse macht Schule	122
Herbst der Hauptgerichte	Aus Wohlfahrts Schule muß der Jan van Eyck der Küche kommen	123
Dr. Adrià, nehme ich an?	Eine spanische Zeitschrift begrüßt stilvoll die Küchenmoderne	125
Die drei kleinen Schweinebäuche	Zur neuen F.A.Z.-Gourmetvision von Michael Hoffmann	126
Abstimmung mit dem Magen	Was die gute Küche zum Bild des idealen Menschen beitragen kann	128
Die Sternenkrieger	Kann ein Restaurant bürgerliche und Hochküche zugleich bieten?	129
Perfekt ohne Schäumchen	Estragon im Jus: Helmut Thieltges belebt die klassische Kochkunst	131
Auf angewärmtem Heu	Was macht der Koch, der alles kann?	132
Italo-Maskerade	Am Beispiel „River Cafe“: Kulinarikspektakel ohne Ideen	134
Eine Woche Gaumenfreuden	Kindermund: Deutschland muß vom französischen Vorbild lernen	135
Wer Brise sät, wird Beifall ernten	Martín Berasategui kocht sich an die Spitze der spanischen Küche	137
Beim Gelee-Gelehrten	Tim Raue stößt im Berliner „44“ zur deutschen Kochspitze vor	138
Wann wird Bocuse kritisch ediert?	Die meisten Kochbücher dürfen in einer gebildeten Küche fehlen	140
Die Zukunft hat schon begonnen	Ferran Adrià kocht im „El Bulli“ gegen die ewigen Werte an	141
Laßt den verrückten Salat frei!	Die Küche des Ferran Adrià zum zweiten: Die Kunst der Synthese	143
Jedermann sein eigener Kritiker	Das Essen erklärt sich auch ohne den Rat eines erfahrenen Mannes	144
Keine Angst vor Tabasco	Joël Robuchon beherrscht die Kunst, populär und gut zu kochen	146
Lob für ein schlechtes Lokal	Genuß durch bloße Atmosphäre: Die „Villa Lorraine“ in Brüssel	147
Abgrund an Gästeverrat	Prost Neujahr: Was dräut der Küche, wenn man genau hinschmeckt?	149

2006

Wir wollen so gern Meister ehren	Am Beispiel des Berliner „First Floor“: Handwerk allein genügt nicht	150
Nicht so bescheiden, Maître	Was zeigt das neue, angeblich letzte Kochbuch von Dieter Müller?	152
Mir ist ganz paradiesisch wohl	Beschert erst Emotionalität beim Essen die wahre Würze?	153
Würze, wem Gewürz gegeben	Die F.A.Z.-Gourmetvision von Ingo Holland im „Alten Rentamt“	155
Drei Tore führen zur Klassik	Ein Enfant sauvage der Küche: Vincent Klink meldet sich zurück	156
Die Wissenschaft vom Essen	Auf zum Grundkurs klassische Saucen: Kochkunst braucht Theorie	158
Weltklasse! Ist es nicht?	Englische Gäste und alte Stühle passen in Bordeaux gut zusammen	159
Die Dreiundsiebziger	Das Neue schmeckt ihnen nicht mehr: Eine kulinarische Generation	161
Man nehme eine Messerspitze	Tim Raue vom „44“ kocht die elfte F.A.Z.-Geschmacksvision	162
Ausweitung der Küchenzone	Jörg Müller hat das Zeug zum Leitstern eines neuen Kochens	164
Die Ursuppe	Das kulinarische Werk: Jean Claude Bourgueils „Brachfeldfrüchte“	165
Je kleiner, desto schmackhafter	Minimal art am Herd: Sergio Herman erzieht zum genauen Essen	167
Die Köchchenfrage	Wie, bitte, hält er's mit der Moderne? Thomas Keller im Gespräch	168
Olé, ihr Kreativen!	Wirkt sich das spanische Küchenwunder auch in der Breite aus?	170
Womit haben wir das verdient?	Das Dessert aus dem Baukasten wird niemandes Lieblingsleckerei	171
Macht keinen Wind	Und kocht nicht schlapp: Der österreichische „Ikarus“	173
Die Materialisierung der Sauce	Bei Georges Blanc gibt es noch die ganz großen Redundanzen	174
Stufe für Stufe Qualität	Bausteine zu einer allgemeinen Theorie des Kochens	176
Schwein gehabt	Karl-Emil Kuntz kocht regionale Küche auf Spitzenniveau	177
Basler Neckerli	Stucki verpflichtet: Saucenimpressionen aus dem „Bruderholz“	179
Die Deklination des Löwenzahns	Raus dem Klassikkorsett: Jean-Marie Dumaines „Vieux Sinzig“	180
Wunderbares Vakuum	Jacob-Jan Boerma kocht sich in den Niederlanden an die Spitze	182
Mir schmeckt's aber	Ein Nachschlag zur Debatte über den freien Willen	183
Prickelspeise extrafein	F.A.Z.-Gourmetvision Spezial: Desserts in der „Schwarzwaldstube“	185
Der Flußbarsch steht völlig frei	Wie die Brüder Obauer in Werfen die Mundräume weit machen	186
Mir ist ganz italienisch wohl	Im Mannheimer „Da Gianni“ kocht ein Deutscher gegen Klischees	188
Iß roh, so bleibst du froh	Warum sind die Stammgäste im „Borchardt“ mit allem zufrieden?	189
Taube blasiert, Seeteufel verkühlt	Jean-Luc Tartarin in Le Havre trägt Versatzstücke zusammen	191
Wo ist der deutsche Ducasse?	Den Meisterköchen fehlt das Gefühl für ihre soziale Verantwortung	192
Wie isset? Joot?	Ein Topos der kulinarischen Sozialisation: Das Brauhaus	194
Billiger machst du's wohl nicht?	Aber ja doch: Olivier Roellingers Zweitrestaurant ist erstklassig	195
Gift für die Zähne	Im Pariser „Apicius“ wird die Foie gras zur flüssigen Bonbonmasse	197
Schokotraum mit Rippchen	Frédéric Bau bricht eine Lanze für Kakaoprodukte	198
Sie sind alle nur kleine Krabbler	Aber was Harald Wohlfahrt aus Taschenkrebsen kocht, ist großartig	200
Jetzt gibt es keine Ausrede mehr	Wer ist wirklich der Beste im Land? Die Küchenprominentenliste	201
Perfektionierter Scherenschnitt	Das kommt uns nicht spanisch vor: Peter Nöthels kreative Klassik	203
Erster Gang: Fortissimo furioso	Die zwölfte F.A.Z.-Gourmetvision dirigiert Christian Lohse	204
Eine gewisse Idee des Herdes	Bei Jean-Luc Brendel wird man bewirtet wie General de Gaulle	206
Lob der Küchendisziplin	Wir wollen einen Happen essen: Wie gelingen Spitzensnacks?	207
Bestauntes Sardinen-potpourri	Das Lokal „Pré Catelan“ beweist die Vormachtstellung Frankreichs	209
Sardine, wo bist du denn?	Versteckte Qualitäten der Tradition: Das „Landhaus Bacher“	210
Komm, holder Herbst	Start der F.A.Z.-Gourmetvision regional im „Landhaus St. Urban“	212
Das Berliner Sicherheitskonzept	Vor den besten Köchen der Welt wurde eine große Chance vertan	213
Entflammt in der Sonnenküche	Catherine Guerraz zeigt in Paris, wie man auf einfache Art brilliert	215
Spitzenküche nach Norm	Den meisten Restaurants fehlt der Mut, alte Muster aufzugeben	216
Raus aus der Barolo-Dusche	F.A.Z.-Gourmetvision regional im „Herrmannsdorfer Schweinsbräu“	218
Das sind doch die kleinen Brösel	Farbiger Sand im Würzregietheater: Drei Sterne für Pedro Subijana	219
Die Büchse wird wohl genügen	Japaner verraten keine Mengenangaben: Kochbücher aus aller Welt	221
Siebenfach Schokolade	Einfach gut: Heinz Hanner bringt die österreichische Küche in Form	222
Das Reh lernt vom Auerhahn	Schmecken Sie zu: Ein beispielhaftes Gericht von Heinz Winkler	224
Wir haben die Wahl	Zur Lage der Kochkunst nach der Entthronung der Klassik	225

2007

Nebensache Hauptgericht	Ein Meister im Zwiespalt: Der Berliner Hotelkoch Bobby Bräuer	227
Expeditionen ins Gierreich	Der Belgier Viki Geunes lehrt die alten Meisterköche das Fürchten	228
Klassik als Totschlagargument	William Ledeuil sucht in Paris nach der Zukunft des Kochens	230
Erkennen Sie die Himbeere?	Was die abstrakte Küche von der konventionellen unterscheidet	231
Über den Bildschirm hinaus	Cornelia Poletto bietet viel mehr als den Ruf einer Fernsehköchin	233
Hier atmet der Saibling Frische	Die gehobene Gasthauskultur setzt auf Optimierung	234
Reiz aromatischer Tupfer	„Der Chinese“ hat mit der chinesischen Küche kaum etwas zu tun	236
Vom Zwange befreit	Rolf Straubinger zaubert: Die dritte F.A.Z.-Gourmetvision regional	237
Knackt den kulinarischen Code	Christian Bau hat das Zeug zum ganz großen Drei-Sterne-Koch	239
Trollinger ist der neue Barolo	Was plant Otto Geisel, der deutsche Vorsitzende von Slow Food?	240
Keine Kartoffelfädenkörbchen	Bei Serge Burckel führt nicht großer Aufwand zum Sieg	242
Lob des Landgockels	Gourmetvision regional: Die „Zirbelstube“ in Bad Mergentheim	243
Dem Rochenflügel nachfliegen	Sven Elverfeld kocht sich mit einer aromenbetonten Küche frei	245
Heraus aus der Form!	Widerspenstige Gebilde: Was ein Degustationsmenü leisten sollte	246
Vater und Sohn	Im belgischen Restaurant „De Herborist“ streiten die Generationen	248
Aus dem Kopf statt dem Bauch	Anne-Sophie Pic kocht sich in die Weltklasse vor	249
Dem Gast ist kannibalisch wohl	Das kulinarische Werk: Joachim Wisslers Schweinekinn	251

Glossar 255

Die Stufentheorie des Kochens 267

F.A.Z.-Geschmackssache

2004–2007

06. 03. 2004, F.A.Z., Feuilleton, Seite 38

Der neue Gourmet

Rezepte für Esser, die dem kulinarischen Erlebnis gerecht werden

Lange Jahre haben moderner werdende Köche die Gourmets hinter sich hergeschleppt, zäh um jeden Meter Verständnis gebuhlt und jede Bewegung erleichtert registriert. Seit aber vor dem Horizont der Ferran Adrià und Co. das ganze sensorische Potential der kulinarischen Kreation erahnbar wird, fragt man sich, ob die Schleppleine nicht aus einem kräftigen Gummi ist und – ist dann die Spannung hoch genug – die nun Erweckten in eine überaus beschleunigte Bewegung versetzt. An deren Ende könnten – Revolution! – die Gourmets die Köche anfeuern, zu mehr Risiko, zu mehr Tiefe, zu mehr Genuß. Wie sieht er aus, der neue Gourmet? Hier der Versuch einer Phänomenologie – natürlich im Sinne des Weberschen Idealtypus.

Der neue Gourmet ist leise, aber nicht, weil er zwangsläufig von eher zarter Natur ist, sondern weil er die wahre Dimension der alten Regel „Mit vollem Mund spricht man nicht“ erkannt hat: Reden blockiert die geschmacklichen Wahrnehmungen bis zu ihrer Unmöglichkeit. Er sucht auch nicht den Kurzschluß zwischen Erwartung und Erfüllung, sondern öffnet sich den vielfältigen Sinneseindrücken beim Essen, die weit über die „klassischen“ Parameter für Geschmack (süß, sauer und so weiter) hinausgehen und vom Duft bis zu Temperaturen und Texturen reichen. Er sieht in der kulinarischen Kreation Erforschbares, Erfahrbares und Interpretierbares, wobei ihm klar wird, daß die Sinneseindrücke auch durch individuelle psychische Dispositionen strukturiert werden.

Die Reaktionen auf Essen – bei sich und vor allem auch bei anderen – erkennt er als ein Spiegelbild der kulinarischen Sozialisation und der individuellen physiologischen Veranlagung. Die Einsicht in die Existenz unterschiedlicher Voraussetzungen auf einer Skala von Hyposensiblen bis zu Hypersensiblen und in die nur bedingte Formbarkeit dieser Voraussetzungen mildert zwar die Hybris des Gebildeten, läßt ihn aber auch erkennen, daß die Möglichkeiten komplexer geschmacklicher Wahrnehmung bei weitem noch nicht ausgenutzt sind.

Vorlieben und Ablehnungen betrachtet er als ein persönliches Handicap auf dem Weg zum gesteigerten Genuß, dessen Überwindung schnellstens angestrebt wird. Er sucht die Befreiung von ihm bewußten oder noch unbewußten Verknüpfungen („Ich mag keinen Fisch“), um zunächst den Dingen so zu begegnen, wie sie sind und erst im weiteren Verlauf seiner nunmehr absichtlichen Sozialisation eine konstruktive kulinarische Erlebniswelt aufzubauen. Der feindenkende Feinschmecker wird zum Rollenmodell für einen wesentlich direkteren und vielfältigeren Genuß, dessen Apotheose der Zustand der „reinen Degustation“ ist, jene Verbindung von komplexer, struktureller Wahrnehmung und emotionaler Erfüllung.

Als „Nebeneffekt“ beendet der neue Gourmet die Blockierung der Entwicklung der Gourmandise durch deren oft zwangsläufige Fixiertheit auf die Befriedigung geschmäcklerischer Redundanzen. Die kreativen Leistungen der Spitzenküche sieht er – wie dies auch bei anderen ästhetischen Fächern außerhalb des klassischen Feuilletons der Fall ist – unter Aspekten der Komplexität, der vielfachen Wechselwirkung zwischen Objekt und Subjekt (und damit als einen kommunikativen Prozeß) und einer viele Wissenschaften tangierenden Bandbreite. Er wird die Notwendigkeit erkennen, sowohl seinem Erleben als auch dem Erlebbaren Sprache zu verleihen, weil erst die Sprache der Kommunikation über das kulinarische Objekt jene Beständigkeit verleiht, die Vorhandenes sichert, Weitergabe möglich macht und Entwicklung fördert.

Vor allem aber ist der neue Gourmet tolerant – eine zwangsläufige Folge seines veränderten Zugangs zum Eßbaren. In einer vielfach durch Ablehnungen geprägten, im alten Sinn „geschmäcklerischen“ Szenerie hat er ein genuines Interesse an Vielfalt, Variation und Interpretation. Er praktiziert weder den Simplizitätsterror nach Art der Toskana-Fraktion noch die redundante Foie-gras-Seligkeit. Durch das wirkliche Interesse an der Sache ist ihm deren Instrumentalisierung in jeder Form fremd – ob als Statussymbol, als kulinarisches Feindbild oder als wohlfeiler Hintergrund diminuitiver kultureller Selektionen (wie beim Volkstümlichen).

Große Aufmerksamkeit widmet der neue Gourmet stets dem Probieren, weil alles ihm Neue sein grundsätzliches Interesse findet. Die Vielfalt der Länderküchen gehört dazu, aber vor allem die Realisation kulinarischer Individualität durch gute Köche, die den notwendigen handwerklichen Nachvollzug von unnötiger Perpetuierung kulinarischer Klischees trennen können und ebenfalls die Einschränkungen ihrer Sozialisation zu überwinden suchen.

Ihm, der das Maß sucht, ist das Unmäßige außerhalb seines Spektrums. Dem Schlemmer und Bonvivant alten Stils steht er in einer gewissen Ratlosigkeit, aber ohne Arroganz gegenüber. Auch wenn sich beide bisweilen die gleichen Lokalitäten teilen, sind hier für die Zukunft Reibungspunkte zu vermuten, die in eine stärkere Trennung einer repetitiv-redundanten Luxusküche nach Vorbild der klassisch-französischen Haute Cuisine von der Gourmetküche im engeren Sinne münden könnten. Trotz diverser Schnittpunkte sieht der neue Gourmet im alten den Redundanzesser, der immer das gleiche will und dessen psychische Disposition einem ähnlichen Mechanismus folgt wie beim heißhungrig seinen Hamburger verschlingenden Fast-food-Fan. Beide negieren in der Regel andere Inhalte als die Befriedigung simpler Reiz-Reaktions-Mechanismen.

Das Schlimmste, was der neue Gourmet dem alten zum gegenwärtigen Zeitpunkt antun könnte, ist, ihn mit Beachtung zu strafen – als Studienobjekt, und schon ein wenig der kommenden Normalität entrückt. Aus der Selbstbeobachtung wird der neue Gourmet schließen, daß die scheinbar emotionalen „Bauch-Typen" in der Gourmandise Opfer unbewußter Kopfmechanismen sind: Sie nähern sich dem Essen voreingenommen.

Ist der neue Gourmet nun zwangsläufig ein Einzelgänger? Nein, er ist nicht ungesellig oder ein unkommunikativer Erbsenzähler, ganz im Gegenteil. Die wenigen Minuten der Hingabe und des Einlassens auf die kulinarische Kreation schaffen erst die Informationen, die Perspektiven zu echter Kommunikation über sie eröffnen. Es deutet sich an, daß man in naher Zukunft vielleicht tatsächlich über Essen reden kann. Und schließlich: Nicht nur, weil er selten zuviel ißt, hat der neue Gourmet immer Hunger. ❧

13. 03. 2004, F.A.Z., Feuilleton, Seite 34

Allein das Dessert-Gen fehlt

Die Niederlande überflügeln Belgien an gastronomischen Ideen

Die neuen Bewertungen (Gault Millau und Michelin) für belgische und niederländische Restaurants setzen Akzente. Die Niederlande haben nun mit Jonnie Boer („De Librije" in Zwolle) einen zweiten Drei-Sterne-Koch nach Cees Helder vom „Parkheuvel" in Rotterdam (seit 2002). Zusätzlich gibt es dort erstmals Gault-Millau-Punkte in einem eigenen Benelux-Führer und darin mit Cees Helder und Sergio Hermann („Oud Sluis" in Sluis bei Brügge) zwei Köche mit der traditionellen Spitzennote von neunzehn Punkten. Man muß diese Wertung so nennen, weil man in Belgien – wie in Frankreich im vorigen Jahr, als man Marc Veyrat die „unmögliche" Spitzennote zwanzig gab – nun ebenfalls den Rahmen gesprengt hat und Peter Goossens („Hof van Cleve" in Kruishoutem bei Gent) 19,5 Punkte zugestanden hat. Spätestens jetzt gehören Goossens, Hermann und Boer auf jede kulinarische Landkarte.

Alle drei sind klare Vertreter einer modernen, strukturalistisch angelegten Küche, ergänzen klassische Geschmacksparameter (zum Beispiel bitter, süß) mit solchen aus dem Bereich einer umfassenderen Sensorik (roh, gekocht, hart, weich). Sie bauen Geschmacksbilder additiv auf, begnügen sich nicht mit Dingen die im klassischen Verständnis „passen", sondern erweitern quasi den Geschmack eines Hauptproduktes in verschiedene, bei subtiler Sehweise in seinem Geschmack angelegten Richtungen.

Wenn Goossens die Langustinen mit Kaviar und Kartoffelcreme kombiniert, ist dies zunächst nur eine eher klassische Basis, die in anderen Häusern sich selbst genug ist. Er aber erweitert die Creme durch ein Broccoli-Püree und die leichten Röstaromen der Langustine durch kleine Würfel aus einer gekochten Kalbshaxe. Die wiederum sind gemischt mit leicht bißfesten Spargel- und Avocado-Würfeln, die dann beim Essen mit der weichen Langustine und dem cremigen Umfeld ihren Geschmack etwas verzögert abgeben und so eine plastischere Wahrnehmung ermöglichen (von bei Goossens immer vorhandenen kleinen krossen Elementen einmal ganz abgesehen). Ob man so etwas nachvollzieht oder nicht, der Effekt dieser Art von Küche stellt sich so oder so ein und ist interessant, weil er komplexere „Sensationen" ermöglicht.

Es scheint diese Logik der Analyse und Ergänzung zu sein, die auch für eine geschmackliche Kreativität im engeren Sinne verantwortlich ist. Hier ist es vor allem

Boer, dem immer wieder ungewöhnliche Aromenkombinationen gelingen. Seine klassische Kochtechnik sorgt dafür, daß weder die „Flußkrebse mit Kaninchennieren und einer Sauce von Zitronengeranien" noch der „Barsch mit einem Schaum von geräuchertem Knoblauch und Korianderpesto" forciert wirken. Boer ist ein Beispiel für einen Kochtypus der Zukunft: geprägt von Individualität (ein Geschmacksbild, das sich zu guten Teilen von der französischen Klassik emanzipiert hat), Regionalität (fast alle Produkte stammen aus der Umgebung von Zwolle) und Kreativität (im Zweifel für die Idee). Sergio Hermann ähnelt Boer in vielen Dingen, hat aber als Sproß eines seenahen Familienbetriebes auch noch klassischere Kreationen wie etwa außergewöhnlich süffig-abgerundete Hummergerichte (etwa in einer Gemüse-Kräuter-Mischung mit dezent eingesetztem Knoblauch und Koriander) im Programm.

Die Frage aller Fragen ist: Haben die Niederländer nun „Geschmack" oder nicht? Ohne Zweifel schmeckt es hier bei vielen Restaurants anders als bei uns und anders als in Frankreich. Der Grund ist das Fehlen wirklich für die Spitzenküche relevanter Traditionen. Die allseits bekannten Ernährungs-Spezifika von merkwürdig verdünnt-übersüßten Schokoladen über die Vorliebe zu süßsauren Saucen beim weitverbreiteten Snack-Bar-Essen bis zum breiten Angebot asiatischer Küchen haben natürlich Einfluß auf die geschmackliche Sozialisation auch der Köche. Bis hin zu Spitzenrestaurants muß man etwa – wohlgemerkt: eine Bemerkung vor dem Horizont französisch beeinflußter Kreationen – oft eine Dessert-Schwäche feststellen, die schon darüber grübeln läßt, ob hier etwa ein Dessert-Gen fehlt. Bei den besten Köchen mutieren der unterstellte Nationalgeschmack und ein offenes Interesse für die Küchen der Welt freilich zu einer überaus erfreulichen Individualität, die einen unvoreingenommenen Besuch hier zu einer höchst interessanten Erfahrung machen kann.

Belgien ist dagegen völlig anders strukturiert. Schon lange Zeit spielt die französische Küche hier eine große Rolle (zumindest im kulinarisch wesentlich entwickelteren wallonischen Teil), und das wohl nicht nur zum Vorteil der Entwicklung. Das Land ist im Prinzip hochinteressiert an gutem Essen, wird aber dominiert von mittlerweile etwas älteren Klassikern. Einer davon, Bruneau in Brüssel, hat soeben seinen dritten Stern verloren. Pierre Wynants („Comme chez soi" in Brüssel) hat zwar mit Laurent Rigolet einen hochtalentierten Schwiegersohn, läßt diesen aber noch nicht zur freien Entfaltung kommen – was im Restaurant äußerst unterschiedliche Gerichte von Klassikern bis zu ebenfalls strukturalistischen Kreationen zur Folge hat. Geert van Hecke („De Karmeliet" in Brügge) arbeitet meisterlich im Sinne seines Vorbildes Alain Chapel, gerät aber in Schwierigkeiten, wenn er versucht, neue Felder zu erschließen, und Christian Denis („Clos St. Denis" in Vliermaal) setzt unverdrossen auf langjährig perfektionierte Luxusküche.

Eine Garde von Fünfunddreißig- bis Vierzigjährigen (wie in den Niederlanden) sucht man vergebens – Goossens ausgenommen, dessen Gault-Millau-Plazierung als nunmehr alleinige Nummer eins im Lande auch deshalb bemerkenswert ist. Die alten Sterne sinken – nicht weil sie schlechter werden, aber weil die Maßstäbe eine Veränderung erfahren. In den Niederlanden dagegen sind Boer und Hermann keine Einzelfälle, und der Klassiker Cees Helder ist nur bedingt ein Vorbild. Etwa zehn weitere Köche dieser Generation warten auf verstärkte Anerkennung ihrer Qualitäten, die in diesem Jahr zum Beispiel auch Hans van Wolde vom ultramodernen „Beluga" in Maastricht (nunmehr zwei Michelin-Sterne und achtzehn Punkte im Gault Millau) erfahren hat. Werden also die Niederlande – kulinarisch gesehen – das neue Belgien? ❧

27. 03. 2004, F.A.Z., Feuilleton, Seite 34

Mir ist so herrlich rustikal

Nicht Effekt, sondern Handwerk muß in die Küche einziehen

Brauchen wir vielleicht doch eher eine kulinarische Reformation? Bei aller Suche nach Novitäten und einem steten Innovationsstreß bei fast jedem „Restaurantformat" scheint den Protagonisten der distanzierte Blick auf den Stand der Dinge verlorenzugehen und so die Erkenntnis auszubleiben, daß im Schatten des Generierten Degeneriertes zurückbleibt. Unangefochten steht die Spitzenküche für den maximalen Einsatz aller Ressourcen zur Optimierung des Genusses – und hat sich doch in weiten Teilen in einer Art eingeengten kulinarischen Kunstwelt etabliert, deren geschmackliche Determinanten durchaus nicht umfassend und komplex sind. Wenn man die Geschmacksparameter (süß, sauer, salzig, bitter – den Glutamat-Rezeptor für „Umami" einmal außer acht gelassen) und deren Intensität anhand von Kreationen der Spitzenküche überprüft, stellt man schnell fest, daß viele Dinge eher süßlich oder nicht sehr kräftig schmecken.

Das, was man gerne „verfeinert" nennt, entpuppt sich als verdünnt (zum Beispiel durch Sahne und Butter gestreckte Saucen), und allgemein dominiert eher der mittelbare Geschmack vielfältig manipulierter Realien als der vergleichsweise unmittelbare Geschmack des so wenig wie möglich Behandelten. Explizit saure, salzige oder bittere Elemente finden sich selten, explizit süße sehr wohl. Der Esser sieht sich also der paradoxen Situation gegenüber, daß er zwar die physiologischen Voraussetzungen für eine komplexe geschmackliche Wahrnehmung hat, diese aber ausgerechnet von den besten Küchen nicht ermöglicht wird. Es liegt sogar nahe zu vermuten, daß der Mensch wegen der drei nicht-süßen Rezeptoren in diesem Bereich differenzierter wahrnehmen kann als im angebotenen, süßlich dominierten. Wollte man ein griffiges Beispiel aus der Musik nehmen, könnte man die beschriebene Küche mit einer Stereoanlage vergleichen, bei der man Höhen und Tiefen zurückgedreht und damit das Spektrum eingeengt hat.

Ein wichtiger Grund für diese Entwicklung liegt sicherlich in den Regeln der „Nouvelle cuisine" (F.A.Z. vom 20. März) und ihrem gebrochenen (aber zeitgeschichtlich verständlichen) Verhältnis zur kulinarischen Tradition und zum Rustikalen. Die systematische Verbannung traditioneller Formen der Zubereitung (etwa kräftige Bratkrusten, Schmorgerichte, geschmorte Gemüse, kräftiges Räuchern, Speck-Aromatisierung, angebratener Kohl) und der Verzicht auf angeblich nicht so „edle" Produkte (Innereien und fast alle Tierteile außer den Filets) hat ihre Wirkung bis zum heutigen Tag. Selbst dort, wo die verfeinerte Regionalküche betrieben wird, entpuppt sich der regionale Rückgriff oft als Fälschung, bei der etwa die Kutteln in Champagnersauce ihres typischen Aromas beraubt werden oder geräucherte Elemente nur wie in einer Zitatform auftauchen. Dabei entsprächen manche rustikale Küchentechniken (Garung über offenem Feuer) durchaus einer anderen Maxime der Nouvelle cuisine, die für viele Produkte (vor allem Gemüse) eine Art entschlackte Unmittelbarkeit der Zubereitung fordert. Auf der einen Seite Purismus zu fordern, auf der anderen Seite komplizierte Saucenkreationen und Aromatisierungen aller Art zu akzeptieren, entbehrt jedenfalls deutlich der Logik. Vor dem Hintergrund der Physiologie der menschlichen Wahrnehmung erscheint eine Ausweitung des kulinarisch nutzbaren Spektrums jedenfalls naheliegend.

In diesem Zusammenhang erweist sich die Kochkunst abermals als eine ästhetische Form, die sich parallel zu anderen ästhetischen Formen entwickelt – allerdings mit einem gewissen Zeitverzug. Wir kennen den interessierten Blick auf das vermeintlich Grobere und Ungestaltete aus der bildenden Kunst. Die zweckdienlich bearbeitete Form, im besten Falle absichtslos-traditionell verziert und eher nachgeahmt als absichtsvoll gestaltet, wurde von faszinierten Künstlern als gestaltete wahrgenommen und nunmehr quasi „absichtsvoll nachgeahmt" – nicht selten mit Bewunderung für die „perfekte" Form. Die Emanzipation der rustikalen Form steht seit langem außer Frage – wobei deren Verballhornung im Wohnstil „Eiche rustikal" durchaus ähnliche Wurzeln hat.

Für die Gourmandise läßt sich hier ohne weiteres Parallelität herstellen, aber eben noch ohne wirklich durchgreifende Folgen für die gegenwärtige Spitzenküche. Es finden sich zwar sporadische Adaptionen von der Aufnahme alter Schmorgerichte („Baeckeoffa von der Bresse-Poularde") bis zur Hummergarung über offenen Holzfeuer oder dem Kalb am Spieß für eine Festveranstaltung. Der Zugriff scheint aber eher den Effekt zu suchen und nicht ein Zeichen systematischer Überlegungen zur Ausweitung des geschmacklichen Spektrums zu sein.

In einem interessanten Buch („Cuisine Brute. Le meilleur du simple", Paris, 2003) versucht der junge französische Koch Nicolas Le Bec in knappen Rezepturen die Aufmerksamkeit wieder auf kulinarische Grunderfahrungen zu lenken. Das reicht vom Garen im Salzbett und dem Rauch („Auberginen-Kaviar mit Rauchgeschmack") über die Edelfäule (bei Käse) bis zum Bitteren („Sorbet von Grüntee") und Sauren („Püree von rohem Sauerampfer mit Kapern"). Zum Teil – und notwendigerweise – mag das noch didaktisch wirken, verlangt aber Aufmerksamkeit an der richtigen Stelle. Wirklich interessant wird es allerdings erst dann werden, wenn nicht so sehr Sensibilisierung für vernachlässigte Details, sondern Konstruktion einer neuen Ganzheitlichkeit im Mittelpunkt steht. Der überzeugende Einsatz von wirklichen Extremen (etwa eine kräftige Räuchernote mit einer leicht geeisten, schmelzend-fruchtigen Creme, krossen Elementen und rohen Kräutern kombiniert) steht außer in diversen Details und Zufälligkeiten noch aus.

In diesem Zusammenhang fällt allerdings auf, daß ein Teil der weltweiten Faszination für die katalanische und baskische Spitzenküche der Berasategui, Santamaría, Arzak oder Adrià durchaus darin liegen mag, daß deren Küche auch die Eingliederung rustikaler Elemente kennt. Mit Kreationen wie dem schon klassischen „Lard paysan" bei Ducasse – einem konfierten Bauchspeck, sehr kräftig im Geschmack und mit sehr fetten Kartoffelrauten kombiniert, serviert im vollen Luxus eines Spitzenrestaurants – deutet sich ein Umdenken hin zur Komplettierung der Aromenpalette an. In Deutschland „kann man so etwas nicht anbieten" (so die einhellige Meinung unserer Spitzenköche), so daß mittelfristig ein Schisma droht zwischen „Verfeinerern" und „Komplettierern".

Angesichts der gegenwärtigen Aufgeregtheiten um kulinarische „Novelties" neigt man dazu, eine Reformation der Spitzenküche zu wünschen. Es wäre kein Wunder, wenn sie mehr Potential und Innovationen entwickeln würde, als wir heute noch ahnen. ❧

03. 04. 2004, F.A.Z., Feuilleton, Seite 34

Ich will 'nen Cowboy als Koch

Thomas Bühner ist auch jenseits klassischer Regeln sattelfest

In der gegenwärtigen Phase einer stärkeren Individualisierung der Spitzenküche geht es vor allem darum, das Handwerk in Funktion zu setzen. Mehr denn je spielen sozial-kommunikative Aspekte eine Rolle, aber auch die Formulierung einer individuellen kulinarischen Sprache. Fast vorbei sind die Zeiten einer selbstbewußten Exekution klassischer Regeln, die dem Könner alten Stils ohne weiteres einen Platz unter den Besten sicherten. Der eher automatischintuitiv arbeitende Koch wird – bei fließenden Übergängen – zunehmend den Kollegen mit durchdachten Konzepten als Konkurrenten vorfinden, bei dem sich schwammige Gemeinplätze von „Geselligkeit", „Gastfreundschaft" und „Genuß" tatsächlich einmal an harten Fakten festmachen lassen und der Gast viel stärker als bisher das kommunikative Gegenüber bildet.

In der Übergangsphase gibt es allerdings noch Unklarheiten, wer denn nun eigentlich im Mittelpunkt der Bemühungen steht: der sich stilistisch profilierende oder der zum Zwecke der Kommunikation eine – im übertragenen Sinne – persönliche Sprache entwickelnde Koch. Ob Epochal- oder Individualstil: Stile kann man kopieren, auch ohne sie wirklich zu verstehen (was im Moment häufig passiert). Von Sprache freilich wird man wohl erst reden können, wenn sie über die nötige Sinn-Verankerung verfügt, also nicht zuletzt wirklich individualisiert und absichtsvoll ist.

Bei Thomas Bühner im Dortmunder „La Table" kann man derzeit in diesem Zusammenhang sehr interessante Beobachtungen machen. Längst ist Bühner über das hinausgewachsen, was man vor Jahren auch bei ihm einmal „Fusion-Küche", also die versuchte Integration meist asiatischer Elemente, nannte. Heute finden sich hier zwar noch in fast jedem Gericht Anklänge von Ingwer über Curry bis zu Sojamarinaden, im Mittelpunkt aber steht zunehmend ein modernes, an den Rezeptionsmöglichkeiten des Essers orientiertes Verständnis: Ein geradezu großzügig gestalteter Menüablauf hat dazu geführt, daß fast alle Gäste hier das große Menü des Hauses bestellen. Bühner setzt auf die unweigerlich positive Wirkung der Degustation und serviert nicht nur einige Amuse-bouches, sondern auch noch mehrmals Kleinigkeiten zwischendurch. Die wiederum haben meist einen bestimmten kulinarischen Sinn, so wie die leicht temperierte Auster mit Estragon (kalt hat sie viel weniger Aroma), ein Löffelgericht mit

„Olivensahne" (ein perfekt ausbalancierter, ungewöhnlicher Akkord), ein karamelisiertes Wachtelei mit Ingwer (ein technisches „Unding" von bemerkenswertem Geschmack) oder eine Kürbiscreme warm und kalt in einem Glas (die beiden Elemente schmecken unterschiedlich wegen der unterschiedlichen Temperatur) – und das alles ohne forcierte Inszenierung.

Wenn die Details zu einem komplexen Gericht zusammenwachsen, erleben wir genau die Qualität, die eine Stilkopie nie haben kann, weil ihr die Gründe fehlen. Ein Rochen mit geräucherter Makrele (endlich einmal dezent präsentiert), einem nur leicht gebundenen Ratatouille-Gelee, Pesto, Balsamico-Jus und verschiedenen kleinen, krossen Elementen präsentiert sich als perfekt abgestimmte, strukturalistische Kreation, bei der jeder Geschmack, jede Textur und Temperatur ihren eigenen Platz hat, nicht überlagert wird und – ein prächtiger Nebeneffekt – durch die Kontraste zu den anderen Realien besser definiert wird, als es jemals isoliert möglich wäre.

Ist dies schon der Gipfel der Individualität oder noch Exekution von Regelwerk? Da kommt das „geröstete Steinbuttfilet mit einer Petersilieninfusion und Spitzmorcheln im Curryaroma", und wieder beeindruckt der nämliche Aufbau – ganz abgesehen davon, daß Bühner mittlerweile eine Art Hyperprodukte benutzt, also die echten Spitzenprodukte ihrer Gattung wie einen neun Kilogramm schweren Steinbutt, die winzigen Felsenrotbarben oder das Wagyu-Rind. Bei diesem Gericht aber stutzt der Chronist und schmunzelt zugleich, weil ihm eine Analogie zur Weinsprache („schmeckt nach durchgesessenem Sattel mit einer Prise Havanna-Asche") als die einzige Möglichkeit der Beschreibung in den Sinn kommt.

Die Aromen verselbständigen sich. Aus der Petersilieninfusion (tatsächlich: mit einer Spitze wird Saft in den Fisch injiziert), der frittierten Blattpetersilie, den Morcheln und dem dezenten Curryaroma bildet sich ein geschmacklicher Hintergrund wie frisches Unterholz im Frühjahr, wie Farnsprossen, junges Moos, Chlorophyll und der Duft von feuchtem Waldboden. Gewöhnen wir uns also ganz langsam an die Idee, daß uns nach dem optimierten Geschmack im klassischen Sinne und dem rezeptionsbezogenen moderner Prägung auch noch eine Art transzendierter (und hier überaus gelungener) Geschmack winkt. Diese kulinarische Sprache wäre dann wohl vollends vom Handwerk emanzipiert, ohne – paradoxerweise – auf nur einen Deut Handwerk verzichten zu können.

Interessant ist auch, was sich über einen der von der ausgezeichneten Sommelière Susanne Spies empfohlenen Weine berichten läßt. Unsere Riechorgane in der Nase und die Geschmacksempfindung im Mund sind ja direkt verbunden. Und so riecht also ein 2001er Condrieu von Yves Cuilleron nach komplexer Frucht und ungewöhnlich fein für seine Art. Dann nimmt man den Duft der in Gewürzöl geschmorten Jakobsmuscheln mit Kürbispüree und Zitronengrassud auf – und riecht plötzlich im Wein den charakteristischen Duft einer Grand-Cru-Einzellagen-Schokolade mit einem leichten Orangen-Zitrus-Hintergrund, um den Wein dann anschließend zum Essen geradezu herzhaft zu erleben.

Und dennoch scheint hier der Zusammenhang zwischen Wissen und Genuß zwar angekommen, aber noch nicht ganz in sicheren Händen zu sein. Viel Kürbispüree zu den Jakobsmuscheln lädt den Esser zu großzügigem Einsatz – und stört empfindlich die Balance mit den dezenten Muscheln. Und was exakt ist beim „Filet vom australischen Wagyu-Rind mit Chinakohl und Ingwer in Burgunderjus" (in drei Variationen) passiert? Bühner entfernt – äußerst subtil denkend – die Bratkruste von einem Stück, um den reinen Geschmack dieses fettreichen und außergewöhnlich zarten Fleisches freizulegen, und kombiniert dünne gebratene Scheiben mit krossen Foie-gras-Croutons (was ein wunderbares Eßerlebnis ist) – überwürzt die Scheiben aber (mit Senf) und mariniert sehr dünn geschnittenes, rohes Fleisch mit einer alles übertünchenden Sojasauce. Kurzfristig muß da einmal die Sinn-Verankerung ausgesetzt haben. Hier sprach nicht der Koch, sondern die Flasche. ❧

10. 04. 2004, F.A.Z., Feuilleton, Seite 36

Tiere sehen dich an

Wir müssen weg von der Unkenntlichmachung unserer Speisen

Weil vor allem die Psyche mitißt, installieren wir beim Essen mehr und mehr halbtabuisierte Grauzonen – mit erheblichen Auswirkungen auf unser Verhalten und die kulinarische Landschaft. Wie wäre die Wirkung folgender Szenen? In einem modernen Restaurant mit Projektionen an den Wänden naht als Hauptgang eine Lammvariation. Die Bilder zeigen eine Wiese mit Schafen, Blumen und Lämmern. Die Gäste beginnen zu essen, und plötzlich erscheinen Szenen vom Zerlegen eines geschlachteten Tieres. Wäre das erträglich? Oder: als Ort für ein festliches Essen wird – wie eine Variante des beliebten „Chef's table", bei dem man den Koch bei der Zubereitung des Essens beobachten kann – die Eingangshalle eines Schlachthofes gewählt, voll in Betrieb, mit durch Stromstoß getöteten Rindern. Würde das nicht einen Skandal geben, obwohl hier nichts anderes passiert als die Zusammenführung dessen, was der Kopf immer trennt?

Der an Fleisch in optisch neutralisierter Form gewöhnte Mensch hat sich an eine amorphe, wohlschmekkende Masse gewöhnt, die meist keinerlei Rückschluß auf ihre Herkunft zuläßt. Jeder Koch weiß, daß die Schwierigkeiten mit den Gästen meist dann beginnen, wenn der Zusammenhang mit der Natur zu deutlich wird und das Tier konkret erkennbar ist (etwa ganze Tiere, komplette Innereien, die lebende Auster, der Kalbskopf oder die Schnepfe, wie üblich mit Kopf und Schnabel serviert). Jeder Koch weiß auch, daß der Mensch wesentlich toleranter ist, wenn es nur um den Geschmack geht (eine Frikadelle aus Kalbshirn und Kalbsbries etwa). Die moderne Arbeitsteiligkeit des kulinarischen Produktionsprozesses läßt Zusammenhänge mittlerweile so weit im dunkeln, daß ein Großteil der „zivilisierten Welt" wohl nie das Schlachten eines Tieres mitbekommen, geschweige denn selbst dabei Hand angelegt hat. Diese Entfremdung vom Produktionsprozeß provoziert natürlich eine ästhetische Umbewertung des gesamten Komplexes und fördert nachhaltig alle weltanschaulichen Modelle, die die reaktive Abneigung in ein aktives, widerspruchsfreies Weltbild umwandeln.

Unabhängig davon, ob weltanschauliche Fragen ideologisch oder als Teil eines eher liberal-rückgekoppelten Verständnisses gesehen werden, scheint es angeraten, das Problem etwas tiefer zu hängen und stärker die Auswirkungen der individuellen Sozialisation zu beachten. Der Hinweis auf Kleinkinder, die weder Eß-Tabus noch Eß-Ekel kennen, oder auf die vielen Naturvölker mag unter dem Aspekt des „Noch-nicht-Zivilisierten" leicht von der Hand gewiesen werden. Aufschlußreicher sind da schon die Beispiele aus der Mitte unserer Gesellschaft. Alle die, die selbstverständlich mit dem Töten von Tieren zu tun haben, also vor allem Züchter und Verarbeiter, haben in der Regel kaum Probleme damit. Dort jedoch, wo der im System der Arbeitsteiligkeit entfremdet gewordene Blick den Tieren anthropomorphe Eigenschaften zugeschrieben hat, wird die Suche nach einem Weg aus dem Konflikt mit deren Doppelfunktion als „Nutztier" und „Haustier" scheinbar unausweichlich.

Aber weder die Ideologisierung des Fleischverzichts noch die Verdrängung realer Zusammenhänge haben wirklich die Aura der Zivilisiertheit. Deren Hauptcharakteristik ist die Erkenntnis des Widerspruchs und das bestmögliche Leben damit. Die verhängnisvolle Sucht nach Widerspruchsfreiheit ist auch in diesem Falle nicht geeignet, die Realität zum allgemeinen wie individuellen Nutzen zu sortieren.

Die Psychologie weiß, daß die übersensibilisierte Unfähigkeit, die Fülle von oft widersprüchlichen Informationen zu verarbeiten, in pathologische Zustände führen kann. In unserem Falle eröffnet sich ein wirres Feld von Widersprüchlichkeiten. Die Trennung zwischen „Tieren mit Gesicht" (die Paul McCartney nicht essen kann) und solchen ohne läuft fatal auf eine Unterteilung von wertem und unwertem Tierleben hinaus. Da mag jemand ein Kaninchen nicht essen, weil es ihn an seine Katze erinnert, während er in der Bretagne fröhlich dem Fisch zuspricht – zumindest solange er nicht mit seinen Kindern in entsprechenden (anthropomorph angelegten) Zeichentrickfilmen war. Und wie ist das mit der Ameisenmutter, die auf dem ersten Frühlingsspaziergang mit ihrer Tochter unter die Gesundheitsschuhe des Sprosses einer Tierschützerin gerät? Oder mit den hospitalisierten Geschöpfen im Tierpark, die jeden Hunde- und Katzenliebhaber in Depressionen fallen lassen – und das in einer Gesellschaft am Rande der Entwicklung zum die Rente finanzierenden „Nutzkind“? Man kommt fast zwangsläufig über das Bild des Menschen vom Tier zum Menschen selber.

Es wäre gut, wenn einmal die Lebenskonzepte allgemein weniger auf Fraktionierung und Profilierung konzentriert wären und statt dessen deren Komplettierung betrieben würde. Die allerdings ist zu einem wesentlichen Teil Ausgleich der Sozialisationsdefizite – und zwar ganz und gar nicht schichtspezifisch (das alte Klischee), sondern individuell verstanden und damit sofort in allen Schichten der Gesellschaft lokalisierbar. Die Reflexion darüber könnte in der Gourmandise zu einer erheblichen Befreiung des Individuums von den wie selbstverständlich hingenommenen (und in der Regel sozial problemlos akzeptierten) Sozialisationsdefiziten und damit wahrscheinlich eher zu Übereinstimmung führen als jede Ideologisierung. Auf diesem Wege muß der kirchliche Begriff der „Mitgeschöpflichkeit“ eine Rolle spielen, aber auch Details wie die Verbesserung der Zuchtbedingungen, die selbstverständliche Nutzung der Tiere samt aller Teile und Innereien (und nicht nur der „abstrakten“ Filets), die Einräumung einer gewissen Lebensspanne durch Verzicht auf in seinem kulinarischen Nutzen durchaus umstrittenes Fleisch wie dasjenige von sehr jungen Tieren (Milchlamm, Milchkalb), die Entbürokratisierung des Schlachtens durch die Rücknahme von Verordnungen, die aus übertriebenem Hygieneverständnis qualvolle Tiertransporte erzwingen, und viele andere tierschützerische Aspekte mehr.

Dem bewußten – nicht „befreiten“! – Gaumen winkt eine Palette der Geschmackserlebnisse, die die mittlerweile engen Grenzen gerade der besseren Gastronomie weit überschreitet, und die verstärkte Hinwendung zu natürlichen Zusammenhängen sollte ein selbstverständlicher Gegenpol zur Kultur der kulinarischen Camouflage vom Hamburger bis zur Fischfrikadelle werden. Im Grunde reden wir von einer Wiedererlangung der subjektiven, kulinarischen Souveränität. ❧

17. 04. 2004, F.A.Z., Feuilleton, Seite 34

Sternedeuten leichtgemacht

Die Wertungen der Restaurantführer müssen transparenter werden

Meistens entfalten die sogenannten Enthüllungen neben einer zerstörerischen keinerlei konstruktive Kraft, weil die zu plakativen Formeln geronnenen Informationen als Effekt instrumentalisiert werden und selten Ergebnis einer erhellenden Analyse sind. So ist es auch mit den von Frankreich ausgehenden und zunächst am „Guide Michelin“ und seinem ehemaligen Mitarbeiter Pascal Remy festgemachten – eigentlich aber periodisch auftauchenden – „Fakten“ über die Arbeitsweise der Restaurantführer. Ist nun alles Lug und Trug? Keineswegs. Gibt es Probleme struktureller Art? Ja, aber das haben wir schon vorher gewußt.

Vielleicht ebbt ja die Lust am Chaos wieder ab und ermöglicht einen klareren Blick auf eine Branche, die in der Tat noch etwas an sich arbeiten könnte. Wir haben es mit drei Bereichen zu tun: der Erfassung von Restaurantleistungen, der Bewertung dieser Leistungen und deren Weitergabe an den Leser zum Zwecke der besseren Orientierung. Unter statistischen Aspekten betrachtet, leidet die Erfassung („Stichprobe“) oft unter der zu geringen Menge probierter Gerichte. In der Regel essen etwa Michelin-Tester eine Vorspeise, ein Hauptgericht und ein Dessert. Durch die oft stilistisch und in der Qualität sehr unterschiedlichen Kreationen kann es zu eklatanten Beurteilungsfehlern kommen, bei dem dasselbe Restaurant völlig unterschiedlich bewertet werden kann. Zum Teil wird dieser Lesefehler durch kumulatives Wissen egalisiert, weil im Verlauf mehrerer Besuche über Jahre hinweg (und das „Übersprechen“ der Bewertungen von einem Führer zum anderen) ein signifikanteres Bild entsteht. Die oft extrem unterschiedlichen Beurteilungen neuer Restaurants in den verschiedenen Führern beruhen zum größten Teil auf diesem Problem.

Spitzenrestaurants dagegen werden oft innerhalb eines Jahres von verschiedenen Testern eines Führers mehrfach besucht und in der Folge stabiler beurteilt. Der Finanzeinsatz für breitere und damit zuverlässigere Stichproben kann freilich schnell das Mehrfache der gegenwärtigen Kosten erreichen und würde im Moment die Etats aller Führer sprengen. Weitere potentielle Lesefehler resultieren aus der Vorbildung der Tester. Die zehn professionellen Michelin-Tester in Deutschland haben alle eine abgeschlossene Kochausbildung – was durchaus keine Garantie für ein qualifiziertes Urteil sein muß:

Die professionelle Ausbildung fördert klassisch-französische Kochtechnik und ebensolche Geschmacksbilder, so daß der Kontakt mit davon abweichenden Novitäten oft schwächere Bewertungen ergibt.

Die dreißig freien Mitarbeiter des „Gault Millau" wiederum sind alle Nicht-profis und kommen zur Hälfte aus dem Journalismus, zur Hälfte aus hedonistischem Umfeld (Hobbyköche der finanziell abgesicherten Mittelklasse mit Interesse für die Spitzenküche). Die geringere Fixierung dieses Typus auf handwerkliche Grundlagen sorgt für eher spontane Hochbewertung von Neuigkeiten – auch wenn diese „klassischen" Kriterien nicht immer entsprechend genügen. Bei der Bewertung der Restaurants spielen dann die Dinge eine Rolle, die im Moment am stärksten das Image der Führer prägen.

Tatsächlich sind viele Urteile in verschiedener Form „bedingt" zu nennen, also abhängig von verschiedenen, nicht ausschließlich mit der kulinarischen Anamnese zu verknüpfenden Fakten – von anonymem oder nichtanonymem Testen bis zu persönlichen Beziehungen zwischen Koch und Tester. Es wird aber in der pauschalen Kritik daran meist übersehen, daß über die Bewertung vieler Restaurants zwischen allen Beteiligten Einigkeit besteht. Die kulinarische Bedingtheit mit einer gewissen Spannweite der Meinungen ist dagegen nicht nur tolerabel, sondern erfüllt geradezu eine notwendig-belebende Funktion – wenn die nötige Transparenz der Entscheidungen gegeben ist.

Gemeinsames Merkmal der Führer ist allerdings eine gewisse mangelnde Flexibilität. Eine Höchstnote zu bekommen ist schwierig. Noch schwieriger scheint es allerdings zu sein, diese wieder zu verlieren. „Michelin" sieht sich bei Abwertungen auch gegenüber den Restaurants in der Pflicht, während bei „Gault Millau" darüber geklagt wird, daß Abwertungen von Spitzenrestaurants oft als Publicity-Gag betrachtet werden, um den Führer ins Gespräch zu bringen. In der Realität dürfte jener Teil von Spitzenrestaurants, deren Note von den Verantwortlichen im Hinblick auf eine Abwertung diskutiert wird, etwa ein Drittel betragen. Weitgehend kritisiertes Beharren auf Höchstnoten wie in Frankreich ist in Deutschland selten, aber vorhanden.

Einer der größten Schwachpunkte ist die Vermittlung der Ergebnisse an den Leser, wobei erstaunt, daß die Führer die Diskussionen um die Zuverlässigkeit ihrer Leistungen kaum mit Präzision in der Beschreibung und nachvollziehbarer Begründung des Urteils beantworten. „Michelin" bleibt im Dunkel allgemeiner Kriterien für die Vergabe von Sternen, „Gault Millau" ist zwar wortreich, kommt aber bisweilen nicht so recht zur Sache, und bei den anderen wird erkennbar nur ein Kompromiß gefunden. In keinem Falle kommt die Vermittlung komplex und professionell erfaßter Restaurantleistungen beim Leser wirklich so an, wie es wünschenswert und nützlich wäre. Für kritische Betrachter werden die Führer so zu einem Anhaltspunkt, nicht aber zur Orientierung, und selbst die Summe aller Führer vernebelt oft mehr, als sie erläutern könnte.

Vorzuschlagen wäre neben der Abschaffung der Höchstnoten-Erbhöfe vor allem eine größere Flexibilität bei der Vergabe der Noten, die allgemein stärker der Realität folgen, also schwanken könnten (was übrigens für eine enorme Spannung sorgen würde). Die Beschreibungen sollten wesentlich analytischer und präziser ausfallen, um den Nutzwert für den Leser zu erhöhen – der mit dem gleichen Gutachter-Stil bei völlig unterschiedlich bewerteten Restaurants meist nichts anfangen kann. Es sollten weniger Restaurants präziser überprüft werden, die Qualifikation der Tester erhöht und den Entwicklungen angepaßt werden. Zur Verbesserung der Transparenz wäre zum Beispiel die Abgabe einer Art Garantieerklärung für das Testen von Spitzenrestaurants denkbar, in der aufgeführt wäre, daß etwa eine „Premium-Klasse" in einem Jahr mehrfach besucht worden ist und dabei eine größere Menge an Gerichten von unterschiedlichen Testern bewertet wurde. Auch die Aufschlüsselung der Kriterien und des Testverfahrens wäre außerordentlich hilfreich. Nichts gegen die schöne Empathie in manchen Führern; die Zukunft wird aber wohl etwas mehr Empirie brauchen. ❧

24. 04. 2004, F.A.Z., Feuilleton, Seite 34

Willkommen und Abschied

**Kreativ in Berlin (1):
Christian Lohse im „Vivaldi"**

Auch wenn im jüngsten Gault Millau eben Berlin die meisten guten Restaurants unter den deutschen Großstädten aufzuweisen hat, bleibt die leicht verzweifelte, etwas fachspezifisch formulierte Frage: „Was ist eine Hauptstadt ohne Eiffelturm?" Vor zehn Jahren arbeitete hier immerhin mit Siegfried Rockendorf („Rockendorf's Restaurant") noch ein echter Spitzenkoch, heute gibt es kein einziges Haus, das mehr als einen Michelin-Stern vorweisen kann.

Hat Berlin – kulinarisch gesehen – ein Gewicht, das nach unten zieht? Nicht unbedingt. Aber vielleicht liefern uns die Bewertungen der Führer ein falsches Bild. Es scheint einen Berlin-Malus zu geben, der aus einer ebenso vorsichtigen wie unentspannten Sicht auf die Leistungen resultiert – so, als säße den Punktrichtern ständig die historische Bedeutung ihrer Berlin-Entscheidungen im Nacken. Ohne jeden Firlefanz und ohne die – zugegeben – leidige bis leidvolle Diskussion um die Akzeptanz von Spitzenküche in Berlin überhaupt sähe das unter Umständen anders aus. Arbeitet also vielleicht die Spitze längst in der Stadt?

Im Jahre 2002 vertauschte Christian Lohse die harte Arbeit in der kulinarischen Provinz („Die Windmühle", Bad Oeynhausen, damals zwei Michelin-Sterne, achtzehn Punkte im Gault Millau) gegen die kulinarische Provinzialität der Hauptstadt, was ihm bisher im „Vivaldi" nur einen Stern und sechzehn Punkte einbrachte. Kocht er hier schlechter als vorher, obwohl er sogar fast sein ganzes Personal mitgebracht hat? Keineswegs, sondern inspiriert wie eh und je, um nicht zu sagen mit einem wesentlich verbreiterten stilistischen Rückgrat, das ein erfreuliches Selbstbewußtsein und Befreiung von manchen Unwägbarkeiten der Selbständigkeit signalisiert.

Lohse hat die Voraussetzungen für eine rückgekoppelte Kreativität, die ihren Bezug zu den klassischen Werten der Kochkunst französischer Provenienz nie verliert, aber konsequent die individuelle Variante sucht. Dabei geht er genau den Schritt weiter, den man braucht, um von der Interpretation zur Kreation zu gelangen. Seine „Bresse-Taube in Nelkenpfeffer gebraten mit Auberginenjoghurt, knusprigen Zucchini und feiner Dattelvinaigrette" (plus diversen Kräutern in großen Stücken) scheint auf dem Papier eine vorderasiatische Variante zu sein, ist aber durch die dezente Abstimmung eher ein recht ungewöhnliches Spiel mit Texturen und Temperaturen. Die Taube ist kalt, aber völlig zart, und die winzigen, getrockneten Zucchiniringe kroß wie frittierte Kartoffelscheiben. Die – endlich einmal – großen Kräuterstücke bringen eine schöne Natürlichkeit und Direktheit, die sich in der süß-sauren Kulisse der unaufdringlichen Dattelvinaigrette entspannt entfaltet. Man ißt bei einer solchen Konstruktion in einem geschmacklichen Raum. Gänzlich unbescheiden möchte man noch anregen, das Spektrum der Kräuter vielleicht ebenfalls noch um etwas seltener zu findende Dinge (hier: Weinraute?) anzureichern.

Daß Lohse kein Strukturalist ist, sondern nur strukturalistische Elemente einsetzt, macht ein perfekter Akkord deutlich. Die „Kalbsleber mit Entencreme und Granny Smith" ist eine absolute Delikatesse, die ihren Geschmack vor dem finalen Grillen (mit etwas Thymian) vom Ziehenlassen (Pochieren) in Fond erhält und dann systematisch geschmacklich „eingekreist" wird. Von den Apfelwürfeln und damit vermischtem Basilikum und Stücken von Macademia-Nüssen kommt viel Frische und Plastizität, während die Entencreme im Ravioliteig sich wegen der ähnlichen Textur unmittelbar mit der Leber vermischt und eine ungewöhnliche, aber sehr gut schmeckende Irritation des Lebergeschmacks ergibt.

Daß Lohse nun in der Lage ist, diese Prinzipien auf sehr verschiedenen Feldern umzusetzen und dabei weder an Konzept noch an geschmacklicher Prägnanz zu verlieren, beweist recht schlüssig, daß wir es mit entwickelter Kochkunst zu tun haben – ein Faktum übrigens, das sich bei stichprobenartigem Essen nach Art eines Drei-Gänge-Menüs unter Umständen nicht in voller Breite darstellt. Erfreulich also auch ein vegetarisches Gericht („Sauté vom Muskatkürbis, Linda-Kartoffeln und Maronen, parfümiert mit Öl von Clementinen, knusprige Reiswaffel von Fourme d'Ambert"), bei dem man sich allerdings mehr Mut bei der Deutlichkeit der Käsecreme wünscht, oder eine Suppe wie die „Schaumsuppe von Borlotti-Bohnen mit geschmolzener Gänsestopfleber".

Eine ganz besonders interessante Entwicklung nehmen bei Lohse Gerichte mit rustikalen Elementen, deren Emanzipation allgemein in Deutschland noch bedauerlich zurückhaltend betrieben wird. Bei der „Karamelisierten Dicken Rippe vom westfälischen Landschwein mit geschmortem Steckrübengemüse und schwarzem Perigord-Trüffel" gelingt vor allem über die erdige Verbindung von Rüben und Trüffel mit der krossen Kruste des Schweines eine zweifelsfrei entwickelte Kreation, präzise in allen Elementen und geschmacklich völlig undogmatisch gegenüber den „Niederungen" des Rustikalen. Sensationell gut dazu übrigens ein 2002er „Cuvee Black Print" vom Weingut Klaus und Markus Schneider/Pfalz. Eine andere Kreation dieser Art, „Braunkohl und schwarzer Perigord-Trüffel aus dem Rohr mit gerösteter Jakobsmuschel, kleinen Pata-Negra-Würstchen vom Holzkohlegrill" hat das gleiche Konzept, leidet aber noch etwas unter einer nicht präzise abgestimmten Würzung und dem etwas zu salzigen Pata-Negra. Gerade diese unprätentiös-rustikalen Aspekte erinnern natürlich ein wenig an Ducasse, der sie in einem durchaus vergleichbar luxuriösen Ambiente präsentiert: Das „Vivaldi" ist Teil des „Schloßhotels Vier Jahreszeiten" im Berliner Grunewald, also der Immobilie, die vor Jahren Karl Lagerfeld umgestaltet hat.

So weit, so gut – und leider die vorerst letzte Würdigung eines hochinteressanten Kreativen. Der kurzen Blüte Christian Lohses im „Vivaldi" folgt die Realität auf dem Fuß, und es ist durchaus eine ortsspezifische. In einer Stadt, in der eine gigantische Überproduktion an Hotelkapazitäten aufgebaut wird, in der Zimmer – man hört das nicht gerne – auch schon einmal in großem Stil verramscht werden, gerät natürlich auch die Hotelgastronomie unter Druck. Lohse hat in kurzer Zeit gegenüber seinem Vorgänger ein Mehrfaches an Gästen mobilisiert und sah sich dennoch dem Druck zu „populäreren" Formen der Gastronomie in seinem Hause ausgesetzt. Was ein kreatives Refugium für den von der Provinz Gebeutelten hätte werden sollen, wird zu einem schal schmeckenden Menetekel hauptstädtischen Wirtschaftens. Also: Der Lohse verläßt das sinkende Schiff. Die Provinz hat ihn eingeholt. ❧

30. 04. 2004, F.A.Z., Feuilleton, Seite 46

Zen in der Kunst zu kochen

Kreativ in Berlin (2): Michael Hoffmann im „Margaux"

Im letzten Oktober erschien in der französischen Zeitschrift „Saveurs" eine der sehr seltenen Reportagen über das Frankreich kulinarisch so ferne Land jenseits des Rheines – und dann auch noch über das noch viel fernere Berlin. Man konnte sich bei der Lektüre des Eindrucks nicht erwehren, daß Berlin immer noch zum Ostblock gehört, also quasi ein Vorort von Warschau und Moskau ist, den man am besten mit spröden Bildern in Grautönen illustriert. Da machte es auch kaum etwas aus, daß Karlheinz Hauser noch als Chefkoch des „Adlon" abgebildet oder das allgemein am besten bewertete Berliner Restaurant („First Floor") erst gar nicht erwähnt wurde – wenn da nicht im Kleingedruckten gestanden hätte, daß es im „Margaux" eine der „verführerischsten Küchen Europas" gäbe. Wäre am Ende Michael Hoffmann in Paris ein Spitzenstar, während er hier in Berlin, wo man meint, daran erinnern zu müssen, daß man auch dann gut essen gehen kann, wenn es nicht steuerlich absetzbar ist, immer am Rande des Unverstandenseins kämpft?

Es wird nicht so einfach sein mit dem kulinarischen Aufstieg der Hauptstadt, und Paris ist ein erhellender Vergleich. Über einer breiten, vor allem von Franzosen genutzten Basis erheben sich dort die Trutzburgen der Weltgourmandise mit einem so hohen Anteil an touristischem Publikum, daß man auf ihn – welch Malheur – wohl kaum verzichten kann, während die umherschweifende „In"-Szene es gerne etwas einfacher oder – noch ein Malheur – unfranzösischer hat. Jedenfalls ist bei soviel Interesse am Essen die Existenz einer qualitativen und kreativen Spitze eine unausweichliche Folge. Reist aber irgendwer des Essens wegen nach Berlin? Und löst man sich hier vom mehr oder weniger funktionalen Essen?

Michael Hoffmann stößt mit seiner Küche (und noch mehr mit seinem Potential) zweifellos an die Grenzen des im Moment in Berlin Möglichen. Stilistisch mehr in der Folge der kultivierten Moderne eines Michel Bras, Alain Passard, Olivier Roellinger oder Pierre Gagnaire als der experimentellen Moderne der Ferran Adrià oder Marc Veyrat stehend, entwickelt er teilweise Kreationen von äußerster Sensibilität mit einem puristischen bis minimalistischen Grundkonzept. Bei seiner Kombination von Glattbutt mit Badoit-Gelee und Olivenöl ist dies besonders auffällig. Ein in Produktqualität und Garung perfektes (aber kaum gewürztes) Stück Fisch erhält Geschmack durch die schmelzenden Späne von darübergegebenem, gefrorenem Olivenöl. Begleitet wird es nur von Geleewürfeln des mit Himalaja-Salz angereicherten Mineralwassers. Der Effekt ist von einer unmittelbaren, didaktischen Wirkung. Die extrem zurückgenommene Aromenstärke wirkt nicht etwa fade, sondern erzwingt quasi einen Automatismus der Sensibilität. Es ergeben sich Grunderfahrungen feinster Abstufungen in Textur, Temperatur und Geschmacksintensität, die durch ihre Präzision und Reinheit etwas Archaisches haben. Ein Einzelfall? Ein Glücksgriff?

Eine Ankündigung wie „Rote Bete mit Kartoffelgnocchi, Schnittlauch und Traubenkernöl" klingt profan und läßt wenig Glamour erwarten. Die Realisierung dieser abermals sehr zart angelegten Kreation folgt dem nämlichen Prinzip und sprengt abermals die Grenzen der scheinbaren Trivialität des Materials. Die Rote-Bete-Achtel sind à point gegart, also leicht bißfest und dadurch in ihrem Geschmack konserviert. Die elastischen Gnocchi definieren diese Gemüsetextur in auffälliger Weise, während der anderswo oft penetrant eingesetzte Schnittlauch-Geschmack in einem dezenten Jus einen klaren Hintergrund ergibt, vor dem das (von einer speziellen Traube stammende) Öl tatsächlich ein klares Aroma entfaltet. Die zunächst prätentiös anmutende Nennung eines simplen Traubenkernöls im Titel des Gerichts ist also gerechtfertigt.

Zum Kern seines Ansatzes führt Hoffmann aber vor allem bei der „Taube mit Gewürzen". Die Beilagen (ein krosses Stückchen Toast mit Birnenconfit und ein – unnötiger – Kräutersalat mit violetten La-Ratte-Kartoffeln) werden auf Extratellern serviert, so daß vor dem Gast nur eine einzelne Taubenbrust liegt – gegart im Salzbett, fast roh anmutend (aber gar), etwas Jus unter der Taube auf den Teller gepinselt und sehr wenig Creme aus vier Pfeffern darauf. Der Zen-Buddhismus kennt „Zazen", die „sitzende Versenkung" (eine interessante Parallele zum Sitzen bei Tisch) mit dem Ziel der Erleuchtung (satori), also der „plötzlich eintretenden Erkenntnis der Einheit allen Seins, des Heiligsten und des Profansten". Man kann nicht umhin: Das hier hat etwas davon, kulinarisch zwar, aber das gehört ja nun einmal auch dazu. Wieder überzeugt problemlos die Qualität von Produkt, Garung und Abstimmung, und dennoch befindet sich Hoffmann mit solchen Dingen natürlich so ziemlich am anderen Ende der Skala, an deren einem der schlemmende Bonvivant, Nebenbei- und Redundanzesser speist.

Das weiß der Meister natürlich und sucht nach dem Kompromiß, den er in einer – für seine Verhältnisse – zugänglicheren Variante der Kreativität findet, die für sich genommen allerdings auch schon für einen Spitzenplatz unter den Kreativen der Zunft ausreichen würde. Beeindruckend ist hier sein „Homard bleu, knuspriger Schweinebauch, Sauce Corail, Spinat à la crème" wegen des erstaunlichen Akkordes des (fast) rohen Hummers mit dem krossen Schweinebauch, der nur deshalb funktioniert, weil der Unterschied in Textur und Geschmack nach einer getrennten primären Wahrnehmung ein wunderbar fein verlaufendes (sekundäres) Verschmelzen der Aromen ermöglicht.

Ähnlich wirkt auch sein Wolfsbarsch mit Blutwurst, Entenstopfleber und Lavendelvinaigrette oder – etwas strukturalistischer – ein Mangoldtörtchen mit Entenstopfleber auf einer Teigscheibe mit präzise dimensioniertem Speck zu Austern und einer Curry-Sauce. Aber so gut dies auch ist: Es entsteht der Wunsch nach konsequenter Verfolgung dieser „Zen-Küche", nach Komplettierung und Übertragung der vorgeführten Wirkungen auf andere Realien, weil man dahinter neue und wesentliche Erfahrungen vermutet.

Ist das nicht zu machen? „Es ist noch sehr schwierig hier", meint Hoffmann ohne einen Hauch von Unterton. Setzen wir darauf, daß entwickelte und verstandene Kultur nicht nur reproduziert, sondern vor allem ermöglicht. ❧

08. 05. 2004, F.A.Z., Feuilleton, Seite 36

Hochküche à la Britannien

England will die fünfzig besten Restaurants der Welt gefunden haben

Das englische Branchenmagazin „Restaurant" hat in seiner Ausgabe vom 21. April eine Liste mit „The world's 50 best restaurants 2004" herausgegeben, die sich dann wiederum die „Times" zu eigen gemacht und auch noch mit hilfreichen Erläuterungen versehen hat. Das Problem ist, daß die kulinarische Welt aus dieser nunmehr quasiamtlichen britischen Sicht – sagen wir – recht individuell betrachtet wird, wobei wir vermuten müssen, daß diese Sicht nicht nur eine lokal britische, sondern auch eine amerikanische ist.

Unter den fünfzig befindet sich auf Platz 27 mit Wohlfahrts „Schwarzwaldstube" ein einziges deutsches Restaurant. Ansonsten gibt es dreizehn französische, dreizehn britische und neun amerikanische Namen – neben anderen Adressen von Barbados bis Dubai. Sieben Pariser Häuser werden genannt gegenüber acht in London und fünf in New York. An der Spitze steht „The French Laundry" des Thomas Keller in Kalifornien, gefolgt von „The Fat Duck" des britischen Experimentalkochs Heston Blumenthal und dem „El Bulli" seines spanischen Kollegen Ferran Adrià. Nicht in der Liste sind Köche wie Pacaud, Guerard, Berasategui, Wynants oder Rochat – allesamt normalerweise anerkannte Großmeister ihres Faches.

Was die Auswahl aber so besonders macht, ist die Existenz von Restaurants in dieser Liste (etwa ein Viertel), die man üblicherweise als Luxus-Imbiß („L'Atelier de Joel Robuchon" in Paris, Platz 4), Bistro („L'Ami Louis" in Paris, Platz 17), Szene-Lokal („River Cafe" in London, Platz 41, knapp hinter „Troisgros") oder gemütlich-authentische Kuriosität („La Tupina" in Bordeaux, Platz 42, einen Platz vor der „Auberge de l'Ill" der Haeberlins) bezeichnen würde. Was will man uns mit dieser Anti-Michelin- oder Anti-Gault-Millau-Liste sagen? Wie kann man reagieren?

Erste Möglichkeit: Das Imperium schlägt zurück. Nach einer langen Phase des Lernens, in der Scharen englischer und amerikanischer Berichterstatter nicht von der Seite selbst des letzten französischen Provinzkochs wichen und in der Folge nicht selten kasuistisch ermittelte, aber flächig generalisierte Kuriositäten veröffentlichten, scheint man nun zu glauben, die kulinarische Welt verstanden zu haben. Mit landestypischer Chuzpe, deren natürlicher Feind eine solide Empirie ist, scheint man nun durch Personifizierung der Kritik (es gibt quasi nur Starkritiker) deren Subjektivierung zu betreiben und dem persönlichen Urteil, das möglichst wenig von so störenden Dingen wie der Akkumulation von Wissen beeinträchtigt wird, freien Lauf zu lassen.

Ästhetisch scheint die Liste wegen einer gewissen Vorliebe fürs Schmissige zudem einen Hauch von „Last night of the proms" zu haben: Virtuosität? Ja, bitte, und es darf ruhig eine etwas hohle sein. Oder haben die Angelsachsen etwa die französische Erregung über die letztjährige Kritik eines Mr. Soundso von der „New York Times" an der bröckelnden Hegemonie der französischen Küche mißverstanden? Niemand nimmt in Frankreich so etwas ernst, zumal sich – siehe oben unter „Kasuistik" – der Herr als ein Mensch mit erheblichen Schwächen in der Empirie herausstellte. Es war doch nur wegen der Touristen!

Was aber, wenn die Briten recht hätten? Also zweite Möglichkeit: Der Boden schwankt. Tatsächlich besteht die Aussicht, daß das französische „System Michelin" mit seiner recht klar durchgehaltenen Bewertung von Küchen in der Folge der klassisch-französischen Haute Cuisine ins Wanken gerät. Die Vielzahl von Küchenstilen weltweit läßt sich nicht mehr über einen Kamm scheren, sondern erfordert flexible Bewertungskriterien, die Innovationen gerecht werden, ohne in der Substanz aufzuweichen. Es rächt sich, daß Michelin einige Länder (etwa die Vereinigten Staaten) sozusagen ohne Führung (also ohne Führer) gelassen hat.

Man darf sich also nicht wundern, wenn hier und da das Ende der Michelin-Küche ausgerufen wird, weil sich andere Sehweisen entwickelt haben. Ist dies nun eine ernsthafte Attacke gegen die französische Küchenhegemonie? Im Kern ja, aber noch ohne Substanz. Wenn man die Erläuterungen zu den „Top 50" liest, wird sehr schnell klar, daß hier versucht wird, gegen Pomp und Luxus der klassischen Gourmet-Tempel Kreativität, Produktnähe, Simplizität und eine andere, entspanntere Form von Gastlichkeit zu setzen. Was nur zu verständlich klingt, entpuppt sich freilich schon auf einer gar nicht so fernen Meta-Ebene als eine weitere Geschichte von Teufel und Beelzebub: Der Vorwurf richtet sich (wie oft im Zusammenhang mit Haute Cuisine französischer Herkunft) gegen primär Unkulinarisches, und ihm wird ebenso Unkulinarisches entgegengesetzt. Die eine überschaubare Küche wird durch luxuriöse Immobilien und exklusiven Service zum Drei-Sterne-Haus, die andere, nicht minder überschaubare, durch ein paar gemütliche alte Stühle und loderndes Kaminfeuer („La Tupina") zum Spitzenrestaurant einer neuen Simplizitätswelle.

Es besteht die Gefahr der Inflationierung des „Einfach, aber gut", die letztlich durch eine weder gedanklich noch praktisch durchzuhaltende Begrenzung der Qualität kulinarischer Kreationen (ob nach oben oder nach unten) absurd zu werden droht. Eine ordentliche Portion Spaghetti mit Tomatensauce kann hervorragend schmecken. Die Einschätzung ihrer Qualität vor dem Horizont jedes möglichen Vergleiches und einer als entwickelt wahrgenommenen Geschichte der Kochkunst kann aber nicht so aussehen, wie dies in den „Top 50" geschieht. Die Liste wirkt überheblich und trotzig, von einer eher touristischen Weltläufigkeit und peinlich lokaler Sicht geprägt. Und weil niemand eine solche Liste seriös erstellen kann, bedient man sich der großartig wirkenden Zahl von „mehr als 300" Experten aus Kritik und Gastronomie. Mangelnde Strukturierung wird nicht dadurch besser, daß man sie massenhaft auftreten läßt.

Problematisch oder nicht, hier droht ein bisher weitgehend unbemerktes Ungemach, dem sich die Logen der Gourmandise schleunigst stellen sollten – nicht zuletzt dadurch, daß sie die wohligen Eckchen des Handwerks etwas öfter verlassen, als das bisher der Fall war. Ja, es geht durchaus um die Zukunft der Gourmandise.

Und nun noch – ganz offen, klipp und klar – die dritte Möglichkeit: Die spinnen, die Briten. ❧

15. 05. 2004, F.A.Z., Feuilleton, Seite 38

Eine Köchin unter vier Hauben

Johanna Maier zählt zum österreichischen Küchentriumvirat

Wenn man erst einmal drinnen sitzt, geht es schon viel besser. Man kann den Räumen in Johanna Maiers Hotel „Hubertus" in Filzmoos ohne Arg eine seriös renovierte Gemütlichkeit bescheinigen, was in diesem vom Tourismus umgetriebenen Alpendorf eher die Ausnahme ist. Man kann die Hinweisschilder vergessen, die nicht nur auf das Haus verweisen, sondern auch gleich auf die Bewertung des österreichischen Gault-Millau („Vier-Hauben-Köchin"). Vielleicht gelingt auch die Loslösung von der Penetranz, mit der Johanna Maier immer wieder zur „besten Köchin der Welt" ernannt wird (unabhängig davon, daß in Italien gleich drei Köchinnen drei Michelin-Sterne haben), oder von der – milde gesprochen – Aufgekratztheit des lokalen Gault-Millau bei der Bewertung österreichischer Restaurants.

Noch besser wäre es freilich, man würde sich gegebenenfalls auch von jenen Teilen ihres jüngsten Kochbuches („Johanna Maier", München 2003) befreien, in denen in gewöhnungsbedürftiger Weise die religiösen Gäule – sagen wir: hier und da auch einmal ohne Zügel – Auslauf hatten. Johanna Maier hat das nämlich alles nicht nötig, es geht alles mit rechten Dingen zu, und ihre Küche verdient Aufmerksamkeit unter den guten Küchen Europas.

Charakteristisch für ihre Küche möchte man – unter voller Nutzung der möglichen Klischees – eine gewisse weibliche Feinheit und Zurückhaltung nennen (wobei dann sehr viele gute Köche weiblich kochen würden, das pointiert aromatisch-kräftige Element ist in der Spitzenküche nicht sehr verbreitet). Ihr „Lauwarmer Hummer mit Fenchel und Zitronenthymian", Spargel, Kräutern, Zuckerschoten und Salat ist in der Aromatisierung so pur und zurückgenommen, daß einerseits die Grenze zur Unterwürzung gefährlich nahe ist und andererseits – wie auch bei einem Bachsaibling-Carpaccio – das verbliebene Aroma nicht ohne weiteres als virtuose Finesse durchgehen kann. Maier scheint diese mögliche Interpretation zu ahnen und ergänzt mehrfach solch zurückgenommene Akkorde durch kleine, auffallend kräftig gewürzte Beilagen. So gibt es zum Hummer eine (leider sehr kleine) Hummerpraline im Haferflockenmantel mit einer prächtig komplexen, minimal exotischen Würze oder zu einer sauberen, aber etwas matten Frühlingsrolle eine fast scharfe Sauce. Diese Form des „Angebots" auf dem Teller will aber erst einmal erkundet und genutzt werden.

Eine weitere, charakteristische Farbe stammt von klassischen regionalen Einflüssen. Für deutsche Zungen am auffälligsten sind wohl Dinge wie paniertes und gebakkenes Fleisch nach Art von Wiener Schnitzeln (hier bei Filets vom Wildkaninchen und bei Lammfleisch zu finden). Beide Teile geraten in der Garung etwas fest, überzeugen aber durch intelligente Verwendung als verfeinerte Rustikalität: Das Kaninchen ist kombiniert mit Linsen, getrocknetem Schinken und einer Art Relish, das Lamm mit einem Bärlauch-Kartoffelsalat.

Am besten gefällt Maier freilich dann, wenn sie – in Elementen oder ganzen Gerichten – ungestört von möglichen Zufälligkeiten ihre außergewöhnlich feine Hand für sensible und präzise Abstimmungen verrät. Da ist etwa ein „Kabeljau mit jungen Kohlrabi und Schnittlauch-Wasabi-Nage" – „en papillote", in Alu-Folie, gegart und erst am Tisch geöffnet – mit einer hervorragend ausbalancierten Sauce oder ein Kalbsfilet mit einer Nußkruste in genau der Abstimmung in Geschmack und Textur, die erst den komplexen Sinn dieser Kombination verdeutlicht. Auch ein Pilzrisotto dazu, die Dimensionierung des Kräutereinsatzes und die zwei Saucen halten millimetergenau ihre Position im geschmacklichen Zusammenhang dieses Gerichtes.

Es ist diese Finesse, die Maier im Vergleich zu ihren Kollegen von den anderen österreichischen Neunzehn-Punkte-Restaurants, Helmut Österreicher vom „Steirereck" in Wien und den Gebrüdern Obauer aus Werfen, sehr gut aussehen läßt. Österreicher hat zwar oft eine gewisse interessante Originalität, überzeugt aber nicht immer in den kochtechnischen Details und der Feinabstimmung – was vielleicht eine Folge der Belastung durch ein außerordentlich stark frequentiertes und großes Restaurant ist. Die Brüder Obauer sind sicherlich die Kreativsten in diesem Kreis, verfolgen aber leider im Moment ein stilistisch etwas diffuses Konzept zwischen regionaler Küche, internationaler Standard-Haute-Cuisine und allerlei Einflüssen rund ums Mittelmeer.

Im Vergleich wirkt Johanna Maier eher an klassischer Ausgewogenheit orientiert, weil bei ihr die „fremden" Elemente nie zu plakativ eingesetzt werden. Ohne das ewig heikle deutsch-österreichische Verhältnis zu strapazieren, möchte man aber zu der genannten Gault-Millau-Problematik anmerken, daß der europäische Städteführer von Michelin (einen eigenen Führer für Österreich gibt es nicht) für Obauer zwei und für Österreicher nur einen Stern vergibt. Johanna Maier hat dort keine Bewertung, weil ihr Restaurant nicht in der Nähe einer Großstadt liegt, die sie allerdings hätte, wenn man sie bei Michelin als Drei-Sterne-Haus ansehen würde (so das Konzept von Michelin für den europaweiten Städteführer). Die Formel von der „besten Köchin der Welt" hat sich wohl eher zum Schaden von Maier und der österreichischen Küche überhaupt ausgewirkt und – natürlich hinter vorgehaltener Hand – vor allem bei den Kolleginnen für allerlei böses Blut gesorgt.

Zurück in der Realität von Filzmoos, erscheint die Köchin im Restaurant und präsentiert die letzte Platte mit süßen Kleinigkeiten, nicht ohne an jedem Tisch als Präsent des Hauses einen durchaus beachtlichen Schokoladenkuchen zu hinterlassen. Man sieht ihr die harte Arbeit in der Küche an, wo sie – anders als ein guter Teil ihrer Kollegen – mit ihrer kleinen Mannschaft viel zu tun hat. Es gibt verschiedene Arten der Runde durch das Lokal nach getaner Arbeit, und es gibt Küchenchefs, die eigens nur zu dieser Runde ins Restaurant kommen. Hier wirkt es heute sehr authentisch und in gewisser Weise anrührend, weil man in ungewohnter Weise Arbeit und Ernsthaftigkeit zu verspüren meint, vielleicht auch den feinen Unterschied, auf einer Mission zu sein, ohne Missionar sein zu müssen. Alles zur größeren Ehre der Küche, sozusagen. Und so sei es gestattet, mit dem in dieser Situation unmöglichsten aller Komplimente zu schließen: Diese Köchin ist einfach ein sehr guter Koch. ❧

22. 05. 2004, F.A.Z., Feuilleton, Seite 36

Seine Schäume sind Träume

Massimiliano Alajmo gilt zur Zeit als größter Koch Italiens

Die italienische Spitzenküche ist stilistisch, aber auch in ihrer sozialen Grundkonstruktion in einem starken Wandel begriffen. Dominant ist im Moment noch die traditionelle Hausfrauenküche (oder klingt „cucina casalinga" besser?) in ihrer zur Spitzenküche gesteigerten, optimierten Form. Von den vier Restaurants mit drei Michelin-Sternen werden drei von Köchinnen geführt – Annie Feoldes „Enoteca Pinchiorri" in Florenz, Nadia Santinis „Dal Pescatore" in Canneto sull'Oglio und Louisa Valazzas „Al Sorriso" in Soriso –, und man kann sich des Eindrucks nicht erwehren, daß hinter dieser Entwicklung durchaus noch das Bild von der Frau am Herd steht, während der Herr des Hauses sich die Finger nicht schmutzig macht und also in feiner Kleidung den repräsentierenden Maître d'Hôtel gibt.

Während auch die ältere männliche Kochgeneration stilistisch mehr oder weniger auf dieser Linie bleibt, kommt es bei der jüngeren Generation zu erheblichen Veränderungen. Von den fünfundsechzig Mitgliedern der italienischen Sektion der bedeutenden, internationalen Nachwuchsorganisation „Jeunes Restaurateurs d'Europe" sind nur noch zehn Frauen. Eine emanzipatorische Volte der besonderen Art? Wohl kaum. Es ist eher so, daß das Bild vom Star-Status internationaler Spitzenköche nun auch hier stärker greift – und das vor allem, seit der Spanier Ferran Adrià mit seinen spektakulären Kreationen die Gourmets weltweit fasziniert. Für die These vom Star-Status spricht auch, daß die Adrià-Rezeption in Italien mehr als in jedem anderen Land vom „Morbus Adrià" (wie man es am besten nennen sollte) bestimmt wird. Dieser weltweit zu beobachtende Kreativ-Virus ist gekennzeichnet von einer oberflächlichen und einseitig die Optik adaptierenden Interpretation der Arbeit Adriàs statt eines tieferen Verständnisses für das Prinzip, also die bisher noch nie dagewesene Intensivierung der Erforschung eines Teilaspektes der kulinarischen Kreation (bei Adrià besonders die dekonstruktivistische Arbeit an Texturen, F.A.Z. vom 4. Dezember 2002).

Einer der bekanntesten Protagonisten dieser Entwicklung ist der erst neunundzwanzigjährige Massimiliano Alajmo von „Le Calandre" in Sarmeola di Rubano bei Padua – gleichzeitig jüngster und einziger männlicher Drei-Sterne-Koch Italiens. Sein „Adesso" (jetzt) genanntes Degustationsmenü mit formal neun, tatsächlich etwa zwanzig Elementen ist eine hochinteressante, aber teilweise konzeptionell und qualitativ irritierende Tour durch die Moderne – von Adrià über Gagnaire bis Bras. Schon früh trifft man auf einen der „Espuma" genannten, mit Kohlensäure auf eine meist sehr leicht wirkende Konsistenz gebrachten (Adrià-)Schäume (bei einem Ricotta mit Kräutern und Polenta-Espuma) und registriert verwundert, daß sie hier etwas fest ausfallen und eher die leicht verdichtete Form einer nicht sehr luftigen Sahne haben.

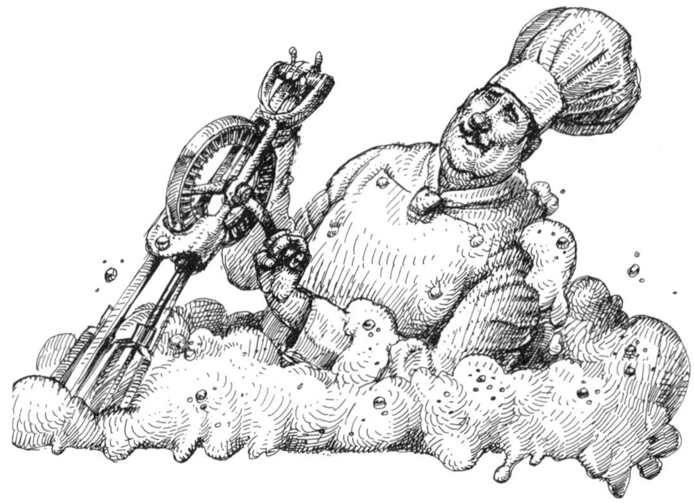

Wie bei Adrià gibt es Gebrauchsanweisungen zum Essen: Bei einem Glas mit Kaviar, Kalbfleisch und Blumenkohl-Espuma heißt es, man möge mit dem Löffel „gleich nach unten durchstechen und nicht umrühren". Anders als bei Adrià wird bei Alajmo aber ein durchaus traditioneller geschmacklicher Hintergrund sichtbar, der die wichtige Funktion einer klaren geschmacklichen Orientierungsmöglichkeit durchaus im Auge hat. Der Akkord wirkt leicht fremd, aber ausgewogen, weil konsequent eine recht große Menge Kaviar gegen eine eher kleine Menge Fleisch gesetzt wird.

Bei einer Hühnerbrühe mit Trüffeln und einem gefrorenen, im Verlauf schmelzenden Eigelbschaum wird deutlich, daß Alajmo auf ganz schmalem Grat arbeitet. Die Brühe und die Trüffeln sind von exquisitem Geschmack, und der Effekt des schmelzenden Eises ergibt ständig changierende Wahrnehmungen. Dazu gibt es aber ein Glas mit gewürzten Brotwürfeln, der – kalten – Creme einer speziellen Brokkoli-Sorte und Trüffelstückchen („hinterher essen, nicht gleichzeitig"), was wie der unreflektierte Versuch wirkt, auch noch strukturalistische Momente durch Textur- und Temperaturvarianten zu installieren.

Nach einem forciert wirkenden, geschmacklich aber eher matten Nudelgericht mit Gurgel und Magen vom Stockfisch beginnt der Verdacht zu keimen, daß Alajmo ein leicht diffuses Verständnis zeitgenössischer Kreativküche hat und eher ungenau „im Sinne von“ arbeitet, als kulinarischen Sinn zu stiften. Ein Risotto mit Kaffee, fein gehackten Kapern und Süßwein wird – sicher unabsichtlich – zu einem Kristallisationspunkt für grundsätzliche Überlegungen zu einer rückgekoppelten oder einer Art aleatorischen Kreativität. Jedes dominante Element – sagen wir: ein Stück Kalbsfilet – verträgt in richtiger Dosierung fast jedes Aroma. Würde man dazu in diesem Sinne Kapern und Kaffee (etwa in einem dunklen Bratenjus) einsetzen, bestünde zumindest Aussicht auf Erfolg. Fehlt dieser Bezug (und ein Risotto ist in diesem Falle kein ausreichender), treffen die problematisch herben Elemente unerfreulich direkt aufeinander, auch wenn hier mit dem Süßwein ein ausgleichender Katalysator eingesetzt wird, der allerdings eher so wirkt, als würde man Salz mit Zukker aufwiegen wollen.

Das Gericht wird vom Zufall dominiert und ist nicht durchdacht. Nur am Rande der redundant großen Portion ergibt sich eine Mischung, die eine gewisse Ausgewogenheit hat, während in der Mitte des Tellers der Kaffee zusammenläuft und eine penetrante, verfälschte und verfälschende Wirkung entfaltet, die angesichts seiner anderen Kreationen so nicht gewollt sein kann. Ein Gegenbeispiel findet sich dann später bei einem der Desserts, wo abermals ein Randbereich des Süß-Sauren bemüht wird. Hier sind es kandierte Oliven und Dill, die mit einem Sorbet aus rosa Pampelmusen und einem Gin-Limonen-Jus kombiniert werden. Der fruchtig-säuerliche Schwerpunkt ist eindeutig und der Akkord vor diesem Hintergrund originell und trotzdem sofort einleuchtend.

Es bleibt unklar, ob Alajmo ein moderner Koch ist oder sich in der Moderne betätigt. Ein Grund für diese Vermutung ist auch ein „verdächtig“ gut gelingendes Hauptgericht in eher klassischem Stil, bei dem eine souverän gearbeitete Taube mit einer prächtigen Innereiencreme zur Keule nur ganz dezent mit Birnensenf und winzigen Mini-Rettichen parfümiert wird und sich so problemlos in großer Ausgewogenheit präsentiert. Vielleicht wird man hier noch etwas warten müssen, bis sich die Entwicklung eines typischen Geschmacksspektrums und einer konsequenter fundierten Konstruktion der Gerichte zum überzeugenden Gesamtbild fügen. Interessant ist es allemal. ❧

29. 05. 2004, F.A.Z., Feuilleton, Seite 34

Des Feuers Glut bezwingt er

Männer am Herd: Hauptsache, es sieht wie echtes Handwerk aus

Interessieren sich hobbykochende Männer wirklich fürs Essen? Es wäre doch vor Jahren undenkbar gewesen, daß sich ein Mann in die pastellfarbene Welt aus Plastikschüsseln verirrt hätte. Erst seitdem die Läden für Küchenbedarf mehr nach Baumarkt aussehen und die Ernsthaftigkeit der Bemühungen durch den Umbau der heimischen Küchenidylle in eine edelstahlgesättigte Imbißstube dokumentiert werden kann, greift auch hier die alte, männliche Faszination fürs Handwerk.

Kochen aber die meist männlich besetzten Kochclubs wirklich, oder spielen sie Lokomotivführer? Jedenfalls finden wir ihn dort wieder, den guten, alten Wenn-schon-denn-schon-Mechanismus, den unausweichlichen Drang zum schärfsten Messer, zum heißesten Herd und überhaupt zum schweren Gerät. Schließlich weiß man von sich immer wiederholenden Fernsehbildern, was einen guten Koch ausmacht: Er kann rasend schnell eine Zwiebel in kleine Würfel schneiden oder wunderbar Terrinen herstellen, die so aussehen wie aus der Fabrik. Er brät auf gewaltigen Gasbrennern, flambiert mit hohen Stichflammen, wenn er nicht überhaupt mit einer Lötlampe die Crème brûlée vollendet.

Leider ist das alles ein großes Mißverständnis – zumindest, wenn man wirklich gut kochen möchte. Am Anfang der laizistischen Küchenhysterie steht das Problem der Unerklärlichkeit der Produkte unserer Meisterköche – allerdings mehr des technischen und optischen Aspekts als des geschmacklichen. Mit wenig Mühe gibt es für die Optik plausible Erklärungen, gibt es Tips und Tricks für den Aufbau einer Terrine und natürlich das passende Werkzeug. Diese partielle Erdung des Unerklärlichen ist sehr verführerisch; plötzlich ist alles überschaubar zu realisieren und führt in der Regel zu erfreulichen sozialen Effekten. Es ist dies die traditionell hausfrauliche Interpretation der Sache, eine unproblematisch-zufriedene Adaption des Möglichen.

Dem kochenden Mann reicht das natürlich nicht. Er weiß, daß hinter dem sichtbaren Produkt der unsichtbare Geschmack steht, und spürt, daß die Aura der Kompetenz eines Meisterkochs etwas bedrängend Unerklärliches hat. Dann aber läuft die Analyse falsch, weil ihr Ergebnis nicht zur Sehnsucht nach erfolgreicher handwerklicher Betätigung passen will. Eigentlich sollte der Hobbykoch essen gehen und nochmals essen gehen, er sollte seinen

Geschmack schulen, um auch Dinge, die er selbst produziert hat, geschmacklich einordnen zu können. Das freilich ist nicht gerade sehr verbreitet, ganz im Gegenteil. Auffällig oft praktizieren gerade Kochclubs eine Art projizierter Trivialität: Sie suchen eher den Kontakt zur nur etwas besseren Küche (also zu jener Art, die sie selber reproduzieren können) als den konsequenten Nachvollzug der Großmeister des Fachs.

Wie immer sie aber orientiert sind – das Küchengerät wird zur symbolischen Selbstergänzung (ein Begriff des schwedischen Sozialpsychologen Robert Wicklund). Was man nicht kann, kauft man dazu, ganz darauf vertrauend, daß mit der Guarneri in der Hand alles gleich viel besser klingt. Es grüßt der Hobbyfotograf mit der teuersten Spiegelreflexkamera, der Amateurrocker mit der „Les Paul Special", der Hobbymaler mit einem Fundus an bestem Material, das jeden Profi erblassen läßt. Der Brenner mit fünf Kilowatt wird zum Küchenamulett, das Rinderfilet nicht nur profan gegart, sondern quasi per Potenzübertragung durch das Spitzengerät. Beendet wird die Garzeit mit der Technokratenlösung für den Garpunkt: der Innentemperaturmessung, deren gauklerische Sicherheit längst den Weg in die Küchenzeile gefunden hat (aber wegen extrem vieler Variablen nur in der Hand von Profis wirklich nützlich ist).

Natürlich gibt es neben solch symbolischer Selbstergänzung des Kochinteressierten auch noch die allgemeine Symbolkultur der gebildet wohlhabenden Uninteressierten, vielleicht in der klösterlichen Designatmosphäre einer teuren Küche mit einem einzelnen, aber gut beleuchteten Salatblatt – von steifen Fingern gewaschen, in steifem, aber vorzeigbarem Ambiente. Wir lernen daraus, daß es scheinbar zwei Formen des Als-ob gibt: den konkreten und den unkonkreten Nachvollzug.

Die Realität jedenfalls ist prosaisch und hinsichtlich der heißgeliebten Utensilien geradezu archaisch. Eigentlich braucht man selbst zum sensationellen Kochen fast kein Werkzeug, aber damit muß man hervorragend umgehen können. Ein Beispiel: Der Rolls-Royce unter den Herden dieser Welt, ein Molteni (den es mittlerweile in einer Unzahl von Größen auch für den Privatkoch gibt), ist im Prinzip nichts anderes, als Großmutters alter, gußeiserner Küchenherd. In der Mitte ist er sehr heiß (zum Anbraten), etwas mehr zum Rand hin können Sachen fortkochen („köcheln"), am Rande kann man fertige Zubereitungen warm halten. Dazu hat er einen Backofen, der (wie bei den Profis) üblicherweise eine gleichbleibende Temperatur hat. Viel mehr Hardware braucht man nicht, um ein hervorragendes Essen zu produzieren – außer natürlich Know-how und überragend gute kulinarische Produkte.

Ein sehr guter Koch akkumuliert Fähigkeiten, die er mit dem notwendigen Maß an Fertigkeiten in eine kulinarische Kreation verwandelt. Der Schaumschläger neigt trotz durchaus vorhandener Fähigkeiten zum nicht notwendigen Übermaß an Einsatz von Fertigkeiten – mit der Gefahr einer schleichenden Inflationierung der Substanz. Der lediglich gute Koch akkumuliert Fertigkeiten, mit denen er trotz begrenzter Fähigkeiten vor allem Annehmbares und Vorzeigbares produziert. Der im Unverständnis befangene Laie aber läuft Gefahr, die Kopplung von Fähigkeiten und Fertigkeiten zu verlieren.

Kann man in unserer gegenwärtigen kulinarischen Landschaft mit ihrer extremen Kommerzialisierung des Küchenbrimboriums, des kulinarischen Kurzschlusses wie Schnellschusses, der Tendenz zum Diminutiv und der latenten Arbeitsverweigerung dem Anachronismus der erarbeiteten Kompetenz noch einen Raum geben? Oder, ganz unverblümt: Was kann man einem guten Koch denn noch verkaufen? Einmal im Leben einen guten Herd? Nun, zumindest sehr gute Realien vom Bresse-Huhn bis zur Gillardeau-Auster, und das jeden Tag. Dem einen ist das Wichtige wichtig, dem anderen das Unwichtige.

05. 06. 2004, F.A.Z., Feuilleton, Seite 34

Der richtige Erbe

Patrick Bertron führt „La Côte d'Or" aus dem Unglück heraus

Die anhaltenden Diskussionen um den Fall des im vergangenen Jahr durch Freitod aus dem Leben geschiedenen französischen Starkochs Bernard Loiseau (F.A.Z. vom 26. Februar 2003) drehen sich im Moment eher darum, ob sein Restaurant „La Côte d'Or" in Saulieu (Burgund) ohne ihn nach wie vor drei Sterne im Michelin bekommen durfte. War das eine postume Verbeugung vor einer der bedeutendsten Identifikationsfiguren der französischen Küche, vor dem bekanntesten Koch des Landes (in Umfragen oft vor Bocuse genannt)? Man sollte einmal wieder zum Kern der kulinarischen Zusammenhänge zurückkehren, wo Loiseau eine bis heute nicht ausreichend gewürdigte Position innehat.

Ende der achtziger und zu Beginn der neunziger Jahre gab es in der französischen Küche eine auffallend einfallsreiche Bewegung, deren Bedeutung bis heute anhält und deren Protagonisten nach wie vor zu den Neuerern gezählt werden: Michel Bras, Pierre Gagnaire, Marc Veyrat, Olivier Roellinger und andere glänzten mit spektakulären Kreationen, ungewöhnlichen Realien und Kombinationen. Eigentlich müßte auch Loiseau einen Platz in dieser Reihe haben, aber seine Ideen waren stiller und konnten selbst von diesem großen Kommunikationstalent in ihrer Bedeutung damals nicht deutlich genug gemacht werden. „Wasserküche" sei dies, hieß es bei Kollegen und Kritikern schnell, weil Loiseau es wagte, gegen die Tiefe fondgesättigter Saucen und die damals noch weitverbreitete Sahne die „Authentizität" (sein Lieblingswort) des Produktgeschmacks zu stellen, der mit möglichst wenig geschmacklicher Manipulation, aber einer präzisen Kochtechnik aus sich heraus sprechen sollte.

Hatte er damit recht? Heute mehr denn je. Immer noch durchzieht selbst die besten Küchen der Welt ein Hauch von hausgemachter Geschmacks-Industrialisierung, eine Art convenience food der speziellen Art, wenn jede Sauce und oft genug Fisch-, Fleisch- und Gemüsegarung per vorbereiteter Fonds süffig homogenisiert wird. Und weil diese Fonds meist klassisch – also einander ähnlich – aufgebaut sind, nivelliert sich der Gesamtgeschmack der Küchen untereinander so beträchtlich, daß selbst die individuellen Ideen der Köche oft ihre Eigenart verlieren. Die Forderung nach Purismus und Reinheit im Geschmack ist also gleichzeitig ein Plädoyer für die individuelle Handschrift und die Spezifität einer an den regionalen Ressourcen orientierten Arbeitsweise wie gegen die Manierismen eines nicht reflektierten Handwerks. Nach Loiseau würde eine Küche weitgehend so schmecken, wie es die Produkte – ohne die zwielichtige Hilfe ebenso wohlfeiler wie weltweit verfügbarer Zutaten – hergeben.

In „La Côte d'Or", dem burgundischen Gesamtkunstwerk, hat sich mittlerweile eine beträchtliche und höchst beachtenswerte Entwicklung ergeben. Kurz nach dem Tod des Meisters führte sein langjähriger Küchenchef Patrick Bertron zunächst die Küche ganz normal weiter. Mittlerweile aber bestimmen die Klassiker des Hauses nur noch einen Teil der Karte – den sie allerdings auch behalten sollen. Diese „historischen" Rezepte wirken in ihrer Klarheit und Direktheit fast archaisch. Die berühmten Froschschenkel mit Knoblauchpüree und Petersilienjus sind in Butter zu einer kräftigen Kruste gebraten und werden von Aromen begleitet, bei denen beim besten Willen keinerlei Hintergründe zu ermitteln sind. Es ist ein kulinarisches „What you see is what you get", bei dem man aber hinterher wirklich weiß, wie das optimierte und konzentrierte Produkt schmeckt. Auch der Zander mit Schalottenpüree und Rotwein, die Hühnerbrust mit Foie gras und getrüffeltem Kartoffelpüree (im eigenen Saft im Vakuum und bei Niedrigtemperatur vorgegart, was ihr etwa die doppelte Geschmacksintensität einer normalen Hühnerbrust gibt) und einige andere Kreationen sind noch da.

Doch nun beginnt das Faszinierende. Patrick Bertron, der nach eigenen Worten in seiner Rolle als ausführender Küchenchef des Meisters „völlig zufrieden" war, entpuppt sich – wie es scheint, durchaus auch ein wenig zur eigenen Überraschung – als der wahre Nachfolger Loiseaus, als jemand, der nicht nur reproduziert, sondern die verinnerlichten Ideen im Umfeld einer neuen Zeit und anderer Sehweisen auf die Küche in teilweise schon geradezu exquisiten Kreationen realisieren kann. Auffällig ist dabei ein insgesamt kräftigeres Geschmacksspektrum (Bertron: „Ich würze oder reduziere Saucen immer bis knapp unterhalb des maximal Möglichen"). Seine Rotbarbenfilets etwa sind zu einer starken Kruste angebraten, ohne allerdings im mindesten an Zartheit zu verlieren. Die aus den Karkassen und den Innereien (Leber) gewonnene Sauce ist fast herb und wird ergänzt von einigen Fäden Olivencreme.

Bertrons Theorie dazu unterscheidet sich beträchtlich vom allgemeinen Usus: Wo sonst eigens vorgelegtes Saucenbesteck zum Auslöffeln auffordert, sieht er die Sauce als ein Element an, von dem immer etwas an den Dingen als Würze hängenbleibt und das deshalb notwendigerweise sehr intensiv sein muß. Das kräftige Spektrum der Rotbarbe wird nun mit sehr natürlich wirkendem, tatsächlich aber handwerklich durchaus aufwendig gearbeitetem Gemüse kombiniert. Hier sind es die nussig schmekkenden, kleinen Zucchini und mit Ratatouille gefüllte Zucchiniblüten, die im Akkord mit der herben Rotbarbe durch die vielen Reaktionsmöglichkeiten geradezu im Mund explodieren. Überhaupt gefallen Fische und Krustentiere bei Bertron sehr gut. Da gibt es Hummermedaillons auf einer extrem komplex und originell wirkenden Gemüsezubereitung mit winzigen Würfelchen, die jeden Bissen in einer anderen Schattierung von Gemüse wirken lassen, begleitet von einer abermals kräftigen Sauce vom Hummerrogen („Corail") und einem wunderbaren Textur-Kontrast von püriertem Scherenfleisch in einem krossen Roggentörtchen, oder ein Hummer-Frikassee mit winzigen Grenaille-Kartoffeln, Pfifferlingen und einer Sauce unter Verwendung des sonst oft verschmähten Kopfteils des Hummers.

Diese Verbindungen aus Natürlichkeit und Raffinesse wirken vor allem dann überzeugend, wenn sie auch noch undogmatisch mit unterschiedlichen Texturen und Temperaturen spielen. Sie wirken – wie bei einigen Fleischgerichten – nur dann noch nicht ganz zu Ende gedacht, wenn nicht genügend Vertrauen in die positive Wirkung von Kontrasten gesetzt wird (wie bei einer unnötig süß gehaltenen Ente mit glacierten und pürierten Karotten). Aber, Bertron wird es angesichts dieser enormen Fortschritte schon richten. Er wird stilistisch und qualitativ schnell zu einer festen Größe werden. ❧

12. 06. 2004, F.A.Z., Feuilleton, Seite 36

Wie Talent sich Bahn bricht

Aber nachhaltige Impulse stammen von Herren in den besten Jahren

Wo bleibt eigentlich die juvenile Kreativität in der Kochkunst? Man kann es drehen und wenden, wie man will: Die nachhaltigen Impulse zur Entwicklung des Faches stammen von einer Riege von Herren in den besten Jahren, die also mittlerweile um die fünfzig Jahre alt sind, über ein jahrzehntelanges Berufsleben verfügen und in absehbarer Zeit keinerlei Kreativdruck von der Jugend zu fürchten haben. Zu allem Überfluß scheint es auch noch bei der jüngeren Kochgeneration nichts Wichtigeres zu geben, als diese Meister nach Kräften zu kopieren. Leben wir in einer Epoche, die eine historisch zwangsläufige kreative Auffächerung der Kochkunst erlebt hat, der aber nicht ebenso zwangsläufig weitere Entwicklungen folgen? Ist die Massierung der Adrià, Bras, Veyrat, Roellinger, Gagnaire oder Passard (plus maximal etwa weiterer fünf bis zehn Namen weltweit) in einer Generation eine einmalige Erscheinung?

Zum Studium des Potentials juveniler Kreativität lohnt sich vor allem der Blick auf einige Mechanismen in der Entstehung der Rockmusik. Viele der Protagonisten waren nicht im klassischen Sinne musikalisch ausgebildet, verfolgten also nicht den Weg einer mehr oder weniger guten Reproduktion vorgegebener Materialien. Aus einer teilweise nur rudimentären Nutzung der Instrumente entwickelte sich dennoch eine klangliche und formelle Sprache, die gerade aus der Überschreitung alter Normen ihre innere und äußere Kraft gewann und zu einer wahren Explosion an Ausdrucksmöglichkeiten führte (von erheblichen technischen Innovationen wie dem Sampling ganz zu schweigen). Natürlich ist der Erfolg der Rockmusik auch darauf zurückzuführen, daß aktive Regelmißachter eine ideale Symbiose mit passiven Regelnichtverstehern eingingen, aber das tut der Sache bei genauer Betrachtung der „seriösen" Konkurrenz nicht unbedingt Abbruch. Interessant ist weiter, daß die Versuche, sich mehr im Bereich der „gebildeten" Musik zu betätigen, oft zu künstlerisch unbefriedigenden Ergebnissen von sehr kurzer Lebensdauer führten (etwa Classic Rock), während die nach wie vor stattfindenden Ausbrüche juveniler Kreativität auch heute noch interessante Ergebnisse bringen. Typisch für die spezielle kreative Situation ist aber auch, daß der Versuch, einen Erfolg zu wiederholen, häufig scheitert. Viele Musiker haben eine hervorragende erste Platte gemacht, aber beim zweiten Mal versagt.

Einer ähnlichen Entwicklung in der Kochkunst steht im Prinzip nichts entgegen. Es ist im Grunde sogar so, daß man bereits mögliche Wege dahin erkennen kann. So ist etwa die Intensivierung der Erforschungen von Textur- und Temperaturwirkungen beim spanischen Avantgardisten Ferran Adrià bisher noch ohne Nachfolge in anderen möglichen Bereichen geblieben – von größeren strukturellen und rezeptorischen Zusammenhängen bis zu einer vergleichbaren Beschäftigung mit Gewürzen, Kräutern oder selbst Realien wie Brot und Teig. Aber das trifft vielleicht nicht das Prinzip juveniler Kreativität im genannten Sinne, weil die realisierte Freiheit des Ungelernten sicher nicht so logisch folgert.

Das kulinarische Interesse des jüngeren Publikums hat mittlerweile so weit die Wege der klassischen Haute Cuisine französischen Ursprungs verlassen, daß – vielleicht hier und da schon heute – eine getrüffelte Foie gras für exotischer gehalten wird als eine Sushi-Kreation. Durch häufigen Konsum verschiedener Ethno-Küchen sind viele jüngere Leute an ehemals seltene Aromen gewöhnt, durch einen weltweit anzutreffenden, die Grundprodukte oft übertünchenden kräftigen Süß-sauer-Geschmack aber auch den dezenten Abstufungen der Spitzenküche schon so weit entwöhnt, daß sie sie für fade halten.

Aber wo bleibt dann die kulinarische Revolution von unten, der Antrieb zur eigenen Mitwirkung an einem offensichtlich geschätzten Metier? Ist am Ende im kulinarischen Multikulti moderner Prägung schon alles da, was man braucht? Die kargen Versuche sehen jedenfalls nicht nach Rock-'n'-Roll-Küche aus, auch wenn ein paar recht alte „Junge Wilde" (wie der nicht mehr in einem Restaurant arbeitende Stefan Marquart) schon einmal von „mit Vanille gepierctem Zwiebelfisch" reden. Eine solche Form der Hofnarrküche mag amüsante Effekte hervorbringen, greift aber viel zuwenig in eingefahrene Mechanismen ein. Gibt es also nichts, oder bekommen wir es nur nicht vorgeführt?

Nachfragen in den kulinarischen Kaderschmieden (also den Küchen unserer Spitzenrestaurants) bestätigen, daß hier viel nachgekocht wird, aber Experimentierfreude findet sich dort nicht. Es scheint so zu sein, daß in diesem Metier – anders als in der Musik oder in der Kunst – vor der Entfaltung enorme institutionelle Hürden zu überwinden sind. Alles muß sich am Markt bewähren, also vom ersten Tag an verkauft werden. Die Einrichtung eines noch so kleinen Restaurants kostet viel Geld, und gerade beim Eßbaren wird der Verbraucher mit kostenintensiv umzusetzenden bürokratischen Auflagen geschützt. Aber nehmen wir an, das wäre alles erledigt und wir träfen plötzlich auf eine Lokalität mit extrem avantgardistisch anmutender Atmosphäre und fänden daselbst eine Küche (das Beispiel ist willkürlich, aber nicht ohne Parallele zu schon vorhandenen Versuchen), in der Fisch, Fleisch und Gemüse vor allem heftig qualmend mit Rauchnoten aller Art zugesetzt würde. Hätte ein solches Restaurant eine Chance? Im Moment wohl kaum, weil das Publikum seine entsprechende Disposition braucht.

Verglichen mit den Entwicklungen in der Rockmusik, liegt im kulinarischen Bereich die Latte für eine kreative Explosion vor allem beim Gast enorm hoch. Es müßten Fragen beantwortet werden, die man heute mit vielen noch nicht einmal ansatzweise diskutieren kann. Wird eines Tages jemand Geld für enorme geschmackliche Erlebnisse bezahlen, die durchaus eine andere kulturelle Identität der Kochkunst (eigentlich: des Essens) begründen könnten, obwohl sie nach herkömmlichen Regeln nicht wirklich gut schmecken? Wird jemand – wie in anderen Bereichen der Kultur durchaus üblich – auch eine mißlungene kulinarische Inszenierung systemerhaltend wohlwollend akzeptieren? Werden Experimente finanziert und kreative Talente vor den Mechanismen des Marktes bewahrt? Kulinarische Erfahrungen sind zwangsläufig von einer distanzlos-unmittelbaren Natur. Das klingt eigentlich schon vom Prinzip her jung. Vielleicht hat die Jugend da einfach bisher nur etwas übersehen. ❧

19. 06. 2004, F.A.Z., Feuilleton, Seite 34

Wut, daß es McDonald's gibt

Im Schnellrestaurant wird der Sinn fürs Eßbare ausgetrieben

Die regelmäßigen Kampagnen von McDonald's zur Imageverbesserung bedienen sich natürlich derjenigen gedanklichen Kanäle und Konstellationen, die in einem bestimmten Land und zu einer bestimmten Zeit am erfolgversprechendsten sind. Typisch für sie ist, daß sie die kulinarischen Probleme im engeren Sinne nicht berühren, sondern sich dort betätigen, wo auch andere Essens-Instrumentalisierer arbeiten, also im eher technischen Sektor von Nährwert, Modernität und Gesundheit oder der hierzulande so wichtigen „political correctness", etwa bei der Fleischbeschaffung. Entwickelt sich da am Horizont gar eine Allianz von alten Gegnern, weil es McDonald's mit Leichtigkeit gelingt, wissenschaftliche Zeugen für die technische Unbedenklichkeit ihrer Produkte zu benennen – und erst recht für die Übereinstimmung der Firmenpolitik mit den sich neuerdings so schick und großstädtisch auflösenden Formen traditionellen Essens und seiner sozialen Position? Mögliche Verwüstungen im gustatorischen Weltbild derjenigen, für die Eßbares im Stil von McDonald's zur Bezugsgröße wird, werden auf diese Weise – wieder einmal – nicht thematisiert.

Ohnehin verblassen die Programme vor der schieren Realität des tatsächlich verkauften Produktes, das in der Regel schon optisch wenig Ähnlichkeit mit der Makrofotografie „saftig" komponierter Kreationen in der Werbung hat. Entsprechend ernüchternd ist die kulinarische Bestandsaufnahme. Der normale Hamburger wird als pampig-feuchte Masse geliefert, weil die spärlich dimensionierte Sauce auch noch in das Brot eingezogen ist. Das Fleisch (etwa fünf Millimeter dick) ist von extremer Übergarung ausgesprochen trocken und hat keinerlei identifizierbaren Geschmack. Gemüse und Sauce vermischen sich zu einem kräftigen Süß-sauer-Geschmack (dem Weltgeschmack Nummer eins), der stark von Zwiebelaroma, Gurke und Gewürzen bestimmt ist. Der Gesamtakkord ist nicht saftig, sondern trocken. Das berühmte McDonald's-Mouthfeeling (also die Textur) hat im „normalen" Essen kaum eine Parallele. Es entspricht etwa einem Biß in die entspannte Unterarm-Muskulatur.

Beim Fisch-Mäc verschwindet der Fischgeschmack im Akkord vollständig. In der Sauce dominieren abermals kräftige Aromen von Gurke und Zwiebel, deren Effekt vor allem ein langer, unangenehmer Nachgeschmack ist. Der gepreßte Fisch – von seiner dicken Panade befreit – ist von schlechter Qualität und schmeckt deutlich „fischig". Panade und Sauce übertünchen dieses Problem allerdings. Ganz ähnlich ist der Aufbau beim McChicken, wo wieder ein überaus schwaches Grundprodukt (gepreßtes Hühnerfleisch, pur quasi ohne Ähnlichkeit mit einem auch nur annähernd tolerablen Hühnergeschmack) durch eine weitere Variation des Süß-Sauren zu dem typischen McDonald's-Geschmacksbild aufgebaut wird. Hier wird diese Arbeit von einer Panade – die stark nach industrieller Tütensuppe schmeckt – und einer süßlichen Mayonnaise geleistet, in der sich einige matschig gewordene Salatstreifen befinden.

Weitere Produkte setzen diese Linie fort, ob beim Honolulu-Chicken mit einem stärker süßlichen Spektrum oder beim McRib mit einer großen Ähnlichkeit zu

einer schlechten, stark überwürzten Currywurst, ob bei den Garnelen de luxe mit der Kombination aus übertünchtem Garnelengeschmack und Chili-Sauce (mit Glucosesirup und Gewürzextrakt) oder einem Gemüse-Mäc, bei dem einem vordergründigen Körner-Panade-Kauerlebnis wieder nur eine undefinierbare Pampe folgt.

In der Summe ergeben sich klare Strukturen: In einer dem normalen Essen nur vage ähnlichen Textur werden schwache Grundprodukte in einen stark süß-sauer gewürzten Zusammenhang gebracht. Das von McDonald's vermittelte kulinarische Weltbild hat mit entwickelter Eßkultur nichts zu tun. Der Verzicht auf jedweden konkreten Produktgeschmack im engeren Sinne und die gleichzeitige, konsequente Förderung eines undefinierbaren (und unausweichlichen) Mischgeschmackes stellen eine Art kulinarischer Desozialisierung dar.

Aus der Erforschung kindlicher Verhaltensweisen ist bekannt, daß süßliche Aromen und stark gemischte Formen bis weit ins Jugendalter bevorzugt werden. Im Prozeß der kulinarischen Sozialisation kann sodann die Gewöhnung an ein immergleiches Geschmacksbild eine traurige Rolle spielen, weil in dem Maße, in dem der Kontakt (das Lernen) mit anderen Nahrungsmitteln ausbleibt, deren Akzeptanz schwierig bis kaum mehr möglich wird. Insofern ist die Rolle von McDonald's bei der Einübung in die Eßkultur kontraproduktiv, weil entwicklungshemmend.

Im Detail wird klar, welche Auswirkungen eine Fixierung auf die kulinarische Welt in dieser industrialisierten Form hat. Wer keine direkten Produktaromen mehr erlebt, geschweige denn solche in guter Qualität und Zubereitung, läuft Gefahr, im Kontakt mit identifizierbarem Essen dieses für das eigentlich „nicht richtige" zu halten. Gewöhnt an Fisch, Fleisch und Geflügel in Form von Kaumaterial, wird das gute Original als das eigentlich befremdliche empfunden, schmecken bald die Erbsen aus der Dose (ein klassischer Test) besser als frische Erbsen, und alles, was nicht mit penetranter Würzung versehen ist, wirkt fade. Dem perfekt gegarten und präzise mit Salz und Pfeffer gewürzten Fleisch oder Fisch fehlt die Dichte der übertünchenden Würzsaucen, das plötzlich nicht mehr versteckte Grundmaterial irritiert in seiner Deutlichkeit. So wie für Kinder und Jugendliche Entwicklungshemmung zu befürchten ist, bedeutet der gleiche Mechanismus für Erwachsene Infantilisierung und Regression.

Davon hängt der Unternehmenserfolg ab. Die Mär vom billigen Essen ist bizarr verfälschend. Da kostet ein Essen für Eltern und zwei Kinder mal eben vierundzwanzig Euro. Für diesen Preis läßt sich ohne weiteres ein gutes bis sehr gutes Essen kochen. Es ist ein Teufelskreis: Verführung, Gewöhnung und die Entmündigung zum lebenslangen Stammkunden, dessen kulinarisches Raster nur noch hier bedient werden kann. ❧

26. 06. 2004, F.A.Z., Feuilleton, Seite 34

Aus der Tiefe des Gewürzraumes

Das „Alte Rentamt" in Klingenberg bläst zur Aromenattacke

Das weite Feld der Gewürze hat im Bereich der Spitzenküche erstaunlich wenig echte Protagonisten. Man wird zwar fast jedes Gewürz an irgendeiner Stelle einmal antreffen, aber es überwiegt meist der Eindruck, hier hätte jemand einen zufälligen Reiz entdeckt, den er in der Regel eher plakativ einsetzt und bei weitem nicht in der verknüpfend-vertiefenden Art, wie das bei den „erlaubten" Spezereien der Fall ist. Mit Leichtigkeit mischt man fünf Wacholderbeeren mit zehn weißen Pfefferkörnern und einem halben Sternanis, nicht aber drei Kubeben mit etwas langem Pfeffer und Niora. Die grandiosen Gewürzmischungen einiger Meister der Zunft, wie etwa von Olivier Roellinger in Cancale (mit Namen wie „Retour des Indes" oder „Grand Caravan"), Michel Bras in Laguiole oder auch in erstaunlicher Qualität von Ingo Holland (sein Restaurant in Klingenberg am Main heißt „Altes Rentamt"), wahren einen so großen Abstand zum erwähnten „zufälligen" Gewürzeinsatz und erst recht zur Industrieware, daß nur völliges Unverständnis für die stiefmütterliche Behandlung der Gewürze bleibt.

Ingo Holland ist neben Andree Köthe vom Nürnberger „Essigbrätlein" der führende Vertreter einer Küche mit ausgeweiteter Gewürzpalette in Deutschland. Obwohl er mit dem „Alten Gewürzamt" (gegenüber seinem Restaurant) auch noch über das mittlerweile wohl beste Gewürzgeschäft des Landes verfügt, wirken seine kulinarischen Bemühungen im Schnitt eher temperiert, immer ein wenig von vorauseilendem Gehorsam gegenüber den ominösen Wächtern der reinen Lehre geprägt. Fast jede Erwähnung seines Hauses enthält eine Floskel mit dem Hinweis auf solide Arbeit – so als wolle man sagen, daß das alles gar nicht so schlimm sei mit den Gewürzen, sozusagen eine durchaus tolerable kulinarische Behinderung.

So bilden dann auch Gerichte den Schwerpunkt, die nicht unbedingt über größere Auffälligkeiten verfügen. Der „Lammsattel, mit Malabarpfeffer, gebraten auf kleinen Merguez mit Kuchen von jungem Knoblauch und Kartoffeln, geschmorte weiße Aubergine" ist charakteristisch für Hollands Stil mit sehr eingebundenen Aromen, die meist einen recht vollen Geschmack mit einer leicht rustikalen Note ergeben. Die Pfefferkruste beim Lamm ist alleine deutlich wahrnehmbar, im Zusammenhang aber nur eine begrenzte Note. In einem solchen Konzept ersetzt quasi der eine Pfeffer den anderen.

Auch beim „Schwartelbraten vom Spanferkel und Zackenbarsch auf gebratenem Spitzkohl, Kümmeljus und kleinen Knödeln" geht es ähnlich zu. Ein charakteristischer Effekt einer entwickelten Gewürzküche findet sich dagegen beim „Salat von geröstetem Blumenkohl mit Safran, Erdnüssen und gebratener Jakobsmuschelrosette". Durch eine leichte Schärfe in der Sauce entsteht im Zusammenhang mit einer gewissen Komplexität ein nachhaltiger Gewürzgeschmack im Mund. In diesem „Gewürzraum", der sich durchaus einige Zeit hält, entwickeln sich sodann die vielfältigen Texturen von Erdnüssen, krokantbrüchigem Blumenkohl und den rohen und gebratenen Muscheln.

Noch stärker verknüpft werden Gewürzwirkung und Sensorik beim „Auberginenbulgur, Sorbet von Mango, Curryschaum und Jakobsmuscheln", wo man zuerst etwas Muscheln, Sauce und Bulgur (Weizenkörner) essen kann, um den Effekt eines „Gewürzraumes" zu entwickeln. Nimmt man nun etwas von dem kalten Sorbet, wird diese Wahrnehmung sofort gestoppt. Mit der Erwärmung entwickeln sich dann peu-à-peu die Aromen bis hin zur Schärfe im Nachhall. Das ist interessant und ein Eßerlebnis, das nur in einer avancierten Gewürzküche möglich ist.

Holland ermöglicht zumindest diese Einblicke (von allerlei sehr schön gewürzten Pürees und Spezialsaucen einmal ganz abgesehen), könnte aber mit Sicherheit noch viel konsequenter arbeiten. Vom kulinarischen Anspruch her sollten übrigens meisterliche Gewürzmischungen durchaus parallel zu einer meisterlichen Sauce gesehen werden, also abhängig von der Fähigkeit zu virtuoser Feinabstimmung.

Folgende Gewürze verdienen mehr Aufmerksamkeit: Kardamom (Elettaria cardamomum) auch außerhalb des Dessertbereiches. Der lange Pfeffer (Piper longum) und der Kubebenpfeffer (Piper cubeba) wegen der „belüftenden", erfrischenden Wirkung bei der Würzung von Fleisch oder etwa in zitrusbetonten Saucen. Die komplex-herben Aromen des Bockshornklee-Samens (Trigonella foenumgraecum) oder der indischen Vadouvan-Mischung mit ihrem Geschmack nach in Fleischjus reduzierten, gerösteten Zwiebeln. Sumach (Rhus coriaria) mit ähnlichem Geschmack und Verwendungsmöglichkeit wie reife Oliven. Niora, das grob gemahlene Pulver einer sehr speziell schmeckenden Paprikaschote. „Benjoin" (botanisch Styrax benzoin, lateinisch Asa odorata), ein bisher kaum erhältliches Harzprodukt mit einem faszinierenden Geschmack nach Tabak und Zedernholz (bei der aus Siam stammenden Sorte), oder die Samen der Betelnußpalme (Areca catechu) mit ihrer Mischung aus Kirsch- und Kakao-Aroma. Die Liste ließe sich fortsetzen. Das Problem scheint zu sein, daß vielen Köchen nach lebenslanger Arbeit mit dem, was sie automatisch und vielleicht fälschlicherweise als Primäraromen angesehen haben, die komplexe Einordnung neuer Geschmackserlebnisse nicht so leicht von der Hand geht. ❧

03. 07. 2004, F.A.Z., Feuilleton, Seite 38

Placeboeffekt als Stütze

Beispiel „Tantris“: Wie man mit gutem Ruf schlecht kochen kann

Ohne Zweifel kann man mit dem kulinarischen Placeboeffekt gut leben, er ist eine Stütze des Systems. Wir treffen ihn da, wo ein objektiv eher simples oder schwaches Geschehen aus verschiedenen Gründen einen subjektiven Substanzgewinn zu verzeichnen hat. Damit kann der Esser glücklich und zufrieden werden – und der Koch erst recht. Ja, man könnte sogar sagen, daß eine absichtsvolle Überhöhung bescheidener Qualitäten insgesamt gut für den Erfolg eines Restaurants ist. Außerordentlich förderlich ist etwa eine hohe Bewertung in einem Restaurantführer, die durchaus zu Effekten führen kann, wie man sie aus Untersuchungen zur Fähigkeit von Sommelier-Schülern (kurz vor der Prüfung, in einer französischen Sommelier-Akademie) kennt: Da wurde dann ein schwacher Wein mit dem Etikett eines Spitzentropfens versehen und erzielte prompt sehr positive Einschätzungen.

Weitere entsprechende Aspekte sind natürlich die wattierte Wahrnehmung aus dem Geist des Lokalpatriotismus oder eine stramme Verankerung in Historie wie Brimborium des Faches, eine Institutionalisierung jenseits der Rückkoppelung an reale Leistungen. Aber immer noch wäre das kein wirkliches Problem, wenn nicht bei den Betroffenen von Ranking-Systemen eine Art Grundrecht auf gleichem Maßstab für alle bestünde. Warum bekommt dieser Koch zwei Sterne und ich nicht? Oder, warum gibt es diese Bewertungs-Erbhöfe, obwohl die Leistung längst verblaßt ist?

Im Münchener Lokal „Tantris“ erscheint als Amuse Bouche ein geräuchertes Forellenfilet mit Kartoffelsalat und Crème fraiche. Das Gericht gehört in die Kategorie „Spitzenküche auch mit einfachen Elementen“ und spielt vollständig auf der Klaviatur des Prätentiösen, bei dem sich Evidenz nur dann einstellt, wenn eine entsprechende Placebodisposition vorhanden ist. Nichts an diesem Teller ist hervorragend, und es gibt landauf, landab Dutzende von Köchen, die eine feiner abgestimmte Räucherung und einen besseren Kartoffelsalat realisieren können.

Ist das Gericht heute nicht gelungen? Dann wären an diesem Tag aber auch noch andere Dinge mißraten, weil etwa jemand vergessen hat, die Glattbuttfilets zu würzen, die Taube nicht nur zu räuchern, sondern auch zu überprüfen, ob die Räucherung das kulinarisch sinnvolle Ausmaß hat, oder den Kalbskopf statt tranigfettig mit mehr Aroma auf den Teller zu bringen. Aber bleiben wir bei der Spitzenküche auch mit einfacheren Elementen, jener verfeinerten Rustikalität, die in diesem Hause unter Hans Haas zur Maxime erhoben wurde und die diesem Restaurant – anders, als quasi allen Mitbewerbern seiner Bewertungskategorie – ein eindeutiges Image verschafft hat. „Einfach, aber genial“: Das ist ein gefährliches Spiel, weil die Grenze zwischen beiden Begriffen haarscharf ist und ganz schnell die Sache nur noch einfach wird, banal und nicht mehr von Interesse. Verliert ein Konzept dieser Art das „Momentum“, jene handwerklich-gedankliche Präsenz, die erst die gleichbleibende Präzision garantiert, kippt das System und seine aufrechterhaltene Behauptung wird zu einem prätentiösen Akt.

Was sagt man den anderen Köchen, wenn sie darauf hinweisen, daß ein unbekannter Koch mit einer solchen Leistung keinerlei Chance auf viele Punkte oder Sterne hätte? Was sagt man den aufstrebenden, höchst präsent arbeitenden Nachwuchsköchen, die sich Jahr um Jahr steigern und dennoch die festgezurrten Spitzenbewertungen der Restaurantführer nicht erreichen? Ist das „Tantris“ unangreifbar? 1971 wurde es als Gourmettempel par excellence erbaut und hatte in der Küche mit Eckart Witzigmann den späteren „Jahrhundertkoch“ (laut Gault-Millau), der dann wiederum – nach einer ebenso mutigen wie richtigen Entscheidung – vom ziemlich jungen und ziemlich genialen Heinz Winkler abgelöst wurde. Es ging schon damals darum, wer in diesem ersten kulinarischen Haus der Republik das Zepter in die Hand nimmt, und die Entscheidung für Hans Haas (1991) erschien abermals überraschend, aber durchaus nachvollziehbar.

Haas in Bestform hat seinen Anspruch eingelöst, wenn er auch für viele Beobachter nie das Niveau seiner Vorgänger erreicht hat.

Es kommt das „Milchkalbskotelett mit Oliven-Gnocchi und gebackenen Auberginen". Im Gegensatz zu den in Deutschland häufig zu findenden, immer etwas wie denaturiert wirkenden Filetstücken, gibt es ein komplettes Stück, groß, dick und wie gewachsen. Auch diese Wahl paßt eindeutig zum Konzept des Hauses. Abermals enttäuscht die Ausführung. In bester Vorbereitung, Garung und Würzung gelingt normalerweise ein Endprodukt, bei dem selbst das anhängende Fett hervorragend schmeckt und problemlos auch ohne Beilagen ein Genuß ist. Hier ist nichts wirklich optimal, schon gar nicht die matschige Auberginenscheibe und die belanglosen Gnocchi. Es fehlt der Schritt zum Besonderen, den man von einem Restaurant dieser Bewertungsstufe erwarten dürfen muß.

Ohne Placeboeffekt wirkt hier im Moment nichts überzeugend. Aber mehrere Führer geben dem „Tantris" nach wie vor ihre Höchstnote (der Michelin allerdings nicht), und welche Beschreibung man auch immer zur Begründung dieser Bewertungen heranzieht – nichts davon will hier passen. In dieser Form fehlt offensichtlich die konzentrierte Arbeit des Meisters. Die Teller wirken wie von einer mittelmäßig begabten Küchenbrigade routiniert abgewickelt, womit ein Verfahren der Delegation beschrieben wäre, bei dem regelmäßig der Esprit der Kreation verlorengeht. Den Esprit im nachhinein in die Arbeit hineinzuinterpretieren, ergibt keinen Sinn.

Merkwürdigerweise korrespondiert der kulinarische Eindruck mit einigen anderen Beobachtungen. Die hochgelobte Sommelière Paula Bosch (ausgezeichnet als „beste Sommelière Deutschlands") ist nicht anwesend. Dafür fallen ihre Mitarbeiterinnen dadurch auf, daß sie dem Wunsch nach glasweiser Weinbegleitung ohne Rückfrage mit hochpreisigen Weinen nachkommen, die zudem noch offensichtlich vom Vortag sind. Bei einer schon etwas matten Sélection des grains nobles zur geräucherten Taube mit dem recht bitteren Trevisano mag das ja noch halbwegs funktionieren – nicht aber bei einem minimalen Rest eines 95er Clos de Vougeot zum Kalbskotelett. Da wurden zu hohen Preisen Restposten verkauft. Wenn derweil der Oberkellner auch noch mit Stammgästen auf dem Parkplatz vor dem Haus Champagner trinkt, steht allerdings wohl nicht mehr alles zum Besten mit dem „Tantris". ❧

10. 07. 2004, F.A.Z., Feuilleton, Seite 36

Aromen-Avantgarde

Alain Ducasse entwirft ein neues Bild globalisierten Kochens

Da ist es also: das erste ernstzunehmende Dokument der Globalisierung in der Spitzenküche. Es stammt von Alain Ducasse, dem seinerseits ersten weltweit anerkannten Meister seines Faches, der es geschafft hat, rund um den Globus präsent zu sein. Mittlerweile betreibt er neben seinen Spitzenrestaurants in New York („Essex House"), Paris („Plaza Athénée") und Monaco („Louis XV") eine ganze Reihe weiterer Etablissements in verschiedenen Formaten, darunter neuerdings auch eines in Italien („L'Andana", bei Grosseto in der Toskana). Ducasse hat überdies eine große Zahl von Kooperationen und Beraterverträgen abgeschlossen, vom einfachen Restaurant auf dem Lande bis zur Industrie, und mit der „Spoon"-Kette das Konzept für eine Art hedonistisch aufgefaßter Weltküche mit französischen Grundlagen entwickelt. Heute gibt es „Spoon"-Restaurants in Paris, auf Mauritius, in London, Saint-Tropez, Karthago, Gstaad und Hongkong. Weitere Neueröffnungen sind geplant.

In einem ersten Buch („Spoon, food and wine", Paris 2000) ging es Ducasse noch eher programmatisch um das ungewöhnliche Konzept dieses Restaurant-Typus, das eine freie Zusammenstellung verschiedener Elemente durch den Gast vorsieht (F.A.Z. vom 30. Juli 2003). Mittlerweile hat sich sein Selbstbewußtsein wesentlich verschärft, und das neue „Spoon Cookbook" (Les Éditions d'Alain Ducasse/De Gustibus, Paris 2004. 452 S., Abb., geb., 150,– [Euro]) will nicht weniger, als „die Erwartungen neuer Generationen ansprechen". Man will „kreieren, erneuern, ändern", und das im Geiste von „Freiheit, Modernität und Offenheit für die Welt", während man gleichzeitig „Respekt für jedes Produkt und kulturelle Identitäten" wahre. Hat Ducasse damit die Formel für eine breitere Akzeptanz qualitativ hochstehender Küche gefunden?

Man muß zunächst einmal etwas genauer betrachten, was hier eigentlich passiert und wieweit sich mit Ducasse das Bild vom getreu am Herd schwitzenden Meisterkoch gewandelt hat. Hier geht es nicht um den touristisch geprägten Jungkoch, der von seinem letzten Ausflug in den Osten etwas Zitronengras und Wasabi mitgebracht hat. Hier geht es um einen Gourmet-Konzern, der nicht nur global agiert, sondern vor allem zu einem Ideen-Pool herangewachsen ist. Mit mittlerweile etwa siebenhundert Mitarbeitern gelingt Ducasse gerade in diesem Sektor viel mehr, als es noch so produktive Einzelkönner mit ein paar Hilfskräften schaffen können.

Das publizistische Schaffen des Meisters in den letzten Jahren ist enorm und erweckt den Eindruck, er treibe die Gourmet-Szene der Welt vor sich her. Sein gigantisches „Grand Livre de Cuisine d'Alain Ducasse" (Band I behandelt seine Spitzenküche, Band II Desserts und Pâtisserie, Band III Bistro- und traditionelle Küche, Band IV über mediterrane Küche ist in Vorbereitung) ist nicht nur quantitativ die vielleicht substantiellste Zusammenstellung der Koch-Geschichte. Selbst für viele seiner Kollegen sind dies Referenzen, wenn Ducasse nicht gleich (wie im Band III) kulturhistorisch wertvolle Arbeit durch Optimierung und Bewahrung traditioneller Rezepturen leistet.

Nun also Weltküche, und das wahrlich in adäquatem Rahmen. Man hat das Format eines internationalen Kunstbandes gewählt – zweisprachig (französisch und englisch), in numerierter Auflage, mit fast fünf Kilo Gewicht und entsprechendem Preis. Die ganzseitigen Fotos zeigen keine angerichteten Teller, sondern eher freie Präsentationen der fertigen Elemente, so daß der Kunstband-Eindruck noch verstärkt wird. Das Kombinationsprinzip wird beibehalten und gliedert das Buch in 75 „Condiments" und neunzig „Plats", die in verschiedener Form zusammengefügt werden können.

Die „Condiments" sind nicht Gewürze im engeren Sinne, sondern aromatische Zutaten aller Art, also etwa Trockenfrüchte mit Gewürzhonig und Essig, Saucen (etwa eine sehr spezielle Sojasauce), Yoghurt-Varianten oder auch ein Lamm-Jus mit Zitrusfrüchten und Minze. Ideenlieferanten für diese oft sehr originellen Kreationen sind auch die Mitarbeiter der Spoon-Restaurants. Dabei fällt auf, daß die Komplexität der Zubereitungen entscheidend verbessert wurde. So ist etwa eine Pfirsich-Sauce nicht mehr nur fruchtig-süßer Dessert-Bestandteil, sondern ein komplex und tief schmeckendes Gebilde nach Art einer klassischen Sauce – in diesem Fall unter anderem mit Fond, Entenfleisch, Sherry und Honig zubereitet.

Bei den Vorspeisen und Hauptgerichten, den „Plats", ergeben sich dann Kreationen mit entsprechenden Abweichungen vom gewohnt mitteleuropäisch geprägten Bild. Beispiele wären eine Kalbsbrust mit Gewürzen und karamelisiertem Gemüse, Rehfilet mit Müsli und Polenta, sehr elaborierte Dim-Sum- und Wan-tan-Versionen (gefüllte Teigtaschen nach chinesischem Vorbild), in Soja und Wasabi marinierte weiche Eier mit rohem und gekochtem Gemüse oder ein Langustinen-Consommé mit Jasmin-Tee und Glasnudeln. Dazu kommen Unmengen an Einzelzubereitungen und folglich insgesamt das Bild einer weltumfassenden, kulinarischen Wundertüte.

Der große Unterschied zur mittlerweile etwas aus der Mode gekommenen „Fusion"-Küche ist, daß hier Versionen angestrebt werden, die nicht allein französische Küche plus fremdes Produkt oder Aroma sind, sondern geschmacklich stärker aus sich heraus verstanden werden. Wäre der Ausdruck nicht anderweitig besetzt, könnte man von einer klassifizierten Weltküche sprechen. Die über die individuelle Konkretisierung hinausgehenden Grundsätze der französisch geprägten Hochküche von der Produktqualität und -behandlung über die Würzung bis zu den Garmethoden werden also auf andere Aromen und Produkte angewandt.

Ist hier nun eine Globalisierung in Form einer Konfektionierung des Geschmacks zu fürchten? Keineswegs. Eher scheint Individualisierung die logische Folge zu sein, eine Art Emanzipierung jedweden Geschmacks und jedweder Aromenkombination – solange sie eine entwickelte Behandlung aus einem entwickelten Verständnis heraus erfährt. Insofern wird dieses Konzept zum Schlüssel für die Nutzung weltweiter aromatischer Ressourcen. So gut dieser Ansatz sich entwickelt hat (andere Ansätze unter einem veränderten Blickwinkel und von anderer Seite sollten unbedingt dazukommen), so sehr muß man seine Übertragung in entsprechend anfällige Länder fürchten – wozu vermutlich auch Deutschland gehören wird. Wenn man so will, ist Ducasse einen ganzen Entwicklungsschritt weiter und kann nur so zu einer ausgewogenen Idee kommen. Wir aber müßten vorher erst noch unsere Hausaufgaben machen, also etwa die Identitätsfindung der deutschen Küche abschließen – wenn wir sie nicht überhaupt erst einmal beginnen müssen. ❧

17. 07. 2004, F.A.Z., Feuilleton, Seite 36

Das letzte Rückzugsgebiet

Küche à la carte: Guy Savoy will die Zivilisation retten

Als der damals fast fünfzigjährige Franzose Guy Savoy im Jahre 2002 seinen dritten Michelin-Stern erhielt, umwehte diese Entscheidung ein Hauch von Ehrung für das Lebenswerk. Der Zusammenhang mit den Leistungen des aufstrebenden Kochs der achtziger Jahre, die dem Troisgros-Schüler 1981 einen ersten und schon 1985 einen zweiten Stern eingebracht hatten, schien jedenfalls nicht mehr vorhanden. Kurzum: Es fehlte und fehlt in der Beschreibung des Meisters immer ein klares, gut vermittelbares kulinarisches Image. „Sans fioritures" – also schnörkellos – sei seine Küche, was immerhin eine Erklärung dafür böte, warum bis auf den heutigen Tag das deutsche Publikum zur Verwunderung Savoys nicht eben zu den Stammkunden seines Hauses zählt. Ist nicht der deutsche Gast im Zweifelsfall eher ein Freund des Schnörkels, der kleinen Üppigkeit, die sichtbares Engagement auch schon einmal vorgaukelt? Außerdem sieht in diesem diskreten Tempel einer sehr pariserischen Luxusgastronomie alles etwas nach Stammkunden und Privatklub aus, was zumindest den nach standesgemäßen Zeremonien Suchenden eher außen vor läßt. Dabei ist hier das Geschehen entspannt und unverkrampft (was vor allem für den Service gilt), aber gerade das ist ja manchmal schwierig zu verstehen.

Kulinarisch gesehen befindet sich Guy Savoy im Zentrum der französischen Haute Cuisine moderner Prägung. Diese Küche hat im Verlauf der letzten zehn bis fünfzehn Jahre – nicht immer vom Rest der Welt bemerkt – eine Konzentration auf das Wesentliche vollzogen und sich von einer ganzen Reihe von Dingen, die Elemente des Auswuchses waren, befreit. Wer in Frankreich und vor allem in den touristischen Regionen in normalen Restaurants ißt, wird dies freilich nicht erleben. Er wird nach wie vor regelmäßig auf Sahne, Butter und Olivenöl im Übermaß treffen und insgesamt bestenfalls eine süffige, recht grob auf einen oft genug undefinierbaren Wohlgeschmack getrimmte Küche vorfinden.

Nach Jahrzehnten des Überganges hat sich aber die Spitzenküche auf die wirklichen Grundwerte besonnen: auf die Produktqualität, auf Produktvorbereitung, -nutzung und -behandlung, auf Garzeiten und das Würzen. Trotzdem braucht man das Resultat nicht „Purismus" zu nennen, weil diese entwickelte Küche erkannt hat, daß gerade durch die Konzentration auf das Wesentliche eine Verfeinerung und Vertiefung des Sensoriums erzielt wird.

Genau hier treffen wir Guy Savoy. Man könnte beim Dessert beginnen, einer losen Folge von allerlei größeren und kleineren Zubereitungen. Da ist plötzlich das Sorbet aus Griotte-Kirschen von natürlicher Frische und Transparenz im Geschmack. Es deklassiert bei weitem die aromenstarken Kreationen anderer Spitzenrestaurants, die längst fertig pürierte Früchte in unnatürlich verdichteter Form als eine Art Edel-Convenience-Food verwenden. Savoy leistet sich die Einfachheit des Könners. Schon der didaktische Einstieg mit einem Spieß mit ganz leicht geröstetem Brot, Foie gras und Fleur de Sel, dann einem Gazpacho mit einem deutlich wirksamen Faden Olivenöl, etwas Anchovis in Blätterteig und kleinen Gemüseschnipseln auf einer Tapenade demonstriert den Willen zu klaren Verhältnissen und ist dank seiner Qualität (das Gemüse auf der Tapenade – nur knapp ein Teelöffel in der Menge – ist geradezu sensationell gut) über jede Anmutung von Prätention erhaben.

Dann wird es subtil – aber auf der Basis einer ungewöhnlichen Reinheit in Konzept und Geschmack. „Tout petits pois" ist eine Folge von Erbsenzubereitungen betitelt. Es gibt ein Gelee, ein Püree, ein Ragout mit einer hochfein wirksamen Prise Curry, Sprossen und einige Kräuter. Ein sehr weich gegartes Ei liegt obenauf und wird beim Servieren angeschnitten. Das auslaufende Eigelb gibt diesem außergewöhnlich frischen Textur-Spiel einen ganz leicht harmonisierenden gegarten Hintergrund.

Bei den „Colors of Caviar" gelingt Savoy eine der seltenen Kaviar-Kreationen, die wirklich Sinn ergeben. Mit der Verdünnung des Kaviar-Aromas in Crème, Mousse und Mousseline (plus Kaviar pur und einer interessanten Schicht aus pürierten grünen Bohnen) ergibt sich ein variiert-cremiges Texturbild mit unterschiedlich starkem Salz-Jod-Aroma. Der Geschmack ist im ersten Moment nur salzig, beginnt dann aber durch die Verzögerungen in der

Auflösung der Aromen faszinierend zu schillern. Klassiker des Hauses wie die „Artischockensuppe mit schwarzer Trüffel und einem Champignon-Trüffel-Brioche" oder eine Variation rund um das Kalbfleisch („Tout veau") geraten unterschiedlich. Die Suppe ist einfach eine gute Akkorderfindung, und die Variationen vom Kalb haben neben Stärken, wie der perfekt vorbereiteten und gegarten Niere, auch leichte Schwächen in der Garung.

Beeindruckend fällt allerdings der mit einer Kräuterpanade gegarte St. Petersfisch mit Spargel aus. Der erst auf dem Teller präzise mit Fleur de Sel und zerstoßenem Pfeffer gewürzte Fisch hat ein hervorragendes Aroma, das wieder einmal zeigt, daß Fisch in Paris meist frischer ist als in Deutschland. Wesentlich ist aber vor allem, daß es Savoy hier schafft, ein interessantes Spiel mit rohem und gegartem Spargel, mit rohen und sehr dunkel karamelisierten Zwiebeln und mit diversen Kräutern so dezent proportioniert zu etablieren, daß in jedem Fall der Fisch dominant bleibt – eingepackt in immer wieder neue Aromen und Texturen. Ein Gericht dieser Art ist im Prinzip einfach und sehr entspannt zu essen. Es gleicht jener Kunst, die neben Substanz auch die populäre Oberfläche kennt. Savoy wiegelt ab. Obwohl großer Kunstliebhaber (das Restaurant ist mit modernen Gemälden und Stammeskunst ausgestattet), neigt er – wie viele Köche – zur Zurückhaltung, wenn es um eigenen Kunstanspruch geht.

Im nächsten Jahr will sich Savoy in einem Kochbuch ohne Rezepte zu seiner Vision von Kochkunst äußern. Einstweilen kann man sich aber schon einmal Gedanken über einen Ausspruch von ihm machen: „Das Restaurant ist der letzte zivilisierte Platz auf Erden." Das hört man natürlich gerne; der Meister aber lächelt verschmitzt (anders kann man das nicht beschreiben) und widmet sich – mit Architekt und Financiers – wieder dem weiteren Ausbau seines zivilisatorischen Imperiums. ❧

24. 07. 2004, F.A.Z., Feuilleton, Seite 32

Iß roh, so wirst du froh

Einfach kann genial sein: Vier Großmeister bei der Kleinarbeit

Wenn Meister sich klein machen, werden sie manchmal ganz erstaunlich groß. Es sieht im Moment weltweit so aus, als würden Spitzenköche mit der Eröffnung von Low-Budget-Dependancen (Bistros et cetera) vor allem ihren Namen vermarkten. Was vor Jahren tatsächlich wenig mehr war als die Produktion einer einigermaßen seriösen Küche mit einem reduzierten „Wareneinsatz" (also nicht ganz so teuren Produkten), hat sich mittlerweile indes deutlich verändert. Heute trifft man mehr und mehr auf klar durchdachte Konzepte, die ganz entschieden den Zweck verfolgen, veränderten Eßgewohnheiten und einer veränderten Publikumsstruktur zu entsprechen. Der alte Gourmet-Tempel wird zur Sonderform. Kommen jetzt die Tempelchen? Moderner, preiswerter, informeller, kalorienärmer und weltoffener? Vier Profile mit Niveau, dreimal Paris, einmal Düsseldorf.

Das „Atelier de Joel Robuchon" ist für manch einen Gast sicherlich etwas „shocking", weil er sich hier in edel gestaltetem Ambiente auf Barhockern an einer Theke wiederfindet. Der wirkliche Schock aber ist die Qualität. Robuchon, der bis zu seinem Rücktritt 1996 etliche Jahre lang als Weltkoch Nr. 1 galt, hat immer durch seine handwerkliche Konsequenz beeindruckt und genießt auch weiterhin Anerkennung als Referenzgröße in Sachen Kochtechnik. Nicht von ungefähr wurde er vor allem mit einem Kartoffelbrei weltbekannt, dem er in vielen präzisen Arbeitsgängen zu einem wahrlich himmlischen Mischgeschmack aus Butter und (La Ratte)-Kartoffeln verhilft. In seinem „Atelier" nun gibt es exakt die Kombination „einfach und genial", und erst hier wird man sie richtig verstehen.

Aus einer Karte, die unter anderem etwa fünfundzwanzig Gerichte in Probierportionen anbietet, gibt es zum Beispiel Lammkoteletts mit Thymian. Die perfekte Produktqualität, Garung und Würzung dieses „einfachen" Gerichtes läßt sofort darüber nachdenken, wie wenig man eigentlich braucht, um hervorragende Küche zu haben, und, zweitens, welch unsinniger Aufwand oft an anderer Stelle zu viel weniger Qualität führt. Die „Sauerampfer-Bouillon mit karamelisierter Foie gras und jungem Spargel" (zum Preis von zwölf Euro) gerät gar zu einer Haute-Cuisine-Demonstration par excellence, weil in diesem kleinen Gericht geradezu reihenweise Regeln einer avancierteren Küche realisiert werden – wie etwa das Spiel mit dem vegetabilen Geschmack vom Sauerampfer, fast rohem und etwas gegartem Spargel, das eine unmittelbare Frische ausstrahlt. Reduktion ist eben die Sprache der Meister.

Ein völlig anderer Aspekt einer möglichen strukturellen Krise der Spitzenküche wird in einem der Pariser Bistros des im Jahre 2003 verstorbenen Starkochs Bernard Loiseau beleuchtet. Im „Tante Marguerite" widmet man sich Dingen, die für viele Köche „zu rustikal" sind, also kräftigeren Aromen (so bei sauer eingelegtem Gemüse), deutlich stärker gebratenem Fisch oder geschmortem Fleisch. Interessant ist, daß man sich nicht der oft sinnlosen „Verfeinerung" von Rustikalität widmet, sondern tatsächlich rustikal wirkende Gerichte präsentiert, die aber nie grob oder unabgestimmt sind. Der mit Haut zu einer sehr kräftigen Kruste angebratene St. Petersfisch ist eben nicht bitter oder verbrannt, sondern bis an die Grenze des Möglichen ausgereizt, ohne diese aber zu überschreiten. Auch die oft in Teighüllen verpackte (und quasi nur erhitzte) Taube ist hier kräftig gebraten. Der unausweichliche Verlust an Zartheit (wie weit braucht man die wirklich?) wird durch einen Gewinn an Aroma mehr als wettgemacht.

Teilweise ganz ungewöhnlich ist das, was Alain Ducasse in seinem Bistro „Aux Lyonnais" macht. Wie so häufig, wenn der Meister sich dem Simplen zuwendet, umweht auch in dem authentisch erhaltenen Bistro die ein oder andere Aktion ein Hauch von Prätention. Es ist vor allem ein gewisser didaktischer Zug, der schnell fragen läßt, ob hier vielleicht jemand den Bewohnern einer Stadt, die sich selbst genügt, beibringen möchte, was unverfälschte kulinarische Basiserfahrungen sind. Die „Crudités en pot du lyonnais" finden sich als rohe Stückchen in zwei Gläsern und sollen alternativ in eine Vinaigrette oder eine Tomatensauce getaucht werden. Ein Imbiß der Feldarbeiter als therapeutische Maßnahme für überzüchtete Pariser Gaumen? Auch ein Einmachglas mit Bügelverschluß, gefüllt mit einer Kaninchenterrine mit Foie gras (schmeckt wie eine sehr fein ausbalancierte Leberwurst) und begleitet von stark geröstetem Brot und einem Napf Blumenkohl, hat eine eher museumspädagogische Wirkung.

Neben einer Tendenz (aber nicht mehr) zum Einfach-aber-Genialen wird die historische Komponente auch noch durch echt antike Gerichte verstärkt. „Quenelle et écrevisses – Recette de Lucien Tendret de 1892", heißt es da und erinnert den Chronisten an die vor Jahren noch eher möglichen Erlebnisse mit sehr alten Köchen und einem sehr alten, cremig-süßlich-süffigen Mischgeschmack. Man meint eine der letzten musealen Küchen in Frankreich, die von Jean Ducloux (Restaurant „Greuze" in Tournus, hoch verehrt von vielen Spitzenköchen) durchzuschmecken. Auch dies, ein Rekurs auf historische Formen der ländlichen wie der Hochküche, ist ein Aspekt, der in der zunehmend artifizieller werdenden Spitzenküche seinen Platz nie ganz verlieren sollte.

Es ist kein Zufall, daß das beste Meister-Bistro Deutschlands (Jean-Claude's Bistro, Düsseldorf) mit Jean-Claude Bourgueil von einem Franzosen betrieben wird. Auch er hat zufällig (in seinem Hauptrestaurant „Im Schiffchen") eine Kreation des französischen Gastrosophen Lucien Tendret auf dem Programm (ein „Mousse de Foie gras"), schafft es aber vor allem, einfachere Kreationen wie einen „Coq au vin mit Maccaroni und Trüffelbutter" mit so leichter und meisterlicher Hand zu perfektionieren, daß die Grenze zur Haute Cuisine erstaunlich fließend wird. Ist hier eine gewisse Entspannung gegenüber den tatsächlichen oder auch nur antizipierten Erwartungen an die Spitzenküche zu verspüren? Nicht umsonst nennt Bourgueil seine Bistro-Küche „Cuisine spontanée" und geht folglich undogmatisch seinen Eingebungen nach. Eine prächtig gegarte und mit Sojasauce und Honig lackierte Dorade ist darunter, eine Stockfisch-Kreation, als „Klassiker" der rheinische Sauerbraten, Taboulé mit gegrillten Sardinen oder Thunfisch in sushiähnlicher Präsentation.

Müssen die Meister auf „kleinere Formate" ausweichen? Sollte nicht die Spitzenküche die Mutter aller Küchen sein, die selbstverständlich alle Ressourcen nutzt – ob spezielle Regionalküchen oder kräftigere Zugriffe, Elemente der Weltküche oder traditionelle Aromen? Und das in auch preislich variierter Form, also nicht nur im hochpreisigen großen Menü mit teuren Weinen? Diese Diskussion wird uns in der nächsten Zeit wohl immer stärker beschäftigen. ❧

31. 07. 2004, F.A.Z., Feuilleton, Seite 32

Die Langustine wird umgedeutet

Überraschend normal: Ist Philippe Rochat der beste Koch der Welt?

Eine Liste der als „weltbeste Köche" Gefeierten wäre lang – und unsinnig. Immer wieder aber wird der Superlativ benutzt, besonders gerne von Kollegen (Ducasse nennt etwa Tetsuya Wakuda in Sydney, Robuchon preist derart Ferran Adrià). Dabei hat sich mittlerweile eine Entwicklung ergeben, die eine Qualifizierung dieser Art unmöglich macht. Über lange Jahre war zwar eine Art operationale Begründung möglich, bei der die Leistung eines bestimmten Kochs (zum Beispiel Escoffier) mit der Spitze des Faches gleichgesetzt wurde. Heute aber arbeiten auf allen Kontinenten Köche mit verschiedenen Schwerpunkten, die sie – wie im Falle von Ferran Adrià – teilweise so komplex entwickelt haben, daß unter dem Druck dieser Spezialisierung andere Aspekte der Kochkunst zu kurz kommen. Adriàs Ausspruch „Ich kann gar nicht ‚richtig' kochen" deutet darauf hin.

Möglich ist allerdings eine Zusammenfassung dessen, was „State of the art" ist – mit der ebenso faszinierenden (für die Zukunft) wie ernüchternden (für die Lage) Einsicht, daß man, um annähernd diese Forderung zu erfüllen, einen Koch-Typus mit Fähigkeiten braucht, die weit über das bisher vermittelte Handwerk hinausgehen. Der Idealtypus eines Kochs hat den Zug zum Besonderen, Speziellen und Einmaligen. Gut informiert über den Rest der Welt, sucht er nicht Nachvollzug, sondern neue und individuelle Gestaltungsmöglichkeiten. Diese Offenheit führt zu einem undogmatischen Zugriff auf ungewöhnliche Produkte, Techniken und Kombinationen. Dabei wird sich der Blick auf unmittelbare Ressourcen in der Umgebung richten (zum Beispiel die regionale Vegetation), aber auch auf die Vergangenheit des Faches, also auf ältere Techniken oder Akkorde.

Neben einer relativen, ergänzenden Kreativität darf man auch immer wieder Aspekte einer genuinen, innovativen Kreativität erwarten. Der ideale Koch wird bei der Nutzung klassischer Formen (etwa bestimmter Fonds oder Saucen) einen individuellen Weg suchen und sich nicht grundsätzlich und schematisch (der Salz-Pfeffer-Automatismus) mit dem scheinbar Unentbehrlichen abfinden. Viele längst schwammig gewordene Qualitätsnormen wie „Spitzenprodukte" wird er präziser definieren. Auch in Fragen der Kochtechnik wird er sich durch Lösungen auszeichnen, die bei weitem die Standards selbst bester Restaurants übertreffen. Nicht zuletzt wird er die sensorischen Sensationen beim Esser antizipieren.

Das „Hotel de Ville" des Schweizer Kochs Philippe Rochat in Crissier am Genfer See wurde in der französischen Tageszeitung „Le Monde" als „das gegenwärtig beste Restaurant der Welt" bezeichnet. Der einundfünfzigjährige Rochat ist Nachfolger von Fredy Girardet, der ebenfalls (von Robuchon) schon einmal als „weltbester Koch" gefeiert wurde – aber lassen wir das. Mit einem erheblichen Aufwand an Personal (24 Köche für sechzig Gäste) versucht Rochat nicht nur, auch noch die kleinsten Details unter Kontrolle zu bekommen, sondern eine erhebliche Komplexität auf den Tellern zu schaffen.

Die allerdings kommt ausgesprochen dezent und zurückhaltend daher. Quasi alle Gerichte sind am konkreten Produkt ausgerichtet. Die „knapp pochierten Langustinen aus Loctudy, dazu eine feine Samtsauce mit Süßholz, Minze und zerrupftem Fleisch von der Schwimmkrabbe" zeigen exemplarisch den Stil des Hauses. Im Mittelpunkt steht vollständig der Geschmack der Langustinen, was bei deren zartem Geschmack ein schwieriges Unterfangen ist.

Die Lösung liegt in einer hochfein abgestimmten Sauce, bei der das Süßholz erkennbar bleibt, ohne freilich so stark hervorzutreten, daß das Aroma die stumpfen Anklänge bekommt, die für Süßholz typisch sind. Die

Langustine wird so ergänzt und deren latente Süße umgedeutet. Gleiches passiert mit dem kaum wahrnehmbaren Krabbenfleisch, das wiederum nur ab und zu eine leicht maritime Variation des Langustinen-Geschmacks bringt. In der Sauce finden sich kleinste Partikel von Gemüse und Minze, so daß auch von dort Geschmacksvariation kommt. Dieses Kunstwerk an Feinabstimmung kann man übrigens gar nicht „falsch“ essen, weil in jeder Kombination das Hauptprodukt dominiert. An anderer Stelle gibt es freilich Schwankungen, etwa wenn das kostbare und seltene Meerohr (eine Meerschnecke) in viel zu kleine Stücke geschnitten wird und kaum mehr geschmacklich zu identifizieren ist.

Anders als viele Kollegen (vor allem in Deutschland) sucht Rochat – trotz Fixierung auf das Handwerk – individuelle geschmackliche Noten. Seine Taube mit Sesam, einer Cidre-Reduktion und mit Muskatblüte abgeschmecktem Gemüse erfüllt jede handwerkliche Anforderung an Garung oder Würzung, glänzt aber zudem mit einem interessanten Texturspiel von der Füllung der Taube bis zu einem Teighörnchen für das Gemüse. Der Gesamteindruck ist der einer eingebundenen Originalität.

Auch eine Art Zitat der einfachen Küche, verbunden mit einem südlichmediterranen Akkord kann sich Rochat dank seiner Präzision leisten. Die Filets vom St.-Peters-Fisch sind gebacken und liefern mit ihrer leichten Panade einen Hauch von den Niederungen des Backfisches. Dazu kommen getrocknete Zitronen, eine Zitronenbutter, Spinat und Dill, was dem Ganzen einen überraschend normalen, aber durch die Qualität insgesamt doch ungewöhnlichen geschmacklichen Ausdruck gibt.

Ja, Rochat ist ein hochinteressanter Koch mit einer ganzen Reihe entwickelter Parameter mehr als viele seiner Kollegen. Könnte er noch mehr Elemente des „State of the art“ realisieren? Sicher. Aber sein eigener Stil deutet schon darauf hin, daß eine bestimmte Qualität erst jenseits des Handwerks beginnt und nicht zuletzt – gerade in der Kochkunst – zur intellektuellen Herausforderung wird. ❧

07. 08. 2004, F.A.Z., Feuilleton, Seite 30

Was spüren Sie auf der Zunge?

Der Akkord von Essen und Wein: Protokoll eines Experiments

Die Erforschung des Zusammenhanges zwischen Essen und Wein scheint noch erhebliche Perspektiven eröffnen zu können. Die Leistungen der Sommeliers fokussieren sich häufig auf lexikalisches Weinwissen und routinierte Beschreibung des Weinaromas, nicht aber wirklich intensiv auf den Zusammenhang mit dem Essen. Charakteristisch ist, daß für die Beschreibung des Weinaromas eine große Palette von Begriffen („nach altem Leder mit leichtem Hintergrund von Teer“) entwickelt wurde, für das Zusammenwirken von Essen und Wein aber fast keinerlei Vokabeln zur Verfügung stehen. In der Praxis ist das Niveau der Weinempfehlungen oft eher bescheiden und setzt meist auf das, was nach allgemeinem Verständnis „paßt“. Die Literatur zum Thema hat dabei ein ganz spezielles Problem zu überwinden: Die Ausführungen (Beispiel, zu Lamm: „nicht zu tanninhaltige Rote, am besten gut ausgereift“) sind nur begrenzt nützlich, weil sie nicht generalisierbar sind. Schon die Varianz der Beilagen kann jede Akkord-Voraussage sinnlos machen.

In einem deutschen Drei-Sterne-Haus paßte bei einem offiziellen Essen plötzlich ein Wein nicht so recht zu einem Gericht. Der ansonsten hervorragende Sommelier reagierte auf den Hinweis entsetzt. Die Erklärung später war sehr einfach: Der Koch hatte gegenüber dem Testessen zusätzlich ein Curry verwendet. Läßt sich also der Umgang mit dem Wein durch präzisere Handhabung und eine insgesamt deutlich geschärfte Wahrnehmung verbessern? Ein Experiment mit Christine Fischer (ihr Kölner Restaurant heißt „Fischers Weingenuß und Tafelfreuden“), einer der profiliertesten deutschen Weinpersönlichkeiten, unter Mitarbeit ihres Sommeliers Christian Frens und ihrer Köche Gregor Schuber und Walter Manhardt (nebst einer ergänzenden Stellungnahme von Thomas Ritter, Sommelier in „Steinheuer's Restaurant“, Bad Neuenahr) brachte ebenso interessante Ergebnisse wie ernüchternde Einsichten.

Es wurden zu mit Absicht recht klar gestalteten Gerichten (wie „Zander, im Speckmantel gebraten auf Linsengemüse“, oder „Geschmorter Ochsenschwanz mit Sellerie-Kartoffelpüree und Spätburgundersauce“) jeweils mehrere Weine empfohlen, vorab probiert, die Reaktion mit dem Essen prognostiziert und anschließend überprüft. Das erste der gemeinsamen Ergebnisse war, daß es über die gemachten Beobachtungen (etwa: der Wein legt sich völlig über das Essen, er schmeckt so wie vorher, aber es kommt zu keinerlei Akkord) keinerlei Unstimmigkeiten gab und individuelle Anmerkungen weitestgehend von den Teilnehmern nachvollzogen werden konnten.

Unter der Prämisse eines möglichst guten Zusammenwirkens von Essen und Wein ist die Entscheidung für einen Wein strenggenommen ohne genaueste Kenntnis des Gerichtes nicht möglich, der Sommelier also ein unentbehrlicher Mittler. Im Prinzip sollte man sich erst dann für einen Wein entscheiden, wenn man ihn mit dem Essen probiert hat – was in der Praxis der Sommelier stellvertretend vorab erledigt. Zum Einprägen des Wein-Aromas probiert man den Wein schon einige Minuten vor dem Gericht. Ist das Gericht serviert, nimmt man nochmals einen kleinen Schluck, um die Erinnerung aufzufrischen und erste Reaktionen in einem dann leicht „parfümierten" Mundraum zu bekommen. Der „richtige" (und nicht zu große) Schluck sollte dem Essen unmittelbar folgen. Nur dann können sich komplexe Reaktionen überhaupt bilden.

Nicht zu unterschätzen ist das Zusammenwirken von Nase und Gaumen: Über die Choanen (Öffnungen in der Nasenhöhle mit direkter Verbindung zum Mundraum) verknüpfen sich die Wahrnehmungen im Mund- und Nasenbereich, um dann zusammen dem Gehirn zugeführt zu werden. Insofern ist es möglich, daß ein Wein – mit dem Geschmack des Essens im Mund – anders riecht als vorher. Riecht der Wein – kurz bevor man ihn trinkt – besonders gut und hat man das deutliche Gefühl, daß er jetzt besonders gut schmecken wird, hat sich über die Nase bereits eine Art „Vorakkord" gebildet, und es winkt ein größeres Vergnügen – so die etwas genauere Beschreibung des von Christine Fischer gerne propagierten Lustprinzips. Auch das „Kauen" von Wein macht Sinn, weil dadurch die überall verteilten Geschmacksknospen in größerer Anzahl angesprochen werden.

Für die Entwicklung der Wahrnehmung des Akkordes Essen-Wein ergeben sich eine Reihe klarer Kategorien. So ist es möglich, daß der Wein völlig im Essen „versickert", er reagiert nicht und wird nicht mehr wahrgenommen. In diesen Fällen steht meist ein eher „dünner" Wein kräftigen Aromen beim Essen gegenüber. Das andere Extrem ist die völlige Dominanz des Weines, der zum Essen so schmeckt wie allein und keinerlei nennenswerte Reaktion eingeht. Mit „Akkorden" dieser Art (die eigentlich keine sind) verknüpft der Gast („paßt gut") gerne schon eine Sommelier-Leistung. Es gibt auch ein Oszillieren zwischen diesen Extremen, wenn etwa der Wein zunächst zu versickern scheint, dann aber wegen einer größeren Komplexität im Nachhall wieder deutlich wahrnehmbar wird. Partielle Reaktionen können positiv ausfallen (wenn bestimmte Fruchtaromen im Essen verstärkt werden) oder negativ (wenn ein unangenehmer Nebengeschmack erzeugt wird, also etwas „fischig" schmeckt oder es zu Reaktionen mit Butter oder Fett kommt).

Als sehr positiv zu erleben ist die Verzahnung der Aromen von Essen und Wein, wenn sich ein Geschmackseindruck ergibt, der beiden Teilen ihre Individualität weitgehend beläßt, ohne daß es zu größeren geschmacklichen Veränderungen kommt. Hier finden sich unter anderem Akkorde, die durch Süße Säure ausgleichen und umgekehrt, also ein ausgewogeneres oder breiteres beziehungsweise komplexeres Bild erzeugen. Es ist ein wenig umstritten, ob dies nun die hohe Schule ist oder erst das, was man am besten als kreative Variante bezeichnet. Wenn sich Essen und Wein zu neuen Aromen addieren, die sie beide allein nicht haben, nennt man den Effekt gerne eine „Explosion" der Aromen, besonders häufig etwa bei einer Steigerung floral-fruchtiger Aspekte bei Salaten oder Desserts.

In jedem Fall aber zeigt sich, daß minimale Veränderungen dessen, was man ißt, zu erheblichen Auswirkungen für den Akkord Essen-Wein führen können. Wer hier Vertiefung der Wahrnehmung sucht, muß sehr bewußt vorgehen. Für die Köche und Sommeliers wird es darum gehen, weit über die „Weinempfehlungen" hinaus präzise zu arbeiten und vor allem die grandiosen Perspektiven der Wahrnehmung zu antizipieren. Auch hier scheinen wir dem Beginn wesentlich näher zu stehen als dem Ende. ❧

14. 08. 2004, F.A.Z., Feuilleton, Seite 36

Das Provinz-Paradoxon

Alle Köche wollen weltläufig arbeiten, doch das Gute liegt so nahe

Ist der Genuß von Hummer in ländlicher wie städtischer gastronomischer Abgeschiedenheit ein Zeichen von Weltläufigkeit oder von Provinzialität? Können wir unterstellen, daß der Zugriff auf die kulinarischen Devotionalien dieser Welt, auf den Steinbutt oder die Jakobsmuscheln, auf das Pauillac-Lamm oder das Wagyu-Rind, den gleichen Mechanismen folgt, die Basketballkörbe mit der Provenienz „New York Knicks" an Scheunen in der Hocheifel bringen, schwere bayerische Zungen zur Intonation von irischer Folklore zwingen und immer wieder neue Generationen von Pennälern aus der Provinz in die Hauptstadt fluten läßt, auf daß dort eine Kunst erblühe, die leider häufig den Geruch von Schulaufführungen nicht verliert?

Die Lage im kulinarischen Sektor könnte deutlicher nicht sein. Von der Nordsee bis in die Alpen dominiert in der avancierteren deutschen Küche eine austauschbare Mischung aus angeblich französischer Haute-Cuisine (die allerdings so in Frankreich niemand kocht), regionalen Einflüssen (denen in der Regel ausgerechnet das Spezielle ausgetrieben wird, wie die Verbal-Kutteln, oder denen viel Sahne und Champagner ihre Spezifität rauben) und viel, viel mediterranem Schnickschnack, dem anzumerken ist, daß die Protagonisten eben nicht mit Olivenöl großgeworden sind. Kurz: Man muß im Burgund nicht mit rheinischem Sauerbraten rechnen, sehr wohl aber hierzulande mit Boeuf Bourguignon.

Weil der Kanon der Spitzenprodukte (zum Beispiel die Langustinen oder spezieller in neuerer Zeit – als singuläres Hyperprodukt – lebend verarbeitete Langustinen in Übergröße aus Guilvinec) festgezurrt und weltweit anerkannt ist, scheint die Willfährigkeit der Epigonen eine notwendige zu sein und jedenfalls nie dem provinziellen Drang zur Mitwirkung an der großen, weiten Welt zu entstammen. Ist das aber wirklich so? Werden wir blasphemisch und spielen einmal das Unmögliche durch. Ohne das Potential der Spitzenprodukte bestreiten zu wollen, gibt es dennoch viele Belege dafür, daß die Präferenz für sie zumindest zum Teil anerzogen ist. Ihr Geschmack ist weder innerhalb einer Kultur evident – wird also nicht von jedermann goutiert – noch interkulturell. Es ist wohl eher so, daß der Kanon von Spitzenprodukten, der mit der maßstabsetzenden französischen Haute-Cuisine verbunden wird, zunächst nur die Möglichkeit zur differenzierten Verarbeitung bot und im weiteren Verlauf vor allem davon profitierte, daß rund um das jeweilige Produkt eine Art kulinarischer Interpretationsindustrie entstanden ist, die mit viel Einfallsreichtum hervorragende Rezepturen produzierte.

„Gelernt" wurde in der Folge vor allem der Geschmack dieser Rezepturen, nicht unbedingt aber der Geschmack des Ausgangsproduktes. Zudem kommen die angeblich so selbstverständlichen Spitzenprodukte auch immer wieder aus der Mode oder haben plötzlich Konjunktur (wie die heute sehr begehrte Meerspinne, der Aal oder viele Arten Wild), scheinen also eben nicht zwangsläufig zu überzeugen. Die Globalisierung des Redens über und der Bewertung von Essen und die unterschiedlichen Präferenzen anderer Kulturen tun ein übriges zur deutlichen Relativierung dieses Systems.

Aber es gibt auch immanente Veränderungen, die zu einer Emanzipation der „Nicht-Spitzenprodukte" geführt haben. In dem Maße, wie die Köche zu einer individuellen kulinarischen Sprache finden und die traditionellen Pfade verlassen, nimmt die Bedeutung der Zubereitung und ihrer Spezifität zu, was regelmäßig zu einer Neubewertung auch und gerade „unedler Produkte" führt. Geschickte Zubereitungen von Aal oder Zander, von Innereien oder den geschmacksintensiveren älteren Jungtieren (gegenüber den überschätzten Milchlämmern oder -kälbern), die intelligente Verwendung auch angeblich rustikaler Ressourcen oder simpler Gemüse brechen die starren Fronten klassischer Wertigkeiten auf. Die zwingende Folgerung, daß man dann im Prinzip mit jedem einwandfreien Produkt Spitzenküche machen kann, setzt die Kopisten unter den Verdacht, unreflektiert bis zwanghaft Automatismen zu bedienen.

Eigentlich müßten Köche, die sich über sich selbst und das Fach Rechtfertigung ablegen, wie man das doch von den Spitzenkräften einer Kunstform erwarten darf, ohne Probleme den Weg zur Anbindung an ihre individuellen und regionalen Ressourcen finden. Die allzu willfährige Bedienung des internationalen Klischees von Spitzenküche hat noch keinem Koch zu Profil und zu jener unverwechselbaren Qualität verholfen, die ihn überhaupt erst auf die Landkarte ernst zu nehmender Kreativer setzt. Viele Köche geben gerne den Halbgott in Weiß und sind doch nur wenig konturierte Handlanger kultureller Konzepte, die an anderer Stelle gemacht wurden und gemacht werden.

Ja, der Hummer ist in diesem Zusammenhang ein Zeichen von Provinzialität im negativen Sinne. Und leider zeigt uns die Realität, daß man nicht so leicht darüber hinweggehen kann wie über den ubiquitären Basketballkorb. Das provinzielle kulinarische Verhalten ist in höchstem Grade kulinarisch kontraproduktiv. Über die Verkümmerung der individuellen Ausdrucksmöglichkeiten hinaus wurde und wird weiterhin vor allem die kulinarisch-kulturelle Identität unseres Landes schwer geschädigt. Die regelmäßigen Versuche von besseren Köchen, „jetzt erst recht“ einmal die „gute deutsche Küche“ zu fördern, enden fast ausschließlich in beschämenden Versuchen, deren Potential mit Hilfe klischeehafter Haute-Cuisine weichzuspülen. Mit leichter Hand wird das Vorhandensein regionaler Ressourcen, an deren planmäßiger Vernichtung man nun schon seit Jahrzehnten mitwirkt, und insgesamt der kulinarischen Tradition unseres Landes das Potential zu Bewahrung, Revitalisierung und zukünftiger Interpretation abgesprochen.

So denkt die Provinz – die wenigen Ausnahmen von Rang ausgenommen. Merkwürdig nur – aber offensichtlich so gut wie unbeachtet –, daß nahezu alle Weltstars in bezug auf Kreativität und Qualität selbstbewußt aus sich selbst und ihrem engsten Umfeld schöpfen. Unter den Meistern aller kreativen und handwerklichen Fächer hat noch nie jemanden interessiert, ob etwas aus einem abgeschiedenen Bergdorf oder sonst woher gekommen ist. Die große, weite Welt ist in der Kochkunst ausschließlich da präsent, wo auch Großes geleistet wird. Hier ist Rhodos. Springt hier! ❧

21. 08. 2004, F.A.Z., Feuilleton, Seite 34

So habe ich's auch gemacht

Aber es kommt uns falsch vor: Kopisten am Herd

Die Frage, ob ein Koch wenig reflektiert nachahmt oder sich im positiven Sinne von Neuerungen der Küche inspirieren läßt, kann zu interessanten Spekulationen führen. Ein Hindernis bei der Versachlichung ist dabei oft der Primat der Optik. Kommuniziert der Schnipsel getrockneter Schinken schon Modernität, oder brauchen wir noch andere Kriterien? Steht das modisch krosse Stückchen Schinken etwa in irgendeinem sinnvollen Zusammenhang mit den anderen Elementen? Ist es – was häufig passiert – zwar effektvoll kroß, aber gleichzeitig durch die Reduktion der Feuchtigkeit in seinem Salzgehalt so konzentriert, daß es geradezu störend wirkt? Behindert das krachende Zerkauen die Geschmackswahrnehmung anderer, wichtigerer Elemente, oder ergibt sich ein ausgeklügeltes sensorisches Spiel? Der Nachahmer wird jedenfalls Gefahr laufen, Zusammenhänge zu übersehen, die zu jenem sensorischen Effekt geführt haben. Die gelungene Inspiration dagegen ergänzt eine vorhandene (und verstandene) Substanz und hat damit Zusammenhang.

Es ist schon sehr bemerkenswert, daß der Auslöser solcher Gedanken ausgerechnet ein französischer Spitzenkoch ist, also aus jenem Land stammt, das sich so gerne als Hort des kulinarisch Kompletten schlechthin sieht. Aber – man ist dort der Krise nicht fern, weil erstmals in der neueren Geschichte die Fixpunkte der Kreativität global verteilt sind und nicht mehr automatisch aus dem Fundus der eigenen Topstars stammen. Manch einer reagiert darauf mit virtuosen Leistungen und einem Schub von frischen, völlig unverkrampften Ideen, so daß wir in absehbarer Zeit mit einer Wiedererstarkung der französischen Küche rechnen dürfen. Die Antwort von Jacques Thorel allerdings („Auberge Bretonne“, La Roche-Bernard, Bretagne, neunzehn Punkte im Gault-Millau, zwei Michelin-Sterne) ist eher symptomatisch für den Zweig, der verunsichert zwischen erlebter Tradition und einer gewissermaßen aufgezwungenen Moderne schwankt.

Von den Geistern, die man rufen könnte, sind so viele und in so bescheidener Qualität vertreten, daß man sie am liebsten geradewegs zurück in ihre Flaschen wünschen würde. Dabei ist der Rahmen blendend. Zwischen acht Amuse Bouches und sechs Desserts wird auch der Gemüsegang noch fünfteilig serviert, und alle Gänge werden von Kleinigkeiten in Schüsseln, Tassen und Gläsern begleitet. Kein Wunder also, daß der neunundvierzigjährige Thorel angeblich „den Spuren Ferran Adriàs“ folgt und überhaupt „eine Küche des dritten Jahrtausends" repräsentiert – wie ihm das „Figaro-Magazine" am 20. Juli 2002 bescheinigte. Beiden Aussagen läßt sich natürlich in ihrem deskriptiven Teil ohne weiteres folgen, wobei man allerdings wohl Adriàs inzwischen veraltete Espuma-Periode (Kohlensäure-Schäume mit allen erdenklichen Aromen) meinte, deren Weiterführung – „air" – leider den Rest der Kochwelt erst in einigen Jahren erreichen wird.

Der Inhalt der vielen Gläschen, Schüsselchen und Hörnchen überzeugt jedenfalls geschmacklich nur selten. Im Amuse Bouche ist der Gurkenschaum eher normal, ein Rote-Bete-Schaum mit Kirsche wirkt angenehm frisch, und der Speckkuchen ist die wenig überzeugende Kombination eines normalen Sandkuchens mit ein paar Speckstückchen. Einen gewissen Mangel an Finesse mag man zu diesem Zeitpunkt ohne weiteres noch als von Geradlinigkeit oder Purismus kompensiert betrachten. Bei der fünfteiligen Gemüsevariation („Légumes de notre jardin, courgettes, haricots verts, carottes etc.") allerdings registriert man bereits mit Verwunderung ein Stückchen lapidaren Toast mit etwas konfierter Tomate oder ein eher simpel angelegtes Zwiebelgratin. Der Hang zur überhöhten Geste, der nur mit „Gebrauchsanweisung" beizukommen ist (etwa: dieses Gratin erinnert uns an eine klassische Hausfrauentradition, ihr Zitat in einem Spitzenrestaurant soll uns an unsere eigenen Grundlagen und die Wertigkeit einfacher Produkte erinnern), wird zur ständigen Begleitung des Essens bei Thorel.

Und es wird noch merkwürdiger. Ist der Meister am Ende auch noch ein schlechter Kopist? Beim „Homard de nos côtes, au citron et au poivre" fordert er ganz klar den Vergleich zu seinem Kollegen Olivier Roellinger („Les Maisons de Bricourt", Cancale) heraus, bei dem ähnliche Kombinationen – zum Beispiel mit einem hochfein, aromentief und gleichzeitig geradezu transparent gehaltenen Chutney – einen Ausbund an feiner Abstimmung ergeben. Hier gibt es eine dicklich-süß schmeckende Verbindung von Zitrone und Birne mit groben Pfefferpartikeln zu einem zäh übergarten Hummerschwanz und dazu – natürlich – wieder ein Glas, diesmal mit einer fade schmeckenden Bouillon von Pampelmuse und Artischocke. Meint Thorel, so etwas machen zu müssen, und scheitert er am Verständnis der Sache?

Es gibt einige Male Süß-Saures, wie bei dem Wachtelspieß mit Zitronenscheiben auf einem Gemüseflan und Mandeln mit einem dicken Zuckerguß. Das geschmackliche Bild gerät plakativ; es gelingt Thorel nicht, genau die Zurücknahme der Aromen und geschmackliche Breite zu realisieren, die erst Platz für das Zusammenspiel dieser beiden Extreme schafft. Wenn der Meister also macht, was er besser nicht machen sollte, ist dann wenigstens das gut, was er können müßte?

Thorel hat große Verdienste um die Bewahrung der klassisch-bretonischen Küche erworben, so mit dem Buch „Le Grand Classique de la Cuisine Bretonne" (Rennes 2001), und hat quasi die Position des gegenwärtig obersten Hüters dieser an Spezifitäten reichen kulinarischen Landschaft. Um so mehr erschüttern übergarte Fische (ein Seehecht mit Pfifferlingen, ein Wolfsbarsch mit Kartoffelpüree und Trüffel) oder auch die viel zu festen (sie schmecken dann fade) Wachteln, die nicht knackigen Bohnen und andere Details. Hier fehlt einfach der Glanz des tieferen Verständnisses, der aus einer ebenso klaren wie komplexen Zielsetzung heraus für die nötige handwerkliche wie konzeptionelle Qualität sorgt.

Nur einmal blitzt etwas auf, was alle diese Merkmale hat. Es ist die Kombination aus Foie-gras-Mousse mit einer Schicht von pürierten Sellerieblättern, darin unter anderem die sehr mild und nussig schmeckenden Bigorneaux (Strandschnecken), begleitet von einem Bohnen-Espuma (von Kernen). Wir finden Klassik, regionale Spezifität, einen originellen Akkord und Finesse in der Abstimmung. Alles andere wirkt wie das Dokument einer Verunsicherung mit einem erstaunlichen Mangel an Selbstbewußtsein und mit handwerklichen Problemen, die sich in vergleichbar bewerteten deutschen Restaurants eher selten finden. ❧

28. 08. 2004, F.A.Z., Feuilleton, Seite 34

Ein höchst seltsamer Geschmack!

Der kulinarischen Sozialisation in Deutschland fehlt das Salz

„Geschmack" (kulinarisch) ist ein mehrdeutiger Begriff. Er dient zur Beschreibung eines bestimmten (Produkt-) Geschmacks („sauer") und würde in diesem Falle eher die Bedeutung von „Aroma" haben. Oder er beschreibt eine Geschmackswahrnehmung („Ich habe da so einen merkwürdigen Geschmack im Mund"), also einen sinnlichen Eindruck, wie ihn die Geschmacksrezeptoren vermitteln. Wenn jemand allgemein „einen guten Geschmack" hat, wird das Wahrnehmungsvermögen durch das Beurteilungsvermögen überhöht, wobei man präziser eher von einem allgemein-ästhetischen Wahlverhalten, etwa zwischen „gutem Geschmack", „schlechtem Geschmack" oder auch „speziellem Geschmack" reden müßte. Ist etwas „Geschmackssache" oder kann „über Geschmack nicht gestritten werden", wird dagegen ein Recht auf Subjektivität des Geschmacksurteils reklamiert, immer ein wenig so, als wäre dies ebensowenig Folge einer bestimmten Sozialisation wie folgenlos in seiner Auswirkung.

Kants „sinnliches Beurteilungsvermögen" mit der daraus erwachsenden Geschmacksbildung des achtzehnten Jahrhunderts und dem Ziel des „guten Geschmacks" scheint im Zeitalter der Sozialwissenschaften in die Defensive zu geraten, weil es angeblich nicht gelingen kann, das „Gute" verbindlich zu etablieren. Ist dies wirklich so, oder sind es nicht gerade die Natur- und Sozialwissenschaften, die die klaren Beweise für die Notwendigkeit wie die Wirksamkeit von Bildung in diesem Sektor produzieren – und dies ganz besonders und geradezu exemplarisch, wenn es um den „Geschmack" im kulinarischen Bereich geht? Der reklamierte Freiraum jedenfalls schrumpft bei näherer Betrachtung ganz erheblich.

Am aufschlußreichsten wird eine Analyse, die sowohl die mehr oder weniger entwickelte geschmackliche Wahrnehmung als auch das mehr oder weniger differenziert entwickelte Wahlverhalten und Beurteilungsvermögen zusammen betrachtet. Es beginnt schon damit, daß die physiologischen Voraussetzungen der Menschen unterschiedlich sind. Nach Faurion und Chiva sind 23 Prozent hypersensibel (also im Wortsinn Feinschmecker), 62 Prozent normal veranlagt und 15 Prozent hyposensibel, also recht unempfindlich in der physiologisch bedingten, geschmacklichen Wahrnehmung. Schon hier wäre also die „Geschmackssache" des Hyposensiblen gegenüber einem Hypersensiblen nicht so recht kommunikationsfähig.

Es ist aber vor allem die kulinarische Sozialisation, die den Geschmack des Menschen formt. Hier finden wir heute mehr denn je in der Regel einen weitgehend unstrukturiert und nicht intentional geformten Prozeß, der zu überaus zufälligen, unvollständigen und zunehmend von außen (Medien, Werbung) gesteuerten Verhaltensprofilen führt. Gemessen am hypothetischen Ziel einer einigermaßen kompletten Ausbildung der möglichen sensorischen Fähigkeiten, beschreiben diese Profile wohl vor allem Sozialisationsdefizite. Demgegenüber ist der prinzipiell eigengesteuerte intentionale Anteil (mit dem Ziel der Komplettierung), von der konsequenten Erziehung durch die Eltern über die fast nicht vorhandene schulische Ausbildung bis zu Ausbildung und Fortbildung aus eigenem Interesse, sehr gering. Kurzum: Der Geschmack ist ein Zufallsprodukt.

Ist das nun egal? Unwichtig? Marginal? Merkwürdigerweise scheinen viele Menschen ausgerechnet beim Essen die Augen vor größeren Zusammenhängen zu verschließen. Obwohl ein beträchtlicher Teil der Alltags- wie Freizeit- wie entwickelter Kultur fest mit dem Essen verbunden ist, wird – zumindest in Deutschland – der Rang des Kulinarischen gerne marginalisiert. Dabei hat die Konkretisierung der kulinarischen Sozialisation in Form eines entsprechenden Konsumverhaltens gravierende Auswirkungen auf die Gesamtkultur, vom sozialen Zusammenleben bis zu ökologischen Fragen der Produktion.

Da dem Fach das ihm gebührende Gewicht nicht zugestanden wird, besteht natürlich auch noch eine gewisse Zurückhaltung in der Akzeptanz von dessen Komplexität, und wieder einmal kann man die ernüchternde Beobachtung machen, daß dem Ungebildeten nichts leichter fällt, als seinen Zustand zu ignorieren – wobei dies in kulinarischen Fragen allerdings schichtunabhängig gilt. Geschmack im Sinne von differenzierter Wahrnehmung und differenziertem Wahlverhalten ist zweifelsfrei ein Bildungsprodukt. Sind die denkbaren Ziele eines entsprechenden kulinarischen Bildungsprozesses sinnvoll und erwünscht, läßt sich gerade im Licht der sozialwissenschaftlichen Erkenntnis die Formulierung vom „guten Geschmack“ legitimieren – nicht nur in Kunst oder Innendekoration.

Über die genannten Mängel im intentionalen Bereich hinaus ist der Stand der Geschmacksbildung heute von einem fast kindlich unstrukturierten, oft defensiven Wissen geprägt. Der Mensch weiß, was er mag und „an was er sich die Finger verbrennt“. Ist er älter, wird der defensive Bereich durch Kenntnisse über Lebensmittelsicherheit, über Risiken und Diätetisches erweitert. Konstruktives Wissen aller Art (Produktkenntnisse, Kochkenntnisse) ist rudimentär, und trotz der Unmittelbarkeit des Objektes wird erstaunlich blauäugig an „Expertenwissen“ (von der Industrie über „Berater“ bis zur primär kommerziellen Gastronomie) delegiert, wobei es regelmäßig zu Enttäuschungen kommt. Diese Experten liefern häufig ästhetisch eher schwache Leistungen, weil in der kulinarisch ungebildeten Gesellschaft typischerweise Lebensmittelstandards technisch und weniger geschmacklich definiert werden.

Die Distanz zu einer kulinarischen Hochkultur, deren mögliche Existenz bei uns allerdings im Moment noch kaum mehr als ein zwingendes Postulat ist, wird immerhin durch den Entwicklungsstand in anderen Ländern illustriert. Da steht etwa in der Business-Welt Frankreichs schnell als Tölpel da, wer über die Eßkultur nicht wie selbstverständlich wichtige Dinge mitzuteilen hat – am besten, ohne in das spontane Geschwätz derer zu verfallen, die ohnehin zu allen Dingen Peripheres absondern müssen (eine Crux in diesem Fach). Insofern fällt die gern reklamierte „Sache des Geschmacks“ in einer umfassenderen Sicht der Dinge schnell auf den Absender zurück und wird unter Umständen zu einem Outing entsprechender Sozialisationsdefizite.

Wer nicht schmecken kann und keinen Geschmack hat, weil er es nicht gelernt hat oder nicht lernen wollte, kann – noch – dieses Defizit als Individualität „verkaufen“. Das Bild von einer Art kulinarischem Kulturbanausen gibt es jedenfalls bisher nicht. Aus der Sache und ihrer gesellschaftlichen Bedeutung heraus läßt sich aber nur folgern, daß ein Umdenken geradezu notwendig ist. Erheben wir also unsere Gabel auf Immanuel Kant. Alles hat seinen Ort. Auch für den Geschmack gibt es keinen wertfreien Raum. ❧

04. 09. 2004, F.A.Z., Feuilleton, Seite 34

Ziemlich vollsaftige Angelegenheit

Breiter, reicher, komplexer: Christian Baus deutscher Nationalstil

Der dreiunddreißigjährige Christian Bau von „Victor's Gourmet-Restaurant“ in Schloß Berg/Perl-Nennig ist der wohl profilierteste Koch der Generation nach Wohlfahrt, so wie dieser den nämlichen Rang der Generation nach Witzigmann innehat. Mit dieser Reihung ist gleich ein gewisses Problem in der Rezeption unserer jüngeren Koch-Geschichte verbunden. Man redet gerne und häufig von Witzigmann-Schülern, aber – wie im Falle Baus – von Wohlfahrt-Kopien. Es ist vielleicht an der Zeit, auch den großen Einfluß unseres gegenwärtig besten Koches in seinen Schülern zu würdigen.

Bau war also drei Jahre Sous-Chef bei Wohlfahrt, bevor er 1998 in Schloß Berg die Küche übernahm. In seinem ersten großen Buch („Innovation durch Tradition – Christian Bau“, Umschau-Verlag, Neustadt an der Weinstraße, 2004) ist der Einfluß seines Lehrers in der Tat recht deutlich zu spüren – zumindest im Blick auf Wohlfahrts „Feines aus meiner Küche“ (F.A.Z. vom 21. August 1999). Das erstaunlich komplexe Werk zeigt einen besonders technisch hochentwickelten Koch, der eine große Spannbreite von Produkten in teilweise sehr vielschichtigen Kreationen präsentiert. Ein wenig gewinnt man den Eindruck, als wolle Bau alles bisher in dieser klassisch fundierten, geschmacklich üppigen Richtung Dagewesene noch übertreffen. Da gibt es dann eben noch ein Element mehr, mit einer noch komplexeren Sauce und einer noch breiteren Geschmackspalette.

Um Mißverständnissen vorzubeugen: Baus Kreationen schmecken ganz hervorragend – zumindest für den klassisch geschulten oder an Klassik gewöhnten Gaumen – und sind von einer erheblichen geschmacklichen Finesse. Er integriert zum Beispiel durch Verwendung von Innereien sensibel auch rustikalere Elemente und realisiert bisweilen eine erfreuliche sensorische Breite und Tiefe. Das Buch ist also gut und interessant; die Umsetzung durch den fortgeschrittenen Privatkoch gestaltet sich angemessen schwierig. Aber mehr noch: Es darf als eine Art zusammenfassendes Hauptwerk einer typisch deutschen Variante von Spitzenküche gelten. Ist vielleicht aus der oft so genannten „französischen Haute Cuisine mit mediterranen und/oder asiatischen Elementen" mittlerweile ein deutscher, kulinarischer Nationalstil entstanden?

Außerhalb Deutschlands findet sich eine ähnliche Küche eher selten – von Ausnahmen (am ehesten noch in der Schweiz) einmal abgesehen. Es gibt eine Reihe von recht klar unterscheidbaren Merkmalen (die Beispiele stammen aus dem behandelten Band), so daß sich einmal ein Versuch zu ihrer Beschreibung lohnt. Unübersehbar ist etwa ein Hang zur Süße. Schon Legende ist eine Foie-Gras-Auffassung, die fast in den Dessert-Bereich gehört („Gâteau von Gänseleber mit Rosinen-Nüssen und Feigengelee"). Werden hier direkt süße Zutaten verwendet, ist es bei anderen Gerichten die „indirekte" Süße von Sahne und Butter, die meist so eingesetzt wird, daß nichtsüße Aromen „gefaßt" und damit abgemildert werden („Schaumsüppchen von Madrascurry mit grünem Apfel und Austerravioli"). Durch diese „Fassung" wird die deutliche Wahrnehmung des individuellen Produktaromas verändert bis verhindert.

Die häufigen Zitate mediterraner Küche, die ja im Original fast ausschließlich Olivenöl als Fett benutzt, werden oft ebenfalls mit Butter und/oder Sahne eingefaßt, was etwa die typischen Aromen von Schmorgemüse teilweise neutralisiert. Die Saucen sind entgegen den Trends zu „kurzen" Saucen (etwa: abgelöschte Bratfonds) häufig außergewöhnlich komplex und beschränken sich längst nicht mehr nur auf den klassischen Saucenaufbau. Die Verwendung mehrerer Fonds und anderer aromatischer Einlagen gleichzeitig sorgt für eine maximale Verdichtung der Aromen. Speziell Bau verwendet überdies häufig und in allen möglichen Kombinationen die klassische Zutat Portwein in seinen Saucen.

Demgegenüber scheint das Vertrauen in Simplizität gering zu sein. Es ist häufig die Rede von der Bedeutung der Spitzenprodukte, die dann aber nicht lediglich optimierend, sondern ebenfalls in eher komplexer Form behandelt werden. Typisch ist etwa das „Einpacken" von Fleisch in Teig- oder Gemüsehüllen, das in der Folge weniger individuell, sondern eher als Element eines Gesamtgeschmacks wahrgenommen wird. Insgesamt dominiert ein virtuoses Jonglieren mit einer großen Menge von Elementen. Insofern bedient man durchaus den Primat des Handwerks (was bei den Köchen allgemein als positiv gesehen wird), allerdings nicht im Sinne eines reduziert-pointierten Einsatzes (etwa: optimierte Garung und Würzung), sondern eher im Sinne des maximal Möglichen (Assemblage von komplexen Strukturen). Es geht also oft eher um einen Gesamtgeschmack, als um die isolierte Optimierung der Realien, die auf diese Weise Mittel zum Zweck werden.

Bei Bau findet sich dazu zum Beispiel die „Wilde Rebhuhnbrust, mit Gänseleber im Blätterteig gebacken, Wacholderrahmsauce", andererseits aber auch eine produktnähere, „additive" Kreation wie die „Fasanenbrust, im dünnen Speckmantel gebraten, Rosenkohlblätter, Trompetenpilze". Aus der Vielfalt der Zutaten resultiert außerdem bisweilen ein Hang zum „Bunten", also – positiv gesprochen – zu einem Spiel mit disparaten Elementen, bei dem – kritisch aufgefaßt – die Entfaltung der originären Aromen unter dem geschmacklichen Druck völlig andersartiger Elemente zu leiden hat („Thunfisch à la Plancha in der Gewürz-Pfefferkruste, kleiner Kräutersalat, Scampitempura").

Die Liste dieser Merkmale ließe sich fortsetzen und ohne Schwierigkeiten auch in kochtechnischen Details aller Art nachweisen. Über die Herkunft dieses weitverbreiteten „Nationalstils" (der womöglich eher ein Epochalstil ist) läßt sich trefflich spekulieren, wobei die beiden wichtigsten Gründe wohl eine nicht wirklich aus sich heraus weiterentwickelte französische Klassik und die Arbeit im „luftleeren Raum", also die wenig ausgeprägte Anbindung an eigene kulinarische Traditionen und (materielle) Ressourcen, sind.

Eine dringend notwendige Stilkritik wird darauf hinweisen müssen, daß sich dieser Stil teilweise beträchtlich von den allgemein anerkannten Regeln der Zunft entfernt hat. Sie wird die schwache Position deutscher Köche unter den stilbildenden Köchen der Welt als Ergebnis einer gering ausgeprägten Reflexion – und damit eher marginalen intellektuell-kulturellen Fundierung – diskutieren können. Sie wird schließlich mit dem Blick auf den Esser feststellen können, daß der immer noch und fast ausschließlich „aus dem Bauch heraus" arbeitende Kochkünstler das Stadium des kulinarischen „Trial and Error" überwinden muß, um konzentriert und professionell die sensorische Vielfalt (inklusive eines wahren Kosmos an psychologischen Implikationen) zu antizipieren. ❧

11. 09. 2004, F.A.Z., Feuilleton, Seite 34

Schluß mit eurer Schulweisheit!

Konsequent leicht ungewöhnlich: Der Autodidakt Thierry Phal

Wenn unsere Vorstellungen von einer Sache vor allem mit Bildern verknüpft werden, hat die Spitzenküche im Grunde noch nicht die richtigen „Formate" gefunden. Was haben wir da schon? Die Bilder von kunstvoll-ungegessenen Gerichten, von Küchenhektik, erhobenen Gläsern und unbefleckten Koch-Monturen. Der photographischen Miniatur fehlt vor allem der umgebende Raum und der Faktor „Zeit". Sicher, es gibt die wundervolle Menü-Szene in „Babettes Fest", mit zumindest dem Ansatz einer filmischen Darstellung des Übergangs vom (formellen) Essen zum zeitlos-unendlichen Zustand der reinen Degustation, dem Einigwerden von Person und Geschmackswahrnehmung – in aller Öffentlichkeit und doch unbedingt mit sich allein, unforciert und unforcierbar, ein Ereignis für die komplette Person. Essen in seiner kultivierten Form braucht unterminierte Länge, vielleicht ein wenig von englischen Cricket-Übertragungen, die nicht selten ganze Tage füllen, vielleicht auch die einer komplett übertragenen Golfrunde, die einer Flachetappe der Tour de France oder die des klassischen Sonntagmittags.

An einem solchen halten sich die diskreten Mitglieder der Luxemburger Gesellschaft eine geschlagene Stunde in den Vorräumen von „La Bergerie" in Geyershaff unweit der deutschen Grenze auf, beschäftigt mit dem Apéritif. Und dennoch: Der Eindruck eines Stehempfanges will sich partout nicht einstellen, eher schon das Gefühl eines zielgerichteten Nicht-Handelns, bevor man sich mit Kind und Kegel (vermutete Altersspanne der Gäste: neunzig Jahre) und bewundernswerter Statik bei Tisch einfindet. Sie treffen auf die Küche von Thierry Phal, der – durchaus ein wenig kokettierend – Wert auf die Feststellung legt, daß er „Autodidakt in der zweiten Generation" sei. Tatsächlich läßt der am besten bewertete Koch des Landes (zwei Sterne im Michelin, achtzehn Punkte im Gault-Millau) besonders deutliche Schlüsse über die Qualitäten des künstlerischen Selbsterziehers zu, weil er nicht etwa bodenlose kulinarische Artistik betreibt, sondern in beeindruckender Weise Varianz erzielt – selbst da, wo man überhaupt nicht damit rechnet.

Da ist etwa ein „Gegrillter Lammrücken aus dem Sisteron mit einem Koriander-Jus". Die Beschreibung wird kaum eine Bestellung erzwingen, auch dann nicht, wenn man gewisse nordafrikanische Elemente erwartet: Allzu oft wird man gerade dann in der Spitzenküche enttäuscht, wenn man eine klare Wirkung (hier: des Korianders) erwartet und dann doch nur einen sinnlosen Hauch bekommt – Verfeinerung genannt. Phal aber grillt das Lamm kräftig, was ihm einen wunderbaren Geschmack, aber eine Optik verleiht, die ihren Einsatz in vergleichbaren Häusern ausschließen würde. Das Fleisch hat ebendie Form und Farbe, die es bei dieser Garung annimmt, die Form folgt der Funktion. Es gibt eine Krokette von fritiertem Eigelb dazu, Kräuter in größeren Stücken, kräftig mit Rosmarin aromatisierte Artischocken und allerlei kleinere Elemente, aber nichts davon erklärt offensichtlich den durch und durch individuellen (und guten) Geschmack dieses Tellers.

Am Ende bleibt nur die Erkenntnis, daß es die Summe der konsequent leicht ungewöhnlichen Zubereitungen und Aromatisierungen ist, die ohne Gefahr einer Trivialisierung durch Gewöhnung dem relativ Normalen neuen Glanz verleiht. Ebenso entwickelt sich auch die fünfteilige Foie-gras-Variation in einer erfreulich variierten Form. Mit leichter Hand beweist Phal zunächst, daß er die klassische Terrine ebenso beherrscht wie eine gebratene Scheibe oder den Einsatz von Trüffeln. Daneben aber hat er eine mit Cassis marinierte Variation von ganz ungewöhnlicher und völlig überzeugender Harmonie und eine trickreich mit Pistazien (das wäre klassisch), weiteren Nüssen und Nußöl parfümierte Zubereitung, die dem gesättigten Aroma der Foie gras eine ganz andere Tiefe und Breite verschafft.

Manchmal – auch das ein „klassisches" Merkmal des Autodidakten – hat die Idee Vorrang vor der Finesse im handwerklichen Sinne. Bei diesem Essen ist es das Eiskraut (Mesembryanthemum crystallinum), das offenbar gerade die Phantasie des Meisters entfachte und insofern eine Art ständigen Auftritt hat – ob beim Carpaccio vom Kalbskopf (mit den wunderbaren Schnittlauchblüten) oder in der „Petite salade folle“ zu den Rotbarben. Bemerkenswert gut und originell gelingt übrigens auch ein mit verschiedenen Gemüsen geschmorter Hummer, so daß insgesamt der Eindruck entsteht, als könnte die Welt auch noch ein paar mehr Phals gebrauchen.

Wäre ein solcher Wunsch nun ein Votum gegen die „normale“, handwerklich orientierte Kochausbildung? Sicherlich nicht, was die eher funktional ausgerichtete Gastronomie mit ihren klaren Vorgaben und Erwartungen angeht. Auffällig ist aber, daß eine größere Anzahl von Spitzenköchen die Qualifikation zum „Küchenmeister“ als nicht unbedingt förderlich für den Aufstieg zur Spitzenküche bezeichnet. Blickt man etwas tiefer in die Lehrbücher, deren Lektüre das Gerüst der Kochausbildung bildet, so fällt auf, daß diese in ihrer Fixiertheit auf die klassischen Grundlagen in vielen Teilen den Kontakt zur modernen Spitzenküche verloren haben. Es gibt eben Meisterküchen, in denen eine Sauce Hollandaise einfach nie mehr vorkommt, dafür aber Saucenkonstruktionen, über die man in den Lehrbüchern kein Wort erfährt.

In diesem Beruf gibt es offenkundig (noch) gar keine systematisch strukturierte (und damit jedweder Entwicklung aufgeschlossene) Ausbildung. Statt dessen dominiert das Erlernen von für unverzichtbar gehaltenen „Fertiggerichten“ im übertragenen Sinn. Wenn man so will, wird sich der kreative Koch von diesen Grundlagen teilweise deutlich emanzipieren müssen, um nicht unter das Geschmacksdiktat des Hergebrachten zu geraten. Das Handwerk der Kochkunst ist nicht das eines Schreiners oder Maurers, weil zum Beispiel die erwähnten Saucen auch ohne klassische Bindungen und in buchstäblich jeder möglichen Zusammensetzung denkbar sind. Es ist eher ein individualisiertes Handwerk, ganz ähnlich dem des bildenden Künstlers modernerer Prägung, der gerade in der zeitgenössischen Kunst oft seine eigene Technik, und die in bisweilen erheblicher Komplexität und Perfektion, entwickelt.

Das Lob des Handwerks kann sich also auf alle Meister erstrecken, die mit und ohne Brief – sofern man es auch in einer individualisierten Form akzeptiert. Im Falle von Thierry Phal und seiner sozusagen unspektakulären Individualität gewinnt man freilich den Eindruck, daß der individuelle Ausdruck eine Art befreiter kreativer Reflex auf die Unmenge von Variablen ist, die sich im Laufe des Lebens fachspezifisch ansammeln. Diesem Reflex – was durchaus mit etwas Risiko verbunden ist – Platz einzuräumen, gefällt auch in der menschlichen Dimension. Vom Esser erfordert das diejenige Offenheit, die die wirklich kreativen Welten auch in der Kochkunst öffnet. ❧

18. 09. 2004, F.A.Z., Feuilleton, Seite 36

Enorm anstrengend

Aber das ist ihm die Küche wert: Hermann Bareiss lehrt genießen

Auch die Servicewüste hat ihre Oasen, zum Beispiel das „Bareiss“ (Hotel und Restaurants) in Baiersbronn im Schwarzwald. In dieser national und international häufig als eines der besten („Ferien“-)Hotels ausgezeichneten Stätte der Gastlichkeit verschieben sich in kürzester Zeit typische Merkmale feuilletonistischer Betrachtung. Nein, es geht nicht um die Architektur der Immobilie oder den Stuhl, den ein Dichter, als er noch dichtete, regelmäßig abgewetzt hat. Es geht nicht um die multikulturell-sprachlosen Service-Automaten großer Stadthotels oder reisende Potentaten, die alles Nichtvergoldete für Sperrmüll halten. Man ist im „Bareiss“ unter Menschen von geradezu maßstäblicher Freundlichkeit, völlig natürlich in ihrem Duktus, weder amerikanisch plappernd noch so schrecklich anbiedernd, daß man sich von der ersten Sekunde an zum ästhetischen Tunnelblick gezwungen sieht.

Eigentlich könnte sich die Hotelbranche ja auch einmal darüber beschweren, daß Begriffe wie „Gastlichkeit“ und „Freundlichkeit“, daß „Engagement für Menschen“ und der „höflich-zuvorkommende Umgang mit ihnen“ so pastös nach Klischee klingen und gewissermaßen dem intellektuellen Kanon entfallen sind. Macht nicht die erste Sekunde Praxis wieder alle zu Betroffenen? Die Gastronomie ist oft ein Abbild der Gesellschaft. Könnte sie ein Vorbild für sie sein? Der sechzigjährige Hermann Bareiss, einflußreiches Vorbild seines Standes, Gründer der „Mitteltaler Tafelrunde“, eines jährlichen Treffens von Kritik und Gastronomie, und wie eine perfekte Mischung aus Bonvivant und Gentleman wirkend, nimmt diese Frage ohne Probleme an. Ja, sie sollte es sogar sein, vor allem in einer nicht besonders gastlich veranlagten Kultur. Sie könnte „ansteckend“ wirken, die „natürliche Freude fördern, Gastfreundschaft zu entwickeln“.

Wäre es dann eine bessere Gesellschaft? „Vielleicht nicht besser“, sagt Bareiss, „aber glücklicher.“ Nun sind wir allerdings kaum dafür bekannt, daß sich unsere Städte unter dem Druck von Urlaubseinflüssen in wuselig-kleinformatige Paradiese öffentlichen Lebens verwandeln. Warum klappt der Transfer von der Ferienästhetik in eine belebtere Alltagskultur nicht? Für Bareiss liegt es an der typisch deutschen „Aufbaumentalität“, die oft einen deutlichen Gegensatz zum „flüchtigen Charakter“ von Genuß produziert.

Zurück am Hoteltisch, werden Petits fours und Kaffee serviert – von Personal, das ganz selbstverständlich eine entspannte Konversation pflegt. Muß man dazu geboren sein, muß man bedienen können, so wie es eine virtuose Tugend sein kann, sich bedienen zu lassen – ohne einen Hauch von Anspruch und unnötiger Distanz? Bareiss verneint und entwickelt eine etwas überraschende Theorie, die durchaus an einige Künste erinnert. Die wirkliche (Service-)Perfektion, die sich bei weitem nicht in „abgeschlossenen“ Ausbildungen und ähnlichen Grundsteinlegungen möglicher Selbstblockaden erschöpft, ermöglicht am Ende die Vereinigung von Kenntnis und Emotion, also die „selbstbewußte Virtuosität im Umgang mit anderen Menschen“. Wie die rasend schnellen Sechzehntelläufe eines Pianisten, bei denen man noch luftige Eleganz zwischen den einzelnen Tönen zu spüren meint.

Wie aber präsentiert sich nun unter solcherlei Verständnis die Küche im „Restaurant Bareiss“ unter Koch Claus-Peter Lumpp, Restaurantleiter Thomas Brandt und Sommelier Jürgen Fendt? Sie hat noch keinen dritten Michelin-Stern, was – trotz Höchstnoten bei anderen Gourmet-Führern – nicht wirklich zum Selbstverständnis des Hauses paßt. Die neueste (eher unerwartete) Entwicklung ist eine gewisse Modifizierung des Küchenstils. Lumpp hat lange Jahre einen sehr dekorativen, üppigen Stil mit enorm aufwendig gestalteten Tellern gepflegt. Da dadurch aber den Gerichten manchmal ein wenig der aromatische Schwerpunkt fehlte, bestand leicht die Gefahr eines gewissen Aromen-Zappings. Dem setzt man nun eine deutlich übersichtlicher strukturierte Arbeit gegenüber, die näher am Produkt konzipiert ist und vor allem dessen Optimierung und sensible geschmackliche Erweiterung verfolgt.

Das gelingt in unterschiedlicher Ausprägung, wobei man grundsätzlich anmerken muß, daß man hier von einer der handwerklich besten Küchen Deutschlands bekocht wird. So erfreuen einige prächtige Akkorde, wie etwa die Seezungenröllchen auf Kürbisgemüse mit Kürbiskernen und Nußöl, bei denen die Nussigkeit des Seezungengeschmacks perfekt und originell dekliniert wird. Bei der „Atlantikrotbarbe mit Avocadopüree und Vinaigrette von Vongole Verace“ (der besten Venusmuschel-Variante) kommt es zu einem hochfeinen Verlauf der Geschmackswahrnehmung mit dem Püree in leicht krossem Filoteig, der größeren (und damit kräftigeren) Rotbarbe und einem komplexen Nachhall von der Muschel.

Auch die Kombination von rohen Thunfischwürfeln mit Kaviar und Fleur de Sel beeindruckt mit konzeptueller Klarheit (Salz plus Kaviar ist etwas ganz anderes als zu stark gesalzener Kaviar), ebenso Elemente wie die prächtig à point gegarten Langustinen, ein Sankt-Peters-Fisch mit Kräutercroûtons oder die kräftig gewürzte Variation vom Kalb mit einer auffällig guten Kalbsschwanzpraline mit Trüffeln. Dennoch beginnt man zu überlegen, ob der These hier mit der Veränderung des Konzeptes zumindest teilweise eine Antithese entgegengesetzt wurde, deren Vollendung in einer Synthese man mit Freude ahnt, aber bisher nicht regelmäßig registriert.

Die „Kreation vom Schwarzfederhuhn mit Gänsestopflebersauce“ ist dafür ein gutes Beispiel. Man bekommt eine überaus abgerundet schmeckende Kombination aus Huhn und Foie gras, die durch einen stark reduzierten Jus noch weitere Tiefe, aber keine sensorische Varianz bekommt. Das kann man so mögen, allerdings mit dem Risiko einer gewissen Redundanz. Viel näher liegt bei diesem Gericht freilich der Gedanke, daß einige (durchaus ins Konzept passende) gezielte Reize wie etwa ein wenig „rustikalere“ Elemente (die dazugehörigen Innereien?) oder etwas Texturspiel von leicht krossen Elementen eine beziehungsreiche Breite ergäben, die Lumpps Arbeit endgültig abrunden könnte – die Synthese eben.

Und wie lautet das Urteil eines Doyens der deutschen Gastronomie über ebendiese? „Stilistik“, so Bareiss, fehle der Hotellerie im internationalen Vergleich noch sehr. Die deutsche Küche habe sich „unglaublich verbessert“, und dies vor allem durch „Sorgfalt, Arbeitsaufwand und Fleiß“. Man tue sich aber schwer mit der eigenen Tradition und habe meist nicht die kulinarisch klare Linie vieler französischer Meister. Daraus läßt sich natürlich prächtig eine Kurzcharakteristik der Lage entwickeln. Vielleicht so: Warten auf hohem Niveau. ❧

25. 09. 2004, F.A.Z., Feuilleton, Seite 32

Verdient das so ein Fisch?

Mitgefangen, mitvergammelt: Das Meeresgetier wird malträtiert

In Deutschland ist die Farbe des Fisches Braun. Nicht silbrige Schuppen, das Weiß des Eises oder das transparente Hellgrau der meisten Fischfilets bestimmen die Lage, nein, das Braun von Räucherfisch und dicker Panade, vom nützlich übertünchten Küstensouvenir und den ubiquitären Fischstäbchen, ganz zu schweigen vom jährlichen Backfisch oder den Fishburgern, in denen fast alles stekken könnte, ohne daß es jemand bemerken würde. Der Umgang mit einem der feinsten kulinarischen Produkte ist exemplarisch für die erstaunlich vielfältigen Implikationen, die sich aus der individuellen wie kollektiv beschnittenen Handhabung (vulgo Vermarktung) ergeben.

Fisch ist glibberig, und der klare Schleim auf einem kompletten Exemplar signalisiert Frische – was man normalerweise nicht mit Schleim assoziiert. Einen ganzen Fisch müßte man eigentlich selber von seinen Innereien befreien, weil deren frühzeitiges (und vom Gesetzgeber gefordertes) Entnehmen wegen der dann deutlich größeren Oxydationsfläche unter Aspekten der optimalen Haltbarkeit kontraproduktiv ist. Aber wer macht das denn so ohne weiteres? Die von ihrem dazugehörigen Gesicht befreiten Filets gefallen da schon viel besser, auch wenn Filets abermals nur eine extrem kurze Haltbarkeit gegenüber dem ganzen Fisch haben. Vor allem aber: Fisch stinkt oder steht zumindest unter einschlägigem Verdacht, und wir nähern uns ihm fast immer unter kulinarischen Sicherheitsaspekten. Keine Produktgruppe erfährt eine vergleichbare Ablehnung – Sushi hin oder Sushi her, wo bei uns durch eine geschickte Verbindung mit kulinarisch alternativem Lifestyle eine neue Fischgläubigkeit entstanden ist, deren Gottvertrauen in ausreichende Fische in Erstaunen versetzt. Vielleicht ist Sushi aber auch kein Fisch, sondern ein abstraktes Material.

Fisch nicht zu mögen ist jedenfalls akzeptiert, weil die Beweggründe fast immer nachvollziehbar sind. Die individuellen Gründe für die Ablehnung von Fisch sind meist schnell zu ermitteln. In der Regel findet sich eine Sozialisation über schlechte häusliche Küche mit unfrischen Produkten und der oft zerstörerischen Wirkung von viel zu heißem Garen in viel zu stark parfümierten Brühen („Kochfisch") mit entsprechender Eiweißgerinnung/Eiweißausflockung. Auch das ein oder andere Urlaubserlebnis mit schwungvoll verbranntem Altfisch tut ein übriges. Dazu kommt die häufige Unkenntnis von Spitzenprodukten in einer optimierten Form, deren geschmackliche Reinheit ohne eine präzise Degustation kaum zu vermitteln ist. Wegen der meist tiefsitzenden Blockaden ist diese freilich oft nur im sozialen Kontext, also unter Gruppendruck zu realisieren.

Bei der Erläuterung der gesellschaftlichen Gründe greifen eine Vielzahl von Variablen ineinander, die aber durchaus den Ausblick auf einen geradezu fischspezifischen Teufelskreis erlauben. Der mit der Mobilität des Menschen zunehmende Wunsch, Seefisch nicht nur an Ort und Stelle zu essen, provoziert neben Convenience-Lösungen aller Art vor allem Probleme mit der Kühlung dieses empfindlichen Produktes. Die Aussage „Ein Fisch hat vierundzwanzig Leben – jede Stunde, die er aus dem Wasser ist, eines" ist nicht als überspannte Maximalforderung gedacht, sondern entstammt der klaren Erkenntnis, daß wirklich frischer Fisch sehr schnell negative Veränderungen in Geschmack und Textur durchläuft (von ein bis zwei Tagen „Reifung", etwa bei der Seezunge, einmal abgesehen). Alle Versuche, per Kühlung längere Verwendung zu erreichen, spielen mit einer abfallenden Qualität, und auch die globale Verfügbarkeit entpuppt sich unter dieser Vorgabe weitgehend als Illusion.

Die eher technisch als kulinarisch definierten Termini für „frischen Fisch" beziehen sich in der Regel nicht auf „frisch" im Sinne von „fangfrisch", sondern im Sinne von „roh/unbehandelt". Auf diese Weise geht das Bild vom „fangfrischen" Fisch der Küstenregion mehr und mehr verloren. An seine Stelle tritt ein mediokres Produkt, das aber längst als „normal" gilt. Die Schwankungen in der „Restfrische" beim Handel setzen sich im häuslichen Bereich und der eher bürgerlichen Gastronomie fort (wo der Fisch je nach Nachfrage längere Zeit auf seinen Einsatz warten muß), so daß schon von der Produktseite her ein Nachlassen der kulinarischen Leistungen die Folge ist.

Dazu kommt eine weitverbreitete Unfähigkeit zu guter Zubereitung, was die Entwicklung von Mißtrauen und Ablehnung unausweichlich macht. Der Ausweg durch die Convenience-Produkte wird scheinbar zu einer Sicherheitslösung, markiert einen Kompromiß zwischen Konsumwunsch und Machbarem. Tatsächlich ist die Verbreitung von Fertiggerichten aller Art – vor allem in ihrer übertünchenden Form, also als Fischstäbchen, paniertes Filet oder in geräucherter Form – eine hochproblematische Erscheinung mit der Perspektive der Vernichtung der Akzeptanz des Unmittelbaren. Die Dominanz eines mittelbaren Geschmacks, bei dem der Fisch zu einem nicht identifizierbaren Kaumaterial zwischen dicker Panade und vielen Gewürzen degradiert wird, führt zu einer oft zu beobachtenden Ablehnung des sensibel-optimierten Spitzenproduktes als geschmacksarm und minderwertig.

Besonders bedrängend ist in diesem Zusammenhang die Frage, ob für einen in dieser Form mißachteten Fisch wirklich die Weltbestände an Fisch aufs Spiel gesetzt werden müssen. Insgesamt scheint in Deutschland das Bewußtsein für Fischqualität gegenwärtig stark unterentwickelt, sogar in sehr guten Restaurants. Es fehlt weitgehend das entwickelt-authentische Verständnis maritimer Regionen mit entsprechenden kulinarischen Traditionen. Der bei einem Fischhändler in der Bretagne ausgesuchte und sofort gegarte Hummer kann gut und gerne selbst Qualitäten deutscher Spitzenrestaurants übertreffen. Außerdem hat die Illusion der ständigen Verfügbarkeit von Meeresgetier zu einer Vernachlässigung der Nicht-Seefische geführt. Das Angebot an Frischfisch im Handel ist bis in den Großhandel hinein allzu häufig unerfreulich, die wenig profilierte Nachfrage wird auch schon einmal mit älterer Ware befriedigt, wobei die Unkenntnis der Verbraucher bei deren Identifizierung durch den Verkauf der „abstrakten" Filets noch weiter ausgenutzt wird.

Es ist dringend an der Zeit, daß alle Interessierten ihre Bemühungen verstärken, das Bild eines Grundnahrungsmittels der Menschheit nicht im kulinarischen Morast von Fast- und Convenience-Food versinken zu lassen. Gerade beim Einsatz von Fisch droht das völlige Übergewicht gedankenloser Triebbefriedigung gegenüber sinnlichem Erleben. Wann kommt endlich die wirklich vertrauensbildende Maßnahme? Der Fisch wünscht sich ein Etikett mit Herkunft und Fangdatum. Das reicht dann erst einmal. ❧

02. 10. 2004, F.A.Z., Feuilleton, Seite 34

Der Souverän braucht Vorkoster

Scheel als Erzieher: Zum Verhältnis von Politik und Kochkultur

Halten wir uns nicht so lange mit Currywurst auf! Andererseits: Was soll man denn sonst nennen, wenn es um Politik und Kochkunst geht? Vielleicht die gerade entlassene Landesministerin, die in einem französischen Spitzenrestaurant dadurch glänzt, daß sie zwischen jedem Gang mehrere Zigaretten raucht? Oder den ehemaligen Fraktionsvorsitzenden, der nach einem Vortrag die Ruhe des Drei-Sterne-Hauses sucht, um denselben und wie berauscht in beträchtlicher Lautstärke quasi nochmals von sich zu geben (er aß Foie gras, warm)? Den früheren Bundespräsidenten, der Staatsessen von zweitklassigen Berliner Hotelköchen ausrichten ließ, oder den Kanzler, der lieber Rustikales auftragen läßt, als das Beste dieses Landes zu präsentieren? Die Gastronomen seufzen sich in Zeiten zurück, als ein ebenso populärer wie unprätentiöser Walter Scheel ein unverkrampftes Verhältnis zur Gourmandise vermittelte. War das vielleicht eine real verankerte Popularität, die eher Horizonte öffnete als Interessen kanalisierte?

Neutral betrachtet, ist die Spitzenküche keine wie auch immer geartete Sonderform von Küche, sondern schlicht und einfach der Ort der besten kulinarischen Leistungen eines Gewerbes, das zu den beschäftigungsintensivsten unserer Gesellschaft zählt. Spitzenköche sind nicht nur die besten ihres Faches, sondern verfügen – was oft übersehen wird – in der Regel auch über die besten allgemeinen Kenntnisse von Nahrungsmitteln. Ihre – auch und gerade gegenüber dem „normalen" Handwerk – hochentwickelten Fähigkeiten und Fertigkeiten erheben sie selbstverständlich in den Rang der Spitzen anderer Fächer. Gerade in ihrer entwickelten Form realisiert sich die Kochkunst zudem unter für normale Werktätige unvorstellbarem Arbeitseinsatz. Sie stellt unter jedem Aspekt eine hochentwickelte kulturelle Leistung dar, deren Auswirkungen bis in die Trivialküche hinein erheblich sind. Und dennoch fehlt es seitens der Politik gegenwärtig deutlich an der selbstverständlichen Rezeption dieses nationalen Spitzenproduktes – zumindest öffentlich, und ganz zu schweigen von Perspektiven wie entsprechenden Nationalpreisen, Akademien und nationalen Initiativen zur Verbesserung der Eßkultur.

Nicht nur der Brioni-geschädigte Kanzler scheint erkannt zu haben, daß rund um das Klischee vom „Luxusrestaurant" eine der letzten Oasen dumpfen Ressentiments blüht. Man muß diese Stätten also meiden, kann aber andererseits die Ressentiments durch eigenes, gegensätzliches Verhalten trefflich instrumentalisieren. Die Gourmandise umweht immer noch ein Hauch von Exzeß, vom nicht populären „Übertriebenen", ganz besonders in den Niederungen des „gesund" genannten Menschenverstandes. Daß der Champagner trinkende Jet-set und medial vergrößerte Star-Umrisse aller Art quasi keinerlei Berührungspunkte mit der avancierteren Küche und allen anderen Elementen einer bewußt strukturierten und entwickelten Eßkultur haben, will sich partout nicht im öffentlichen Bewußtsein durchsetzen.

Zelebriert werden hingegen merkwürdigerweise Konsumexzesse gröberer Art, gegen die ein paar kulinarische Ausgaben nun wirklich finanziell nicht ins Gewicht fallen. Gerne stellt sich dann der Politiker neben das anerkannte Konsumgut „Auto", auch wenn dessen in Deutschland traditionell stets ein bis zwei Nummern zu groß geratende Anschaffung weitere gesellschaftliche Aktivitäten der Käufer nicht selten einschränkt. Brauchen wir den Kleinbürger als Politiker, dem ein Kanon von Alltäglichkeiten näher ist als entwickeltes, kulturelles Verhalten? Es entsteht das Bild eines scheinbar menschlich-wertneutralen Populismus, dem allerdings in seiner vordergründigen Reflexhaftigkeit alle über den Eigennutzwert hinausweisenden Ziele abhanden gekommen sind. Eine solche Haltung entzieht im Prinzip jedem Bildungssystem die Grundlage. Nichts wird mehr aus der Sache selbst heraus betrachtet und notfalls auch gegen Widerstände verteidigt, sondern stets dominiert das Kalkül und eine Instrumentalisierungstechnik, der es überhaupt nichts auszumachen scheint, wie weit ihr selektiver Zugriff von der Realität abweicht.

Im Falle der vorsätzlich auf Distanz gehaltenen Gourmandise – die für sich ja gar nicht mehr verlangt als Normalität im Umgang mit kulturellen Spitzenleistungen – wundert man sich freilich über die altertümliche Hintergrund-Melange aus Spurenelementen von Calvinismus, preußischer Selbstkasteiung und klassenkämpferischen Klischees aus der untersten Schublade, die schon seit Jahren die kulturelle Arthrose der Berliner Republik begleitet. Man könnte es auch anders formulieren. Da fügt man einerseits diesem Teil der deutschen Kultur Schaden zu und treibt andererseits – kulturell wie ökonomisch gesehen – wahre Heerscharen in die Discount-Läden. Es entsteht unter solchen Vorzeichen ein Heer von Aldiisten, die sich der kulinarisch möglichen, von größeren Geldmitteln übrigens durchaus weitgehend unabhängigen Welt mehr und mehr entfremden. Dem so entfremdeten Menschen wird systematisch eine kulinarische Kunstwelt übergestülpt, zu der er keinerlei realen Bezug mehr hat: Er kennt die Produkte und ihre Herkunft nicht mehr, kann sie nicht in einen eßfähigen Zustand verwandeln und hat keinerlei Kategorien mehr für einen bei sich entwickelten Geschmack. Erst in dieser regressiven, vielerlei Bedingtheiten ausgelieferten kulinarischen Kunstwelt fühlt er sich wohl.

Eine Politik, die dieser Regression ein fröhliches Echo bietet, ist zynisch. Es fällt auch auf, daß man sich von der Demonstration eines kulinarischen „Ich bin wie ihr" überhaupt eine positive Wirkung verspricht. Werden hier populistische Effekte mit Popularität verwechselt, jener Klassen und Milieus deutlich transzendierenden Eigenschaft, die Extreme vereint und nicht eine Seite besetzt? Vielleicht stoßen wir ja gerade am Beispiel der Gourmandise auf ein auch allgemein-kulturelles Manko vieler unserer gegenwärtigen Politiker: Der nicht-besserwisserische Zug nach vorne, beseelt von einer lebendigen Vorstellung kultureller Wertigkeiten und Zusammenhänge, will ihnen einfach nicht gelingen.

Es ist übrigens interessant, darüber zu spekulieren, welche Behandlung die längst institutionell abgesicherten Teile der Kultur in diesem Klima erfahren würden, wenn sie noch Teil des „freien Marktes" wären und noch ihr „eigenes Geld" verdienen müßten. In einer kulturell wesentlich vielschichtiger werdenden Welt brauchen wir jedenfalls neue Zeichen, die neuen Zusammenhängen und ihrer Bedeutung Rechnung tragen. Ein populistischer Reflex dagegen kommt eigentlich immer zu spät. ❧

09. 10. 2004, F.A.Z., Feuilleton, Seite 32

Pioniere vor

Die erste F.A.Z. Gourmetvision mit Dieter Müller und Nils Henkel

Die entspannte Begegnung mit neuen Aromen und Akkorden gehört zu den faszinierendsten Erlebnissen der Gourmandise. Es ist eben nicht nur die handwerkliche Qualität, die uns in den Zustand der reinen Degustation versetzt, sondern auch die Anziehungskraft einer neuen Idee, des Ungewohnten, jener Hauch von Entdeckung und Neuigkeit, der in den nächsten Sekunden die über dem Teller kreisenden Gedanken erden wird.

Sind dies seltene Momente, oder werden sie uns nur allzuoft vorenthalten? Man wird jedenfalls den Verdacht nicht los, daß unsere Meisterköche noch etwas mehr können, als sie uns zeigen – aus welchen Gründen auch immer. Fragen wir sie also, und bitten wir sie um ihre kreativen Visionen, um ihr individuelles Bild vom nächsten Schritt in den immer weiter werdenden Kosmos des Geschmacks.

Das erste Menü der heute beginnenden F.A.Z. Gourmetvision stammt vom Drei-Sterne-Koch Dieter Müller und seinem Co-Koch (es gibt für diese Rollenverteilung noch kein richtiges Wort) Nils Henkel aus dem Schloßhotel Lerbach in Bergisch Gladbach. Wie kaum ein anderer Koch seiner Generation hat sich der sechsundfünfzigjährige Müller ein überaus waches Interesse an der Entwicklung seiner Küche bewahrt. Sein Amuse-bouche-Menü gehört nach wie vor zu den wegweisenden Küchenformaten, und seine ständige Suche nach Neuem führt regelmäßig zu höchst beachtlichen Ideen. Müllers großer Vorteil gegenüber vielen „Kreativköchen“ sind dabei eine profunde klassische Technik und ein Harmonieverständnis, das im Prinzip alles erlaubt – solange eine entsprechende Fassung oder ein Gegengewicht dafür gefunden wird.

Müller und Henkel erzielen in ihrem Menü mit erheblichem Arbeitsaufwand eine große Breite an Aromen, Akkord-Ideen und differenziert durchdachten Details. Das dreifache Amuse-bouche (Auster, Jakobsmuschel, Langustine) ist bei der Gourmetvision fester Bestandteil des Menüs. Mit der dezent von einer Emulsion aus Verjus und Kerbel begleiteten Gillardeau-Auster (benannt nach ihrem Produzenten) treffen wir dabei auf die gegenwärtig wohl beste Austernqualität Europas. Die Jakobsmuschel wird durch Korianderöl und eine mit Thymianhonig aromatisierte rote Zwiebel ebenso ungewöhnlich asiatisch parfümiert, wie die Langustine mit Erdnüssen und einer Erdnuß-Tandoori-Sauce. Beide Akkorde wirken neuartig, sind aber spontan überzeugend.

Foie-gras-Zubereitungen gehörten schon immer zu den Spezialitäten Müllers. In der Kombination mit einem Rote-Bete-Relish, einer kräftigen Malzvinaigrette und getrockneten rote-Bete-Chips wird die klassische süße Begleitung durch die Restsüße in der Roten Bete und dem Malz zunächst zitiert, gewinnt durch den herzhaften Hintergrund aber erheblich an geschmacklicher Tiefe. Kreationen dieser Art (dazu gehört auch noch ein Maronensüppchen mit Gänseleber und Albatrüffeln) sind geeignet, der Foie gras auch ihren Platz in der modernen Küche zu sichern.

In eine ähnliche Richtung weist die nachfolgende Makrelen-Variation. Die Makrele ist ein Produkt, das noch ein wenig auf ihre Entdeckung wartet, weil dieser hochfeine und kulinarisch sehr interessante Fisch zu Unrecht nicht zu den „Edelfischen“ gezählt wird. In Verbindung mit Tomatenvariationen wie einem Chutney mit grünem Anis gibt es eine Variation vom roh marinierten Fisch über den gebratenen bis hin zu einer Roulade. Danach sollte die Bedeutung der Makrele mit ihrer feinen Textur und dichtem Aroma für die feine Küche unbestritten sein.

Beim „Königlichen Klops mit Flußkrebsen in Riesling-Verveinesauce“ haben Müller und Henkel tatsächlich eine Art Umbau des klassischen Königsberger Klopses geschafft – samt der die Rezeptur normalerweise weitgehend dominierenden Kapern. Hier allerdings stammt das Fleisch von Kalb und Poularde, sind die Kapern von ihrer etwas säuerlichen Sauce getrennt und letztere ist dafür mit der typisch intensiven Leichtigkeit der Zitronenverbene angereichert. Dazu gibt es noch ein Wildreis-Törtchen, das sensorisch den sehr harmonischen Akkord deutlich verbreitert. Diese Zusammenstellung hat zweifellos das Zeug zum Klassiker – als Beweis der Potenz eines der typischsten deutschen Gerichte überhaupt.

Kenner von Müllers alter Neigung zu relativ süßen Aromen und eingepacktem Fleisch werden mit Interesse eine hochfein rustikalisierte Taubenversion vorfinden. Wieder gibt es mit der „Langpfeffersauce“ (piper longum, ein sehr speziell schmeckender Pfeffer mit einem hohen

Anteil von ätherischen Ölen), einer Aromatisierung der Taube durch Räucherung in Süßholz (was sie nicht etwa süß macht) und einem Speckschaum aus italienischem Bauchspeck (Pancetta) interessante Elemente, wieder sorgen eine krosse Polenta und ein Innereienragout für große geschmackliche Breite.

Nach einem perfekten und erfrischenden Käsegericht („Geeister Ziegenquark mit violettem Traubensenf und Millefeuille von grünen und blauen Trauben") sollte vor allem dem Dessert höchste Aufmerksamkeit geschenkt werden, weil es hier endlich einmal gelungen ist, die ewig sahnig-süßen Nachspeisen-Trampelpfade auf intelligente Weise zu verlassen. Der „Auflauf von Schokolade und schwarzen Oliven mit marinierten Feigen und Rahmeis von Karamel und Fleur de Sel" lebt von der virtuosen Balance des Schokoladenkuchens (nach Art des berühmten Kuchens von Michel Bras mit fließendem Inhalt) und seiner Olivenfüllung. Es erfordert ein genau stimmiges Verhältnis, damit dieser Akkord funktioniert. Gleiches gilt für die Variante des bretonischen Bonbon-Klassikers „Caramel au beurre salé". Dazu kommen prächtig marinierte Feigen und – zum Selbstversuch – etwas Fleur de Sel in einem Schälchen. In kaum einer anderen Kombination kann man so gut feststellen, daß Salz nicht „salzig" ist, sondern ein spezifisches Aroma hat.

Dieter Müller und Nils Henkel haben für dieses ebenso avancierte wie meisterlich eingebundene Essen, das in seiner Vielfalt und Überzeugungskraft ohne Zweifel eine eigene Menü-Qualität verwirklicht, den (auch preislich) normalen Rahmen ihres großen Menüs gewählt. Stilistisch hat Müller seine Kontur problemlos gewahrt, zeigt aber deutlich, welchen Grad an erfrischenden Ideen selbst ein gestandener Meister seines Faches umsetzen kann, ohne sich auch nur im mindesten bei den Gags kulinarischer Tagesaktualitäten zu bedienen. Durch unsere Spitzenküche könnte ruhig häufiger solch ein Ruck gehen – jeder nach seiner Art, aber anregend, im weitesten Sinn des Wortes. ❧

Das erste Menü der F.A.Z. Gourmetvision ist vom 14. Oktober bis zum 3. November zum Preis von 135 Euro im Restaurant Dieter Müller (Schloßhotel Lerbach, Bergisch Gladbach) zu bekommen.

16. 10. 2004, F.A.Z., Feuilleton, Seite 34

Ist das der Königsberger Klops?

Nachholende Modernisierung: Rezepte junger deutscher Meister

Der Titel des Buches zeigt schon das Dilemma: „Deutschlands junge Spitzenköche kochen deutsch", heißt es da und provoziert sofort verschiedene Fragen. Unabhängig davon, wie man den Begriff „deutsch" füllen könnte, ist deren erste: Kochen sie sonst nicht deutsch? Und – wenn sie denn sonst deutsch kochen würden, würden sie dann ein Buch so benennen? Kann man überhaupt deutsch kochen, wie man vielleicht französisch kochen kann? Ist nicht die Küche unserer Nachbarn deshalb geradezu technisch-stilistisch definierbar, weil sie von den Produkten über deren Behandlung bis zu deren ästhetischer Fassung ein in sich schlüssiges System von Kochkunst entwickelt hat und damit maßstäblich wurde? Gibt es eine Art paralleles System bei uns, das auch nur ansatzweise „deutsch kochen" genannt werden könnte? Bildet vielleicht die Summe deutscher Regionalküchen und ihrer Rezepte (zum Beispiel: Königsberger Klopse, Leipziger Allerlei, Maultaschen, Kohlrouladen) eine identifizierbare Landesküche – wenn ja, auf vergleichbarem Niveau wie das Boeuf Bourguignon, die Choucroute Garnie oder die Bouillabaisse?

Ein anregender Titel also, auch wenn die Gliederung des Buches mit ihrem Bezug auf regionale Produkte und Gerichte eher pragmatisch wirkt. In regelmäßigen Abständen kann man in Deutschlands publizierter Küche eine Rückbesinnung auf heimische Ressourcen feststellen – meistens nach intensiven Phasen externer Einflüsse mit zuletzt vor allem mediterraner und asiatischer Färbung. Es gab 1984 „Das große Kochbuch deutscher Köche" mit den „schönsten Rezepten der deutschen Küche" oder die beiden Bände zur ZDF-Serie „Essen wie Gott in Deutschland" mit dem Untertitel „Die deutsche Küche von 24 Meisterköchen auf neue Art zubereitet" (1987) und seither viele andere mehr. Die Folgen für Struktur und Profil unserer Spitzenküche waren gering, falls überhaupt bis in die reale Welt der Speisekarten spürbar. Ein wenig hat man – damals wie heute – den Eindruck, als stehe hinter allem immer das unausgesprochene Motto „Wenn wir wollten, könnten wir auch, wir wollen aber nicht". International identifizierbares, nationales/regionales Profil ist jedenfalls bis heute aus diesen Anschüben nicht erwachsen. Will man nicht, oder geht es am Ende nicht?

Der vorliegende Band ist von der sehr aktiven deutschen Sektion der internationalen Köchevereinigung

„Jeunes Restaurateurs" herausgegeben (Wiesbaden, Tre Torri Verlag, 2004) und enthält neben den Rezepten auch Kurzporträts der dreiundvierzig Mitglieder und ihrer Restaurants. Er enthält ein breites Spektrum dessen, was man sich als „Reaktion" auf landestypische Rezepturen und Produkte vorstellen kann – ohne freilich die kompletten Möglichkeiten auszuschöpfen. Für eine weiterführende Diskussion wird aber nützlich sein, daß wir hier von der adaptierten Fassung von Rezepturen über mehr oder weniger optimierte bis hin zu deutlich kreativ-inspirierten Versionen klare Beispiele erhalten.

Beim „Roastbeef vom Reh" (eine etwas unglückliche Bezeichnung) oder beim „Lamm nach Kasseler Art" werden typische Zubereitungstechniken wie das Pökeln auf „neue" Produkte übertragen. Die „Rinderroulade mit Lembergersauce und Spätzle" ist ein mit zeitgenössischem Küchenverständnis optimierte Version eines Klassikers, während ein „Zander auf Sauerkraut und Rieslingsauce" (plus einer ganzen Anzahl anderer Rezepte) wie lokale Produkte in französischer Küchenhülle wirken. Interessant wird es bei der durchaus erfreulichen Anzahl von Kreationen, die sich stärker auf deutsche Spezialitäten und den daraus erwachsenden geschmacklichen Horizont einlassen. Die Ergebnisse sind dabei durchaus verschieden und formulieren denkbare Linien für die Zukunft. Eine davon überzeugt damit, daß ihr eine Art französischer Selbstverständlichkeit modernster Prägung gelingt, wie sie in den letzten Jahren vor allem Ducasse zugeschrieben wird: Traditionelle Produkte und Geschmacksspektren werden hier ohne irgendeinen Bruch in zeitgenössische Spitzenküche übergeleitet.

Der „Schwäbisch-Hällische Spanferkelrücken auf warmem Bärlauch-Kartoffelsalat" von Markus Nagy oder der „Stallhase mit sauren Bohnen und Hefeknöpfle" von Rolf Straubinger sind dafür ebenso Beispiele wie der „Fasan im Brotteig" von Harald Rüssel oder eine „Schweineschulter auf Blutwurstrisotto" von Achim Schwekendieck. Während diese Linie in gewisser Weise nachholt, was längst bei uns eine Selbstverständlichkeit sein sollte, gibt es zwei weitere, die in modernste Entwicklungen vorstoßen – und in diesem Buch noch eher selten zu finden sind.

Da ist zunächst eine Art „Cuisine brut", wie sie zuletzt in Frankreich Nicolas Le Bec akzentuiert hat. Diese Auffassung macht auch für die Spitzenküche nicht vor kräftigen und direkten Aromen halt, verzichtet also auf die „Verfeinerung". Ihre Wurzeln liegen sowohl im ländlich-rustikalen Bereich wie in einem modernen Purismus und finden sich hier bei Gerichten wie dem „Hasen-Eintopf" – mit unter anderem Blutwurst, Schweinebauch und Rosenkohl – von Alexander Kunz, der auch die strukturell ähnlichen „Frischlingskeulen in der Salzkruste" kreiert hat.

Die andere, sehr moderne Linie ist die einer komplexen geschmacklichstrukturellen Sensibilisierung für das vergessene Potential unserer heimischen Ressourcen. Hier ist es fast ausschließlich Michael Hoffmann vom Berliner „Margaux", der in gewisser Weise alle möglichen Ressentiments beiseite läßt und ein banal klingendes Rezept wie die „Süßsauren Eier mit Speck und Essig" mit (unter anderem) karamelisiertem Speck und einem Gelee von Cabernet-Sauvignon-Essig und Lavendelhonig in eine aromatisch und texturell differenzierte, moderne Kreation verwandelt. Von dieser fortgeschrittenen Art der Inspiration wünschte man sich in diesem Buch mehr. Einmal mehr ist ein guter Anfang gemacht (der beste seit langem), vielleicht ein wenig zu sehr aus dem Bauch heraus.

Auch vom Vorsitzenden der Jeunes Restaurateurs, Harald Rüssel vom Landhaus St. Urban in Naurath, gibt es nun ein Buch (Rüssel. Das Landhaus, München 2004, Collection Rolf Heyne). Rüssel kann als treibende Kraft hinter den besonderen Bemühungen der Jeunes Restaurateurs um eine bessere Fundierung in regionalen, traditionellen und materiellen Ressourcen gesehen werden. Sein besonderes Augenmerk gilt auch in diesem Mischprodukt aus Bildband und Kochbuch der Entwicklung und Förderung lokaler/regionaler Produkte. Insofern ist die Zweiteilung der Rezepturen in „Meine Landhausküche" („Mehringer Moselzander mit Liebstöckelpüree") und „Ma petite France" („Merlan mit Anchoviscroustade") ein guter Schritt nach vorne. Der Geist ist in dieser Diskussion schon willig. Wenn wir mehr bestechende Kreationen über einer als selbstverständlich empfundenen Basis haben, wird auch das Fleisch nur noch an der „richtigen" Stelle schwach werden. ❧

23. 10. 2004, F.A.Z., Feuilleton, Seite 32

Wer hat's mit den Klassikern?

Jenseits des Zenits: Für die Küchengroßmeister gibt es viel zu tun

Wenn ein älterer Heldentenor das hohe C nicht mehr richtig erreicht, dürfen wir in der Mehrzahl der Fälle mit dem baldigen Abschied rechnen. In der Kochkunst gibt es ähnliche Entwicklungen, wir kennen aber diese Konsequenz kaum. Wer hier das „Momentum" verliert, oder – wie es Ducasse einmal gesagt hat – „nicht mehr im Gleichschritt mit seiner Zeit arbeitet", kann nach wie vor auf zweierlei bauen: Einerseits kann er kochen lassen, andererseits existiert eine Art Altmeisterbonus, der die Bewertung der realen Leistungen nicht selten mildert. Das Thema gilt als heikel und wird in der Regel nicht diskutiert, die ehemaligen Stützen des Faches genießen Denkmalschutz, und jedwede Kritik umweht ein Hauch von Undankbarkeit. Dabei gäbe es für dieses nachwachsenden Generationen kaum vermittelbare Problem eine Lösung fachlicher Art.

Die Schwierigkeiten sind hausgemacht und lassen sich anhand typischer Merkmale belegen. Gualtiero Marchesi vom Restaurant Gualtiero Marchesi im Hotel L'Albereta in Erbusco bei Brescia war der erste italienische Koch, der im Michelin-Führer drei Sterne erhielt. Das war 1985. Mit seiner Schrift „La mia nuova grande cucina italiana" hatte er sich überdies schon 1980 als das italienische Pendant zu den französischen Nouvelle-cuisine-Größen etabliert. Mit seltener Radikalität entschlackte er die italienische Küche und kam zu äußerst präzisen, geradezu minimalistischen Kreationen wie einem Risotto mit Blattgold („Riso e Oro") oder einem Stück Fisch mit keiner anderen Begleitung als etwas Tomatencoulis. Durch den Verzicht auf üppig-mediterrane Assemblagen ist Marchesi auch für einen bis heute wirksamen Effekt im Zusammenhang mit der italienischen Küche mitverantwortlich: die Bereitschaft internationaler Gourmets, hervorragende, aber nur minimal bearbeitete Produkte in einer ansonsten oft sehr elaborierten Spitzenküche zu akzeptieren.

Die gegenwärtigen Leistungen in seinem Restaurant verdeutlichen aber geradezu prototypisch das Dilemma vieler Altmeister. Da fehlt es zunächst an Präzision, wenn beim Kalbsfilet „Rossini" („nach Art von Gualtiero Marchesi", mit zusätzlichem Spinat, Pinienkernen und Rosinen) das Fleisch nicht sauber pariert ist, die zu diesem Klassiker gehörende Scheibe Foie gras übergart ist und die für den Akkord notwendigen Trüffel von äußerst schwacher Qualität sind. Eine prätentiöse Wirkung stellt sich ein, wenn der Abstand zur gutbürgerlichen Küche nicht genügend deutlich wird. Hier ist es eine schlecht gegarte Entenbrust, die mit etwas Salat (quasi ohne Vinaigrette) und Spargelstreifen belanglos und trocken wirkt. Die geschmorte Keule mit etwas Leber und einem stark reduzierten Jus dazu ist andererseits eines der seltenen Relikte großer Kochkunst an diesem Tag. Auch wenn Marchesi zu den Köchen gehörte, die schon früh asiatische Elemente in ihre Küche integriert haben, wirkt ein Teller mit Scampi- und Gemüse-Tempura wie eine der typischen altmeisterlichen Zugeständnisse an den Zeitgeist, denen es im Kern an Überzeugung und Verständnis mangelt. Bei guter Scampi-Qualität und einer schönen, nicht asiatisch wirkenden süß-sauren Sauce zerstört die viel zu harte und zu dicke Tempura-Kruste jedwede komplexere Wahrnehmung eines dadurch schnell redundant werdenden Gerichtes.

Selbst ehemals modische Elemente fehlen hier nicht, wenn beim „Offenen Raviolo" nach wie vor nicht zu erkennen ist, warum man Jakobsmuschel und Seezunge unbedingt mit einer schlabbrigen Nudelplatte bedecken muß (bei abermals guter Produktqualität). Man braucht schon viel guten Willen (Marchesi hat immerhin noch zwei Michelin-Sterne), um in diesem orientierungslos wirkenden Durcheinander noch eine Linie zu erkennen.

Warum bleiben unsere Altmeister nicht einfach auf Kurs? Geraten sie wirklich unter den Druck neuer Entwicklungen, oder bringt sie nicht eigentlich das in den Wind gehängte Fähnlein erst aus dem Tritt? Wäre es nicht denkbar, daß sie mit jedem Jahr erfolgreicher würden, in dem es ihnen gelingt, konsequent ihre alten Qualitäten zu reproduzieren? Man kann Marchesi Beispiele entgegenstellen. Da schickten bisweilen Ducasse, Gagnaire und andere ihre Nachwuchsköche nach Tournus ins Restaurant „Greuze“, wo Jean Ducloux völlig unverfälschte Versionen französischer Klassiker servierte (sein Nachfolger macht dies nur noch teilweise). Dadurch setzte sich Tradition fort, die nur durch Erlernen erhalten werden kann.

Rezepte allein reichen dazu nicht aus, weil eine klare geschmackliche Vorstellung unentbehrlich ist. Ohne Möglichkeit zum Studium sind diese Traditionen unausweichlich verloren. In Pierre Wynants „Comme chez soi“ in Brüssel arbeiten immer noch ältere Köche, die die Klassiker des Hauses, von der Seezunge mit Riesling-Mousseline bis zum Mousse vom Ardennenschinken, konsequent wiederholen, und kein Modernist sollte sich Illusionen darüber machen, was die Gäste dort zum großen Teil bestellen.

Man könnte auch das Bild der klassischen Manufaktur in anderen Sparten benutzen: vielleicht den italienischen Hutmacher oder Schneider alten Stils, oder den britischen Schuhmacher, dessen kostbar handgearbeitete Produkte nie aus der Mode kommen, weil sie nie modisch waren, sondern einem Formenverständnis entsprechen, das auf nichtvariable Qualitäten abstellt. In der Kochkunst ist das nicht anders, zumindest wenn es gelingt, im steten Fluß der Moden diejenige „Klassik“ zu ermitteln, die ästhetisch klare, überzeitliche Positionen bezogen hat, die typische Geschmacksbilder geschaffen hat, deren Merkmale – ob üppiges Schmorgericht oder puristisches Konzept – dem Kanon entwickelter Küche angehören.

Klassik in der Defensive? Nein. Aber es mangelt ihr an Selbstbewußtsein. Wo wäre denn ein „Festival der klassischen Küche“? Wo gäbe es eine Institution zu einer Dokumentation, deren Aufgabe in der Eruierung und Optimierung der reinen pointierten Form und in der so schwierigen sprachlichen Beschreibung (und damit Konservierung) läge? Es gibt also für unsere Altmeister einen Platz in der bunten Kochwelt – und zwar in der Mitte und durchaus nicht am modischen Rand. Nur werden sie ihn nur dann einnehmen können, wenn sie ihr in der Tat diffuses und qualitativ in den seltensten Fällen erfreuliches Erscheinungsbild rigoros einer konsequenten Revision im Sinne einer qualitativ verstandenen Klassik unterziehen. Freilich: Auch die seriöse Rezeption einer solchen Haltung und ihre Bedeutung für größere kulinarische Zusammenhänge will bei Kritik wie Restaurantführern wohl erst noch gelernt sein. ❧

30.10.2004, F.A.Z., Feuilleton, Seite 34

Die Gebrauchsanweisung, bitte

Spitzenküche in unterschiedlicher Form: Ein Besuch im Elsaß

„Wir dürfen unsere Wurzeln nicht verlieren, und wo sie in den letzten Jahren vielleicht etwas aus dem Blickfeld geraten sind, da ist es an der Zeit, sich wieder neu auf sie zu besinnen“, wird Marc Haeberlin in der aktuellen Ausgabe des „Culinary Chronicle“ zitiert. Die Aussage ist vor dem Hintergrund der Entwicklung Haeberlins und seiner „Auberge de l'Ill“ im elsässischen Illhäusern schillernd. Spricht hier uneigennützige Einsicht, oder haben sich seine eher zeitgenössischen Ambitionen im Alltag dieses nach wie vor enorm populären Restaurants abgeschliffen? Der Stand der Dinge ist jedenfalls so, daß man für den Besuch dieses Hauses geradezu eine Gebrauchsanweisung nötig hätte.

Der Grund ist die mittlerweile enorme stilistische und qualitative Unterschiedlichkeit der Gerichte, die zweifellos die Folge des Publikumsandranges ist. An manchen Tagen (vor allem am Wochenende) trifft sich hier ein Sammelsurium von Gourmets bis hin zu französisch-ländlich aufgelockerten Geburtstagsgesellschaften, und es sind nicht selten mehr als einhundert Gäste, die von À-la-carte-Gerichten über verschiedene Menüs bis zu Spezialarrangements der Küche mehr abverlangen, als es sich mit dem Anspruch eines Drei-Sterne-Restaurants verträgt.

Beeindruckend ist nach wie vor die klassische Küche, die hier einen Grad an geschmacklicher Authentizität erreicht, die viele jüngere Köche nicht mehr realisieren können. Die Taube mit Foie gras und Trüffel im Wirsingmantel ist ohne Fehl und Tadel, kann aber alternativ auch noch in einer (dann eher historischen als klassischen) Prä-Nouvelle-cuisine-Version im Blätterteigmantel bestellt werden. Dann finden sich aktuellere Kreationen, wie der Hummersalat mit einem Hummer-Krapfen und einer Kruste aus mit Curry parfümiertem Basmati-Reis (plus Mango), die in Aufbau und Geschmacksspektrum glatt aus einer anderen Küche stammen könnten.

Irritierend sind diverse kleine technische Unzulänglichkeiten, die auf mangelnde Konzentrationsmöglichkeit in der Küche schließen lassen. Da ist der Hummer nicht sorgfältig gegart, da geraten die fritierten Sepiolen (chipirons) viel zu kroß für den etwas untergarten Steinbutt oder scheinen Akkorde zwar interessant konzipiert (wie beim Zander mit Sauerkraut-Ravioli und fritiertem Aal), aber durch ungenaue Proportionen nicht präzise in Szene gesetzt. Vollends merkwürdig wird es allerdings, wenn die Qualität eines Gerichtes in die Nähe der gutbürgerlichen Küche gerät, wie es bei einem etwas festen Carré de veau mit belanglosen Pilzen und Nudeln (mit Kräutern, aber ohne deren Geschmack) der Fall ist. Diese Form von „Wurzeln" dürfte Marc Haeberlin kaum im Sinn gehabt haben. Eine Gebrauchsanweisung dieses Restaurants hätte genaues Kartenstudium, Klassiker und die (teuren) Einzelgerichte von der Karte zu empfehlen – und dies alles am besten nicht gerade zu Hochbetriebszeiten.

Émile Jung vom Straßburger „Le Crocodile" präsentiert sich da in völlig anderer Form. Man hat ihm vor zwei Jahren seinen dritten Michelin-Stern abgenommen und damit einen der eher Stillen der Branche schwer getroffen. Seine Reaktion darauf ist eine bemerkenswert konzentrierte Arbeit, die seine Küche heute mehr denn je zu einer interessanten Adresse macht. Obwohl dem Alter nach (ein dreiundsechzigjähriger Koch wie Jung steht seit fast vierzig Jahren in der Küche) ein Klassiker, ist sein Stil eher aus einem strukturell-puristischen Verständnis von Klassik zu verstehen, bei dem die Logik von Produktqualität, Garzeiten und Würzung miteinander verknüpft wird und sich nicht in einem oft plakativen Gesamtgeschmack verliert.

Bestes Beispiel ist eine Kreation wie das gegrillte „Pièce de boeuf" mit einer Vinaigrette, fritierten Kartoffelgittern, etwas Schinken- und Gemüsewürfeln und confiertem Knoblauch. Die minimal gehaltenen Zutaten ergänzen ein bestechend gutes Fleisch, das in perfekter Reife, Garung und Würze bei jedem Bissen dezent variierende Geschmacksschattierungen annimmt. Das scheinbar modische Element der krossen Kartoffelgitter ist tatsächlich ein hervorragender Begleiter, weil es – zusammen mit dem Fleisch gegessen – erst seinen eigenen Geschmack abgibt und dann erst den des Fleisches „freistellt". Der Verzicht auf eine klassischdunkle Sauce zugunsten einer nur leicht angesäuerten Vinaigrette tut ein übriges zur geschmacklich-texturellen Entschlackung eines Klassikers der französischen Küche.

Jung glänzt durch Präzision und eine ganz und gar zeitgenössische Leichtigkeit seines Essens. Eine Terrine vom Rochen gerät unter Verwendung einer Kapern-Court-Bouillon zu dessen Garung, einer Senf-Vinaigrette und eines sehr frisch schmeckenden „Taboulé à l'orange" zu einem erstaunlich eleganten Zitat des klassischen Rochen-Kapern-Akkordes. Und das Elsässer Bauernhuhn wird hier weder prätentiös rustikalisiert noch in Sahne und Trüffel erstickt, sondern mit einem Törtchen von mit Kümmel aromatisiertem Basmati-Reis, frischem Koriander und einem dezent nach Zitrone duftenden Jus kombiniert, was dieser Kreation eine erstaunliche Modernität verleiht.

Ausgerechnet der Zander, Elsässer Emblem-Fisch und auf der Karte jedes Restaurants, wirkt in der Kombination mit Karpfenmilch und etwas Lauch und Pfifferlingen wegen mangelnder Würze, allzu krosser Haut und geschmacklich zu stark zurückgenommenen Beilagen nicht gut behandelt. Dafür gelingt die Rotbarbe mit einer Art Wok-Gemüse wieder hervorragend, weil hier ein Meister demonstriert, was man mit Präzision in der Würze und Feinabstimmung der Proportionen aus gemischten Gemüsestreifen machen kann.

Ein Problem für Jung dürfte sein, daß diese Form der Küche in ihren besten Momenten zwar hier und heute Potential zum Kultstatus hat, dafür aber nicht so recht in die landestypisch-buttrige Foie-gras-Seligkeit paßt. Es ist eine Küche, die man wiederentdecken muß und die in Deutschland wegen ihrer subtilen Originalität kaum eine Parallele hat. Sie ist aber in ihrer Wirkung hochgradig von der Präzision abhängig, die dem Meister tatsächlich vor Jahren einmal abhanden gekommen war.

Stilistisch sind diese beiden großen Elsässer Restaurants also sehr verschieden. Man bekommt aber den Eindruck, daß das bei Jung gezeigte, quasi bereinigte Verständnis französischer Küchentradition eher in die Zukunft weist. In der „Auberge de l'Ill" will (oder darf?) dagegen die Modernisierung noch nicht so recht gelingen. „Die Hits! Sie wollen immer wieder die Hits haben!" So hat schon mancher verzweifelt seinen Erfolg kommentiert. ❧

06. 11. 2004, F.A.Z., Feuilleton, Seite 36

Ich genieße es richtig

Aber wie?
Die sinnliche Wahrnehmung braucht Nachhilfe

Nehmen wir einmal an, die „Erziehung zur Genußfähigkeit“ sei kein durchgegangener, bildungsbürgerlicher Gaul: Wie sehen wir dann den gerade einmal wieder aus der Haft entlassenen Berufsverbrecher, der mit allergrößter Freude und aus vollem Herzen seine erste „Pommes rot-weiß“ (mit Ketchup und Mayonnaise) in seiner Lieblingsimbißstube „genießt“? Wären wir eher geneigt, ihm die so zelebrierte Rückkehr ins bürgerliche Leben zu gönnen, wenn es sich um ein Gläschen Sauternes mit einer Foie Gras-Terrine handelte oder – gewissermaßen noch unschuldiger und sensibler – um Pellkartoffeln der Sorte „Ratte“ mit Rohmilchbutter und Fleur de Sel de Guérande, nein, noch besser: um zweierlei Fleur de Sel – zum Vergleich auch noch jenes von der Algarve? Vielleicht sind wir ja längst ein Volk von Genießern, befreit von der Tyrannei der Mittelbarkeit, der Konvention, mit Messer und Gabel essen zu müssen, ob wir uns nun Fast food in jeder Lebenslage schmecken lassen oder an kernigen Bauerntischen in Europas Gourmet-Wild-West mediterraner Provenienz.

Unsere wenig gepflegte kulinarische Sprache stellt uns immer wieder vor erstaunliche Probleme, und das Wort vom allgegenwärtigen „Genuß“ ist dabei von geradezu tückischer Vielfalt. Längst sind lexikalische Vorstellungen von ausschließlich kulinarischen Genußmitteln, die der Mensch „aufgrund ihres Wohlgeschmacks, ihrer stimulierenden oder euphorisierenden Wirkung oder zum Lustgewinn konsumiert“ (Meyers), inflationär erweitert. Da kann man die gleiche Sache – selektiv – einmal genießen oder auch nicht („heute genieße ich diesen einfachen, kalten Weißwein ganz besonders, sonst rühre ich so etwas nicht an“), von den vielen übertragenen Bedeutungen ganz zu schweigen („ich genieße es richtig, wenn die Kinder einmal einen Tag weg sind“). Der Genuß hat einen positiven Zusammenhang, wenn man sich genüßlich einer Sache annimmt, ein stiller Genießer ist oder mit „das ist ein Genuß!“ euphorisch seine Wahrnehmungen beschreibt. Ein Genußmensch kann schon ein Zwitterwesen zwischen Seriosität und etwas zuviel Leibesumfang sein, während der Genußsüchtige zum Beispiel die Trennung von Lebensmittel und Genußmittel etwas zu einseitig praktiziert, vielleicht weil er den Genußgiften so stark zuspricht, daß ein Genuß ohne Reue für ihn nicht mehr in Frage kommt.

Charakteristisch ist wohl das Quentchen Zuviel vor dem Horizont eines immer noch leicht christlich-puritanisch verstandenen Menschenbildes, das der Askese – und sei es solcher von fiktionaler oder medialer Vermittlung – klammheimlich einen größeren Wert einräumt als der genießerischen Hingabe an sinnliche Wahrnehmungen (die positive Interpretation) oder dem animalischen Kurzschluß von Erwartung und Erfüllung (die negative Interpretation), bei dem die individuelle Disposition in ihrer unkomplettierten Struktur keinerlei Kritik erfährt.

Aufschlußreicher ist der Versuch einer allgemeineren Fassung der Begriffe „Genuß“ und „Genießen“, die zunächst primär als Teil der „individuellen Kultur“ und noch nicht als typisches Element der Hochkultur gesehen werden können – wenn wir den Zusammenhang der beiden einmal kurzfristig ignorieren. Genießen stellt sich als eine typischerweise individuelle Disposition dar, die Merkmale von intensiverer Nutzung (im weitesten Sinne) und Aufschließung mit einer positiven oder verbesserten Stimmungslage verbindet. Dabei ist die Feststellung wichtig, daß die „intensivere Nutzung“ von redundanter Trieberfüllung bis zu strukturellem Durchdringen und die „Aufschließung“ von aktivem, sinnlichem Erleben bis zur Initiierung kognitiver Prozesse reichen kann. Man wird vor diesem Hintergrund nicht umhinkönnen, eine Art grundsätzlicher Unantastbarkeit der Intensität des individuellen Erlebens zu konstatieren, also ein typisches Black-Box-Phänomen anzuerkennen, das sich mangels sprachlicher Vermittlungsmöglichkeit dem Zugriff von außen entzieht und damit auch nicht ohne weiteres erzieherisch zu gestalten ist.

In welcher Intensität aufgrund welch überaus komplexer, von Individuum zu Individuum verschiedener Veranlagung ein Mensch etwas genießt, scheint nicht meßbar. Wir dürfen allerdings vermuten, daß sich etwa ein besonders intensives Genußerlebnis durchaus in konkretem, sicht- und spürbarem Verhalten niederschlägt, das in der

Regel den Wunsch nach Wiederholung oder auch Steigerung zur Folge hat – was das gesamte Spektrum von Sucht bis zu feinsinnigsten Erforschungen abdecken kann. Verlangt nun die Unfaßbarkeit des individuellen Erlebens automatisch nach unreflektiertem Genuß, ja ist die Gedankenlosigkeit geradezu des Genusses Voraussetzung? Oder gibt es auch den kognitiv aufgeschlossenen Genuß?

Aus der individuell gesteigerten Verwertbarmachung des Genußobjektes läßt sich nichts anderes ableiten. „Ah, diese confierten Tomaten sind einfach wunderbar!" hören wir den Genießer ausrufen. „Ja", sagt ein zweiter, „vor allem das ungewöhnliche Verhältnis zwischen Fruchtsäure und der Parfümierung durch den Thymianhonig und der Kontrast zwischen den Texturen des Fruchtfleisches und der schon leicht angetrockneten Haut!" Müßte man akzeptieren, wenn der erste – auf das Recht zum unreflektierten Genuß pochend – antwortete: „Halt den Mund und genieß lieber!" Nein, weil die Verbalisierung und differenziertere, strukturelle Erfassung als eine denkbare Variante der individuellen Verwertbarmachung in keiner Weise dem Genuß entgegensteht.

Pikanterweise richtet sich vor diesem Horizont die bildungsbürgerliche Arroganz der „Erziehung zur Genußfähigkeit" vor allem gegen die Bildungsbürger selber. Der durchaus anzutreffende Dünkel vom „richtigen" und „falschen" Genuß ist mit einem verbreiteten Mangel verknüpft, sich überhaupt dem Feld des Genusses mit der notwendigen Offenheit und Hingabe zu nähern. Seriositätsdruck liegt über dem entkörperlichten Kunstgenuß, und wehe dem, der lauthals einräumen würde, daß die ein oder andere symphonische Steigerung auch unterhalb der Gürtellinie wahrgenommen werden könnte. Die Nahrungsaufnahme gleicht in diesem geistlichen Umfeld auch schon einmal einer ungeliebten Erinnerung daran, daß man nun leider kein reines Geistwesen ist.

Im Museum oder Konzertsaal kann man sich ein Mehr an Genußfähigkeit (genauer: ein spektrales Bild von Genuß und sinnlicher Wahrnehmung) sehr wohl vorstellen. Warum also nicht auch bei Tisch? Eine „ansensibilisierte" Schicht von mittelschichtig-bildungsbürgerlichen Quartalsgenießern hätte sogar die Möglichkeit, durch eine begleitend-intellektuelle Intensivierung des Genusses diesem die gesellschaftlichen Kreise zu erschließen, die mit ihren Gatekeeper-Funktionen gesellschaftliche Veränderungen einleiten können. Nur von oben kann die Intensivierung, Umdeutung und Kanalisierung des Genusses eingeleitet werden – bis auch der letzte schwere Junge Sinn für das Zarte auf der Zunge entwickelt. ❧

13. 11. 2004, F.A.Z., Feuilleton, Seite 36

Dem heiligen Eckart getreu

Ehrt eure großen Meister: Zur Verleihung des Witzigmann-Preises

Am kommenden Dienstag wird in Stuttgart erstmals der Internationale Eckart-Witzigmann-Preis der Deutschen Akademie für Kulinaristik verliehen. Zehn Jahre nach Ende seiner aktiven Kochlaufbahn bezeichnet die Einrichtung dieses Preises unter selbstverständlicher Beteiligung von Politik, Wissenschaft und Gastronomie einen neuen Höhepunkt im Leben des dreiundsechzigjährigen Österreichers, den es eigentlich eher zufällig nach vielen internationalen Stationen 1971 nach München (ins neueröffnete „Tantris") geführt hatte. Hier wurde er berühmt, bekam 1979 (mittlerweile in der „Aubergine") als erster Koch in Deutschland seinen dritten Michelin-Stern und im Jahre 1994 schließlich vom Gault-Millau die Auszeichnung zum „Koch des Jahrhunderts".

Das klingt beeindruckend, entpuppt sich aber aus heutiger Sicht fast als der eher intern-gastronomische Teil einer Karriere, die den Meister vom handwerklich-künstlerischen Vorbild zur Symbolfigur für die enorme Entwicklung der deutschen Spitzenküche in den letzten drei Jahrzehnten werden ließ. Heute ist Witzigmann eine unglaublich gefragte Figur des öffentlich-kulinarischen Lebens, ohne die man nichts eröffnet, ehrt oder versammelt. Da bleibt dann auch der wirtschaftliche Erfolg nicht aus: Wenn er in den fünf „Palazzo"-Spiegelzelten dieser Wintersaison sein viergängiges Menü auftischt (dessen bedingte kulinarische Qualität nicht seinen alten Prämissen für Spitzenküche folgen kann), bedient er oft die gleiche Anzahl von Gästen, wie alle deutschen Zwei- und Drei-Sterne-Restaurants zusammen.

Aber stellen wir die Kirche für einen Moment wieder ins Dorf zurück – vielleicht mit jener Filmszene, in der Witzigmann zusammen mit Alfred Biolek ein gemeinsames Buch signiert. Die trockenen Fragen des Reporters machten schnell klar, wen die Leute in Deutschland als Koch bestaunen, was wiederum Biolek zu der – zweifellos ehrenwerten – Richtigstellung nötigte, er sei kein Koch. Noch hat also Witzigmann in Deutschland nicht die Rolle eines Paul Bocuse in Frankreich eingenommen, weil es dort eine weitgehend anerkannte kulinarische Hierarchie gibt, während bei uns immer noch jede bodenlose Verknüpfung von Prominenz und Küche Erfolg verspricht.

Traf es nun Witzigmann zwangsläufig, weil er zufällig zur richtigen Zeit mit den richtigen Qualitäten am richtigen Ort war? „Die Deutschen brauchen immer und überall ihren Boris Becker", sagt einer seiner Kollegen, der den Abstand zwischen sich und dem Meister als nicht ganz so groß sieht. „Ein Fach, ein Name – damit leben sie am besten." Dazu paßt, daß zwar bei Michelin die Zuerkennung des dritten Sterns für Witzigmann unumstritten war, nicht aber, ob man nur ihm allein den ersten dritten Stern in Deutschland geben sollte (die nächsten erhielten dann 1981/82 Heinz Winkler im „Tantris" und Herbert Schönberner vom „Goldenen Pflug" in Köln).

Vergleiche zwischen den Leistungen von damals und heute sind naturgemäß sehr schwierig. Zeitzeugen aus dem Bereich der Kritik und ohne Fanbrille sind sich heute weitgehend darin einig, daß Witzigmanns Küche zu ihrer Zeit herausragend war, was auch daran gelegen hat, daß man eine Küche dieser Qualität wegen des Neuigkeitswertes damals viel aufregender fand als heute. Seinerzeit hatte Witzigmann die besten Produkte, heute ist das Verständnis von Produktqualität deutlich weiterentwickelt. Seinerzeit war es für alle Leute vor allem neu, heute sieht sich ein Spitzenkoch von Mitredenden aller Art umzingelt. Dennoch gilt der „Witzigmann-Geschmack", den man am ehesten mit einer außergewöhnlich sorgfältigen Balance zwischen Produktgeschmack und – sehr französisch – leicht herzhaften Aromen beschreibt, bis heute als typisch, und er ist in Details (zum Beispiel den diversen Kartoffelsalaten) noch häufig zu finden.

Mit einer großen Zahl später sehr erfolgreicher Mitarbeiter (darunter Winkler, Haas, Wodarz, Wörther, Schuhbeck, Sackmann) wurde er zum eine ganze Generation prägenden Rollenmodell des Spitzenkochs. Dabei spielt sein in strengen Küchenbrigaden alten Stils geschultes und bei seinen Schülern legendäres Verständnis vom Chef und den Ausführenden eine geringere Rolle als seine zuvor unbekannte Hinwendung zum Material und zum kreativen Prozeß. Wo früher endlos Gerichte reproduziert wurden und sich die Speisekarten kaum veränderten, stand nun plötzlich der nervös immer um das Material kreisende Kopf des Kochkünstlers. Legendär sind seine Samstagmittagsmenüs, die unter dem Einfluß der just zur Mittagszeit ankommenden Einkäufe von Witzigmann ununterbrochen geändert und variiert wurden. Wenn – was oft vorkam – mal wieder eine seiner Ideen von Kollegen kopiert wurde (wie etwa der Steinbutt mit einer Rot- und Weißweinsauce als maßgeblichem Auslöser des heute weitverbreiteten Saucendialogs), hatte der Erfinder längst keine Lust mehr an deren Wiederholung.

Die stete Suche nach Verbesserung und tieferer Strukturierung führte im Laufe der Jahre zu einer Reihe von Erfindungen, die – mehr oder weniger deutlich – Witzigmann zugeschrieben werden können. Dem „Deutschen, was die Präzision angeht, und Österreicher, was den Geschmack angeht" – so Jean-Pierre Haeberlin im Vorwort zum einzigen Buch eines deutschen Kochs, das je in der berühmt gewordenen Reihe „Les recettes originales de …" bei Robert Laffont erschienen ist –, gelang manches, was uns auch heute noch bekannt vorkommt. Die Variationen im Sinne von „Das Beste vom …" oder „Feines vom …" (zum Beispiel Kalb) gehören dazu. Zu nennen sind auch die frühe Verwendung roher Jakobsmuscheln, die Verbreitung von Bärlauch oder des Topfenknödels und vor allem die Einbeziehung üblicherweise als rustikal aussortierter Nahrungsmittel (von Innereien bis zu Roter Beete) in die Spitzenküche. Auch die Ausweitung des Begriffs „Salat" von seiner normalen Bedeutung zu einem Begriff für Kompositionen aus Vinaigrette und relativ vielen Elementen ist ihm zu verdanken.

Diese unruhige Nähe zum Produkt und dessen Möglichkeiten scheint man heute bei vielen unserer Spitzenköche zu finden. Anders als Witzigmann laufen sie freilich oft Gefahr, Abwechslung als „L'art pour l'art" zu betreiben und die kulinarische Bodenhaftung – also die geschmackliche Optimierung des Produktes – aus dem Auge zu verlieren. Wollte man die Substanz großer Kochkunst mit zwei Begriffen fassen, müßte man „Grundlagen" und „Idee" wählen. Der Namengeber des Preises verkörpert wie kaum ein anderer deren Synthese in vorbildlicher Art. Gegen seine vielfältige Vereinnahmung als Symbol der deutschen Hochküche schlechthin wird nichts zu sagen sein, er ist da ohne Konkurrenz. An sein Küchenverständnis sollte man jederzeit erinnern. ❧

20. 11. 2004, F.A.Z., Feuilleton, Seite 36

Wir kennen die Gerichte

Die Nacht der Überraschungen flieht: Kreativitätsstau in Essen

Im Prinzip setzen unsere Spitzenköche entweder mehr auf den Glanz der Individualität oder mehr auf den Glanz des Handwerks. Lange Zeit schien es nicht der gleiche Glanz zu sein, weil man allgemein dazu neigte, dem Handwerk eine Art untergeordnete Qualität zuzuordnen. Das Handwerk besaß gewissermaßen keinen Durchblick aufs Ideal, sondern genügte sich in strengem Regelvollzug, der Erfüllung zuließ und damit jene dynamische Funktion einbüßte, die nun einmal von der Vorstellung des Idealen ausgeht. Demgegenüber hat der individueller arbeitende Koch den entscheidenden Vorteil, daß er – zumindest teilweise – seine Regeln selber bestimmt und aus dem Erschweren der Einordnung in einer kunstnahen, auf die Wahrnehmung individueller Merkmale trainierten Szenerie durchaus seine Vorteile ziehen kann. Das manchmal noch tief verwurzelte Schisma zwischen klassischer Küche und jedweden Modernisten kreist meist um dieses Problem.

Merkwürdig ist dabei, daß derjenige, der seine eigenen Regeln entwirft, auch schnell seine eigenen Regeln erfüllt und so strukturell dem alten Handwerksverständnis näher ist als derjenige, der in einem offeneren System denkt. Heute erleben wir, unter dem Druck der ebenfalls noch recht neuen internationalen Kommunikation über die Kochkunst, die Ausweitung des traditionellen Verständnisses vom Handwerk. Im gleichen Maße, wie das handwerkliche Verständnis der Kochkunst eine Öffnung und Ausweitung erlebt, generiert sie wieder einen Idealtypus im klassischen Sinne und gewinnt deutlich an Rang und Substanz.

In der „Résidence", dem Gourmetrestaurant des gleichnamigen Essener Hotels, lassen sich gegenwärtig viele Überlegungen dazu anstellen. Noch vor etwa fünf Jahren gab es hier neben der „Résidence" ein zweites Restaurant („Benedikt"), dessen euro-asiatische Küche als „atemberaubend kreativ" (Gault Millau) galt. Heute hat man sich von diesem meist Fusion-Küche genannten Stil völlig verabschiedet und bewegt sich nun auf einem etwas unentschiedenen Grat zwischen klassisch-handwerklichem Verständnis (im alten Sinne) und einer sehr zurückgenommenen Individualität. Zunächst aber beeindruckt die gastronomische Fitness eines wohltrainierten Zwei-Sterne-Restaurants, das von unverkrampftzuvorkommender Behandlung des Gastes bis zum präzise strukturierten Luxus des kulinarischen Drumherums alles hat, was man heutzutage als gesichertes Knowhow betrachtet. Im Umfeld dieses Restaurants gibt es eine Gourmetschule, eine kleine Zeitung („Sternenklasse") und einen profilierten Veranstaltungsservice, der gerade noch ein Essen für die Queen ausgerichtet hat.

Das Essen beginnt mit einem sehr guten Amuse bouche, einer fünfteiligen Variation vom Stubenküken in winzigen, hochfeinen Portionen, von einer klassischen Galantine mit Fois gras bis zu einem ausgebackenen Stück mit Orangenmayonnaise. Auch ein zweites Amuse bouche, eine Cremesuppe von der Petersilienwurzel mit präzise dimensionierten Gemüseeinlagen, hat den versichernden Auftaktcharakter, wie er typisch ist fürs typische Spitzenrestaurant. Folgt man diesem Weg einer routinierten Meisterküche, wird das ganze Essen zu einer problemlos-erfreulichen Angelegenheit ohne nennenswerte Schwachpunkte und mit einigen Höhepunkten, wie dem überzeugenden Akkord bei einer „Cremesuppe von Erdartischocken (Topinambur) mit Ferkelbäckchen" oder der feinen Würze der Paella-Bällchen zum Saltimbocca vom Seeteufel. Man wird feststellen, daß beim „Salat vom Pulpo mit Auberginentatar und Pfifferlingen" alle Elemente handwerklich perfekt gemacht sind und speziell das Pulpo-Fleisch äußerst zart ausfällt. Man wird aber auch bemerken, daß in einigen Gerichten der Rückzug aus der Individualität sehr deutlich ausfällt.

Eine Kreation wie den „Geschmorten Bug und Filet vom irischen Weideochsen mit Kartoffeltrikolore (mon dieu!) und Schalottenjus" oder auch den von gefüllten und gebackenen Artischocken und dicken Bohnen („fèves") begleiteten Seeteufel kann man auch in anderen Restaurants antreffen, ohne daß die Version von Berthold Bühler und Henri Bach grundsätzlich eine eigene Note entwickeln würde. Unter dem Aspekt eines weiterentwickelten Verständnisses von Klassik ist aber anzumerken, daß das sehr schön zart gegarte und zurückhaltend gewürzte Rinderfilet hinter dem fortentwickelten Standard alten Handwerks zurückbleibt. Das Problem ist hier, daß mittlerweile bessere Produktqualitäten bekannt sind, daß – etwa bei vielen französischen Spitzenrestaurants – seltener Filet und lieber ausdrucksstärkere Fleischteile zum Kurzbraten benutzt werden. Im übrigen hat sich das Geschmacksbild von einem Rinder-Teller deutlich von dem hier eingesetzten, sehr klassischen Akkord entfernt.

Ein weiterer, mittlerweile in der internationalen Spitze häufiger anzutreffender Aspekt betrifft die präzise Durchstrukturierung des angerichteten Tellers im Sinne der Antizipation möglicher Geschmackserlebnisse. Natürlich hat man bei den „Sautierten Jakobsmuscheln mit Zitrusfrüchten und Kapern in Currysauce" den Akkord probiert, letztlich die Assemblage aber nicht weit genug durchdacht. Das Problem sind die kleinen Kapern („nonpareilles"), deren Intensität einfach zu groß ist. Eine Kaper plus ein Stückchen Zitrusfrüchte zu einem Stück Muschel lassen das Aroma des Schalentiers verschwinden. Vielleicht wäre bei diesem eigentlich interessanten und originellen Akkord eine Lösung die Verwendung dünner Scheiben von größeren, milderen Kapernbeeren.

Bei einem anderen Gericht mit origineller Grundidee, dem „Geräucherten Hummer mit Bataten-Püree (Süßkartoffeln) und Mizuna-Salat" (ein japanisches Senfkraut mit größeren, gefiederten Blättern, Brassica campestris var. lanciniifolia), ist die Räucherung des Hummers (bei perfekter Garung) teilweise so kräftig geraten, daß sein Eigengeschmack zu stark überlagert wird und auch die Beilagen kaum einen nennenswerten Akkord produzieren können. Mit einem dezenter angelegten Hummer, deutlich mehr Mizuna und zum Beispiel auch einigen größeren Bataten-Würfeln (man kann den Akkord in dieser Dosierung gerade eben ein einziges Mal ausprobieren) wäre dies hervorragend.

Selbstverständlich kann man von Perfektion nur reden, wenn man in ihrer Nähe ist. Aber man hat im Moment in Deutschland bei einigen unserer absoluten Spitzenrestaurants den Eindruck, es sei etwas mehr Schub nötig, um wieder Anschluß an die sich wandelnde, heutzutage nur noch international definierbare Qualität von zeitgenössischer Spitzenküche zu gewinnen. Die „Résidence" ist ein erfolgreiches Restaurant mit einem erfreulich stabilen Kundenkreis. Hat man sich nun unter den durchaus schwierigen Gourmandise-Verhältnissen im Ruhrgebiet wirklich durchgesetzt oder vor allem damit arrangiert? Vergeßt nicht, auch die Kunst zu füttern! ❧

27. 11. 2004, F.A.Z., Feuilleton, Seite 36

Die Ware knirscht

Das ist ungewöhnlich: Stefan Wiesner kocht in der Schweiz mit Heu

Es hat in der Schweiz immer den Anschein, als sei die Spitzenküche dort vor allem von reger Nachfrage und weniger vom Angebot gesteuert. Die positive Folge ist eine große Anzahl guter Restaurants. Zieht man die Gault-Millau-Führer für Deutschland und die Schweiz zu Rate, so hat das kleine Land fast so viele Höchstnotenrestaurants wie der große Nachbar (sieben gegenüber acht) und auch annähernd so viele mit der Oberklasse-Bewertung von achtzehn Punkten (siebzehn gegenüber zweiundzwanzig). Die negative Folge ist ein gewisser Verlust an Identität durch geringe regionale Färbung der Küche und an Individualität durch deutlich moderaten Einsatz von Kreativität.

Aber die Schweiz war und ist ein wahrer Hort der sehr speziellen Ideen. „Alternativ" war man dort schon weit vor der grünen Bewegung, und sowenig man von Hippie- und Popkultur berührt schien, soviel hatte man doch mit deren psychologischer und ideologischer Unterfütterung von Hesse bis Steiner zu tun. Als dann im Jahre 2003 ein Buch mit dem Titel „Gold, Holz, Stein – Sinnliche Sensationen aus Wiesners alchemistischer Naturküche" erschien, war dies ein Hinweis darauf, daß die große Bio- und Öko-Fraktion im Lande zu kulinarischen Formen findet, die von großem Interesse für die Entwicklung der kreativen Küche sein könnten.

Es steht allerlei geschrieben in diesem Buch zwischen Bio-Bauern und Spagyrik (das ist die Bezeichnung für die Heilmittelsuche und -herstellung innerhalb der Alchemie), und es läßt zunächst, ohne konkretes Geschmackserlebnis, die Leser ratlos schwanken zwischen seiner Faszination für die Verwendung von Naturmaterialien und dann wieder Zurückhaltung gegenüber ungewohnten Verknüpfungen und tiefen Zusammenhängen. Ist denn für die Küche die Trennung der Materie in letzte Elemente (Separatio), ihre Reinigung (Purificatio) und Überführung in einen neuen Zustand (Cohibatio) mehr als nur schöne Analogie?

Die Realität in Escholzmatt, mitten im Unesco-Biosphärenreservat Entlebuch südlich von Luzern gelegen, kommt zunächst ganz anders daher. Das „Rössli" des dreiundvierzigjährigen Stefan Wiesner ist ein Gasthof in voller Funktion. Man hat da die Gaststube, ein unauffälliges Restaurant mit einer sehr gut gemachten, regionalen Küche (zum Beispiel hausgemachte Bratwurst mit Rösti, Speck-Spießchen und Zwiebelsauce von hoher Qualität in Geschmack und Abstimmung) und abends dann in einer Hinterstube das Gourmet-Restaurant in ästhetisch zurückhaltendem und vor allem völlig unprätentiösem Ambiente. Die erste Probe ist Wiesners berühmte Heusuppe. Die Mischung aus Sahne, Wein und einer Heu-Infusion schmeckt nicht dominant nach Heu (präziser: nach „Emd", dem besseren, zweiten Schnitt), bietet aber einen dementsprechenden deutlichen, mildwürzigen Hintergrund. Wiesner setzt die sehr heiße Suppenterrine in einen Kranz aus Heu, das durch die Erwärmung seinen kräftigen Duft abgibt.

Speziell wird es bei der „Bergkristallsuppe mit Bergdistel und Gems-Terrine". Obwohl auch hier im Prinzip nur mit einer Infusion des kompletten Kristalls gearbeitet wird, hat die wie eine gute und tiefe Consommé schmekkende Suppe neben einer Artischockennote durch die Distel auch einen erstaunlichen, eindeutig mineralischen Hintergrund. Dabei fällt auf, daß hier das Geschmacksspektrum nicht plakativ anders, sondern nur um ein winziges verschoben ist – und das jeweils in feiner Abstimmung, ganz im Stil einer gehobenen Küche. Wenn dies gut gelingt, wie bei einem in Gewürzöl pochierten Forellenfilet mit Holzkohlesenf, entfaltet sich eine erstaunliche Eleganz, die durch ein mit Rinde und Nadeln der Rottanne und Limettenblättern parfümiertes Öl dem Forellengeschmack die Gewöhnlichkeit nimmt. Natürlich schmeckt der Holzkohlesenf nicht wie eine Kohletablette. Eher schon scheint die Kohle andere Aromen zu modifizieren, ohne selbst Geschmack zu bieten, ein wenig wie ein Gewürz ohne Eigengeschmack (das Ergebnis sieht grau aus, hat einen ungewöhnlichen, leicht süßlichen Geschmack und knirscht etwas beim Essen).

Andere Kreationen, wie die sehr schöne (und seltene) Steinbock-Wurst mit Randen-Küchlein (Rote Bete) und Rettichsauce, könnten zweifellos mit besseren Proportionen noch deutlich gewinnen. Das „Risotto mit Käsesauce und Walnüssen" dagegen entpuppt sich als Attacke gegen den liebgewonnenen Risotto-Matsch. Wiesner gelingt eine unerwartete Optimierung: Der Reis wird nicht mit dem Käse vermengt, sondern durch frische Walnüsse (nur das typische Aroma frischer Nüsse bringt diesen Effekt) deutlich in seinem getreidigen Aroma verstärkt und verbindet sich so viel besser mit dem Käse und mit einigen, die latente Süße von Reis und Käse leicht umspielenden Blaubeeren. Erstaunlich.

Immer dann, wenn Wiesner eine Aromatisierung der einzelnen Elemente in genau der Stärke gelingt, die ihr optimales Zusammenwirken ermöglicht, wird es hervorragend und eröffnet diesem zurückhaltenden Koch noch deutliche Perspektiven. Der in Torf geräucherte Rehrükken ist ein Beispiel dafür: Zur Erhaltung des puren Rehgeschmacks ist es in Hühnerfleisch eingewickelt, die Räucherung trifft das Reh also nur indirekt. Verschiedene Zutaten von Totentrompeten über geschmorte Rehbäckchen in einer Art Behälter aus Gnocchi-Teig bis zu Kürbisstückchen und getrockneter Hühnerhaut variieren jeden Bissen in Konsistenz und Geschmack, bevor eine Whiskysauce allem einen sehr guten und originellen Hintergrund gibt. Der indirekte Torfgeschmack des Whiskys trifft dabei auf den direkten aus dem Räucherverfahren, was dem Ganzen Komplexität und erstaunliche Harmonie verleiht.

Es scheint Wiesner, in verständlicher Furcht vor zu schneller und plakativer Einordnung, sehr daran gelegen, auf keinen Fall kulinarische Gags zu produzieren. Das „Schokoküchlein mit Cohiba und Hagebutteneis" wirkt zunächst normal und löst dann eine Suche nach dem Cohiba-Zigarren-Aroma aus, die nicht wirklich erfolgreich ist. Ist hier zuwenig davon verwendet worden? Sollte Wiesner allgemein didaktischer wirken und deutlichere Akzente setzen? Der Meister aber besteht auf Zurückhaltung. Das Cohiba-Aroma sei vorhanden, und wenn es nicht da wäre, würde man sein Fehlen merken. Wiesner hat recht. Wie anfangs bei der Forelle verliert die Schokolade den trivialen Teil ihres Geschmacks und gewinnt an Tiefe. Hier also, im Hinterzimmer eines bodenständigen Gasthauses in pastös schöner Landschaft und mit betriebsamem Lärm aus der Gaststube, setzt man auf echte Feinschmecker mit vielen Vergleichsmöglichkeiten und ventilierender Sensorik. ❧

04. 12. 2004, F.A.Z., Feuilleton, Seite 34

Leih- statt Leitkultur

Warum die deutsche Küche keinen internationalen Standard hat

Multikulti? Haben wir das kulinarisch nicht längst verwirklicht? Zumindest äußerlich kann der Eindruck einer intensiven gemeinsamen Nutzung der Ressourcen anderer Eßkulturen entstehen. Da reihen sich in einer ganz normalen Kleinstadt italienische, griechische, türkische, japanische, chinesische, kroatische oder vietnamesische Restaurants aneinander, und bei etwas mehr akademischem Milieu kann sich die Vielfalt noch erheblich vergrößern. Selbst die Supermärkte haben nachgezogen und ihre Ethno-Eckchen eingerichtet, weil die Welt nicht länger nur zu Gast ist, sondern längst fester Teil unseres Spektrums geworden ist.

Leider fehlt oft eine wichtige Kultur in dieser bunten Mischung: unsere eigene. Hat das eine vielleicht mit dem anderen zu tun? Die Wirren und Irrungen des zwanzigsten Jahrhunderts haben hierzulande von einer ursprünglich recht normalen kulinarischen Entwicklung, mit einer seit Jahrhunderten bestehenden Affinität der feinen Gesellschaft zur französischen Eßkultur, nicht viel übriggelassen. Geblieben war ein Bodensatz von Hausfrauenküche, deren Qualität vor allem von einer heute quasi völlig verschwundenen Unterrichtung im „Hauswirtschaften" geprägt war. Dank der harten Schule von Notzeiten und Mangelwirtschaft war sie durch die Fähigkeit zur konsequenten, oft improvisierten Nutzung begrenzter Grundstoffe geprägt.

Im Verlauf des wirtschaftlichen Aufschwungs kam es dann zu einer für die Entwicklung der deutschen Eßkultur verhängnisvollen Gemengelage. Einerseits wurde vielen Leuten geradezu übel, wenn sie das Wort „deutsch" auch nur hörten. Die touristische Öffnung zur Welt (zunächst vor allem nach Italien) war hochwillkommen und fand unmittelbaren Niederschlag in der Küche der fünfziger Jahre – was Kochbücher von Elizabeth Schuler (schon 1948) bis zu Rotraud Degner mit zunehmender Intensität belegen. Andererseits wurde das Bild vom deutschen Essen erheblich von der „Freßwelle" genannten Erscheinung bestimmt – jenem verständlichen Nachholbedarf an oft sehr kalorienreicher Schlemmerei. Nie sah man mehr Fotos von Schweinshaxe essenden Dicken als damals. Es entstand das bis zum heutigen Tag nicht ganz verschwundene Bild vom kulinarisch häßlichen Deutschen: grob, nicht nur dick, sondern auch von feistem Selbstbewußtsein und jedenfalls nicht kultiviert. Der Sieg der Importkultur, deren amerikanischer Teil mit beginnender Snack-Kultur ohnehin konträr zum deutschen Wesen stand, begann sich abzuzeichnen.

Die von solchen Einflüssen belastete tradierte Eßkultur war deshalb am kulturellen Aufschwung der Bundesrepublik nicht beteiligt. Die nicht vorhandene kulinarische Leitkultur hinterließ eine Lücke, die in den sechziger Jahren zunehmend mit einer Leihkultur französischer Provenienz gefüllt wurde. Die wachsende Beliebtheit pittoresker Bistros und Märkte (wesentlich von der Zeitschrift „Twen" von 1959 an popularisiert) verhinderte abermals Fortschritte in der kulinarischen Identitätsfindung, die zudem durch die schiere Macht der neuen Leihkultur – die man quasi komplett, von den Produkten bis zur Haute Cuisine, übernahm – erdrückt wurde. Die Verweigerung der Selbstbetrachtung, gekoppelt mit der Faszination für eine überzeugende andere Kultur, verhinderte abermals eine neue Sicht auf die eigene Kultur. Die wiederum folgte wenig später mit den Achtundsechzigern, die allerdings die Ähnlichkeit zwischen bekämpfter und eigener Enge übersahen. Zwar führte in der Folge die Entwicklung des Bio-Gedankens und vielerlei alternativer Lebens- und Konsumformen zu einer Rückbesinnung auf traditionelle Qualitäten im eigenen Land, aber gleichzeitig auch zu einer neuen Fraktionierung der Eßkultur, diesmal unter gesellschaftspolitischen Vorzeichen. Die Herabwürdigung avancierterer Teile der Gastronomie als elitär statt als kulturell entwickelt behinderte wieder eine neue Sicht.

Ersatz bot eine weitere, diesmal noch komplexere und folgenschwerere Multikulti-Welle, die nun vollends Massenwirkung erreichte und die vorhandenen Reste traditionell deutscher Eßkultur in die Reservate ländlicher oder folkloristischer Szenarien abdrängte. Gleichzeitig erwies sich als fatal, daß mit der französischen Nouvelle Cuisine zu Beginn der siebziger Jahre die heimischen Protagonisten kulinarischer Hochkultur nicht etwa deren Prinzipien zu einem Rückgriff auf die eigenen Verhältnisse nutzten, sondern endgültig ins andere Lager übergingen.

Auch das mittlerweile weitverbreitete Bio-Ideal behält immer einen Hauch von Instrumentalisierung der Eßkultur für gesellschaftliche oder ideologische Ziele, weil abermals der Qualitätsgedanke eher für ein sub- als ein gesamtkulturelles Verständnis beansprucht wird. Das Verständnis von Elite wird eben oft ausschließlich mit den eigenen Normen einer political correctness gefaßt und also die Dynamik einer sich entwickelnden Hochkultur – wie die avancierte Küche eine ist – mit Argwohn begleitet.

Die Folgen solcher Entwicklungen sind massiv. Das verlorene oder im eigenen Handeln nicht umgesetzte Verständnis für tradierte kulinarische Zusammenhänge und Grundlagen führt zu Qualitätsverlust, Industrialisierung und Standardisierung. In einem idealtypisch gedachten monokulturellen System (mit dem die französische Eßkultur zumindest lange Zeit eine gewisse Ähnlichkeit hatte) gibt es vor allem immer eine vertikal-qualitative Orientierung, die einen klaren Begriff von Qualitäten – von den Produkten bis zu den Kochleistungen – entwickelt. Das eher horizontal ausgerichtete kulinarische Multikulti-System gleicht dagegen einem Zapping zwischen den Küchenkulturen – freilich nicht, um darin aufzugehen, sondern um alsbald zu einer anderen weiterzuflattern.

Im Verhältnis zwischen Multikulti und den Monokulturen kommt es zudem bei letzteren leicht zu einer Assimilation (zum Beispiel die vielen Fusionsversuche), die in der Regel lediglich kulinarische Zitate ergibt – unsere „Chinesen“ zum Beispiel bieten so gut wie nie eine seriöse chinesische Küche. Ob Multikulti auf diesem Feld Kultur eher zerstört oder befruchtet, kann natürlich nicht in wohlfeiler Abstraktion behandelt werden. Die konkreten gesellschaftlichen Bedingungen unseres Landes lassen aber kaum mehr als eine pessimistische Sicht zu. Unserer eigenen kulinarischen Kultur sind im Verlauf der Zeit sehr viele Grundlagen entzogen worden, sie funktioniert in keiner Weise mehr als Leitkultur. ❧

11. 12. 2004, F.A.Z., Feuilleton, Seite 34

Gegen die Bratwurstlandschaft

Die F.A.Z.-Gourmetvision 2 von Andree Köthe und Yves Ollech

Den regelmäßigen Vereinfachungswellen in quasi allen ästhetischen Fächern sollte man grundsätzlich mit einem Maß an Mißtrauen begegnen, das zwischen Vereinfachung und Trivialisierung unterscheiden kann. Letztere wird meist von objektfernen Interessen geleitet und weicht notwendigen Konsequenzen aus. Die geniale Vereinfachung dagegen – als ein gesteuerter kreativer Akt, nicht als Fortsetzung traditioneller Formen – steht häufig am Ende eines differenzierten Prozesses. Ihre dennoch oft massenwirksame Evidenz verdeutlicht, wieviel unausweichliche Wahrheit sie enthält.

Die Kombination von Kreativität mit Klarheit in Konzept und Ausführung ist das wichtigste Merkmal der Protagonisten der zweiten F.A.Z.-Gourmetvision, Andree Köthe und Yves Ollech vom Restaurant „Essigbrätlein“ in Nürnberg. Die Küche der beiden setzt vor allem auf auffällige Akkorde, sieht ungewohntes Zusammenspiel als Grundlage jeder Kreation an. Dann allerdings – und das erhebt manches ihrer Gerichte zu hohem Rang – halten sie sich an eine der wichtigsten Formeln avancierter Küche, die da lautet: Textur- und Temperaturspiel inszenieren die geschmackliche Wahrnehmung.

Nach den Regeln der F.A.Z.-Gourmetvision wurden Köthe und Ollech gebeten, ihre Vorstellung von einer Küche der Zukunft in einem eigens zusammengestellten Menü zu präsentieren. Es beginnt mit „Calamar auf Fenchel mit grünem Speck“. Der nicht sehr geschmacksintensive und in der Textur oft etwas elastische Calamar bekommt hier mit dem weichgegarten frischen Speck und seinem leichten Brataroma eine interessante Ergänzung. Der Tintenfisch wirkt plötzlich schmelzend weich, feine süßsaure Noten kandierter Zitronenschalen zu den dünn gehobelten Fenchelstreifen geben Vorspeisenfrische, bevor der Nachhall vom Speck einen der Optik eher entgegensprechenden Abschluß bildet.

Ungewöhnlich auch der Rochen, den man klassisch oft kräftig angebraten oder mit Nußbutter und Kapern findet. Hier wird er mit Minzfond und bißfesten Stückchen grüner Bohnen und grünem Apfel (mit etwas Ingwer) serviert. Der Fisch ist im Prinzip ähnlich definiert wie der Calamar, allerdings von entgegengesetzter Seite: Dort ergab eine schmelzend-weiche Zutat eine veränderte Wahrnehmung der Textur, hier überdecken die krossen Gemüsestückchen die etwas faserige Konsistenz des Fisches und hinterlassen uns ausschließlich dessen Aroma. Gleichzeitig wird die Minze zur Verhinderung von durchaus möglicher Penetranz einerseits mit einem tiefen Fond gefaßt, andererseits verhindern die Chlorophyll-Varianten bei Apfel und Bohnen einen penetranten Kräutergeschmack.

Die „Makrele auf Shiitake-Pilzen und gegrillter Ananas“ bietet eine Mischung aus den beiden ersten Gerichten. Wieder definiert der weiche Pilz das Fleisch der Makrele ins Zarte um. Auf einer zweiten Ebene wird er dann aber von dem Ananas-Püree und einem hauseigenen, ziemlich pikanten Sri-Lanka-Curry eher aromatisch als in der Textur gefaßt. Den wichtigen Katalysator bei dieser Verbindung bildet die milde Räucherung der Ananas, durch die eine gewisse Nähe zum Aroma der Makrele und des Pilzes erreicht wird.

Die eingangs erwähnte Klarheit der Konzeption läßt Köthe und Ollech grundsätzlich auf schmückendes Beiwerk verzichten. Was auf dem Teller liegt, hat eine ausgeklügelte Funktion. Offensichtlich sind sie aber auch in der Lage, noch eine oder zwei weitere Ebenen einzuziehen, ohne ihre Linie zu verlieren oder den Esser zu überfordern. Die „Rote Bete mit Kümmelkaramel“ sind eine Weltklassekreation wegen ihrer bestechenden Akkorderfindung und sensorischen Organisation – von dem besonderen Charme, mit diesem Gegenteil eines Luxusprodukts eine solche Wirkung zu erzielen, ganz zu schweigen. Zunächst gefällt die Breite der Aromenpalette von einer milden Roquefortcreme über die Süße der roten Bete (deren leicht bißfeste Garung im Kern immer einen minimalen Rest des Aromas der rohen Knolle haben sollte) bis hin zu einem vielfältigen Kräutersalat und den feinen Körnern des Karamels. Mit einer gut zusammengestellten Gabel kann der Esser hier einen subjektiv wunderbaren, objektiv perfekt organisierten Ablauf an Aromen erleben. Wenn man beginnt, ein Stück rote Bete zu zerkauen, bekommt man unmittelbar einen ersten Rote-Bete-Roquefortcreme-Akkord, weil die Creme sich zuerst auflöst. Dann entwickelt sich gemüsige Frische mit den Kräutern, begleitet vom texturellen und aromatischen Gewitter des feinen Karamels, bevor sich am Ende endgültig die Rote Bete durchsetzt.

Man muß dies sicherlich nicht unbedingt verfolgen, um diese Kreation genießen zu können. Aber sie gibt die Möglichkeit, über solche Strukturierungen, die in erster Linie ein bewußter Reflex auf die eigene Wahrnehmung sind, den Zustand einer reinen Degustation zu erreichen. Natürlich ist dann auch das Hauptgericht, ein Hirsch mit Blumenkohl und Grünkohlsaft, am besten, wenn man realisiert, daß erst eine etwas größere Menge des intensiv nach Chlorophyll schmeckenden Grünkohlsaftes den interessantesten Verlauf ermöglicht – vom anfangs krossen Effekt einer Mohn-Gewürz-Mischung auf dem Fleisch über den leicht süßlich harmonierenden Akkord aus Fleisch und Blumenkohl bis zu dem erst im letzten Drittel beginnenden Nachhall des Grünkohlsafts.

Im „Essigbrätlein“, diesem winzigen, dunkel holzvertäfelten Hort kreativer Küche inmitten einer Bratwurstlandschaft mit Werbetafeln, die versprechen, daß kein Gericht über 6,60 Euro kostet, hat man den seltenen Vorteil, daß alles in großer Klarheit und Konzentration auf eine erweiterte Wahrnehmung eingestellt ist. Und so wird man zum Abschluß auch den „Apfel mit Crème-fraîche-Eis und Sauerampfer-Marzipan“, bei dem nicht nur der Sauerampfer für eine ungewöhnlich frische Säure sorgt, sondern auch das Eis noch dezent mit Salz gewürzt ist, für einen selbstverständlichen Beweis halten, daß die Elemente einer kulinarischen Kreation am besten sind, wenn sie sich nicht selbst genügen, sondern definieren und definiert werden. ❧

Das zweite Menü der F.A.Z.-Gourmetvision ist von sofort an noch bis zum 23. Dezember und noch einmal vom 5. bis zum 15. Januar 2005 zum Preis von 83 Euro im Restaurant „Essigbrätlein“ in Nürnberg zu bekommen.

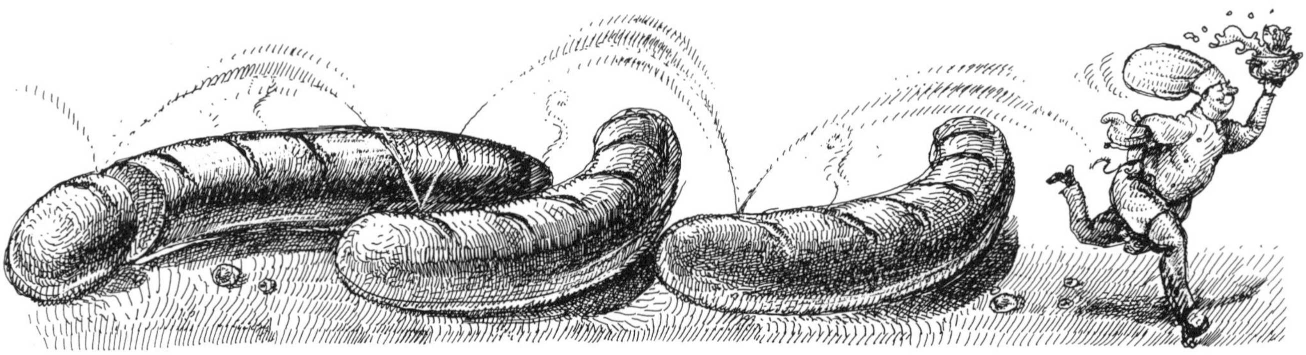

18. 12. 2004, F.A.Z., Feuilleton, Seite 34

Klassischer Eintopf unserer Väter

Michel Troisgros hat durch Würzgeschick ein Erbe variiert

ROANNE, im Dezember

Auch das größte Kochtalent kann nicht in einigen Jahren schaffen, was nur die wenigen, kaum je durch Krisen geschüttelten kulinarischen Institutionen in langjährigem Familienbesitz besitzen: angesammeltes Detailwissen, das von Produktkenntnis über die richtigen Lieferantenwahl bis zur Küchentechnik und der richtigen Organisation von Gastlichkeit reicht. Ihre Zahl ist verschwindend gering, und in Deutschland etwa arbeitet von den Drei-Sterne-Köchen nur Helmuth Thieltges im elterlichen Betrieb, zehrt aber sicherlich längst nicht mehr von deren kulinarischen Grundlagen.

Selbst in Frankreich hält sich in der Spitze (zum Beispiel: Haeberlin, Pic, Lorain, Blanc) die Zahl solcher Restaurants sehr in Grenzen und erinnert daran, daß eben nicht alles machbar ist und keine Erbfolge Bestandsgarantie gewährt. Wäre die Kochkunst reines Handwerk, würde sie auch – zumindest theoretisch – über vollständig reproduzierbare Qualitäten verfügen. So aber braucht man – selbst nach Ausbildungstouren durch die besten Häuser der Welt – für den letzten und größten Schritt nach wie vor besonderes Talent.

Der sechsundvierzigjährige Michel Troisgros steht seit 1993 an der Spitze eines der legendären Häuser französischer Küchenkultur. Wie kaum ein anderer Sproß eines großen Kochs hat er die ideale Mischung aus Erbteil, eigenem Talent und einer perfekten Dosis kulinarischer Weltläufigkeit und Moderne verwirklicht. Das Maison Troisgros im prosaischen Städtchen Roanne gehört heute mit einer klassisch fundierten State-of-the-art-Küche zu jener kleinen internationalen Spitze, für die ein dritter Stern als Qualifizierung nicht genug ist.

Die Logik der Aufstiegs von Michel Troisgros ist zwingend. 1930 kaufte sein Großvater das „Hôtel Moderne" gegenüber dem Bahnhof von Roanne und entwickelte – ohne jede Kochausbildung – eine seriöse, aber normale Gastronomie. Seine Söhne Jean (Jahrgang 1926) und Pierre (1928) sollten besser ausgebildet werden und schafften gemeinsam 1955 einen ersten, 1968 dann schließlich den dritten Stern. Die Brüder Troisgros zählten zu den wichtigsten Protagonisten der „Bocuse-Bande", üblicherweise bei uns mit dem Namen „Nouvelle Cuisine" verbunden. 1983 endete die Phase der Brüder mit dem Tod des „begnadeten Sauciers" Jean, und der mittlerweile in der ganzen Welt ausgebildete Michel trat an seine Stelle, bis sich dann zehn Jahre später auch dessen Vater Pierre aus der Küche zurückzog.

Nach einigen etwas plakativen asiatischen Einflüssen in den neunziger Jahren präsentiert sich die Küche von Michel Troisgros heute als handwerklich überragende, intelligent modernisierte Klassik mit einem leichten Faible für asiatische Aromen. Die Klassik-Revision gerät hochinteressant und in ihrer Logik absolut zwingend. Das „Pavé de boeuf" (sonst oft aus dem Filet, in der Spitzenküche aber wegen des intensiveren Geschmacks gereiften Fleisches zunehmend von der Hüfte oder vom Zwischenrippenstück gewonnen) gibt es als Variante des klassischen Pfeffersteaks. Das Fleisch wird statt mit zerstoßenem weißen Pfeffer mit einer Schicht aus exotischen Pfeffern, Zitronen- und Orangenzesten gereicht. Dazu gibt es eine gute Menge von einem stark reduzierten Jus, der aber nicht bitter, sondern wegen eines hohen Fleischanteils und wenig Gewürzen im Fond von einem intensiven Fleischgeschmack ist. Diese Verstärkung für das Hauptprodukt wird aufgelockert durch die feinen Pfeffernoten und die in diesem Zusammenhang sehr elegante Säure der Zitrusfrüchte, was in der Summe eine enorme Tiefe und Breite des Geschmacks ergibt.

Ein anderes Fleischgericht, Lammkoteletts mit Nelken, schafft diese Intensivierung mit den eher mittelbar wirkenden Nelken und winzigen in Essig eingelegten Zwiebeln. Wieder ist es die leichte Säure, die dem Fleisch zu einer ganz ungewöhnlichen Präsenz verhilft. Es ist ohnehin wohl kein Zufall, daß das jüngste Buch von Michel Troisgros den Titel „La cuisine acidulée“ trägt und sich mit dem verstärkten Einsatz saurer, bitterer und herber Elemente in der Küche befaßt.

Der Klassiker der Brüder Troisgros seit Mitte der sechziger Jahre war schließlich der „Saumon à l'oseille“, eine bis auf den heutigen Tag gut zu essende Kombination von Lachs mit einer Sahnesauce und viel im letzten Moment eingerührtem (am besten sehr jungem) Sauerampfer. Im asiatischen Fach scheint Troisgros beweisen zu wollen, daß der Discount-Purismus westlicher Sushi-Bars nicht der Weisheit letzter Schluß ist. Dünne Streifen von rohem St.-Peters-Fisch werden einmal quer gefaltet. Dazwischen kommt – wie beim Sushi auf den Reis – etwas Wasabi, obenauf winzige Shiso-Stücke (ein Kraut aus der Familie der Minzen, Perilla frutescens var. Crispa) und in der nicht emulgierten Vinaigrette Yuzu (die japanischen Zitrone, Citrus junos). Dazu werden dünne, krosse Brotscheibchen serviert, die im Akkord für einen im Nachhall leicht getreidig schmeckenden Textur-Effekt sorgen: Zuerst wirkt die Zitruswürze, dann das krosse Brot, dann der Fisch – im Nachhall hauchfein von Brot und Kraut parfümiert.

Diese genaue Präzision herrscht aber auch in anderen Gerichten von scheinbar normaler Konstruktion. Ein kompletter, kleiner Seeteufelschwanz mit kräftigem Buttereinsatz an der Grenze zur Nußbutter (beurre noisette) erfährt einerseits Unterstützung von den ebenfalls buttrigen Pilzen, andererseits wird die Butterdominanz von schmalen Streifen kräftiger Ofentomaten, präzise passenden und wirksamen Stückchen großer Kapernbeeren und einem wiederum subtil wirkenden Hintergrund feinst gehackter Kräuter in einen prächtigen Panoramageschmack umgewandelt.

Schon beim Amuse bouche hieß es programmatisch „Gelée de tomate acidulée“, was sich als perfekte Kleinigkeit aus dem Inneren der Tomate (der eigentliche Geschmacksträger, bei uns meist zum Wegwerfen empfohlen), einer leichten Essigsäuerung, Kräutern und Gemüsewürfeln darstellte. Verschiebt man das gewohnte Spektrum der Zutaten eines gewöhnlichen Gerichtes auch nur ein wenig, wird ein völlig veränderter Blick auf das Hauptprodukt möglich. „Spektrum“ meint in diesem Falle nicht einzelne Gewürze oder Aromen, sondern das komplette geschmackliche Bild, das zum Beispiel süßlich, kräftig-herzhaft oder stark von Salz und Pfeffer dominiert sein kann. Troisgros kann so vor allem mit seiner revidierten Klassik überzeugen, die sich in ihrer notwendigen Präzision und Subtilität kaum als wohlfeiler Gag der nächsten Saison eignet, aber ein wichtiger Hinweis auf die Zukunft ist. ❧

24.12.2004, F.A.Z., Feuilleton, Seite 32

Wie essen wir zu Weihnachten?

Das Christentum gilt als genußfeindlich, aber das muß es nicht sein

Man könnte zu Weihnachten natürlich über den kulinarischen Nutzen von Ochs und Esel nachdenken, vielleicht also der einen oder anderen Salami oder der butterweichen Ochsenhüfte gedenken, die nach der Garung bei Niedrigtemperatur eine Spur von Räucherung und einige Pekannüsse in perfekte Fassung brachten. Aber sehen wir uns lieber die Bescherung an, die mit den kulinarischen Verlockungen über uns gekommen ist. Denn siehe, „das Fleisch gelüstet wider den Geist, der Geist aber wider das Fleisch“, und „als Werke des Fleisches sind offenkundig … Mord, Trunkenheit, Schlemmerei und dergleichen“ (Galater 5, 17–21). „Denn die nach dem Fleische leben, sinnen auf das, was des Fleisches ist; die aber nach dem Geiste leben, sinnen auf das, was des Geistes ist“ (Römer 8, 5 und 6).

Schon wenig später klingt es noch deutlicher nach Schulterschluß von klassischem Feuilleton und Christentum. Für „Wüstenvater“ Johannes Cassianus (geboren um 360), der durch Schriften über die Askese berühmt wurde, steht die „Gastriemargie“, also die Schlemmerei bis zur Völlerei, an erster Stelle seiner „acht Laster“. Wer nun glaubt, das träfe nur auf zügellose Esser zu, wird schnell belehrt, daß es sich dabei auch um „jene Gier“ handelt, „für die das Essen zum Selbstzweck wird“, genährt von „Raffinessen, die den Gaumen kitzeln, obwohl der Magen längst genug hat“, wie die Theologin Gertrude Sartory es in einem Aufsatz über das Fasten im frühen Christentum zusammengefaßt hat. Und wie modern ist eigentlich „Wüstenmutter“ Synkletika (fünftes Jahrhundert), wenn sie ausführt, daß bei den „Weltleuten“ die „Kochkunst in Ehren steht“, man aber „durch Fasten und einfache Speise … dem Überfluß ihrer Nahrung überlegen“ ist? Steht wirklich „am Anfang des spirituellen Weges der Kampf gegen die Eßgier“?

Es scheint an der Zeit, für die entwickelte Gourmandise um Milde und um Aufnahme in den Kreis legitimer Betätigungen zu bitten. Ist nicht die sensibilisierte strukturelle Wahrnehmung feinster Nuancen der irdischen Welt in Wahrheit ein goldener Weg zur Überwindung der schnell zu befriedigenden körperlichen Abhängigkeiten? Wird nicht dem Sensibilisierten der Wert der Schöpfung präsent gemacht? Eine wesentliche Brücke findet sich doch in der Eucharistie, in der Verwandlung von Brot und Wein in Leib und Blut Jesu. Wir registrieren dort eine Bedeutungserhöhung, die über das reine Nahrungsmittel hinausgeht, eine Funktion, die sich mittelbar auch in jedem religiös motivierten Dank für das Eßbare, ob bei Erntedank oder Tischgebet, einstellt. Man ißt die Schöpfung und kommt damit zu Verknüpfungen, die weit jenseits einer maßlosen wie maßvollen Triebbefriedigung liegen. Wäre nicht Essen als bloße Nahrungsaufnahme nur die camouflierte Version einer Mißachtung der Schöpfung?

Vor der Betrachtung grundsätzlicher Zusammenhänge darf vielleicht die Erinnerung daran stehen, daß jede Metaphysik ihren physischen Auslöser oder Katalysator hat – bis hin zur Meditation, die die intensive Rücknahme normaler körperlicher Funktionen braucht, um zu einem intensivierten körperlichen Zustand zu kommen. Bei alledem spielt die Sprache eine wichtige Rolle, weil deutlich wird, wie wenig sie tatsächlich von innen nach außen transportieren kann. Wir können zunächst unterscheiden zwischen sprachlich faßbaren Wahrnehmungen („Das ist eine Tomate") und Analogien, die sich gleichwohl präzise in Sprache umsetzen lassen („Das duftet wie eine blumenübersäte Frühlingswiese"). Die nächste Stufe bilden dann die nicht mehr sprachlich faßbaren Empfindungen, die ein möglicherweise deutliches Gefühlsbild erzeugen, das sich aber der Kommunikation weitgehend entzieht („Das ist ein unglaubliches, aber nicht unbekanntes Gefühl, das ich nur ganz selten habe, ich kann es aber nicht beschreiben"). Und dann gibt es noch eine weitere Variante von Empfindungen, deren Abstraktionsgrad so groß ist, daß selbst die Suche nach Analogien ausfällt. In diesem Bereich dürften viele komplex verankerte Wahrnehmungen aller Art liegen, von Musikhören über tiefe emotionale Reflexe bis zu religiösen Empfindungen.

Durch diese Gliederung wird deutlich, daß für die Intensität der Reaktion nicht auf allen Stufen Bildung Voraussetzung ist (die hier in erster Linie als Handwerkszeug zur Ausweitung der klar sprachlich faßbaren Zone erscheint), was wiederum sprachlos-intensivste Empfindungen aller Art zu demokratisieren scheint. Erst im sozialkommunikativen Kontext wird neben der individuellen Intensität auch die Komplexität (und Qualität) eine Rolle spielen. Am Schluß steht – von der jahrtausendealten Meditation bis zur christlichen Mystik – die gezielte Steigerung des Denkens, die sich nicht in wortlosen Automatismen verliert, sondern das Aufgehen und Ruhen in der Sache selbst sucht, eins mit ihr wird und geradezu die Überwindung der sprachlichen Beschreibung betreibt.

All dies passiert auch in der ausgeweiteten Gourmandise mit ihrer komplexen Verknüpfung von Wissen, Fähigkeit zur Strukturierung und Intensivierung des Geschmackserlebnisses durch eine Befreiung von individuellen Fehldispositionen, wobei ihr höchster Zustand der der reinen Degustation ist. Die darin angestrebte oder realisierte Komplexität und Reinheit des Erlebens sollte allerdings nicht mit dem triebhaft-reaktiven und schematischen Typus des reaktionsarmen Redundanzessers moderner Prägung verwechselt werden. Er sucht stets das schnelle Opiat, der neue Gourmet aber Komplexität und Vertiefung. An deren Ende, das wir bei weitem noch nicht absehen, steht die gleiche komplexe Struktur und Substanz, wie sie sich überall dort findet, wo sich dem Intellekt und den Sinnen ein Tor zu einer echten Seinswahrnehmung öffnet. Und weil es Weihnachten ist, fordern wir nicht Gleichstellung, sondern bitten um Nachsicht für das möglichst vollendete Genießen unseres Weihnachtsbratens.

31. 12. 2004, F.A.Z., Feuilleton, Seite 38

Achtung, Entspannung!

Blick in die Zukunft: Entschlackte Küche ist der Trend der Zeit

Die Nebel lichten sich, am Horizont tauchen Konturen auf, und selbst der ein oder andere Weg – steinig, nicht asphaltiert – wird sichtbar. Die Spitzenküche ist endgültig in Bewegung geraten. Zwei Begriffe kennzeichnen die Lage: Fraktionierung und Intensivierung, also einerseits die unterschiedlich ausfallende Abkehr von der alleinseligmachenden Dominanz der französisch geprägten Haute Cuisine, andererseits deren Weiterentwicklung aus einer längst überfällig gewordenen Grundlagenkritik heraus. Diese Kritik beginnt zu trennen zwischen dem, was die „Klassik" an unentbehrlicher Substanz hat, und dem geschmäcklerischen Mäntelchen, unter denen sie oft genug versteckt wurde.

Dabei zeigt sich, daß die technischen Grundlagen der Haute Cuisine, von den Vorstellungen über Produktqualität über die Produktvorbereitung und Produktbehandlung bis hin zur Aromenkonstruktion mit komplexen Formen von Garung, Würzung und Assemblagen (zum Beispiel Saucen), deren eigentliche Stärke sind, nicht zuletzt auch gegenüber anderen kulinarischen Kulturen. Neu ist die zunehmende Erkenntnis, daß das typische geschmackliche Bild der Klassik, bestimmt von einem engen Kanon typischer Produkte (besonders Foie gras, Trüffel, Sahne, Butter und geradezu normierte Saucen), damit nicht zwingend zu tun hat und eine sich wiederholende, entindividualisierte Küche fördert. Eine dementsprechend entschlackte Klassik ist heute und vor allem in Zukunft das Hauptmerkmal internationaler Spitzenküche.

Deren Verzicht auf relativ einfach reproduzierbare, oberflächlich-assoziative Glätte mit einigen Signalprodukten öffnet den Blick für das Wesentliche und führt zu einer bisher ungekannten Intensivierung des Produktverständnisses (singuläre Hyperprodukte statt kommerzialisierter Spitzenprodukte), der Präzision (vor allem bei Gartechniken und Würzung) und der Aromenkonstruktion. Techniken wie etwa die schonende Garung unter Vakuumverschluß sind heute in einem vor Jahren noch kaum vorstellbaren Ausmaß erforscht und auf ihre kulinarische Effektivität hin untersucht (etwa in dem Buch „La Cocina Al Vacio" von Joan Roca und Salvador Brugués, 2003). Dieses intensivierte Klassik-Verständnis führt fast zwangsläufig zu übersichtlich-präzisen Gerichten mit einer Neubewertung der Verwendbarkeit von Aromen aus aller Welt. Hauptvertreter dieser Richtung sind die Köche der Ducasse-Schule, deren rigorose Ausbildung quasi kein anderes Endresultat zuläßt, aber auch Michel Troisgros, Michel Bras oder Olivier Roellinger. In Deutschland muß man vor allem Harald Wohlfahrt und Joachim Wissler nennen. Zugleich aber bleibt die nüchterne Erkenntnis, daß sich ein großer Teil der deutschen Spitzengastronomie nach der Erarbeitung oberflächlicher Kopien leider in einer Art Plateauphase befindet und keinerlei Anstalten macht, ernsthaft einen Blick nach vorne zu werfen.

Ferran Adrià ist und bleibt das Zentrallabor: ein singulärer Erfinder, der aber weit mehr Bedeutung hat, als es seine oft kopierten Gags (zuletzt Schockgefrieren in flüssigem Stickstoff) erahnen lassen. Da ist einmal die bloße Anwesenheit eines Kreativen von dieser Bedeutung. Sie hat auch im Falle des „britischen Adrià", Heston Blumenthal („The Fat Duck" in Bray; auch Tom Aikens in London könnte genannt werden), einen erstaunlichen Effekt: Schnell wurden nämlich Dutzende von Köchen angeregt, die britische Küche aus ihrer Lethargie zu befreien. Ähnliche Entwicklungen zeichnen sich übrigens in Italien, zum Beispiel mit Moreno Cedroni („Madonnina del pescatore" in Senigallia) oder Massimiliano Alajmo („Le Calandre" in Rubano) ab.

Adriàs kulinarische Dekonstruktion hat mit ihrer Verdrehung des normalen Zustandes von Produkten (Geleetagliatelle, tiefgefrorene Schokoladenerde) nicht nur ein

Spiel mit den Erwartungen des Essers getrieben, sondern die Aufmerksamkeit auf die strukturelle Wahrnehmung von Texturen oder Temperaturen und deren Zusammenspiel gerichtet. Mittlerweile gibt es in Spanien eine ganze Generation von jungen Köchen, die nicht nur den Meister kopieren, sondern kulinarische Konsequenzen gezogen haben. Ferran Adriàs Bruder Albert (sein Patissier) bezeichnet etwa Andoni Luis Aduriz („Mugaritz" in Errenteria bei Bilbao) als die Zukunft der spanischen Küche, und die Kreationen des erst achtundzwanzigjährigen Dani García („Tragabuches" im andalusischen Ronda) sind ein Ausbund an Adriàschem Minimalismus mit zudem originellen Akkorderfindungen (Kalbszunge mit Koriander-Gazpacho). Die beiden prominentesten Köche einer jungen Kreativ-Generation in Frankreich, Pascal Barbot vom „L'Astrance" in Paris (Taube, Auberginen mit Miso, Piment und geräucherte Schokolade) und Nicolas Le Bec aus Lyon (Kritik folgt demnächst), gehören ebenfalls dieser Richtung an.

Dieser Strukturalismus und eine intensivierte Klassik werden die Tradition der Spitzenküche fortsetzen. Von anderer Seite droht ihr freilich Ungemach. Unübersehbar ist in den Großstädten der Welt der Hang zur Spitzenküche ohne Brimborium, zu sehr gutem Essen in – auch preislich – entspannter Atmosphäre mit Rückgriffen auf traditionelle Küche oder auch eine Weltküche ohne dogmatische Bezüge zum klassischen Regelwerk. Die kürzlich vom französischen Gault-Millau-Magazin für Paris ausgerufene Generation von „Befreiten" (darunter Yves Camdeborde und Gilles Choukroun) entpuppt sich bei näherer Betrachtung freilich als kreativ und handwerklich eher begrenzt. Die Faszination für diesen Stil, der bis zur Selbstbedienungs-Spitzenküche (im „Craft" in New York) geht, ist allerdings für viele Gäste so groß, daß mittelfristig die klassische Spitzenküche unter Druck geraten könnte. Vor allem die wenig profilierten Mitläufer-Sterne-Restaurants werden sich bald in größerer Anzahl entscheiden müssen, ob sie nun der Entspannungsfraktion beitreten oder konsequent am eigenen Profil arbeiten wollen. Von den großen, klassischen Häusern werden sich nur die besten und stilistisch konsequentesten halten können, allerdings nicht als selbstverständliche Spitze, sondern eher schon in Gestalt einer „Special-interest-Küche".

Insgesamt sieht es also für avancierte Köche aller Art besser aus denn je. Im Detail aber drohen Schwierigkeiten für diejenigen, die die Zeichen der Zeit nicht erkennen wollen. ❧

08.01.2005, F.A.Z., Feuilleton, Seite 34

Noch etwas Apfelsaft in den Topf

Nicolas Le Bec aus Lyon zeigt, wie Kochfortschritt aussieht

Es ist immer wieder erstaunlich, wie wenig unterschiedlich die Kreationen vieler Spitzenköche ausfallen, obwohl sich fast alle als kreativ bezeichnen. Auf Nachfrage wird in der Regel das „L'art pour l'art"-Prinzip abgelehnt und statt dessen eine Art eingebundene Kreativität bevorzugt, womit meist solide handwerkliche Fundierung und eher das Prinzip der Variation als das der Innovation gemeint ist. In einer Zeit, in der Individualität oft mehr mit Kunst denn mit Handwerk verbunden wird, wirkt eine solche Einstellung wie eine Mischung aus Angst und Kurzsichtigkeit. Auch das regelmäßig wie eine Entschuldigung vorgeschobene Argument der mangelnden Akzeptanz beim Publikum will angesichts der in der gehobenen Küche sehr moderaten Inanspruchnahme kulinarischer Toleranz nicht überzeugen.

Es ist an der Zeit, die wohlige Deckung von Handwerk und Zunftdenken zu verlassen und Stellung zu beziehen – nicht zuletzt mit Blick auf eine wesentlich bessere Vermarktbarkeit individueller Profile. Vor allem aber sollte man die Lust einer immer größer werdenden Zahl von Gästen am Entdecken nicht vergessen. Noch nie in der Geschichte war das erfahrene wie erfahrbare kulinarische Spektrum in den entwickelten Ländern so groß wie heute, und es ist eine geradezu lähmende Hybris, wenn die sogenannte Spitzenküche meint, auch in Zukunft mit einem winzigen Ausschnitt immer wiederholter Formen ihr Leben fristen zu können.

Nicolas Le Bec in Lyon – nunmehr im neuen Restaurant in der Rue Grolée – kocht sicherlich eher evolutionär als revolutionär, dies aber mit einer solchen Konsequenz, daß das Ergebnis in ganz erstaunlicher Weise andersartig schmeckt. Gleichzeitig wird deutlich, daß es nur geringer, aber intelligenter Eingriffe bedarf, um solche Erlebnisse zu ermöglichen. Die Dorade mit mediterranen Gemüsen wird zusammen mit einer leichten Crème serviert, bei der zwei Änderungen enorme Auswirkungen haben: Le Bec ersetzt den oft üblichen Safran durch Gelbwurz (Kurkuma) und säuert die Sauce leicht an (was seit kurzem öfters zu finden ist; entsprechende Säuerungsmittel sind meist Zitrusfrüchte oder gute Essige). Diese Verschiebung des gewohnt mild-süßlichen Spektrums ist bei Le Bec ein charakteristisches Stilmerkmal von großer Wirksamkeit, weil damit auch das Hauptprodukt (die Dorade) und andere Elemente auf dem Teller uminterpretiert werden.

Estragon und Olivenscheiben etwa bekommen eine völlig andere Note, und einige rohe Blätter (Algen, Basilikum) gewinnen durch die leichte Säure noch mehr Frische.

Gleichzeitig arbeitet der erst zweiunddreißigjährige Bretone fast bei jeder Kreation auch mit strukturalistischen Elementen. Bei der Dorade ist dies neben den in der Textur unterschiedlichen rohen Elementen eine sehr dünne krosse Scheibe dunkles Brot, die eine geschmacklich wunderbar bodenständige Wirkung erzielt, so daß sich hier insgesamt ein überraschend reifes und perfektes Bild einer Küche ergibt, die in der Moderne angekommen ist, ohne auch nur im mindesten die Entwicklung des Faches zu mißachten.

Le Bec denkt wirklich kulinarisch und wie befreit vom Zwang zur Wiederholung von Altlasten. Es klingt zwar normal, wenn er „Foie gras mit Brioche, Rhabarber und Birne" auf die Karte setzt. Tatsächlich aber gelingt ihm damit eine bestechende Neuinterpretation, weil etwa die kalte Terrinenscheibe durch kurzes Anbraten ein deutlich verändertes Aroma gewinnt, der Rhabarber buchstäblich sauer belassen und diese Säure von einer extrem dichten Reduktion eines Granny-Smith-Saftes in eine ganz auffallende Frische verwandelt wird. Die Birne – üblicherweise in diesem Zusammenhang als süßer Kompott oder süß konfiert zu finden – sorgt hier als hauchdünne und krosse Scheibe für definierende texturelle Breite.

Apropos Textur und strukturelles Denken: Es reicht bei weitem nicht aus, nur mit krossen Elementen oder mit Kontrasten aller Art (roh-gekocht, warm-kalt oder ähnlich) herumzuspielen, wie das leider teilweise schon in Mode gerät. Die Textur muß den Geschmack inszenieren, nicht verhindern, und sie muß ein abgestimmtes Gesamtbild anstreben. Le Bec leistet diese Arbeit mit großer Virtuosität, wobei ihm immer wieder eine selbstverständliche Originalität gelingt, die nicht selten die Einseitigkeit routinierter Formen geradezu demaskiert. Da wird dann eine große Langustine einerseits mit püriertem Kürbis, der mit Olivenöl und einer Meeresfrüchte-Bouillon vermischt ist, andererseits mit einer Schalottencreme, hauchdünnen Buchweizenblättchen und rohen Champignonscheiben eingefaßt – und das Ergebnis ist dank einer sensationell feinen Abstimmung ein grandioser Langustinengeschmack.

In seinem letzten Buch („Cuisine Brute", Paris 2003) gibt Le Bec einige deutliche Hinweise auf seine Art der Denkweise, und auch diese Erklärung ist sehr kulinarisch. Statt der immer etwas theoretischen Trennung in geschmackliche Grundwahrnehmungen (süß, sauer, salzig, bitter, Umami) definiert Le Bec konkrete, aus der Küchenpraxis stammende Gruppen, die sofort evident wirken. Darunter fallen: das Geräucherte, Marinaden, der Meeresgeschmack („das Jodige"), Asche, Edelfäule (bei Käse), Tatare, Fischmilch und -rogen, Lauch und Knoblauch. Was wie eine etwas wilde Versammlung unklarer Kategorien wirkt, ist tatsächlich eine Art kulinarischer Erdung und Ergänzung der Theorie – mit der übrigens regelmäßig schon Kinder überfordert werden („Probiere einmal. Was ist denn nun sauer und was bitter?").

Bei Le Bec gibt es Mengen und Schnittmengen, so wie den Kaninchenrücken, der in einem großen Blatt Virginia-Tabak gegart wird. Alles geht, weil es von allem eine Schnittmenge gibt, den idealen Punkt eines harmonischen Zusammenwirkens. Die eher klassisch orientierte Küche hat sich damit begnügt, Dinge zusammenzubringen, die recht weite Toleranzgrenzen haben: ein bißchen mehr Trüffel oder Foie gras hat noch keiner Taube geschadet. Die Virtuosität Le Becs und einer neuen, internationalen Elite aber riskiert bisweilen einen ganz schmalen Grat. Kann man Lamm mit Sauerampfer zusammenbringen? Ja, wenn man über einen kleinen, durchaus klassisch-vorderasiatischen Umweg Joghurt und Kümmel einsetzt, die milde Säure des Joghurts mit dem Sauerampfer „färbt" und gleichzeitig mit dessen Chlorophyllanteil den gefüllten Zucchiniblüten zusätzliche Frische verleiht. Wenn solche Dinge wie hier bei zehn von zwölf Gerichten perfekt funktionieren, haben wir es mit einem großartigen Koch zu tun. ❧

15. 01. 2005, F.A.Z., Feuilleton, Seite 32

Hanseatisch originell

In „Jacob's Restaurant" hat Hamburg eine wegweisende Küche

Der Begriff der Interpretation findet in der Kochkunst kaum Verwendung, obwohl er bestens dazu geeignet ist, die grundsätzlichen Differenzen zwischen einem unterschiedlich ausgeprägten handwerklichen und einem eher künstlerischen Zugriff zu erläutern. Der klassisch ausgebildete Küchenhandwerker reproduziert in der Regel bekannte Rezepturen mit einem nur in engen Grenzen akzeptierten Geschmacksbild. Etwaige Abweichungen sind dabei meist nicht erwünscht und gelten als Fehler. Der kreative Koch scheint dagegen eine Doppelrolle zu haben: die des Erfinders einer Rezeptur und die des Interpreten, der einem nicht überlieferten und nicht kodifizierten Geschmacksbild eine individuelle Form gibt.

Insofern wird verständlich, daß sich viele Köche als Kreative bezeichnen. Einer genaueren Betrachtung hält diese Einschätzung freilich nicht stand, weil in einer Art lokalen Sehweise häufig übersehen wird, daß die Bezugsgröße (zum Beispiel die klassische französische Haute Cuisine) auch schon Interpretation ist, und das gar in zweiter, dritter oder vielfacher Generation. Die meist nicht erfolgte Trennung zwischen Handwerkszeug und Umsetzungen verstellt so den Blick auf das eigentlich zu interpretierende Objekt, nämlich das kulinarische Produkt. In der Praxis unserer besten Restaurants fallen deshalb jene wenigen besonders ins Gewicht, bei denen ein deutlicher Bezug auf das Produkt und dessen geschmacklichen Perspektiven zu erkennen ist.

„Jacob's Restaurant" ist das Gourmetrestaurant von Hamburgs großer Traditionsadresse, dem Hotel „Louis C. Jacob" an der Elbe. Man verweist hier gerne auf die von Max Liebermann verewigte Lindenterrasse vor dem Restaurant und auf eine beachtliche Kunstsammlung, aber die wirkliche Sehenswürdigkeit ist eine nicht nur optisch auffallende hanseatische Ästhetik, die sich wohltuend vom branchenüblichen Talmi unterscheidet. Die Küche des achtunddreißigjährigen Thomas Martin paßt in gewisser Weise dazu, weil auch sie nichts weniger sucht als den schrillen Gag, aber doch in selbstbewußt-hanseatischer Manier auf eigenem Profil besteht.

Erfreulich ist vor allem eine genuin kulinarisch-interpretatorische Haltung, die Klischees vermeidet und traditionelle Farben in voller Pracht, aber als sachdienliches Element einsetzt. Ein Höhepunkt dabei ist zweifellos der „Winterliche Gemüseeintopf mit schwarzem Trüffel". Ohne unnötige Trüffelmengen (wichtiger ist ein entsprechender Jus in einer dichten Brühe aus Hühner- und Kalbsfond) gelingt eine faszinierende Umdeutung von Gemüsearomen wie Karotten, Rosenkohl, Blumenkohl, konfierten Zwiebeln, Wirsing oder Spargel. Man könnte Blumenkohl in Trüffel einwickeln und würde kein gutes Resultat erzielen. Mit dem Katalysator der Brühe aber und der durch sie moderater gestalteten, gerne als etwas unfein geltenden Kohl-Note bei Trüffeln und Gemüse wird es freilich subtil. Und wo es subtil wird, ist eine Melange aus einfachen Gemüsen selbst den Luxusprodukten überlegen.

So kommen auch die „Variationen von Schwarzwurzeln und Rote Bete" ohne die Signalprodukte einer forcierten Küche aus, benötigten dafür aber grundsätzliche Überlegungen, um etwa den Bräunungsgrad der frittierten Schwarzwurzelstreifen derart geschmacklich im Zaum zu halten, daß sich kein Fritüren-Geschmack ergibt und ein unscheinbarer Apfel-Meerrettich-Dip zu einem komplexen texturellen Ablauf verhilft, an dessen Ende – wunderbar – sich klares Schwarzwurzelaroma entfaltet. Martin überzeugt auch häufiger mit klaren Akkorderfindungen wie einem Kerbelfrischkäse mit Kirschgelee oder einem Pata-Negra-Schinken auf leicht angerösteten Hälften von La-Ratte-Kartoffeln mit einer klassischen Estragon-Beurre-Blanc, einer intelligenten Deklination des latenten Nußaromas der Elemente.

Bei komplexeren Kreationen wird grundsätzlich eine andere Tellerorganisation notwendig, die um so besser wirkt, je präziser jedem Element eine spezifische Funktion zugeordnet wird. „Schmecken" tut vieles zusammen, aber ist eine Lieferung von Baumaterialien schon ein Haus? Martin illustriert die Spannweite dieses wichtigen Punktes. Da klingt es beim „Gebratenen Kabeljau à la Bordelaise mit Knoblauchcrouton, Bauchspeck, kleinen Zwiebeln und Süßkartoffelpüree" nach aromatischer Breite und textureller Varianz und ist doch nur ein

„normales“ ordentliches Gericht, dem etwa die richtige Wirkung des Bauchspecks (in kleinen Schnipseln, die in der Sauce untergehen) fehlt.

Ganz anders ist es beim „Atlantik-Hummer mit Kopfsalatherzen, Perlgraupen, getrockneten Tomaten und Artischocken“. Hier findet sich zunächst eine Sauce nach klassischer Bisque-Art, die im Mund einen lang anhaltenden Gewürzraum bildet. Vor diesem Hintergrund entwickelt sich eine feine Herzhaftigkeit von den Artischocken und einem hervorragenden Auberginenkaviar. Dem meist ganz leicht elastischen Hummerfleisch (was etwas längeres Kauen erfordert) sind die nur erwärmten Kopfsalatherzen zugeordnet, die nicht nur eine schöne Frische, sondern auch eine zurückhaltend-krosse Textur mitbringen, die den Hummer vollends zart wirken läßt.

Idee und Inszenierung sind nur gemeinsam die zeitgenössische Plattform für eine avancierte Küche. In ihrem Zusammenwirken liegt der Grundstock für das Gelingen. Treten sie aber – wie in manch anderen Küchen – vereinzelt auf, schöpfen sie weder das Potential einer Kreation noch die rezeptorischen Automatismen oder Analysen des Essers aus.

Thomas Martin ist heute weit fortgeschritten im Prozeß der endgültigen Zusammenführung von Idee und Inszenierung. So befindet sich beim „Bretonischen Angel-Steinbutt mit Fleur de Sel und Lorbeer pochiert, Schnittlauch-Hollandaise, Blattspinat und Beurre Rouge“ das Salz auch als komplettes krosses Korn auf dem Fisch und vervollständigt ein komplexes Spiel mit stetig sich wandelnder Balance zwischen Süße und milder Säure und einem aromatischen Bild zwischen klassischem Zitat (Lorbeer, Hollandaise) und Moderne (beim Fisch – die Salzkörner haben eine erhebliche Wirkung). Es ist im Moment absehbar (F.A.Z. vom 31. Dezember 2004), daß sich ein Teil unserer Köche noch einmal ganz genau mit ihrer Kunst befassen wird und muß – pikanterweise nicht zuletzt, um der Geister Herr zu werden, die sie in ihren kreativen Phasen selber gerufen haben. Da ist vielleicht in den letzten Jahren ein wenig die Funktion der Form gefolgt und braucht nun etwas Revision. Martin und sein kongenialer Sommelier Hendrik Thoma sind dabei auf einem guten Weg. ❧

22. 01. 2005, F.A.Z., Feuilleton, Seite 34

Her mit dem Rezeptbuch!

Durch Kopieren zur Meisterschaft: Kochliteratur à la Ferran Adrià

Auf dem Markt für den internationalen Teil der kulinarischen Bücher tritt die enorme Spannbreite des Themas hervor: von massentauglichen Ratgebern bis zu Monographien bedeutender Spitzenköche oder (seltenen) wissenschaftlichen Arbeiten. Den Schnellschüssen aus der urheberrechtlichen Grauzone simplifizierter Rezepturen für den Alltagsgebrauch, die der Zahl nach dominieren, stehen auffällig wenige Veröffentlichungen von Rang gegenüber. Es gibt nach wie vor eine ganze Anzahl hervorragender Köche, deren Arbeit nicht in ausreichender Form dokumentiert ist. Erst recht gibt es von einer auch nur annähernd systematischen, theoretischen Aufarbeitung weltweiter Entwicklungen kaum eine Spur. Zudem werden nur wenige Bücher in mehrere Sprachen übersetzt, so daß etwa das Angebot in einer typisch großstädtischen Buchhandlung (im In- oder Ausland) in der Regel grotesk verzerrt ist. Hier also nun eine kleine Auswahl internationaler Neuerscheinungen aus dem Jahre 2004, die zum überwiegenden Teil bei uns nur über Spezialisten wie „BuchGourmet“ in Köln zu erhalten sind.

Ferran Adrià hat den dritten Teil seines Werkverzeichnisses („el Bulli 1983 bis 1993“) vorgelegt. Er befaßt sich in der schon aus den ersten beiden Bänden („el Bulli 1998 bis 2002“ und „el Bulli 1994 bis 1997“) bekannten, in der Kochliteraturgeschichte völlig neuartigen Form mit einer systematischen Erfassung seiner Aktivitäten. Wir erleben einen hochtalentierten Koch, der mit Kopien französischer Meister begann, aber dann in einer bestechenden Entwicklung das gesamte Spektrum „herkömmlicher“ Kreativität mit offensichtlich unablässig kreisenden Gedanken durchmessen hat. In der Summe fällt auf, daß der Konkurrenz vor allem die Stetigkeit der Entwicklung fehlt. Wo könnten andere Köche stehen, wenn sie auch nur annähernd so intensiv an ihrer Entwicklung arbeiteten? Ein interessantes, beobachtend-einordnendes Buch über Adrià stammt von dem französischen Autor Oscar Caballero („El Bulli: Texte et Prétexte à Textures“), der dem Phänomen Adrià mit der sonst nur aus den anderen Künsten bekannten Textgattung der Künstlermonographie begegnet.

Ebenfalls in Spanien hat der zweiundsechzigjährige Juan Mari Arzak ein Buch mit einer Sammlung seiner erstaunlich minimalistischen, aber deutlich nichtfranzösischen Rezepturen veröffentlicht („Arzak. Recetas“). In seiner Klarheit erinnert er etwas an Heinz Winkler, in der strikten, entschlackten und optimierten Regionalität ist seine Küche hochmodern. Der erst achtundzwanzigjährige Dani García wirkt dagegen futuristisch und hat in seinem Buch („Dani García. Técnica y Contrastes") gleich ein ganzes Kapitel der von Adrià initiierten Arbeit mit in flüssigem Stickstoff aromatisch konservierten und anschließend im Mund „explodierenden" Zubereitungen gewidmet. García ist einer der interessantesten Köche der neuesten Generation in Spanien, die sich in ihren ebenfalls minimalistischen Kreationen („Knoblaucheis mit Tee von roten Früchten und Pilzen") vor allem hochentwickelter Gar- und Zubereitungstechniken bedienen.

Aus Frankreich kommen zwei sehr nützliche theoretische Werke. Das „Dictionnaire des mots de la table" von Tristan Hordé erläutert kulinarische Begriffe in einer Mischung aus Etymologie und Sachwörterbuch. Es wird dabei sehr schnell deutlich, wie notwendig auch bei uns Ansätze zur Verständigung über die Inhalte kulinarischer Sprachregelungen wären, um die Kommunikation zwischen Alltagssprache, Fachsprache und historisch-wissenschaftlicher Sprache zu erleichtern. Der „Atlas mondial des cuisines et gastronomies" von Gilles Fumey und Olivier Etcheverria versteht sich als eine „géographie gourmande" und erfreut mit wunderbar erhellenden graphischen Darstellungen etwa zur Verbreitung der Fette (Öl, Butter et cetera) in den Küchen der Welt, zu den Gewürzrouten, der Verbreitung bestimmter Fleischgerichte oder den Gebieten des Käsekonsums nach Art der Milch (Ziege, Kuh, Schaf, Yak). Ansonsten halten sich die Großmeister in Frankreich im Moment etwas zurück oder geraten eher retrospektiv („Fête des Saveurs. Le meilleur de Georges Blanc"). Das Feld bestimmen Arbeiten zu reduzierten Kleinigkeiten. Beteiligt sind die Vertreter einer Gourmet-Bistro-Szene wie Thierry Breton („De Terre et de Mer") oder William Ledeuil („Les Couleurs du Gout"), aber auch Altmeister wie Philippe Conticini („Tentations"), die undogmatisch zwischen Klassikern, Regionalem und Weltküche („Noisette d'agneau, garniture orientale", Conticini) pendeln.

Höchst individuell ist ein bemerkenswertes Buch der Elsässer Konfitüren-Spezialistin Christine Ferber ausgefallen. Zusammen mit dem spätsurrealistischen Designer Philippe Model hat sie eine kulinarisch-phantastische Version von „Alice im Wunderland" entworfen, bei der die kindliche Verwandlung von eßbaren Dingen in belebte Figuren (eine Artischocke als Schildkrötenpanzer), von angerichteten Tellern in Landschaften und von Technik in Plätzchenwelten eine große Rolle spielt. Solange solche Bücher noch gemacht und von großen Häusern (Éditions du Chêne, Hachette) vertrieben werden, scheint noch manches heil zu sein.

Ganz gegensätzlich, aber in seiner schieren Größe (1078 Seiten) auch schon im Erstaunlichen angesiedelt ist der nunmehr vierte Band des „Grand Livre de Cuisine d'Alain Ducasse" mit dem Titel „Méditerranée". Ducasse optimiert hier mediterrane Gerichte aus verschiedenen Ländern rund um das Mittelmeer, die zuvor mit Hilfe von Historikern und Ethnologen ausgewählt wurden. Hinzu kommen naturgemäß Kreationen aus seinem Spitzenrestaurant „Louis XV" in Monaco. Das Ergebnis ist eine vielfältige Küche, die kaum eine Ähnlichkeit mit der in Deutschland so populären Italien-Simplizität hat. Ducasse leistet damit abermals einen Beitrag zur Ausweitung unserer Vorstellungen.

Der Amerikaner Thomas Keller, in den Augen der Londoner „Times" „bester Koch der Welt", glänzt nach seinem „French Laundry Cookbook" aus dem Jahre 1999 nun mit einem Werk über sein Bistro-Konzept, „Bouchon" genannt. Wieder liefert Keller die mit Abstand detailliertesten Beschreibungen eines Spitzenkoches zum Warum, Wieso, Weshalb seiner Kreationen. Derweil schwelgt der Hanseat Horst Petermann von „Petersmanns Kunststuben" in Küsnacht bei Zürich in einer Fin-de-siècle-Gourmandise der überaus wohlschmeckenden, klassisch fundierten und hochentwickelten Art, die Luxus und geschmackliche Üppigkeit jenseits aller Moden betreibt. Zum würdigen Schluß sei der Japaner Nobuyuki Matsuhisa („Nobu") genannt, der in seinen dreizehn Restaurants weltweit eine Art Ost-West-Fusion-Küche betreibt. In seinem neuen Buch („Nobu now") wirken die Rezepturen abermals verbessert und inzwischen so ausgereift („Lamm mit Miso-Sauce"), daß für Kopisten oder Interessierte an ihm wohl kein Weg vorbeiführt. ❧

29. 01. 2005, F.A.Z., Feuilleton, Seite 34

Lutscht Langener Lutscher

Die dritte F.A.Z.-Gourmetvision: Juan Amador

Die dritte F.A.Z.-Gourmetvision beschert uns internationale Spitzenküche in ihrer aktuellsten Form. Erdacht hat sie der sechsunddreißigjährige Juan Amador, ein seit seinem zweiten Lebensjahr in Deutschland wohnender Spanier, der im Februar 2004 endlich sein eigener Herr wurde und den Posten des Chefkochs einer fünfundzwanzigköpfigen Brigade (im Schloßhotel Weyberhöfe in Sailauf mit dem Gourmetrestaurant „Carême") aufgab, um mit nur wenigen Mitarbeitern eine Art Autorenküche zu wagen.

Amadors Entwicklung im letzten Jahr kommt zwar nicht aus heiterem Himmel, überrascht aber doch in ihrer konzeptionellen wie künstlerischen Konsequenz. In kürzester Zeit hat er sich mitten in die allerengste deutsche Spitze gekocht, und man kann ohne Arg behaupten, daß dies schneller geschehen ist, als es die meisten Restaurantführer überhaupt mitbekommen konnten. Als Deutsch-Spanier sind Amador die quasi ausschließlich auf spanisch erscheinenden Kochbücher des neuen Mutterlandes der Kochmoderne zugänglich, und ihm ist damit ein Verständnis der kreativen Entwicklung rund um Ferran Adrià (F.A.Z. vom 22. Januar) möglich, das weit über dessen international popularisierte Tricks hinausgeht. So präsentiert er sich heute als ein Angehöriger der Generation nach Adrià, der undogmatisch dessen Forschungen nutzt, um wieder eine „richtige" Küche – allerdings definitiv auf der Höhe der Zeit – zu machen. Nach den Regeln der F.A.Z.-Gourmetvision wurde Amador gebeten, seinen persönlichen Blick nach vorne zu werfen und in ein Menü zu fassen.

Schon der Ablauf des Essens entspricht nur noch in groben Zügen dem Üblichen. Es besteht aus mehr als zwanzig mehr oder weniger kleinen Zubereitungen, die in ihrer geschmacklichen und kochtechnischen Vielfalt eine bezwingende Reise durch zeitgenössisches Koch-Denken ermöglichen, dabei allerdings nicht unbedingt die Vorstellungen von einem dicken Stück Fauna mit viel Sauce bedienen. In der „Tapas & Snacks" genannten Abteilung finden sich sieben kleine Zubereitungen, die ohne Ausnahme von einer klaren Akkorderfindung und souverän gesetzten strukturalistischen Effekten bestimmt sind. Es fällt sofort auf, daß Amador ein begnadetes Gespür für Feinheiten hat. Ein „Waldpilzschaum" etwa verbindet sich mit dem sehr eigentümlichen Arganienöl zu einem völlig neuartigen Aroma, ein Wachtelei wird mit Trüffel in eine hauchdünne und krosse Karamel-Haut gepackt, und Gambas finden sich mit „Cecina de Leon"- Schinken in einer ebenso dünnen und krossen Brottasche.

Aus der experimentellen Ecke kommt mit der „Rote-Bete-Bouillon, fest-flüssig" ein Adrià-Zitat, bei dem ein mit Algen („Alginat") gebundener Rote-Bete-Saft in einem Calciumchlorid-Bad die Form und feine Hülle eines rohen Eigelbs bekommt – ein ungewöhnliches Texturerlebnis mit einem besonders intensiven Schmelz-Gefühl imMund. Es folgt in der Abteilung „Mar y Muntana" (ein spanisches Synonym für Fisch und Fleisch) eine Abfolge von vier kleinen Gerichten, mit einem speziellen Sorbet (ein dem englischen Avantgardisten Heston Blumenthal zugeordneter Gin-Tonic-Limone-Schaum, der in flüssigem Stickstoff eine zerplatzende, dünne Eishülle bekommt, im Kern aber schaumig bleibt) und der Auswahl aus zwei Hauptgerichten mit Fleisch.

In dieser Sektion zeigt sich, wie gut Amador auch im klassischen Sinne als Koch geworden ist. Eine „Konfierte Ferkelbrust mit Imperial-Kaviar" (plus einer klassischen Creme, winzigen Stückchen Schnittlauch, Haselnuß und Tropfen von Nußöl) wird zu einer absoluten Delikatesse, die quasi maritim gesalzen ist und über ihre schmelzende Speckschicht eine Verbindung zum ebenfalls schmelzenden Kaviar hat. Beim „Arroz negro (in Anlehnung an ein Reisgericht mit schwarzem Tintenfisch) mit Kaisergranat, Sepia und Zitronengelee" gibt es zu dem hochfeinen Akkord mit einer wahrlich tiefschwarz schmeckenden Sauce als texturelles Element zur Selbstbedienung ein Extraglas mit Puffreis, der in zurückhaltender Dosierung eine sehr schöne Wirkung bei der Inszenierung des Geschmacks spielen kann.

Ein sensationeller „Klassiker" des jungen Hauses ist die karamelisierte Gänseleber mit Räucheraal und Holzkohle-Öl, bei der eine hauchdünne Karamelschicht die Wahrnehmung eines äußerst originellen, aber sofort überzeugenden Geschmacksbildes einleitet. Wenn das so möglich ist und so gut wird, stehen uns noch wahre Welten an Aromen offen.

Weiter geht es mit dem St.-Peters-Fisch mit Artischokken, einem Minzgelee und Paprikasaft über das „Iberische Landschwein mit Petersilie, Trüffel und Vinaigrette" bis zum (alternativen) „Rücken vom Auxuria-Lamm mit Sardelle, Kichererbsen und Mimolette (ein nordfranzösischer Käse)". Alles ist in seinen klassischen Teilen hervorragend gearbeitet, vom wunderbar würzigen Schweinerücken mit einem Stück ganz langsam konfierten Bauchspeck bis zu den Garzeiten von Fisch und Lamm. Die Proportionen zwischen den Elementen stimmen geradezu genialisch (von der Intensität des Minzgelees über eine leichte Petersiliencreme zum Schwein bis zu der Sardellen-Tapenade, die dem Lammrücken eine völlig neuartige Würze gibt), und immer wieder endet die Suche nach den Gründen des Wohlgeschmacks in winzigen, intelligenten Details wie den zweierlei Schwarzwurzeln (konfiert und fritiert) zum Schwein oder den orientalisch gewürzten Kichererbsen zum Lamm.

Man kann es nicht anders sagen: Hier findet sich die immer wieder erhoffte Mischung aus entspannter, aber durchaus tagesaktueller Moderne und profundem kulinarischen Handwerk der neuen Art. Mit leichter Hand gelingen selbst die oft vernachlässigten Desserts und „verrückten Kleinigkeiten" (pequenas locuras). Die „Valrhona-Schokolade und Moro-Orangen in Texturen" kommen in sieben Elementen und drei Lieferungen, spielerisch gestaltet (ein Lutscher aus weißer Schokolade mit Orangencreme) oder auch texturell aufgelockert, wie das Blutorangensorbet mit hauchfeinen Scheibchen eines Safran-Karamels. Die klassische „Birne Hélène" gibt es in einem durchsichtigen Geleemantel, „unser After Eight am Stiel" ist ebenfalls ein hauchdünner Lutscher, oder eine Pipette mit Mandelcreme hat an ihrem einen Ende ein kleines Stückchen Mandelkuchen, zu dem man die Sauce quasi aufsaugt.

Nach der Tour durch Aromen und Texturen legt sich angesichts dieses Spieles nach den Regeln der Kunst ein Lächeln über die Gesichter der Gäste. Man hat verstanden. Wer Ohren hat zu hören, der höre. Wer Geschmackspapillen hat, der schmecke. ❧

Das dritte Menü der F.A.Z.-Gourmetvision ist im Restaurant Amador in Langen bei Frankfurt vom 1. bis zum 12. Februar zum Preis von 119 Euro zu bekommen.

05.02.2005, F.A.Z., Feuilleton, Seite 38

Ist Genuß Sünde?

Vor der Fastenzeit:
Ein Gespräch mit Joachim Kardinal Meisner

Am Ende hat man das Gefühl eines gewissen Ablasses – vielleicht nicht eines vollständigen, zumindest aber eines teilweisen. Das Gespräch mit dem als besonders gestreng geltenden Kardinal Meisner über Essen und Christentum nimmt jedenfalls nicht nur die erwartet klare, sondern auch eine überraschend weitsichtige Form an. Es gibt eben die Aufklärung, und es gibt aufgeklärte Verhaltensweisen.

Für Meisner ist die mütterliche Küche, eine Melange aus schlesischen, böhmischen und österreichischen Einflüssen, prägend gewesen. Davon hat er sich auch insofern nicht befreit, als ihm Fisch insgesamt keine rechte Freude bereitet. Ein Besuch in Japan zwang Meisner deshalb zu einem reduzierten Tagesprogramm mit Frühstück am Morgen und lediglich einem Glas Bier mittags und abends. Alles in allem aber dominieren im Gespräch zunächst die Hinweise darauf, daß Kirche und Essen auf vielen Ebenen eine enge Verbindung haben: Gott ist eben nicht nur Fleisch geworden, sondern auch Fleisch geblieben, und die Symbolik des Mahles ist eine fundamentale für das Christentum.

Das Hochzeitsmahl ist Glückseligkeit, vom Tisch ausgeschlossen zu werden aber die Hölle. Der Mensch ist als kulturelles Wesen dort aufgetaucht, wo man miteinander gegessen hat, und die Übertragung der Lebenskraft erfolgte über den Vater, der für das Essen arbeitete, und die Mutter, die es zubereitete. Sahen nicht – übrigens – die Kirchen der Barockzeit aus „wie Produkte einer Konditorei"? Und kommt nicht sogar der Begriff der Weisheit (sapientia) von „recta sapere", „das Richtige schmecken"?

Der Zuhörer nähert sich der Verzückung. Dürfen wir also hoffen, mit der entwickelten Gourmandise keinem Laster zu frönen? Meisner zitiert die Bibel: „Der Mensch wird unrein nicht durch die Speise, sondern durch die Gesinnung." Und so ist das gut, was – vor dem Horizont der christlichen Lehre – dem Individuum selbst oder den anderen dient. Es gibt eine Sorgfaltspflicht für den Mikrokosmos Mensch und den Makrokosmos der Welt. „In dieser Verantwortung haben wir dafür Sorge zu tragen, daß alle Menschen satt werden, wobei die Speise zum Mittel der Gemeinschaft mit Gott wird. Essen und Trinken sind also in letzter Konsequenz ein „quasi sakraler Akt".

Hat dann der italienische Theologe Massimo Salani recht, wenn er sagt, daß Fast food kein katholisches Modell der Ernährung sei? Für den Kardinal ist das gar keine Frage, weil das christliche Bild von der Ernährung, ihrer Bedeutung und Funktion durch diese Reduktion auf Triebbefriedigung deutlich attackiert wird. Andererseits ist er etwa in Fragen genmanipulierter Lebensmittel deutlich pragmatischer als Salani. Dieser sieht die Welt als gut, so wie sie von Gott ursprünglich gegeben ist. Meisner schränkt ein: Wenn Gennahrungsmittel Hungernde sättigen können, ohne selbst Schäden hervorzurufen, ist dies kein Problem, „schließlich hat der Mensch immer schon Obst oder Getreide veredelt".

Hier, beim Thema Gesundheit und deren Gefährdung, scheiden sich die Geister zwischen Kirche und Ökobewegung deutlich. „Die Gesundheit", so Meisner, „ist nicht der höchste Wert, sondern die ewige Glückseligkeit." Dem Gesundheitswesen wirft er vor, wie eine „sakrale Gemeinschaft" aufzutreten, der aber die Vision der Ewigkeit und vor allem die Symbolfülle abhanden gekommen sind. Interessant ist vor allem seine Antwort auf die schwierige Frage der Abwägung und des Weges zur richtigen Entscheidung. Hier spricht er von einer „essentiellen Logik", die alles bestimmt: „Für den geistbegabten Menschen existiert eine innere Ordnung, die ihm sagt, wie weit er gehen kann."

Dieser Appell an ein idealtypisches Bild vom mündigen Christenmenschen, der weniger am Katalog möglichst detaillierter Verhaltensvorschriften orientiert ist als Verhalten sozusagen automatisch mit dem richtigen Bewußtsein auch richtig generiert, könnte auch das Zukunftsprogramm einer sich neu zivilisierenden Gesellschaft sein. Für die Gourmandise führt dies nur dann zu einer Lösung, wenn wir die Überwindung des alten Schlemmer-Typus betrachten, jener Tendenz zur körperlichen Über- wie geistigen Unterforderung. Dort gilt dann für Meisner einerseits: „Wer nicht genießt, wird ungenießbar", aber auch die Stelle aus dem Römerbrief, wo „der Genuß um des Genusses willen" verworfen wird.

Ohne die komplexe Füllung des Begriffs „Genuß" übermäßig zu strapazieren, stellt sich nun allerdings die Frage, ob auch eine eher geistig-sensorischintellektuelle Hinwendung zum Eßbaren bei großer Intensität unter diesen Bann fällt. Wie tief dürfen wir in die Dinge hineingehen? Ist das Bild vom Menschen, der sich feinste Nuancen auf der Zunge zergehen läßt, in jenem Sinne „Genuß um des Genusses willen"? An dieser Stelle zögert der Kardinal und benennt dann einen interessanten Zusammenhang. Natürlich muß alles „in die Schöpfung eingebettet sein", also auch in diesem Falle dem „richtigen Bewußtsein" unterworfen werden. Vor allem aber darf „der Genuß nicht Endzweck" sein.

Hier schließt sich der Reigen, und der Kardinal, gestärkt mit einer einzelnen („Sonst schimpft der Doktor wieder") der exquisiten belgischen Chocolats, überläßt uns die Interpretation. Nehmen wir also den ordentlichsten, sensibelsten und überhaupt nur Gutes wollenden, nie das Maß überschreitenden Genuß: Wenn er nicht Endzweck sein darf oder kann, so verweist uns dies auf eine Art strukturelle Bedeutung. Im Rahmen des christlichen Welt- und Menschenbildes könnte er ein Verhaltensmuster sein, also dessen Realisierung in einem spezifischen Bereich. Es entstünde die Forderung, der Sorgfalt und dem Interesse an einem Detail das positive Verhalten zu anderen Details folgen zu lassen, aber gleichermaßen auch der Hochschätzung des gut Entwickelten die Geringschätzung oder gar Bekämpfung dessen folgen zu lassen, was nicht dem Nutzen des Gesamten dient. Wir werden nicht vom „Rollenmodell Gourmandise" reden müssen, wohl aber von einer Rückkopplung der vielen Ausprägungen von Spartenkultur an die Gesamtkultur.

Also ist es nur sinnvoll, wenn sich die Besten ihres Faches stärker der Bildung und Fortbildung widmen, der schwierigen Kommunikation mit ungleich Gesinnten über vergessene Werte und verschüttete Zusammenhänge. Oder wenn der Mensch einer intensivierten persönlichen Erfahrung statt exzessiver Selbststilisierung die Teilhabe anderer folgen läßt. ❧

12. 02. 2005, F.A.Z., Feuilleton, Seite 34

Interesse und Erkenntnis

Versuch einer Stufentheorie der kulinarischen Emanzipation

Auf seiten der Esser befindet sich die Gourmandise im Moment in einer Phase des Misch-Verständnisses. Während sich die kreative Küche in dem vergleichsweise minimalen Zeitraum von rund zwanzig Jahren enorm entwikkelt hat, verläuft dieser Prozeß auf der anderen Seite des Herdes eher verlangsamt. Die Folge ist eine breite Fächerung des Angebotes von geradezu historischer Haute Cuisine bis hin zu ästhetisch wie kochtechnisch vollständig befremdenden Angeboten. Dabei wird erstmals in der Geschichte deutlich, welchen Umfang die Gourmandise haben kann und welche vielfältigen Kenntnisse und Erfahrungen zu ihrer optimalen Nutzung nötig sind. Auf dem Weg vom überaus subjektiv gefärbten Konsumenten alter Schule zu einem adäquaten Verständnis aller Küchenformen gibt es mittlerweile viel zu tun. Hier also der Versuch einer Beschreibung des Weges zum Gourmet.

Am Anfang steht nicht die Freude am Lieblingsessen, sondern die Faszination für etwas Neues. Das Lieblingsessen ruft nach Wiederholung, die den Redundanzesser, der immer das gleiche will, kaum weiterbringt als zum mehr oder weniger aggressiven Vergleich und zu wahrscheinlicher Ablehnung der kulinarischen „Konkurrenz". Zudem deutet die Entstehung des Lieblingsessens eher auf ein zur individuellen Sozialisation unreflektiert „passendes" Muster als auf einen entwickelten Prozeß hin. Die Faszination für etwas Neues dagegen setzt eine gewisse Offenheit voraus, aus der eigentlich schon alles folgt. Da zu den verinnerlichten kulinarischen Wertvorstellungen der Wunsch nach Abwechslung gehört, erscheint die Relativierung, Entwicklung und Verallgemeinerung dieser Kategorien möglich, wenn nicht sogar erwünscht. In dieser Phase hat zum Beispiel der unkompliziert-interessierte „Urlaubsesser" deutliche Vorteile.

Der weitere Weg führt zur Entwicklung der vertikalen Vergleichsmöglichkeit. Hier spielt mehr die Erkenntnis eine Rolle, daß es nicht nur allerlei Neues, sondern innerhalb der Varianten eines bestimmten Produktes enorme qualitative Unterschiede gibt. Die Einsicht, daß das unpräzise verbrutzelte Grillhähnchen von einer getrüffelten Bresse-Poularde Welten entfernt ist, zwingt zur Übertragung auf andere Produkte und legt damit den Grundstock für ein objektivierbares (und damit nicht zuletzt auch kommunizierbares) System, das sozialisationsbedingte Defizite ausgleichen kann. Auch diese Stufe der Entwicklung wird noch von einem großen Ausmaß an unmittelbarer Faszination geprägt sein. Im nächsten Schritt reift die Erkenntnis, daß hinter der faszinierend erlebten Oberfläche eine strukturelle Ähnlichkeit zwischen allen Produkten besteht. Qualität wird nicht mehr allein an die klassischen Luxusprodukte gekoppelt, sondern erscheint als ein Merkmal, das auch bisher überhaupt nicht als beachtenswert registrierte Dinge haben können.

Hier findet sich etwa die Einsicht, daß es hervorragende Kartoffelsorten gibt und daß die Frische eines Fisches oder die richtige Reife eines Stückes Fleisch oft wichtiger ist als die Zugehörigkeit zur Kategorie der Luxusprodukte. Diese Fähigkeit zum Rückbezug der Erkenntnisse über das klassische Spitzenprodukt auf „einfache" Produkte gilt im Moment schon weitgehend als Erkennungszeichen des entwickelten Gourmets – ist dies aber in der Praxis bei weitem noch nicht. Denn es tummeln sich auf dieser Stufe auch Menschen, die die genannte Rückkopplung nicht vollzogen haben, sondern unter Umgehung der klassischen Spitzenprodukte nur ein akzeptiertes Betätigungsfeld für weitgehend redundante Bedürfnisse suchen. Andererseits zeigt sich die Neigung, den Teufel mit dem Beelzebub auszutreiben und der strukturellen Einsicht in die Parallelität von Spitzenprodukten nicht mehr als das Zeremoniell einer Ersatzhandlung abzugewinnen. Ob der eine seine foie gras verklärt und der andere seine geschmorte Schweinshaxe an deren Stelle setzt, ist prinzipiell kein Unterschied. Anders gesagt: Der Purismus ist nie eine universell entwickelte Form, sondern ermöglicht bestenfalls eine Akkumulation des Besonderen im Detail.

Auf dem Weg zu einem im reichsten Wortsinn kulinarischen Verhalten darf man vor allem den Begriff der Emanzipation nicht aus dem Auge verlieren. Man könnte der Meinung sein, daß diese darin bestehe, undogmatisch zwischen weltberühmter Spitzenküche und einfachem italienischen Restaurant auf dem Lande zu wechseln. Es wird dabei übersehen, daß, wer es sich in seiner redundanten Wunschwelt gutgehen läßt, meist nur dazulernt, was zu dieser Wunschwelt paßt, und dies in der Regel unter Umgehung sämtlicher individueller Sozialisationsdefizite, also durch phantasielose Beachtung aller (Eß-)Tabus. Die also gesteuerte Ausweitung des akzeptierten Spektrums verläuft psychisch in einer Wohlfühlzone, bei der gerade in der Realität der Restaurants nur ganz selten mit unliebsamen Überraschungen gerechnet werden muß.

Wirkliche Offenheit gegenüber Geschmack und Textur – man denke an das ganze Spektrum zwischen Auster, Speckschichten und Innereien – erfordert bei fast allen Menschen eine Überwindung dieser individuellen, durch eine spezifische Sozialisation erworbenen Tabus. Die Wichtigkeit dieser Stufe liegt vor allem darin, daß die tabuisierten Elemente eben nicht beliebig ersetzbar sind, sondern selbstverständlicher Teil des Spektrums. Man kann die Farben einer Landschaft nicht wirklich sehen, wenn man einige Filter vorschaltet. Erst die Überwindung dieser Defizite befreit den Gourmet endgültig und versetzt ihn in die Lage, wirklich komplexe Erfahrungen zu machen. Wir können sie mit Fug und Recht kulinarische Emanzipation nennen und müssen feststellen, daß diese heute noch nicht so recht in Reichweite ist, wenn sie denn nicht ohnehin noch den Rang einer Utopie hat.

Ein Satz wie „Was wollt ihr die Freiheit, wir haben doch die Diktatur!" summiert mögliche Denkstrukturen rund um die kulinarische Emanzipation vermutlich am besten. Erst nach der Überwindung der verzwickten psychischen Sperren, die im übrigen ein echtes „Zivilisationsprodukt" des – anthropologisch gesehen – „Allesfressers" Mensch sind, ist der Weg frei für die Erarbeitung des kompletten Sensoriums des Menschen. Erstmals wird er seine Werkzeuge vollständig benutzen können und über ein Gebäude an Registrierungen, wie wir es etwa im sozialen Bereich in einem sehr viel größeren Umfang besitzen, ein spektrales Erleben mit einer um ein vielfaches gesteigerten Intensität realisieren. Erst in der adäquaten Wahrnehmung kommen die adäquaten Kreationen zu sich. ❧

19.02.2005, F.A.Z., Feuilleton, Seite 34

Querfeldein mit der Krabbe

Bestes Belgien:
Das Hotelrestaurant „Sea Grill" in Brüssel

An manchen Stellen in Brüssel hat man den Eindruck eines kulinarischen Biotops, bei dem auf fruchtbarem Boden an allen möglichen und unmöglichen Stellen Bemerkenswertes sprießt. Unser Hauptaugenmerk gilt heute zwar dem „Sea Grill" im Radisson SAS Hotel. Aber wer kann schon übersehen, daß sich im engsten Umfeld das „Mort Subite" befindet, jene Institution für Kneipenwanderer, die mehrere Zeitungen (und einen Roman) gleichzeitig durch die Stadt tragen. Oder das schöne „Belga Queen" in einer umgebauten Bank, das sich am späteren Abend von einem (mittelmäßigen) Trend-Restaurant in Lounge und Disco verwandelt. Und wer findet überhaupt das „Samourai", ein winziges japanisches Restaurant von europäischem Rang, äußerlich kaum von einer schmalen Imbißstube zu unterscheiden?

Von alledem scheint man im „Sea Grill" weit entfernt, und doch wird man das Gefühl nicht los, daß selbst in diesen Hotelwelten hier in Brüssel alles anders ist. „Décontracté" ist das richtige Wort für die Ausstrahlung dieses Spitzenrestaurants mit der bei uns schwer zu findenden Mischung aus Brasserie-Geräuschpegel und einer klassischen, meist männlichen Servicebrigade unter dem prototypischen Maître Marc Meremanns. Der einundvierzigjährige Küchenchef Yves Mattagne sieht den Ursprung der exklusiven Küche eindeutig in den großen Hotels, also jenen „Ritz", „Savoy" oder „Carlton", die nicht zuletzt schon die Plattform für Auguste Escoffier waren. Sein erfreuliches Credo ist, daß die „gastronomische Küche vor allem kreativ sein muß", und so hat es eine gewisse Logik, daß man sich hier fast ausschließlich auf die Lieblingsprodukte vieler Köche, das Meeresgetier, konzentriert. Das neue „The Regent-Hotel" in Berlin gehört übrigens zur gleichen Hotelgruppe und verfolgt unter Rückkehrer Christian Lohse (F.A.Z. vom 24. April 2004) ein ähnliches Konzept.

Vor allem mit den Vorspeisen brennt Mattagne ein wahres Feuerwerk an Ideen, Präzision und entwickelter Einsicht ab, das ohne weiteres allerhöchste Ehren verdient hätte. Beim „Langustinencarpaccio, Avocado-Tempura, Gelee aus Ingwer und Koriander" fällt sofort auf, daß erst eine dicke Schicht aus rohen Langustinenschwänzen wie hier für deutliches Aroma sorgt, während die üblichen dünnen Lagen woanders meist am Sinn einer solchen Kreation zweifeln lassen. Das Avocado-Tempura ist eine länglich geformte Avocado-Creme, die mit einem nur leicht krossen Tempurateig einen sehr schön fremdartigen Effekt macht. Der dezente Hauch von Asien setzt sich mit Sojasauce, Sesam, Ingwer und Koriander fort, wobei es tatsächlich gelingt, die Langustine als dominantes Produkt zu erhalten. Zu wünschen wäre vielleicht die Verwendung einer handwerklichen statt einer industriellen Sojasauce – ein Detail, das meist noch nicht richtig genutzt wird.

Perfekt gelingt sodann der „Thunfischtatar mit Kaviarcreme, Gurkengelee und Austerntempura". Hier präsentiert Mattagne eine echte Mikro-Komposition, bei der selbst winzige Kräuterblätter oder ein hauchdünnes Viereck von getrockneten Algen Sinn ergeben. Dieses Algenviereck ist aus gutem Grund nicht völlig durchgetrocknet. Wäre es ganz kroß, wäre das Aroma schnell verschwunden. So aber ist es im Kern noch elastisch (und leuchtend grün), was wiederum Kauen, eine längere Verweilzeit im Mund und damit eine längere Aromenentwicklung bedeutet.

Eine Spezialität im „Sea Grill" ist die Königskrabbe, die immer wieder durch das intensive Krustentieraroma gefällt. Mit einem Pilzrisotto, Trüffeln, Sellerie, Parmesan, Spargel und etwas Knoblauch kombiniert, ergibt sich ein Geschmacksbild, das am besten mit „Krabbe im Unterholz" zu umschreiben ist – ohne freilich auch nur im mindesten einen Mangel an Eleganz aufzuweisen. Die Beschränkung auf Fisch führt auch zu Akkorden, die man sonst eher im Fleischsektor erwartet: So erhält der Hummer mit Gänseleber, Bohnen und Pilzen ebenfalls einen erdigen Rahmen, der sich aber als überraschend harmonisch herausstellt. Die Foie gras liefert quasi den aromatischen Raum, die bißfesten weißen Bohnen lassen die elastische Hummertextur weicher wirken, und changierende Elemente wie die Pilze und eine Corail-Vinaigrette zum (kleinen) Kartoffelsalat variieren sehr sorgfältig.

Dagegen wirken Kreationen wie die „Rotbarbe mit Muscheln, frischer Pasta und Fenchel" eher normal und noch nicht vollständig ausgereizt. Wenn die Zielrichtung einer Kreation sich lediglich auf einen Akkord der Aromen im engeren Sinne beschränkt, gibt es schnell Redundanzen oder auch – zumindest in dem oben gezeigten Umfeld – das Gefühl einer nicht ausreichend sinnfälligen Interpretation. Daß solche Dinge eher bei den Hauptgerichten als bei den kleineren Vorspeisen passieren, mag daran liegen, daß die kleine Form in der Regel wenig Wahlmöglichkeit läßt, also vorgedacht werden muß, während die meist größeren Hauptgerichte mit ihrem „Angebotscharakter" dann auch beim Koch nicht so ganz durchstrukturiert werden.

Der „In der Pfanne gebratene Wolfsbarsch mit einer Emulsion aus Seeigeln, Bouchot-Muscheln und kleinen Tintenfischen" hat da eine wunderbare Beilage aus einer Kartoffelscheibe mit diversen kleinen Aromaten und einer Seeigelzunge. Dieses Päckchen schmeckt grandios zum Fisch und der Sauce, ist aber nur zweimal vorhanden. Da bleibt dann leider etwas viel Fisch mit einer guten, aber derart isoliert nicht wirklich beeindruckenden Sauce zurück. Gute Desserts und gute Weine (die Weinkarte ist deutlich individualisiert und damit sehr interessant) runden ein erfreuliches Bild ab.

Yves Mattagne (gegenwärtig zwei Michelin-Sterne und achtzehn Gault-Millau-Punkte) hat noch weitere Perspektiven und sollte diese in Belgien alsbald nutzen. Die neuen Führer haben ihn unverändert positiv bewertet, während Altstar Jean-Pierre Bruneau (Restaurant „Bruneau" in Brüssel) nach dem Verlust seines dritten Sterns im letzten Jahr nun auch nur noch achtzehn Punkte im Gault-Millau hat – eine Bewertung, die auch Geert van Hecke (Restaurant „De Karmeliet" in Brügge) nun ereilt hat.

Gerade in seinen strukturalistisch durchgearbeiteten Vorspeisen und in der sich daraus ergebenden Leichtigkeit seiner Kreationen hat Mattagne allerdings Ähnlichkeit mit der nun unangefochtenen Nummer eins der belgischen Küche, Peter Goossens vom „Hof van Cleve" in Kruishoutem in der Nähe von Gent. Goossens, der im letzten Jahr im Gault-Millau mit neunzehneinhalb Punkten zum alleinigen Spitzenreiter aufstieg, hat nun auch den dritten Michelin-Stern erhalten. Goossens, Mattagne und der noch nicht recht zum Zuge gekommene Wynants-Schwiegersohn Rigolet (vom „Comme Chez Soi" in Brüssel) stehen für die Moderne in der belgischen Küche. ❧

26. 02. 2005, F.A.Z., Feuilleton, Seite 40

Das zweite Leben des Fischs

Typisch schweizerisch nur in den Mängeln: Gérard Rabaeys Küche

Auf dem steilen Weg in die Berge oberhalb von Montreux am Genfer See könnte man an Gérard Rabaeys „Le Pont de Brent" glatt vorbeifahren. Aber da ist dieser mit Luxuslimousinen gefüllte Parkplatz, der im Zusammenhang mit dem zurückhaltend gestalteten Gasthaus an ein konspiratives Treffen denken läßt. Man betritt die Gaststube und hat die Frage auf der Zunge, wo denn hier das Gourmet-Restaurant sein soll, dreifach besternt und damit neben Philippe Rochats „Hotel de Ville" in Crissier (F.A.Z. vom 31. Juli 2004) einzig in der Schweiz. Ist man – auch wenn es noch nicht Sonntag ist – in einen tumultösen Frühschoppen geraten?

Der siebenundfünfzigjährige Rabaey hat nie einen Zweifel daran gelassen, daß er in die Fußstapfen der Bocuse, Troisgros, Guérard oder Chapel treten will und als gebürtiger Normanne aus der französischen Tradition stammt. Sein Übervater ist freilich der 1996 zurückgetretene Fredy Girardet (der Vorgänger von Rochat im „Hotel de Ville"), der als einer der ganz wenigen Nichtfranzosen die vollständige Anerkennung der französischen Großmeister gewinnen konnte. „Fredy Girardet hat mir die Augen geöffnet", wird Rabaey in seinem neuesten Buch („Le Pont des délices", Lausanne, 2004) zitiert. „Vorher war ich ein guter Koch, hinterher ein anderer Mensch."

Der Teller mit etwa zehn Kleinigkeiten zu Beginn scheint demnach aus der Zeit vor Girardets Einfluß zu stammen. Ein paar Blätterteigtörtchen, Cremes und Lachs wirken wie ein historisches Zitat ohne Augenzwinkern, und auch die zwei Pommes frites dazu wollen nicht so recht anspielungsreich daherkommen. Nach einem geschmacklich makellosen, aber in keiner Weise individualisierten Törtchen mit Meerspinne (araignée) und Kammuschel (pétoncle) wird es in dem Moment deutlich interessanter, wo Rabaey anfängt zu braten und die Kombination aus kräftigen Aromen und buttriger Zubereitung – ein typisches Merkmal von Girardet – an Kontur gewinnt. Die gebratene Scheibe Foie gras mit Bohnen („haricots coco") erzielt durch eine extrem kräftig gebratene Kruste (bei Garung „à point" im Innern) einen deutlich breiteren Geschmack, der durch den ebenfalls kräftigen Jus, die Bohnen und etwas Rauke erfreulich von den vielfach Süße deklinierenden Klischees abweicht.

Bei den „Ravioli und Saltimbocca vom Kalbsbries mit Eierschwamm (chanterelle)" gelingt aus gleichem Grundverständnis ein sensationelles Kalbsbries-Rezept, das tatsächlich das Niveau von Girardet hat und das Gegenteil von der Kalbsbries-plus-Vanille-Epidemie ist. Es zeigt sich, daß erst über einer entwickelten Grundauffassung von den geschmacklichen Möglichkeiten eines Produktes die wahren kulinarischen Höhenflüge stattfinden können. Hier ist es eine feinst ausgewogene Rustikalität mit italienischem Einschlag, mit al dente gegarten Ravioli, einer eleganten Balance zwischen Schinken und Salbei und einem erstaunlich expressiven Tomatenconfit.

Ähnlich differenziert gerät eine Kreation, die mit „Phantasie vom Reh mit Pfeffersauce" zurückhaltend betitelt ist. Garung und Produktqualität sind sehr gut, wenn auch mit der Einschränkung, daß ein solch junges Tier wenig Eigengeschmack entwickelt und einige Trüffelspäne geschmacklich zu schwach ausfallen. Dazu gibt es aber für ein Stück Reh eine Schinkenhülle, andere Teile sind mit kräftigem Speckgeschmack gegart und in einem Schweinenetz rustikal zubereitet, um dann mit diversen Fruchtstücken, Pürees und Sauce virtuos aufgefangen, aber nicht neutralisiert zu werden. Geschmacklich ist das spätes zwanzigstes Jahrhundert, gleichwohl ästhetisch aber nicht in Gefahr, aus der Zeit zu geraten.

Um so merkwürdiger wirkt in diesem Zusammenhang ein Fisch-Hauptgericht, ein Kabeljau mit Lauch und Muscheln. Auf die Gefahr hin, pauschal zu wirken, muß doch in der Schweiz auffallen, daß die eine oder andere Auffassung von Fisch unter internationalen Gesichtspunkten merkwürdig erscheint. Da schreibt Horst Petermann (von „Petermanns Kunststuben" in Küsnacht bei Zürich) ein wunderbares Buch („Horst Petermann. Cuisinier"), und man meint dennoch an untergarten Fischen aller Art sofort zu bemerken, warum er bisher nicht den dritten Michelin-Stern bekommen hat. Da setzt andererseits Philippe Rochat mit riesigem Einsatz an Mensch und Material neue Maßstäbe für aufwendige Tellerkreation und verliert sich doch im Panadengeschmack eines St. Petersfisches. Finden sie beim Fisch den Punkt nicht, an dem dessen zweites Leben erst richtig beginnt? Bei Rabaey ist er kaum gegart, und keinerlei Gewinn ist durch diese Maßnahme zu erkennen. Die faden Lauchstreifen, in die er gewickelt ist, reichen nicht aus, ihn zu würzen, und eine viel zu kräftige Sauce mit darin verblassenden Muscheln und unausgewogen gegarten Gemüsen verschieben endgültig den Schwerpunkt des Tellers ins Niemandsland. Bedauerlich.

Das Menü endet, wie es begonnen hat, also mit vielen, aber nicht sehr überzeugenden Kleinigkeiten und einem ordentlichen, aber eher zurückhaltenden Dessert. Was bleibt, ist der Eindruck einer Küche ohne vollständigen Zusammenhang. Rabaey hat sich natürlich nicht verkauft, scheint sich seiner Sache aber nicht in allen Teilen ganz sicher zu sein. Das etwas diffuse Bild bei ihm läßt sich auch bei anderen Schweizer Köchen finden. Die Essenz möglicher Diskussionen könnte dort liegen, wo auch viele deutsche Köche ihre schwache Stelle haben, nämlich in der mangelnden Authentizität einer selten regional verankerten Küche im luftleeren Raum von abgehobenem handwerklichen Verständnis und ästhetischer Abstinenz. ❧

05. 03. 2005, F.A.Z., Feuilleton, Seite 36

Sternenklar ist gar nichts

Die neuen Bewertungen des französischen „Guide Michelin“

War das Warten nun spannend oder doch schon nicht mehr so ganz? Es kann durchaus sein, daß sich der Ex-cathedra-Effekt beim ersten Michelin-Führer für Frankreich seit den „Enthüllungen“ des Pascal Rémy im letzten Jahr (F.A.Z. vom 17. April 2004) und unter der Leitung des neuen Chefs, Jean-Luc Narret, nicht mehr so recht einstellen will. François Simon vom „Figaro“ vergleicht den Michelin schon mit einer „alten Tante, die zu allem ihren Senf dazugibt“, verwechselt damit aber deutlich Beobachter-Langeweile mit der ungebrochenen Macht der Sterne.

Daß die Publikation der neuen Ausgabe des „Guide Michelin“ nun nicht mit Effekt erfolgt, sondern wie gestolpert wirkt, liegt nicht allein an einer Panne beim Vertrieb, die dafür sorgte, daß in Korsika schon Bücher im Handel waren, bevor man die übliche Pressekonferenz abhalten konnte, sondern vor allem an der geradezu hysterischen Reaktion auf einen kleinen Vorfall bei der Veröffentlichung des belgischen Michelin-Führers am 25. Januar. Dort hatte man einem Restaurant namens „Ostend Queen“ einen „Bib Gourmand“ für „sorgfältig zubereitete, preiswerte Mahlzeiten“ zuerkannt. Das Problem: Das Haus hatte erst am 8. Januar eröffnet, also zu einem Zeitpunkt, an dem der Führer schon im Druck gewesen war. Dafür steht es aber unter dem besonderen Schutz von Pierre Wynants, dem Patriarchen der belgischen Haute Cuisine, der für einen ehemaligen Mitarbeiter, der im „Ostend Queen“ kocht, persönlich die erste Karte entwickelt hat. Brauchte man da gar nicht erst zu testen? Angesichts der früheren Diskussionen über zu wenige Tester und unantastbare Drei-Sterne-Häuser hat man jedenfalls kurzerhand die komplette Auflage zurückgezogen und läßt nun neu drucken.

Das französische Pendant enthält weniger Sensationelles als erwartet. Mit Régis Marcon („Le Clos des Cimes“ in Saint-Bonnet-Le-Froid in der Nähe von Valence) gibt es einen neuen Drei-Sterne-Koch. Zwei Restaurants („Le Jardin des Sens“ der Pourcel-Zwillinge in Montpellier und das „Lameloise“ von Jacques Lameloise in Chagny in der Nähe von Beaune) verlieren ihren dritten Stern, dazu kommen elf neue Restaurants mit zwei Sternen und eine neue Unterscheidung („Espoirs“) für Etablissements, die auf den nächsten Stern hoffen dürfen.

Im Detail findet sich allerdings ein gewisses Chaos, das noch deutlicher wird, wenn man zum Vergleich auch noch die aktuelle Ausgabe des Gault-Millau heranzieht. Régis Marcon wird darin nur noch mit achtzehn Punkten (statt bislang neunzehn) bewertet, und französische Beobachter sehen den dritten Stern im Michelin eher als eine Ehrung für sein Lebenswerk denn als aktuelle Einstufung. Wie schon bei Michel Trama („L'Aubergade" in Puymirol) im Vorjahr hält man die Erteilung der Höchstnote für um Jahre zu spät vollzogen. Kulinarisch präziser kann man im Falle Marcons anmerken, daß er enorm aufwendige Kreationen mit vielen Schälchen und Kleinigkeiten präsentiert, aber immer wieder durch kochtechnische Schwächen irritiert.

Die Pourcel-Zwillinge galten bei der Kritik schon lange als überbewertet, wobei hier besonders enttäuschend ist, daß ihre sehr interessanten (Kochbuch-)Ideen nicht nur oft durch mangelhafte Ausführung geschwächt werden, sondern man bisweilen den Eindruck hat, sie hätten ihre eigenen Kreationen nicht verstanden. Zeitgleich zur Degradierung im Michelin vergibt Gault-Millau an sie in diesem Jahr aber einen Punkt mehr (achtzehn statt der adäquaten siebzehn). Und bezüglich des Sternverlustes für Jacques Lameloise wird zu Recht darauf hingewiesen, daß es hier einen Altmeister stellvertretend für andere Altmeister trifft und – diesen unschönen Gedanken kann man nicht von der Hand weisen – dazu einen, der sich, anders als die häufig als Kandidaten für eine Abwertung genannten Drei-Sterne-Denkmäler Bocuse, Blanc oder Haeberlin, keiner großen Lobby erfreuen kann. Der Gault-Millau gibt diesen Häusern lediglich noch siebzehn (Bocuse, Haeberlin) und achtzehn Punkte (Blanc).

Wie ein Ausgleich wirkt dagegen im Michelin die Höherstufung von gleich elf Restaurants auf zwei Sterne. Hier finden wir erwartete Namen wie den Ducasse-Schüler Piége, der im „Les Ambassadeurs" im Hotel Crillon in Paris schnell an seine Leistungen in Ducasses Pariser Flaggschiff „Plaza Athénée" angeknüpft hat. Erfreulich ist eine gewisse Einigkeit beim neuen Kreativ-Star Pascal Barbot(„L'Astrance", Paris), der im Gault-Millau den seltenen Sprung von siebzehn auf neunzehn Punkte gemacht hat und zum „Koch des Jahres" gewählt wurde. Manche Namen sind allerdings so unerwartet, daß dahinter schon wieder Instrumentalisierung vermutet werden darf. Kann man tatsächlich – unbemerkt von der Konkurrenz – einen Koch entdecken? Nicolas Stamm von „La Fourchette des Ducs" im elsässischen Obernai ist ein freundlicher junger Mann mit einigem Talent. 2003 konnte er im Gault-Millau seinen Einstand mit dreizehn Punkten feiern, wurde im Jahr darauf aber wieder gestrichen. Heute hat er zwei Sterne, aber immer noch keinen Eintrag im Gault-Millau. Ebenfalls dort bisher unentdeckt geblieben ist das „Manoir de la Boulaie" in der Nähe von Nantes, „Au Cygne" im elsässischen Gundershofen hat nur vierzehn Punkte und das südlich-puristische „Chez Bru" in Eygalieres am Rande der provencalischen Alpilles nur fünfzehn.

Unterschiede dieser Art lassen sich schwerlich als differierende Ansichten einordnen, sehr wohl aber als grundsätzliche Schwächen einer Magen-ohne-Darm-Restaurantkritik (aus dem Bauch und unverdaut), der ein stabiles analytisches Verständnis weitgehend fehlt. Fast zynisch mutet die neue Bezeichnung „Espoir" bei einem genialen Spezialisten wie Olivier Roellinger („Maisons de Bricourt" in Cancale/Bretagne) an, den fast alle – außer dem Michelin – seit Jahren in der Weltspitze sehen (im Gault-Millau neunzehn Punkte). Erfreulich dagegen die Nennung von Thierry Marx vom „Château Cordeillan-Bages" in Pauillac, dessen wunderbar rustikal-verfeinerte Küche selbst in Frankreich eine Bereicherung ist.

Wer repräsentiert nun Frankreich am besten, Michelin oder Gault-Millau? Man könnte lange darüber spekulieren, ob der Michelin vor allem das französische Selbstverständnis repräsentiert, wären da nicht ein paar Vergleichszahlen. Der Gault-Millau verzeichnet für Frankreich eine Spitze (neunzehn Punkte und mehr), die numerisch nur etwa doppelt so stark ausfällt wie die deutsche im (von Frankreich unabhängigen) deutschen Gault-Millau. Der von Frankreich bei der Bewertung von Spitzenrestaurants mehr oder weniger abhängige Michelin-Deutschland aber verzeichnet weniger als ein Viertel an Drei-Sterne- und nur ein Fünftel an Zwei-Sterne-Restaurants im Vergleich zu Frankreich. Das bedarf keines Kommentars. Frankreich braucht einen Gine-Michellaut. ❧

12. 03. 2005, F.A.Z., Feuilleton, Seite 38

Was gibt es Neues bei Bocuse?

Kennt der Gast denn schon das Alte? Eine Küche der Referenz

Sind die Altmeister ihre drei Michelin-Sterne nun noch wert, oder haben sich die reale Leistung und deren Bewertung im Laufe der Jahre etwas auseinandergelebt? Paul Bocuse, der Älteste der Alten, ist kürzlich neunundsiebzig geworden und kann in diesem Monat den vierzigsten Jahrestag der Verleihung seines dritten Sterns feiern. Er gilt weltweit als Monument der französischen Spitzenküche und ist nach wie vor täglich in Sachen Gourmandise unterwegs – allerdings nur selten in seiner eigenen Küche zu finden. „Wer kocht eigentlich, wenn Sie nicht da sind?" beginnt ein gerne erzähltes Bonmot. „Nun, die gleichen, die kochen, wenn ich zu Hause bin", lautete die Antwort des Meisters, der seine Rezepturen von einer langjährig eingespielten Mannschaft mit gleich drei „Meilleurs Ouvriers de France" (ein Handwerker-Ehrentitel, der nach einem strengen Wettbewerb verliehen wird) ausführen läßt.

In Bocuses Restaurant in Collonges-au-Mont d'Or etwas außerhalb von Lyon muß sich der Besucher zunächst von einigen Klischees befreien. Bocuse hat sehr viel mit der „Nouvelle Cuisine" der siebziger Jahre zu tun, wenn es um deren ursprüngliches Programm, also eine marktfrische, simplere und leichtere Küche geht, die den artifiziellen Basteleien der fünfziger und sechziger Jahre ein produktnahes Konzept mit Betonung des Eigengeschmacks und viel kürzeren Garzeiten entgegensetzt. Er hat allerdings sehr wenig mit deren Auswüchsen wie „Teller-Ikebana" und halben Karotten „an" einer einzelnen Erbse im Sinn. Auch eine Verknüpfung der so entschlackten Küche mit ästhetischen Folgerungen in anderen Bereichen (weniger ist mehr) darf man bei Bocuse nicht erwarten: Sein Restaurant ist nicht nur ein Gourmet-, sondern auch ein Talmi-Tempel, der in der Gold- und Lüsterdichte seinesgleichen sucht. Am ehesten trifft für Ensemble und Duktus wohl der Begriff „Wallfahrtsort" zu.

Die Speisekarte ist ebenfalls bemerkenswert. Neben dem Gericht, das Bocuse mit Bedauern als „meinen einzigen, wirklichen Klassiker" bezeichnet (die 1975 kreierte „Suppe mit schwarzen Trüffeln Valéry Giscard d'Estaing"), findet sich ein breites Spektrum großer, klassischer Küche (Kalbsnieren mit Madeira-Sauce, Tournedos Rossini) und eine Anzahl von historischen Klassikern der französischen Haute Cuisine, wie die Seezungenfilets mit Nudeln des Fernand Point und das Bresse-Huhn nach Art der „Mère Fillioux". Bocuse wird zum Sachwalter der großen historischen Linien und erfüllt dieses Amt mit einem makellosen ästhetischen Verständnis und handwerklicher Virtuosität.

Die „Foie-Gras-Terrine mit Sauternes-Gelee nach Antonin Carême" ist im Kern pur gehalten, also ohne die beliebten alkoholischen Verfeinerungen. Dazu kommt ein nur dezent süßes Sauternes-Gelee, Artischockenstückchen und etwas Selleriepüree, was dem Ganzen eine gemüsige Herzhaftigkeit verleiht, die gerade von deutscher, dessertnaher Foie-Gras-Seligkeit sehr weit entfernt ist und – eine Überraschung – erstaunlich modern wirkt. Mit der „Velouté de homard armoricaine" demonstriert Bocuse die perfekte Zubereitung „à l'américaine": jene cremigen Saucen und Suppen mit dem prägenden Cognac-Hintergrund. Man findet diese Zubereitung in allen Teilen der Welt. Hier aber scheint gegenwärtig die Quelle zu sein, zu der jeder Verunstalter den Weg zurückfinden sollte, hier gibt es die Referenz, in üppiger Menge und ohne jegliches Aromenspiel vom ersten bis zum letzten Löffel, sahnig-mächtig und doch achtunggebietend bis zum letzten Tropfen.

Ein Bocuse-Klassiker wie die „Rotbarben mit Kartoffelschuppen" fällt dagegen etwas ab (insofern muß man Bocuse in seiner oben genannten Selbsteinschätzung recht geben). Auch hier kommt es auf die millimetergenaue Ausführung an. Erst eine präzise Röstnote in den krossen Kartoffelschuppen ermöglicht den optimalen Bezug zum markanten Aroma der Rotbarbenfilets. Das gelingt ohne weiteres. Es fehlt eine Dimension von Tiefe oder Breite, die die simplen Gemüsebeilagen, eine Cremesauce mit Balsamico oder das Blätterteigtörtchen mit Sardelle nicht erreichen.

Abermals Maßstäbe setzt eine weitere Standard-Rezeptur, das „Fricassée vom Bresse-Huhn mit Morchelcreme". Von der Garung „en cocotte" in einem Schmortopf ist das Fleisch in einem wunderbar mürben, aber nicht artistisch grenzwertig gegarten Zustand, und die Morchelcreme befindet sich dank stundenlanger und langsamer Reduktion in dem typischen Zustand der „mijotage", der intensiven Vermischung von Fond, Aromen und Sahne, der Tiefe bringt und Oberflächlichkeit vermeidet. Zum Dessert umstellt die sehr erwachsene Servicebrigade den Tisch des Besuchers mit üppigen Desserts aller Art, bei deren Anfertigung diätetische Überlegungen meist wohl keine Rolle gespielt haben dürften. Kein Zweifel, hier soll man beeindruckt sein.

Wie steht Bocuse also da? Unter der Voraussetzung, daß sich Kriterien für Qualität nicht grundsätzlich verändern, aber gewissermaßen mit und in der Zeit noch etwas wachsen und weitere Gestaltung erfahren, ist dies kein Drei-Sterne-Haus. Es fehlt vor allem jede Individualität und jeder gestalterische Wille bei einem gleichzeitig sehr gut entwickelten handwerklichen Verständnis. Und dennoch ist dies ein hervorragendes und geradezu wichtiges Restaurant, dessen Besuch man Freunden der Kochkunst grundsätzlich empfehlen kann, den Profis gar empfehlen muß. Die Möglichkeit, referentielle Qualität historischer und klassischer Rezepturen in einer lückenlosen Kette von Authentizität zu erleben, ist unentbehrlich und ein Teil unseres kulinarischen Gedächtnisses.

In diesem Bereich leistet Bocuse nach wie vor eine Weltklasse-Arbeit, die man seinen Kollegen in ähnlichen Etablissements (also etwa den Haeberlins in der „Auberge de l'Ill") nur dringend zur Nachahmung empfehlen kann. Wir brauchen in der Kochkunst einfach referentielle Kontinuität bei unseren wenigen meisterlichen Klassikern. Wir brauchen allerdings auch eine Rezeption, die sich dessen bewußt ist und in der Klassifizierung Wege findet, die unzweifelhaften Qualitäten nicht auf die Waage der Tagesaktualitäten zu legen. Denn nicht nur im klassischen Fach gilt: Genialität ist unteilbar. ❧

19.03.2005, F.A.Z., Feuilleton, Seite 34

Ja, so kann Soja sein

Die vierte F.A.Z.-Gourmetvision: Jörg Sackmann in Baiersbronn

Entgegen landläufiger Meinungen gibt es nur untypische Kreative, die sich bestenfalls in einige Kategorien einordnen lassen. Da gibt es den Typus „schwere Geburt", dessen eingedickte Gedanken nur selten und dann in sehr kleinen Portionen das Licht der Welt erblicken. Es gibt das „Schilf im Wind", das meist an zwanghaftem Änderungswahn leidet, oder auch das Modell „Windei", das sich mehr mit der Gärung als der Vollendung einer oft unscheinbaren Idee befaßt. Welches Glück dagegen, wenn man dem Typ „Füllhorn" begegnet, jenem verläßlich sprudelnden Hirn, das höchstens unter der Schwierigkeit leidet, das eigene Übermaß zu kondensieren.

Jörg Sackmann, Koch der vierten F.A.Z.-Gourmetvision, gehört zu letzteren: Er hat schon vor Jahren Johann Willsbergers legendäre Publikation „Gourmet" als einer der kreativen Impulsgeber begleitet. Der Witzigmann-Schüler zeichnet sich vor allem durch die Beherrschung eines breit angelegten technisch-aromatischen Spektrums aus, das undogmatisch Materialien aus der ganzen Welt nutzt. Die hervorragende handwerkliche Ausbildung und ein daraus resultierendes immer seriöses Verständnis von Kochkunst ermöglichen Sackmann Kreationen.

Sein Menü für die Gourmetvision (vier Kreationen in kleinen Portionen, vier komplexere Gerichte und zwei Desserts) ist außerordentlich vielfältig bis hin zu Doppelinterpretationen von Aromen (zum Beispiel Trüffel) in süßen oder herzhaften Zusammenhängen. Die erste Abteilung beginnt mit einer Demonstration der aromatischen Potenz eines oft in der Spitzenküche übersehenen, scheinbar simplen Produktes: der Navetten (auch als „Teltower Rübchen" bekannt). Hier sind sie in Folie gegart, mit Olivenöl püriert und mit Trüffelspänen kombiniert. Der Zwittergeschmack der Trüffel (edel-unedel) ermöglicht in dieser Verbindung geradezu Eleganz. Beim nächsten Gericht, dem „Reisbällchen mit Octopus, Zitronengelee und Moscardinis (kleine Kraken)" herrschen Frische, Texturkontraste und ein Spiel mit der Psyche des Essers vor, der erst nach dem Vertilgen der Mini-Krake feststellen kann, wie angenehm zart und rund deren Aroma ist.

Ein typisches Merkmal von Sackmanns Küche ist die Integration von Süße und Fruchtaromen ohne jede Oberflächlichkeit. Den „Seeigel mit Passionsfrucht und Petersilienwurzel" trägt eine präzise Geschmacksmechanik, bei dem eine exakt ausbalancierte Creme mit fruchtigem Hintergrund den Mund parfümiert, bevor sich das markant-jodige Aroma der Seeigelzunge entfaltet und kleine

Schnecken (Bigorneaux) wiederum deren Nachhall aromatisieren. Mit einer „Weißkohlcreme mit Maronen und Speck“ endet der erste Teil.

Wenn man in der Kochkunst ein Füllhorn ausschüttet (was viele versuchen), kommt es darauf an, ob es gelingt, diejenigen Bezüge der Elemente untereinander herzustellen, die eine wirkliche Komposition ausmachen. Für vielfältige Gerichte bedeutet dies die Definition eines Platzes für jedes Element im Gesamtbild. Sackmann gelingt dies mit „Sesamplätzchen mit Avocado, Sojavariation und Thunfisch“ hervorragend. Im Kern stehen wenige, aber variierte Elemente, die sich zu einer auffallend breiten Komposition verbinden. Ein Mix aus Avocado und Thunfisch bildet den Sockel für das Sesamplätzchen mit Sojaeis. Wir registrieren ähnliche Texturen von Thunfisch und Avocado und einen verzögerten, krokantenen Beginn mit Sesamnachhall, weil das Sojaeis zunächst jegliche andere geschmackliche Wahrnehmung blockiert. Als eine wahre Wohltat entpuppt sich die Verdünnung der oft penetranten Sojasauce in Eis, warmer Creme (in einem zusätzlichen Eierbecher) und Gelee. So verdünnt, gewinnt sie kulinarisch erheblich an Wert.

Ebenfalls derart strukturalistisch zu essen ist der „Kaninchenrücken, in Gewürztraminer poeliert, mit Honigcreme, Bulgur und Baharat-Crêpes“. Aromatisch befinden wir uns (auch durch zusätzliche frische Kräuter) nahe an Nordafrika, wobei Sackmann nicht nur wieder eine große texturelle Breite entwickelt, sondern vor allem die Aromen (milder Honig, herzhafter Gewürztraminer, dezente Gewürzmenge bei den Crêpes) ohne jegliche Penetranz ausbalanciert. Dieses Gericht ist immer gut zu essen, gewinnt aber noch bei Beachtung der strukturellen Differenzierung.

Der „Steinbutt mit Trüffel und Banane“ signalisiert dagegen die Gefahr oberflächlicher Effekthascherei. Was aber passiert? Die Scheiben der reifen Banane schmelzen quasi unter dem Steinbutt weg, bevor eine austarierte Herzhaftigkeit von der Trüffelsauce für eine seriöse Abrundung sorgt. So etwas geht nur „à point“: Wie etwa das Fleisch seinen Garpunkt, so hat auch jeder Akkord einen Abstimmungspunkt.

Beim „Kalbsfuß mit Grapefruitgremolata, Haxenpraline und Nierenkrapfen“ begegnen wir wieder der Fruchtsüße und -säure. Hier trifft sie auf einen Kalbsfuß, der nicht wie üblich dunkel geschmort, sondern dezent pochiert wurde (bei genau 68 Grad) und damit feiner wird. Die sehr moderne Kombination von Fleisch und einer leichten Vinaigrette-Säure wird aufgefüllt durch ein rustikales Element (die gebackene Haxenpraline) und eine hochinteressante Textur- und Aromenkombination mit dem Krapfenteig und dessen Kalbsnierenfüllung: eine erfreuliche Alternative zur klassisch-repetitiven Hauptgericht-Langeweile.

Wie zu erwarten, sind auch Sackmanns Desserts speziell, aber nicht artifiziell geraten. Ein Bananencocktail („Pousse Cafe von roter Banane mit Ananas und Limettensaft“) entpuppt sich als eine Variante des obengenannten Textur- und Aromenspiels, bei der durch breitgefächerte Elemente ein für Desserts ungewöhnlich großer sensorischer Raum beschrieben wird. Das gilt auch für die „Wilde Hibiskusblüte mit Mandelcreme, Vanillesorbet und (karamellisiertem) Popkornschnee“ (plus Hibiskusgelee und diversen krossen Elementen), eine Nachtisch-Kreation, die man – endlich einmal – mit der gleichen Aufmerksamkeit wie einen herzhaften Teller essen kann. ❧

Die F.A.Z.-Gourmetvision Nr. 4 ist von Mittwoch, den 23. März, bis Sonntag, den 10. April, zum Preis von 108 Euro im Restaurant „Schloßberg“ im Hotel Sackmann in Baiersbronn zu bekommen.

26. 03. 2005, F.A.Z., Feuilleton, Seite 34

Bewahrt die Fassung

Und verachtet mir den Meister nicht: Von Heinz Winkler lernen

Ist das Geschmacksbild eines Meisterkoches auch von Laien umzusetzen? Was sollte den Laien denn davon abhalten, nach einigen Versuchen eine cremige Suppe mit identischen Zutaten so abzuschmecken wie das Vorbild? Ist also die bisweilen einfache Struktur eines meisterlichen Rezeptes Produkt einer berechenbaren Geste oder Endpunkt einer kaum faßbaren individuellen Entwicklung? Auch wenn es etwas desillusionierend ist: Begnügen wir uns zunächst einmal mit dem Bild, daß der perfekte Geschmack dem Ton eines Meistersängers ähnelt – komplex, obertonreich und ohne ähnliche Voraussetzungen nicht reproduzierbar.

Wir sind bei Heinz Winkler, dem quasi eingemeindeten Südtiroler, der neben Eckart Witzigmann zur prägendsten Figur der deutschen Gourmandise wurde und dessen oft minimalistisch und puristisch wirkende Kreationen von gleichermaßen übersichtlicher Struktur wie rätselhafter Präzision sind. Die Rezepturen erscheinen manchmal fast provozierend kurz, wie bei den dünnen Scheiben des Steinbutts („Steinbutt-Carpaccio"), die nur unter Oberhitze knapp erwärmt, dann mit einer heißen Cremesauce übergossen und von sehr wenig Schnittlauch und Kaviar begleitet werden.

Winkler tut das Nötige, wo andere das Mögliche suchen. Einen Satz wie „Wenn ihr unbedingt Kunst machen wollt, wird euch der Wille im Wege stehen. Wenn ihr aber eure Arbeit richtig macht, kann es gut sein, daß sie euch ein treuer Begleiter wird" wäre ganz in Winklers Sinne, weil seine Nähe zum Material jede voreilige Diskussion um Kunstnähe ausschließt. Er fragt allerdings junge Köche gerne: „Wollt ihr ins Fernsehen, oder wollt ihr kochen lernen?", wenn sie einmal wieder viel zu früh und weit entfernt von sicherem Grund in den Untiefen der Medienpräsenz herumstolpern.

Warum also trifft Winkler den Punkt so genau, warum haben seine „Hummerravioli mit Curry" nicht mehr, als der Titel verspricht, aber auch nie weniger als die maximale Nutzung dieses Akkordes? Ein Teil des Geheimnisses ist natürlich jener kumulative Aspekt, der mit „Erfahrung" viel zu unpräzise umschrieben ist. Winkler ist der komplette Koch schlechthin, der sein Gewerbe einerseits unter den strengen äußeren Bedingungen der sechziger Jahre erlernt hat, andererseits aber auch unter ähnlich strengen inneren Bedingungen. Die äußeren Bedingungen trieben ihn früh in die Luxus-Gastronomie der großen Hotels, wo unter „Handwerk" oft noch das Herstellen von aberwitzigen Butterskulpturen und kaum nachvollziehbaren Büfett-Altären verstanden wurde. Bis heute verwahrt der Meister ein wahrhaft bizarres Fotoalbum dieser Arbeit, die er aber ohne jegliche Ironie als Grundstein für seine weitere Entwicklung ansieht. „Ich habe alles sehr ernst genommen und habe absolut alles gemacht, um es einfach zu beherrschen."

„Ich bin auf den Büchern eingeschlafen", heißt es dann weiter und verdeutlicht die Priorität des Durchdringens des Materials vor dessen Instrumentalisierung zu spektakulärer Außenwirkung. Das Erlernen der Geschmacksbilder von Großmeistern wie Paul Haeberlin vollzog sich beinahe wie die Adaption von Handwerk in niederländischen Meisterateliers des siebzehnten Jahrhunderts: „Ich konnte den Geschmack komplett behalten und habe dann so lange gekocht, bis ich es genauso konnte."

Winkler inszeniert eine Perigord-Trüffel. Es verwundert nicht, daß er nicht die komplette Trüffel im Teigmantel serviert, sondern eine subtilere Form mit einem wirksameren Akkord wählt. Die Trüffel also kommt in dünnen Scheiben auf einem Kartoffelpüree mit einem Hauch Sellerie und einer der typischen Winkler-Sahnesaucen dazu, deren Merkmal eine große aromatische Spannbreite zwischen einer leichten Süße und einer meist profunden Tiefe mit etwas Säure ist. Das Ergebnis ist die Kombination der Intensität eines additiven Aromas mit großer Transparenz in einem übersichtlichen Gesamtbild. Nichts stört, und alles hat denjenigen Raum zur Entfaltung, der nur entsteht, wenn Platz für Nuancen ist.

Wir forschen weiter. Wie ist es mit der Kindheit, mit den prägenden Erlebnissen, wo er doch als Kind einer ländlichen Großfamilie in einer kulinarischen Umgebung aufgewachsen ist, die rein gar nichts mit der Welt der Spitzenküche zu tun hatte? „Ich bin völlig ohne Ketchup oder Geschmacksverstärker aufgewachsen. Mein Geschmacksbild bestand aus klaren, unverfälschten Aromen, und selbst das Allheilmittel Butter, mit dem man alles irgendwie zusammenbringen kann, war nur für Feiertage reserviert. Knödel und Salat waren schon eine Mahlzeit. Eier und Butter haben wir verkauft. Sonntags gab es die Knödel mit Speck, und Fleisch dann zu Weihnachten, wenn geschlachtet wurde.“

Es kommt ein Rotbarbenfilet mit Orange, und wir sehen den Meister in aller Klarheit und seltener Konsequenz das Nötige tun. Der Geschmack der Rotbarbe als solche kann ohne weiteres als ein Geschmack mit Stärken (kräftiges komplexes Fischaroma) und Schwächen (leichter Hintergrund von Tran und Leber) beschrieben werden. Winkler beseitigt mit einer Orangensauce auf der Basis von dunklem Kalbsfond mit einer Rosmarin-Infusion die Schwächen, schärft mit etwas Piment d'Espelette, tut mit extrem kleinen und krossen Brotwürfelchen – ein vergleichsweise neues Element in seiner Küche – auch noch etwas für die Textur und präsentiert so die Rotbarbe auf glanzvollste Weise.

Überdenkt man Winklers Entwicklung und das Bild seiner Küche, wird noch etwas anderes klar: Winklers Nukleus ist das Geschmacksspektrum der klassischen französischen beurre blanc, jener Buttersauce also, die – in vielen Varianten, ob mit oder ohne Fond, ob mit oder ohne Sahne – eine Balance zwischen Süße und Säure installiert. Ist sie perfekt ausgeglichen, ermöglicht sie – anders als viele sehr stark konzentrierte „mittige“ Saucen – eine Art Fassung für das zu begleitende Hauptprodukt. Ob Fisch oder Fleisch: In der Regel haben die typischen Hauptprodukte weder viel Süße noch viel Säure oder einen tiefen geschmacklichen Hintergrund. Winkler faßt sie ein, überlagert aber quasi nie. Der Rahmen macht das Bild, und niemand kann sagen, man habe es im Kern nicht so belassen, wie es am besten ist.

Auch wenn Winkler heute weit von Adrià und Co. entfernt scheint, ist es so, daß Köche jedweder Provenienz zu ihm kommen könnten, um das zu studieren, was man in jeder Küche dringend braucht: Subtilität und Präzision in der aromatischen Balance. Viele Küchen sind heute eine verkrampfte Aneinanderreihung unausgegorener Ideen. Winklers mit leichter Hand demonstrierte Genialität setzt nach wie vor Maßstäbe. ❧

02.04.2005, F.A.Z., Feuilleton, Seite 36

Für eine neue Innerlichkeit

Man darf sich nicht von Vorurteilen gegen Speisen leiten lassen

Es wäre mit unserer geschmacklichen Wahrnehmung viel einfacher, wenn wir in der Lage wären, die Registrierung von Informationen durch unser Sensorium von deren individueller Bewertung zumindest zeitweilig zu trennen. Es gäbe dann den ungebremsten Biß in ein Objekt, seine mehr oder weniger präzise verbalisierte Analyse („schwabbelig, aber angenehm frisch und jodig“) und anschließend die Einordnung der probierten Auster in den Kanon des genußreich Eßbaren. Natürlich gäbe es auch Risiken, wenn diese etwa „ein wenig wie in den Ecken eines Fischereihafenbeckens, faulig, unangenehm, mit einem leichten Hintergrund von Andouillette“ geschmeckt hätte und der Tester sich nach entsprechender Genesungszeit vornehmen müßte, dem technischen Zustand des Objekts künftig mehr Beachtung zu schenken. Er würde sich dann sogar gewissermaßen menschlicher verhalten, weil er angesichts bestimmter Signale („stinkt“) sicherheitshalber auf den Verzehr verzichtete.

Was aber als stinkend empfunden wird, ist relativ und läßt darauf schließen, daß die Disposition eines Essers zwar kulturell begründet, letztlich aber doch individuell ist. Ein besonders vielschichtiges Beispiel dafür ist jene Gruppe von Nahrungsmitteln, die man im deutschen Sprachraum „Innereien“ nennt. Kaum eine Produktgruppe bietet ein so breites assoziatives Spektrum und folglich extreme Unterschiede bei der Akzeptanz wie Leber oder Niere, Kutteln, Kalbskopf oder Lunge. Da werden Dinge wie Wild gleich pauschal abqualifiziert, weil sie nach Leber schmecken sollen. Innereien gelten manchen Gourmets (den Redundanzessern) gern als unfein, wenn nicht überhaupt als Arme-Leute-Essen.

Wie immer bei Fleisch in identifizierbarer oder leicht vorstellbarer Form (wie etwa bei der Niere) gibt es eine Abstoßungsreaktion gegen das Konkrete. Dazu kommt bei den Innereien ein erweiterter konnotativer Hintergrund zu dem, was man auch Eingeweide nennt. Hier versammeln sich Bilder aus einem medizinischen Kontext, es werden hervorquellende Gedärme, Krieg und Gemetzel assoziiert, also Extremsituationen menschlicher Existenz wie Extreme menschlicher Unzivilisiertheit. Außerdem sammeln sich angeblich Schadstoffe in der Leber (was in beschränktem Umfang nur für ältere Tiere gilt), und die Niere soll nach Urin schmecken (hat man das schon überprüft?). Und so etwas kann man essen?

Geschmacklich gesehen, kommt man mit Argumentationen gegen Innereien nicht sehr weit. Wie immer setzt sich der Geschmack aus verschiedenen Elementen zusammen, die wir ruhig als Bausteine sehen dürfen und deren wie immer geartete Zusammensetzung für eine Entschuldigung nicht ausreicht. Unser Geschmack als solcher ist ziemlich emanzipiert. In der Kombination von Würsten mit Kohl, noch deutlicher aber beim weitgehend geschätzten Käse finden wir mit Leichtigkeit Aromen, die die ganze Palette faulen Fleisches abdecken (beim „Salers"-Käse etwa) und ohne Schwierigkeiten mit der berüchtigten Innereien-Zubereitung „Andouillette" gleichziehen können. Ansonsten schmecken bestens zubereitete Innereien in keiner Weise unangenehm, sondern schlicht und einfach wie beliebige Teile der endlosen Aromenkette, wie ein Gemüse unter Gemüsen, wie ein Fisch unter Fischen.

Das Problem ist die Lösung von den unangenehmen Assoziationen. Selbstverständlich werden Psychiater oder Allergologen sagen, wir hätten da das probate Mittel der Desensibilisierung, also der langsamen Gewöhnung ans Fliegen wie an Milchprodukte. Viele Meisterköche werden dem zustimmen und davon berichten, daß es eine erstaunliche Akzeptanz für alles mögliche gibt, wenn der Gast – etwa beim oft „anonym" angebotenen Amuse-bouche – nicht weiß, was er bekommt, und sich nur nach seinem geschmacklichen Eindruck richtet. Die Geschmackspädagogen werden ebenfalls zustimmen, weil sie wissen, daß über die Verdünnung von Aromen (etwa ein Püree mit etwas Auster darin) ohne weiteres die Heranführung an das Ausgangsprodukt erreicht werden kann. Und schlemmt der Mensch erst einmal in geselliger Runde, ist buchstäblich nichts vor ihm sicher.

Aber ist im Umkehrschluß die wie auch immer bedingte psychische Abneigung gegen bestimmte Nahrungsmittel dann auch ein Krankheitsbild oder zumindest ein Sozialisationsdefekt? Vieles läuft über das Verhältnis vom Konkreten mit dem Abstrakten. Speziell beim Fleisch ist uns die Verdrängung des Konkreten zu einer festen Größe geworden. Die Abstraktion von Tötung und anderen unschönen Dingen sichert ein gewisses Maß an kulinarischer Freiheit, so wie die Verdrängung vieler Zusammenhänge des menschlichen Lebens erst eine einigermaßen entspannte Normalität ermöglicht.

Man könnte aber auch anders formulieren: Der Weg ins Abstrakte ist eine Flucht vor möglichen Problemen mit der eigenen Biographie und hat in unserer Kultur vielerlei Tradition. Die Freiheit des Kunstgenusses, ob nach dem Prinzip des „Weniger ist mehr", ob als Abwendung von der realistischen Darstellung in der bildenden Kunst oder als elitäre Zurückgezogenheit ins Spezielle, ist weitgehend akzeptiert. Auch der schlimmste Nahrungsmittelhysteriker kann noch einen guten Philologen abgeben. Die Verführung zum aseptischen Kunstgenuß hat dabei strukturell sogar eine gewisse Ähnlichkeit mit dem üblicherweise als proletarisch denunzierten Massenmedienkonsum. Die kulinarische Bildung dagegen ist im genuin geschmacklichen Sektor eine andere Form von Bildung, weil sie um das Konkrete nicht herumkommt. Unser Ekel vor dem allzu Gegenständlichen ist letztlich Abbild unseres weitergehenden kulturellen Verhaltens.

Das Bestehen auf dem Recht zur Nischenexistenz mit all ihren höchst problematischen gesellschaftlichen Nebeneffekten setzt sich wie selbstverständlich in scheinbar unproblematischen Bereichen wie dem Essen fort. Das neue Spiel heißt: mit Verve zu seinen Macken stehen. Defizite seien auch Profil. Irgendwo in dieser Argumentation wird man die Ursachen für eigene individuelle kulinarische Tabus und die wohlfeile Trickserei mit der eigenen Biographie wohl suchen müssen. Zurück im Konkreten, traf der Chronist einst auf „Rognons de coq" und sprach ihnen – trotz einer erstaunlich grauen Farbe und einer bemerkenswert dichten Textur – unverdrossen zu. Es schmeckte sehr speziell, sehr gut und war eine echte Entdeckung. „Rognons de coq" ist eine fast vornehme sprachliche Volte der zweiten Art: Es sind nicht Nieren, sondern Hoden. ❧

09. 04. 2005, F.A.Z., Feuilleton, Seite 34

Kirschlikör als Knalleffekt

Sommelierkritik: Wein und Essen brauchen genaue Abstimmung

Bei all seiner Kenntnis über die Weine der Welt und deren facettenreiche Beschreibung: Wenn es um die Kombination von Essen und Wein geht, steht die Arbeit eines Sommeliers erstaunlich oft auf wackeligen Beinen. Der Grund für dieses Problem liegt nicht allein in der Befähigung, sondern in einer höchst diffizilen geschmacklichen Situation, deren Ausmaß in der Regel von der Zunft nicht erkannt wird. In einschlägigen Publikationen von Meistern ihres Faches (aktuelles Beispiel: Philippe Faure-Bracs „Vins et mets du monde", 2004) wird immer noch der „passende" Wein propagiert und dementsprechend für eine „Ente mit Vanille" gleich eine Riesenliste von Weinen aus aller Welt genannt.

Das Problem ist die Physiologie des Geschmacks. Beim Essen erleben wir neuerdings – und bei Köchen wie Marc Veyrat quasi bei jedem Gericht – erste Handlungsanweisungen, wenn es etwa heißt, man solle bei einem mit mehreren Cremeschichten gefüllten Glas mit dem Löffel ganz nach unten durchstoßen, um alle Schichten gleichzeitig probieren zu können. Bei Wein und Essen müßte das alles noch viel genauer beschrieben sein. Was passiert? In den noch mit Essen gefüllten Mund geschüttet, geht der Wein unter, weil sich das Primat der texturellen Wahrnehmung vom stofflosen Wein nicht überwinden läßt. Wird er allein getrunken, erreicht er alle Geschmacksknospen, und wird er deutlich nach dem letzten Bissen getrunken, erreicht er in der Regel ebenfalls alle. Dazwischen liegt der reaktive Bereich von Wein und Essen.

Hier ist nun äußerst wichtig, welche Elemente konkret den aromatischen Rahmen für einen Wein unmittelbar nach dem letzten Schlucken des Essens bilden. Bleiben wir bei Ente mit Vanille. Es macht einen erheblichen Unterschied aus, ob vor allem wenig parfümiertes schieres Entenfleisch dominiert oder eine stark von Vanille geprägte Sauce. Bei der Sauce wiederum ist es für den Wein von erheblicher Bedeutung, ob sie eher flüssig-flüchtig ist und wenig Nachhall im Mund hinterläßt oder ob sie (etwa durch einen starken Anteil natürlicher Gelatine bei einer starken Fond-Reduktion) geradezu klebrig ist und ihre Aromen noch lange präsent sind. Die Komplexität des Phänomens ist fast unbegrenzt.

Die Beobachtung der Arbeit unserer besten Sommeliers gewinnt vor diesem Horizont außerordentlich an Farbe. Susanne Spies ist im Dortmunder Restaurant „La Table" des Zwei-Sterne-Kochs Thomas Bühner engagiert; im jüngsten Gault-Millau ist sie „Sommelière des Jahres". Die meisten ihrer Empfehlungen zeichnen sich durch den Einsatz eher subtiler als kräftiger Weine aus. Sie setzt damit deutlich auf differenzierte Reaktion und nicht auf ein allgemein süffiges Gesamtbild. In den weniger spezifischen Momenten führt das zu einer breitwandigen Verzahnung der Aromen von Essen und Wein, wie bei den Jakobsmuschelscheiben mit Trüffeln und einer sehr schön ausgewogenen „Sauce Corail", einer hier an das Trüffelaroma anknüpfenden Sauce mit leichtem „Bisque-Hintergrund. Der ebenfalls sehr ausgewogene Chassagne Montrachet „Les Caillerets" von Jean Marc Pillot aus dem Jahr 2001 reagiert mit seiner eleganten Frucht und den eingebundenen Holztönen ausgesprochen gleichmäßig und vielfältig. Weder Essen noch Wein erleiden Verluste, sondern sie ergeben ein breites Spektrum.

Die asiatisch inspirierte Palette mit ihrer Schärfe, kräftigen Würze oder einer plakativen Süß-sauer-Balance gilt als einfach zu begleiten, wenn man nur etwas „Passendes" sucht, als sehr schwierig freilich, wenn es subtiler werden soll. Das „geröstete Steinbuttfilet mit Glasnudeln im Kokos-Chili-Sud" illustriert das sehr deutlich. Dem zwischen Kokos-Süße und Chili-Schärfe gut ausgewogenen Sud steht eine fast herbe Note von den in Sojasauce gegarten Nudeln gegenüber. Frau Spies bietet hier Alternativen an: Gewürztraminer und Riesling Spätlese trocken vom Weingut Knipser in der Pfalz aus dem Jahr 2002 erweisen sich als zu schwach für den Zusammenhang. Der Wein geht zunächst ganz unter, bevor sich im Nachhall eine feine Gewürztraminer-Note entwickelt. Als Nebeneffekt ergibt sich eine Verstärkung des Koriander-Aromas.

Der zweite Wein, ein Monzinger Halenberg, Riesling Auslese trocken, vom Weingut Emrich-Schönleber an der

Nahe aus dem Jahr 2001 scheint im ersten Moment den Akkord nur zu umhüllen (ohne ihn freilich zu verdekken), liefert dann aber geradezu spektakuläre Reaktionen mit Kokos und Chili, und zwar in Form eines Ping-Pong-Effektes, der deutlich erkennbar abwechselnd auf die Süße und die Schärfe reagiert. Eine solche Reaktion kann man als „lebendig" klassifizieren.

Eine eher statische Reaktion ist dagegen beim Dominio de Berzal Crianza (Rioja) zum „Rehrückenfilet im Sud asiatischer Aromen geschmort mit karamelisiertem Rotkraut" zu beobachten. Der Wein schmeckt exakt wie das Gericht, setzt den Akkord fort und liefert nur ganz zurückhaltende Ergänzungen. Völlig anders reagiert ein Lagrein dunkel Cornell von der Kellerei Schreckbichl im Alto Adige aus dem Jahr 2001. Der sehr „mittig" wirkende Wein mit einer enormen Fruchtintensität wird im ersten Moment vom Essen geradezu erstickt und schmeckt fast neutral. Dann aber geschieht Merkwürdiges: Nach einigen Sekunden reagiert der Wein auf den Gewürzraum, den das Essen im Mund hinterläßt, und entwickelt ein prächtiges Weinaroma, das komplexer und besser wirkt als der Wein allein vor dem Essen.

Diese Reaktion könnte man als „additiv" bezeichnen. Solche Reaktionen sind natürlich kein Wert an sich und sollten durchaus einer kritischen Bewertung standhalten können. Aber selbst dann, wenn sie einmal über das Ziel hinausschießen, können sie recht amüsant sein. Zu den „Cassisfeigen auf Lebkuchenblätterteig mit gefüllten Kumquats und Vanillecappuccino" serviert Spies einen Kirschlikör vom Weingut Helde am Kaiserstuhl. Der Likör schmeckt sehr erfreulich nach frischer Kirsche, erzeugt aber sofort einen geradezu bizarren Akkord mit den gefüllten Kumquats: Deren spezifische Säure macht das Kirsch-Aroma zu dem eines belgischen Kirsch-Bieres (kriek-lambic), was wiederum die komplette Palette dieses Desserts verändert.

Hat nun Susanne Spies alle diese Reaktionen antizipiert? Nicht wirklich. Wie auch bei den Meisterköchen ist ein Teil Konzept und ein Teil nicht verbalisierte Intuition. Von den Sommeliers aber können wir in Zukunft noch viel erwarten. ❧

16. 04. 2005, F.A.Z., Feuilleton, Seite 38

Vollkommen verwürzt

Gesalzene Preise müssen genügen: Aromatische Abrüstung tut not

Eine Musik mit Dauer-Fortissimo mag man sich kaum vorstellen, selbst beim Hard Rock nicht. Und wissen nicht gerade die Freunde des Brachialen sehr wohl um das Spiel mit den nicht enden wollenden Steigerungen, um die unbedingte Relativität des Effektes? Nur beim Essen muten wir uns einen Mangel an Dynamik zu, der sich unterschiedslos in allen durch Geschmacksverstärker aufgeblähten Aromen industriell erzeugter oder verkaufter Lebensmittel realisiert. Der gedopte Gaumen verliert Maß und Proportion und jegliches Verhältnis zu nicht ebenso behandelten Realien – was einem „Anfixen" des oft jugendlichen Konsumenten mit dem süßen Gift dicklicher Breitwandaromen gleichkommt.

Leider ist es an der Zeit, auf parallele Entwicklungen in der Spitzengastronomie hinzuweisen und energisch eine Würzreform zu fordern, eine Abrüstung des aromatischen Overkill-Apparates und eine Neubesinnung auf grundlegende geschmackliche Zusammenhänge. Nach wie vor gilt die verhängnisvolle Zuschreibung „gut gewürzt" für ein durchgehend kräftiges Bild, in dem sich unterschiedslos alle Zutaten wiederfinden. Was bedeutet das in der Praxis, bis in beste Restaurants hinein? Gerichte hart an der

Grenze des guten Produktgeschmacks, Saucen, die bis zur Herbheit reduziert werden, nicht selten ein Salzschleier über allen Gemüsen und eine verdichtende Verwendung hocharomatischer Zutaten von Zwiebel und Knoblauch bis zu Kapern und getrocknetem Schinken. Vor diesem allseits anerkannten Hintergrund haben zurückgenommene Kreationen kaum eine Chance – ein Mechanismus, der im Prinzip das Genußschema des Fast-food-Konsumenten wiederholt.

Nahezu einhellig verteufelt die avancierte Küche den Einsatz des „Geschmacksverstärkers" Natriumglutamat. Nahezu ebenso einhellig bedient man den gleichen Mechanismus durch viel zu kräftiges Dauerwürzen. Glutamat-Denken könnte man diesen Effekt nennen. Betrachten wir einmal das Ausgangsmaterial. Kaum ein Fisch oder Fleisch oder Gemüse verfügt von Natur aus über einen kräftigen Eigengeschmack. Erst der Kontakt mit Salz und Pfeffer erhebt das Material angeblich zur Ehre der Teller und entwickelt seine Individualität. Dabei müßten gerade die Protagonisten der Hochküche längst mißtrauisch geworden sein. Kommt es in einem großen Menü zu einer „Beilagenwiederholung", gilt dies geradezu als handwerklicher Fehler. Niemand aber kommt auf die Idee, daß das aromatische Anonymisieren per Salz- und Pfeffer-Automatismen ähnlich zu bewerten ist.

Die Förderung des individuellen Eigengeschmacks kann nicht darin bestehen, jedes Produkt mit dem gleichen Gewürz zu traktieren. Es kann auch nicht Anliegen eines entwickelten Küchendenkens sein, die mögliche Dynamik unterschiedlich gewürzter Elemente völlig unberücksichtigt zu lassen. Eine sich stärker strukturierende und wesentlich sensibler agierende Küche moderner Prägung wird sich vom Klischee des Haute-Cuisine-Normgeschmacks lösen müssen und – in vielen Fällen vermutlich zum ersten Male – das Verhältnis zu jedem einzelnen Produkt überdenken müssen.

Die Kochkunst beginnt nicht mit der Salz- und Pfefferdusche, sie beginnt mit der sensiblen Erfassung eines Grundmaterials und konstruktiven Ideen zu seiner Auffächerung innerhalb eines wesentlich weiter zu fassenden aromatischen Spektrums. Nicht selten hört man die Meinung, daß es kulinarisch prinzipiell nichts Neues mehr zu entdecken gebe. Hier spricht das alte Handwerk des Kochs, der bei seinem Löffel bleiben will, regelverliebt, abprüfbar und hochneurotisch im Verhältnis zu Abweichungen.

Mit dem Ruf nach der Reform ist die Reform natürlich noch nicht da. Selbst der neugierigste Gourmet wird erhebliche Schwierigkeiten damit haben, ein zurückgenommenes (oder besser: individualisiertes) Würzspektrum ohne weiteres zu akzeptieren. Wer den Hauch wahrnehmen will, braucht eine ziemliche Windstille. Es ist durchaus nicht paradox, daß sich als Folge des Verzichts auf den tellerdeckenden Einsatz von Salzschauern, Pfefferhagel und Fond-Kleber eine erhebliche Aufwertung der Gewürze ereignen könnte. Endlich einmal ernst genommen, könnten sie als Produkt unter Produkten auftreten und ihre Individualität sehr viel deutlicher entfalten. Auch hier findet sich ein Klischee, nämlich das vom nicht statthaften „Durchschmecken" eines Gewürzes.

Es hält sich die in vielerlei Beziehung problematische Vorstellung, daß möglichst gutes Verstecken eines Gewürzes (zum Beispiel: Fenchel, mit Zitrusfrüchten und Kubeba-Pfeffer gewürzt) synonym mit „subtiler" Kochkunst sei. Selbstverständlich liebt jeder Gourmet jene unergründlichen geschmacklichen Varianten, die ihm verraten, daß ein Produkt behandelt wurde, aber nicht, womit. Nur, auch dieser Effekt ist einer weiter gehenden Interpretation zugänglich. Verändert nicht gerade die enge, undefinierbare Verknüpfung das Produkt stärker, als es eine klar nachvollziehbare Zutat macht?

Die unter diesen Aspekten modernsten Küchen unserer Zeit (nach wie vor Bras, Veyrat und Roellinger, aber auch Aduriz und andere junge Spanier) sind immer auch praktizierte Kritik an der „alten" Küche, weil sie demonstrieren, daß man auch ohne viele Techniken der klassischen Küche, ja sogar ohne deren Grundzubereitungen (Veyrat und Bras etwa benutzen eigene Fonds) große Küche machen kann. Der moderne Gourmet hat von der japanischen Küche den „faden" Geschmack des rohen Fisches zu schätzen gelernt, er hat der indischen, nordafrikanischen und chinesischen Küche ein anderes Verständnis vom Eigenwert der Gewürze entnommen und erwartet seit Jahren gespannt, daß dieses ungeheuer breite Spektrum nicht nur – wie es weithin als tolerabel gilt – in die klassisch französische Hochküche integriert, sondern konsequent ausgekostet wird, durchaus mit dem Risiko erheblicher Veränderungen.

Erste Ansätze einer bewußteren Würzung betreffen ausgerechnet die Foie gras, also eines der „klassischsten" Produkte, deren empfindliche Struktur man seit geraumer Zeit mit später Würzung durch Fleur de Sel erweitert. Das späte Salzen und Pfeffern findet sich häufiger bei kurzgebratenem Fleisch und Fisch (bei Guy Savoy wird der St. Petersfisch erst vor dem Gast gewürzt), aber diese Ansätze führen bisher weder zu einer wirklich neuen Identität für die Breite der Gewürze noch zu einer Dynamisierung der aromatischen Kontraste oder zur Entschlackung eines überwürzten Mischmaschs. So problematisch Prozentzahlen auch sein mögen: Wir haben uns weithin auf bestenfalls ein Viertel des auch unter Spitzenküche-Gesichtspunkten denkbaren Spektrums zurückgezogen. ❧

23.04.2005, F.A.Z., Feuilleton, Seite 40

Die Stimmung und das Phänomen

Von der Dekonstruktion zum Strukturalismus: Jean-Georges Klein

Jean-Georges Klein vom Restaurant „L'Arnsbourg" im lothringischen Baerenthal hat in der gegenwärtigen Entwicklung der Kochkunst eine außerordentlich interessante Rolle. Wie in unseren Landen allen voran Juan Amador (F.A.Z. vom 29. Januar) ist er entscheidend an der kulinarischen Erdung des rapiden analytischen Fortschritts beteiligt. Ziel dieser nächsten Stufe der Emanzipation des Materials ist die durch die Dekonstruktion von Texturen und Temperaturen geläuterte (Neu-)Konstruktion kulinarischer Kreationen – nunmehr ergänzt durch ein befreites Spiel mit einer erweiterten Wahrnehmung. Die Dekonstruktion, die mit trockenem Eis oder Nudeln aus Gelee den Blick auf ein komplexeres Sensorium lenkt, wird nun ein erweiterndes Element des kulinarischen Konstruktivismus – den wir freilich so lange immer noch als ein Durchgangsstadium zu einem perfekten Strukturalismus begreifen müssen, wie eine weitere Ausweitung und Neubewertung des aromatischen Spektrums wünschbar bleibt.

Die Palette bei Klein hat allerdings auch jetzt schon eine erhebliche Breite. In dem „Ouverture" genannten Teil der Menüs zeichnen sich tatsächlich – wie in der Oper – schon einige Felder ab, die später gründlicher umgegraben werden. Es gibt Snacks mit kleinen Abweichungen wie die mit Rohrzucker gerösteten Rhabarberstängchen, Sorbet und Schaum von bitterem Bier oder eine leichte Parmesancreme zwischen hauchdünnen Teigplättchen. Das aufwendig herzustellende „Croustillant de Yaourt" ist ein Hauch von Geschmack und bezieht seinen Effekt vor allem daher, daß ein derart krosses und dabei gleichzeitig schmelzendes Nichts einfach eine unbekannte Erfahrung ist. In einem weiteren, dreifachen Amuse-Bouche dehnt Klein mit einem Taubenmousse und Szechouan-Pfeffer oder einer kleinen Sardinenkreation das aromatische Spektrum ein wenig in Richtung „bitter", bevor er mit zwei Variationen vom Wachtelei unter anderem Ingwer und Muskatblüte als reine Gewürze einsetzt, die erkennbar nicht würzen sollen, sondern selber zum eigenständigen Element werden (als Öl und Schaum).

Das Muskataroma trifft man also wenig später in einem anderen Zusammenhang wieder, dessen Titel „Soufflierte Gnocchi, Bouillon mit Infusion von Muskat" kaum darauf hinweist, daß es sich hier um eine Art entmaterialisiertes Kartoffelpüree in Form eines kompletten Gerichtes handelt. Das Element „Kartoffel" erscheint in Gnocchi von einer ganz ungewöhnlich zarten Textur (die üblichen neigen oft dem Gummi zu). Das Element „Butter" findet sich als Füllung von durchsichtigen Gelee-Ravioli, die leider zu schnell schmelzen, und die Elemente Salz und Muskat finden sich in Flüssigkeit eingehüllt. Normalerweise hätte man beim Püree eine einzige Textur, in dieser Form sind es drei, die dazu noch von so zurückhaltender Intensität sind, wie es zur Registrierung der Aromen notwendig ist.

Auf eine verwandte Art und Weise gelingt Klein mit dem „Warmen Hummer mit Butter-Wasabi-Schaum" eine ganz hervorragende Inszenierung dieses empfindlichen Aromas. Das Gericht wird einigermaßen überraschend als eine flächig-weiße Schaummenge präsentiert, die sich als der stark verdünnende und damit problemlos dosierbare Träger des kräftigen Wasabi-Aromas entpuppt. Ein klassisch perfekt zubereiteter Hummer darunter wird nur noch wie ein Zitat im Hintergrund von etwas Bisque begleitet, und einige Sojasprossen sorgen für einen zurückhaltenden Textur-Zusatz. In diesem ebenso zarten wie aromatisch sinnvoll ausgewogenen Umfeld realisiert sich der Geschmack des Hummers wie losgelöst von den Fesseln kräftigerer Zutaten.

Es überrascht ein wenig, daß Klein angesichts solch perfekter und hochmoderner Kompositionen auch konventionellere Kreationen wie die gegrillte Scheibe Foie gras mit leicht angeröstetem Rhabarber und einem Gewürzsud, eine Lammvariation mit Kichererbsenpüree und einem Olivenjus oder auch seinen allerdings schon klassischen Cappuccino von Kartoffel und Trüffel präsentiert. Hier scheint das Konzept einer alles umspannenden Küche durchzuscheinen, deren definitorischer Ehrgeiz das Bekannte als ideelles Material benötigt – als Thema für Variationen. Markanter ist in diesem Zusammenhang eine Reverenz an die Werkstatt der Spitzenküche – also an

Ferran Adrià – mit einem trocken-pulverigen Foie-gras-Eis, das sich langsam in einer Consommé auflöst. Auch hier wird freilich deutlich, daß die kulinarische Essenz eines solchen „Tricks“ nicht an die Substanz etwa des entmaterialisierten Kartoffelpürees herankommt.

Die immer wieder ausgeweiteten aromatischen Reize fallen besonders angenehm auf. So setzt Klein gegen die klassisch-nordfranzösischen und bei uns weitverbreiteten süßlichen Langustinen-Akkorde (mit Sahne, Butter, jungen Gemüsen) eine Kombination mit Kaffee, Grünspargel und einer Algenbouillon. Dank einer abermals äußerst dezenten Feinabstimmung wirken Kaffeeöl und Kaffeepulver nur wie ein leicht herber Hintergrund, der durch die Bouillon mit Nori-Infusion eine subtile maritime Note erhält. Der didaktische Nutzen solch gelungener „Abweichungen“ kann fundamental sein.

Insgesamt darf man sich aber für die Hauptgerichte vielleicht etwas mehr Mut wünschen, der sich in Zutaten wie den Ravioli von Cassis und schwarzen Oliven (zur Ente) oder einem Rhabarberkompott zum Kabeljau bisher nur andeutet. Bei den Desserts, jenen nach wie vor oft sträflich vernachlässigten Kreationen rund um Süße und Fruchtigkeit, bleibt Klein ebenfalls eher bei der kleinen Form und riskiert noch keine wirklich modernen, „gastronomischen“ Versionen unter Einbeziehung der ganzen Spannbreite der Elemente aus der „herzhaften“ Küche. Wir registrieren immerhin mit Interesse hauchdünne Zuckerplättchen mit Algen sowie solche (sehr interessant!) mit dem scharfen Piment d'Espelette, Eis von Jamaikapfeffer oder ein Schokoladenbonbon mit Eukalyptus.

In dem Maße, wie Jean-Georges Klein das Terrain der Küche ausschreitet und absteckt, stellt er sich einer Diskussion, der noch sehr viele Maßstäbe fehlen. Er braucht sie nicht zu fürchten, da sowohl sein klassisches Handwerk als auch seine Freude am Konzipieren über jeden Zweifel erhaben sind. Und noch etwas darf bei Klein nicht vergessen werden: Was immer er anfängt, hat einen erfreulich hedonistischen Aspekt und schmeckt so unproblematisch gut, daß Akzeptanz hier wirklich kein Problem ist. Klein ist ein unforcierter Mensch. So etwas hat der Moderne immer schon gutgetan. ❧

30. 04. 2005, F.A.Z., Feuilleton, Seite 38

Die Teller-Oper

F.A.Z.-Gourmetvision von Eric Menchon und Vincent Moissonnier

Das Menü der fünften F.A.Z.-Gourmetvision stammt von Eric Menchon und Vincent Moissonnier vom Kölner Restaurant „Le Moissonnier“. Nach fast zwanzig Jahren der stetigen Entwicklung von einem französischen Bistro zu einer der kreativsten Adressen Deutschlands hat man hier eine Modernität erreicht, die sich mit Virtuosität eines großen Fundus an Techniken und einer komplexen Einsicht in kulinarische Zusammenhänge bedient. In dieser Gourmetvision zeigt sich deshalb das handwerkliche und kreative Vermögen einer Küche „in Übereinstimmung mit der Zeit“ – so ein Ausdruck von Alain Ducasse.

Dies geschieht unter einem gewissen Verzicht auf die weitverbreitete Eß-Anarchie, die jedwede strukturalistische Vorüberlegung des Kochs – zum Beispiel das systematische Abräumen des Tellers von links nach rechts – zunichte macht. Bei Moissonnier gab es immer wieder Vorschläge zur Eßtechnik („mit dem Löffel ganz nach unten durchstoßen“). Mittlerweile aber signalisieren vor allem Extra-Teller für einzelne Elemente ein Mehr an eigenständiger Bedeutung und erleichtern die komplette Degustation: Essen als Genuß, Sensibilisierung und Erfahrung.

Der erste Teil der Gourmetvision hat als Basis Jakobsmuscheln, einen Becher mit einer wundervollen Zubereitung aus Crevetten und Paprika, einen Dip mit dem Würzspektrum des indonesischen Satay und einen Jus aus Guinness-Bier und St. Croix-du-Mont (einem Süßwein). Natürlich ist das kreuz und quer eßbar. Aber erst in bestimmten Zusammenhängen entwickelt sich das volle Potential. Man esse ein gutes Stück Muschel, das wegen seiner elastischen Textur eine gewisse Zeit des Kauens braucht. Nimmt man währenddessen etwas von der Crevetten-Creme dazu, dann vom Satay und schließlich vom Guinness-Dip, entwickeln sich hochinteressante Akkorde, die nicht nur jeweils mit der Jakobsmuschel entstehen, sondern ihrerseits eine Abfolge von Reaktionen zeigen.

In ähnlicher Weise kann man beim folgenden Kalbstatar mit einer komplexwürzigen „Sauce Gribiche“, getrocknetem Schinken und einer Guacamole (Avocado-Creme) zunächst einmal den Effekt klassischer Textur- und Temperaturkontraste studieren. Die Spezialität des Gerichtes liegt freilich in einem „grünen“ (vegetabilen) Hintergrund mit einem Mangoldgratin und knapp angebratenem roten Chicorée, der als erfrischendes Element für Transparenz im Geschmacksbild sorgt.

Dem Provenzalen Eric Menchon gelingt sodann mit seiner Bouillabaisse eine unter modernen Gesichtspunkten optimierte Fischsuppe, die in beeindruckender Manier eine süffige Grundtendenz auch mit süffigen strukturalistischen Momenten verknüpft. Die Basis bilden ein Fischfrikassee (mit einem wichtigen, weil nachhaltigen Crevetten-Anteil) plus Meerwasser-Safran-Schaum und eine gedünstete Rotbarbe. Sekunden nach dem ersten Löffel sollte man etwas von dem krossen, dunklen Brot mit Rouille nehmen und dann unbedingt mit der extra servierten Tomatenessenz mit etwas Tomatenravioli nachspülen. Das mag nicht ganz der spitzzüngige Stil einer Foie-gras-Degustation sein, entwickelt aber wahrlich ein sensorisches Gewitter von prächtig bodenständiger Form.

Von ebenso entspannter Art ist ein kleines Zwischengericht, „Paella und Sangria" genannt. Hier verdichten sich typische Paella-Elemente wie Meeresfrüchte, Fleisch, Safran und eine kräftige Würze in kleiner Form, ergänzt von einem Reis nach der Art von Kellogs-Puffreis und einem Gläschen Sangria zum Nachtrinken. Trinkt man übrigens einen Schluck Sangria vorab, ergibt sich im Mund ein Gewürzraum, und die dann gegessene Paella verändert ihr Aroma.

Bei der Tauben-Bastilla mit Ente wird demonstriert, in welcher Weise auch eine klassisch orientierte Küche an sensorischem Potential gewinnen kann, ohne sich auch nur im mindesten dem Zeitgeist anzubiedern. Basis ist eine zerbrechlichkrosse Teigtasche mit einer Füllung aus Taubenfleisch und etwas Orange. Die leicht trockene Textur der Füllung trifft nun auf eine extrem zarte (bei 65 Grad in Reisessig marinierte) Entenbrust, die durch die zweifache Definition von krossem Teig und stumpfem, aber aromatischem Hintergrund hervorragend inszeniert wird. Eine Orangenreduktion dazu erinnert an die klassische „Canard à l'orange". Dazu kommt nun mit dem „Erbsenschaum à la française" (ein Schaum mit winzigen Speckwürfeln) und kroß getrocknetem Wirsing eine leicht rustikale Note, die durch die kleinen texturellen Veränderungen aber deutlich aufgewertet wird: Aus passenden Beilagen werden Elemente im Gesamtbild mit einer akzentuierten Funktion.

Die Desserts waren früher nicht eine der Stärken des Hauses. Nach einer rasanten Entwicklung in den letzten Jahren gehören sie heute nun zu den besten und interessantesten weit und breit. Was sich da als „Nußkuchen" präsentiert, irritiert allerdings zunächst erheblich. Man sieht keinen Nußkuchen, sondern etwas, das wie ein Albtraum aus Baiser und Zucker aussieht. Beim Essen verwandelt sich dieses Bild aber ins Gegenteil, weil sich die Assemblage eines Kokosnuß-Schaums und eines geeisten Kokosnußpulvers (per Paco-Jet erzeugt, einem Gerät, das gefrorenes Material in feinstes Eispulver verwandelt) über etwas Nußkuchen mit Schokoladensauce quasi in Luft auflöst und einen überaus leichten Dessert-Eindruck hinterläßt.

Dazu sollte man ein Stück des Ananas-Mango-Streusels von einem zweiten Teller essen (der aromatisch an Nuß und Kokos anschließt) und sodann einen Schluck aus dem Glas mit Caipirinha nehmen, der wiederum an den Streusel anschließt und den Akkord abermals verlängert. Das ist große kulinarische Oper im Kleinformat und gleichzeitig ein geschmackliches Perpetuum mobile, weil nach dem Caipirinha nichts besser schmeckt als der ursprüngliche Nußkuchen. So schließt sich der Kreis auch des Menükonzeptes, das Menchon und Moissonnier (und ihren wichtigen Sous-Chef Yann Le) in Hochform zeigt. Im besonderen Falle des „Le Moissonnier" scheint der Hinweis unentbehrlich, daß sich all dies in einer entspannten Bistro-Atmosphäre abspielt, die keinerlei Ähnlichkeit mit Gourmettempeln und -tempelchen aller Art hat. Das signalisiert Lebensnähe und darf durchaus als Anregung verstanden werden, den kulinarischen Anspruch vor allem bei sich selbst zu realisieren. ❧

Die F.A.Z.-Gourmetvision Nr. 5 ist von Dienstag, den 3. Mai, bis Samstag, den 14. Mai, mittags und abends zum Preis von 75 Euro im Restaurant „Le Moissonnier" in Köln zu bekommen.

14. 05. 2005, F.A.Z., Feuilleton, Seite 34

Ist das zum Essen oder Austreiben?

**Völlig verwürzt:
Die Kochsendungen im deutschen Fernsehen**

Wer das ganze Küchen-Tohuwabohu zwischen Kerner und „Teufels Küche" betrachtet, könnte leicht zu dem Schluß kommen, das Fernsehen hätte jetzt endgültig die Küche entdeckt. Dem ist jedoch bei weitem nicht so. Präziser müßte man sagen: Man hat in den Sendern erkannt, daß man mit einem bestimmten Ausschnitt der Küchen- und Kochwelt im Moment über ein für die Massenunterhaltung taugliches Instrumentarium verfügt. Unterhaltsames Kochen ist heute en vogue. Wird morgen etwas anderes in Mode sein?

Dient dies nun der wünschenswerten Entwicklung hin zu einer sinnlicheren Fundierung unserer Alltagswelt, zur Emotionalisierung menschlicher Grundbedürfnisse oder zu einer geradezu ferienähnlichen „Gastronomisierung" unseres Lebens außerhalb der engen Schranken

der Arbeitswelt? Oder bedeutet Popularisierung auch Trivialisierung? Droht gar durch die plötzliche Vermehrung der Berichte eine Obstruktion des längst eingeleiteten positiven Prozesses einer komplexeren Erschließung des Bereiches?

Das Fernsehen als das am weitesten verbreitete Medium besetzt und interpretiert das Küchenverständnis. Es liefert die Bilder und Zustände, die mit dem Kochen verknüpft werden. So fällt etwa auf, daß Johannes B. Kerner, der im „ZDF-Sportstudio" niemals über Fußballspiele unterhalb der Zweiten Bundesliga berichten muß, beim Thema „Kochen" eine Art kulinarischen Breitensport zum Programm erhebt. Dabei wird die Komplexität des Faches, insbesondere aber das grundlegende System von Qualität, unterschlagen. Qualitätsbewußtsein kann nicht aus einem Verständnis von mäßig guten Produkten und mittelmäßigen Zubereitungen bestehen und Instrumentalisierungen aller Art (schnell, billig, spaßig) zum alleinigen Programm erheben. Ein Zugewinn an Wissen, das nicht Strukturierung der Wirklichkeit, sondern Versicherung eines trivialisierten Verständnisses zum Gegenstand hat, wird schnell zu einem der typischen Mechanismen postpädagogischer Blockade: Wenn es schwieriger wird, machen wir uns vom Acker.

So gesehen, hat man – im übertragenen Sinne – nicht die Musik, sondern nur den Schlager entdeckt. Eine trivialisierte Popularisierung zieht in der Regel keinen soliden Übergang zum Interesse an der Sache selbst nach sich. Die selektive Berichterstattung sorgt eben auch nur für eine selektive Rezeption, bei der sogar die Gefahr besteht, daß sie gegenüber anderen Zugängen unduldsam wird. Das wohlfeile Angebot, sich das System Küche in trivialisierter Form untertan zu machen, nimmt auch der gerne an, der dort nie einen Finger krumm machen wird. Hat man nicht schon lange nach einem Weg gesucht, dem ganzen Meisterkoch-Getue den Zerrspiegel in Form von kochenden Promis entgegenzuhalten? Dazu kommt der Hobbykünstler-Effekt. Ja, man bewegt sich gerne in diesem Bereich oder findet alles sehr unterhaltsam, aber wenn es um die eigentlichen ästhetischen Normen des Faches geht, reklamiert man für sich deren Ungültigkeit: Leben als eine dauernde Abfolge von Als-ob-Situationen.

Ein bezeichnendes Bild ergibt die Negativliste dieser trivialisierten Küche, also dessen, was im Fernsehen nicht vorkommt. Auffällig ist zunächst das Fehlen der besten Köche. Es wäre ein höchst begrüßenswertes Anliegen, deren Kompetenz – die in weiten Teilen Allgemeingültigkeit besitzt und nicht etwa nur einer ominösen Luxusküche verpflichtet ist – in die Berichterstattung einzubinden. Einen möglichen Mangel an Fernsehkompatibilität gälte es durch entsprechend vermittelnde Formate auszugleichen. Sodann fehlen Protagonisten, die wirklich fundamentales Wissen besäßen. Statt dessen hat uns institutioneller oder persönlicher Profilierungsdrang ein Sammelsurium von Besserwissern beschert, die ihre Privatmeinung („Das kann man ruhig weglassen") ohne jedes Bedenken zu einer publikumswirksamen weichen Linie stilisieren. Unerreichbar präzises wie publikumsnahes Beispiel für das Gegenteil bleibt der Franzose Joel Robuchon (mit Sendungen wie „Cuisinez comme un grand chef" und „Bon appétit bien sûr"). Er versteht selbst einfachste Rezepte technisch makellos als Teil eines kompromißlos qualitätsorientierten Systems und erfüllt damit eine echte bildende Funktion.

In einem anderen Sektor fehlt breitenwirksame Fernsehpräsenz völlig: Die Verknüpfung von ästhetisch-kreativem Glamour mit der Spitzenküche findet quasi nicht statt. In Kulturmagazinen glänzt man durch Abstinenz oder ist – ein weiteres Problem – nicht in der Lage, andere als oberflächliche Berichte zu produzieren. Die Bilderbögen in diversen Sendungen haben da vielleicht Ansätze aufgezeigt; sie sind in ihrer Wirksamkeit mangels festem Sendeplatz aber oft sehr eingeschränkt. Der Sprung in die Kulturdebatte jedenfalls wurde noch nicht vollzogen.

Auf der anderen Seite scheint sich niemand je darüber gewundert zu haben, warum es eigentlich immer nur ums Kochen geht und nicht ums Essen. Man kann ohne weiteres das aktive Kochen als konsequentes Ziel recht einfach zu skizzierender kulinarischer Lebensläufe erläutern. Das Fundament aber bildet eine geschmackliche Sensibilisierung, die sich jederzeit auch ohne aktives Kochen entwikkeln kann und dabei eine hervorragende Ausgangsbasis für jeden praktischen Versuch bildet. Es geht dabei nicht allein um Stimulierung (ein Punkt, der – auch durch die populären Formate – weitgehend abgedeckt wird), sondern um den Aufbau einer geschmacklichen Orientierung im Dschungel der vielen schlechten bis bedenklichen Produkte von Nahrungsmittelindustrie und Gastronomie – dies freilich nicht im begrenzten, weil weitgehend mit gesundheitlich-ökologischen Zielsetzungen zufriedenen System der Ökotrophologie, sondern ausdrücklich über einen Hedonismus der überragenden Qualität.

Als Folge solch einer Sensibilisierung ginge es dann um die wirkliche Ausnutzung der sensorischen Fähigkeiten des Menschen oder – ganz bescheiden – um das „richtige" Essenlernen. Das wäre dann allerdings ein ziemlicher Stachel im fetten Fleisch der medialen Küchenpartys. Wenn es um die Entwicklung der eigenen Wahrnehmung ginge, hätten die Automatismen der Schnellköche plötzlich kaum noch eine Bedeutung. Sie leben vom kurzen Weg zwischen Appetit und dessen Befriedigung, nicht vom subtilen Eingehen auf kulinarisches Potential. Im Moment ist die Fernsehküche völlig verwürzt. ❧

21. 05. 2005, F.A.Z., Feuilleton, Seite 30

Aufstieg aus der Regionalliga?

Originelles Händchen, diese Bayern: Alfons Schuhbecks Feinkost

Alfons Schuhbeck ist sicherlich kein ätherischer, am Herd meditierender Halbgott in Weiß. Der just Sechsundfünfzigjährige steht heute mehr denn je mitten im prallen Leben und hat seit seiner Übersiedlung von Waging am See („Kurhausstüberl") ins Herz von München („Schuhbeck's in den Südtiroler Stuben", direkt neben dem Hofbräuhaus) sein Imperium ständig um weitere gastronomische Aktivitäten – von einem Eissalon über einen Gewürzladen bis zu einer Kochschule – vergrößert. Aber der Eindruck eines überaus geschäftstüchtigen „gestandenen Mannsbildes" sollte nicht darüber hinwegtäuschen, daß Schuhbeck Wesentliches im Bereich der Bewahrung und Optimierung der Regionalküche geleistet hat. In den „Südtiroler Stuben" hat er nun eine Plattform gefunden, die ideal für weitere Fortschritte auf dem Weg zur Emanzipation deutscher Regionalküche im Rahmen der Spitzenküche sein könnte.

Nach wie vor zählt ja die bisweilen halsbrecherische Vermittlung zwischen den Selbstbildern des Meisters am Herd und denen der Kenner am Tisch zu den wichtigsten Übungen auf der Suche nach kochkünstlerischer Akzeptanz. Weiß aber das verehrte Publikum ganz sicher, ob dero Vorlieben wirklich die eigenen sind? Und umgekehrt: Weiß der Koch wirklich, ob seine Individualität nicht doch ganz zufällig ein Abziehbild ist? Im glücklichen München jedenfalls dürfen auch in der besseren Gastronomie Realien wie Würste und Innereien eine Rolle spielen, die ansonsten dem Etepetete von „französisch-mediterraner" oder „fernöstlichinspirierter" Küche zum Opfer fallen. Daß Schuhbeck davon dann als „Hausmannskost auf köstlichste Art" redet, muß man – da diese Verlegenheitsformel dem Volk nun gewiß nicht aus dem Maul abgeschaut ist – nicht ganz so ernst nehmen. Im Grunde will der Meister schon mehr als den einen Stern, der nach einer Bemerkung des ehemaligen Michelin-Chefredakteurs Alfred Bercher die Obergrenze für regional verankerte Küche (aber anscheinend nur in Deutschland) bildet – was bei Michelin aktuell übrigens bestritten wird.

Machen wir also an dieser sehr geeigneten Stelle, in diesem belebten und auffällig entspannten Spitzenrestaurant mit seinem Hauch einer Pariser Brasserie, die Probe aufs Exempel und stellen die Frage, ob wir uns auch eine deutsche Regional- oder Traditionsküche in mehrsterniger Version vorstellen könnten. Schon bei den Amuse-

Bouches liefert Schuhbeck einen ersten Hinweis auf sein Potential. Der Zwiebelsud mit Rostbratwürstchen läßt auf dem Papier den sattsam bekannten, etwas direkten, eher groben Geschmack ohne subtile Feinheiten erwarten, den wir normalerweise „rustikal" nennen. Im traditionellen Handwerk ergäbe sich aus der Verwendung „klassischer" Gewürzmischungen ein gewisser Normgeschmack. Hier hingegen finden wir eine ausgewogene, deutlich nicht industriell gedachte Bratwurstversion mit einem per Butter dezent eingebetteten Zwiebelsud.

Die „Gebackenen Weißwurstradel und geschmorten Kalbsbackerl auf Berglinsen" gehen ein erstes Stück weiter. Die Wurst erhält eine Panade und erzielt damit einen Texturgewinn, der sie sensorisch von der geschmorten Kalbsbacke absetzt. Der Akkord wird breiter und differenzierter. Ist er aber „fein" genug für höhere Weihen? Schuhbeck verweist darauf, daß vor zwanzig Jahren die Chancen für eine positive Wahrnehmung deutscher Regionalküche noch weit schlechter gewesen seien als heute, weil die Küche damals noch stärker auf die französischen Vorbilder fixiert gewesen sei. In der Praxis bedeutet dieser Wandel vor allem eine Veränderung vom behaupteten „Feinen" (zum Beispiel Foie gras, zartestes Jungfleisch, Andeutung und Einbettung von Aromen) zum nachvollziehbar Differenzierten. In der dogmatischen Welt des Feinen hat wenig Platz. Die prinzipiell offene Welt des Differenzierten hat Raum für sehr vieles, wobei der Mechanismus der sensiblen Aufschlüsselung von Qualitäten und Zusammenhängen keine Vergröberung, sondern eine Ausweitung bedeutet.

Der Weg zur Akzeptanz eines weitaus größeren kulinarischen Spektrums ist nicht der Weg weg von den alten Werten, sondern deren Ergänzung. Dieses Bewußtsein findet sich in unseren Küchen mit regionalen Einschlägen allerdings nicht in der nötigen, selbstbewußten Form. Wenn Schuhbeck seinen Bachsaibling mit Lauchgemüse, mildester Senfsauce und Wurzelpüree zu einem eher engen, dezent instrumentierten Ensemble kombiniert, fehlt das Vertrauen in die Kontraste durch deutlichere Aromen und texturelle Unähnlichkeit.

Andererseits gibt es bei den „Ochsenschwanzravioli mit Blutwurstgröstl auf Pfefferkraut" keinerlei Grund, das kräftigere Geschmacksbild zwischen dem klassischen Ochsenschwanzaroma und dem würzig abgeschmeckten Blutwurst-Ragout für nicht satisfaktionsfähig zu halten. Mit etwas weniger Spartenideologie (also hier: einem allzu braven Festhalten an regionaltypischen Geschmacksbildern) würde der transzendierende Blick auf interessante Neudefinitionen, zum Beispiel durch Elemente der alten, „feinen" Küche, möglich werden – man denke etwa an eine Kombination mit aromatisch und texturell feinst kontrastierenden Parfaits (Foie gras!), einer Trüffelzubereitung oder krossen Teigelementen aus der asiatisch inspirierten Abteilung. Nicht die möglichen Pole der Küche zwischen Klassik und Regionalküche bestimmen das Programm, sondern das ausgeweitete Küchenverständnis.

Beim „Ochsenfilet mit Gänseleber, Rahmwirsing und Schwarzbrotknödel" nähert sich Schuhbeck dem Kern, könnte aber noch mehr Profil gewinnen, wenn die Gänseleber nicht übergart weich und schmelzend im Fleisch versinken würde, sondern kalt als Terrine ihren eigenen Platz bekäme oder im Rahmwirsing versteckte Speckaromen mehr Eigenleben hätten. Viele große Köche dieser Welt – von Adrià über Ducasse bis zu Veyrat – haben längst erkannt, daß gerade die regional-rustikalen Elemente traditioneller Küchen unter entwickelter Sehweise und strukturalistischem Einsatz ein ganz erheblicher Gewinn sind. Natürlich verfügen die deutschen Regionalküchen über alles Potential dieser Welt. In ihrem Eigenwert ernst genommen und sogar größtenteils belassen, gewinnen sie in dem Moment an – wenn man denn so will – Drei-Sterne-Format, wo man sie in den neuen Strukturen einer Küche einsetzt, die differenziertes Zusammenwirken und komplexe Sensorik gleichermaßen beachtet. Alfons Schuhbeck liefert dazu interessante Ansätze, die sehr wohl den Hunger nach einer zeitgenössischen Regionalküche auch in Deutschland auslösen können. Seien wir unbesorgt. Auch mit Weißwurst, Rheinischem Sauerbraten und Labskaus kann es den Glamour der großen, weiten Gourmetwelt geben – falls jemand das denn vorübergehend braucht. ❧

28. 05. 2005, F.A.Z., Feuilleton, Seite 32

Artischocken!

Theatereffekte des Purismus: Ein Italiener in Luxemburg

Die Qualifizierung „einfach, aber genial“ impliziert auch in der Gourmandise zu Recht die Unteilbarkeit des Genialen. Die kompliziert-geniale Kreation kann nicht auf einen Aufwandbonus bauen, weil dem evidenten Aufwand hier durchaus der nichtevidente, zum Beispiel gedankliche Aufwand der einfach-genialen Kreation dort entsprechen kann. Bei der Füllung der Begriffe droht allerdings Verwirrung. Die Betonung sollte auf „genial“, nicht auf „einfach“ liegen. Was „einfach“ genannt werden kann (Gemüse, scheinbar so gut wie unbehandelt), scheint allgemein identifizierbar und hat den großen Vorteil der Überschaubarkeit. Demgegenüber ist die Bestimmung der Genialität (Gemüse, offensichtlich so gut wie unbehandelt, tatsächlich aber von unglaublicher Produktqualität und Garung) wesentlich vom Vergleich in der Regel nicht allgemein bekannter Spitzenqualitäten abhängig.

Obwohl diese Bestimmung eine typische Expertenbestimmung ist, ist die Zuschreibung von „Genialität“ Teil des allgemeinen Sprachgebrauchs. Wo begriffliche Füllung entbehrlich scheint, hat sich gerade in der Gourmandise das Prätentiöse eingerichtet. Dabei ist auch noch darauf hinzuweisen, daß Prätention bei weitem nicht immer laut daherkommt, sondern gerade in beredtem Schweigen und Offenlassen ihre beste Wirkung entfaltet. Man erweckt den Eindruck des Genialen und weiß sehr wohl, daß jede Form der „unnötig“ verbalen Konkretisierung den Bluff auffliegen ließe. Um den klassischen Einwand La Rochefoucaulds gegen das Lob der Schweigsamkeit standesgemäß zu variieren: Es gibt auch leere Töpfe.

In der Gourmandise stellt sich vor allem bei der italienischen Küche die Frage nach ihrer wirklichen Potenz, weil sie zum Beispiel bis hin zu ihren besten Protagonisten „simple“ Pasta-Gerichte anbietet, die es kaum erlauben, die Distanz zwischen einer einfacheren Küche und der Spitzenküche zu definieren. Ilario Mosconi (Restaurant „Mosconi“ in Luxemburg) hat soeben einen zweiten Michelin-Stern bekommen und betreibt damit das von Michelin am besten bewertete italienische Restaurant außerhalb Italiens. Mosconi bietet eine ganze Anzahl von Pasta-Gerichten an, die sich preislich (um die 30 Euro) nur wenig von den Hauptgerichten unterscheiden. Seine Pennette (kleine Penne) mit grünem Spargel, Morcheln, Speck und einer Trüffelvinaigrette sind sicherlich ein gutes Pasta-Gericht, weil die Gemüse durch getrennte Garung mehr eigene Substanz behalten haben und der Sauceneinsatz so zurückhaltend ist, daß die Wahrnehmung ihres Aromas nicht gefährdet ist. Es ergibt sich ein sauberes, aber in keiner Weise spezielles Gesamtbild. Man kann sich die Aromen der Gemüse auch noch wesentlich präsenter vorstellen und könnte der Spannung einen größeren Wert einräumen als der geschmacklich eher dekorativen Harmonie mit der kaum getrüffelten Sauce. Es bleibt der Eindruck des qualitativ gesteigerten, „normalen“ Pasta-Gerichtes, es fehlt der Eindruck der substantiell anderen Sicht eines Meisters.

Ist das Geniale an solcher Einfachheit am Ende ein ganz einfacher Trick? Diese Pasta-Gerichte leben in erster Linie davon, daß eine Steigerung zum Italiener an der Ecke ohne weiteres erkennbar ist, während extravagantere Kreationen (Millefeuille von Jakobsmuscheln, Blutwurst und Crêpe) kaum einen direkten Bezug zur geschmacklichen Erinnerung gestatten. Auch bei der dreifachen Thunfisch-Variation fällt es schwer, ein ausreichendes Maß an speziellem Engagement festzustellen. Ein Tatar mit deutlichem Zwiebelanteil, etwas Creme und Kaviar schmeckt ebenso belanglos wie einige Stückchen „à la plancha“ (auf einer glatten Stahlplatte gegart) oder die marinierten Scheiben mit einer Thunfischsauce. Manchmal wirkt ein gewisser Purismus bloß wie ein eiliges Konstrukt und nicht wie eine notwendige Folge, eher nackt und bloß als monolithisch in seiner unmittelbaren Wirkung.

Das Essen bei Mosconi behält diesen Kurs bei. Alles ist gut eßbar, handwerklich sauber gearbeitet und von solider Produktqualität. Aber es ist nichts von jenen speziellen Ideen beseelt, durch die das reine Handwerk erst transzendiert wird. Auch im eher puristischen Fach gibt es diese Transzendierung, etwa dann, wenn nicht das gute, sondern das Hyperprodukt eingesetzt wird und jegliche Behandlung durch das Fegefeuer eines vielfach reflektierten Verständnisses gegangen ist. Davon ist man hier beim Wolfsbarsch mit Vongole ebenso entfernt wie beim Rind mit Artischocken, Bohnen und einer Parmesancreme – von einem fast ungenießbar süßen Dessert („Baba au rhum, sabayon au Marsala, confiture de Amarena et glace au miel") ganz zu schweigen.

Fatal ist der Eindruck, den man in Italien in den besseren Restaurants häufiger haben kann, man bewege sich hier in einer Welt der kulinarischen Gesten und Zitate, nicht einer der individuellen Lösungen. In seltener Geschlossenheit suggerieren Karte und Zutaten den Kosmos italienischer Küche, von Calamaretti und Risotto und Pesto zum Amuse-Bouche über Kapern und Oliven zum Thunfisch, von geschmorten Auberginen und Ofentomaten bis zu Mini-Artischocken. Sie alle ergeben ein schönes Bild, eine Assemblage, aber man bringt sie nicht wirklich zum Sprechen. Alain Ducasse mit seinen oft italienisch inspirierten Kreationen im „Louis XV" in Monaco hat dieses Risiko des Sekundären erkannt und ist ihm kreativ begegnet: indem er dem schönen Schein mehr Plastizität gibt. Im Unterschied zur korrekten Einzelbehandlung verlangt die perfekte Inszenierung des Produktes viele kleinste Manipulationen.

Natürlich hat auch die kulinarisch-entspannte Oberfläche zu vielen Zeiten und Anlässen ihre gute Funktion. Aber man darf sich verwahren gegen einengende Totalitätsansprüche italophiler Fraktionen, deren Ortsbestimmung allzuoft per Abgrenzung – etwa zur „überkandidelten" französischen oder zur „groben", „fetten" und „schweren" deutschen Küche – stattfindet. Auffällig häufig wird in solcher Nationalstilkunde die Küche als Lifestyle-Element instrumentalisiert. Bei Mosconi gerät man an ganz andere Gedanken: Die Arbeit scheint auch in der italienischen Küche, die insofern in einer ähnlichen Lage steckt wie die deutschen Regionalküchen, bei weitem noch nicht getan. Und was passiert? Die jungen Köche überspringen sie einfach und wenden sich dem spanischen Beelzebub zu. Da müssen wir also auf geniale Auslegungen des genius loci noch etwas warten. ❧

04. 06. 2005, F.A.Z., Feuilleton, Seite 36

Das Rotbarbenproblem ist gelöst

Die sechste F.A.Z.-Gourmetvision: Harald Wohlfahrt

In einem Gespräch mit Harald Wohlfahrt fiel einmal die Frage, ob er denn in Paris anders kochen würde als im heimischen Baiersbronn im Schwarzwald. Was kam, war nicht eine routinierte Small-talk-Antwort, sondern eine kurze Pause und dann klare Anmerkungen zur Realisierung seiner Küche unter diesen wahrlich besonderen Umständen. Obwohl er in Deutschland weitgehend als Primus inter pares anerkannt ist, scheint das wahre Format dieses nun fast fünfzigjährigen Meisters international immer noch nicht ganz richtig erkannt zu sein. Dabei ist es ganz einfach zu beschreiben: Man könnte Wohlfahrt auch bitten, ohne Rücksicht auf irgendwelche Beschränkungen das beste jemals realisierte Menü zu schaffen, und hätte gute Aussichten, einen durch und durch seriösen Vorschlag zu bekommen.

Für die sechste F.A.Z.-Gourmetvision entwickelten Harald Wohlfahrt und sein kongenialer Patissier Pierre Lingelser ein überaus einfallsreiches und breit gespanntes Menü, das mit hoher kulinarischer Intelligenz den Bogen zwischen handwerklichem State-of-the-art, Neuinterpretation klassischer Grundlagen und einer Kreativität schafft, die stets sicher an der Spitze der Entwicklung steht. Entspannt verzichtet dieser schöpferische Koch auf prätentiöse Demonstrationen im luftleeren Raum.

Den Anfang machen zwei Amuse-Bouches mit insgesamt sieben Zubereitungen. Der dreifache „Kaviar von Süßwasserfischen" besteht aus einem hochfeinen, in der Geschmackswirkung leicht verzögert einsetzenden Saiblingsschaum mit Limonengelée und Saiblingskaviar, einem Aalschmalz mit Zitronenschale und Lachskaviar, der durch die Aalnähe eine präzise Räuchernote bekommt, und einem Flußkrebsgelée mit Bärlauch und Forellenkaviar. Hier überrascht vor allem das Gelée mit seinem Aroma eines tiefen Consommés, in dem bißfeste Gemüsewürfel mit der ähnlichen Textur des Forellenkaviars spielen. Die „Variation vom kleinen Thunfisch" (Tatar mit Artischocken, Brandade mit Zucchini, Croustillant mit grünem Meerrettich und gebeizt in Sternanismarinade) ist danach ein Musterbeispiel für miniaturisierte Küche mit millimetergenau abgestimmter Finesse, wie etwa dem Texturkontrast zwischen dem Tatar und den gegrillten und ganz leicht krossen Artischockenscheibchen.

Beim „Salat von wilden Kräutern und wildem Spargel mit Steinpilzen in drei Zubereitungen" dehnt Wohlfahrt – endlich einmal – das Spektrum um dezidiert rohe, pflanzliche Aromen aus. Es finden sich nicht nur wirklich ungewöhnliche Kräuter, sondern auch rohe Steinpilzscheiben, die bei einem Carpaccio mit feinsten Nußscheibchen in ihrem minimal nussigen Grundcharakter verstärkt werden. Eine sensationell à point geschmorte Steinpilzscheibe mit einem schönste Erinnerungen wachrufenden Speckragout schließt den Kreis einer naturnahen Kreation sozusagen im Wandel der Zeiten. Die hier schon angedeutete reflektierte Küche setzt sich bei dem „Kartoffelblini mit Rindermark und Kaviar auf Limonenblättersauce" fort. Es handelt sich um eine Variation des Blini-Räucherlachs-Kaviar-Klassikers, wobei die assoziative Brücke die ähnlich schmelzende Textur von Rindermark und Lachs bildet. Wohlfahrt nimmt dem Gericht durch das Mark die mögliche Trivialität des Lachses und optimiert den normalerweise leicht fade-fettigen Nebengeschmack durch eine dezente Überlagerung mit dem Limonenaroma. Was bleibt, ist schiere Delikatesse und eine sensationelle, geradezu sanfte Textur.

Eine ganz ähnlich sanfte Behandlung erfreut beim „Croustillant von Langustine und Jakobsmuschel mit Koriander- und Avocado-Dip". Die häufig eingepackte und kroß fritierte Langustine bekommt hier nur hauchdünne Kataifi-Fäden, die Muschel eine extrem dünne und nur ganz minimal krosse Teighülle. Das leicht elastische Fleisch ermöglicht nun einen präzisen Verlauf des Geschmackserlebnisses von krossem Beginn, sensibel wahrnehmbarer Fleisch-Textur und im Hintergrund vorbeiziehenden Dip-Aromen. Dabei ergibt sich zwischen Jakobsmuschel und Koriander-Dip (mit zusätzlichem Ingwer, Pfeffer und Soja) sogar zunächst eine Karamel-Note, bevor sich das Muschelaroma entwickelt und schließlich ein feiner Koriander-Nachhall übrigbleibt. In einer wahrlich bemerkenswerten Reduktion auf das Wesentliche löst Wohlfahrt auch das Rotbarbenproblem – insofern, als die Rotbarbe von „tranig-fettig" bis zu recht „rustikalen" Aromen sehr vielfältig mißinterpretiert werden kann. Hier liegt ein perfektes Filet mit einer minimal krossen Haut auf einem Ragout von Senfsaat, Ofentomaten, Olivenstückchen und jungem Zwiebellauch: Wieder, wie beim Rindermark, werden mögliche aromatische Störungen ausgeblendet, und es bleibt ein großartiger, durch die variierende Begleitung schillernder Akkord. Hervorragend.

Der Fleischgang setzt nach diesen konzentriert-pointierten Kreationen auf komplexes Zusammenwirken der komplett eingesetzten Teile einer Taube. Die Brust ist mit Löwenzahn-Blütenhonig lackiert und mit Szechouan-Pfeffer gebraten, die Keulen sind als Kompott zubereitet. Ein größerer Crouton ist mit einer Leberpaste bestrichen, ein Kartoffelküchlein mit Innereien gefüllt. Wie ein klassisches Zitat gibt es dazu eine Rouennaiser Sauce (mit Leber-Blut-Bindung), so daß sich ein aromatisch außergewöhnlich spektrales Bild der Taube ergibt – eine Demonstration der geschmacklichen Tiefe bei Verwendung des kompletten Tieres statt isolierter Filet-Stückchen im neudeutschen Stil.

Wohlfahrts Patissier Pierre Lingelser hat sich in den letzten zwei bis drei Jahren zu einem der ganz Großen seines Faches entwickelt, weil hier den Desserts die gleiche strukturelle Aufmerksamkeit zuteil wird wie den „normalen" Gerichten. „Kirschen in Schokoladenkaramel, gefüllt mit Haselnüssen auf Zimtsablé und Ingwereis" deuten dies allein schon im Titel an. Einen wahrlich beträchtlichen Abschluß bildet dann aber das „Crescendo von Valrhona Grand Cru-Schokoladen mit einem Cappuccino von Kakaobohneneis". Lingelser dekliniert hier tatsächlich mit eindrucksvollem Steigerungseffekt die Spitzensorten (Jivara, Manjari, Caraibe und Guanaja) des wichtigsten Schokoladenherstellers der Haute Cuisine. Jede Sorte wird in einer kleinen, höchst subtilen Komposition (Guanaja etwa als Schaum mit einer Schoko-Krokanthülle und einem im Mund explodierenden Ingwerbonbon) präsentiert, alles zusammen erreicht eine strukturelle Dichte, die wir bei den Desserts zu lange vermissen mußten.

Eine abschließende Einschätzung scheint unausweichlich: Es wird auch international schwerfallen, eine vergleichbar komplexe wie substantiell erhebliche Leistung in einem so abgerundeten Menü anzutreffen.

Die F.A.Z.-Gourmetvision Nr. 6 ist vom 8. Juni bis zum 3. Juli zum Preis von 130 Euro im Restaurant Schwarzwaldstube des Hotels Traube Tonbach in Baiersbronn zu bekommen.

11. 06. 2005, F.A.Z., Feuilleton, Seite 30

Grenzpolizisten unerwünscht

Pascal Barbot erweitert in seinem „L'Astrance" die Kochkunst

Noch ist Frankreich nicht verloren und der Sieg der spanischen Kocharmada und ihrer Bundesgenossen nicht unter Dach und Fach. Das traditionelle Schwergewicht unter den das Essen substantiell kultivierenden Nationen hat eben etwas, das andere nicht haben: eine etablierte Spitzenküche mit enormer handwerklicher und konzeptioneller Kontinuität und damit einen Rahmen für kulinarisches Bewußtsein, der klar definiert, welche Darbietung nötig ist, um ein großer Koch genannt zu werden. Da mögen dann ruhig einige schon nicht mehr ganz junge Jungstars (Yves Camdeborde, Gilles Choukroun, Thierry Breton) den Seitenpfad einer vom Aufwand her geregelten Kreativität gehen – im Kern haben die Franzosen einfach ein Gespür für das kulinarische Adrenalin, was sich nur dann in die Adern ergießt, wenn an Großem, Neuem oder Wichtigem gearbeitet wird.

Der gerade dreiunddreißigjährige Pascal Barbot beginnt als einer der ersten seiner Generation das kreative Vakuum zu füllen, das sich seit mehr als einem Jahrzehnt hinter Michel Bras oder Pierre Gagnaire auftut. Grundstein für seine Entwicklung war eine von März 1994 bis zum April 1998 dauernde Zusammenarbeit mit Alain Passard im „L'Arpège", die ihn bei diesem wegen dessen teurer, nicht immer nachvollziehbarer Gemüseküche umstrittenen Drei-Sterne-Koch vom Commis bis zum Sous-Chef führte. Im Juli 2000 eröffnete Barbot dann nach Studien in aller Welt sein „Astrance" und wurde jüngst im Gault-Millau nach einem spektakulären Sprung in der Bewertung (von siebzehn auf neunzehn Punkte) zum „Koch des Jahres 2005" gekürt.

Zu Beginn des Essens sind es – wie so oft – einige Kleinigkeiten, die ganz klare Aussagen über das Profil des Koches machen. Da ist die geheimnisvolle Qualität der Feinabstimmung einer Emulsion von Olivenöl und Parmesan, dieses Treffen eines imaginären geschmacklichen Punktes im Mischungsverhältnis zweier Elemente, das wie der Ausweis der physiologischen Eignung zum Spitzenkoch wirkt. Oder die sofort überzeugende Kombination einer gerösteten Scheibe Brioche (der ansonsten gängigen Begleitung zur Foie gras) mit Bohnenkraut, die Neugier und das Suchen und Finden eines kulinarischen Gehirns andeutet, das noch unterwegs ist.

Dann aber kommt mit den „Glacierten Rübchen (navets) und Bohnen (feves), Rosmarin und Begonien" eine deutliche Reminiszenz an Alain Passard, ein wenig in der Version: „Ich mache es noch schwieriger als der Meister." Die wunderbar jungen und auf den Punkt gegarten Rübchenviertel sind von Passard her bekannt und kein Problem, auch nicht eine Art Begoniensirup in Vinaigrette-Form oder die Begonienblüten. Grenzwertig ist das, was Barbot da als „junge Bohnen" genommen hat. Die in Kreationen mit den ersten Frühjahrsgemüsen häufig anzutreffenden jungen (dicken) Bohnen werden normalerweise als sehr zarte, deutlich grüne und – à point gegart – leicht süßlich schmeckende Gemüse geschätzt. Hier finden sie sich als winzige Gebilde, ganz knapp nach dem Fruchtansatz geerntet. Der Geschmack ist der des unreifen Gemüses, kalt serviert, ohne Süße, mit einem leicht faden, stumpfen Nachhall. Im Akkord mit den Rübchen oder den geschmacklich unauffälligen Begonien und ihrem Sirup sorgen sie für eine unerwartete Breite, ohne wirklich gut zu schmecken, genauer: in die Schublade zu passen, in denen die gutschmeckenden Sachen abgelegt sind. Grenzüberschreitungen wie diese verlangen einen Gourmet, der wahrnehmen und registrieren kann, ohne den Zwang zur (vor-)schnellen Bewertung zu verspüren.

Aber das ist wahrlich nicht der typische Barbot. Der erfreut vielmehr mit unglaublicher Originalität innerhalb des scheinbar Offensichtlichen. Der „Warm servierte Thunfisch mit krossem, jungem Blumenkohl, Gurken und schwarzen Bohnen" begegnet uns hier einmal in einer sensationellen Niedrigtemperaturgarung, die zur Nachahmung als „drittem" Zustand zwischen dem populären „rohen" und der Version „à la plancha" dringend zu empfehlen ist, weil die erreichte Fisch-Textur hervorragend zum Thunfisch paßt. Mit den winzigen Beilagen ergibt sich ein texturell und aromatisch äußerst interessantes Spektrum.

Mit einem ähnlichen Konzept schafft Barbot auch eine ungewöhnliche Hummer-Variante. Sein „Hummersalat mit jungem Kohl und Lamellen vom Meerohr (ormeau)" profitiert zuerst von einer dezidierten Garung des Hummers (leichte Court-bouillon plus dezenten Brataromas), der dann wiederum in einen komplexen, aber sehr zurückhaltenden aromatischen Zusammenhang gestellt wird. In diesem Falle sind es außer Muscheln und Borretsch-Blüten vor allem die hocharomatischen Shiso-Blätter (hier in der roten Variante), die den Aromen markante Frische hinzufügen.

Große kulinarische Intelligenz verrät die Kombination aus Taube, Schokolade und mit Miso lackierten Auberginen. Die traditionelle südfranzösische dunkle Sauce mit Schokoladenbeigabe entzerrt Barbot zu einem sehr puren Taubenjus und Spänen einer hervorragenden dunklen Schokolade. Sodann erschafft er quasi eine künstliche vegetarische Foie gras, weil die Aubergine mit ihrer Miso-Kruste (eine fermentierte Paste aus Sojabohnen) im Akkord mit der Taube quasi wie Foie gras schmeckt. Die wie ein kleines Törtchen aussehende Auberginenzubereitung wirkt allein gegessen zunächst wie Foie gras, wird dann „japanischer" und kehrt wenig später abermals zum Foie-gras-Aroma zurück. Unnötig zu sagen, daß Barbot alle Teile der Taube (Brust, Keule, Flügel) dezent unterschiedlich gegart hat, so daß selbst Keulen und Flügel ganz ausgezeichnet schmecken.

Und weil auch die Desserts erste Anklänge großer Meisterschaft erkennen lassen (zum Beispiel ein wunderbares Stück Schokoladenkuchen mit einer krossen Zwischenschicht), darf man Pascal Barbot mit Fug und Recht unter die Großen einordnen. An seinem Stil versichert und beruhigt ganz außerordentlich, daß er scheinbar mit großer Leichtigkeit da fündig wird, wo andere schon gar nicht mehr suchen. Und zu allem Überfluß verstärkt er auch noch den Eindruck, daß man bei ihm vor allem erst einmal das Prinzip einer aufs neue sensibilisierten Küche erkennen kann. Wenn es so geht, geht es eben auch in Tausenden von Varianten. ❧

18. 06. 2005, F.A.Z., Feuilleton, Seite 36

Vergeßt die Basis nicht!

Kulinarische Regel:
Schlicht darf es sein, aber auf höchstem Niveau

Wenn der interessierte Gourmet nur auf das setzt, was ihm avancierte Köche durch ihre Kreationen mitteilen, wird er nicht weit kommen. Es wird auch keinen Sinn haben, darauf zu warten, daß sich nach soundso vielen Besuchen – selbst solchen mit einer guten stilistischen Bandbreite – ein abgerundetes Bild ergibt. Die Kochkunst muß zwar nicht wie andere Künste ihr Heil in der maximalen Manipulation des Materials suchen und die Übertragung größerer Diffusitäten gedanklicher Art aus dem Kopf auf den Gegenstand zu einem geradezu erwünschten Akt machen. Aber der Eindruck täuscht, daß sie einer Kontrolle durch die Regeln des Handwerks unterliegt. Es kommt eben nicht allein darauf an, ob bei der Herstellung eines Gerichtes physikalische Notwendigkeiten berücksichtigt werden, sondern auch darauf, diesen Kanon von Regeln einer ständigen Prüfung auf Sinnhaftigkeit zu unterziehen. Müssen wir Saucen mit siebenundzwanzig Zutaten haben?

Es zeigt sich heute mehr denn je, daß die Kennzeichnung kulinarischer Zivilisiertheit mit Sätzen wie dem vom Übergang des Rohen zum Gekochten ein verhängnisvoller Irrtum ist – zumindest insoweit darin ein Freibrief für die quantitative Ausweitung kochtechnischer Manipulationen gesehen wird. Wir werden unterscheiden müssen zwischen jenem Reflex, der aus einer prinzipiell nicht übermäßig komplexen Geisteshaltung heraus mehr Möglichkeiten sieht und sich um diese kümmert, und dem weitaus tiefer gehenden, der stets das Ganze im Auge behält. Der Fortschritt findet zunächst auf der Seite des Verständnisses statt und erst in zweiter Hinsicht beim Material – auch wenn in der Praxis eine vielfältige Wechselbeziehung zwischen beiden besteht. Logische Folge eines solchen Verhältnises wäre die Emanzipation der Rede von Rohem und Gekochtem, von mehr oder weniger bearbeitetem Material und von jeder Form der tiefen Erfahrung des Zusammenhanges – ohne dabei zu versäumen, das Komplexe zu würdigen.

Es sollte uns stutzig machen, daß es in der Restaurantszenerie so gut wie keinen Platz für die überaus wichtigen kulinarischen Primärerfahrungen, also die Erfahrungen mit dem puren Produkt in seinen vielfach unterschiedlichen Qualitäten und der Auswirkung minimaler Zutaten auf dieses Produkt, gibt. Ein Beispiel: unterschiedliche Kartoffelsorten in unterschiedlichen Garungen mit unterschiedlicher Rohmilchbutter und Fleur de Sel unterschiedlicher Provenienz. Ein Gegenbeispiel scheinen die Austernvariationen zu sein, denen man gerne ein Exemplar des unbehandelten Produktes als geschmackliche Referenz beifügt. In fast allen Fällen ist dieser scheinbare Akt der Demonstration kulinarischer Sinnfälligkeit jedoch eine Farce: Die Auster wird auf Eis serviert und womöglich noch mit Zitrone, also durch Untertemperierung großer Teile ihres Geschmacksspektrums beraubt, und auch noch mit beiliegender chemischer Keule.

Angeregt stöbert man durch die Niederungen völlig unumstrittener Manipulationen, die geradezu den sicheren Kern zeitgenössischer Kochtechnik auszumachen scheinen, und wird an verschiedenen Stellen fündig, wo offensichtlich begrenztes Verständnis fragwürdigen Fortschritt produziert hat. So ist etwa der Nachweis hobbyköchelnder Kochintelligenz schlechthin, also das sachgerechte Enthäuten und Entkernen einer Tomate, geschmacklich purer Unsinn. Mit Haut und Kerngehäuse beraubt man die Tomate zielsicher ihres Geschmackes – um hinterher möglicherweise über die mangelnde geschmackliche Präsenz von Treibhaustomaten zu diskutieren.

Apropos Tomate. Da wird an Saucen mit Ketchup, Püree aus getrockneten Tomaten, Tabasco und allerlei weiteren Zutaten manipuliert, nicht zuletzt, um den beträchtlichen Verlust an Frische der Tomate in einer warmen Sauce zu kompensieren. Dabei braucht man nur komplette Tomaten (ohne die grünen Teile) zu pürieren und diese Flüssigkeit – vielleicht mit etwas Fond und grobem Meersalz – langsam zu erwärmen. Wenn sie nie kocht, wird sie warm, ohne auch nur im mindesten etwas vom Geschmack der frischen Tomate zu verlieren. Auf die gleiche Weise läßt sich ein beeindruckendes Apfelkompott (eigentlich ein Püree und kein Kompott) herstellen, das alle Vorteile des kompletten Apfels behält und das krasse Gegenteil eines überparfümierten Kompotts mit geradezu weihnachtlicher Opulenz ist. Es reicht wieder, Stiel und Kerne beim Apfel zu entfernen (die empfohlene Sorte ist Elstar), ihn zu pürieren und sehr langsam zu erwärmen. Dieses Püree bleibt roh wie erwärmt im Vollbesitz seiner aromatischen Kräfte.

Selbst der diesen Dingen scheinbar ferne Ferran Adrià hat vor einiger Zeit mit seinen „Air“ genannten Schäumen ein kulinarisch hervorragend nutzbares Grundelement popularisiert. Wenn man Obst- oder Gemüsesäfte (frisch gepreßt oder püriert und passiert) mit einem Mixstab bei hoher Geschwindigkeit aufschlägt, bildet sich ein Schaum. Dieser Schaum ist Produkt pur und nur durch Luftblasen gestützt. Er hat buchstäblich einen Hauch von Aroma und eignet sich deshalb besonders gut zur Parfümierung hochsensibler Produkte (wie etwa ein Apfelschaum zur Auster).

Es scheint gegenwärtig dringend angeraten, in einer Zeit drohender Überzüchtung das kulinarische Bewußtsein durch Rückkopplung an primäre kulinarische Zusammenhänge wieder in eine bessere Balance zu bringen. Dabei geht es mitnichten um „einfache, aber geniale“ Lösungen und ebensowenig um einen ermüdenden Purismus. Es geht um die Rückgewinnung grundsätzlicher, wenn man will: auch „reinerer“ Aromen für alle Formen der Küche. Erst die wiedergewonnene Sensibilität für klare Grundaromen und deren Qualitätsunterschiede wird echte Werkzeuge zur Differenzierung eines ausgeweiteten Küchenverständnisses schaffen. Die kulinarischen Primärerfahrungen sind dabei nur dann simpel zu nennen, wenn sie sich im Anspruch zurücknehmen und nicht den Kern von Qualität und Zusammenhängen im Visier haben. In dem Moment, wo es um optimale Produkte (die Kartoffel in hervorragender Qualität) und ihr Zusammenwirken mit weiteren dieser Art geht (die ungesalzene Rohmilchbutter und Fleur de Sel in hervorragender Qualität), haben wir nicht Einfachheit, sondern schlicht einen Teil der kulinarischen Wahrheit.

Plädieren wir also für die Basiserfahrung als tragendes Element kulinarischen Wissens. Aber unbedingt in einer nicht didaktisch gemeinten oder verstandenen Form, sondern als ursprüngliche Kraft, ohne deren Vorhandensein auch die kunstvollste Kochkunst eine Fingerübung im luftleeren Raum ist. ❧

25. 06. 2005, F.A.Z., Feuilleton, Seite 36

Kulinarik auf die schnelle Tour

Bei Peter Goossens bekommt man einen Crashkurs in Küchenkunst

Das Arbeitszimmer des belgischen Spitzenkochs Peter Goossens erinnert daran, daß Köche in einem System leben, das betreffs Auszeichnungen dem Sport nicht unähnlich ist. Man sieht eigentlich nur Restaurantführer neben Restaurantführer und damit jenes Medium, wo für viele von ihnen die Arbeit buchstäblich auf den Punkt kommt. Doch auch wenn der eine oder andere Koch wohlwollend literarische Leistungen verfolgt, ist im eigenen Metier alles ganz einfach: Drei-Sterne-Koch, zack, zack. Das sagt in der Szene alles.

Der nun einundvierzigjährige Goossens hat es in diesem Jahr mit dem Gewinn des dritten Sterns (und grandiosen 19,5 Punkten im Gault-Millau) zu einem der höchstdekorierten Köche der Welt gebracht und strahlt durchaus eine gewisse sportliche Wettbewerbsorientierung aus. Hier bei ihm in Kruishoutem, in zurückhaltendem Ambiente mitten im Feld zwischen Gent und Kortrijk, soll es einfach besser sein als sonstwo. Erzählen Sie ihm ruhig, im Restaurant XY biete man fünfundfünfzig Zigarrensorten an! Bei Ihrem nächsten Besuch wird Goossens wahrscheinlich sechzig haben (tatsächlich sind es schon mehr als hundert) und sich diebisch darüber freuen, daß er auch in diesem Sektor nichts unversucht gelassen hat.

Aber man sollte sich davon nicht täuschen lassen. An gewissen Stellen, die man individuell unterschiedlich bestimmen kann, wird weitere Steigerung nur noch möglich, wenn neben den Triebkräften auch eine erhebliche komplex strukturierte Substanz vorhanden ist. Es mag lange Zeit verschiedene Wege durch das Labyrinth geben, das letzte Türchen öffnet sich nur mit dem passenden Schlüssel. Goossens nun hat in den letzten Jahren mächtig zugelegt (F.A.Z. vom 28. März 2001) und in einer ungewohnt glücklichen Kombination aus Selbstreflexion und Fähigkeit zur Lösung diffiziler kulinarischer Fragen an genau den richtigen Stellen weitergearbeitet. Heute zählt er endgültig zu den ganz Großen seiner Zunft.

Drei Merkmale geben seiner Küche ihr unverwechselbares Profil: ein regionaler Bezug, der ohne banale Reminiszenzen an die eben nicht per se heiligzusprechenden Regionalgerichte auskommt; sodann das weitgehende Fehlen des klassischen Geschmacksbildes; und, drittens, eine oft hochentwickelte strukturalistische Gestaltung seiner Kreationen. Goossens benutzt konsequent die Produkte, die das kulinarische Gesicht seiner Heimat ausmachen, aber ausschließlich unter dem Gesichtspunkt, daß sie über einen klaren Geschmack verfügen. Auf diese Weise landet also das süßliche Geuze-Bier als Granité mit Nüssen und durchaus klar erkennbar im Amuse-bouche, die Pommes frites werden in Kombination mit einem Mixed-Pickles-Eis zitiert oder Austern mit Hopfensprossen und Brunnenkresse angereichert. Und niemals wirkt das aufgesetzt, sondern immer kulinarisch zwingend. Man kann sich nur über die Selbstverständlichkeit wundern, mit der scheinbar minderwertiges oder scheinbar zu Tode bemühtes Material sich doch als Grundlage einer meisterlichen Küche eignet.

Dazu kommt eine enorme Präzision bei der Feinabstimmung, die Goossens zum Beispiel befähigt, Langustinen mit einer Kartoffelcreme, einer geschmorten Kalbsbeinscheibe, Artischocken und Kaviar in einer kalten Kreation zusammenzuführen. Hier schlägt sich die Erkenntnis nieder, daß sich der Kaltgeschmack gegarter Produkte zwar verändert, aber nicht zwangsläufig verschlechtert und daß man mit diesem veränderten Geschmack durchaus sehr speziell arbeiten kann.

Im Laufe der Jahre hat Goossens seine zunächst eher intuitiv betriebenen, strukturalistischen Ansätze („Ein Gericht muß immer etwas Krosses haben") zu einer erheblichen Verfeinerung gebracht. Sein „Tatar von Jakobsmuscheln und Rinderfilet mit Krabbe, Mozzarella und Sojagelee" wird auf konsequente Weise in Form zweier länglicher Törtchen geboten, die dem Esser den Akkord stärker vorgeben. Der Aufbau allein des ersten Törtchens macht die komplexe texturelle und aromatische Breite sichtbar. Es gibt einen krossen Blätterteigboden, darüber Jakobsmuscheln in Scheiben und genau dazu passend dimensionierte Filetscheiben. Die texturelle Ähnlichkeit der beiden Elemente führt zu einer unmittelbaren Vermischung bei der geschmacklichen Wahrnehmung, wobei der leicht verzögerte Aufschluß der Aromen durch die krosse Wirkung des Teigs überlagert wird und die unterschiedliche geschmackliche Dimension (das Fleisch bleibt etwas länger präsent) durch Olivenringe und Gurke da ergänzt wird, wo nur noch Textur, aber nicht mehr viel Aroma vom Fleisch vorhanden ist. Aromatisch gewinnt die Kreation also zeitverzögert erheblich an Breite und wird beendet von einem sich erst spät aufschließenden deutlichen Aroma von frischgemahlenem Pfeffer bester Provenienz.

Es ist überaus lehrreich zu sehen, was passiert, wenn sich Goossens mit dieser Technik einem scheinbar normalen Gericht nähert, das man in der grundsätzlichen Anlage häufiger finden kann. Sein Steinbutt liegt geradezu klassisch auf einem Spinatbett, dem allerdings durch weiße Bohnen eine Textur mitgegeben wurde, die mögliche texturelle Fehlinterpretationen zwischen Fisch und Spinat mildert (matschiger Spinat läßt unter Umständen den Fisch nicht so gut wirken). Mit den festeren Bohnen wirkt der Spinat wieder stärker wie Gemüse. Auf dem Fisch liegt ein Kräutermix mit präzise dimensionierten Stückchen, darauf ein Plättchen (Tuile) aus geschmolzenem und kroß getrocknetem Parmesan. In einer Schwertmuschel (Couteau) daneben findet sich ein hochfeines Bouillabaisse-Ragout, weiter auch noch kleine Tintenfisch-Stückchen. Der komplette Zutaten-Mix ist in Textur und Aroma so ausgetüftelt, daß der Fisch als Hauptprodukt erhalten bleibt, dabei aber eine überaus vielfältige Fassung erhält.

Dies also ist kulinarischer Stereoeffekt, ein Breitwandgeschmack von hoher Plastizität. Ist die Klassik eher mono, wenn etwa der Doyen der belgischen Küche, Pierre Wynants, eine ausgezeichnete Seezunge mit einer großartigen Riesling-Mousseline verbindet und es dabei beläßt? Ist es bei Goossens nicht zuviel, sondern viel mehr? Man wird das Verständnis der kulinarischen Klassik unter dem Druck solcher Entwicklungen im Auge behalten müssen.

Manchmal scheint es gar, als würden in bestimmten Assemblagen Geschmacksobertöne ein eigenes Gewicht bekommen, als würden nicht nur vordergründig passende Akkorde entstehen, sondern die vielleicht dritten, vierten oder fünften aromatischen Noten der Produkte miteinander reagieren und ein neues Aroma ohne eigentlich physische Existenz erzeugen. Die Taube mit Trüffeln, kroß getrocknetem grünem Speck, Totentrompeten und einer Reduktion von Banyuls mit Salbei ist so ein Fall. Die Reise geht weiter und weiter. ❧

02. 07. 2005, F.A.Z., Feuilleton, Seite 36

Die Bocuse-Revival-Brigade

Ein echter Michelin-Star sollte keine Cover-Gerichte kochen

Die Unsicherheit ist eine schlechte Köchin, aber ausgerechnet diese Teilzeitkraft arbeitet heute in vielen unserer guten Restaurants. Wonach soll man sich denn auch richten, wenn es zum Brauch der Küchenkreativen geworden ist, aus kommerziellen Gründen in jedem Falle das Fähnlein nach dem Wind zu hängen? Es ist ja längst nicht mehr genug, die sogar küchentechnisch schon überholten Klassiker zu wiederholen, und selbst der Bezug auf die Generation anerkannter Altmeister der Nouvelle Cuisine bringt heute kein Profil mehr.

Soll man der molekularen Küche der Heston Blumenthal oder Ferran Adrià folgen – immer darauf bauend, daß das verehrte Publikum selbst nach Jahren noch so uninformiert ist, daß es ein dreifach geschichtetes Schäumchen für den Eintritt in die große Welt der Koch-Zampanos halten wird? Oder soll man sich am internationalen Flair der rund um den Globus austauschbaren Weltküche orientieren – kondensiert, nein: geronnen in den Kasserollen der großen Hotels? Oder am Ende doch den so strahlend erfolgreichen Weg des ersten Multimillionärs der Kochgeschichte gehen, also Alain Ducasse nachahmen und als kulinarischer Konzernchef ganz groß ins Geschäft einsteigen und zugleich mit Hilfe vieler guter Zuarbeiter und ständig steigender Marktmacht „richtig gute Küche machen"? Das Problem ist, daß die Entscheidungen bei den Köchen noch nicht gefallen sind und wir auf vielen Tellern auf prozessuale Schlacken treffen (ein Begriff, der hier wie in der Medizin sowenig gefallen will wie die Sache, die er bezeichnet). Das so angenehm kompakte Alte schwindet, das Neue wird nie mehr so überschaubar sein. Lange konnte man nichts falsch machen. Heute kann man nichts mehr richtig machen.

Nicolas Stamm vom Restaurant „La Fourchette des Ducs" in Obernai im Elsaß gehört zu jenen Köchen, denen der französische Guide Michelin in seiner aktuellen Ausgabe – einigermaßen überraschend – einen zweiten Stern zugesprochen hat. Es ist fraglich, ob man diesem durchaus talentierten Koch damit einen Gefallen getan hat oder nicht doch seine bei weitem nicht abgeschlossene Entwicklung allzu früh mit jener Bedeutungserhöhung befrachtet, die nun einmal eine solche Einstufung mit sich bringt. Es beginnt mit jener heutzutage fast überall anzutreffenden Parade von Kleinigkeiten (hier sind es sieben in zwei Lieferungen), die regelmäßig sehr zeitgenössisch ausfällt und doch nur dann erfreut, wenn auch im kleinen Detail die Hand eines Könners sichtbar wird. Das Hörnchen (mit einer unausgewogenen Creme von Parmesan und Trüffel) ist da, auch einige Holzspießchen (mit einer nicht richtig funktionierenden karamellisierten Kirschtomate, die viel von ihrem Effekt verliert, wenn sie nicht die richtige Temperatur hat) und natürlich ein Glas mit mehreren Schichten gleich neben der unter zuviel Ingwer und Zitrone leidenden Auster. Klischees in aufwendiger Präsentation ohne wirkliches Verständnis für die Mechanik des Geschmacks.

Es folgt ein hervorragend abgestimmtes Gericht. Das „Duo von Langustinen als Tatar und Gelée mit einem Blumenkohlmousse und Kaviar" wird in einem Suppenteller serviert, dessen Inhalt zunächst ausschließlich aus Schaum zu bestehen scheint. Darunter finden sich drei Schichten, einmal das Langustinengelée, dann eine Schicht Kaviar und zuunterst ein Carpaccio/Tatar von Langustinen. Es ergibt sich eine hochfeine, zurückhaltende Parfümierung und texturelle Varianz auf engstem Raum. Ist dies Nicolas Stamm, zumindest in seiner Fähigkeit zur Strukturierung einer Kreation, oder ist dies ein Zufallstreffer?

Der in Kreuzkümmel pochierte Hummer mit Avocadopüree und einem von Zitrone parfümierten Olivenöl läßt keinen anderen Schluß als den auf Unverständnis des Kopisten zu. Das Gericht erreicht den Gast eiskalt; eine sinnlos große Menge an säuerlich gehaltenem Püree begleitet nicht erkennbar parfümiertes Hummerfleisch, dessen Südpoltemperatur allerdings ohnehin jedes Aroma auslöschen müßte. Es dominiert die Geste, es mangelt an Verständnis.

Natürlich kann man eine Taube extrem puristisch präsentieren und quasi auf jede Beilage und jedwede von außen hinzugefügte Artistik verzichten. Es wäre dies die Sprache der großen Meister, die in voller Einsicht in eine superbe Produktqualität und eine dazu passende exquisite Garung demonstrieren, daß man nicht mehr braucht. Aber diese Demonstration muß, so sachlich darf es mit einem Wort puristischer Kritik gesagt sein, funktionieren. Bei Stamm bleibt ein karger Teller übrig, der nicht trägt und so zur reinen Prätention wird.

Mißmutig stimmt die Bewertung durch den Marktführer unter den Restaurantführern, der offenbar ohne Interesse an der Differenzierung dem Kult einer ominösen handwerklichen Oberfläche verfallen ist. Solche Scheinevidenz führt auf einen zu eng gefaßten Begriff von Qualität: Formalistisch werden die Garzeiten ausgelegt, anachronistisch wird die Güte der Produkte beurteilt. Ein individuelles Profil stört da nur. Träte vielleicht die Meisterschaft der Meister schärfer hervor, wenn von den Epigonen Originalität gar nicht erwartet würde? Dann müßte sich die Unsicherheit der Köche nicht in der Unsicherheit der Tester fortpflanzen, die ein Pauschalwert wie „zwei Sterne" notdürftig kaschiert.

Da gibt es doch in der Popmusik die klare Trennung zwischen meist lokal begrenzt arbeitenden Cover-Bands und solchen, die ausschließlich individualisierte Kompositionen benutzen. Üblicherweise widmet sich die komplette Aufmerksamkeit von Medien und Kritik den individualisierten Formen. Undenkbar, daß sich das Konzert einer Cover-Band überregionaler Beachtung erfreuen könnte, von intensiveren Würdigungen ganz zu schweigen. Wäre es da nicht von einer gewissen Konsequenz, auch die Küche stärker in Autorenküche und solche von rein reproduktivem Charakter zu unterteilen – zur Ehre der Urheber wie zur fälligen Relativierung der Nachkocher?

Wer hat ein Interesse daran, das Lob der Cover-Köche zu verbreiten? Standesorganisationen, die durch Ausschüttung von Auszeichnungen die Suggestion flächendeckender Qualität erzeugen. Ein Restaurantführer ist mehr als ein Branchenbuch und sollte die Unterrichtung der interessierten Öffentlichkeit über die Standesinteressen stellen, die getestete und testende Köche nur scheinbar verbinden. Nicolas Stamm erscheint trotz seiner zwei Michelin-Sterne nicht im aktuellen Gault-Millau France. Das kann triviale Gründe haben, auch wenn eine erste Bewertung dort vor zwei Jahren sehr zurückhaltend klang. Man darf sich immerhin vorstellen, daß eine solche Nicht-Nennung mit System vorgenommen sein könnte. Mit Bedauern angesichts eines Mangels an individuellem Profil und mit Sinn für ein neues Verständnis des Metiers auf seiten des Restaurantführers. ❧

09. 07. 2005, F.A.Z., Feuilleton, Seite 34

Das Beste ist nicht gut genug

Spitzenkochschelte: Heston Blumenthal hätte noch viel zu überlegen

Die Rezeption des britischen Koch-Avantgardisten Heston Blumenthal gerät zunehmend in erhebliche Schieflage. Ein neuer, wohl für lange Zeit jede reale Einschätzung blockierender Höhepunkt ist die Benennung zum „besten Koch der Welt" durch die von der Londoner „Times" verbreitete, naiv-uninformierte Liste der „50 Best Restaurants in the World 2005", die die Fachzeitschrift „Restaurant Magazine" erstellt hat. Die so erzielte welweite Aufmerksamkeit verlangt nach griffigen Bildern, die gerade bei Blumenthal mit seinen nur am Rande kulinarisch bedeutsamen sensorischen Demonstrationen naheliegen.

Es mag ja verblüffend sein, an einer bestimmten Stelle aus einem Glas zu trinken, um die Flüssigkeit als kalt zu empfinden und nach einer Drehung um 180 Grad einen warmen Schluck zu bekommen. Kulinarisch beachtenswert aber ist es nicht. Man braucht auch nicht über die Entdeckung von Senfmolekülen im Rotkohl zu reden, um dessen Saft mit einem Senfeis zu kombinieren, wie überhaupt der in diesem Zusammenhang gern genannte Begriff der „Molekularen Gastronomie" schon überstrapaziert erscheint, bevor dessen Protagonist noch etwas anderes als gefällige Taschenspielertricks produziert hat. Blumenthal läuft Gefahr, modisch auf Hypermoderne festgelegt zu werden, obwohl er sich in seinen Arbeiten dem Kern der Moderne (einer integrierten Sensorik in komplexen aromatischen Zusammenhängen) bisher nur selten und dann auch nur halbsystematisch genähert hat.

Das Degustationsmenü in seinem sehr zurückhaltend gestalteten Restaurant in Bray/Maidenhead an der Themse besteht aus siebzehn Teilen – von Einzelelementen wie dem Eis aus Grüntee, Limone und Wodka aus der Kühlung mit flüssigem Stickstoff zum Beginn bis zu konventionell aufgebauten Gerichten. Es gibt sechs Teile, die eher spielerisch wirkende Effekte demonstrieren. Typisch dafür ist etwa das Servieren einer kleinen Pappschachtel, in der sich ein Tütchen mit Cornflakes zu befinden scheint. Dazu wird natürlich auch Milch serviert. Die Cornflakes entpuppen sich als getrocknete Scheiben aus Petersilienwurzel, und auch das Aroma der Milch ist durch eine Infusion aus Petersilienwurzel bestimmt (Petersilie selbst hätte die Milch ja grün gemacht und damit den Überraschungseffekt verhindert). Kulinarisch substantieller ist der Inhalt eines Objektes, das man als Spender für Wrigley's-Pfefferminzblättchen identifizieren kann. Bei Blumenthal findet sich darin ein Blättchen mit Eichenaroma, das auf der Zunge einen stumpfen, leicht nachhaltigen Effekt bewirkt und so quasi einen Gewürzraum erzeugt, in dem die dazu servierten Elemente (eine leicht krosse Scheibe Toast mit Trüffeln, in einem Behälter Foie gras mit Langustinencreme und Wachtelgelee) parfümiert werden (man nennt es hier „intensiviert"). Notabene: Ein Löffel mit einer Flüssigkeit könnte leicht die gleiche Funktion übernehmen, es muß aber ein Blättchen im Blättchenspender sein. Die Fortsetzung per Trüffel und Foie gras immerhin ist geschmacklich hervorragend, wenn auch auffällt, daß Blumenthal das Trüffelaroma durch die zuwenig krosse Brotscheibe unnötig vermischt.

Ein wichtiges Element von Blumenthals Küche ist die Akkorderfindung, deren Inszenierung allerdings nicht durchgehend gelingt. Er serviert zum Beispiel eine Auster mit Meerrettich, einem Zuckerplättchen und Lavendel. Das ergibt einen durchaus interessanten, plastischen Verlauf: vom krossen Zuckerplättchen über die sofort wirksame Meerrettichcreme bis hin zum enormen Nachhall des Lavendelaromas. Der Austerngeschmack bleibt dabei allerdings mangels Kontrolle der Intensität auf der Strecke.

Nicht ganz unproblematisch ist eine gewisse Vorliebe für sehr gesättigte, „dicke" Aromen. Eine Beispiel dafür ist Blumenthals Zusammenfügung von Lachs und Lakritze. Letztere gibt nicht nur die Basis für einen Geleemantel ab, der den Lachs bedeckt, sondern beim Servieren wird von einer Lakritzstange noch mehr davon über das Essen gehobelt. Unabhängig davon, ob eine solche Kombination wirklich ein Gewinn ist, leidet hier der Lachs unter einer gewissen Blockade seiner eigenen Aromen, vor allem durch eine als Beigabe gereichte, viel zu penetrant geratene Vanillemayonnaise, die zudem in völlig sinnloser Menge vorhanden ist. Wesentlich besser gerät da ein Dessert mit Erdbeeren, Oliven und einer Infusion aus Lederaroma samt weiterer Elemente, darunter ein Rührei mit Pistazien. Wenn Blumenthal das „Bunte“ an diesen Akkorden unter Kontrolle bekäme, könnten sie sehr interessant sein.

In all dem durchaus kurzweiligen Getümmel fällt aber auch auf, daß Blumenthal die Fähigkeit zu subtil abgestimmten Kompositionen hat. Sein Porridge (aus Gemüsefond, Mandelpulver und Petersilie gemacht) mit Schnecken, getrockneten Schinkenstreifen und rohen Fenchelspänen ist in der beherrschten Struktur von der Machart ganz großer Köche. Hier dominiert eine sensibel ausgewogene Balance zwischen breitem Aroma und ziselierter Texturvariation, bei der alles am bestmöglichen Platz ist. Auch die Taube mit einer angeschmorten Zwiebel, Pistazienkernen, Kohlrabi, einer krossen Bastilla von Keulenfleisch und Innereien glänzt durch hervorragende Technik (Garung der Taube) und sensibelste Abstimmung.

Andererseits fallen Versuche in einem lediglich texturell durchdachten, aber aromatisch diffusen, leicht asiatischen Fach (Sardineneis mit etwas krossem Toast, Makrele, Senf und mariniertem Daikon/Rettich) eher schwach aus, so daß man über die Gründe für diese qualitative Bandbreite spekulieren muß. Dabei sollte man über den Einzelfall Blumenthal (und Adrià, der in diesem Zusammenhang der Mann für die Basisforschung ist) hinausgreifen und darauf hinweisen, daß in der Küche anders geforscht wird als in anderen Bereichen. „Was kann man alles machen?“ ist hier der Leitfaden und „Wohin wollen oder können wir gehen?“ Dem Publikum gefällt im Moment noch sehr, was dabei herauskommt, und die Kritik fällt nicht selten darauf herein. Substantieller Fortschritt dagegen (als vertieftes Verständnis von Koch und Bekochtem) mag zwar schwieriger zu realisieren sein, hat aber den Vorteil, den kulinarischen Genuß in alle Bereiche des Lebens zu tragen. Die Freude an einem wahrlich kurzweiligen Essen bei Heston Blumenthal sei wirklich jedem gegönnt und auch dringend empfohlen. Die Titulierung als „bester Koch der Welt“ allerdings interpretiert das Falsche falsch. Und daraus ergibt sich leider keine richtige Betrachtung. ❧

16. 07. 2005, F.A.Z., Feuilleton, Seite 32

Warum denn nicht gleich so?

Evident: Olivier Roellinger zieht den Hummer durch den Kakao

Olivier Roellinger, der überragende Fisch- und Gewürzspezialist aus Cancale in der Bretagne, schafft es immer wieder, in allergrößter Friedlichkeit die Gourmets in Freunde und Feinde zu spalten. Nach wie vor ist der dritte Michelin-Stern noch nicht angekommen, auch wenn man ihn – was nach so langer Arbeit auf höchstem Niveau nur als Zynismus verbucht werden kann – in die neue Kategorie der „Hoffnungsträger“ für den dritten Stern aufgenommen hat.

Roellinger vereint in seiner Person wie kaum ein Kollege alle Merkmale des modernen Kochs. Auffällig ist zunächst eine weitgehende Emanzipation vom oft sehr eng ausgelegten, klassischen Geschmacksbild mit der Vorliebe für meist buttrig-sahnig-süßlich gefaßte „Luxusprodukte“. Selbst Spuren des klassischen Geschmacksbildes wird man bei Roellinger kaum finden. Statt dessen, was in der Küche „Stil“ genannt zu werden verdient: eine erhebliche Individualität, Ergebnis einer Kreativität, die sich undogmatisch auch von scheinbar unumstößlichen, tatsächlich aber nur unreflektiert tradierten Regeln löst, etwa bei der Saucenkonstruktion oder beim Gewürzeinsatz.

Alles wird – ein weiteres Merkmal des modernen Kochs – fast ausschließlich mit regionalen Ressourcen realisiert, zu denen neben den Produkten auch die Traditionen zu zählen sind. Als schöpferisch erweist sich der Weg einer intensiven Recherche, die einerseits ihren Blick unvoreingenommen auf das Vorhandene richtet und es einer ständigen Überprüfung aussetzt, andererseits aber auch in der Lage ist, völlig neuartige Strukturen zu entdecken – wozu auch eine differenzierte sensorische Organisation der Kreationen gehört. Die gesteigerte Sensibilität in der Handhabung des Materials ergibt sich als Folge des höheren Grades an Durchdringung aller Prozesse. Das Rad mag man nicht neu erfinden können, aber hat man nicht nach dem Rad noch Flugzeuge und Raketen entwickelt?

Bei Roellinger sorgten zuerst die Gewürze und speziell einige grandiosoriginelle Mischungen („Retour des Indes“ für einen St.Peters-Fisch oder „Grande Caravane“ für Lamm) für Aufsehen. Leider wurde bisweilen – vermutlich per Ferndiagnose – hier und da entschieden, daß deren eigentlich höchst subtiler Einsatz sich nicht so recht mit den Regeln der traditionellen Haute Cuisine verträgt. In der Rückschau erscheint es fast so, als wäre Roellinger seit dem Beginn der neunziger Jahre mit den falschen Sachen bekannt geworden. Alle sprachen – griffig – von den Gewürzen, niemand von der überragenden Produktbehandlung und extremen Sensibilität seiner Küche. Erfreulich ist, daß der Meister keine Versuche unternommen hat, sich dem falschen Bild, das von ihm im Umlauf ist, anzupassen. Ganz im Gegenteil. In den letzten Jahren hat sich eine noch stärkere Individualisierung mit ebenso originellen wie zurückhaltenden Ausprägungen ergeben.

Früher ging es mehr oder weniger um „Currys", was eigentlich ein Sammelbegriff für Gewürzmischungen ist. Heute entwickelt sich eine verblüffend evidente Küche aus einer ebenso verblüffend andersartigen Interpretation der Produkte. Da gibt es etwa den Steinbutt, dessen makellose Frische und Qualität schon legendär ist, in einer sehr naturnah wirkenden Fassung mit einer Kruste aus Sesam, Leinsamen, Mohn, Pistazien, Nüssen und Mandeln. Dazu kommt ein Gemüse von im Haus gezogenen Getreidesprossen und ein leicht süßes Pampelmusenconfit. Der „getreidige" Hintergrund paßt sowohl in seiner Zurückhaltung wie auch in seinem milden aromatischen Spektrum ganz hervorragend zum Steinbutt und läßt dessen Geschmack komplexer erscheinen. Wenn man so will, werden hier bisher wenig beachtete Noten, die sich aus der Analyse des reinen Produktgeschmacks ergeben können, präzise verstärkt – mit einem Resultat, an dem man nicht mehr herumdeuteln kann, das in diesem Sinne bei aller Originalität evident wirkt.

Ähnlich ist die Wirkung einer Tauben-Kreation, deren Beilagen ein so verwirrend-faszinierendes Spiel entfachen, daß die – durchaus normale – Portion nicht ausreicht, um alle Kreuzundquerverbindungen zu ermitteln. Man hat also etwas Jus von roten Johannisbeeren, fast rohe Erbsen, recht krosse Stückchen von Staudensellerie, etwas Haut von Feigen, Navets, Blattsalat und eine grandiose Mandelcreme mit einer leichten Zitrusnote. All dies ist ausgesprochen sachdienlich inszeniert und verrät in Differenziertheit und Proportionierung eine erhebliche kulinarische Intelligenz. „Naturnah ohne eine Spur von Bio-Ideologie" nennt Roellinger diesen Aspekt seiner Küche. Verwundert nimmt er zur Kenntnis, daß eine Verknüpfung der breiten Öko-Szene mit einer entsprechenden Gastronomie in Deutschland bislang ausgeblieben ist.

Die Freunde von Roellingers Gewürzküche kommen aber durchaus nicht zu kurz. Neben den Klassikern gibt es ungewöhnliche Neuentwicklungen wie den „Hummer mit Sherry und Kakao". Auch diese Kreation – deren Titel zunächst zum Kopfschütteln Anlaß gibt – belegt Forscherfleiß und Klugheit des Meisters. Die Idee basiert auf einer traditionellen Rezeptur aus dem neunzehnten Jahrhundert, die den Kakao mit scharfen Pfefferschoten (und nicht etwa mit Zucker) kombinierte. Diese Herbheit wird nun bei Roellinger extrem zurückhaltend eingesetzt und zudem durch einen Katalysator, den leichten Rauchgeschmack eines Sherry Amontillado, mit dem angebratenen Hummer verknüpft, zu dem ein leichter Rauchgeschmack im Hintergrund immer gut paßt. Dazu kommt etwas Vanille, Koriandersamen und Rocou, was dem Ganzen eine erhebliche Breite und Tiefe verleiht und – bei aller verbleibenden Fremdheit – die Frage auslöst, warum man denn den Hummer bisher nie in einer solchen Form vorgefunden hat. Vielleicht erkennt man den avanciertmodernen Küchenkreativen am besten an dieser Selbstverständlichkeit im scheinbar Fremden.

Und so ziehen sie vorbei, die Bigorneaux mit Petersilienjus, die Langustinen mit Muskat-Öl und grüner Zitrone, die Petoncles (quasi die kleinere Version der Jakobsmuschel) und die Felsenrotbarben, und alles hat Qualität und die Selbstverständlichkeit der Natur oder dessen, was im Einklang mit der Natur geschieht. Wie Roellinger die Qualität seiner Produkte hält und steigert, das müßte deutschen Köchen eine Lehre sein. ❧

23. 07. 2005, F.A.Z., Feuilleton, Seite 36

Die Würfel sind zerfallen

Martin Kruithof als Beispiel: Ohne Kriterien vergeht die Klassik

Noch vor wenigen Jahren konnte man den Eindruck haben, daß die Einschätzung zeitgenössischer Küchenstile vor allem unter einem unreflektierten Vergleich mit den gewachsenen Formen der Spitzenküche litt. Ob Aromenkombinationen oder Integration unüblicher Realien, ob Portionsgrößen oder Anrichteformen: Alles wurde an dem gemessen, was sich im zwanzigsten Jahrhundert, von Frankreich ausgehend, als bürgerliche Hochküche entfaltet hatte. Im Hintergrund stand dabei selbst für die profiliertesten Protagonisten eher die Selbsteinschätzung, es doch eigentlich genauso gut zu machen wie die maßstabgebenden Großmeister, und weniger das klare Selbstbewußtsein, an der Entwicklung neuer Wertigkeiten beteiligt zu sein, die früher oder später die alten mindestens ergänzen werden. Heute sieht es im Lichte der Koexistenz weltweit beschriebener, beworbener und bewerteter kulinarischer Aktivitäten anders aus. Es besteht Anlaß, an universelle Kriterien zu erinnern, durch deren Anwendung sich bei jedem Küchenstil die Spreu vom Weizen trennen läßt.

Bei unseren Nachbarn in den Niederlanden erfreut sich eine deutlich zeitgenössisch orientierte Spitzenküche hoher Wertschätzung. Köche wie Jonnie Boer („De Librije" in Zwolle), Sergio Hermann („Oud Sluis" in Sluis bei Brügge) oder Hans van Wolde („Beluga" in Maastricht) repräsentieren eine Küche, die sich geschickt zwischen den polarisierenden Avantgardisten von Pierre Gagnaire über Ferran Adrià bis zu Heston Blumenthal bewegt. Sie wird gestützt von einer Kritik im eigenen Lande, die Holland längst nicht mehr in der Rolle des unverstandenen Underdogs sieht und sich nun – ganz im Gegenteil – in wohliger Einigkeit mit den Zeitläuften wiegt. Seht ihr, wir haben es ja schon immer gesagt! So hört man es zwischen den Zeilen klingen und beobachtet erstaunt, daß Gastronomieführer wie „Lekker" angeblich über wahre Heerscharen hochqualifizierter Beobachter verfügen, die in einer bisweilen wahrhaft beckmesserischen Art und Weise am kulinarischen Modell „Niederlande" herumschnitzen. In einem nicht unwesentlichen Falle kommen allerdings lokaler Zeitgeist und die genannten allgemeinen Probleme in der Einschätzung von Küchenleistungen aufs merkwürdigste zusammen. Hat man im Falle des Restaurants „De Lindenhof" in Giethoorn etwa den Faden verloren? Oder besser gesagt: Hat man überhaupt jemals einen Faden gehabt?

Martin Kruithof ist ein Schüler des Dreisternekochs Jean-Claude Bourgueil („Im Schiffchen", Düsseldorf). Sein klassisch orientierter Stil deutsch-französischer Herkunft wird in den Niederlanden viel zu hoch bewertet. Mit einem zweiten Michelin-Stern und nunmehr achtzehn Punkten im „Gault Millau" gehört er von der Papierform her zu den Großen seiner Zunft. Mangelt es hier – was für eine Wendung nach Jahren modernistischer Wallungen – an den Maßstäben für eine eher traditionell begründete Küche, wie Kruithof sie, nun ja, pflegt? In der Realität seines in idyllischer Umgebung gelegenen Restaurants am Rande des wegen der Wasserläufe beliebten Ausflugsorts Giethoorn kann man so durchgehend enttäuschende Beobachtungen machen, daß weder Tagesform noch sonstige Unwägbarkeiten dafür verantwortlich sein können. Hier wird einfach nicht besonders gut gekocht.

Schon unter den zahlreichen Amuse-Bouches verwundern eine Wachtelkeule ohne jede Besonderheit, eine recht grob schmeckende Langustinenbouillon, deren Ableitung von dem zarten Ausgangsprodukt nicht nachvollziehbar ist, oder ein Holzspieß mit Kartoffel und Olive nach Art und Qualität eines kalten Büffets. Es mißfällt sodann, daß einer Hummersuppe – ebenso kräftig und ohne Finesse wie die Langustinenbouillon – als Einlage nur das stark verdichtete und geschmacklich meist nicht besonders feine Fleisch aus den Spitzen der Scheren gegönnt wird. Der „Steinbutt mit Gänseleber und altem Sherry-Essig" kommt in auffällig dünnen, aber kräftig gebratenen Scheiben – in dieser Preisklasse von Restaurants sind sonst die besser schmeckenden, großen Exemplare Standard. Die Scheibchen können mit den viel zu flüchtigen, rohen Foiegras-Röllchen kaum reagieren. Diese schmelzen natürlich sehr schnell und bilden dann einen bizarren Akkord mit den bitteren, von Strünken durchsetzten Salatstückchen.

Das Lammfilet wird in einer dünnen, fast matschig wirkenden Schicht serviert, der mangels Substanz ein Fleischgeschmack nicht zu entnehmen ist, und auch die Taube wirkt malträtiert: banal die handwerkliche Behandlung (keine anspruchsvolle Garung), sinnlos die aromatische Begleitung mit zerfallenden Würfeln von roter Bete. Selbst das Dessert – sonst gerne ein Höhepunkt zumindest publikumswirksamen Engagements – gerät mit wahrlich schlicht marinierten Früchten zu Vanilleeis drittklassig.

Alle Versuche, per Gedanken an Purismus oder produktnahes Denken diesen Kreationen interpretatorisch Qualität einzuhauchen, müssen angesichts dieser ernüchternden Leistung scheitern. Trotz einiger höchst minimaler Lichtblicke wird man sie unterhalb jeglicher Sterne lokalisieren. Warum aber sollen wir uns befassen mit diesem Koch, der so kocht, wie er kocht? Seine Berühmtheit ist ein Beleg für den Verdacht, daß in einer Phase explosiver stilistischer Ausweitung der avancierten Küche die Maßstäbe für hervorragende, klassisch verwurzelte Küche abhanden zu kommen drohen. Bei Kruithof scheint die lokale Kritik (es gibt allerdings auch deutlich negative Einschätzungen von Kollegen) nicht mehr zu wissen, wie überragend Produktqualitäten sein können oder daß Garungen bisweilen so exquisit geraten, daß man zum Beispiel bei der Taube buchstäblich weder Sauce noch Beilage benötigt und trotzdem das Gefühl hat, rein gar nichts zu vermissen. Man kann in langwierigen Verfahren und mit außerordentlich gut trainierten Geschmackspapillen Saucen realisieren, deren Tiefe und Finesse sich bis heute jedem Zugriff eiligerer Köche entzieht. Man kann schließlich ein Essen von Charakter erzeugen, das durch und durch als Gestaltwerdung eines kulinarischen Geistes wirkt und keinerlei Spuren von Berechnung zeigt, weder in Form modernistisch-anbiedernder Elemente noch als sparsame Lösungen für anspruchsvoll gemeinte Konzepte.

Die internationale Küche braucht heutzutage für eine wirkliche Entwicklung aus den Traditionen ihres Faches heraus in eine fast unendlich wirkende Landschaft individueller Realisierung die beständige Rückkoppelung an längst erarbeitete Qualitäten. Die Entwicklungen im englischsprachigen Raum mit oft beliebigen Ortsbestimmungen je nach Lust und Laune einiger Virtuosen der Instrumentalisierung deuten bereits auf eine Erosion von Kernqualitäten jeder entwickelten Küche hin. Kulturverfall gibt es auch dort, wo alles so überaus kultiviert erscheint. ❧

30. 07. 2005, F.A.Z., Feuilleton, Seite 34

Erst Verständnis macht Genie aus

Kochausbildung braucht mehr als bloße Stationenabfolge

Warum werden eigentlich die Schüler von Drei-Sterne-Köchen meist nicht selber welche? Denn wenn die selbst unter Chronisten der Gourmandise verbreitete Meinung stimmte, daß das Kochen vor allem Handwerk sei, wäre doch der Beweis dafür am besten dadurch zu führen, daß es sich aus ebenso berechen- wie vermittelbaren Elementen zusammensetzt. Der Nachwuchs an überragenden Handwerkern wäre dann nur eine Frage der Ausbildung.

Tatsächlich besteht seit Jahrzehnten der Karriereweg eines neuen Spitzenkochs im Regelfall aus einer Art Wanderschaft von einem Meister zum anderen und der Arbeit in verschiedenen Küchenfunktionen. Die klassischen Bezeichnungen dafür sind Commis, Demi-Chef de Partie oder Chef de Partie, jeweils (und je nach Größe der Küche) mit bestimmten Zuständigkeiten – etwa für die Vorspeisen, den Fisch oder die Patisserie. Am Ende – und damit vor der Selbständigkeit – steht oft der Posten des Stellvertreters eines Meisterkoches, also eines „Sous-Chef" oder auch „Chef de Cuisine" (der Leiter der eigentlichen Küchenarbeit). Die Ansammlung des notwendigen Wissens wäre also gekoppelt an die Vollständigkeit und Qualität der durchlaufenen Stationen.

Die Tatsache, daß diese nur selten komplett mit einheitlich großem Erfolg durchlaufen werden, könnte die relativ geringe „Reproduktionsquote" erklären. Es gibt aber auch genügend Beispiele dafür, daß selbst eine scheinbar optimal verlaufene Ausbildung nicht zu allerhöchsten Ehren führt. Haben wir damit einen Kunstbeweis fürs Kochen? Steckte also hinter großer Meisterschaft eher Talent denn Lernerfolg, eine singuläre geschmackliche Sozialisation oder gar physiologische Besonderheiten, die von einem „absoluten Geschmack" reden ließen wie von einem „absoluten Gehör"?

Natürlich eignet sich die „Unfaßbarkeit" des Objektes – etwa in Form eines angeblich überragenden Talentes – blendend zur kommerziellen Nutzung. Gerade in der Gourmandise leben nicht selten selbst mittelmäßig begabte Köche von kaum mehr als lokaler Bedeutung ganz vorzüglich von diesem Mythos. Es gibt allerdings heute vermehrt Hinweise darauf, daß es auf diesem Wissensgebiet vor allem an gedanklicher Durchdringung und deren Fixierung durch eine geeignete Sprache fehlt. Die Erweiterung eines Küchenhandwerks, das schematisch normale Zutaten abmißt, diese weitgehend traditionell behandelt und in einem anerkannten geschmacklichen Rahmen realisiert, hin zu einem offenen System mit einem steten Wandel der Bezugspunkte zeigt die Grenzen der Vermittlung dieses Handwerks mehr und mehr auf. An die Stelle der oberflächlichen Faktensammlung sollte die systematische Strukturierung des Wissensgebietes treten, die weit mehr über das Begreifen von Zusammenhängen als über die klassische Reproduktion funktioniert.

Schon heute ist ein gar nicht so kleiner Teil der gehobeneren Küche von großer Naivität gekennzeichnet. Ohne jeden Reflex auf den Konsumenten, seine Bedürfnisse, sensorische Möglichkeiten und psychologische Implikationen, aber auch ohne Reflex auf die Entwicklung und Zukunft des Faches versuchen Köche, ihr individuelles Klischee von großer Kochkunst zu realisieren. Es mag vermessen erscheinen, ihr Wissen als begrenzt zu bezeichnen. Aber wo noch nicht einmal die Worte zur Verfügung stehen, um zu beschreiben, was man herstellt und wie es funktioniert, fehlt eben jenes strukturelle Verständnis, das erst Kommunikation ermöglicht und damit Weitergabe und Entwicklung auf hohem Niveau.

In Zukunft werden die besseren Köche dieser Welt wissen müssen, was sie wie produzieren. Sie werden mögliche geschmackliche Wahrnehmungen antizipieren und ihre daraus folgernden Kreationen entsprechend anlegen müssen. Man wird auf einem bestimmten, internationalen Niveau die erkennbar unreflektierte, repetitive Reproduktion nicht mehr akzeptieren und eine gewissermaßen eingebundene Virtuosität erwarten – egal ob im eher klassischen oder avantgardistischen Fach.

Um diesen längst eingeschlagenen Weg freilich erfolgreich beschreiten zu können, ist zunächst eine weitere Durchdringung des Materials erforderlich, als dies im Moment der Fall ist. Dauernde Recherche in den vielen vom Systemvorbild Ferran Adrià noch nicht beschrittenen Bereichen gehört dazu, aber auch eine Erforschung der sensorischen Kapazitäten, gegen die aktuelle Versuche (so etwa durch Heston Blumenthal, F.A.Z. vom 9. Juli) eines Tages wie bloße Fingerübungen wirken könnten. In Zukunft wird sich die Frage nach dem Nachwuchs an Meisterköchen nicht mehr so dringend stellen. Denn es wird nicht mehr allein darauf ankommen, wie Ducasse zu kochen, sondern mehr darauf, eine völlig neue Form des Wissens um die Kochkunst anzusammeln, und am Ende wird als Ergebnis von intensivem Verständnis wie persönlicher Biographie eine adäquat entwickelte Individualität stehen.

Dies erscheint freilich im bloßen Dialog zwischen einzelnem Meister mit seinem Schüler unmöglich – ganz davon abgesehen, daß in diesem Prozeß der Meister mehr wie ein lebenslang Forschender gesehen werden sollte, der wenig mit dem Patron alten Schlages zu tun hat, der sich jahrzehntelang auf seinen Lorbeeren ausruht und nicht bemerkt, wie er langsam, aber sicher in die Vergangenheit übergeht. Was fehlt, ist vor allem Kommunikation in jeder – auch institutionalisierter – Form. Der dauernde Reflex auf die Sache selbst (und das auf höchstem Niveau) muß zur selbstverständlichen Begleitung im Leben des Kochkreativen werden.

In Spanien sind regelmäßige Treffen kreativer Köche längst etabliert, und die Forschung wird dort mehr und mehr zu einem selbstverständlichen Prozeß, der in klassisch-wissenschaftlicher Weise in die kommunikativen Abläufe einfließt. Es geht dabei übrigens nie um Verschulung, nicht um den Dr. cuc. und dessen abermals drohende Unflexibilitäten. Es geht zuerst – und wahrscheinlich noch ziemlich lange – um die Erforschung des Metiers, ohne die das alte System am Mißverhältnis zwischen Input und möglichem Output zerbrechen kann. Die Frage nach Handwerk oder Kunst müssen wir jetzt nicht dringend klären, sie hat vor dem Hintergrund der Perspektiven der Küche ganz erheblich an Relevanz verloren. So hart der Beruf des Koches in der gegenwärtigen Praxis auch sein mag: Es wird Zeit, sich einmal wieder richtig an die Arbeit zu machen. Drei Sterne? Hätte Adrià vor dreißig Jahren drei Sterne bekommen? ❧

06. 08. 2005, F.A.Z., Feuilleton, Seite 32

Urküchengeschrei vermutlich

Ob das dazugehört? Das reichhaltige Angebot im Londoner „Nobu“

Nobu (eigentlich Nobuyuki) Matsuhisa ist einer der profiliertesten Vertreter der Richtung der asiatischen Küche, die sich behutsam westlicher Ressourcen bedient. Der 1947 in Japan geborene Koch hat in seinem Heimatland eine klassische Ausbildung zum Sushi-Meister durchlaufen und später in Peru und auf einigen amerikanischen Stationen einen charakteristischen Stil entwickelt, der fundierte japanische Sensibilitäten mit westlich-differenziertem Haute-Cuisine-Denken und einer interessanten Nähe zu südamerikanischer Fruchtsäure und Chili-Schärfe verbindet. Im Gegensatz zu den meisten westlichen „Fusion“-Versuchen behält Matsuhisas Küche allerdings durchweg eine asiatische Identität. Nach der Gründung eines sehr erfolgreichen Restaurants in Los Angeles („Matsuhisa“) kam es 1994 zur Eröffnung des ersten Restaurants der Marke „Nobu“ in New York. Am Ende des Jahres 2005 wird es weltweit dreizehn Restaurants dieses Typs geben.

Schon ein kurzer Blick in die Speisekarte der Londoner Filiale regt dazu an, über die aktuellen Bemühungen der europäischen Spitzenküche um neue Restaurant-Formate nachzudenken. Das umfangreiche Angebot listet rund zweihundert Speisen auf, von Kleinigkeiten wie einzeln bestellbaren Sushi oder Tempura bis hin zu Spezialitäten in der Machart von Vorspeisen und Hauptgerichten. Die Ähnlichkeit mit der Varianten-Oper des China-Restaurants deutscher Prägung verflüchtigt sich bei näherem Hinsehen, nicht zuletzt wegen der von etwa zwei bis fünfzig Euro reichenden Preisspanne.

Könnte man sich nicht ein mitteleuropäisches Spitzenrestaurant mit einem Angebot dieser Struktur vorstellen? Mit diversen Suppen, Salaten, Sammlungen von Amuse-Bouche-Gerichten, klassischen Spezialitäten des Hauses aus einem im Laufe der Zeit erarbeiteten Repertoire, Pastagerichten, vielfältigen Menü-Kombinationen oder auch Hauptgerichten nach Art einer Reistafel – vielleicht mit dem Pauillac-Lamm in Variationen und einer ganzen Anzahl von Beilagen in kleinen Schälchen?

Die Realität im „Nobu“ erweist sich als großenteils überzeugend, jenseits des Essens auch als eher merkwürdig. Als Amuse-Bouche reicht man wenig amüsierende, völlig faserige Bohnen mit Fleur de Sel, denen dann aber durchweg gute bis hervorragende Produktqualitäten folgen. Selbst etwas schwierige Realien wie die schnell zäh werdenden Abalone geraten in einer Sushi-Präparation auffallend zart, und auch die Seeigel-Sushi glänzen mit großer Frische, guter Portion und erfreulich zurückhaltender Würze. Bei den California-Rollen registriert man, daß eine besser proportionierte Füllung ihnen viel von der möglichen Trockenheit nimmt, und selbst ein nur schwierig vorstellbares Tempura vom Seeigel gelingt ohne weiteres – dem schützenden Algenblatt sei Dank. Während man diese Standards international als normale Oberklasse einordnen könnte, sind die Spezialitäten deutlich interessanter. Beim „Yellowtail-Sashimi with Jalapeno“ kombiniert Matsuhisa eine Thunfischscheibe bester Qualität und offenbar genau bedachter Dicke mit feinen Ringen von der (unreifen) scharfen Jalapeno-Chili-Schote. Dazu kommt eine seiner Spezialsaucen, die mit ihren Mischungen von Zitrusfrüchten die japanische Ponzu-Sauce variieren (oft auch mit Sojasauce gekoppelt, also Ponzu joyu). Es ergibt sich ein entzerrter Verlauf zwischen Säure und Schärfe, weil sich die Sauce früher aromatisch aufschließt als die Schärfe, die somit mehr für einen Nachhall sorgt, als etwa den Fisch zu stören. Namentlich erscheint die

Ponzu-Sauce bei der „King crab claw with butterponzusauce“. Der bestechend frische Krabbengeschmack der Königskrabbe übersteht auch die Verpackung in Tempura-Teig, dessen leicht fader Hintergrund wiederum von der Säure der Sauce sehr schön egalisiert wird. Warum man allerdings auch ein Stück Krabbenzange inklusive Schale mit Tempura-Teig versehen hatte, entzieht sich der Phantasie des Interpretanten ziemlich vollständig.

Weiter geht es mit dem, was Matsuhisa „New Style Sashimi“ nennt. Dabei wird das Ausgangsmaterial (normalerweise Fisch, in diesem Falle Rindfleisch) mit einer Yuzu-Sauce (die japanische Zitrone) und Sojasauce beträufelt und anschließend mit einem heißen Mix aus Olivenöl und Sesamöl übergossen. Dabei wird das Fleisch minimal angegart und bekommt (vom Sesamöl) eine Art hochfeine Räuchernote. Aus dem Zusammenspiel zwischen dieser und der Zitrusfrische ergibt sich eine sehr gute Parfümierung für das Rindfleisch. Mit einem Eintopf von gegrillten Meeresfrüchten erreicht die Küche dann allerdings auch einmal systembedingte Niederungen. Die Fische und Meeresfrüchte sind offensichtlich nicht nach Sorte einzeln gegart und haben so eine höchst unterschiedliche, meist aber zu starke Garung abbekommen.

Was hier im „Nobu" am Rande des Londoner Hyde Parks nachhaltig irritiert, sind einige Dinge jenseits des Essens. Einem weißen, sehr modern wirkenden Entrée folgt in der ersten Etage eines Geschäftshauses ein Raum, dessen gewiß konzeptuell gedachter Purismus in der Praxis an eine etwas laute Kantine erinnert. Auch die Assoziation einer nicht besonders gut gepflegten Filiale eines Schnellrestaurants könnte sich hier ohne weiteres einstellen. Die Preise sind hoch, weil die Portionen oft extrem klein sind.

Sie werden serviert von einem jungen, sehr internationalen Service, der nur in Ausnahmefällen wirklich Herr der englischen Sprache zu sein scheint. Kellner hocken sich neben den in knappen Stühlen klemmenden Gast und sehen sich außerstande, bei unterschiedlichen Bestellungen der Gäste eines Tisches die Gerichte gleichzeitig zu servieren. Konsequent wird ein neues Gericht dann auch schon geliefert, während man noch an dem alten ißt. Zum nicht übermäßig lustigen running gag wird ein wahrhaft markerschütternder Schrei, den der Oberkellner ausstößt, wenn er neu ankommenden Gästen (und sie kommen und gehen hier wirklich wie in einem Bienenhaus) ihren Tisch zuweist, was aber andererseits auch schon einmal in der Kulisse des beträchtlich laut schnatternden Publikums – darunter viele junge, offenbar eher wohlhabende Asiaten – untergeht. Man sollte sich auf ein solches Ambiente sicherheitshalber einstellen. Zu erwähnen ist unbedingt, daß Nobu Matsuhisa hervorragende Bücher veröffentlicht hat, zuletzt „Nobu now" (Quadrille, London 2004). Die Bücher verraten eine präzise Kochtechnik mit vielen interessanten Details und sinnvollen Erklärungen. Sie gehören zu den besten Veröffentlichungen des Metiers. Die notwendige Delegierung der Kochkunst in einem weltweiten Filialnetz ist ein Risiko für die Qualität der tatsächlichen Leistungen im Restaurant. ❧

13. 08. 2005, F.A.Z., Feuilleton, Seite 32

Hoffnungslos

Ihm fällt nichts zu Gemüse ein: Was es für den Koch an Neuland gäbe

Eine entwickelte Essenskultur zeigt sich nicht nur in Vorhandensein und Zustand einer Hochküche und auch nicht allein am Verhältnis von Alltags- und entwickelter Kultur. Eine mögliche Beschreibung läuft immer Gefahr, vor lauter Verknüpfungen das Fehlen wichtiger Details nicht mehr zu bemerken. Gerade die Beschreibung der kulinarischen Kultur sollte aber nicht darauf verzichten, derartige Defizite zu ermitteln, und zwar nicht nur solche, die sich allein aus dem heute sehr viel leichter gewordenen interkulturellen Vergleich ergeben, sondern auch diejenigen, die sich aus der Verfolgung einer immanenten Logik ergeben. Ein extrem defizitärer Bereich ist das Gemüse. Dessen kulinarische Perspektiven sind bei weitem nicht konsequent erforscht, und was ein Produkt von vielleicht sogar Fisch und Fleisch überragenden Möglichkeiten sein könnte, fristet meist ein Dasein als Beilage, Dekoration oder abgezählte Kalorie.

Negativ wirkt sich dabei vor allem aus, daß Gemüse mit einem Wust von Assoziationen belastet ist, die ihre Ursache ganz eindeutig in einer dem vorhandenen Potential nicht adäquaten Behandlung haben. Als „junges Gemüse" werden abfällig Novizen in bestimmten Funktionen bezeichnet, deren Qualifikationen noch der Makel des Unausgereiften anhaftet. In der kulinarischen Wirklichkeit dagegen ist junges Gemüse ein exquisites Produkt, das sich durch feinste Aromen und Texturen auszeichnet.

Der Verzehr von Gemüse gilt als unmännlich. Ein gestandener Mann ißt noch leicht blutiges Fleisch, möglichst pur, am besten selbst erlegtes. Gemüse paßt da einfach nicht zum archaischen Kern des „echten" Mannsbildes – auch wenn längst klar ist, daß diese Vorstellung eine Form von Kulturkitsch ist. Wer sich noch nicht einmal ein ordentliches Stück Fleisch neben dem Gemüse leisten konnte, der war früher ein Mensch wie jene, die heute kein Geld für ein Auto haben. Notzeiten waren jene Tage, an denen man außer etwas Gemüse nichts zu essen bekommen hat. Der Sonntagsbraten war früher das Besondere gegenüber der weitgehend vegetarischen Normalkost und nicht das, wozu man sich wie heute einmal aufrafft, wenn Zeit und Lust vorhanden sind. Auch die wachsende Zahl von Vegetariern hat dem Ruf des Gemüses eher geschadet, weil allzuoft damit oder mit entsprechenden Diäten und Fitnessprogrammen eine ideologienahe Instrumentalisierung verknüpft wird.

Deshalb fristet das Gemüse heute meist ein Schattendasein. Bis hinein in die Spitzengastronomie hält sich hartnäckig seine Verwendung als notwendig schmückendes Übel, das weder vom Ausgangsprodukt noch von der Garung oder der Aromatisierung her auch nur annähernd eine den jeweiligen Hauptprodukten ähnliche Behandlung erfährt. Die Gemüse stammen größtenteils aus einer Massenproduktion, die weder auf sortentypischen Geschmack Rücksicht nimmt noch den beim Gemüse wie beim Wein ähnlich wichtigen Charakter des Terroirs berücksichtigt. Auch der Reifezustand wird nicht genügend betrachtet, und konsequenterweise spielen Kriterien wie „Tagesfrische" kaum eine Rollle.

Den eingeschränkten Regeln der klassischen Kochkunst folgend, wird das Gemüse zudem viel zu oft auslaugenden Garungen im Wasser unterworfen und erfährt insgesamt eher die Behandlung einer Sättigungsbeilage wie Kartoffel oder Reis. Speziell die Garzeiten scheinen – außer einem meist oberflächlich befolgten Ideal von al dente – keinerlei Differenzierung zu erfahren. Dabei verändern sich viele Gemüse geschmacklich durch die Garung ebenso wesentlich, wie dies etwa bei Fleisch der Fall ist. Ebenso wie dieses profitieren sie von einer A-point-Garung, und ebenso wie dieses verlieren sie erheblich an Aroma, wenn diese Garzeiten überschritten werden.

Am Beispiel eines allgemein eher als trivial eingeordneten Gemüses wird dies deutlich. Eine Rote-Bete-Kugel hat einen charakteristischen rohen Geschmack, der sich bei der Garung vollständig verändert. Wird sie in einer Flüssigkeit gegart, gibt sie – wie Suppengemüse – Aroma an diese Flüssigkeit ab. Andererseits ist es möglich, sie in einen Zustand zu bringen, der in der Komplexität zum Beispiel der Garung eines Stückes Rinderfilet nicht unähnlich ist. Man kann im Kern den Geschmack der rohen Rote Bete erhalten (wie den Blutgeschmack im kaum durchgegarten Zentrum eines Filets), sodann die Knolle garen, aber nicht auslaugen (durch Dämpfen oder besser Schmoren in einem Minimum von Fett plus Fond) und zudem noch für eine Aromatisierung der Außenhaut sorgen – etwa durch Glacieren mit altem Balsamico.

Für jedes Gemüse existieren zumindest einige solch entwickelte Zubereitungsformen, die beweisen, daß man das jeweilige Produkt ohne weiteres in den Rang eines zentralen Nahrungsmittels befördern kann, das sich selbst genügt und einen interessanten Geschmack besitzt. Die kaum mehr vertretbare schematische Einteilung von Menüs kann und sollte deshalb von Gemüsegängen ergänzt werden, die selbst die Komplexität klassischer Hauptgerichte annehmen können.

Außerdem verdient das Spektrum der Gemüsesorten eine wesentlich weitreichendere Würdigung. Saison herrscht übrigens immer: Bei genauer Betrachtung kann in unseren Breitengraden der Winter sogar eher als geeignete Jahreszeit für eine vielfältige Arbeit mit Gemüse gelten als das Frühjahr. Die Ausweitung kann auch den Bereich extrem junger Gemüse und Sprossen betreffen, deren vegetabile Aromen und spezifischen Texturen eine Bereicherung für das Spektrum sind. Es können sich nicht nur alte Gemüse wiederentdecken lassen, sondern auch ältere Gartechniken, wie das intensive Schmoren und Braten von Gemüsen. Dem anämischen, vereinzelten Rosenkohlblatt nach Art der Spitzenküche kann auch dort wieder das nach einer schonenden Garung in Butter nachgebratene Gemüse als ein singulärer kulinarischer Typus zur Seite gestellt werden.

Die Spitzenküche sollte sich bei der Mißachtung eines komplexen Gemüseeinsatzes nicht abermals der Beschränkung des kulinarischen Spektrums schuldig machen, wie man es beim Fleisch durch Beschränkung auf einige wenige Stücke von viel zu jungen Tieren getan hat. Der Anonymisierung der Gemüse nach Art einer Supermarkttheke sollten Spitzenköche weder bei der Produktauswahl noch bei der Zubereitung und dem kreativen Aufwand Vorschub leisten. Zum gegenwärtigen Zeitpunkt gehört ein intelligenter Umgang mit Gemüse zu den in hohem Grade überfälligen Maßnahmen. Die wenigen Ausnahmen nationaler und internationaler Provenienz (von Passard bis Hoffmann) können nicht davon ablenken, daß hier ein ganzer Zweig der kulinarischen Kultur weit unter seinen Möglichkeiten genutzt wird. ❧

20. 08. 2005, F.A.Z., Feuilleton, Seite 34

Bringt den Kessel!

Zwei Statthalter bitten zu Tisch: Alain Ducasse macht Schule

Zumindest in Frankreich gibt es sie noch: jüngere Köche, die ohne Wenn und Aber an die Spitze streben, die in die Fußstapfen der ganz Großen treten wollen und es auch ohne weiteres in Kauf nehmen, in die Geschichte des Faches einzugehen. Sie suchen nicht den heutzutage medial gutausgepolsterten Weg des Kreativen, der darauf spekulieren kann, auch mit marginalen Novitäten schon zum Ereignis zu „soufflieren". Auch die Verweigerungspraktiken übersättigtgroßstädtischer Restaurant-Hopper mit ihrer Sucht nach kulinarisch völlig Unproblematischem, das gleichwohl als Zeichen der Zeit monumentale Größe in der täglichen Kommunikation bekommt, werden von ihnen nicht bedient. Sie streben in legendäre Lokalitäten und treten die Nachfolge von Legenden an, sie verstehen sich als Meister des Faches, deren kulinarische Realisierungen bestenfalls einen Quervergleich provozieren, in ihrem Rang aber nicht wirklich zur Debatte stehen.

Man kann derzeit eine parallele Entwicklung in Paris und Reims beobachten. Im luxuriösen Hotel Crillon an der Place de la Concorde steht seit gut zwei Jahren Jean-François Piège in der Küche des „Les Ambassadeurs", in Reims hat vor wenigen Monaten Didier Elena die Nachfolge Gérard Boyers im Chateau „Les Crayères" übernommen. Beide Köche sind erst Anfang Dreißig und haben einen hochinteressanten Hintergrund. Beide waren zuletzt Statthalter – das Wort „Schüler" erregt vor allem den Widerspruch von Piège – des großen Alain Ducasse in zwei von seinen wichtigsten Etablissements: Piège im „Plaza Athénée", der Pariser Drei-Sterne-Adresse des Meisters, und Elena im New Yorker „Alain Ducasse at the Essex House".

Zur Erklärung: Ducasse ist der erste Koch von Weltrang, der öffentlich darauf bestanden hat, in seinen Restaurants nicht am Herd präsent zu sein und dennoch als Urheber der präsentierten Gerichte zu gelten. Tatsächlich zeigen beide Köche deutliche Spuren der Ducasse-Schule, die vor allem durch eine hervorragende Produktqualität, eine nicht zirzensisch-extravagante, sondern immer präzise Produktbehandlung und eine oft kräftige Würze auffällt. Die Gerichte wirken klassisch fundiert und nehmen zeitgenössische Einflüsse in eher temperierter Form auf. In seinen schlechteren Momenten hat dieser Küchenstil einen Hang zum Prätentiösen.

Bei Piège fällt auf, daß seine Kreationen in der Würzung und im Akkord-Verständnis wie um ein kleines Stück im Spektrum verschoben sind, und zwar sowohl gegenüber dem konventionell-klassischen Spektrum als auch gegenüber dem produktnäher interpretierenden Ducasse. Diese disziplinierte Großmeister-Kreativität zeigt sich etwa bei der dicken Schnitte eines Steinbutts von bester Größe und Garung. Die aromatische Fassung mit Möhren, Ingwer und einer kleinen Senf-Gemüse-Zubereitung ist durchaus ungewöhnlich, aber ohne weiteres gut zum Fisch einzusetzen. Klassisches Rückgrat und Augenmaß finden sich auch bei einer Lamm-Kreation, die scheinbar ausschließlich mit traditionellem Material wie Zwiebeln oder Kartoffel spielt („à la boulangère"), dabei aber durch eine hochfeine Abstimmung – inklusive textureller Variationen – dennoch neuartig wirkt.

In diesen Momenten ist Piège am stärksten, was auch für die Kombination einer deutlich nach Leber schmeckenden Foie gras (ein typisches Merkmal dieses Produktes bei Ducasse) mit roter Bete und Apfel in einer warmen und einer kalten Variation gilt. Weniger evident werden die Zusammenhänge, wenn eine gewisse Diskrepanz zwischen Idee und Ausführung sichtbar wird. Dazu gehören unnötige Modernismen wie Schäumchen oder platzende Elemente oder die mangels origineller Idee nicht wirklich überzeugende Sushi-Lösung als Kontrast zu einer warmen Meerspinnen-Zubereitung. Auch die Desserts wirken – bei aller Üppigkeit – noch undurchdacht. In der Summe hat man den Eindruck, daß der zum Selbstherrscher aufgestiegene Statthalter aus dem „Plaza Athénée" noch etwas Zeit braucht, um wie dort zu überzeugen.

Es ist interessant, wie stark Didier Elena stilistisch von Piège abweicht, obwohl auch er die genannten Prinzipien verkörpert. Auch bei ihm wirkt die Garung von Fleisch wesentlich natürlicher, als dies in der außerhalb Frankreichs oft zu findenden, handwerklich überzüchteten Küche der Fall ist. Die Alternative zum Zartheitskult ist hier auffällig gut gewürztes Fleisch auffällig guter Provenienz mit einer Textur, die eben an Fleisch erinnert und nicht an Mäusespeck („Marshmellows"). Elena scheint aber der freiere Geist zu sein, der über ein weiter gefaßtes Spektrum und eine größere Sensibilität gebietet, was sich speziell bei den Vorspeisen bemerkbar macht.

Ein gegenwärtig häufiger zu findendes Traditionsgericht sind die „Erbsen à la française", also unter anderem mit Zwiebeln und Speck. Bei Elena wird daraus ein kleines Wunderwerk in drei Teilen. Im Kern steht ein Teller Erbsen mit optimierten Gemüseeinlagen – die „À-point-Garung" für Gemüse ist ebenfalls Ducasse-typisch-und einem noch leicht krossen Salatherz. Sodann eine Zubereitung von Erbsen mit getrocknetem Bauchspeck, einem Schaum mit einem Anflug von frischem Heuduft und Kräutern – phantastisch in Aroma und Sensorik – und als drittes Element ein „jambon de Reims" in kleinen Stücken, gemischt mit getrüffelten Geleewürfeln. In dieser Weise gegeneinander abgestimmte Variationen lassen sich ausgesprochen interessant essen.

Elena hält dieses Niveau über mehrere Vorspeisen, ob bei den Langustinen in einer kalt-warmen Zubereitung mit einem unglaublich feinen Curry-Krustentiergelee oder bei einem sehr speziellen Hummer-Rezept mit Grünspargel (aus Pertuis, auch das eines der Emblem-Produkte von Ducasse) und zwei hochoriginellen Gemüseragouts. Im Vergleich hat Elena ein weitaus stärker entwickeltes strukturalistisches Verständnis, während Piège klarer eine klassische Orientierung zeigt. In ihrem komplexen Verständnis stehen freilich beide an, die Nachfolge typisch französischer Großmeister zu übernehmen.

Ein kleines Detail in beiden Häusern wirft ein merkwürdiges Licht auf Küche und Land. In Deutschland bedeuten internationale Besucher in einem Restaurant den Nachweis für internationale Reputation. In Paris läßt man immer wieder den Hinweis einfließen, daß dieses oder jenes Restaurant in der Mehrzahl von Franzosen besucht wird. Hier zählt also nur die Anerkennung der „eigenen" Leute wirklich. ❧

27. 08. 2005, F.A.Z., Feuilleton, Seite 38

Herbst der Hauptgerichte

Aus Wohlfahrts Schule muß der Jan van Eyck der Küche kommen

Es ist nicht mehr zu übersehen: Mit Klaus Erfort vom „Gästehaus" in Saarbrücken schickt sich abermals ein Koch an, nach höchsten Ehren zu greifen. Die in seltener Einmütigkeit angestiegenen Bewertungen der Restaurantführer (darunter zwei Michelin-Sterne) sind trotz der relativ kurzen Zeit seit der Eröffnung des Hauses im März 2002 verständlich und scheinen im Moment sogar eher ein Zwischenstadium als das Ende eines Aufstiegs zu bezeichnen. In Erfort finden wir einen weiteren Koch, dessen Stil ganz wesentlich von Harald Wohlfahrt geprägt ist, auch wenn er in der „Schwarzwaldstube" in Baiersbronn nur eine relativ kurze Zeit gearbeitet hat. Für die „Generation Wohlfahrt", von der wir – Witzigmann hin oder her – längst reden müssen, haben sich spezifische Zusammenhänge ergeben, die ganz entscheidend für die Ausbildung einer Art deutschen Nationalstils verantwortlich sind.

Das Hauptmerkmal dieses Stils ist ein Paradox: Er kann sich nur am Rande auf deutsche Traditionen berufen und konnte doch wohl nur hierzulande entstehen, in einem Klima von begrenzter Akzeptanz der Spitzenküche, das zu einer starken Orientierung an Kundenwünschen führt, und vor dem Hintergrund eines klassischen Bildes von handwerklichen Zuverlässigkeiten. Wohlfahrt funktioniert dabei als Filter, der systematisch erforschte Einflüsse aus aller Welt sozusagen auf ihre Verwendung überprüft, um sie dann in einer in sein System passenden Form zu integrieren. Aus diesem Grund sind seine Schüler (im weiteren Sinne) auch bisweilen eine Phase hinter dem Meister selber zurück: Die jeweils jüngste Änderung ist bei ihnen noch nicht angekommen. Grundlage dieser Schule ist ein in seinen besten Momenten überragendes handwerklich-konzeptionelles Vermögen, das in seiner Materialbehandlung nie Zweifel daran aufkommen läßt, daß man es hier mit dem „state of the art" zu tun hat.

Bei Erfort findet sich zunächst ein Rindertatar, das zwar die klassische Kombination mit Crème fraîche und Kaviar aufnimmt, als krosses Element aber statt der oft verwendeten Rösti krosse, als ringförmige Hülle angeordnete Teigdreiecke benutzt. Das Fleisch ist extrem mild gewürzt und verzichtet zugunsten eines ganz leicht zitronigen Hintergrundes auf die oft zu starke Würze von allzuviel der „klassischen" Zwiebeln dazu. Für den Ersatz der Rösti gibt es verschiedene gute Gründe. Sie sind oft unberechenbar bitter oder nicht richtig kroß oder verleihen dem Ganzen mit einem leicht fettigen Aroma Trivialität – wie man in diesem Zusammenhang eine Rustikalität an „falscher" Stelle nennen könnte. Die Summe dieser Details – zu der auch die eingesetzte Temperatur (leicht kühl) und Textur (deutlicher schmelzend-fest) der Crème fraîche gehören – ergibt ein sehr gutes Gericht.

Ein aus diesem handwerklich-konzeptionellen Vermögen folgendes Merkmal ist Subtilität, also eine Feinabstimmung aller im kulinarisch engeren Sinne sensorisch erfaßbaren Elemente (Aromen, Texturen, Temperaturen). Die „Variation von Langustinen kalt – warm" ist dazu ein exzellentes Beispiel. Neben einem feinst abgestimmten Carpaccio, einem Langustinentempura mit Chutney, dessen süß-saure Anlage mit der Langustine zusammen verblüffend nach einer Mischung aus Gemüse- und Brataromen schmeckt, und einer etwas süßlich geratenen Bisque gefällt ein Törtchen mit Schichten von rohen Langustinen, roh marinierter Foie gras, Bohnen und Pinienkernen. Wir registrieren eine feine, aber befristete Texturähnlichkeit zwischen Langustine und Foie gras (letztere schmilzt), sodann die nur ganz leicht krossen Bohnenstückchen und die deutlich krossen Pinienkerne. Diese Elemente so zu dimensionieren, daß ihr Zusammenspiel jederzeit transparent bleibt und – durch die zeitliche Abfolge der Wahrnehmung – jeder Eigengeschmack einen wahrnehmbaren Ort hat, kann man mit Fug und Recht subtil nennen.

Ein weiteres Merkmal der Wohlfahrt-Schule sind nun allerdings Schwankungen in der Subtilität durch unnötiges Beharren auf anachronistischen Darreichungsformen („Hauptgerichte"). Fast regelmäßig geht beim Umstieg von subtilen und nicht selten minimalistischen „Vorspeisen" zur vielleicht gastronomisch, aber nicht kulinarisch begründbaren größeren Form Subtilität verloren. Erfort serviert einen Steinbutt mit sautierten Tintenfischringen und einer Unmenge von Elementen, von der gefüllten Zucchiniblüte bis zu frittierten Salbeiblättern. Alle Elemente sind in einem hervorragenden Zustand, ermöglichen aber im Prinzip nur eine zufällige Kombinatorik beim Gast, der auf diese Weise mehr Sinn hinzugeben muß, etwa durch geradezu konzentrierte Erforschung des Gerichtes, als daß er Sinn ermitteln könnte. Man kommt sich ein wenig vor wie in einer Kunstausstellung, für die der Besucher die Bilder selber malen darf – das Material wird gestellt. Die Funktion von Hauptgerichten in der avancierten Gastronomie gehört dringend auf den Prüfstand.

Auch mit einem Fleischgericht illustriert Erfort ein zumindest bisweilen anzutreffendes Merkmal der Wohlfahrt-Schule, das sich allerdings beim Meister selber so kaum noch findet. Es erscheint ein im Salzteig indirekt und damit schonend gegarter Rehrücken. Das Aroma, das durch das normale Anbraten entsteht, fehlt natürlich. Statt dessen ist das Fleisch in dünne Scheiben Schinkenspeck mit Rosmarinzweigen eingewickelt. Die Kruste wird aufgebrochen, und es entströmt ein faszinierender Duft. Serviert aber wird ohne Schinken und ohne Rosmarin mit Kirsche, Spitzkohlstrudel und Selleriepüree. Den Duft findet man nicht in adäquater Form wieder. Dieses Merkmal kann man am ehesten als eine gewisse Furcht vor „rustikalen" oder allgemein sehr deutlichen Aromen beschreiben, die auch schon einmal das eher milde Zentrum des Spektrums verlassen. Um beim Begriff der Subtilität zu bleiben, wäre dies in der aromatischen Spannbreite eine „zensierte" Subtilität, in der Intensität aber ein Mißverständnis: „subtil" ist nicht nur das Aquarell mit verdünnten Farben, sondern auch die intensive Farbigkeit und klare Formensprache eines Jan van Eyck.

Nein, Schinkenspeck und Rosmarin wären auch auf dem Teller keine unfeine Rustikalisierung, sie würden auch nicht nur Zusammenhänge illustrieren, sondern das in der angerichteten Form fast normal wirkende Gericht erheblich aufwerten. Davon abgesehen, würde natürlich der Spitzkohl durch den Speck eine deutlichere Gewichtung bekommen und der Rosmarin der Kirschsauce und der Amarena-Kirsche eine größere Geschmackstiefe verleihen. Das außerordentlich Beruhigende bei Erfort und der Wohlfahrt-Schule ist allerdings, daß es sich zu erörtern lohnt, wie der Schulstil sich an einzelnen Stellen öffnen könnte. Die zur Verwirklichung nötige Substanz ist ohne jeden Zweifel vorhanden. ❧

03. 09. 2005, F.A.Z., Feuilleton, Seite 34

Dr. Adrià, nehme ich an?

Eine spanische Zeitschrift begrüßt stilvoll die Küchenmoderne

Man nehme die Begegnungen mit der Moderne in der Gourmandise einmal wörtlich, sozusagen von Fußgänger zu Fußgänger. Wäre es nicht wunderbar, wenn man nach einem unvermeidlichen Zusammenprall mit der Moderne unter höflichen Entschuldigungen wieder aufstehen könnte, um sich auf beiden Seiten des Umstands zu vergewissern, daß der andere keine nennenswerten Schäden davongetragen hat? Leider gibt es auch andere Versionen. Da trifft der Klassiker die Moderne und rudert schon in einiger Entfernung wild komplimentierend mit den Armen herum, schlägt bei der Annäherung – sich tief verneigend – einen Halbkreis ein, um dann doch der Moderne von hinten einmal kräftig in den Allerwertesten zu treten. Andere treten, im Zauber der molekularen Gastronomie verfangen, gleich so nahe, daß man buchstäblich nichts mehr erkennen kann, oder kommen beim nämlichen Nahetreten zu einer störenden Geruchswahrnehmung, weil – igitt! – auch die laborähnlichste Küchenmoderne noch mit toten Tieren arbeitet.

Ganz besonders verbreitet ist vor der Begegnung mit der Moderne das Empfinden einer Bedrohung und daraus folgend das Hinzurufen weiterer Personen. Mit deren Hilfe überrennt man sie, um sich danach angesichts eines Gegenübers, das sich mühsam aufrappelt und sein Äußeres wieder ansprechbar machen möchte, abfällig über den derangierten Zustand zu äußern. Das ist die „Boulevard-Methode". Die freundlichere Variante dieses Verfahrens sieht eine geradezu überschäumend herzliche Annäherung vor und sogleich die Frage, ob denn niemand zwecks Dokumentierung des zeitgenössischen Interesses einen Fotoapparat zur Hand habe. Die Anhänger dieser „Pro-forma-Methode" sind zwar überaus zahlreich, ihr Interesse verdichtet sich aber fast nie zu konkretem Verhalten, sprich: entsprechendem Konsum.

Wenn manche Leute schon in großer Entfernung beginnen, einen Bogen zu schlagen, ist das unschöne Benehmen nicht unbedingt ihnen vorzuwerfen: Man muß nicht unbedingt die Küchenmoderne über die größten Plätze jagen und sich dann wundern, daß sie nicht verstanden wird. Und wenn wieder andere am hellichten Tag große Scheinwerfer mit farbigen Folien davor aufbauen, erscheint zwar allerlei in einem neuen Licht, aber die Ähnlichkeit mit der Realität schwindet unter diesem interpretatorischen Druck doch ganz erheblich – die „Journalistische Methode".

Das Grundproblem hinter diesen Varianten mehr oder minder peinlichen Verhaltens ist der noch ungeklärte gesellschaftliche Topos der Küchenmoderne. Während ein großer Teil der Entwicklungen in den anderen Künsten vom Zugriff des Boulevards längst befreit ist, fällt die Küchenmoderne à la Adrià oder Blumenthal regelmäßig in die Hände einschlägiger Wegelagerer, die einem durch medialen Rummel künstlich verbreiterten Publikum eine katastrophal verkürzte Auswahl der besten „Tricks" zum Fraß vorwerfen. Ohne die Möglichkeit der Evidenzgewinnung – die sich optisch oder musikalisch in den Medien schnell einstellen kann, kulinarisch aber nicht – wird die sichtbare Oberfläche einer komplexen Küchenentwicklung der Lächerlichkeit preisgegeben.

Diese zeitgenössische Variante einer negativen Verknüpfung, die hinzutritt zur altbekannten und grundfalschen Verknüpfung von Spitzenküche und Luxuskonsum, bedient also fast alle Klischees gegenüber modernen Entwicklungen gleichzeitig. Die Verursacher sitzen allerdings nicht allein in den klassischen Boulevard-Medien, sondern auch – ein spezifisches Problem der Spitzenküche – mitten in den „normalen", durchaus auch kulturnahen Magazinen der großen Fernsehanstalten. Wenn es hier um Fragen der avancierten Küchenkultur geht, wirkt man ratlos bis uninformiert und überläßt die Exekution in der Regel dem fürs Bunte zuständigen Mehrzweckjournalismus. Eine seriöse, im ganz normalen Sinne systematische Annäherung findet – wenn überhaupt – nur in den Bilderbögen diverser Reportagen statt. Wenn es um die erwähnten aktuellen Entwicklungen geht, erreicht die Fernsehberichterstattung mit ihrer oft nach Kuriosem suchenden Distanziertheit eine gewisse strukturelle Nähe zu Stammtischparolen („jetzt essen wir erst einmal eine Currywurst") und wirkt in ihrem Zeitverzug um Generationen veraltet.

Ein Beispiel für ein Kontrastprogramm findet sich in Spanien, also dem Land, in dem eine moderne Küchenkultur die größten Schritte auf dem Weg in die ganz normale Mitte der Gesellschaft gemacht hat. Seit zwei Jahren gibt es dort ein halbjährlich erscheinendes Magazin namens „Apicius", das in vorbildloser Manier die aktuelle kulinarische Szenerie eines Landes begleitet. Während andere Magazine oder Zusammenstellungen in Buchform stets das komplette Spektrum der Spitzengastronomie im Auge haben und hatten (vom 2001 eingestellten „Gourmet" Johann Willsbergers bis zum „Culinary Chronicle" von Bruno Hausch), setzt man hier konsequent auf die neuesten Entwicklungen. „Apicius" erscheint bei Montagud Editores und ist beziehbar über Buchgourmet, Köln.

Das erste Heft vom November 2003 blieb dabei noch eher im konventionellen Rahmen und präsentierte aktuelle Rezepte von dreizehn Köchen, darunter – auf die Gefahr hin, boulevardisierend zu wirken – Kreationen von Jordi Roca, der sich von bekannten Parfüms zu analogen Dessert-Kompositionen anregen ließ. Schon im zweiten Heft kam es zu einer Ausweitung in Form von Erläuterungen technischer Details, aber auch konzeptioneller Theorien, verknüpft mit Namen wie Sergi Arola, Tony Botella oder Dani García – allesamt der Generation nach Adrià zuzuordnen. Die letzte Ausgabe von Mai 2005 ist mit mehr als zweihundert Seiten nun ein echtes Magazin innovativer Spitzenküche mit detaillierten Ausführungen zu Produkten, Zubereitungen, Konzeptionen und technischen Neuentwicklungen.

Interessant ist ein ganz spezieller Effekt dieses ästhetisch sehr gelungenen Magazins, der es in keiner Weise – wie es die reine Aufzählung der Themen suggerieren könnte – zu einer Fachzeitschrift im engeren Sinne macht. Während typische Fachzeitungen wie etwa die deutsche „Allgemeine Hotel- und Gaststätten-Zeitung" nur so weit in die Tiefe gehen, wie es für die ganz normale Gastronomie nützlich ist, entsteht bei „Apicius" das Bild einer eigenständigen Kunstform, bei der Bemühungen um die Sache vollständig im Vordergrund stehen. Hier geht es nicht um Preise und Hotelauslastungen oder darum, wie man noch mehr Gäste mit welchen Großküchengeräten noch billiger einigermaßen zufriedenstellen kann. Hier geht es um die Kunst, deren Potential man zu erkennen beginnt – nicht im luftleeren Raum, aber dort, wo ganz selbstverständlich die Luft etwas dünner wird. ❧

10. 09. 2005, F.A.Z., Feuilleton, Seite 38

Die drei kleinen Schweinebäuche

Zur neuen F.A.Z.-Gourmetvision von Michael Hoffmann

Die siebte F.A.Z.-Gourmetvision führt uns nach Berlin zu einem Vorreiter der Autorenküche in Deutschland. Mit Michael Hoffmann hat diese Küche, deren Hauptmerkmal ein ausgeprägt individuelles Verständnis von Harmonie und Mechanik des Essens ist, einen beharrlich für ihre intensivere Wahrnehmung arbeitenden Vertreter. Anders als die effekthascherischen Protagonisten der molekularen Küche findet Hoffmann seine Grundlagen weniger in technischen Kabinettstückchen als in einer Besinnung auf fundamentale geschmackliche Zusammenhänge, bei denen neben aromatischen durchaus auch psychische Erfahrungen des Essers eine Rolle spielen. So entfaltet sich ein intelligentes Spiel mit subtil eingesetzten Aromen breiten Spektrums. Sie wirken bisweilen geradezu erdig und entfalten eine höchst individuelle Wirkung. Wer nach den Klischees der normalen Spitzenküche sucht, wird irritiert sein. Wer sich freilich auf die Ergründung der Zusammenhänge einläßt, wird eine beeindruckende kulinarische Erfahrung realisieren können.

Den Anfang unserer Menüfolge macht ein Amuse-bouche, bei dem eine abgekühlte Kartoffel, eine aromatisch sehr dichte Tapenade aus Wildkräutern mit schwarzen Oliven und ein Stück Pulpo auf Foie-gras treffen. Dieses typische Edelprodukt entwickelt in einer solchen Umgebung – vor allem mit den Kräutern – weitaus mehr Perspektiven als innerhalb eines traditionellen klassischen Rahmens. Beim „Salat Mimosa" (eigentlich die Bezeichnung für einen Salat mit Kopfsalatherzen und diversen Früchten) schafft Hoffmann eine facettenreich zu essende Kombination aus vegetarischen Elementen unterschiedlicher Texturen und Temperaturen. Eine krosse Brotscheibe trifft auf einen kalten Kräutersalat, à point gegarte Schalotten, Sellerie- und Karottenstäbchen, ein pochiertes Ei mit einer Meerrettichcreme und eine geschmorte Salat-Gemüse-Rolle. Unter der Prämisse eines sensorisch aktiven Essens tritt eine solche Kreation mit Leichtigkeit den Beweis an, welche Transformation auch scheinbar triviale Bestandteile durch die Herstellung systematischer Zusammenhänge annehmen können.

Es folgen zwei Fischgerichte in völlig unterschiedlichen Ausrichtungen, die beide pointierte Interpretationen sind und deutlich vom süßlich-milden Mittelmaß abweichen. Der „Kabeljau – indisch gebeizt" ist eine im engeren Sinne „kulinarische" Komposition, bei der sich die Vereinbarkeit von kräftiger Würze und Fisch durch eine spezifische Fassung für die Gewürze einstellt. Durch deren „Verlängerung“ (die man auch eine partielle Konkretisierung nennen könnte) in Papaya, Lauchstreifen und Algen (Salicornes, auf deutsch Queller), vor allem aber durch ihre Verdünnung und Temperatur-Kontrastierung in Kombination mit einem Buttermilch-Parfait ergibt sich nicht nur ein breites, sondern auch ein plastisches Geschmacksspektrum, in dem der Fisch ohne weiteres Bestand hat.

Ganz anders wirkt der in Schnittlauchbutter gebratene Wolfsbarsch. Dessen Begleitung mit dem sehr sensibel eingesetzten Schnittlauch, einer Mousseline aus drei alten Sorten Rote Bete, einer „Polnischen Vinaigrette“ (Schalotten, Lauch, Ei und kleine Croutons) und einer kalten Buttersauce mit Kaviar, ist aromatisch und texturell durchaus entwickelt, wirkt aber in erster Linie durch die sehr seltene Kombination von erdigen Basisaromen und dem dazu ganz erstaunlich gut passenden Kaviar. Dessen Einsatz als dienliches Würzmittel in ländlicher Umgebung ist hochinteressant.

Mit „Bete und Taube – in Meersalz gegart“ geht Hoffmann noch ein Stück weiter. Das Gericht hat mit klassischen Taubenzubereitungen so gut wie nichts gemein, erschließt sich aber – bei aller Originalität – ganz selbstverständlich. Wieder sind es Aromen, die man in ihrer Wirkung nicht rustikal nennen kann, weil sie keiner entsprechenden Zubereitungsform (die eigentlich für Rustikalität verantwortlich ist) ausgesetzt werden. Die gelben Bete in klaren Stücken, Rotwurst-Gnocchi, Sauerampfer und der damit korrespondierende, kandierte Ingwer wirken mit den Streifen von der Taubenbrust erdig und ungemein natürlich – letzteres wiederum ein Eindruck, der nur vor einem entsprechenden Hintergrund entstehen kann, nicht aber aus dem genannten Vergleich mit Spitzenküchen-Klischees.

Davon befreit, kann sich der Gast nunmehr dem „Schweinebauch in drei Texturen“ nähern. Dank einer sehr feinen Aromatisierung geraten neben den Fleisch- auch die Speckanteile hervorragend, so daß die mit Riesling gepökelte und dann gekochte Version, die in einem speziellen Balsamessig („M“ von der Manufaktur Gegenbauer in Wien) marinierte und dann kroß gebratene und die in Olivenöl marinierte und dann konfierte Version zu einer echten Delikatesse werden. Hoffmann kombiniert diese Versionen zusätzlich mit drei verschiedenen Varianten des Salatherzens (kroß in Reispapier gebacken, gedämpft und roh mit Tomatenessig mariniert), was im Ergebnis einen ganz speziellen, degustativen Sog ergibt. Hier wird gewissermaßen didaktisch erschlossen, aber ohne ein besserwisserisches Lernprogramm zu installieren. Diese Vermittlung setzt auf Faszination von der Sache her und nicht zuletzt auf den Glauben an eine Art mündigen Gourmet.

Selbstverständlich weicht der Meister auch bei den Desserts – dem heutzutage in der Regel am wenigsten entwickelten Bereich eines avancierten Essens – von der Norm ein Stück weit ab. Das „Gelee vom Engelwurz“ mit einem Eis aus roter Paprika und kandierten schwarzen Oliven gehört in eine Kategorie, die man vielleicht mit „gastronomische Desserts“ bezeichnen kann. Bei ihnen spielen einerseits eine gewisse Süße oder das traditionelle Eis eine Rolle, andererseits aber werden Aromen benutzt, die man üblicherweise dem herzhaften Teil eines Essens zuordnet. Dazu zählt auch ein zweites Dessert: die „Interpretation von Schokolade“, mit einem Schokoladen-Oliven-Kuchen, marinierten Himbeeren mit Fleur de Sel, kandiertem Salbei und einem Curryeis.

Mit dieser speziell erarbeiteten Gourmetvision wagt Michael Hoffmann gerade in Berlin sehr viel. Sein hochinteressantes Menü ist andererseits von jener großstädtischen Anmutung (gerade auch in der Rezeption der erdigen Basisaromen), die Berlin in anderen Künsten vorzuweisen hat. Ganz langsam scheint Berlin auch die avancierte Gourmandise zu adoptieren. An Kindes Statt, weil es an eigenen Kindern etwas mangelt. ❧

Die F.A.Z.-Gourmetvision Nr. 7 ist von Dienstag, den 13. September bis zum Samstag, den 8.Oktober zum Preis von 120 Euro im Restaurant Margaux in Berlin zu bekommen.

17. 09. 2005, F.A.Z., Feuilleton, Seite 40

Abstimmung mit dem Magen

Was die gute Küche zum Bild des idealen Menschen beitragen kann

In frühen Kinderzeichnungen findet sich oft ein Typus der Personendarstellung, der verblüffend sinnvoll auch als graphisches Kürzel für ein bestimmtes Verhalten zum Essen gesehen werden kann: der Kopffüßler. Wenn wir diesen Kopf mit Beinen als Bild für kopfgesteuertes Verhalten nehmen, das den Rest des Körpers eher als unwichtig ansieht, wäre dazu eine sehr sinnvolle Ergänzung der Bauchfüßler, der in der Triebbefriedigung – mehr oder weniger kulturell verbrämt – Erfüllung findet. Hier finden wir auch den klassischen Feinschmecker und Gerneesser, dessen holpriger Philosophieverschnitt („Gastrosophie") nur mühsam seine eigentliche Denkferne tarnt.

Die nicht seltenen Schwierigkeiten von Intellektuellen mit der Gourmandise beruhen andererseits in vielen Fällen auf der herbeigeredeten Unvereinbarkeit und Ungleichwertigkeit von Körper und Geist – großzügig eingeräumte und kurzzeitig genossene „Sündenfälle" einmal ausgenommen. Nennen wir also einfach einmal die komplette Figur mit Kopf und Bauch den „neuen Gourmet", und denken wir ihn uns als einen eher ausgewogenen Typus von Mensch.

Morgen wird gewählt. Selbstverständlich kreisen auch die Gedanken des Gourmets um den Zusammenhang zwischen Politik und seinem Fach. Was soll man machen? Eine Klientelpolitik nach Art des Deutschen Hotel- und Gaststättenverbandes unterstützen? Erleichterungen fiskalischer Art fordern oder sich größere Mengen von Geschäftsessen zurückwünschen – also hohe Kochkunst vor mental leeren Sesseln? Nein. Mit vielen ihrer möglichen Forderungen würde die Gourmandise ohnehin zwischen sämtlichen Stühlen landen. Die Bio-Bewegung weckt bei ihr nur Mißtrauen wegen deren unzureichender Orientierung an anderer als technisch-gesundheitlicher Qualität. Die Gourmandise tritt energisch für individuelle, hochqualifiziert arbeitende Manufakturen ein, die so ziemlich das Gegenteil von gewerkschaftlich gerahmter Standardarbeit erfordern (bei quasi allen Produzenten und Verarbeitern hochwertiger Nahrungsmittel). Sie setzt sich auch gegen jede EG-Nivellierung unter technischen Aspekten ein: vom Verbot der klassischen Hofschlachtung (zugunsten irrsinniger Tiertransporte) bis hin zu Normen, die der Massenproduktion den Rang von Qualitätsprodukten einräumen sollen (wie etwa beim Olivenöl).

Vor allem aber bedient sich die Politik aus Sicht der Gourmandise einer falschen Logik, weil sie zu sehr auf simple Marktmechanismen statt auf Verhaltensänderung setzt. Die Folge der Gleichsetzung von Kaufkraftstärkung mit Konsum und speziell „Luxuskonsum" setzt statt auf die Verbesserung des primären Interesses an der Gourmandise auf ihre bloße Finanzierbarkeit. Für sie aber geht es nicht so sehr um die pekuniäre Konjunktur (Geld für Autos scheint immer dazusein), sondern um eine ideelle Konjunktur, also letztlich um eine Umverteilung von Interessen.

Die dafür nötige Verhaltensänderung braucht aber vor allem Vorbilder oder Rollenmodelle. Es ist unter solchem Aspekt geradezu erschreckend karg, was unsere Politiker dort vorführen. Lassen wir einmal das Gezeter über ihre öffentlich gemachten wurstnahen Eßgewohnheiten (die sich im übrigen weit von dem unterscheiden, was tatsächlich stattfindet) beiseite und betrachten ganz allgemein ihre Qualität als Rollenmodell. Sind sie nicht Kopffüßler par excellence – wobei man eine kungelnde Verwaltungslogik nicht mit Intellektualität verwechseln sollte? Ist nicht andererseits ein Joschka Fischer auch deshalb so populär, weil er über eine gutbekannte Biographie verfügt, in der sich strukturell so mancher wiederfindet? „Rollenmodell" bedeutet immer eine Stellungnahme, eine dezidierte Position und damit durchaus eine Distanz zur weitgehend unstrukturiert gebildeten Masse. Ein „volksnaher" Politiker jedenfalls ist, logisch gesehen, ein Paradox und die Verweigerung der Entwicklung und Kommunikation von konkreten Verhaltensmustern eine neue Art von Drückebergertum. Haben wir denn überhaupt noch dezidierte Rollenmodelle für das Leben in und mit entwickelter Kultur?

Der französische Spitzenkoch Guy Savoy hat einmal gesagt, ein gutes Restaurant sei einer der letzten zivilisierten Orte auf dieser Welt. Das hat einen wahren Kern, ist aber noch zu bescheiden ausgedrückt. Das Essen ist eines der ganz wenigen gesellschaftlichen Subsysteme, das sich durch alle Schichten und das komplette Leben eines Menschen erstreckt. Die absichtlich lustvolle Nutzung des Essens als Beginn einer Annäherung an die Gourmandise hat das Potential zu unmittelbaren Folgen für eine vielfältige kulturelle Entwicklung.

Diese Entwicklung hat Auswirkungen vom individuellen bis zum gesellschaftlichen Dasein, vom Familienleben bis zur Gestalt unserer Städte und Landschaften. Die Einstufung der Gourmandise als ein „Freizeitverhalten" übersieht grundsätzliche Gewichtungen und Zusammenhänge. Das Bild vom lustvoll genießenden Menschen wird immer vielfältiger und gehört zudem zu den friedlichsten und kommunikativsten Erscheinungen der Zivilisation.

Bei ihren eigentlichen Protagonisten zeigt die Gourmandise eine hochinteressante Mischung aus kreativer Individualität und disziplinierter Arbeit in kleinen Kollektiven. Sie zeigt Menschen mit mehr Berufung als Beruf und oft einem persönlichen Einsatz, der jedes Bild von Normarbeitszeiten sprengt. Wo ländliche Gebiete von der Erzeugung handwerklicher Spitzenprodukte geprägt sind, entstehen wahre Kulturlandschaften, die zu den wichtigsten „weichen" Industrien der entsprechenden Regionen zählen. Der genießende Mensch befindet sich nicht selten in einem Stadium entspannter Offenheit und dürfte sich über einen vertieften Zugang zur Gourmandise auch einem vertieften Zugang zu anderen Sparten der Kultur nähern – und dies in einer undogmatischen, kaum durch institutionelle Hürden versperrten Art. Der Homo sapiens ist also dann besonders weise, wenn er die Bedeutung und die vielfältigen Verknüpfungen der Gourmandise erkennt und nutzt. Dadurch entsteht ein Bild vom Menschen als Genießer – wie immer dies auch im Moment noch aussehen mag.

Beim Blick auf die Politik machen wir eine merkwürdige Entdeckung: Es scheint müßig, nach einem Politiker zu suchen, der wie der heute immer noch in der Gastronomie hochverehrte Walter Scheel genau den Punkt trifft und durch seine Liebe für kulinarische Dinge keine Fehlinterpretationen provoziert. Was fehlt, ist ganz einfach jedwedes Idealbild vom Menschen und dessen klare und dauernde Propagierung in Wort und Tat – wenn man so will, eine Konkretisierung des Grundgesetzes durch die Politik. Oder um im Jargon einer Speisekarte zu bleiben: „Menschenbild? Haben wir im Moment leider nicht. Aber wir warten darauf." ❧

24. 09. 2005, F.A.Z., Feuilleton, Seite 36

Die Sternenkrieger

Kann ein Restaurant bürgerliche und Hochküche zugleich bieten?

Das Restaurant „Aux Armes de France" in Ammerschwihr gehört zu den klassischen Instanzen der verfeinerten Regionalküche im Elsaß. Gegründet wurde der Familienbetrieb 1920 von den Großeltern Philippe Gaertners, des jetzigen Besitzers. 1938 erhielt das Haus erstmals einen Michelin-Stern und brachte es unter Vater Pierre zeitweilig zu einem zweiten Stern und beträchtlichem Ansehen. Es beruhte nicht zuletzt auf der Ausbildung des damaligen Patrons bei einem der ganz großen Meister der französischen Küche, Fernand Point, dessen „Seezunge mit Nudeln" auch heute noch in einer „Façon Pierre Gaertner" angeboten wird.

Im März 2005 gab – unter beträchtlichem internationalem Aufsehen – Philippe Gaertner seinen Michelin-Stern zurück und begründete diesen Schritt mit der wirtschaftlichen Unmöglichkeit, weiter die „Michelin-Standards" bei Ausstattung, Luxusprodukten und Personal bedienen zu können. Wenn er so weitermachen würde wie bisher, hieß es, wäre er am Ende des Jahres pleite. Gaertner erklärte dies mit einer „leichten Erosion unserer Klientel seit Jahren" und kündigte an, zwecks Repopularisierung den durchschnittlich pro Couvert erzielten Umsatz von neunzig bis hundert Euro auf vierzig bis fünfzig Euro senken zu wollen. Heute ist im Vorwort der Speisekarte von einer „vereinfachten Karte" die Rede, die „prinzipiell auf der Basis regionaler Produkte" erarbeitet werde, und

dies „mit dem gleichen Bemühen um Qualität, das schon immer das Restaurant ausgezeichnet hat".

Unweigerlich zieht man beim Besuch einen Vergleich zur früheren Stern-Zeit. Im Eingangsbereich im Parterre trifft der Besucher zunächst auf eine Stellwand, die ausführlich die Pressereaktionen auf die Rückgabe dokumentiert. Im ersten Stock findet er die heiligen Hallen noch vollständig erhalten vor, inklusive des großen Porträts Pierre Gaertners. Aber der Blumenschmuck wirkt zurückgenommen, das Servicepersonal ist nicht mehr formell, sondern nach Brasserie-Art angezogen – und ist nicht überhaupt das zahlreiche Publikum eines, das man sonst hier nicht antraf? Wird hier vielleicht ein Oberklasse-Séparée besichtigt, das man – am Ende sind wir doch alle gleich – nach Verlassen des Sockels nun auf Augenhöhe erleben darf? Die Irritation wird nicht geringer, als sich am Nebentisch einschlägig Verdächtige ausgerechnet und ausschließlich die immer noch hochpreisigen Klassiker des Hauses bestellen, die nach wie vor in der Karte zu finden und sinnigerweise mit einem Sternchen markiert sind.

Überhaupt macht die neue Karte das Essen hier etwas unübersichtlich. Es gibt Melone mit Schinken, Terrinen, ein Club-Sandwich mit Mozzarella und Sommertrüffeln, Forellenfilet oder Schweinekotelett mit einem Bier-Karamel (alle ohne Sternchen und mit Preisen wie in einem gutbürgerlichen Restaurant), andererseits aber auch die Klassiker wie das Huhn mit Essig, ein Hummergratin oder die „Pâté en Croûte Façon Pierre Gaertner au Foie gras de Canard" (mit Sternchen und den Preisen eines Sterne-Restaurants). Signalisieren also die Preise Aufwand oder Qualität oder Aufwand und Qualität? Ein „Salade gourmande" mit Taschenkrebsfleisch und recht viel Salat gerät sauber und frisch, provoziert aber sofort die Frage, ob dies nun noch vereinfachte Spitzen- oder eher gutbürgerliche Küche sei, wobei man den Unterschied vielleicht am ehesten mit Kategorien der Unterscheidung von Kunst und Handwerk treffen kann, wie Picasso sie geprägt hat: Danach verkauft der Künstler das, was er gemacht hat, der Handwerker aber macht das, was man verkaufen kann.

Die besternte „Pâté en croûte" wirkt klassisch bis historisch, weil auch einige auflockernde Beigaben wie etwas Gurkensalat, Schmortomate oder Balsamico den eher altmodischen als altmeisterlichen Eindruck nicht verhindern können. Auch das erwähnte Huhn in Essig (besternt) entpuppt sich zwar als gut gegart und mit der leicht karamelisierten Essigsauce süffig begleitet, ist aber mangels jeglicher weiterer Bezüge ein Fall für klassische Redundanzesser. Beim Lamm mit Kräuterkruste ist die Garung eine der Spitzenküche ähnliche, das Konzept des Gerichtes mit etwas ölig geratenem Gemüse und Kartoffelkroketten aber eher gutbürgerlich, während beim „Umberfisch (Ombrine, auch Schattenfisch, ein barschartiger Mittelmeerfisch) mit Sesam und Gewürzen, Sauerkraut und Bier-Karamel-Sauce" die Begleitung durchaus avanciert gerät, der Fisch aber ganz offensichtlich einen billigeren Ersatz für den teuren Wolfsbarsch darstellt und das Gericht mangels Aroma nicht trägt. Die derart entstehende unklare Trennung zwischen den zwei verschiedenen Küchen (im Prinzip haben wir hier ein Erst- und Zweitrestaurant gleichzeitig) beruht also auf Klassikern, die dabei sind, ihre Evidenz zu verlieren, und Einfach-aber-ehrlich-Gerichten, die noch nicht ihren richtigen Platz zwischen den Welten gefunden haben.

Wie sollen die Führer so etwas bewerten, und wie soll die Verständigung über ein solches Restaurant überhaupt funktionieren? Etwa: „Aux Armes de France", zwölf bis fünfzehn Punkte? Vielleicht weist dieses Haus zufällig auf eine generelle Schwäche der Globalbewertung hin, die nie wirklich in der Lage ist, das oft sehr unterschiedliche Niveau der Gerichte eines Restaurants darzustellen. So, wie die Tester mit einer ungünstigen Auswahl von Gerichten ein anderes Bild bekommen als mit einer günstigen, wird es erst recht den Gästen gehen, die unter Umständen nur über marginale Vergleichsmöglichkeiten verfügen. Insofern sind diejenigen Restaurants, die aus dem klassischen Bewertungssystem absichtlich ausscheren (neben denen, die ihre Sterne zurückgegeben haben, vor allem auch jene, die in den verschiedensten Formen ein Einfach-aber-genial-Konzept versuchen), nicht nur eine Folge dieses Systems, sondern gleichzeitig auch die ersten Vertreter eines neuen, allerdings noch nicht so recht beschriebenen Systems.

Alles läuft auf eine Kernfrage hinaus, die man verkürzt so formulieren könnte: Kann ein Linsengemüse Höchstnoten wert sein, oder muß es grundsätzlich in der Bewertung unter einem adäquat teuren und möglichst ziseliert verarbeiteten Produkt der Luxusküche liegen? Erst wenn diese Frage einigermaßen einheitlich beantwortet wird, können Konzepte entstehen, die auch ohne „Eintrittspreis" beste Küche bieten. Jeder Versuch allerdings, diesen Zustand per materieller oder immaterieller Schere im Kopf zu erreichen, wird wie im „Aux Armes de France" ein letztlich unbefriedigendes Zwitterwesen hervorbringen. Qualität ist nicht teilbar, aber sehr wohl mit preiswerteren Spitzenprodukten in kleinen Portionen zu realisieren. ❧

01. 10. 2005, F.A.Z., Feuilleton, Seite 38

Perfekt ohne Schäumchen

Estragon im Jus: Helmut Thieltges belebt die klassische Kochkunst

Auch wenn es manchem, der sich am liebsten wohlig in sein wärmendes Wertsystem zurückzieht, schwerfällt: das Leben mit der Kochkunst bedeutet Leben in einem dauernden Prozeß sich verändernder Bezüge. Insofern ist auch das Ausrufen einer kulinarischen Klassik ein höchst relativer Akt, der nur dann Sinn hat, wenn er sozusagen bei vollem Bewußtsein ausgesprochen wird. Ist es wirklich ausgeschlossen, daß man eines Tages die heute als „klassisch" bezeichnete Küche kurz und knapp in einem Satz zusammenfaßt, der vielleicht mit „Damals, in den Anfängen der Kochkunst …" beginnt? Der historische Wert ist eine ganz andere Sache als die Bedeutung im kulinarischen Tagesgeschäft, das sich vor allem durch Gleichzeitigkeit der Stile und eine permanente Evidenzprüfung auszeichnet.

Dazu kommt, daß häufig der Fehler gemacht wird, die Klassiker mit konkreten Rezepten zu verknüpfen. Die Erfahrung mit lebenden Klassikern lehrt, daß die konkreten Rezepturen nicht selten die Grenze des Trivialen streifen und kein Grund zu der Annahme besteht, Escoffier und Co. hätten so gekocht, daß uns vor Begeisterung die Haare zu Berge stehen würden. Da mag etwas ruhig Referenz für einen bestimmten Zugriff sein – über seine ästhetische Bedeutung im Ganzen ist damit nicht viel gesagt. „Klassik" ist im Moment nicht mehr und nicht weniger als die Arbeit in einer bestimmten, klassischen Geschmacksvorstellung und mit den entsprechenden Zubereitungstechniken. Stellt sich diese Arbeit der täglichen Evidenzprüfung, ist es nur logisch, daß sie nicht historisierend ausfällt, sondern sich so darstellt, daß sie letztlich auch den Vergleich mit einer aktuellen Umgebung aushält.

Helmut Thieltges vom „Waldhotel Sonnora" in Dreis ist ein erfreulich wacher Klassiker, der sich im Windschatten des oft oberflächlichen Tagesgeschäfts seiner Zunft einen erstaunlichen Freiraum erarbeitet hat. Thieltges vergißt seine klassischen Bezugsgrößen (wie etwa den Schweizer Fredy Girardet) in keiner Weise, hat aber zusätzlich ein problemlos entspanntes Verhältnis zur Moderne entwikkelt. Auch wenn er „die Schäumchen" und andere Novelties bisweilen mit der Distanz eines Weisen betrachtet, der nur einen einzelnen Muskel seines Gesichts verziehen muß, um einen vollständig ausreichenden Kommentar abzugeben, denkt er eben doch genuin kulinarisch und nimmt wie selbstverständlich auch neue Elemente auf. Nur ist eben bei einem Koch diesen Schlages die immanente Logik bestimmend (die etwa Grundlage strukturalistischer Konzeptionen ist) und nicht ein hektischer Kopiervorgang.

In diesem ausgewogenen Bezugs- und Kräftefeld und mit beachtlicher Unterstützung vieler Gourmets aus dem nahen Belgien, Luxemburg und Frankreich gelingen bemerkenswerte Kreationen. So begnügt er sich bei seiner klassischen „Crêpinette von der Wachtel und gebratener Gänsestopfleber auf Champignon-Böhnchensalat mit Himbeeressig" nicht damit, den klassisch-milden Kern sich selbst zu überlassen, sondern schafft mit den Kontrasten von warm/kalt und roh/gegart (beides durch die Gemüse) eine geradezu erfrischend wirkende Auflockerung des Geschmacksbildes. Zeitgenössisch wie eh und je bekommt diese Komposition ihre Qualität vor allem dadurch, daß Thieltges in seiner perfekten, klassischen Grundlage nicht schwächelt, sondern offensichtlich die Möglichkeit einer sinnvollen Erweiterung erkannt und aus Überzeugung akzeptiert hat.

Diese Art der fortgeschriebenen Klassik findet sich quasi ausschließlich bei international bedeutenden Meistern ihres Faches. Sie zeichnet auch die „Bretonische Felsenrotbarbe mit gebackenem Kaisergranat auf mariniertem Gartenkräutern und mediterranem Gemüseconfit" aus. Thieltges serviert im Prinzip die Rotbarbe auf dem Mix von kleinen Kräuterschnipseln, die jeden Bissen anders schmecken lassen, schon lange. In dieser aktuellen Version hat das Gericht freilich zu einer strukturalistischen Form gefunden, bei der neben den (rohen) Kräutern das geschmorte Gemüse und feinste, krosse Teigfäden um die Langustine für ein sensorisch breites und fein abgestimmtes Spektrum sorgen. Wieder ist es – durchaus im Gegensatz zu oft wesentlich oberflächlicher arbeitenden, zeitgenössischen Strukturalisten – die beharrlich beibehaltene, klassische Qualität von Produkten und Garungen, die den besonderen Rang eines solchen Gerichts bestimmt.

Der Meister liefert freilich auch Beispiele für einen sozusagen geschlossenen klassischen Kreislauf. Das thematisch erfreuliche Innereiengericht „Sauté von Kalbsnieren, -kopf und -bries in milder Schalotten-Balsamicosauce“ beschränkt sich (auch das ein typisch klassischer Zug) auf die Optimierung der Garung in einem deutlich an die „süffigen“ Lösungen bei Girardet erinnernden Qualität und eine prägende, aromatische Beigabe (Estragon im Jus), verzichtet aber auf weitergehende Elemente.

Die Kreation macht deutlich, daß auch ein Unterschied zwischen entwickelter und entwickelnder Küche besteht, der Arbeit in geschlossenen Systemen (egal welchen Stils) und der Arbeit in prinzipiell nicht begrenzten Systemen (ergänzt – um die Sache weiter zu differenzieren – noch durch die Unterscheidung in eine nach innen gerichtete, intensivierende und eine eher explorative Kreativität). In ähnlicher Weise gerät sein „Kotelette, braisierte Schulter und gebackenes Rückenfilet vom schottischen Lamm auf Bohnenkernen und Kräuterjus“ klassisch vollendet, steht aber heutzutage in Konkurrenz zu vielen andersartigen Lösungen und könnte von einer kleinen Überarbeitung mit dem typischen Augenmaß des Meisters nur profitieren.

Erstaunlich ist, wie Thieltges sich bei einem kleinen Zugeständnis an den Zeitgeist, nämlich einer Kreation mit leicht asiatischen und leicht süßlichen Aromen verhält. Der „St. Petersfisch aus dem Atlantik, mit Ingwer gebraten auf Chinoise-Gemüse und Curry-Kokos-Schaum“ (plus einem Couscous in einer krossen Teighülle mit Korinthen) lebt von einer Rücknahme der Aromenstärke – Thieltges würzt ansonsten sehr prägnant – hin zum reinen Begleitakkord, der in sich durchaus changiert, im Verhältnis zum Fisch aber dezent bleibt. Hier führt die erwähnte immanente Logik glatt zu einem Musterbeispiel für eine integrative Fusion-Küche. Ganz anders wirken da – vielleicht ein Blick in die Zukunft des Hauses – die Hummermedaillons mit einer extrem milden Gazpacho-Creme, Tomatenmousse und Gurkensauerrahm. Hier entwickelt sich eine enorme aromatische und texturelle Finesse, die – völlig konträr etwa zu dem klassischen Innereien-Gericht – sehr modern wirkt und zeigt, daß jede Form möglich ist, solange sie von wirklicher kulinarischer Intelligenz getragen ist. ❧

08. 10. 2005, F.A.Z., Feuilleton, Seite 38

Auf angewärmtem Heu

Was macht der Koch, der alles kann?

Was macht ein Koch nach dem Erreichen sämtlicher Höchstnoten? Die Sprachregelung der Zunft hat für diesen Fall den Satz von „der Schwierigkeit, Jahr für Jahr die Höchstleistungen aufs neue zu bestätigen“ vorgesehen. Aber es gibt die ganz besonderen Ausnahmen, deren Triebkräfte mehr aus der Sache und weniger aus dem Interesse an deren formeller Fassung stammen. Für Joachim Wissler, den Protagonisten der achten F.A.Z.-Gourmetvision, scheint sich nach der Erfüllung des Meßbaren nunmehr der Blick auf die Unermeßlichkeit des kulinarischen Raumes zu ergeben. Erkenntnis ist eben nicht etwas, das man Stufe für Stufe abhakt, sondern eine immer weitere Verbreiterung der Einsicht. Und so nimmt uns der Koch vom Restaurant „Vendôme“ im Schloß Bensberg, der in den letzten Jahren eine spektakuläre Entwicklung genommen hat, in diesem speziellen Menü mit auf eine Reise zu seltenen Realien und Akkorden, zu klassischen Demonstrationen und zu angewandter Molekularküche. Nach drei kleinen Amuse-Bouche, die man bei Wissler wegen ihrer präzisen sensorischen Konstruktion sehr aufmerksam essen sollte, beginnt der Reigen der neun Gänge mit einer Jakobsmuschel und Griebenkrokant, roh marinierten Herzmuscheln, Pfifferlingen, einem grünen Paprikacoulis und einem Sud mit einem deutlichen Anteil von Olivenöl. Möglich wird diese sehr schön alternative Fassung durch eine genaue Abstimmung der sehr kleinen, begleitenden Elemente: Ein mit jedem Bissen sorgsam zusammengestellter Akkord ermöglicht ein sensibles Spiel zwischen roh und gekocht, jodigen und erdigen Noten und minimal unterschiedlichen Texturen. Mit den „Garnelen in gebundenem Paella-Sud, Salicorne-Tempura und Hummergrissini“ kommen wir in das spanisch-mediterrane Geschmacksbild. Kräftig gegrillte Garnelen werden mit einem Sud unter Verwendung sämtlicher Innereien der Garnele („Kopf“) kombiniert und texturell durch Tempura von Algen (Salicorne, deutsch „Queller“), die mit dünnen Krabbenbeinen gemischt sind, kontrastiert. Diese Technik erinnert an die Zubereitung von Soft-Shell-Crabs und ist ohne Probleme sinnvoll einzusetzen. Zwischen Garnelen und Tempura kann mit den „Hummergrissini“, dünnen Stängchen aus Salzteig mit Hummer, der Mund leicht umparfümiert werden. Während bei diesem Gericht eine sehr breite Sensorik zum Einsatz kommt, ergibt sich bei dem „Eigelbpraliné im gestockten Schinkensaft mit weißem Trüffel, Petersilienspinat und Nußbutterschaum“ eine ungewöhnliche und interessante aromatische Binnendifferenzierung in einem texturell engen, aber ebenfalls ungewöhnlichen Rahmen. Was da so selbstverständlich wirkt, ist nur durch Einsatz von Erkenntnissen der molekularen Gastronomie möglich. Mit speziellen, weitgehend temperaturresistenten Bindemitteln („Alginat") wird die Einarbeitung von Gelees in warme Gerichte möglich. Einen Moment lang ergibt sich in diesem faszinierenden Gericht, das quasi eine Neufassung des klassischen „Ei-Spinat-weiße Trüffel"-Akkordes ist, die Illusion eines Karamelaromas wie bei einem Dessert, bevor sich ein dichtes Spektrum herzhaft-gemüsiger Aromen entwickelt. Durch die unterschiedliche Ansprechzeit der Elemente gewinnt der Akkord eine enorme Länge. Mit leichter Hand findet Wissler auch eine Lösung für die oft unharmonische Kombination von Blutwurst und Fisch.

Bei seinem Kabeljau funktioniert eine Sauce mit dem Aroma der Muskatblüte (Macis) und einer leicht herzhaften Bindung von püriertem Stockfisch (also dem getrockneten Kabeljau) als Katalysator: Die sich ergebende, nahtlose Aromenkette „Fisch-Stockfisch-Fleischgeschmack-Fleischwürze-Macis) wirkt subtil, aber gleichzeitig völlig selbstverständlich. Mit den beiden folgenden Gerichten ermöglicht Wissler den Kontakt zu einem klassischen Material der Gourmandise, das freilich heute in unseren Breiten extrem selten zu finden ist.

Das „Carpaccio von der Seeteufelleber in edelsüßer Essignage mit Bohnensalat und Weintrauben" ist eine exzellente Kombination, die der Leber mit einem frischen Kontrapunkt von den Bohnen und einer leichten Süße von Weintrauben und Sauce einen prächtigen Auftritt verschafft. Um die hochfeine Leber zu probieren, sollte man auch einmal ein Stückchen ohne Vinaigrette essen. Der sehr dezente Lebergeschmack mit dem ganz leicht jodigen Hintergrund ist vielleicht sogar noch feiner als der einer Gänsestopfleber. Beim „Seeigelflan mit Sherry und Kopfsalatschaum" bleiben wir bei den jodigen Spezialitäten. Hier empfiehlt sich ebenfalls die Degustation eines puren Stückchens Seeigelzunge, um für die Zusammenstellung der Akkorde beim Essen eine bessere Orientierung zu haben. Der Flan mit seinem Salzwasserhintergrund, der mild-herbe Kopfsalatschaum und die ebenfalls leicht herbe Sherry-Note ergeben ein geschlossenes Bild, das sich freilich deutlich von dem engen Kanon klassischer Klischee-Produkte der Spitzenküche unterscheidet. Die soufflierten, krossen Tapioka-Kügelchen obenauf kann man übrigens fast in beliebiger Menge einsetzen. Sie bilden in der cremigen Umgebung eine Art krosses Gerüst. Weiter geht es mit einem großen Kontrast zum Seeigelflan oder der Seeteufelleber. Der mit Trüffeln gratinierte Wildhasenrücken mit Sauce Rouennaise und Gänseleber-Palatschinken ist eine wahrlich extrem süffig zu essende Reminiszenz an die klassische Küche. Im Mittelpunkt steht mit dem hier etwa zwei Wochen gereiften Hasenrücken nicht unbedingt ein klassisches „Edelprodukt", aber eines, das mit seinem leichten, aber dezidierten Wildgeschmack in der Spitzenküche eine Renaissance verdient hätte. Das Aroma der Trüffel zieht übrigens durch die Hitze beim Gratinieren quasi vollständig in das Fleisch ein. Mit etwas von der Gänseleber und den konfierten Zwiebeln ergibt sich ein meisterlicher Akkord von hervorragender aromatischer Spannbreite. Eine ganz überraschende Farbe präsentiert Wissler mit einem warmen Käsegericht, dem auf Wiesenheu gedämpften Münsterkäse mit Mizuna-Salat, Kürbiskernen und Kürbiskernöl. Der Käse wird durch Minitexturen wie getrocknetes Artischockenstroh oder getrockneten Schinken sehr fein ziseliert gefaßt. Eine Besonderheit aber bietet die Präsentation. Serviert wird auf angewärmtem Heu, dessen Duft beim Essen sozusagen einen retronasalen Akkord bildet. Man hat diese Wahrnehmung natürlich immer, aber sie wird selten so absichtsvoll eingesetzt wie hier. Und so wird am Ende des Menüs auch der Duft des Schokoladen-Pfeffersoufflés, das man am besten immer abwechselnd zum expressiven Curryrahmeis, Ananas und verschiedenen Tamarillo-Zubereitungen ißt, etwas stärker auffallen. Schlicht und einfach: ein exzellentes Menü. ❧

Die F.A.Z.-Gourmetvision Nr. 8 ist von Mittwoch, dem 12. Oktober, bis zum Sonntag, dem 6. November, mittags und abends zum Preis von 135 Euro im Restaurant Vendôme in Bergisch Gladbach-Bensberg zu bekommen.

15. 10. 2005, F.A.Z., Feuilleton, Seite 36

Italo-Maskerade

Am Beispiel „River Cafe“: Kulinarikspektakel ohne Ideen

Als Rose Gray und Ruth Rogers 1987 in London das „River Cafe“ gründeten, waren sie sehr frühe Vertreter einer Bewegung, die sich seither in fast allen westlichen Großstädten verbreitet hat. Man könnte sie als zweite Italo-Welle bezeichnen, weil sie sich deutlich von der ersten, damals noch fast ausschließlich von Italienern allein getragenen Welle unterschied. Die Protagonisten der zweiten Welle waren Faszinierte, die unter gut begründbarer Umgehung der heimischen Pizzeria an der Ecke nunmehr die echte, unverfälschte und natürlich einfache italienische Küche praktizieren wollten.

Gerade die Begeisterung der Briten für eine sehr viel produktnähere Küche hatte zur Folge, daß man schon in den achtziger Jahren in England eine über das ganze Land verbreitete, oft italophile, oft auch vegetarische Restaurant- und Snackkultur antraf. Heute dürfen sich Gray und Rogers darüber freuen, daß sie von der größten kulinarischen Medienblase unserer Zeit, Jamie Oliver, quasi zu seinen Tanten ernannt worden sind und überhaupt zu den Gurus der Vereinfachungsszene gezählt werden.

Aber da ist noch etwas, das zur Grundlage dieser Küche wurde. Man kann immer wieder feststellen, daß der Blick von Briten und Amerikanern auf die italienische oder französische Eßkultur – sagen wir: eher individuell gerät. Ihre Auflistungen von guten Köchen fallen recht originell aus, und wenn sich Starautoren wie Patricia Wells einmal richtig in etwas verrannt haben (zum Beispiel im Falle von Joel Robuchon), wird es bis aufs Messer propagiert. Dabei ist man im engeren, kulinarischen Sinne bisweilen geradezu radikal und zögert durchaus nicht, mit landestypischer Chuzpe den Italienern und Franzosen zu erklären, wie denn ihre Küche eigentlich sein müßte. Das sieht dann in der Praxis so aus wie in jenem schönen kleinen Hotelrestaurant in der Nähe von Amboise an der Loire, wo Briten für Briten französisch kochen und das – zugegeben – noch nicht einmal schlecht.

Im recht großen Londoner „River Cafe“ direkt an der Themse fällt zunächst eine eher überraschende Laboratmosphäre auf, die von der Dominanz einer raumfüllenden Edelstahl-Küchenwand herrührt. Dieses ziemliche Gegenteil eines toskanischen Dorfplatzes scheint in ähnlicher Form recht häufig mit Italophilie zu korrelieren, vielleicht auch mit der Befreiung von möglichen psychologischen Verstrickungen: Nirgendwo sind die realen Grundlagen der Nahrungsmittel weiter entfernt als da, wo man besonders deutliche Nähe zum Kulinarischen demonstriert.

Eine erste Vorspeise sind die „Borlotti-Bohnen mit geröstetem toskanischem Brot, Rotweinessig und Kirschtomaten“. Tatsächlich liegt kaum mehr auf dem Teller, als der Titel verrät. Es gibt noch etwas Basilikum und Rucola dazu, und insgesamt sind alle Elemente in einem ordentlichen Zustand. Nur: Eine spezielle Idee, eine Zubereitung im engeren Sinne findet sich nicht. Die Vinaigrette, einziges mögliches Gestaltungselement in dieser Assemblage, ist normal, und so wirkt der Zusammenhang der Elemente eher behauptet als hergestellt, als sei er jederzeit von jedem reproduzierbar und damit unterhalb jedweder erwähnenswerten Kochleistung.

Also dann vielleicht ein Pastagericht, dessen Libretto sich „Taglierini con Gamberetti e Zucchini“ liest? Bietet es vielleicht richtig gute Pasta, frisch gemacht und al dente gegart, mit satt parfümierten Garnelen aus dem Golf von Genua und ganz jungen, ganz kleinen Zucchini mit ihrer unübertrefflich nussigen Note? Nein, das kann man wahrlich nicht behaupten. Es erscheinen vielmehr dünne und sehr wäßrige Nudeln, deren fehlende Substanz keinerlei Gefühl des typisch frischen Pastabisses aufkommen läßt. Die Zucchini sind zu winzigen Schnipseln zerlegt, was auch ihnen vollständig den Geschmack nimmt. Eine besondere Art des britischen Zugriffes ist dann nicht etwa die Verwendung kleinerer Garnelen, sondern brauner Nordseekrabben von jener Art, die von großen holländischen Firmen zum Pulen nach Marokko hin- und zurückgefahren werden. Eine „Butter and lemon“-Sauce hilft auch nicht weiter, so daß der Eindruck eines vollständig kastrierten Pastagerichtes entsteht, dem alles fehlt, was es haben könnte. So etwas mag von Faszination für eine andere Eßkultur ausgelöst sein, ein Verständnis für die italienische Küche ist daran jedoch nicht abzulesen – eher schon eine schlechte Interpretation vor dem Horizont der eigenen Eßkultur, dieToscana auf dem Pier in Soundsomouth.

Man hat in diesem Restaurant aber einen Ofen, der mit Holzscheiten befeuert wird. Und so gibt es dann mit dem Wolfsbarsch auch ein sehr gutes Produkt, das durch präzise Garung eine wunderbare Holznote abbekommen hat und im Prinzip auch allein gegessen werden könnte. Die dazu servierte halbe Zitrone deutet allerdings abermals auf ein merkwürdiges Verständnis hin – so, als wenn wir in einem Kettenrestaurant wären, wo jeder Tropfen Zitrone zum Fisch wahrlich bitter nötig ist. Die Beilagen sind diesmal dienlich, so daß dieses Gericht auch etwa die Hälfte dessen kosten dürfte, was es tatsächlich kostet (etwa 45 Euro). Weitere Klassiker des Genres wie der Schinken mit Melone, Mozzarella di Bufala, Bruschetta mit Pilzen, Minestrone, Tagliatelle ai pomodori und so weiter haben ohne Ausnahme ähnliche Schwächen wie der erwähnte Salat oder das Pastagericht.

Was also passiert hier? Im Grunde ist die Küche von Rogers und Gray eine reine Psycho-Küche, eine Ressentiment-Küche, die mit einer verkürzten kulinarischen Zeichensprache arbeitet, aber nicht genuin kulinarisch durchdacht ist. Sie trifft auf ein zahlreiches Publikum, für das eine „passende" Küche zum Dekor gehört – wobei es in diesem Wortlaut fast egal ist, ob man mit „Küche" den eingerichteten Raum oder die Summe der Gerichte meint. Während dem Gourmet im Prinzip die verwendeten Realien und die Art der Zubereitung egal sind, sofern beide ein hervorragendes Ergebnis der Kochkunst entstehen lassen, braucht diese Zeichensprache bestimmte Symbolprodukte (etwa Basilikum) in möglichst risikofreier Zubereitung. Wird Richtiges derart symbolisiert, ist die weitere Substanz sekundär.

Mit ihrer angeblich so puristischen und produktorientierten Küche sind Rogers und Gray von nichts weiter entfernt als von einer profunden italienischen Küche, die – bei manch scheinbarer Simplizität – Alfonso Iaccarino („Don Alfonso 1890" in Sant'Agata sui due Golfi) dazu bringt, seine eigenen Tomatensorten zu züchten, oder Nadia Santini („Dal Pescatore" in Canneto Sull'Oglio) für jede Pastasorte eine andere Sorte Ei verwenden läßt. Da ist es dann schon verständlich, daß Jamie Oliver hier seine Einflüsse sieht. ❧

22. 10. 2005, F.A.Z., Feuilleton, Seite 38

Eine Woche Gaumenfreuden

Kindermund: Deutschland muß vom französischen Vorbild lernen

Ob von oben initiierte Aktionen Erfolg haben, hängt wahrscheinlich weniger von der im Prinzip gut manipulierbaren Akzeptanz eines Themas ab als vielmehr von einer Art Grunddisposition, auf die man sich verlassen kann. Wie anders sollte man den überragenden Erfolg der sogenannten Bio-Tonnen erklären, die eben nicht nur die anfallenden kompostierbaren Elemente und Grünabfälle aufnehmen, sondern ganz entschieden der Bürokratisierung der Garten-Ästhetik Vorschub leisten und den Kahlschlag ohne Müll-Reue befördern? Und hat nicht auch die geradezu inbrünstig realisierte Mülltrennung eine eher individuelle als ökologisch sinnstiftende Komponente?

In Frankreich ist am vergangenen Sonntag die sechzehnte Ausgabe der „Semaine du goût" zu Ende gegangen. Wieder einmal wurde damit bewiesen, daß in diesem Land ein anderes Verständnis für Kulinarik herrscht, als es hierzulande auch nur denkbar erscheint. Wieder einmal lohnt sich aber auch der Gedanke an eine Übernahme dieser bemerkenswerten Aktion. Begründet wurde sie am 15. Oktober 1990 als „Journée du goût" – eine ganze „Geschmackswoche" wurde erst 1992 daraus – vom prominenten Fachpublizisten Jean-Luc Petitrenaud und merkwürdigerweise – dem „Collective du sucre", einer Wirtschaftsvereinigung zur Förderung des Zuckers.

Petitrenaud verkörpert mit vielfältigen Aktivitäten von Fernsehsendungen über einen eigenen Restaurantführer und kulinarische Regionalführer bis hin zu einer Buchreihe, in der er jungen Talenten der Spitzenküche ein Forum bietet („Les petits de Petitrenaud"), einen beträchtlichen Teil des kulinarischen Gewissens in Frankreich. In seinen oft sehr hektischen Fernsehauftritten schafft er es mit erfrischendem Witz und Selbstironie mühelos, selbst Spitzenköche und ihre Arbeit als genuinen Teil eines Ganzen darzustellen. Die Ziele der Aktion sind bis heute „Erziehung und Ausbildung des Konsumenten, ganz besonders des jungen Konsumenten", das Vorstellen von verschiedenen Produkten, die „Produktion von sicheren Lebensmitteln" und eine „transparente und pädagogische Information" über kulinarische Zusammenhänge.

Realisiert werden diese Ziele in „Leçons de goût", Geschmackslektionen, durch die in diesem Jahr dreitausend Köche etwa 150 000 Schüler erreicht haben. Es gibt im ganzen Lande mehr als sechshundert Veranstaltungen aller Art, und in vierhundert Restaurants (darunter viele

Spitzenhäuser) wird ein um etwa fünfzig Prozent verbilligtes Essen für junge Leute, „le goût à la carte“ genannt, angeboten.

Für die entscheidende Wirkung sorgen aber die Medien. Selbst in den Hauptnachrichten von TF 1 oder TF 2 wird an jedem Tag der „Semaine du goût“ ein kulinarisches Thema angesprochen, von der Vorstellung wichtiger traditioneller Erzeuger bis zur Qualität der Schulspeisung. Möglich wurde dieser enorme Rückhalt vor allem seit 2003, dem Beginn der offiziellen Förderung der Aktion durch die einschlägigen Ministerien für Landwirtschaft, Ernährung, Fischerei und „Affaires Rurales“. Heute ist man stolz darauf, daß fast alle Franzosen die Aktion kennen und sie zu einem nationalen Ereignis geworden ist, in dem Geschmack und französisches und europäisches geschmackliches Erbe verteidigt werden.

Das Bemerkenswerte ist nun, daß sich diese Aktion zu einem echten Selbstläufer entwickelt hat. Man setzt in der praktischen Ausführung mehr auf die Faszination durch das Gute als auf abstrakt-aufklärerische Demonstrationen aller Art. Vor allem wird probiert und noch mal probiert und zugesehen, wie Dinge hergestellt oder behandelt werden. Nennen wir es einfach einmal das „Sendungmit-der-Maus-Prinzip“. Ist es denn verwerflich, wenn man einmal nur das Material sprechen läßt, es nicht in einen soziokulturellen Hintergrund einordnet, keinerlei Theorieebene erreicht? Es scheint fast so, als müßten erst die Moleküle der Grunddisposition aktiviert werden, bis sich eine beobachtbare Bewegung ergibt. Einmal angerührt, passiert dann viel mehr, als würde man auf Konkretisierung durch ominöse Transfereffekte warten, die ihren Ursprung weit jenseits des Materials haben.

Im Wirtschaftsteil des „Figaro“ vom 12. Oktober wurde darüber aufgeklärt, wer sich hinter der „Semaine du goût“ als Sponsor verbirgt und wer auf diese Weise einen Imagegewinn verzeichnen kann. Diese angedeutete Verschwörungstheorie wird in Frankreich kaum Beachtung finden, weil sie für Menschen im Zustand der reinen Degustation keinerlei Bedeutung hat. Und darum geht es hier eigentlich: durch eine wie auch immer definierbare zeitweise Befreiung von den verschiedensten sensorischen Defiziten einen offenen Zugang zu Aromen und Geschmack zu gewinnen. Das Verfahren mag dann ruhig pädagogisch strukturiert sein (Qualität ist letztlich ein pädagogisches Produkt), im Endeffekt aber entsteht das Ergebnis erfreulich unpädagogisch. Die Kinder auf dem Markt von Colmar, die begeistert alles probieren, ihre Eindrücke notieren, ihre Jakobsmuschel in der Plastiktüte haben und den Mund voller bestem Ziegenkäse, sehen sich initiiert in einen faszinierenden Teil der Kultur – nicht mit diesen Worten, aber mit dieser Wirkung.

Brauchen wir das auch? Dringend, und zwar in der nämlichen Form einer konzertierten Aktion von Politik, Medien, Industrie, Wissenschaft und Verbänden, die aber auf jedwede Eitelkeit verzichtet und sich ganz darauf konzentriert, eine Intensivierung unseres Verhältnisses zur Eßkultur zu erreichen. Dazu gehört in unseren Landen unbedingt der Verzicht auf nichtevidente Aufklärung (Beispiel: die möglichen Schadstoffe im Brot) zugunsten sinnvoller Information (geschmackliche Differenzierung und Sensibilisierung für gute Brotsorten) oder unbedingt die Ermöglichung eines gut zubereiteten Essens – eine Erfahrung, die mittlerweile gerade bei Jugendlichen zu den selteneren gehört.

Klingt da das Wort „unkritisch“ an? Nein. Eher, daß das Gute der Feind des Schlechten ist, nicht aber lediglich das Reden über das Schlechte. Es ist allerdings zu befürchten, daß die Grunddisposition in unserem Land, also jene unwirkliche Gemengelage aus Rationalität am falschen Platz, feindlicher Grundeinstellung gegen alles mögliche und latenter Unbelehrbarkeit nicht gerade entspanntes Sichinspirierenlassen begünstigt. Wie wäre es zunächst einmal mit einer privaten Geschmackswoche? Probehalber? ❧

29. 10. 2005, F.A.Z., Feuilleton, Seite 38

Wer Brise sät, wird Beifall ernten

Martín Berasategui kocht sich an die Spitze der spanischen Küche

Der baskische Drei-Sterne-Koch Martín Berasategui ist außerhalb Spaniens bei weitem nicht so bekannt wie der Katalane Ferran Adrià, erfreut sich aber gerade bei seinen Kollegen einer hohen Wertschätzung. Der Grund dafür ist ein im traditionellen Sinne kulinarischeres Denken, in dessen Mittelpunkt eher Evolutionäres als Revolutionäres steht. Oder anders gesagt: Eine Kopie von Adriàs Tricks hat heutzutage schon einen gewissen Hautgout, während die Inspiration durch Berasategui eher positiv als Wahl des richtigen Vorbildes gewertet wird. Der ebenso bodenständig wie wach wirkende Mittvierziger ist in der Tat gegenwärtig in einer intensiven Entwicklungsphase und überrascht mit einigen vor allem aromatisch hervorragenden Kreationen, die an Originalität und Virtuosität in der Feinabstimmung seine Klassiker deutlich übertreffen.

Ein solcher Klassiker ist etwa das karamelisierte Millefeuille aus geräuchertem Aal, Foie gras, Zwiebeln und Apfel aus dem Jahr 1995. Das vielfach kopierte Gericht wirkt heute fast historisch und im übrigen schwächer als etwa eine Adaption bei Juan Amador in Langen. Während Amador mit einem hauchfeinen, fast knisterndkrossen Zuckerplättchen und einem zu einem geräucherten Öl kondensierten Räucheraalaroma die Foie gras im neuen Umfeld virtuos ausbalanciert, ist der Akkord bei Berasategui durch eine viel zu feste Zuckerplatte stark beeinträchtigt und wirkt insgesamt fast rustikal. In der Umgebung aktueller Kreationen aus dem Jahr 2005 scheint es diesem Klassiker an Überarbeitung zu fehlen.

Da ist etwa die ebenso fein wie fremdartig schmekkende Kombination aus einem gebratenen Stück Foie gras mit einem Saft aus rohen grünen Bohnen, Bohnensalat und einem Tupfer Meerrettichcreme. Deren eher etwas plakative Würze wird durch den sehr frisch schmeckenden Gemüsesaft erstaunlich wirkungsvoll zu einem komplexen Aroma verwandelt, das in der – durch den Minimalismus der Zutaten signalisierten – richtigen Proportion die Foie gras komplett anders definiert.

Basis solcher Kunststücke an Subtilitätsgewinn ist bei Berasategui eine überragende aromatische Analyse des Ausgangsproduktes. Seine Auster mit „Kresse-Chlorophyll“, Rauke, Apfel, Fenchelcreme, Zitronengras und Sauerklee (Oxalis acetosella) wirkt wie eine Verbesserung der Natur, weil bis auf den leichten Nachhall von Fenchel und Zitronengras kein Element die Auster überlagert, sondern alle ausschließlich dazu dienen, deren komplexes Aroma zu intensivieren und plastischer zu gestalten. In der Küche seines Restaurants in Lasarte bei San Sebastián arbeiten übrigens bisweilen mehr als dreißig Köche, deren Hauptarbeit ganz offensichtlich nicht aus dem Anfertigen peripherer Dekorationen besteht, sondern aus der Kontrolle jedes einzelnen Elements.

Es wird allerdings auch deutlich, daß hier die Gefahr besteht, in der hochsensiblen Wahrnehmung der Details das Endergebnis aus den Augen zu verlieren. Eine Kreation wie „Fenchel, roh und flüssig, mit einem Fenchelsorbet, Tomatenkaviar und Crevetten“ erreicht nicht jenes Niveau, auf dem wir am ehesten eine stabile Mechanik der Elemente zueinander sehen können, bei der klare Beziehungen und Schwerpunkte auszumachen sind. Dem Gelee-Spiegel auf dem Teller fehlt etwas Intensität, das Sorbet neigt zu aromatischer Neutralität und wirkt eher wegen seiner cremigen Textur, der Tomatenkaviar ist wenig mehr als kleingehackte Tomate und die rohe Crevette nur Textur. Wenn überhaupt, dann ergibt dieses Gericht nur Sinn als ein recht enges Texturspiel mit etwas Fenchelaroma.

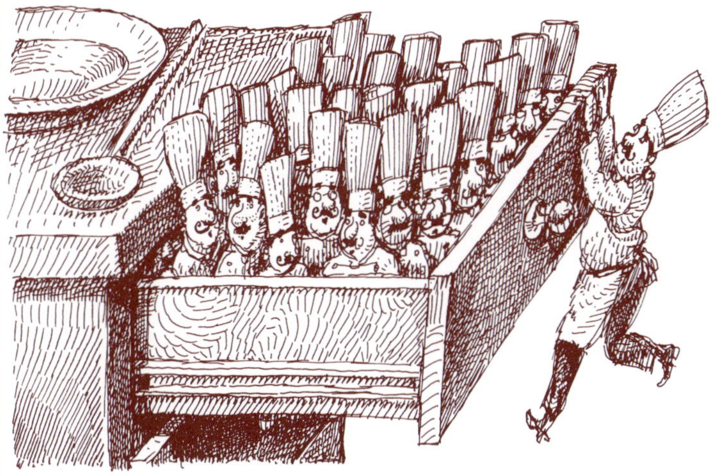

Die notwendige Evidenz wird bei einem anderen neuen Gericht auf bestechende Weise realisiert. „Jodierte Gurke und gegrillter Bauchspeck, Kräutersalat, Selleriblätter und Selleriesorbet“ ist der Titel einer strukturalistischen Komposition, die auf aromatisch und texturell überragende Weise ein recht weiches Gurkengelee (eher eine gelierte Sauce) mit einem leicht jodigen Hintergrund (wie von etwas Austernwasser) mit einem sehr cremigen Selleriesorbet, einem vielfältigen Kräutersalat, begrenzt dimensionierter Sellerie und einem äußerst frisch wirkenden Stück confierten Bauchspecks verknüpft. Das Gericht kommt geradezu luftig daher – trotz der scheinbar rustikalen Aromen und der Verwendung der rohen Kräuter. Wieder gelingt hier durch die Vermischung der Elemente mit dem jodierten Gurkengelee eine Transzendierung des Geschmacksbildes, das vielleicht deshalb so beeindrukkend wirkt, weil hier einmal die Kombination aus aromatischer Dezenz und einer intensiven, aber feinen Sensorik gelingt.

Der „Wolfsbarsch mit Sojasprossen, Kaffee und Zimt“ gefällt im Kern von Fischqualität und -garung, einem Sojaschaum, den Sprossen und den erst zeitversetzt nach dem Fisch wirksam werdenden Salicornes (Queller) her sehr gut, hat aber mit einem viel zu krossen Teigelement samt minimalen Spuren von Kaffee und Zimt ein mißlungenes Element. Denkt man zurück an die erwähnte harte Zuckerplatte zur Foie gras, scheint Berasategui den sensorischen Topos dieser Elemente noch nicht vollständig durchdacht zu haben.

Soweit die erwähnenswertesten Gerichte aus einem großen Degustationsmenü. Andere Kreationen halten ein ähnliches Niveau, wirken aber im Vergleich zu den besten Gerichten nicht ganz so konturiert. Zweifellos gehört Martin Berasategui angesichts seiner aktuellen Entwicklung zu den großen Kreativen der Gegenwart. Wie diese geht er das Risiko ein, eine sich nicht wirklich fordernde Kritik seinerseits zu überfordern.

Interessant ist vor allem das Verhältnis einer solchen Küche zu einem durchschnittlichen Bild deutscher Spitzenküche, auf das man sich wohl weitgehend einigen könnte. Von hier aus gesehen, wirkt diese durch und durch klassisch verhaftet und weitgehend entindividualisiert. In so konsequent individuell erarbeiteter Form wie bei Berasategui ist eine Küche nicht nur ein Stückchen voraus, sondern gleich um mehrere gedankliche Stufen, weil sie sich über den kreativen Reiz hinaus in ihren besten Momenten (dem Transzendieren) bereits zu einer eigenen Gesetzmäßigkeit entwickelt hat. Bemerkenswert ist überdies, daß Berasategui weder im größeren Umfang technische Kabinettstückchen noch entlegene Realien braucht und trotzdem ein durch und durch individuelles Bild erzielt. Das vor allem sollte vielen Köchen zu denken geben. Wenn das hier so möglich ist, ist überall und ohne irgendwelche Ausflüchte hervorragende Küche möglich. Hier weht einfach eine frische Brise. ❧

05. 11. 2005, F.A.Z., Feuilleton, Seite 38

Beim Gelee-Gelehrten

Tim Raue stößt im Berliner „44“ zur deutschen Kochspitze vor

Der erst einunddreißigjährige Tim Raue vom Restaurant „44“ im Berliner Swisshotel hat in seiner Entwicklung eine wichtige Schwelle überschritten. Jahrelang wurde er mit seiner nicht immer gradlinigen Arbeit in Restaurants wie den „Kaiserstuben“ oder dem „E.T.A. Hoffmann“ (beide in Berlin) als eine Mischung aus frühreifem Enfant terrible und großem Talent eingestuft. Obwohl er auch im „44“ nicht ausschließlich sein kreatives Programm verfolgen kann und mit einer in „Tradition“ und „Evolution“ geteilten Karte (plus preiswerten Mittagsangeboten) ein sehr breites Publikum bedienen muß, gelingt ihm mit seinen aktuellen Kreationen erstmals die Skizzierung eines kulinarischen Programms von internationaler Klasse.

Man muß noch Skizzierung sagen, freilich ohne damit die teilweise hervorragenden Resultate abschwächen zu wollen. Was hier in verschiedenen Stadien der Durchdringung und Realisierung sichtbar wird, ist ein Küchenkonzept, das so komplex scheint, daß es zu dessen auch nur annähernder Verwirklichung eine enorme mentale und handwerkliche Konzentration braucht. Da steht also ein junger Koch in modernem Ambiente und versucht mit einer noch jüngeren Schar von engagierten Eleven Dinge umzusetzen, für die man ein Dutzend gestandener Spitzenköche als Personal gebrauchen könnte.

Wir haben uns im Laufe der letzten Jahre daran gewöhnt, daß der aromatische Sektor durch den gezielten Einsatz von Textur- und Temperaturunterschieden subtil inszeniert werden kann. Wir haben unter dem Einfluß verschiedener Küchen der Welt und nach langen Jahren der Verwirrung durch die sogenannte klassische Küche eine Renaissance der Abstufungen zwischen Rohem und Gekochtem erlebt. Und dennoch bleibt eine Unmenge zu tun, bis sich zwischen Temperaturen und Texturen, zwischen süß, sauer, mild und scharf eine Art Instrumentationslehre entwickeln wird, die in virtuoser Antizipation ihrer Wirkung mehrdimensionale Kreationen ermöglicht. Muß man um Milde bitten, wenn man den Eindruck hat, daß auch die heutige Spitzenküche in großen Teilen immer noch einen folkloristischen Anstrich hat und – bei aller Liebe für die kulinarische Folklore der Welt – die zwingende Entwicklung zu künstlerischen Formen soeben erst begonnenhat?

Tim Raue versucht, eine sensorisch überaus komplexe Küche modernster Art zu realisieren, und er tut dies mit großem handwerklichen Verständnis. Er benötigt allerdings ein Publikum, das bei einem Gang wie „Languste mit Rosengelee, Cranberry-Sorbet und Liebstöckel-Salat mit Spargelessig" nicht sogleich in einen kulinarischen Kurzschluß verfällt, der dann die Wahrnehmungen durch Einwirkung psychischer Dispositionen beeinträchtigt. Raue gelingt Faszinierendes: Auf einem zweigeteilten Teller liegt links ein kleiner Langustenschwanz mit einem sehr mild gehaltenen Rosengelee, das eine ganz leichte Süße besitzt. Auf der anderen Seite findet sich ein vielfältiger Salat en miniature, der allerdings erstaunlich große Stücke der extrem aromatischen Liebstöckel-Blätter enthält, dazu die leicht harmonisierende Vinaigrette und ein aromatisch deutliches, aber ebenfalls in der Süße begrenztes Preiselbeer-Sorbet.

Die Mechanik dieser Kreation – die Verbindung des zarten Langustenaromas mit Liebstöckel erscheint normalerweise kaum sinnvoll – setzt nun nicht auf den klassischengen Akkord, dessen Charakteristik aus der Verbindung von Elementen besteht, die von Textur und Temperatur ähnlich sind und aromatisch nahe beieinanderliegen, sondern auf das plastisch inszenierte Freistellen der Aromen und eine zurückhaltende Verzahnung von Hintergrundnoten. Man ißt also zwei Dinge getrennt und doch gleichzeitig – und dies in schönster Harmonie. Das Rosengelee parfümiert die Languste ganz leicht, und das Preiselbeer-Sorbet tut das gleiche mit den Liebstöckel-Blättern. Beide werden im Hintergrund durch die begleitende Süße kommunikationsfähig, bleiben aber im Vordergrund als individuelles Aroma erhalten.

Raue setzt bei vielen seiner Kreationen auf die Verbreiterung des Spektrums zwischen Süße und Säure, ein Thema, dem sich auch schon Nobuyuki Matsuhisa (F.A.Z. vom 6. August) mit seiner Verbindung von Fruchtaromen und asiatischer Schärfe oder Michel Troisgros (F.A.Z. vom 18. Dezember 2004) gewidmet haben. Beim „Rotbarbenfilet mit Piment d'Espelette mariniert auf Artischockensalat mit Pfefferschaum und Frankfurter grüner Sauce" geht es zunächst um eine sehr gute (leicht baskische) Fassung der Rotbarbe durch einen Schaum aus Pfeffer und Artischocke. Ein abermals geradezu ausgetüftelter Miniatur-Salat mit viel Plastizität (von Pinienkernen bis zu konfierten Zitronen und Orangen) sorgt für etwas texturelle Breite, bis dann die gesamte Kreation von der ungewöhnlich frischen und komplexen Kräutersauce schlagartig geöffnet wird. Es ergibt sich ein weiter sensorischer Raum, in dem sich viele kleine Akkordverbindungen einstellen. Hervorragend.

Und noch ein Gericht aus den acht Angeboten der Sektion „Evolution" (zusammen 88 Euro) besticht durch ein erfreulich entwickeltes Denken: der „Atterox, mit Kakao, Datteln und Trüffeln geschmort, Pflaumenweingelee und Salat von Pflaumen, Mandeln und Pflaumenkernöl". Das berühmte Ochsenfleisch aus der Zucht des Rungis-Express-Gründers Wolf wird zunächst klassischeng aromatisiert, bevor eine erfrischende Süße und Textur Breite und eine wunderbar leichte Säure (von Basilikum und dem Gelee) Tiefe hinzufügen.

Die „Skizzierung" wird in Details sichtbar, die mutig in eine gute Richtung zielen, aber noch nicht ganz gelöst erscheinen. Es gibt einige Male einen Löffel mit Eis zu einem Gericht, verbunden mit dem Hinweis, vorher und zwischendurch immer wieder einmal daran zu lecken. Hier bleibt unklar, ob die Parfümierung des Mundes gemeint ist oder die zeitweilige Neutralisierung der Wahrnehmung durch die Kälte des Eises (etwa beim Zitroneneis zu den „Jakobsmuscheln mit Eisenkraut, Kirschen, eingelegtem Ingwer und grünem Speck"). Allgemein scheint die Temperatursteuerung noch Fortschritte machen zu können, wenn zum Beispiel beim Steinbutt ein Paprika-Essig-Schaum nicht kalt genug serviert wird, um räumlich wirksam werden zu können. An anderer Stelle (beim „Iberischen Schweinerücken") wird zudem noch mit vielerlei Zutaten eher eindimensional harmonisch gearbeitet. Das „44" aber ist heute einer der kulinarisch spannendsten Plätze Deutschlands. Man sollte die Gerichte jeder neuen Karte verfolgen. ❧

12. 11. 2005, F.A.Z., Feuilleton, Seite 34

Wann wird Bocuse kritisch ediert?

Die meisten Kochbücher dürfen in einer gebildeten Küche fehlen

Bei den kulinarischen Buchveröffentlichungen kann man sich nun schon seit geraumer Zeit über ein System ärgern, das in diesem Sektor sehr gut eingespielt scheint, anderen Fächern aber nicht unbekannt sein dürfte. Wer etwas mitzuteilen hätte, kommt erst gar nicht zu Wort – weshalb man auch nur vermuten kann, welche Autoren in diese Kategorie fallen. Andere könnten etwas mitteilen, greifen aber lieber zu opulenter Selbstdarstellung, als sich den Mühen wirksamer Vermittlungsversuche zu unterziehen – fast immer: die Meisterköche. Es gibt Autoren, die nichts mitzuteilen haben, aber durch Geld dazu „gezwungen" werden – Prominente aller Art. Dann sind da Bücher, durch die ebenfalls nichts Wesentliches mitgeteilt wird, bei denen die Verlage aber mit ziemlicher Sicherheit davon ausgehen können, daß es niemand merkt – die Ratgeberliteratur. Es ist paradox: Trotz enormer Umsatzzahlen findet rezensorische Analyse der Ratgeberwelt nicht statt. Eine Besonderheit sind die kulinarischen Kampfschriften, die unter dem Deckmantel des gesunden Menschenverstandes soziopsychologische Positionen besetzen und schwer egalisierbare Unausgewogenheiten im Meinungsbild verursachen können – zu dieser Autorengruppe zählen die meisten Fernsehköche. Dort wird sozusagen ein Boxweltmeister deshalb ausgerufen, weil man sonst niemanden in den Ring läßt.

Was unsere Spitzenköche angeht, ist der Markt jedes Jahr aufs neue davon geprägt, daß man eine ganze Anzahl von Büchern vermißt. Harald Wohlfahrt hat seit 1998 (F.A.Z. vom 21. August 1999) seine Entwicklung nicht mehr dokumentiert, und Helmut Thieltges verweigert sich jeder schriftlichen Fassung. Das Schaffen interessanter Köche wie Thomas Bühner, Juan Amador, Michael Hoffmann oder Ingo Holland (die Liste ist ohne weiteres fortsetzbar) ist überhaupt noch nicht nennenswert dokumentiert. Bestimmte Buchtypen fehlen völlig, so kritisch begleitete Werkausgaben von Köchen oder historischen Epochen statt der mehr oder weniger selbstverliebten Souvenir-Books der üblichen Form.

In diesem Jahr erschienen sind unter anderem Bücher von Mario Gamba vom Münchener Restaurant „Acquarello" („Cucina del Sole"), Olaf Pruckner vom „Alten Amtshaus" in Ailringen („Amtshausküche"), Holger Stromberg vom „G" in München („Kochen, Leidenschaft, Perfektion") und Stefan Neugebauer vom „Deidesheimer Hof" („Zu Gast im Deidesheimer Hof"). Um es deutlich zu sagen: Alle diese Bücher sind in Ordnung und erfüllen die üblichen Kriterien. Was allerdings fehlt, ist die Unordnung, die erkennbare Faszination durch die Materie jenseits des handwerklich korrekten Vollzuges. Mario Gamba gibt zwar überdeutlich den Breitwand-Italiener, erfreut aber mit gut strukturierten Rezepten der italienischen Küche und deren Adaption im Münchner Stil à la Heinz Winkler und Hans Haas. Bei Olaf Pruckner muß man sich die Frage stellen, warum man ein Buch mit Gerichten veröffentlicht, die man landauf, landab in Dutzenden von Restaurants findet. Mit Holger Stromberg hat man ein ziemlich eitles Buch produziert, in dem eher brave Kreationen in die neuen Schläuche etwas flotterer Grafik gefüllt und mit Zitaten des häufig abgebildeten Meisters von geradezu ernüchternder Brillanz („Mit Crostini kann man richtig punkten") angereichert werden.

Der erst knapp dreißigjährige Stefan Neugebauer verfügt über ein auffallend gutes Talent und viele interessante Einfälle („Mit Steinpilzen gespickte Perlhuhnbrust an Kohlrabinudeln und Lavendeljus"), verwendet allerdings viel Energie auf eine sehr artifizielle Präsentation seiner Kreationen. Dieser Aufwand könnte auch in kulinarisch sinnvollere Kanäle gelenkt werden und ihm auf diese Weise neue Qualitätsstufen erschließen helfen.

Eines der seltenen sofort ins Deutsche übersetzten französischen Bücher stammt von dem umtriebigen Publizisten Gilles Pudlowski und hat den Titel „Spitzenköchinnen und ihre besten Rezepte". Auch wenn der Autor die eine oder andere Spitzenkraft an recht entlegenem Ort suchen mußte, macht sich das interessante Buch mit seinem Druck gleichsam konzeptionell überflüssig. Die beeindruckende Versammlung von Köchinnen aller Art, von Elena Arzak aus San Sebastian über Annie Feolde aus Florenz, von Anne-Sophie Pic in Valence über Reine Sammut in Lourmarin bis zu Cornelia Poletto in Hamburg, beweist schlicht und einfach, daß Frauen keinen

Deut schlechter kochen als Männer. Belege und Kriterien für eine „weibliche" Küche gibt es nicht. Im Klappentext wird – einigermaßen überraschend für eine in diesem Punkt sehr verschwiegene Branche – darauf hingewiesen, daß Spitzenküche von sehr viel Idealismus geprägt ist und den Protagonisten selten viel Geld einbringt.

Einige schöne Fortschritte hat es bei Büchern zum Thema Fisch und Meeresfrüchte gegeben. Der Teubner-Verlag legt sein gründlich überarbeitetes „Großes Buch vom Fisch" und ein „Großes Buch der Meeresfrüchte" vor. In den ausführlichen Teilen zur „Warenkunde" genügen die Bände hohen Ansprüchen. In der „Küchenpraxis" ist man technisch allerdings nicht immer auf dem Stand der Dinge. So werden die Austern weiter auf Eis serviert, die vorgeschlagenen Versionen einer Court-Bouillon für Krustentiere sind noch etwas einseitig klassisch, beim Kaviar hat man die Spitzenselektionen nicht erwähnt, und der Rezeptteil strahlt trotz Beteiligung einiger besserer Köche nicht die stilistischästhetische Souveränität aus, die etwa die Werke von Alain Ducasse auszeichnet. Während dort Rezepte jeder Komplexität einfach nur optimiert werden und keinerlei Frage aufkommt, ob das nun Haute Cuisine oder Hausfrauenküche ist, bleibt es hier bei Beispielen mit etwas unklarer Zuordnung. Beide Bücher sind dennoch glatt zu empfehlen.

Das gilt auch für den Titel „Die See" von Thomas Ruhl, der trotz umfangreicher Sachinformationen hedonistischer aufgebaut ist und keinen lexikalischen Anspruch erheben kann und will. Es ist nicht zuletzt ein Buch für Fisch- und Hafenfreunde, die ganz kribbelig werden, wenn sie wieder Seeluft riechen. Rund um den Fisch wird alles erklärt, die Krusten- und Schalentiere allerdings ausgenommen. Gut ein Drittel des Buches besteht aus Rezepten von neun Spitzenköchen, darunter Dieter Müller, Jörg Müller und Joachim Wissler. Deren Variantenreichtum ist beeindruckend (man nehme nur das „Risotto vom Octopus mit Emulsion von Anis und Olivenöl, gefüllten Calamaretti und Bottarga vom Pulpo", von Nils Henkel, Küchenchef bei Dieter Müller), wird aber mit einer extremen Nahfotografie präsentiert, die sozusagen wie eine Krake aus dem Buch nach dem Betrachter greift. Als Desiderate bleiben: mehr Individualität bei den Koch-Monographien, profunderes Wissen und eine entschiedenere Professionalisierung. ❧

19. 11. 2005, F.A.Z., Feuilleton, Seite 36

Die Zukunft hat schon begonnen

Ferran Adrià kocht im „El Bulli" gegen die ewigen Werte an

Die architektonischen Hüllen, die man sich für das Essen wählt, sagen vieles und bedürften längst einer genaueren Betrachtung. Warum nur treffen wir auf so viel Barock, und das in seiner ganzen Spannbreite zwischen dem von Balthasar Neumann und dem aus Gelsenkirchen? Und ist andererseits die vorgeführte Moderne nicht regelmäßig eine allgemein käufliche im Gegensatz zu einer individuell notwendig gewordenen? Man wird in Ferran Adriàs „El Bulli", in einer abgelegenen Meeresbucht in der Nähe des spanischen Roses, ganz automatisch mit dem Zusammenhang zwischen kulinarischer Form und ästhetischer Lebensumwelt konfrontiert und findet auch hier scheinbar Widersprüchliches.

Müßte es im Reich der Schäume und Stickstoffdämpfe nicht hypermodern zugehen, mindestens tempelähnlich oder verstörend sektiererisch? Die Küche immerhin überrascht in ihrer großflächigen Kargheit noch durch die geringe Ähnlichkeit mit der üblichen Edelstahl-Skyline und mit einer erstaunlichen Abwesenheit von sichtbarer Technik. Dann aber illustriert ein wahres Gewimmel von Köchen, wie sehr die technischste aller modernen Küchen vor allem den Einsatz von Personal braucht. Die Restauranträume wirken mit einer seit Jahrzehnten nicht veränderten, leicht regionalen Putz-und-Balken-Rustikalität „dated", jedenfalls so wie die letzte Wahl in einem Fotorätsel „Wie sieht es bei Ferran Adrià aus?", und auch der völlig normale und unzeremonielle Service erinnert weder übermäßig an die aufgeblähten Standards mancher Haute Cuisine noch an die Provinzler erzeugende Distanziertheit großstädtischer Szene-Gastronomie.

„Die Leute im El Bulli", sagt ein älterer Hotelbesitzer aus der Gegend, „sind völlig in Ordnung. Die sind von hier, und das sind sie auch immer geblieben." Dies also ist das Epizentrum des kulinarischen Gottseibeiuns der Gegenwart, und es geht wahrlich alles mit rechten Dingen zu. – Der Quader in der Optik von „Mäusespeck", „Marshmallow de pinones" genannt, ist ein hyperleichtes, schaumiges Gebilde, das dünn mit gerösteten und dann gemahlenen Pinienkernen bestreut ist. Es ist die reine Entmaterialisierung des Aromas, eine so leichte Textur, daß man von der Befreiung des Aromas von den Lasten der Textur reden könnte. Der Verdacht der Künstlichkeit, der Nähe zu künstlichen Aromen, bleibt aus, weil wir noch Form und Mechanik finden, wenn auch in einer abstrahierten Weise.

Muß man unter diesen Umständen den „Gag" mit der Texturerwartung (die gummiartigen Marshmallows) in den Vordergrund stellen, also die Dekonstruktion zum eigentlichen Anlaß erklären? Serviert wird ein Glas mit Oliven, die – man ahnt es – keine sind, sondern eine Substanz, die unter dem Einfluß chemischer Prozesse eine solche Form angenommen hat. Wieder dräut der Verdacht eines amüsanten Spielchens, und wieder zerplatzt er wie das Olivenähnliche, das sich beeindruckend intensiv in den Mundraum ergießt. Noch deutlicher ist dies beim „Mozzarella sférica". Auch hier kommt die Mozzarella-Kopie in einer originalen Mozzarella-Packung, wieder gibt es den nämlichen Effekt, der aber origineller ausfällt, weil uns im Gegensatz zu dem Olivenähnlichen, das in Olivenöl übergeht, hier die kulinarische Analogie fehlt. Eine platzende Geleehülle mit flüssiger Mozzarella wirkt einfach ziemlich fremd.

Natürlich ist da auch das Stickstoffeis, das in seiner neuesten Version am Tisch auf einer „Teppanitro" genannten Platte (in Anlehnung an die japanischen Teppanyaki-Platten, hier mit „Nitro" für Stickstoff verknüpft) einem Bratvorgang täuschend ähnlich „gebraten" wird, oder spezielle Zuckerwatte („Popcorn-Wolke" genannt), die sich im Mund in Sekundenbruchteilen zu einer gänzlich speziellen, stumpf-wattigen Textur verdichtet. Aber – reicht das aus, um etwas über Adrià zu sagen? Ist er also ein nimmermüder, weltweit prächtig mediatisierter Erfinder kulinarischer Kabinettstückchen?

Man ist bei den Hütern der Klassik über vieles hier etwas zu erbost. Wo ist der strukturelle Unterschied zwischen der allseits bemühten Eiweißwirkung (zum Beispiel beim Soufflé) und dem Einsatz von Gelatine zu weiteren Texturvarianten bei Adrià? Hat er die falschen Schäumchen gegenüber den richtigen alter Art? Tatsächlich denkt Adrià genuin kulinarisch. Seine Biographie, die – erstmals bei einem Koch – über seine Werkverzeichnisse lückenlos nachvollziehbar ist, verdeutlicht einen unruhigen Geist, der zu Beginn der neunziger Jahre noch um alle Aspekte der damaligen Moderne kreiste, um sich ab 1995 um eine Ausweitung vor allem textureller Aspekte zu kümmern. Die gravierend einseitige und verkürzte Rezeption seines Schaffens, die von Adrià durchaus nicht forciert, aber auch nicht kontrolliert wird, hat bis heute kaum Zusammenhänge erkennen lassen.

Nur ein kleines Stück neben seinen „Gags" liegen wesentliche Fortschritte von geradezu puristischer Relevanz. Die aufgeschlagenen Flüssigkeiten, von denen nur der Schaum („Air") benutzt wird, sind ein hervorragendes Mittel zur feinsten Dosierung von Aromen – egal, in welcher Küche. Gleiches gilt für Details wie das „Koriandertempura", bei dem haarfeine Korianderstreifen mit einer sehr leichten Tempura-Schicht ummantelt werden und so eine hochwillkommene, dezente Dosierungsform für dieses ob seiner Intensität oft problematisch einzusetzende Kraut geschaffen wird. Nein, Adrià ist nicht anti, Adrià ist pro, und das durch und durch. Nicht er ist das Problem, sondern seine einseitige Rezeption.

An einer Stelle setzt er freilich eine wirkliche Antithese, und man kann vermuten, daß die Hüter der „ewigen" Werte mit ihrer Kritik an der scheinbaren Kursabweichung zumindest unterschwellig ahnen, was auf sie zukommt. Adrià ist mit seiner explorativen Kreativität das Symbol für die potentielle Unendlichkeit der kulinarischen Bemühungen. Nein, es ist nicht alles schon erfunden, auch das kulinarische Universum ist nicht endlich. Es gibt kein Mittelalter geschlossener Regelwerke und keine Zünfte, die darüber befinden können, was erlaubt ist und was nicht. Ist es nicht so, daß Adrià die Zunftherren auf dem falschen Fuß erwischt hat und durch seine Unbeirrbarkeit eine mäkelnde Schar lethargisch gewordener Denkmäler definiert hat, die sich längst eingerichtet hatten im noch gar nicht so alten Glanz der Starköche, nun aber befürchten müssen, entweder noch einmal an die Arbeit zu gehen oder – hoch zu Roß – für ein schwindendes Publikum die Gralshüter zu geben? In der nächsten Woche wird zu zeigen sein, daß Adrià dabei ist, eine bisher weitgehend unbekannte, sensationelle neue Küche zu kreieren, und dabei teilweise auch bei sich an noch nicht überbrückte Grenzen stößt. ❧

26. 11. 2005, F.A.Z., Feuilleton, Seite 34

Laßt den verrückten Salat frei!

Die Küche des Ferran Adrià zum zweiten: Die Kunst der Synthese

Im Falle von Ferran Adrià (F.A.Z. vom 19. November) hat die Rezeption nie wesentlich mehr bewirkt als ein schnelles bis vorschnelles Einfangen seiner kreativen Versuchsballons. Danach gab es dann zwei mögliche Reaktionen: Die einen erfreuten sich an ihrer Buntheit und nahmen in Kauf, daß ihnen langsam die Luft ausging. Die anderen besorgten sich eine Nadel, um sie platzen zu lassen. Es fehlen aber die dritten, die – so lernt man doch tatsächlich von Thomas Gottschalk – wissen, daß man auf eine genügend große Anzahl von Ballons ganze Lastwagen stellen kann. Eine Kritik, die mitdenkt, hätte jedenfalls längst den Verdacht haben können, daß Adrià mit all seinen Gags noch etwas vorhat.

Vor rund drei Jahren machte das Gerücht die Runde, der Meister habe keine Lust mehr, den steten Zyklus von Erfindung in der Winterpause (in seinem Atelier in Barcelona) und Präsentation im Sommerhalbjahr beizubehalten, und nicht wenige vermuteten dahinter sich erschöpfende kreative Energien. Was aber heute geschieht, ist eine sensationelle Entwicklung hin zu einer Küche, die wie von einem anderen Stern wirkt – optisch sowieso, aber auch in ihrer sensorischen Komplexität und aromatischen Fremdartigkeit.

Adrià beginnt, aus seinen spektakulären Einzelelementen größere Strukturen zusammenzusetzen. „Deshielo 2005" („deshielo" im Sinne von „schmelzenden Elementen") versammelt diverse Eis-Zustände in einem Teller, der speziell durch die trockenen Eispulver aus dem „Paco-Jet" genannten Gerät (im Prinzip erzeugt es besonders tiefgekühltes und dann abgeschabtes Eis) eine ganz ungewöhnliche, extrem leichte und zerbrechliche Wirkung besitzt. Im Mittelpunkt steht ein hochfeines, fast klassisches Eis aus Tintenfisch, dazu kommen leicht herbsüße Eispulver von Karamel, Süßholz (Lakritz) und Kaffee, ein Sorbet aus Pinienkernen, hauchdünne krosse Zuckerplättchen, Blüten und Kräuterstückchen.

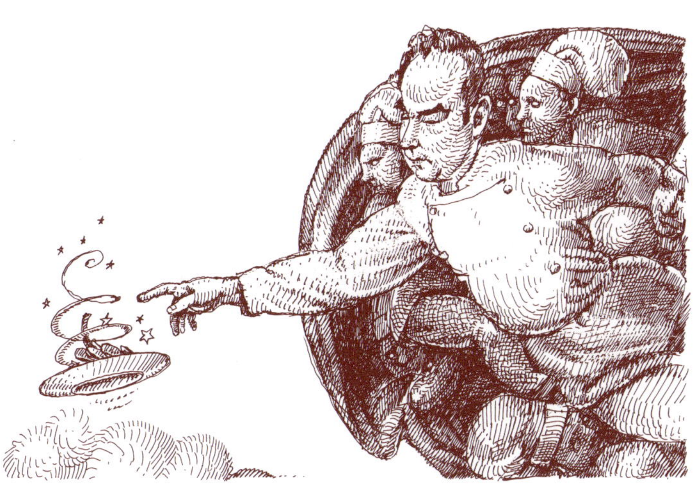

Die entstehenden vielfältigen Bezüge haben eine ganz ungewöhnliche Wirkung: Sie entemotionalisieren zunächst die Wahrnehmung, weil der typische Mechanismus des emotionalen Abgleichs mit unseren Vorerfahrungen kaum greifen kann. Der Esser kann nur entweder sofort blockieren oder sich auf seine tatsächlichen (nennen wir sie ruhig einmal „befreiten") Wahrnehmungen einlassen. Tut er letzteres, ergibt sich in der Summe eine neuerliche Emotionalisierung, deren Charakter wir vielleicht am ehesten mit der abstraktwortlosen Erlebniswelt der Meditation vergleichen können. Ein erdenschweres „Lecker" wird man da nicht so ohne weiteres erwarten dürfen, eher schon jene verstummende Überwältigung, die uns bisweilen bei besonders komplexen ästhetischen Erfahrungen ereilen kann.

Die „Ensalada ‚folie'" (verrückter Salat) ist ebenfalls eine neue Kreation. Hier kombiniert Adrià normale Realien wie kleine Artischocken, eine sauer konfierte Knoblauchzehe oder Salicornes mit texturell veränderten, so etwa unglaublich fein und luftig gehobelten Macademia-Nüssen, diversen „Airs" (die Schäume aufgeschlagener Flüssigkeiten), darunter eine unglaubliche Sardinen-Air, oder seinen nachgeahmten Oliven aus dem „Sferificación" genannten Prozeß, der durch die Kombination bestimmter Bindemittel und einer „Calcit" genannten Flüssigkeit runde Gelee-Elemente formt. Adrià verwendet ihn seit 2003.

Auch das Zusammentreffen konkreter Elemente mit solchen, die texturell umstrukturiert wurden, produziert den obengenannten Effekt – und verwirrende Spekulationen darüber, ob das konkrete Material nun sozusagen texturell gewürzt wird oder ob das konkrete Material einer Art Abstraktionsdruck ausgesetzt ist – zum Beispiel deshalb, weil es im Vergleich dicht und schwer wirkt. In der Kreation „Terroso" („erdfarbig", im Sinne von Erdaromen) gelingt auf besonders interessante Weise die Verbindung texturell variierter Elemente mit sehr speziellen aromatischen Akkorden: Trockenes Eis von Erdnuß und Süßholz wird mit einer Sesam-Air, einem speziellen Miso-Schaum von fester Konsistenz, Quinoa-Sprossen, Reisgelee aus schwarzem Reis, Champignonwürfeln und Gelee-Ravioli aus Steinpilzen kombiniert. Dazu wird dann eine Consommé aus Kartoffeln angegossen. Auch wenn die Flüssigkeit auf dem Teller für unproduktive Verläufe sorgt (man müßte dafür eine andere Präsentationsform wählen), ergibt sich hier ein durch und durch ungewöhnliches Bild voller überraschender sensorischaromatischer Ereignisse in einem überragend originellen Zusammenhang.

Offensichtlich befindet sich Adrià mitten in einer Phase der Neuausrichtung, die aber nicht nur vollständig Gelungenes präsentiert, sondern auch den prozessualen Charakter und eindeutige Schwierigkeiten dokumentiert. Bei einem Austern-Gericht soll der Gast von links nach rechts essen und auf diese Weise im Mund bestimmte Reaktionen hervorrufen. Diese Reaktionen sind da, aber nicht gaumenfällig genug. Bei einem anderen Gericht liegen auf dem Teller verschiedene Muscheln, die abwechselnd mit verschiedenen Algen kombiniert werden sollen. Auch hier ist das Prinzip einleuchtend, die Realisierung aber wegen aromatisch ungelöster Probleme nicht (die Muscheln sind nicht gut genug gegart oder aromatisiert). Kreationen mit klassischem Kern plus einiger Adrià-typischer Zutaten („Tandoori-Huhn mit einer Austernemulsion und Milch-Air") verblassen etwas gegen die konsequenteren Ansätze.

Unweigerlich geht einem der Begriff „Nouvelle Cuisine" durch den Kopf – und das Fazit, daß diese vor allem reaktiv agiert und Auswüchse einer sich ständig wiederholenden Klassik bekämpft hat. Was hier bei Adrià entsteht, würde der Bedeutung des Ausdrucks „Nouvelle Cuisine" wesentlich sinnfälliger entsprechen. Es ist eine Küche, die sich den größeren Teil ihrer neuen Grundstrukturen selber geschaffen hat und die nun auf dem Sprung ist, sich in komplexeren Kreationen niederzuschlagen, die nicht in Begriffen wie „Reaktion" oder „Kritik" zu fassen sind. Sie sind frei von Modernismen, wie es nur die wirkliche Moderne sein kann, und sie sind von jener Modernität, die den im Gleichklang mit der Zeit wachsenden Intellekt fordern und formen kann.

Am kommenden Montag erhält Ferran Adrià im Marmorsaal des Stuttgarter Neuen Schlosses den diesjährigen Eckart-Witzigmann-Preis für große Kochkunst der Deutschen Akademie für Kulinaristik. Der Kulturpreis geht an Günter Grass, der Nachwuchspreis an Roland Trettl vom Salzburger „Hangar 7". ❧

10. 12. 2005, F.A.Z., Feuilleton, Seite 36

Jedermann sein eigener Kritiker

Das Essen erklärt sich auch ohne den Rat eines erfahrenen Mannes

Man kann den Vorgang des Essens als eine Form der Entschlüsselung sehen, die eine ganze Palette von Erkenntnisakten einschließt, von der Identifizierung konkreter Objekte bis zu komplexen ästhetischen Betrachtungen. Unter Beachtung der vielfältigen Beziehungen zwischen Essen und Gesellschaft sollte das kulinarische Werk zudem nicht als isoliertes Phänomen gesehen werden, das ausschließlich mit immanenten Kategorien beschrieben wird, wie dies in der klassisch-handwerklichen Beurteilung der Qualität einer Essenszubereitung der Fall ist, sondern als Summe von Intention, Vermittlung und Rezeption.

Es hat in der Regel einen Zweck, es wird – von der Präsentation bis zur Kritik – vermittelt, und es wird in vielfältiger Art wahrgenommen, womit unmittelbare (Verhalten beim Essen) und mittelbare Effekte (davon beeinflußtes Verhalten zu Nahrungsmitteln insgesamt) gemeint sein können. Es spielt übrigens in diesem Zusammenhang kaum eine Rolle, ob die Verschlüsselung des Werkes durch den Erzeuger bewußt oder unbewußt erfolgt. Ganz ähnlich wie in anderen Künsten erscheint auch der Produzent kulinarischer Werke als ein speziell begabtes Medium, das nicht zwangsläufig alle im Werk beschlossenen Möglichkeiten druckreif erläutern kann: auch dies ein Beleg dafür, daß sozusagen die Vollendung des Werkes erst in einem kommunikativen Prozeß stattfinden kann.

Im Moment scheint die explosionsartige Entwicklung der Kochkunst in den letzten Jahrzehnten kaum eine analytische oder rezeptorische Entsprechung zu haben. Während auf der kreativen Seite die Individualisierung eher Differenzierung und Vertiefung brachte, bewirkt sie auf der rezeptorischen Seite oft das Gegenteil, nämlich ein autoritäres Bestehen auf einem kurzsichtigen Subjektivismus. Erschwerend kommt hinzu, daß dieser Subjektivismus von einer Gastronomiekritik gefördert wird, die sich weitgehend von dem Laien kaum vermittelbaren „Erfahrungen" nährt. Diese Erfahrungen sind in der Regel stark prämissiv, kaum strukturiert und haben einen Mangel an Distanzgewinnung durch universelle Kategorien. Der nicht präzise informierte Laie sieht sein Urteil von der Kritik a priori herabgesetzt: Obwohl rund um die Uhr mit dem Essen beschäftigt, ist er es gewohnt, mit der unklaren „Expertenmeinung" zu leben, auch wenn seine Erfahrungen abweichen.

Das Pochen auf „Erfahrung" bei der Entschlüsselung des kulinarischen Werkes hält auch deshalb den normalen Konsumenten auf Distanz, weil ihm oft schon aus finanziellen Gründen ein Mithalten mit Berufsessern kaum möglich ist. Diese Form des Expertenwissens wird allerdings in dem Augenblick in ihrer Bedeutung relativiert, da es gelingt, universellere und wesentlich deskriptivere Kategorien für die Wahrnehmung von Essen zu entwikkeln. Es ergibt sich plötzlich die Perspektive auf eine doppelte Befreiung. An die Stelle des subjektivautomatischen Abgleichs mit individuellen Vorerfahrungen (und seien sie auch professioneller Art) könnte zum Beispiel eine genauere Beachtung des gesamten sensorischen Verlaufs treten. So kann man das Werk wesentlich genauer und auch verständlicher beschreiben. Dabei geht es beileibe nicht nur um „technische" Termini von Texturen bis zu Aromen, sondern durchaus auch um psychische Komponenten (etwa: ein emotional aufgeladenes, das Erinnerungen aufruft). Ein Entschlüsselungsverfahren, über das Schritt für Schritt Rechenschaft abgelegt wird, ist in der Lage, Werk und Zugang zum Werk quasi zu demokratisieren und den immer wieder zu beobachtenden Instrumentalisierungsversuchen zumindest teilweise zu entziehen. Der „bürgerliche" Gourmet der neuen Art wird mit der Anwendung dieser Kategorien genug zu tun haben. Die heute noch fast regelmäßige Verknüpfung avancierter Küche mit Luxuskonsum könnte es dabei allerdings deutlich schwerer haben.

Schon einfache Beispiele zeigen, welche immense Bedeutung die weitere Durchdringung des Materials hat. So läßt sich etwa jedem Objekt, vom quasi texturlosen Gewürzpulver bis zum sensorisch intensiven Fleisch, ein Geschmacksverlauf im Mund zuordnen, der sich in vier Abschnitte gliedern läßt. Es gibt eine Phase bis zum Eintritt der maximalen Wahrnehmung, eine Plateauphase, in der wir stabil ein Aroma oder eine Textur registrieren, eine Phase des Nachlassens und den Nachhall/Nachgeschmack. Kroß fritierte Kartoffelfäden („Kartoffelstroh") etwa wirken sofort und auffällig, ein Stück Rinderfilet kann eine gewisse Zeit des Kauens brauchen, bis es Aroma abgibt, hat aber eine deutliche Phase des Nachlassens, in der wenig Aroma und viel faserige Textur wirken, und ein Gewürzjus kann den Mundraum sehr nachhaltig parfümieren, anfangs aber so gut wie unbemerkt bleiben.

Wenn nun bei einem Essen (oder auch der jeweiligen Portion auf Löffel oder Gabel) verschiedene Elemente zusammenkommen, gibt es die Möglichkeit, ihre Verläufe in einem Diagramm (nach Zeit und Intensität) darzustellen. Es entsteht so eine Visualisierung der geschmacklichen Wahrnehmung, die es erlaubt, in sehr anschaulicher Art Zusammenhänge zu erläutern. Diese Form der Entschlüsselung schafft eine kommunikative Ebene, die zur Analyse positiver wie negativer Effekte benutzt werden kann und damit dem Geschmack mehr Sprache gibt. Mehr Sprache bedeutet zum Beispiel auch die Möglichkeit intensiverer didaktischer Nutzung solcher Analysen von der Schule bis zur Spitzengastronomie.

Diese im Vergleich zum reinen „Erfahrungssystem" unabhängigere Form der Annäherung an das kulinarische Werk ist zweifellos ein Werkzeug kulinarischer Bildung, kann aber interessanterweise vergleichsweise voraussetzungslos zur Anwendung gebracht werden. Sie ergänzt den rein subjektiven Zugriff durch die Aufforderung, die eigenen Sinneswahrnehmungen zu konkretisieren und zu strukturieren. Es dürfte nicht schwerfallen, über die weiteren Implikationen eines so gearteten, sensibleren Zuganges zu spekulieren. Der bewußtere Zugang fördert den Erwerb kulinarischer Kompetenz und damit verändertes Konsumverhalten. Insofern könnte eine am Studium der Spitzenküche entwickelte Theorie und Praxis des Essens eine erhebliche Basis- und Breitenwirkung haben. Gibt es nicht neben Schlüsseln, die nur mit einem einzigen Schloß funktionieren, auch Passepartouts? ❧

17. 12. 2005, F.A.Z., Feuilleton, Seite 34

Keine Angst vor Tabasco

Joël Robuchon beherrscht die Kunst, populär und gut zu kochen

Der Aufstieg vieler hochdekorierter Köche vollzieht sich heute oft nach einem berechenbaren Modus. Einer Grundausbildung nach Lehrbuch folgen verschiedene Stationen bei bekannten Spitzenköchen und dann – nicht selten viel zu früh – die Übernahme eines Chefpostens. In den letzten Jahren verstärkt sich dabei der Eindruck, dabei würde in erster Linie eine Art Gestus von Spitzenküche auswendig gelernt, zum Beispiel hinsichtlich aktueller Anrichteformen (mit mehreren Schaumschichten gefüllte Gläser) oder Akkorden (Kalbsbries mit Vanille). Diese optischen und aromatischen Oberflächenkopien werden sodann mit dem üblichen verbalen Geklingel von „Produktqualität" bis zur Bedeutung von „Gastlichkeit" versehen – und fertig ist der Spitzenkoch mit einem Stern und siebzehn Punkten.

Tatsächlich aber flüchten sich viele Köche ins Dekorative, weil ihre beschränkte Art des Umgangs mit den Produkten nicht trägt. Nur ein Stück Fleisch mit etwas Sauce würde bei ihnen kaum überzeugen. Nimmt man noch hinzu, daß sich die Gourmet-Diskussionen im Moment einseitig mit weltweit erfolgreichen Modernisten befassen, wird es dringend Zeit, an überragende Meister ihres Faches zu erinnern, deren Bemühungen eher nach innen gerichtet waren und sind.

Als der heute sechzigjährige Franzose Joël Robuchon vor zehn Jahren unerwartet seine Karriere beendete und sein Pariser Restaurant an Alain Ducasse abgab, stand er auf dem Höhepunkt seiner Popularität, galt als der beste Koch der Welt und als einer der besten Köche aller Zeiten. Diesen Ruf verdankte er einer kochtechnischen Perfektionierung, die in ihrer Detailgenauigkeit – von einer unvorstellbaren Rigorosität in der Auswahl der verwendeten Produkte bis hin zur Aufgliederung küchentechnischer Prozesse in eine bisher unbekannte Anzahl von Teilaspekten – auch heute noch unübertroffen ist. Emblematisch für Jahre wurde denn auch weltweit sein Kartoffelpüree, das man – stark verkürzt – als die technisch perfekte Kombination bester Kartoffeln mit möglichst viel bester Butter bezeichnen kann.

Daß er heute noch in Japan als „lebender Gott" verehrt wird, hat wohl auch damit zu tun, daß Robuchons Qualitätsbewußtsein dem japanischer Extremisten, für die ein Fisch nur frisch ist, wenn er auf dem Teller noch Nervenreaktionen zeigt, nahekommt. Für den Gault-Millau-Mitbegründer Christian Millau war Robuchon ein Original, das einfach nicht kopierte. Eigene Klassiker wie das Gelée aus Kaviar mit einer Blumenkohlcreme, sein Merlan „Colbert" (mit Kräutern) oder das Risotto aus Kalbsbries mit Sommertrüffeln und Parmesanspänen haben dagegen weltweit Nachahmer gefunden.

Heute ist Robuchon in Frankreich das professionelle Gewissen der Kochwelt und hat – neben bestechend informativen Fernsehsendungen wie „Bon appétit bien sûre" – unter anderem von Paul Bocuse die Präsidentschaft des jährlichen Wettbewerbs um den Titel des „Besten Handwerkers Frankreichs" übernommen. Seit 2003 erfreut er seine Freunde auch wieder als Restaurateur und gebietet mittlerweile über einige Restaurants in Frankreich und Etablissements in Tokio, Las Vegas, New York und London. Sein „Table de Joël Robuchon" in Paris kann nach wie vor Anlaß zu Meditationen über eine Art von kulinarischer Exzellenz sein, die ohne den Luxus der Gourmettempel auskommt und sich – sehr erstaunlich – kaum je um Theorie oder theoretische Einordnung bemüht hat.

Robuchons Kreationen aus der Abteilung „Gerichte in kleinen Portionen" bilden fast eine Anthologie beispielhafter Zubereitungen. Die „konfierten und krokanten Gemüse" sind ein ringförmig angeordnetes Törtchen, das eine Vielzahl von superb auf den Punkt gegarten Gemüsen mit Kräutern, verschiedenen Saucen in minimaler Dosierung und einer dünnen, krossen Scheibe Blätterteig mit einer Tomatencreme vereinigt. Eine Kreation wie diese ersetzt den Luxus des kostspieligen Edelproduktes durch einen Luxus von handwerklicher Meisterschaft und kulinarischen Wissens. Um das ganze Ausmaß an Differenzierung zu beschreiben, vergleicht man sie am besten mit einem Puzzle: Alle Köche benutzen ähnliche Stücke, doch bei Robuchon passen sie perfekt zusammen und ergeben ein stimmiges Bild.

Das „Taschenkrebsfleisch mit einem leicht angesäuerten Gelee und Avocado" wirkt wie die Mutter aller Kreationen mit gezupftem Krustentierfleisch und den zur Zeit sehr beliebten frischen Avocado-Zubereitungen. Dabei ist Robuchon keineswegs ein Purist oder Anhänger der Weniger-ist-mehr-Legende. Hier, wie an vielen Stellen, sind es erst pointierte Würzungen, virtuose Proportionen oder ein präzises Spiel mit den Temperaturen der Zutaten, die die Finesse ergeben. Auch seine legendäre Tomatensuppe hatte Bestandteile, die normalerweise in dogmatischeren Abteilungen der Spitzenküche nur Grausen auslösen – Tomatenketchup und Tabasco.

Und was liefern uns die Verpackungskünstler nicht alles an Gehäusen für die zarten Langustinen! Muß man sich nicht oft geradezu durch ein Unterholz an krossem Kartoffelstroh und Teigfäden beißen, um dann eine gummiartig glasig belassene Langustine ohne jegliches Aroma vorzufinden? Hier nun ist Robuchons Langustine: à point gegart (also just bis die Eiweißgerinnung abgeschlossen ist) und in einen Hauch von dünnem, raschelnd-krossem Teig verpackt. Robuchon ist – was ebenfalls fast vergessen ist – ein Vertreter disziplinierten Bratens bei mittleren Temperaturen, was vor allem einen geringen Flüssigkeitsverlust und eine perfekte Färbung („Maillard-Reaktion") bedeutet, aber in der Küche sehr viel Aufmerksamkeit erfordert. Was dann als Lammkotelette (mit etwas Thymian und Kartoffelpüree) oder als Kalbsbries mit Lorbeer und einem mit Zwiebelpüree gefüllten Mangoldblatt auf dem Teller erscheint, ist im allerbesten Sinne mehrheitsfähig und hat das Potential, auch hartgesottene Nichtgourmets zu überzeugen (worauf meist zu wenig Aufmerksamkeit verwendet wird). ❧

24. 12. 2005, F.A.Z., Feuilleton, Seite 34

Lob für ein schlechtes Lokal

Genuß durch bloße Atmosphäre: Die „Villa Lorraine" in Brüssel

Nun ist es also passiert. Die „Villa Lorraine", das „Mutterhaus der belgischen Haute Cuisine", hat auch ihren letzten Stern verloren, und das, obwohl Küchenchef Freddy Vandecasserie schon seit 1974 hier kocht und seit mehr als zehn Jahren Sohn Patrick Seite an Seite mit dem Vater für Kontinuität sorgt. Eckart Witzigmann hat hier gelernt: bei dem 1984 verstorbenen Marcel Kreusch, der die vielleicht prägendste Gestalt der belgischen Küche vor den Nouvelle-Cuisine-Zeiten war. Unter seiner Ägide wurde die „Villa Lorraine" zum ersten Drei-Sterne-Restaurant außerhalb von Frankreich – und blieb es bis zu Kreuschs Tod.

Bis es aber soweit war, mußte das Haus siebzehn Besuche der Michelin-Tester über sich ergehen lassen. Heute braucht man in der Tat nur einen einzigen, um in tiefes Sinnieren ob der geradezu bemerkenswert schlechten Küchenleistungen zu verfallen. Versteht man vielleicht etwas falsch? Ist dies die eine Küche, die als Ausnahme gelten kann? Nein, damit kommt man nicht weiter. Die Sprache der Fakten ist jedenfalls eine ziemlich harte. Es erscheinen – nein, landen zwei Schälchen mit Oliven und Kirschtomaten auf dem Tisch, die man nicht erwähnen würde, wären sie nicht schon Symptom für eine gewisse Nüchternheit. War man etwa hierhergekommen, um in meditativ zurückgenommenen Kontakt mit drögen Allerweltssüppchen wie einer Kürbiscreme mit braunen Nordseegarnelen zu treten?

Vielleicht wird es ja der Hummer richten, den man mit Artischocken („Fond d'artichaud") und einer Trüffelvinaigrette zu servieren beabsichtigt. So etwas hat man häufiger gegessen, wobei die angenehmen Erfahrungen überwogen. Was dann aber kommt, ist leider von jener Kargheit, die fast leere Regale kurz vor einer Geschäftsaufgabe auszeichnet: auf Abstand gelegte Hummerstückchen mit auf Abstand gelegten Artischockenstückchen dazwischen, und zur Krönung am oberen Ende schwungvoll angeordnete Fühler zur Dekoration. Die Trüffel-Vinaigrette hat mit Trüffeln nichts zu tun, dafür hat sich ein überraschend großes (und kulinarisch adäquat sinnloses) Stück Brokkoli eingefunden.

Mit einer gewissen Ungläubigkeit verfolgt man den weiteren Gang der Dinge, der an Jahrzehnte zurückliegende Nouvelle-Cuisine-Anfänge erinnert, bei denen eine entschlackte kulinarische Gestik oft schon als ausreichende Form der Darbietung galt. Der gut klingende

„Krokante Gemüsesalat mit Räucheraal, Foie gras von der Ente und Sommertrüffeln" ist eine reine Assemblage, bei der eine banale Vinaigrette nicht eben hilfreich ist und die Trüffel nur Auswirkung auf den strammen Preis der Kreation haben. Eine Bresse-Taube mit Pilzen und getrennt servierten Keulen in einer Morchelbouillon bleibt blaß und überrascht höchstens durch eine ausgeprägt nach Wasser mit Sahne und Butter schmeckende Bouillon.

So geht es – sehr stabil – weiter, inklusive einer neuen Version der klassischen Seezunge der „Villa Lorraine", die nach einer Revision durch Patrick Vandecasserie nun „Filet de Sole Villa Lorraine 2005" heißt. Vermutlich ist der Sohn das Problem. Er wolle die Klassiker der Karte „behutsam modernisieren", heißt es in der Sprache des Hauses, und traktiert folglich die Seezunge – Textur, Textur! – mit einem krossen Stänglein, dessen Ähnlichkeit mit einer ordinären Salzstange nicht zu übersehen ist. Etwas krokante Gemüse liegen auf der gleichen Linie, wobei eine urzeitlich gratinierte Béchamel-Sauce aber ohnehin alles dominiert. All dies paßt gut zu einer Bemerkung von Vater Vandecasserie: „Die Leute", hat er in einem Interview gesagt, „kommen zu uns, um die Gerichte zu essen, die schon ihre Eltern und Großeltern hier gegessen haben." Dem kann man nicht widersprechen und könnte somit die kulinarische Akte schließen.

Und dennoch möchte man den Besuch dieses Restaurants glatt empfehlen.

Wieso? Machen wir einen kleinen Umweg. Der Name „Freddy Vandecasserie" klingt nicht nur nach Rennrad und Billard, der beeindruckende Herr des Hauses sieht auch so aus und pflegt exakt diese Hobbys. Mit der Küche hat das vor allem insofern zu tun, als die „Villa Lorraine" ein zutiefst belgisches Restaurant ist, das einen fest verwurzelten Platz im Lebensstil des gutbetuchten Bürgertums in den vielen schönen und aufs beste historisch wirkenden Wohngegenden am Rande der eigentlichen Innenstadt Brüssels hat. An diesem milden Herbsttag ist das Haus schon mittags so von Leben erfüllt, daß man geradezu an eine Inszenierung glaubt, überzeitlich, mit der unschlagbaren Kombination von Bodenständigkeit und bürgerlicher Festlichkeit. Hat das alte Ehepaar, das – Hund vorneweg – distinguiert den Saal betritt, das Essen hier als Gerüst für sein Leben? In Holz und altem Polster bietet sich matt die Bar für die Apéritifs dar, und da mag kommen und gehen, wer will, man wird hier auch noch einige weitere Generationen durchschleusen.

Klassische Genremaler könnten in einem kleinen Saal mit einem Familienfest gleich weiterarbeiten, und ist nicht das Lieblingsrestaurant Fellinis, das überfüllte Wohnzimmer des „Ambasciata" im italienischen Quistello bei Mantua, ebenso italienisch wie dieses hier belgisch? Wir haben uns an jugendliche Servicebrigaden gewöhnt, die vor allem und immer nach Ausbildung riechen. Hier aber arbeiten Herren, zumindest an der Spitze, deren Hilfskräfte über unnachahmliche Routine verfügen und unter großen Lüstern eine perfekte Pantomime aufführen. Die Teller braucht man dafür nur am Rande. Vielleicht würde man schon für diesen Service bezahlen – und sei er noch so abgestanden, Floskeln murmelnd und überhaupt nicht strahlend zugänglich wie die vielen jungen Leute an anderer Stelle.

Vielleicht ist ja der Gast hier – so paradox es klingen mag – gleichzeitig bedeutend und unbedeutend. Es wird ihm alles zuteil, was man anbieten kann: Die Keller sind gut gefüllt, und zumindest der Kanon der Realien entspricht den Standards. Doch der Mensch ist nur eine vorübergehende Erscheinung, er kommt und geht, und die „Villa Lorraine" bleibt; seit dem Ende des neunzehnten Jahrhunderts gibt es sie als Restaurant. Jetzt müßte man – hier und andernorts – nur noch darüber nachdenken, welche kulinarische Tradition zu solch perfektem – gesellschaftlichen und ästhetischen Rahmen paßt. ❧

31. 12. 2005, F.A.Z., Feuilleton, Seite 40

Abgrund an Gästeverrat

Prost Neujahr: Was dräut der Küche, wenn man genau hinschmeckt?

Ein „Dinner for one" gibt es nur, wenn man die Prämisse bestreitet, daß für ein Essen mindestens eine zweite Person nötig ist, nämlich der Koch. Speziell unter dem Aspekt der Bewertung und Untersuchung eines mißlungenen Essens ergeben sich angesichts dieser Konstellation eine Fülle von Fragen, um nicht zu sagen: schwerwiegenden Komplikationen, deren juristische Bewertung bisher weitgehend ausgeblieben ist.

Vor Jahren gab es einen Fall in Norddeutschland, bei dem ein Gastronom die Kritik an seinem Hummer nicht schlucken wollte. Natürlich verlief die Sache im Sande, weil das Corpus delicti nicht mehr in einer Form greifbar war, die dem Richter einen Augenschein ermöglicht hätte. Hier zeigt sich das ganze Problem mit dem Essen: Wenn man einen Monitor kauft und ihn nach einigen Tagen reklamiert, bekommt man einen neuen. Wie sollte das beim Essen funktionieren? Schon nach dem ersten Bissen zu protestieren entspricht nicht der Vorstellung von Genauigkeit, mit der man üblicherweise durchs Leben geht. Nach einem leergegessenen Teller allerdings zu reklamieren dürfte schwer vermittelbar sein, selbst wenn man darauf hinweist, daß man zur möglichst genauen Würdigung der Arbeit des Kochs und unter Vermeidung eines vorschnellen Urteils erst alle möglichen Akkorde untersuchen mußte. Nach einem solchen Vorgang ist die Ware als solche jedenfalls nur indirekt und zerkleinert zu retournieren.

Wenn wir also ein mißlungenes Essen betrachten, stellt sich die Frage nach dem Verantwortlichen. Ist der Koch Einzeltäter, oder trifft auch den Esser eine Mitschuld, weil er zum Beispiel eine leicht blutig geratene Taubenbrust nicht akzeptiert, obwohl der Koch darauf verweisen könnte, dies sei so professioneller Usus? Wie ist die Lage zu bewerten, wenn der Esser einfach nicht in der Lage ist, eine hochmoderne Kreation von Pascal Barbot mit unreifem Gemüse zu entschlüsseln, sondern ihr eher eine gewisse Nähe zu Küchenabfällen zuspricht?

Der Koch könnte zu seinen Gunsten ins Feld führen, daß offensichtlich die kulinarische Zurechnungsfähigkeit des Essers nicht gegeben ist, sei es, daß dieser sich in einem – zumindest aus Pariser Sicht – vorbürgerlichen Zustand des Redundanzessertums befindet, sei es, daß man ihn im Zustand äußerster Erregung wähnt, bei dem ohnehin sämtliche Geschmackspapillen paralysiert sind. Der Vorsatz des Kochs scheint sich jedenfalls auf seine kulinarische Kreation zu beschränken, nicht aber darauf, dem Gast bewußt ein mißlungenes Essen zu präsentieren.

Doch wie sieht die Sache aus, wenn eine gewisse Provokation zum Programm des Hauses gehört und als Effekt dieser Provokation eine größere Spannbreite von Reaktionen (also auch die eines für den Gast mißlungenen Essens) in Kauf genommen wird? Ist am Ende in diesem Zusammenhang kulinarische Kreativität immer im Zusammenhang mit einer gewissen Fahrlässigkeit zu sehen, weil objektiv das Risiko besteht, daß dabei auch einmal ein mißlungenes Essen rezipiert wird? Das wäre eine grauenhafte Vorstellung von der Stellung des Kreativen.

Ein Großteil der juristischen Implikationen findet sich freilich im ganz normalen Restaurantbetrieb. Der Einsatz eines bisher nicht verkauften Fisches nach einigen Tagen in den hauseigenen Kühltheken ist juristisch diffiziler, als es aussieht. Ist der Fisch im Sinne des Lebensmittelrechts verdorben, scheint sein Einsatz klar bewertet werden zu können. Wie aber stellt sich die Lage dar, wenn der sensible Gourmet – noch im Vorfeld der im engeren Sinne chemischen Problematik – einen schweren Vertrauensverlust in den Fisch an sich zu beklagen hat? Wenn er Wochen oder Monate einer Makrele nicht mehr zusprechen kann und sein Mißtrauen auf den Koch, das gesamte Restaurant, die Gastronomie als solche oder gleich ein ganzes Land überträgt? Jeder prüfe sich da selbst, um Brisanz und Wirklichkeitsnähe dieses Problems zu begreifen.

Zu allem Überfluß könnte es ja auch noch passieren, daß der Koch die Position einer Klaukindmutter einnähme und darauf verwiese, er brate hier nur das Fleisch, der Fisch sei das Aufgabengebiet seines Sous-Chefs. Dann ginge es um Mittäterschaft des Küchenpersonals, aber auch um Anstiftung.

Selbst wenn Teile der intellektuellen Kundschaft der Spitzengastronomie dazu neigen dürften, den Köchen insgesamt eine verminderte Schuldfähigkeit bis hin zur Strafunmündigkeit einzuräumen, steht vor allem die juristische Definition der Ware „Gericht in einem Spitzenrestaurant" noch aus. Die technische Bescheinigung etwa der mikrobiologischen Unbedenklichkeit versagt vor dem fünf Wochen abgehangenen Rindfleisch (im Prinzip eine Delikatesse) ebenso wie vor allerlei Rohem, dessen Einsatz ohnehin längst verboten ist. Und was ist mit Garantien, Gewährleistungs- und Ersatzpflicht? Was wird in den Küchen angesichts der real verbleibenden Produktqualität gekungelt, bis man geneigt ist, diesen rigoros von der Unwissenheit ihrer Gäste profitierenden Gestalten den Bandenstatus zuzusprechen?

Sagen wir es einmal ganz deutlich: Spitzenköche stehen durch die Bank mit einem Bein im Knast (wo sie dann – welch seltsame Form der Resozialisierung – vermutlich sofort wieder in der Küche eingesetzt würden). Die buntgeschmückten Teller aus dieser Grauzone können nicht darüber hinwegtäuschen, daß wir – ganz speziell in der kreativen Küche – vor einem Abgrund an Gästeverrat stehen. Vielleicht sollte man für die wenigen zuverlässigen Restaurants dieser Welt ein Zertifikat entwickeln, das dem Gast Eindeutiges signalisiert. Eine Lösung wäre dabei sicherlich eine Geld-zurück-Garantie.

Doch würde dann bei Gefallen vielleicht ein Aufpreis fällig? Das hieße sicher, daß es keine glücklichen Gesichter mehr an hübsch dekorierten Tischen gäbe, sondern nur noch Gäste, die sich aus unterschiedlichen Gründen bemühten, so glaubwürdig wie möglich eine Maladie vorzutäuschen. Es würde der Begriff der „kulinarischen Schwalbe" aufkommen, weil zunehmend Gäste – vorzugsweise erst nach zehn Gängen – plötzlich unter Krämpfen vom Stuhl fielen oder noch morgens darauf säßen und schwere Depressionen vortäuschten. Ein frohes neues Jahr also. ❧

07. 01. 2006, F.A.Z., Feuilleton, Seite 34

Wir wollen so gern Meister ehren

Am Beispiel des Berliner „First Floor": Handwerk allein genügt nicht

Da sitzt man also im „First Floor", dem Flaggschiff der (West-)Berliner Gourmandise, in kostbarem Ambiente aus edelsten Hölzern und macht sich beim Blick aus dem Fenster so seine Gedanken. Vor einigen Minuten noch führte der Weg im Europa-Center durch ein Gewirr von Läden für jugendlichen Getto-Bedarf, nun hat man Mühe, die umstehende Architektur nicht als West-Plattenbau einzuordnen. Schräg gegenüber bläht sich Sabine Christiansens Worthülsen-Kugel, und zwischen Platte und Kugel liegt ausgerechnet ein Laden für Gipsabdrücke, „Gipsnich" genannt. Was ist hier echt oder unecht?

Wir haben uns auch bei der deutschen Spitzenküche an einen gewissen Grad von Unechtheit gewöhnt. Vieles, was hier die Teller ziert, hat in anderen Ländern seine Tradition und seinen Zusammenhang. Wo morgens die Jakobsmuscheln angelandet werden, hat man im Laufe der Zeit diverse Zubereitungsmöglichkeiten entwickelt, die nicht selten ihre unmittelbare Überzeugungskraft aus der unnachahmlichen Frische gewinnen. Man kann ohne weiteres darüber nachdenken, ob das lokale Produkt mit den lokalen Zutaten und vor allem dem spezifischen geschmacklichen Hintergrund der Köche eine Form von Authentizität schafft, die an anderer Stelle nicht reproduzierbar ist und zum kulinarischen Gipsabdruck gerät.

Welche Form von Seriosität aber gesteht man den Jugendlichen zu, die unten im Europa-Center New Yorker Basketballtrikots, Schlabberhosen und riesige Schuhe kaufen, die immer offenstehen? Sind sie bewußtlos massenmedial Verführte, während man den eklektizistischen Zugriff unserer Köche jederzeit als eine unverkrampfte Weltläufigkeit tarnen kann, in der regionale kulinarische Zusammenhänge einfach matt wirken?

Im „First Floor" erscheint ein Teller mit einer großen Salzteigschale, darin – zwischen großen Mengen viel zu krosser Streifen von Frühlingsrollenteig kaum zu finden – eine Jakobsmuschel mit asiatischem Gemüse und Wasabi. Die Muschel hat die handelsübliche Frische (im Gegensatz zur Fangfrische), und die Kreation hat eine gute Würze. Sinnvoll ist sie allerdings nicht, weil die harten Streifen jedwede andere Wahrnehmung blockieren. Vielleicht hat irgendwann einmal der Chefkoch ein Konzept entworfen, in dem alle Proportionen stimmten und die zarte Muschel eine dezente texturelle Fassung bekam. Vielleicht haben nun ausführende Kräfte das Ruder in die Hand genommen und den Sinn aus den Augen verloren.

Was man allerdings nicht aus den Augen verloren hat, ist die Demonstration von Küchenaufwand. Der „Bachsaibling in einer Anis-Korianderbeize" ist eine geschmacklich gute, aber nicht besonders spezielle Kreation. Spektakulär wird das Gericht erst durch ein frittiertes Kartoffelkörbchen mit Salat, durch Kügelchen aus gelben Safran-Kartoffeln oder kleine Würfel von violetten Kartoffeln. Hier ißt das Auge – nicht nur – mit.

Natürlich ist es nicht so, als bliebe die Küche von Matthias Buchholz ohne Substanz ausschließlich an der Oberfläche. Der „Kaninchenrücken im Kräutercrêpe auf Stielmus" ist ebenfalls äußerst fotogen dekoriert, behauptet sich aber geschmacklich mit einer schönen Kräuterwürze, einer bestechend sanften Textur zwischen Crêpe und Kaninchenfleisch oder der feinen Rustikalität vom Stielmus. Ist es aber mehr als ein glücklicher Zufall, wenn Form und Inhalt einmal passen? Rückblende auf das dreiteilige Amuse Bouche: Die Perlhuhnterrine hätte mehr Aroma haben können, die asiatische Fisch-Bulette hätte auf gar keinen Fall einen Hauch von Kirmespanade haben dürfen.

Üppig kommt das mit Gänseleber gefüllte Rinderfilet daher, wieder begleitet von prächtig anzusehenden Zutatenarmeen. Und wieder bleiben Substanz und Sinn auf der Strecke. Die Foie-Gras-Wirkung ist viel zu gering, um dieses Zitat der „Tournedos Rossini" wirksam werden zu lassen, und die Qualität des Rinderfilets ist – etwa im Vergleich zu dem von Troisgros in Frankreich (F.A.Z. vom 18. Dezember 2004) – bestenfalls mittelmäßig.

Ein Verdacht keimt auf: Haben wir in unserer erweiterten Spitze ein kleines Problem mit dem Epochalstil der neunziger Jahre? Da gab es eine Generation von gut ausgebildeten Köchen mit guten Lehradressen, die als Küchenchefs schnell einen Stern und siebzehn Gault-Millau-Punkte bekamen, französisch orientierte Küche mit mediterranen und asiatischen Elementen kochten und eine gefällige Küchenlandschaft etablierten. Von fast allen Vertretern dieser Generation kann man heute behaupten, sie haben kaum wesentliche Fortschritte gemacht. Ihre Küche wirkt, als sei sie in die Jahre gekommen, ohne dabei als klassisch bezeichnet werden zu können. Sie wirkt wie angewandte Kochkunst im Gegensatz zu einer individuellen oder regional authentisch fundierten und gestalteten. Ihre Produkte sind gut, aber auffallend selten hervorragend; sie ist die Küche derer, die von Handwerk reden, weil sie nur die Küchen lieben, die vorwiegend Handwerk sind, und gleichzeitig ein Handwerk meinen, das von Lehrjungen mit abgeschlossener Lehre, nicht aber von Meistern betrieben wird. Sie profitieren von der Einstufung durch Restaurantführer, die in ihrer dienenden Funktion natürlich nicht umhinkönnen, handwerkliche Kriterien als nützlich zu bezeichnen, weil eine ästhetische Bewertung vor dem Hintergrund des aktuellen Entwicklungsstandes der Gourmandise noch kaum stattfinden kann.

Man müßte den kulinarischen Unterschied analog zu dem zwischen Musical und Oper deutlich machen: zwischen einem süffig rezipierbaren Abklatsch und dem Werk voller Substanz, zwischen oberflächlich zusammengemixten Signal-Ingredienzien und der profunden Vermittlung kulinarischer Kernerfahrungen. Der Epochalstil der neunziger Jahre hat vielleicht der kurzfristigen Ausbreitung der Haute Cuisine gedient und unsere Köche und Gourmets mit einer „Das-könnenwir-auch-Euphorie" ausgestattet. Ob er der Küche insgesamt gedient hat, ist jedoch fraglich. Man muß abwarten, wie sich in der nächsten Zeit die Gewichte entwickeln: zwischen individuellen Lösungen aller Art und einer Küchennostalgie, die sich von ihren kulinarischen Schlaghosen nicht befreien kann. ❧

14. 01. 2006, F.A.Z., Feuilleton, Seite 34

Nicht so bescheiden, Maître

Was zeigt das neue, angeblich letzte Kochbuch von Dieter Müller?

Nach Dieter Müllers eigenen Worten soll sein nunmehr drittes großes Kochbuch auch die letzte Dokumentation seiner Spitzenküche sein. Vor dem neuen, schlicht „Dieter Müller" benannten Band erschienen 1988 „Das Dieter Müller Kochbuch" über seine Arbeit in den „Schweizer Stuben" in Wertheim und 2000 „Geheimnisse aus meiner Drei-Sterne-Küche" – als Folge seines Aufstiegs zum höchsten Michelin-Rang im Jahr 1998.

Die nun vorangekündigte Schreibabstinenz ist wegen der besonderen Umstände im „Restaurant Dieter Müller" in Bergisch Gladbach durchaus glaubwürdig. In einem auch international sehr selten zu findenden Verfahren bereitet der Meister behutsam seinen Rückzug aus dem operativen Geschäft vor, das mehr und mehr der designierte Nachfolger Nils Henkel übernehmen soll. Diese Entwicklung steht ohne Zweifel in einem gewissen Zusammenhang mit den zeitgenössischeren Aspekten des Buches, während der Anspruch, damit eine Art Lebenswerk zu dokumentieren, auch eine Rück- und Gesamtschau betreffs des Stils von Dieter Müller herausfordert.

Auf den ersten Blick fallen neben dem Umfang eine zeitgenössische Gestaltung und der wohltuende Verzicht auf Haute-Cuisine-Nippes in Wort und Bild auf. Die Anrichteformen der Gerichte erreichen bisweilen sogar die Ästhetik ausgewiesener Modernisten wie Michel Bras oder Ferran Adrià. Man kann bei der Lektüre bedeutender Kochbücher manchmal den Eindruck bekommen, der eine Küchenchef würde das Buch des anderen aufschlagen und bereits nach Betrachten dreier Abbildungen sein Urteil über das aktuelle Niveau des Kollegen parat haben. Ganz normale Fotos von unter Verzicht auf jegliche dekorative Vorüberlegung angerichteten Tellern würden vermutlich dazu führen, daß selbst geniale Rezepturen übersehen werden.

Das „Duo von Thunfisch und Gewürzlachs mit Knusper-Cannelloni, Guacamole und Kaviarcreme" gehört von Optik und Aufbau her zu den moderneren Kreationen, die in ihrer texturellen und aromatischen Vielfalt den „State of the Art" einer Spitzenküche repräsentieren, die sich nicht heillos den Tagesaktualitäten ausliefert, sondern aktuelle Diskussionen um eine entwickeltere Sensorik subtil eingearbeitet hat. Es gibt dazu eine Anzahl von Beispielen in diesem Buch, so auch den aus der ersten F.A.Z.-Gourmetvision bekannten „Kalbskopf mit Gartenkräutern, kleinem Pot-au-feu von Krebsen und bunten Linsen". Nachdem in einem weiteren aktuellen Buch, das unter Beteiligung von Dieter Müller und Nils Henkel entstand („Keine Angst vor großen Köchen" von Nina Ruge, ein Sammelband der Köche der Althoff-Hotelgruppe mit unsäglichen kulinarischen Textversuchen der Fernsehmoderatorin), auch Rezepte von Nils Henkel abgedruckt sind, darf man bei diesen Kreationen in Müllers eigenem Buch dessen Spuren gleichfalls vermuten.

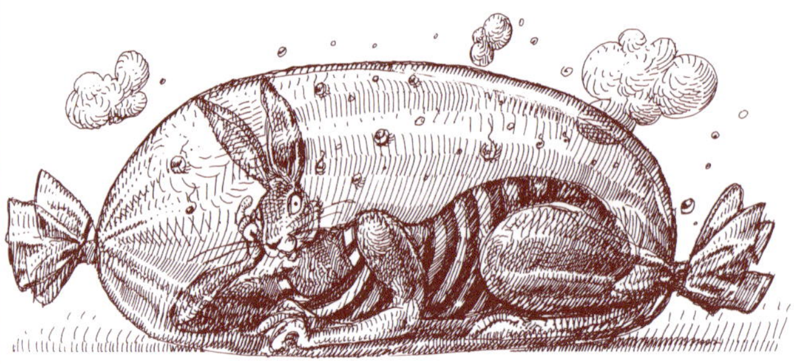

Bei Lektüre der eigentlichen Rezepte kommt die Frage auf, welches Alter denn nun der Wein hat, der in diesen – teilweise – neuen Schläuchen lagert. Es findet sich eine ganze Reihe von Konstanten, die für die Küche der achtziger und frühen neunziger Jahre charakteristisch sind. In der Mehrzahl der Rezepte gibt es entweder den damaligen Mode-Wermuth Noilly Prat, weißen oder den klassischen roten Portwein, weißen Balsamico, Butter und immer wieder Sahne. Diese Zutaten summieren sich zu einem typischen Element der Küche Dieter Müllers: einer mehr oder weniger deutlichen Süße. Diese Süße – deren Funktion in der Regel eine Art Entschärfung kräftigerer beziehungsweise rustikalerer Aromen ist, korreliert zudem mit weiteren, abmildernden Stilelementen, wie dem weitgehenden Verzicht auf deutliche Bratspuren durch indirekte Garung (zum Beispiel bei in eine schonende Hülle eingepackten Fleischteilen, so beim „Wildhasenfilet in Pfefferwürze") oder auch die meist sehr umfangreiche aromatische Fassung kräftiger Hauptbestandteile, die dadurch kaum als pures Produkt wahrgenommen und gegessen werden können.

Aus solchen Maßnahmen ergibt sich eine gewisse kulinarische Unverbindlichkeit, deren Interpretation als milde Ausgewogenheit Dieter Müller regelmäßig ein volles Haus beschert. Hier manifestiert sich die Leichtigkeit der Gourmandise, ein Kanon von Realien, der wohl auch durch die Distanz zum natürlichen Grundprodukt sehr viele Freunde gewinnt. Die häufig vorkommenden fimmelnden Feinschmecker, denen ein Blutstropfen an einer Taubenbrust schon zum Ärgernis gerät, fühlen sich bei dieser Art Küche besonders wohl.

Trotz des in diesem Sinne perfekt gemachten Buchs taucht allerdings die allgemeine Frage auf, wie sich die Kochkünstler den Produkten nähern. Man kann diverse Variationen des Zugriffs auf das Material beobachten. Wenn er ein Produkt bearbeiten soll, ruft der normale Küchenhandwerker sein übliches Wissen ab – von schulmäßigen Garzeiten bis zu mehr oder weniger standardisierten Beilagen. Ein Teil der Spitzenköche tut dies in modifizierter, individualisierter Form. Ein weiterer Teil sucht den abweichenden Weg und ist erst zufrieden, wenn er eine gut konsumierbare, aber alternative Version gefunden hat. Es gibt weitere, die ausschließlich Novitäten suchen, und wieder andere, die quasi hinter das Produkt zurücktreten und über minimale Eingriffe doch zu einem hervorragenden Ergebnis kommen.

Dieter Müller läuft in seinen schwächeren Momenten Gefahr, die Dinge mit seinem schon etwas älteren Farbkasten unnötig zu kolorieren, während er in seinen stärkeren Momenten die gut konsumierbare alternative Version gefunden hat. Sein Buch zeigt nicht zuletzt in den hervorragend verwendbaren 159 Grundrezepten, daß er für alles und jedes seine respektable eigene Version gefunden hat. Es zeigt aber in den vielfältigen kreativen Reizen auch, daß Müller nicht mit sich und der Welt kulinarisch abschließen sollte.

Hat er vielleicht die Befürchtung, daß ein weiterer Modernisierungsdruck in Zukunft von ihm nicht mehr so elegant integriert werden könnte, wie er das hier noch dokumentiert? Will er seine erprobten Werkzeuge nicht aus der Hand geben, statt sich ganz darauf zu verlassen, daß ein überragender Koch wie er eigentlich ohne Sorge sein Spektrum noch weiter ausloten könnte? Wünschen wir uns also noch ein weiteres Buch von Dieter Müller, in dem der Meister seine – hier übrigens nur marginal mitgeteilten – kulinarischen Gedanken im engeren Sinne in eine Reihe von Rezepten faßt, die nur der Kochkunst dienen. ❧

21. 01. 2006, F.A.Z., Feuilleton, Seite 34

Mir ist ganz paradiesisch wohl

Beschert erst Emotionalität beim Essen die wahre Würze?

Das „La Chassagnette" in Le Sambuc südlich von Arles ist ein höchst ungewöhnliches Restaurant. Trotz immer wieder betonter gesundheitlicher Aspekte des Essens, der vielen Vitamine und wichtiger Inhaltsstoffe bleibt die Erinnerung an aseptische Apotheken angesichts von zweieinhalb Hektar Gemüsegarten und der ungewöhnlichen Proportion von acht Gärtnern bei acht Köchen aus. Hier in der Camargue, auf buchstäblich plattem Land, herrscht ein Ausmaß an Natürlichkeit, das das Vokabular der Zivilisationsgeschädigten ganz einfach unnötig wirken läßt. Den wenige Quadratmeter großen Schau-Kräutergärten an anderen Stellen, mit denen man bestenfalls einen Privathaushalt bedienen könnte, steht im Falle der „Chassagnette" eine beeindrukkende Selbstversorgung gegenüber, die darüber nachdenken macht, wie groß eigentlich eine Fläche sein müßte, um die aus aller Welt zusammengekauften Realien von Spitzenrestaurants am Ort selbst produzieren zu können. In Baiersbronn jedenfalls müßte man dafür die Wälder roden.

Im dezent umgebauten Bauernhaus des einundvierzigjährigen Jean-Luc Rabanel gibt es zu einem bemerkenswert günstigen Preis von sechzig Euro elf Gänge mit teilweise mehreren Elementen einer regional verankerten Küche mit hohem Anteil an Kräutern und Gemüsen. Im Detail wirkt das zwar ländlichfranzösisch, in Küchenkonzeption und -präsentation aber durchaus zeitgenössisch – das ein oder andere Schäumchen eingeschlossen. Schon ein Gazpacho zu Beginn – gemüsiger, als man es gewohnt ist – wird im Glas in einer Holzschale serviert, in der ganze Büschel Basilikum, diverse andere Kräuter, etliche Kirschtomaten und ein Stück aus der Kollektion perfekt-rustikaler Brotsorten liegen. Die Brotschnitte danach („Tartine") ist hoch mit rohen und gegarten Gemüsen, marinierten Sardinen, Kräutern, Blüten und Parmesan belegt und ergibt dennoch einen perfekt abgestimmten Akkord.

Ein „Fisch-Rillette" aus Lisette (jungen Makrelen) und Rouget wirkt mit der dezenten Begleitung von Blumenkohlscheiben, Basilikum und einem kroß mit Thymianzweigen gerösteten Brot wie ein zur Ernte aufs Feld gebrachtes Mittagessen und der Schmortopf mit kleinen Tintenfischen, ganzen Knoblauchzehen, Paprikastückchen in der Würze des scharfen Piment d'Espelette schlicht wie die Apotheose einer grundlegenden kulinarischen Mechanik, die noch mit Holzrädern funktioniert und wo wahrlich kein Platz für Chemielaboranten ist.

Ganz überraschend ergibt sich auf solcher Grundlage aber auch Hochmodernes. Der „Loup de mer a la plancha" wird mit einer Bouillon „des graines sauvages" (diverse Getreidekörner) und einem Artischockensalat serviert und erreicht mit seinem aromatisch naturnahen, im Akkord aber subtilen Charakter plötzlich das Niveau der überaus durchdachten Kreationen etwa bei Michel Bras.

Dringend möchte man das Lammgericht empfehlen, bei dem Bio-Lammkoteletts aus dem nahen Aubrac mit gerne „rustikal" genannten Elementen wie langsam gerösteten Kartoffeln und Zwiebeln kombiniert werden. Im Gespräch danach äußert Rabanel allerdings einen Satz, der dringend der Analyse bedarf. Seine Küche, sagt er, sei eine der Emotionen und der Gegensatz dazu die hochartifizielle Küche von Köchen wie Joël Robuchon, deren perfekte handwerkliche Strukturierung eine Art schönen Schein ohne Emotion produziere.

Die Verbindung des Kulinarischen mit Emotionen bei gleichzeitiger Kritik differenzierterer Betrachtung ist nach wie vor fest verwurzelt – nicht zuletzt im ansonsten durchaus aufgeschlossenen Bildungsbürgertum. Behauptet wird der Primat der individuellen Wahrnehmung eines situativen Kontextes im Zusammenhang mit dem Essen und damit die Unmöglichkeit bis Unsinnigkeit einer Reduktion auf das Kulinarische im engeren Sinn. Folgt man dieser Logik, würde zuallererst die Verkoppelung eines bestimmten Nahrungsmittels mit einer bestimmten Situation (etwa die Tomate und das Mediterrane) nicht verallgemeinert werden können, weil die Individualisierung des Gefühlserlebnisses nicht durch ein bestimmtes Produkt vorweggenommen werden kann, sondern eben individuell und damit unbegrenzt vielfältig bleiben muß.

Sodann ließe sich feststellen, daß bestimmte Produkte mit emotionalen Klischees befrachtet werden (die Zartheit des Lamms, die südliche Sonne im Olivenöl) und in der Folge als Klischee geradezu gelernt werden. Das wiederum birgt die Gefahr eines emotionalen Reiz-Reaktions-Schemas, dessen Automatismus sich die Lebensmittelwerbung ja auch regelmäßig zunutze macht. Die Toskana-Fraktion ist übrigens wohl kaum mehr als eine modische Variante davon.

Ein Grundproblem ist die allzu große Konkretheit des emotionalen Klischees, wie es vor allem im Zusammenhang mit Kulinarischem gepflegt wird. Im Grunde bewegt man sich eher in einem konkreten, sprachnahen Bereich, der, wenn nicht durch Sprache, so doch mit einiger Sicherheit durch Bilder (die Bildsprache) eine weitgehende Darstellung erfahren kann. Komplexe, sprachlich schwierig zu fassende emotionale Interaktionen mit dem Kulinarischen scheinen nicht im Mittelpunkt der Lifestyle-Emotionalität gängiger Prägung zu stehen. Exakt diese aber können im Mittelpunkt einer differenzierten Auseinandersetzung mit adäquaten Speisen stehen.

Wenn man voraussetzt, daß ein klischeehaft eintretendes Reiz-Reaktions-Schema kontraproduktiv für eine differenzierte Wahrnehmung ist, ergibt sich im Gegensatz dazu beim Kontakt mit avanciert kodierten Kreationen ein subtiles Spiel zwischen sprachlich Faßbarem, sprachlich Nichtfaßbarem, aber sensorisch Erfahrbarem und einer Art abstrakten Emotionalität, wie sie üblicherweise mit dem Kunstgenuß verbunden wird. In diesem Zusammenhang kann die von emotionalen Klischees befreite Wahrnehmung mit mindestens dem gleichen Recht wie die der Redundanzesser selbst als reine Emotion bezeichnet werden. Es ist dies der an dieser Stelle schon einige Male benannte Zustand der reinen Degustation. Rabanels Unterscheidung ist deshalb verständlich, sofern sie sich gegen technokratisches Denken richtet. Seine eigene Küche kann mit den Klischees verlieren, unter Aspekten der reinen Degustation aber erheblich gewinnen. ❧

28. 01. 2006, F.A.Z., Feuilleton, Seite 34

Würze, wem Gewürz gegeben

Die F.A.Z.-Gourmetvision von Ingo Holland im „Alten Rentamt"

Ingo Holland vom Restaurant „Altes Rentamt" in Klingenberg am Main verkauft seit Jahren in seinem „Alten Gewürzamt" hervorragende Gewürze und eigene Gewürzmischungen. Die in der letzten Zeit stark angestiegene Nachfrage hat ihn ganz offensichtlich inspiriert und ihre Folgen in einer Küche hinterlassen, die in subtiler Weise das aromatische Spektrum verschiebt, ohne im mindesten an den Strukturen einer entwickelten Spitzenküche zu rütteln. Holland ist der Koch der zehnten F.A.Z.-Gourmetvision.

Das Menü beginnt mit seiner Version des italienischen Klassikers „Vitello Tonnato", der als Türmchen aus zwei Scheiben Kalbsfilet, einem Stück Maguro (auch Bluefin-Thunfisch genannt), einer Ofentomate mit einem speziellen Gewürzmix und, neben anderen kleinen Elementen, kroßgetrockneten Artischockenstreifen erscheint. Durch die Verwendung einer hochentwickelten Salz-Palette und diverser Mischungen entsteht hier nicht lediglich eine Variante, sondern eine deutliche aromatische Vertiefung, die sich vor allem in einer ungewöhnlichen Breite der Würzung bemerkbar macht. Nichts sticht hervor, die Elemente bleiben klar identifizierbar, aber der Gesamteindruck ist in erstaunlich gefälliger Form andersartig.

Das gilt insbesondere auch für die „Tranche vom hausgerauchten Lachs mit violettem Frühburgundersenf und langem Pfeffer gebraten auf lauwarmem Kalbskopf und Dattelvinaigrette". Wie immer der verwöhnte Gourmet zum Standardprodukt Lachs stehen mag: Diese Kreation ist anders und hervorragend. Dabei ist der scheinbar auffällige Akkord aus Lachs und den dünnen Scheiben eines mild gewürzten Kalbskopfes und süßen Datteln nur ein dezent abrundender Teil des Ganzen. Den Clou macht eine sehr spezielle Würzkruste aus Weinhefesenf, etwas Mehl und zerstoßenem langem Pfeffer (piper longum) aus. Die Verbindung von Senf und den ätherischen Ölen dieses sehr komplex schmeckenden Pfeffers ergibt ein fast unbekanntes Aroma, das im Akkord und im Zusammenhang mit den Kalbskopfscheiben ein wenig den Charakter einer hervorragend gewürzten Wurstmasse annimmt – aber eben in einer Qualität, die einen echten Gewinn darstellt.

Es folgt eine Version des arabischen Klassikers Falafel, also einer kroß ausgebackenen Zubereitung mit Kichererbsen, die Holland mit einem sensationell gewürzten Linsen-Dal (einer Linsenzubereitung mit Gemüse und diversen Gewürzen, darunter Kardamom, Kreuzkümmel und Zimtblüten), einem kräftigen Tandoori-Joghurt und fritierten Wintergemüsen serviert. Das Gewürzspiel dieser Kreation fasziniert nicht zuletzt durch die Kombination mit den Röstnoten des krossen Wintergemüses. Nach einer bewegten Sensorik zwischen den unterschiedlichen Texturen und komplexen Gewürzen endet der Akkord im Nachhall dieser Röstaromen.

Aber es geht auch ganz klar und eindeutig. Bei der „Taubenbrust mit Kartoffel-Oliven-Püree und Ingwerjus" beweist Holland, daß auch im Bereich des klassischen Faches ein A-point-Einsatz eines individuellen Gewürzes ein großer Gewinn sein kann. In diesem Falle ergibt die unterschiedliche Dosierung des Ingwerjus nicht nur einen unterschiedlichen Ingwer-Anteil, sondern in Kombination mit den zurückhaltend dosierten Oliven eben jeweils eine komplett unterschiedliche Interpretation des Taubenaromas.

Beim „Gebratenen Tatar vom Färsenfilet mit Melange noir und Loup de mer mit gesalzenem Eigelb" zeigt sich, daß ein präziser Gewürzeinsatz genuin kulinarische Funktionen hat und durchaus nicht nur ein zusätzlicher Farbtupfer ist. Das klassisch angelegte Tatar (also mit Kapern, Gurken, Sardellen etc.) von der Färse (junges Rind vor dem ersten Kalben) wird einseitig ganz kurz angebraten und erreicht durch die Pfeffermischung von schwarzen Pfeffern („Melange noir") eine ungewöhnlich „dunkle" Würznote, die in ihrer Funktion einer stark gerösteten Fischhaut nicht unähnlich ist. Die wiederum ist nicht stark geröstet, sondern als krosses Element getrocknet, während das Eigelb (ebenfalls klassisch zum Tatar) schlicht und einfach die Funktion einer Sauce hat. Ein komplexer Saucenansatz wird in diesem Zusammenhang in keiner Weise vermißt.

Völlig anders ist der Gewürzeinsatz bei der „mit Panch Phoron (einer eher herzhaften bengalischen Gewürzmischung mit Bockshornkleesamen, Korianderkörnern und Senfkörnern) und Melasse lackierten Ente auf sautierten Sojasprossen und hausgemachtem Kim-Chi". Hier erleben wir den ganzen Glanz des kräftigen Einsatzes eines komplexen Gewürzspektrums zwischen Süße und Schärfe. Die Ente ist durchgegart, aber zart. Ihre Aromatisierung beginnt mit einem Kochen in Tee und Gewürzen, setzt sich im Backofen fort und wird durch die Karamelisierung mit der bitter-süßen Melasse unter dem Grill beendet. Das Ergebnis ist sozusagen die Gewürzente schlechthin und ziemlich beeindruckend. Von den Sojasprossen und der Chinakohlzubereitung gibt es zusätzlich leichte texturelle Kontrapunkte und etwas Frische.

Mit dem „Rapé vom Beaufort mit Schalotten, Kürbiskernpesto und Grellotinwurst" gelingt Holland auch ein interessantes Käsegericht, bei dem ein erstaunlich enger und sinnvoller Akkord zwischen Käse und Wurst entsteht, der durch die vorsichtig dosierten Zwiebelstückchen und das Pesto sehr vollmundig und nachhaltig gerät. Die ungewöhnliche Tour durch eine von mustergültig dienlich eingesetzten Gewürzen geprägte Küche wird beschlossen von einem Dessert, das sich – wie das Taubengericht – eher normal liest, in natura aber unmittelbar überzeugt. Die „In Rum-Karamel mit tasmanischem Pfeffer geschmorte Ananas mit einem Rahmeis von Vanille" scheint klassisch zu sein. Was sie aber deutlich verändert, ist die wunderbare Belüftung der schweren Rum-Süße durch die ätherischen Öle des tasmanischen Pfeffers und die schiere Qualität der verwendeten Vanille („Vanille givrée" genannt, Ausflokkungen von Zuckerkristallen lassen sie wie mit Reif überzogen aussehen). Ingo Holland zeigt mit diesem Menü in aller Deutlichkeit, welche enorme Bereicherung ein hochentwickelter Gewürzeinsatz sein kann. ❧

Die F.A.Z.-Gourmetvision Nr. 10 ist von Donnerstag, dem 2. Februar, bis Sonntag, dem 19. Februar, zum Preis von 100 Euro im Restaurant „Altes Rentamt" in Klingenberg am Main zu bekommen.

04. 02. 2006, F.A.Z., Feuilleton, Seite 40

Drei Tore führen zur Klassik

Ein Enfant sauvage der Küche: Vincent Klink meldet sich zurück

Vincent Klink ist eine schillernde Figur mit vielen Facetten. Da ist der beliebte und breitenwirksame Fernsehkoch, der zu versichern scheint, daß alles nicht so schwierig ist und es auf einen Millimeter mehr oder weniger nicht ankommt. Da ist der Meisterkoch mit einem Michelin-Stern, der mehr zu geben hat, als es seine kulinarischen Kreationen fassen können, einer, der „das Maul aufreißt" und – ein Sakrileg in der schweigsamen Gesellschaft der Spitzenköche – schon einmal seinesgleichen attackiert. Er berichtet aber auch über einen Besuch in der „Auberge de l'Ill" der Haeberlins und räumt trocken ein, so etwas werde er nie hinkriegen.

Wenn ihm die Feinheiten etwas zu mikroskopisch daherkommen, stänkert er schon mal gegen die Küchenmodernisten, sitzt aber selbst in einem der schönsten unter den modernen deutschen Restaurants, im Bauhaus-Stil errichtet und mit alter Kunst vom Großvater an den Wänden. In „Häuptling eigener Herd", seiner „kulinarischen Kampfschrift", läßt er Lästerer und scharfe bis polemische Kritik zu Wort kommen, während sein neues „Journal Culinaire" Platz für längere Texte zum Thema bereithält. Geld kann man damit nicht verdienen. Und Geld braucht er auch damit nicht zu verdienen, weil seine Fernsehauftritte und das außerordentlich gut gehende Restaurant genug einbringen.

Apropos Restaurant: Es sieht in der „Wielandshöhe" nicht so aus, als kämen die Gäste wegen des Fernsehkochs – dazu ist der Unterschied zu einem Publikum wie etwa bei Johann Lafer viel zu groß. Man scheint zu kommen, weil Klink Symbolfigur für eine Sparte der Gastronomie ist, der man einen gehobenen gesunden Menschenverstand bescheinigen könnte, eine Art von Mäßigung, die einiges Interesse zuläßt, aber mißtrauisch wird, wenn sich Ideologisches oder Fachinternes allzu breit machen. Eine Gefahr ist dabei die manchmal naheliegende Grenzlinie zum Stammtisch der intellektuelleren Art, die Klink selber aber mit zunehmender Altersweisheit durch eine wohltuende Selbstironie begrenzt. Kann man also den Meister irgendwie festlegen? Ja, wenn man sich vorstellt, daß er hinter all den Fassaden vor allem immer grübelt und Dinge ausbrütet – eine kleine Revolution und etwas Kulturkampf sind dabei nie ausgeschlossen.

Kulinarisch befindet sich Klink in letzter Zeit in einem vermutlich endgültigen Klärungsprozeß rund um einige grundsätzliche stilistische Überlegungen. Es deutet sich dabei an, daß er auf unerwartete Weise eine genuin kulinarische Bedeutung erreichen und zu einem nicht nur medial vergrößerten, sondern auch stilistisch (wieder) pointierten Koch wird.

Was nach wie vor in seiner Küche nicht überzeugt, sind zeitgeistige Lösungen, die man eher bei einem Jungkoch vermutet, der noch dabei ist, ein substantielles Verständnis von Kochkunst aufzubauen. Gemeint sind Kreationen wie der „Kroß gebratene Kabeljau in Koriander, Kaffirblattsauce und frisch gemörsertem Koriander". Hier dominiert das aus unerfindlichen Gründen bei Köchen so beliebte Parfüm der Kaffirlimone viel zu stark und gibt dem Gericht eine durch und durch künstliche Note. Gut, aber vielleicht stilistisch noch nicht ganz auf Kurs scheinen auch ziselierte Feinheiten im Stile der „Seezungensülze und Steinbuttsülze" zu sein, weil hier – wie in vielen ähnlichen Fällen an anderer Stelle – ganz offensichtlich Optik und Prinzip im Vordergrund stehen, nicht aber eine klare programmatische Demonstration für das, was da kommen kann.

Klinks Qualitäten liegen in dreierlei Zugängen zu eher klassischen Rezepturen. Der erste ist bestimmt von einer gradlinigen Umsetzung, die nicht oder kaum von klassischen Bildern abweicht. Der süffig aromatisierte „Ochsenschwanz mit Selleriepüree" zählt dazu, aber auch ein „Alblammcarré mit Rosmarin", das dank guter Garung und eines auffallend expressiven Jus eine ohne weiteres zu akzeptierende Variante zu den Pauillac- oder Sisteron-Lämmern ist.

Der zweite Zugang bleibt ebenfalls nahe am klassischen Vorbild, versucht aber eine intensivere Optimierung. Beim „Ragout vom Wildhasen in Blutsauce mit Rosenkohl" arbeitet Klink mit eigens für ihn beschafftem Hasenblut, das dem Gericht einen unnachahmlich „alten", tiefen Wildgeschmack verleiht, wie er heutzutage selten zu bekommen ist. Diese Aufbereitung von Rezepturen, die in Gefahr sind, aus dem mehrheitsfähig eingeschränkten Angebot der Spitzenküche zu verschwinden, ist sehr verdienstvoll und das Gericht im übrigen problemlos zu essen.

Der dritte Zugang verbindet (in relativ vielen von Klinks Rezepten) die klassischen Grundlagen mit jeweils einer Besonderheit. Der „Steinbutt vom Grill mit Kartoffel-Olivenragout" ist die interessante Verbindung aus einer präzise gegrillten Steinbutt-Schnitte und der schwäbischen Kartoffelsalat-Variante mit Öl und Brühe, also eine regionale Interpretation eines der Emblem-Produkte internationaler Spitzenküche, wie man sie sich häufiger wünschen würde. Von einer ähnlichen Ästhetik sind auch die „Jakobsmuscheln mit Meerrettich und Rote Bete". Was wie eine Vergewaltigung des zarten Aromas der Jakobsmuschel klingt, ist tatsächlich ein hochfein angelegter Akkord, der die Süße der beteiligten Elemente verkoppelt und in der Dosierung der kräftigeren Bestandteile (die Schärfe beim Meerrettich, das Grundaroma der Rote Bete) Dezenz walten läßt. Ähnlich wirken das „Reh mit Leberknöpfle", ein „gebeiztes Kalbsfilet mit gebratenem Weißkohl", die „Ochsenzunge mit Trüffelsauce und Feldsalat" oder die „Kalbsbrust mit Kartoffel- und Endiviensalat".

Wenn man erwartet, daß Klink nach einigen Jahren einer etwas unklaren Linie nun noch mehr Form und Format gewinnt, ist vielleicht eine kleine Spekulation über die mögliche Entwicklung interessant. Die Konzentration auf den ihm auch persönlich offensichtlich nahestehenden Stil der Klassik-Varianten könnte zu weiteren Optimierungen im Detail führen, wobei vielleicht ein Schwerpunkt auf den Proportionen der Elemente eines Gerichtes liegen könnte. Es sieht ganz so aus, als wäre Klink heute in der Lage, endlich mit aller Konsequenz sein kulinarisches Weltbild und seine persönlichen Vorlieben zur Dekkung zu bringen. ❧

11. 02. 2006, F.A.Z., Feuilleton, Seite 38

Die Wissenschaft vom Essen

Auf zum Grundkurs klassische Saucen: Kochkunst braucht Theorie

Die gegenwärtigen Bemühungen rund um das Essen rükken fast von selbst die Frage nach einer möglichen Wissenschaft vom Essen in den Mittelpunkt. Dabei sollte es nicht nur um Fortbildungssysteme von jener Art gehen, wie sie in verschiedenen Ländern schon angeboten werden, sondern um Überlegungen, ob hier ein komplexer Wissenschaftszweig entstehen könnte. Ein Ausgangsszenario für solche Gedanken wäre zum Beispiel, ein weit über „Hauswirtschaft" hinausgehendes Fach in den Schulen zu etablieren. Zur Festschreibung der Lerninhalte und zur Ausbildung von Lehrkräften wäre ein universitärer Studiengang gefragt, der in Intensität und Breite seiner Anlage neue Maßstäbe setzen könnte.

Was aber soll eigentlich im Mittelpunkt eines Denkens rund um das Essen stehen? Es gibt Forschungen zum Thema in klassischen Disziplinen wie Psychologie, Soziologie oder Philosophie. Ethnologen und Kulturwissenschaftler leisten ebenso ihren Beitrag wie Naturwissenschaftler im Bereich der Nahrungsmittelsicherheit. Die Industrie kennt zweckdienliche Forschung von der Chemie bis zur geschmacklichen Rezeption, und insgesamt bildet sich ein Fächerkanon, der deutlich macht, daß die Komplexität des Bereichs jeden Vergleich mit anderen Fachgebieten aushält.

Auffällig allerdings ist, daß in diesen verschiedenen Teilbereichen häufig mit unterschiedlichem Verständnis des Essens gearbeitet wird. Das macht eine gemeinsame Zielsetzung fast unmöglich. Wo die technische Qualität („gesund") im Mittelpunkt steht, spielt die ästhetische („gut") kaum eine Rolle, und wo die Entstehung und Analyse des Status quo den Schwerpunkt bildet, wird Qualität – ob technische oder ästhetische – ohnehin relativ gesehen.

Unter diesen Teilaspekten spielt die entwickelte Kochkunst eine merkwürdige Rolle. Sie wird weitgehend geschätzt, aber nicht im genuinen Zusammenhang mit den meisten Erscheinungen rund ums Essen gesehen. Sie erscheint als eine Sonderform, die zudem noch durch die Verknüpfung mit einem teilweise geächteten Luxuskonsum und einem immer wieder aufs neue konstruierten und instrumentalisierten Spannungsverhältnis zum „wirklichen Leben" (Not, Hunger) belastet ist.

Tatsächlich aber wäre genau diese entwickelte Kochkunst der fehlende Schwerpunkt, über den ein Zusammenhang hergestellt werden könnte und die überaus bedeutsame qualitative Orientierung und Differenzierung aller Aspekte rund um das Essen ermöglicht würde. In ihrer Funktion als Kern eines Wissenschaftszweiges wäre sie der Musik ganz ähnlich. Aus der entwickelten Kochkunst sind Qualitätsmerkmale abzuleiten, die für alle Formen der kulinarischen Derivate von größter Bedeutung sein können.

Ihr handwerklich-technischer Fundus ist seit vielen Jahren Ideenlieferant, Maßstab und Korrektiv für fast alle anderen „Formate": von der Industrie bis zur häuslichen Küche und zu den verschiedenen Formen der Gastronomie. In ihrem Verständnis von Produktqualität verfügt sie über qualitative Vorstellungen, die alle entsprechenden Aspekte der technischen Wissenschaftszweige abdecken oder sogar übertreffen. Auch in ihrer ästhetischen Qualität hat sie – wenn auch von den klassischen Wissenschaften weitgehend noch nicht erfaßt – längst ein Niveau erreicht, das zwar nicht ähnlich erforscht ist wie in anderen Künsten, ihnen aber ohne Zweifel ähnlich ist.

Versteht man die entwickelte Kochkunst als orientierenden Kern der Wissenschaft vom Essen, gewinnt auch die Diskussion um den gesellschaftlichen Rang der Eßkultur an Struktur. Allerdings würde sich die Kochkunst in einem solchen System auch deutlichen Veränderungen und Entwicklungen unterwerfen müssen. Heute neigt sie – fast in Analogie zu ihren Verächtern – zu einer Art Mischung aus unreflektiertem Traditionalismus und dem Kokettieren mit ihrer Sonderrolle.

Im Zusammenhang mit wirklich avancierten Formen könnte auch sie sich dem bisher kaum vorhandenen Druck einer Ausbildung und Reflexion auf höchstem Niveau nicht verschließen und müßte lernen, den Sinn und die Funktion einer „Kochhochschule" (ähnlich einer Musikhochschule) zu begreifen. Dort ginge es zudem nicht um „Theorie, mit der man nicht kochen lernen kann" (so die verbreitete Ablehnung handwerklich orientierter Teile der Kochwelt), sondern um eine wesentlich intensivere Auseinandersetzung mit der Kochkunst – auf theoretischem und praktischem Feld.

In der Praxis wird durch konkrete Parallelen etwa zu einer Musikhochschule vieles sehr schnell klar. Könner ihres Faches würden zu Professoren und Lehrbeauftragten. Es gäbe praktische Eingangsvoraussetzungen für die künstlerischen ebenso wie für die pädagogischen oder wissenschaftlichen Laufbahnen, den Grundkurs Klassische Saucen ebenso wie die Meisterkorrektur von Rezepturen in der Endphase eines Studiums. Es gäbe feste Positionen für alle Aspekte der Forschung, die – an einem Ort zusammengeführt – einen ungeahnten Aufstieg wie eine neue Form der Konkretisierung erleben könnte. Wie immer man dieses System durchspielt: Es hat vor allem sehr viele Vorteile und ermöglicht den Ausbau des Faches zu einem kulturell verstandenen Schwerpunkt von hoher Güte und Nützlichkeit.

Die Hindernisse liegen aber nicht nur bei den erwähnten Praktikern, die sich gegen einen theoretischen Überbau wehren und oft nicht erkennen wollen, daß jedes Handeln seine Theorie hat, deren reflektierte Form viele Vorteile mit sich bringt. Sie liegen auch bei den Wissenschaftlern, deren Arbeit in diesem Bereich oft von unglaublicher Praxisferne ist. Da werden gerne einmal mit marginalen Anmerkungen „Felder besetzt", und das mit einer geradezu abstinenten Sehweise, die nicht selten von einer mehr oder weniger unausgesprochenen Verachtung für das Handwerk geprägt zu sein scheint. Und so liegen noch viele Schwierigkeiten vor einer recht einfachen Lösung. Ein modern entwickeltes Kunstverständnis ohne Absolutheitsanspruch könnte gerade heute der Schlüssel zu einer erheblichen Verbesserung der Lage sein. ❧

18. 02. 2006, F.A.Z., Feuilleton, Seite 36

Weltklasse! Ist es nicht?

Englische Gäste und alte Stühle passen in Bordeaux gut zusammen

Die britische Sicht auf die Gourmandise, manifestiert einmal im Jahr in „The world's fifty best restaurants" des Fachmagazins „Restaurant" (mit Übernahme durch die „Times", vergleiche F.A.Z. vom 8. Mai 2004), sollte man auf zwei Ebenen rezipieren. Vordergründig darf man sich durchaus über dieses Sammelsurium aus Welt- und Kreisklasse erregen, das einerseits wahrlich anerkannte kulinarische Größen aus dem Drei-Sterne-Bereich unterschlägt (darunter sechs von sieben deutschen), andererseits kulinarische Farbflecken aus dem Bistrosektor in den Rang von Grandiositäten erhebt. Im Hintergrund sollte allerdings interessieren, ob sich dort eine Art Gewichtsverschiebung niederschlägt, ob man nicht nur die Realitäten anders sieht, sondern vielleicht auch in der Lage ist, neue zu schaffen.

Der international am meisten beachtete „Fehlgriff" ist „La Tupina" in Bordeaux. Dieses Restaurant, schon 1968 gegründet (man wird auf diese Jahreszahl noch zurückkommen müssen), ist eine Macht. Es gibt einen mit vielen Prominenten besetzten Freundeskreis und Überschriften wie „Le restaurant réinventé", es gilt als „Mythos" und als „Symbol einer authentischen Lebensart" des französischen Südwestens. Die Lage des Eckrestaurants in einem desolaten Teil der Altstadt von Bordeaux ist ernüchternd. Zwar belebt sich die Uferpromenade der Garonne auch an dieser Stelle langsam wieder, aber „La Tupina" liegt eben in der zweiten Reihe, und alles wirkt noch ein wenig so, als wäre nach einem langen Verfall jetzt die Infrastruktur in Form von unterirdischen Parkplätzen schon da, der Verfall aber noch nicht gestoppt. Der Besitzer Jean-Pierre Xiradakis weist ein wenig fatalistisch darauf hin, daß bei der Eröffnung die kleine Gasse vor dem Haus noch achtzehn Geschäfte hatte. Heute gibt es nur noch „La Tupina", den angeschlossenen Laden und Touristen aus aller Welt.

Das Interieur sieht aus wie die Halluzination eines rustikalen Restaurants irgendwo in den Pyrenäen. Die engen Räume (mit einer zwar nicht „französischen", aber – sagen wir – historischen Toilette) sind vollgepackt mit alten Tischen und Stühlen. Was die Sache zusammenhält, ist eine authentisch wirkende kulinarische Betriebsamkeit, die nicht museal-distanziert ist, sondern so, als wäre man eben immer schon hier am Platz. Ohne Entree steht der Gast direkt vor einem offenen Kamin, wo schon ein Huhn gegrillt wird, und an dem Tisch mit Produkten von

Schinken aus dem nahen Bayonne bis zu erkennbar gutem Charolais-Rind. Wenig später wird der Patron an einem winzigen Ecktisch Platz nehmen und – selbstverständlich – einen Eintopf von beträchtlicher Größe vertilgen.

Es riecht nach Niere, trotz des Kamingeruchs, der das ganze Restaurant durchzieht. Die Karte verheißt sie in ihrer Gänze, ebenso wie Ente, Huhn vom Grill oder das Kotelett „für zwei bis drei Personen". Die Zeichen sind klar, und auch das Landbrot, die Butter, die Salami und Saucisses, der krokante Speck und der rohe Blumenkohl vorweg lassen nur den Schluß zu, daß es hier um die eßbaren Grundwerte geht, pur, rein, gut. Was folgt, ist von extrem unterschiedlicher Qualität. Ein Salat mit bißfesten Gemüsen und Hühnerbrust-Stückchen leidet ganz entschieden unter viel zuviel Vinaigrette, die den Gemüsen schon den Biß geraubt und das Huhn in die Neutralität eines säuerlichen Kaumaterials entlassen hat. Wollte man Raupen und Kakteen konsumentenfreundlich anrichten, müßte man es in dieser Form tun.

Es folgt eine „Terrine de campagne et foie gras", grau in grau und in einer Qualität, wie sie in den Auslagen vieler Metzgereien landauf, landab viel zu lange auf Kunden warten muß. Die Foie gras wirkt wegen einer eher kargen Portionierung nicht belebend, und insgesamt trennen diese Kreation Welten von den durchaus rustikalen Terrinen dieser Art bei manchem Spitzenkoch wie etwa Antoine Westermann vom Straßburger „Buerehiesel". Die sieben Stunden geschmorte Lammkeule, geradezu ein Emblemprodukt für die Vorteile traditionellrustikaler Küche, ist nicht zu stark parfümiert, sondern gefällt mit einem noch identifizierbaren Fleischgeschmack, der durch Beigabe von Innereien zusätzliche Breite gewinnt und mit einem kleinen Cassoulet und konfierten Knoblauchzehen ein gutes, aber in keiner Weise bemerkenswertes Resultat ergibt.

Und dann endlich nicht nur ein Lichtblick, sondern ein Exempel allererster Güte für das, was es einmal gab, noch geben könnte und was uns die so gerne ins Wolkige entschwindende Spitzenküche fast immer vorenthält: ein Rückenbraten vom Pyrenäenschwein von ganz überraschender Qualität. Das Fleisch ist hocharomatisch, à point gegart und hat ein wunderbares, sorgfältig glaciertes Äußeres. Ein altmodisches Kartoffelpüree „au jus" und ein wenig Schmorgemüse dazu reichen vollkommen aus. Ist es das also, was es hier zu finden gibt? Weitere Proben lassen es als klare Ausnahme erscheinen. „La Tupina" ist kein Mythos, sondern erhält einen Mythos aufrecht – womit wir uns nie zufriedengeben sollten.

Es mag ein Zufall sein, daß man meint, das Publikum dieses Tages schon einmal gesehen zu haben. Waren sie es nicht, die in den sechziger Jahren die „Twen"-Titelbilder mit den Bistro-Antiquitäten verehrt haben, die eine ordentliche Portion „Love and Peace" konsumiert haben, die mehrere Rocklegenden persönlich kennen und anschließend mit einer abgewetzten Nikon F3 die ganze Welt bereist haben? Ein Spitzenrestaurant besuchen? Man winkt müde ab, weil schon das Rauchverbot als Persönlichkeitsbeschädigung gilt. Die „Times"-Liste wird von einer Unzahl angeblicher Spezialisten der Restaurantkritik zusammengestellt, unter denen man einen strammen Prozentsatz satt, müde und seßhaft gewordener Weltreisender vermuten darf. Sie werden hier keine neuen Realitäten schaffen, weil sie „La Tupina" mit Nostalgie überzogen haben und das Haus nicht einfach ein sinnvolles Restaurant sein lassen. Nein, hier findet man nicht die ewigen Werte und nur noch im Glücksfall die alten. ❧

25. 02. 2006, F.A.Z., Feuilleton, Seite 38

Die Dreiundsiebziger

Das Neue schmeckt ihnen nicht mehr: Eine kulinarische Generation

Die Gespräche mit etwas älteren Gourmets haben in der letzten Zeit einen ziemlich ähnlichen Ablauf. Nach einer kurzen Phase des Small talks steuert man geradewegs auf eine Art Kriegserinnerungen aus den Gründerjahren der Nouvelle Cuisine zu. Diese oft anekdotenreiche Phase (nächtliche Weitergabe von Pariser Rungis-Ware auf Parkplätzen deutscher Autobahnraststätten) wird sodann immer kulinarischer (Witzigmanns personifizierte Küche für gute Freunde) und führt zur glorifizierten Darstellung der guten alten Zeiten. Was folgt, ist eine Abrechnung mit dem Lauf der Dinge und insbesondere mit der kreativen Küche aktuellster Prägung.

Hauptpunkt dieser Schreckensbilanz ist zwar die „molekulare Küche“ nach Art von Adrià, Blumenthal oder Veyrat, aber durchaus auch ein Teil der deutschen Spitze, die längst nicht so einhellig positiv gesehen wird wie in den Restaurantführern. Teilnehmer dieser Gespräche können Köche, Hotel- oder Restaurantbesitzer, Journalisten, Weinmacher, Gourmets und andere Beteiligte sein. Ihr Selbstbewußtsein ist teilweise extrem ausgeprägt, und sie scheinen sich weitgehend (noch) nicht in der typischen Defensive etwas älterer Herrschaften zu befinden. Sie erinnern in vielerlei Hinsicht an die Achtundsechziger, weshalb man sie – zum Gedenken an das Jahr der Veröffentlichung der Zehn Gebote der Nouvelle Cuisine („Vive la Nouvelle Cuisine française“, in „Gault et Millau“ Nr. 54/1973) – am besten die Dreiundsiebziger nennen sollte.

Das große Verdienst der Dreiundsiebziger ist die Durchsetzung vieler bis heute gültiger und sinnvoller Regeln der französischen Nouvelle Cuisine in der deutschen Gastronomie. Sie haben ohne Zweifel mit hohem persönlichen Einsatz gegen ein traditionelles Gourmet-Publikum den Übergang von einem oft mechanisch exekutierten Handwerk zu einer wesentlich stärker individualisierten und kreativeren Küche ermöglicht. Haben sie also recht, wenn sie sich heute darüber beschweren, die aktuelle Küche sei kaum mehr als eine von Medien hochgepuschte „Spielerei“, alles sei viel zu „verfummelt“, die jungen Köche könnten „nicht richtig kochen“, hätten „keine Ahnung davon, was denn wirklich gute Produktqualität“ sei, und vor allem „keinen Geschmack mehr“? Steht diesen – tatsächlich diskussionswürdigen – Monita ein grundlegend besseres Verständnis bei den Dreiundsiebzigern gegenüber?

Eigentlich nicht. Im Moment scheinen sie mit jedem Satz zu beweisen, daß sie an einem ihnen nie bewußtgewordenen Kopisten-Syndrom leiden. Man hat eine Küchenform übernommen, aber eben nicht selbst entwickelt. Man hat nicht zuletzt Gerichte und Zubereitungsarten adaptiert und in der Aufbruchsstimmung dieser Epoche der Übertragung zuwenig Zeit für das Verständnis der grundlegenden Gedanken dahinter verwendet. Lothar Eiermann nannte die Nouvelle Cuisine in Frankreich eine „Evolution“, in Deutschland aber eine „Revolution“. Man hätte sich mehr Gedanken um die Evolution machen sollen, also darum, ob nicht einer der wichtigsten Wege zu eigenen Ressourcen und Traditionen hätte führen müssen.

Hier haben die Dreiundsiebziger mehr Schaden als Nutzen gestiftet, und die „französische Haute Cuisine mit mediterranen und asiatischen Einflüssen“, die bis zum heutigen Tag eine Vielzahl von Kochtalenten neutralisiert, ist aus dieser Entwicklung entstanden. Und hat nicht die Nouvelle Cuisine auch individuelle Freiheit auf ihre Fahnen geschrieben? Der scheinbar allseits anerkannte Satz von der „Kreativität, die sich innerhalb der Regeln der Kunst“ verwirklichen müsse, lehrt nicht nur vernünftigerweise, den Blick auf das Ganze nie zu verlieren, sondern weist unglücklicherweise den Regelverletzer zu schnell vor die Tür. Warum ist man so wenig souverän und urteilt viel so schnell ab, wo man doch um die Bedeutung des kreativen Reizes wissen sollte?

So nimmt es nicht wunder, daß die Dreiundsiebziger in der Praxis enttäuschen. Unter den Köchen findet sich so gut wie niemand, der eine konsequente Entwicklung zu einem Purismus der allerbesten Art genommen hätte und heute mit der überragenden Produktqualität eines Minimalismus von Weltklasse aufwarten könnte. Die Wege sind weitgehend ins kulinarisch Ornamentale gegangen (viele „passende“ Elemente) – eine Richtung, die trotz aller Vielfalt an der Oberfläche eine enorme Einengung des kulinarischen Spektrums mit sich gebracht hat. Der „Ausschluß“ des Regionalen und Rustikalen in diesem Zusammenhang ist schlicht ein Verlust.

Die Dreiundsiebziger enttäuschen auch als Autoren oder Kritiker, die es in Jahrzehnten nicht geschafft haben, ihren Gedanken klarere Strukturen zu geben und außer reaktiven Meinungen auch konstruktive Beiträge zu leisten. Sie enttäuschen nicht selten als konservative bis reaktionäre Gäste der Spitzenküche, die es mit ihrer Intoleranz gegenüber kleinsten Abweichungen geschafft haben, den Köchen so etwas wie Kreativ-Traumata aufzubürden. Die Angst vor dem Gast dieser Prägung diktiert die Speisepläne der Republik.

Und dennoch sollte man den Geist von Dreiundsiebzig beschwören. Man sollte eine aus dem genuinen Interesse an der Sache erwachsende Toleranz fordern. Der damals erstmals beobachtete Reflex auf die Strukturen des Faches, das Denken vom Essen und die Erweiterung der Kenntnisse über das Essen bleiben die Pfeiler der hohen Schule der Küche. Man wünscht sich eine stärkere Mitwirkung der Protagonisten der Nouvelle Cuisine. Denn mit ihnen verschwänden die letzten, die noch über ein geschmackliches Gedächtnis verfügen, das uns größere historische und regionale Zusammenhänge erhalten ließe.

Man möchte von den Dreiundsiebzigern eine Rückkehr zu klareren Strukturen erbitten, dank denen man – wenn das Bild erlaubt ist – mit Rückgrat im Getümmel stehen kann statt mit dem Rücken zur Wand. Wer glaubt, besser zu sein, der zeige es, statt unnötig am freien Spiel der kreativen Kräfte herumzumäkeln. Und – hat man unter den Dreiundsiebzigern jemals daran gedacht, wie eine Küche aussähe, die sich konsequent entwickelt hätte, die nicht in einem Akt der Hybris eine winzige historische Epoche verabsolutiert, sondern sie als Anfang begriffen hätte? Die Großen unter den Köchen der Dreiundsiebziger müßten heute nahezu perfekte Meister der strukturalistischen Küche sein, jener Küche, die jedes Wissen um die Kochkunst in ihren Kreationen vereint, Produkte, Kochtechnik, Akkorde, Sensorik. ❧

04. 03. 2006, F.A.Z., Feuilleton, Seite 36

Man nehme eine Messerspitze

**Tim Raue vom „44“
kocht die elfte F.A.Z.-Geschmacksvision**

Tim Raue vom Berliner Restaurant „44“ ist eine Ausnahme unter den Kreativköchen. Seine Gerichte sind weitgehend frei von den auffälligen Zeichen der molekular arbeitenden tagesaktuellen Küche (wie neue Gelierverfahren, im Glas geschichtete Schäume aller Art, Stickstoff-Kühlung oder Gags nach Art von Heston Blumenthal) und weisen doch mindestens das gleiche Ausmaß an Modernität auf. Unter den Aspekten einer erweiterten Sensorik gesehen, gehen sie häufig sogar darüber hinaus, weil Raue sich nicht in möglichst spektakulären Einzelelementen erschöpft, sondern bereits eine komplexe Mechanik realisiert hat, die bisweilen zu erstaunlichen Erlebnissen führt.

Das Menü der elften F.A.Z.-Gourmetvision ermöglicht einen differenzierten Blick auf sehr unterschiedliche Formen dieser Mechanik und gibt ein Paradebeispiel für das Potential eines sensiblen Umgangs mit der Materie. Beim „Kaisergranat mit Salat von Papaya und Sauerampfer und Senfsaat-Orangenblütenmarinade“ interessiert die Frage, ob sich ein plakatives Element wie die Marinade überhaupt mit dem Kaisergranat verbinden kann. Bei Raue funktioniert dies (mit maximal einer Messerspitze Marinade pro Bissen Langustine) über einen Effekt, den man am besten mit den Obertönen in der Musik vergleicht. Das Aroma des Krustentiers steht im Vordergrund, während sich in Mittel- und Hintergrund ein sehr harmonisches Spiel der fruchtigen Elemente mit einer milden vegetabilen Säure ergibt.

Einen bemerkenswerten Verlauf kann die Degustation der „Gänsestopfleber mit Honigbrot, Steckrübe mit Trüffel und Birnen-Süßholzeis" nehmen. Die direkten Akkorde der Elemente untereinander sind schwierig zu perfektionieren, weil zum Beispiel der Rettich zur Foie gras kaum optimal zu dosieren ist und quasi schon zu deutlich auftritt, wenn man ihn zum erstenmal registriert. In dem Moment, wo man die beiden Speisen allerdings – in welcher Reihenfolge auch immer – nacheinander ißt, ergeben sich hochinteressante Verbindungen. Natürlich bedeutet dies, daß der Nachhall im Mund („Gewürzraum") mit den jeweils neuen Aromen positiv reagiert. Angesichts der Wirkung liegt es aber nahe, diese sensorischen Spuren stärker als Mischung aus psychischen und physischen Einflüssen zu erklären – ein spannendes Thema.

Der Hummer mit Citronellenschaum und Trauben, Kayäng (ein sehr frisch wirkendes Kraut) und Korianderbaiser gehört in die Abteilung „neue Akkorde", deren vollständiger Glanz sich erst ergibt, wenn die Proportionen optimiert werden – was in diesem Falle durch die Assemblage der Elemente deutlich signalisiert wird. Auch in dieser Kombination gibt es offensichtlich ein Zusammenwirken von Hintergrundaromen mit dem Ergebnis, daß sich ein intensiveres Zitronenaroma (im weiteren Sinne) zeigt, als es die einzelnen Elemente vermuten ließen.

Eine völlig andere Struktur hat der Seeteufel mit Bergamottenöl, Crumble von Staudensellerie, Granatapfel und salziger Zitrone mit Himbeeressiggelee und sizilianischer Aubergine. Hier dominiert ein eher enger Akkord aus Fisch und einer schönen Auberginenzubereitung (mit Pistazien, Raz al Hanout und eingelegten Rosinen), der durch ein intelligentes Feuerwerk von Mini-Texturen und Aromen ständig aufgelockert wird. Speziell das schmelzende Himbeeressiggelee erweist sich als hochfeine und in keiner Weise plakative Ergänzung. Anders als die leicht süß-sauren Gemüse- und Fruchtaromen beim Seeteufel ergibt sich beim Wolfsbarsch mit Seeigel-Beurre blanc, Bohnenkrautessiggelee und grünen Bohnen mit Koriander und Trüffel ein überraschend gut harmonierendes Spiel zwischen den erdigen Aromen von Bohnen und Trüffel (ein Klassiker der Nouvelle Cuisine) und dem jodigen Nachhall der Seeigelsauce. Die Wirkung des Gelees ist dabei klar von der einer Sauce zu unterscheiden, weil das schmelzende Gelee einen deutlicheren sensorischen Verlauf nimmt. Bei dezenter Dosierung (eine Messerspitze) entwickelt sich das Seeigelaroma spät, aber erstaunlich klar.

Das Fleischgericht dieses Menüs erfüllt eine didaktische Funktion. Kamm, Bries und Zunge vom Kalb (räumlich auf dem Teller strikt getrennt) werden jeweils von dem gleichen Zutatenensemble aus Sojajus, Sojasprossen (plus Apfel und eingelegtem Ingwer) sowie „Cruncheis" (mit Algenpulver, geröstetem Reis und Erdnüssen) begleitet. Die unterschiedlichen Aromen und Texturen des Fleisches, vom klassisch geschmorten Kamm über das zarte Bries bis zur ebenfalls zarten, aber sehr viel dichter wirkenden Zunge reagieren völlig verschieden mit den Beilagen. So wirken die Sojasprossen und Apfelspäne zum geschmorten Kamm eher roh-erfrischend, während beim Bries vor allem der Texturkontrast auffällt. Durch die Vielzahl kleiner Elemente ist die sensorische Breite insgesamt außerordentlich groß.

Auch im Dessertbereich gefällt Raue durch Kreationen, die langsam, aber sicher eine neue Ordnung in diesen oft vernachlässigten Sektor bringen. Bei der „Kokos-Tapiokacreme mit Schaum von dunklem Muscovadozucker und Limoneneis mit Limonenkaramell" ergibt sich durch die Tapioka-Kügelchen und die Kokosflocken eine sehr nachhaltige Textur, die mit dem Schaum und jeweils durch etwas Eis und Stücke der Karamelstange sehr viel origineller ist, als es der Titel vermuten läßt. Beim abschließenden Aprikosenpudding mit Himbeeren, Passionsfrucht, Calissoneis und Lavendelbisquit sind dann vollends alle Rollen so verteilt wie in einem normalen Gericht. Neben dem sehr schönen aromatischen Provence-Bild gefallen hier vor allem die Texturvarianten zwischen dem Pudding, einem halbelastischen Bisquit, den Himbeeren und krossen Teigstreifen mit Passionsfruchtaroma.

Die Degustation dieses Menüs setzt zum vollständigen Genuß eine Art aktives Essen voraus, das dem Esser einige Momente der Konzentration auf seine Wahrnehmungsmöglichkeiten einräumt. Die Nutzung einer erweiterten Sensorik bedeutet gleichzeitig eine Ausschließlichkeit in der Konzentration, die man – ganz in der Tradition unserer Vorfahren – mit der schönen Regel einfordern könnte, daß man mit vollem Mund nicht spricht. Mit diesem Menü dürfen wir Tim Raue in der kleinen Riege derer begrüßen, die immer und im allerbesten Sinne in der Lage sind, ein wirklich aufregendes Essen zu konzipieren. ❧

Die elfte F.A.Z.-Gourmetvision ist von Samstag, dem 4. März, bis zum Sonntag, dem 2. April, zum Preis von 88 Euro im Restaurant „44" im Berliner Swissotel zu bekommen.

11. 03. 2006, F.A.Z., Feuilleton, Seite 36

Ausweitung der Küchenzone

Jörg Müller hat das Zeug zum Leitstern eines neuen Kochens

Der angerichtete Teller sieht aus wie ein Produkt der gutbürgerlichen Küche mit Fleisch, Sauce und Beilagen, wobei das Fleisch immerhin erkennbar in einem guten Garzustand ist. Aber man hatte vorher dem Gast die Pfanne mit dem fertig gebratenen Ochsenkotelett gezeigt, tiefdunkel – so, wie es nur möglich ist, wenn man den Bratvorgang minutiös begleitet und das Fleisch immer wieder mit dem Bratensaft überglänzt. Das Ergebnis ist bestechend in Fleischqualität, Würzung, dem perfekt abgestimmten Jus mit leichtem Trüffelhintergrund, und selbst die angerösteten Zwiebeln haben jenen Röstgrad, der bereichert, statt in die Niederungen falsch verstandener Rustikalität hinabzuziehen.

Herr der Pfanne ist Jörg Müller vom gleichnamigen Restaurant auf Sylt, einer der Altmeister aus „Nouvelle Cuisine"-Zeiten, schon früh ein Star in den „Schweizer Stuben" in Wertheim und – das muß man einfach erwähnen – der ein Jahr ältere Bruder des berühmteren Dieter Müller. Jörg Müller hat aber Anhänger, die ihn, ohne zu zögern, „den besseren" Müller nennen. Sie haben ihm das gleiche Publikum beschert, das auf dem Festland in die Drei-Sterne-Häuser geht – es kümmert sich nicht um die Beweggründe für seine schwächere Bewertung (ein Stern).

Der Vergleich mit dem Bruder, dessen Drang zur jeweils eher süßen Variante ein Ochsenkotelett in dieser Form unmöglich machen würde, ist aber auch auf dessen Terrain möglich, nämlich bei einer „Wachtelcrepinette auf Risotto mit Perigord-Trüffel". Es gibt viele kulinarische Gründe, die gegen das Einpacken von Fleisch und die damit verbundene indirekte Garung sprechen, etwa das Verstecken des Aromas, ein Verzicht auf Bratnoten oder eine Neutralisierung in wohlgefälligem Umfeld. Nach der Version bei Jörg Müller (die an ähnliche Qualitäten in der „Auberge de l'Ill" zu ihren besten Zeiten erinnert) wird klar, daß man auch eine Wachtelcrepinette mit präziser Würzung und Proportionierung, mit einem erdig schmeckenden Risotto und einem kulinarisch optimierten „A-point-Trüffeleinsatz" zu einem hervorragenden Gericht machen kann.

Im Vergleich hierzu wirken die immer wieder eingepackten Fleischstücke bei Bruder Dieter wie eine aromatisch beschnittene Küche. Vergleichen wir weiter, dieses Mal mit der Zwei-Sterne-Konkurrenz vom nahen „Söl'ring Hof". Jörg Müller serviert „Mascarpone-Ravioli mit Trüffeln", die in aller Schlichtheit zu einem hervorragenden Gericht werden, weil der Trüffeleinsatz kein Gramm zuviel und kein Gramm zuwenig hat, um einen perfekten Akkord zwischen dem Aroma des frischen Nudelteiges, der Füllung und einer Sauce herzustellen, die die Trüffel mit zusätzlicher Substanz aromatisch verlängert. Im „Söl'ring Hof" gibt es eine ganz ähnliche Kreation, die diese Balance einfach nicht schafft und zudem gewisse Probleme mit dem Salzgehalt der Saucenreduktion hat.

An Jörg Müller sind die Jahre des Lebens mit diffusen Bewertungen nicht spurlos vorbeigegangen. Hinter der äußeren Souveränität eines erfolgreichen Gastronomen wird durchaus auch innerer Zweifel spürbar, die Frage nach seiner Stellung in der sich rasant verändernden Küchenlandschaft. Natürlich verschließen sich dem Meister auch einige zeitgenössischere Zugriffe wie die „gebackenen Garnelen in Curry-Limonen-Sauce mit Basmatireis" nicht. Aber das Problem scheint für Jörg Müller eher zu sein, bei der Definition von kulinarischer Qualität nicht ins Wanken zu geraten.

Was heute rundum passiert, ist eine Ausweitung der Küche und vor allem ihrer Wahrnehmung. Es ist kein Kampf der einen Küche gegen die andere. Wenn Köche wie Jörg Müller nach mehr als vierzig Jahren am Herd unter einer solchen Prämisse in die Runde blicken, sollte ihnen auffallen, daß sie souverän bleiben können, solange sie nicht den Fehler machen, sich aus dem Gleichgewicht bringen zu lassen. Die Antwort auf mögliche Irritationen liegt freilich nicht im Wegtauchen in Erinnerungen an glorreiche Zeiten, sondern in der Erkenntnis der großartigen Chance, sich im Gewirr von verunsicherten Nachwuchsküchen und -köchen plötzlich wieder mit sehr viel mehr Profil als möglichen Orientierungspunkt zu sehen.

In seinem „Pesel“ genannten zweiten Restaurant im Hause widmet sich Jörg Müller traditionelleren und regionalen Gerichten. Die „geschmorten Ochsenbäckchen“ oder der „Grünkohl mit geräucherter Entenbrust, Enteneisbein und Entenwürstchen“, die „Schollenfilets mit Krabben in Rieslingsauce“ oder der „Angeldorsch in Senfsaatsauce“ kommen in einer geradezu purifizierten Form auf den Tisch, befreit von schlechter Küchentechnik und den Trickserejen mit Convenience-Produkten, wie sie in der gutbürgerlichen Küche um sich greifen und unser Bild von der möglichen Authentizität dieser Formen gefährlich verzerren. Interessant ist zum Beispiel, wie bei der Ente über die leichte Räucherung und die Entenbratwürste eine Verbindung zum Grünkohl geschaffen wird – den wir eben in unserem kulinarischen Speicher nicht selten mit Geräuchertem und Würsten assoziieren.

Der kritische Punkt bei der Optimierung der Arbeit möglicher kulinarischer Referenzküchen wie der von Jörg Müller ist die Konsequenz in der Durcharbeitung der Kreationen. Man arbeitet heute mit jungen Köchen, die nicht mehr wissen, wie viele Zubereitungen schmecken können oder müssen. In der Hektik des Tagesgeschäftes verblassen schnell die Konturen, weil Dinge nicht konsequent genug bis zur Perfektion getrieben werden. Auch bei Jörg Müller scheint die Präsenz des Meisters nicht bis in jedes Detail vorzudringen. Die Fischstückchen in der Bouillabaisse sind etwas trocken oder das Lamm nicht ganz so prägnant begleitet wie das Ochsenkotelett, und das ein oder andere Element scheint lange nicht mehr genauer durchdacht worden zu sein. Es ist leider weithin Usus geworden, daß erfahrene Spitzenköche zuviel Verantwortung an einen Küchenchef übertragen. Das ist und bleibt problematisch – von seltenen Ausnahmen einmal abgesehen. In einer Spitzenküche werden nun einmal keine Bretter gehobelt, sondern wird meisterliche Subtilität wiederholbar gemacht. Das ist ohne Dauerkontrolle nicht möglich.

Jörg Müller kennt diese Probleme und befindet sich heute mehr denn je in einem Prozeß der Optimierung. Es gibt nicht viele Köche, die Niere und Bries mit krossen Kartoffelpuffern, Spinat, Artischockenstreifen und konfierten Zwiebeln so auf den Punkt bringen können, daß eine geradezu beschämende Distanz zur kulinarischen Serigraphie moderner Prägung sichtbar wird. ❧

18. 03. 2006, F.A.Z., Feuilleton, Seite 34

Die Ursuppe

Das kulinarische Werk:
Jean Claude Bourgueils „Brachfeldfrüchte“

Wann hat man auf einem Teller ein kulinarisches Werk vor sich? Wenn ein Gericht sich in einem sehr weit gefächerten Spektrum zwischen einer komplexen, körperlich-sensorischen Registrierung über psychische Verknüpfungen bis hin zu einer intellektuellen Verarbeitung erschließt, die jedwedes Abstraktionsniveau erreichen kann. Zubereitete Nahrungsmittel in einer Form, die sowohl der Potenz des verwendeten Materials als auch einer facettenreichen Interpretation gerecht wird, haben einen ausgesprochenen Werkcharakter. Solche Kreationen finden sich in einer eher hektisch Trends aufnehmenden gastronomischen Landschaft allerdings recht selten, weil sich viele Köche kaum noch Zeit nehmen, wirklich subtil durchgearbeitete Gerichte zu entwerfen, oder zu einer solch konzeptionellen Arbeit einfach nicht in der Lage sind. Die erste einer losen Folge von Darstellungen wichtiger kulinarischer Werke befaßt sich mit den „Brachfeldfrüchten“ von Jean Claude Bourgueil, Drei-Sterne-Koch vom Düsseldorfer „Schiffchen“.

Bourgueil versteht dieses Gericht als eine Art Hommage an seinen Großvater, der die Angewohnheit hatte, mit seinem Enkel frühmorgens einen Spaziergang zu machen und auf brachliegenden Feldern, Wiesen und Wegesrändern Eßbares einzusammeln. Die Zutatenliste ist entsprechend groß und reicht von Schnecken, Froschschenkeln und Flußkrebsen über Pilze und Gemüse bis zu Kräutern und den prägenden Aromen eines klassischen Gewürzes (Sternanis) und des wilden Knoblauchs. Auch wenn die Realität auf dem Teller natürlich von ausgewählt guten Qualitäten bestimmt ist und auch auf die gegenüber früheren Zeiten heute sehr kostbar gewordenen Trüffel nicht verzichtet wird, bleibt in dieser Zusammenstellung ein sehr bodenständiger Zug erhalten, nämlich die Vorstellung, in seiner ganz normalen, unmittelbaren Umgebung Eßbares finden zu können, das in sich das Potential trägt, Teil einer kulinarischen Inszenierung auf Höchstniveau zu werden.

Bourgueil betätigt sich dabei aber nicht unbedingt als Nostalgiker, sondern regt die Überlegung an, ob Ähnliches auch heute noch und durchaus nicht nur an ausgewählten Stellen möglich ist. Köche wie Jean-Marie Dumaine vom „Vieux Sinzig“ in Sinzig am Rhein begründen ihren Ruf als Wildkräuterspezialisten mit einer systematischen Erforschung des kulinarischen Potentials ihrer Nahumgebung. Auch der neue französische Drei-Sterne-Koch Olivier Roellinger aus Cancale in der Bretagne benutzt ausschließlich Produkte seiner nächsten Umgebung, wozu eben nicht nur Hummer und Steinbutt, sondern auch Pflanzen, Gemüse oder lokale Nutztierrassen gehören.

Der immer enger werdende Produktkanon einer verengten Spitzenküche sorgt bei einer recht großen Anzahl von Gästen auch dafür, daß die „Brachfeldfrüchte" – vor allem Frösche, Schnecken und teilweise auch Kräuter – den Ruch des Minderwertigen haben, wobei die verbreitete Abneigung gegen allzu konkrete Formen tierischer Nahrungsmittel (erkennbare Schenkel, komplette Tiere) ebenso eine Rolle spielt wie klassische Ekel-Verknüpfungen mit „glitschigen" Schnecken oder tierschützerische Bedenken wegen der „Gewinnung" der Froschschenkel (sie werden ausgerissen). Insofern finden sich die „Brachfeldfrüchte" an einem interessanten Schnittpunkt zwischen der Selbstverständlichkeit des klassischen Gourmets und der unsicheren, immer wieder auch verunsicherten Neigung zur Abstraktion von realen Zusammenhängen beim nur partiell Interessierten.

Die kulinarische Inszenierung einer solchen Mischung verlangt ein subtiles Verständnis. Ohne ein verbindendes Element summieren sich selbst kleine aromatische Abweichungen in einer solchen Produktfülle zu einer gewissen „Buntheit", die Gefahr läuft, keine gemeinsame kulinarische Qualität zu erreichen. Der Knoblauchsud unter Verwendung eines Fischfonds, des wilden Knoblauchs (eine Pflanze, die ein wenig an Schnittlauch mit Blütenständen erinnert) und der Infusion von Sternanis und Kräutern hat bei Bourgueil exakt die richtige Wirkung auf seine Umgebung, weil er nicht überdeckt, sondern – die flüssige Konsistenz ist dabei sehr hilfreich – jeweils nur minimal aromatisiert.

Eine ganz besondere Faszination geht von der texturellen Struktur dieses Gerichtes aus. Am besten interpretiert man dazu den Sud als eine Art „Ursuppe", aus der sich die anderen Texturen sanft entwickeln. Eine erste Konkretisierung ist ein Wachtel-Spiegelei, das knapp in Form gehalten ist und alsbald ausläuft. Es folgt ein schmelzendes Froschschenkelmousse mit eingearbeiteten Kräutern. Die nächste Stufe sind die weichen Pilze, schmelzend im Eindruck, aber mit einem ersten kleinen Widerstand, eine noch wenig konkrete Verstofflichung. Es geht weiter über die Flußkrebsschwänze und leicht bißfeste Gemüse (junger Spargel) bis zu einer krossen „Schneckenrolle", die nicht nur den Kontrapunkt zu den weicheren Elementen bildet, sondern auch am stärksten zubereitet wirkt, also die größte Entfernung zu der flüssigen „Ursuppe" hat.

Weitere Linien ziehen sich von roh zu gegart oder von kalt zu warm. Die sensorische Wirkung einer solchen Texturvarianz ergibt eine Plastizität der Wahrnehmung durch ein zeitlich verzögertes Aufschließen zwischen flüssigen Elementen bei Körpertemperatur (was eine unmittelbare aromatische Registrierung ermöglicht) und festeren oder kälteren Elementen, deren Aroma sich erst mehr oder weniger spät aufschließt. Auf diese Weise entsteht auch bei einer sehr harmonisch angelegten Kreation durch die Vielfalt unterschiedlicher Wahrnehmungsmöglichkeiten ein sozusagen sensorisch aktiviertes Geschmacksbild. Dessen Folge ist wiederum eine ziemlich sicher eintretende, intensivere Aufmerksamkeit, die völlig anders ausfällt als die redundante Selbstbestätigung durch möglichst variationslose Lieblingsgerichte.

Mehr Aufmerksamkeit zolle man also den Ursuppenzutaten, der scheinbaren Trivialität dessen, was uns immer noch buchstäblich auf Schritt und Tritt an Nahrung zur Verfügung stünde. Bourgueil selbst hat in einem anderen Klassiker den edlen Hummer mit der trivialen Kamille verbunden, eine Unzahl von jederzeit zu findenden Pflanzen könnte als Infusion in Saucen diesen zu einem hochinteressanten, individuellen Aroma verhelfen, spannende Kräuter können in jedem noch so kleinen Garten wachsen. Die „Brachfeldfrüchte" regen zum Nachdenken darüber an, wie weit wir eigentlich mittlerweile davon entfernt sind, kulinarisch leben zu können.

25. 03. 2006, F.A.Z., Feuilleton, Seite 36

Je kleiner, desto schmackhafter

Minimal art am Herd: Sergio Herman erzieht zum genauen Essen

In der internationalen Gastronomieszene reibt man sich die Augen: Ein gewisser Sergio Herman vom „Oud Sluis" in Sluis im „belgischen" Teil der Niederlande hat nicht nur den dritten Stern und 19,5 Punkte im Gault Millau bekommen, sondern tritt auch mitten unter den großen Kreativen bei der diesjährigen „Madrid Fusion" auf, jener nach wenigen Jahren schon renommierten Zusammenkunft von Modernisten. Man hätte es kommen sehen können (vgl. F.A.Z. vom 13. März 2004), sofern man nicht zu sehr am französischen Schürzenzipfel hängt oder sich die deutschen Küchenqualitäten zu begeistert zurechtredet. Gerade deutsche Köche, deren Verbindung zur eigenen kulinarischen Tradition nach wie vor eher locker ist, könnten bei Herman staunend bemerken, wie man auch ohne tiefere stilistische Wurzeln zu einem eigenen Stil kommen kann.

Dieser niederländisch-flämische Stil ist mittlerweile präzise zu bestimmen. Er findet sich bei Peter Goossens („Hof van Cleve", Kruishoutem, Belgien, F.A.Z. vom 25. Juni 2005), Yves Mattagne („Sea Grill", Brüssel, F.A.Z. vom 19. Februar 2005) oder Jonnie Boer („De Librije", Zwolle, Niederlande, F.A.Z. vom 26. September 2001). Sein Hauptmerkmal ist das weitgehende Fehlen des klassischfranzösischen Geschmacksbildes. Im Detail bedeutet das den Verzicht auf Butter- und Sahnesaucen, also auch auf die fast nur noch in Deutschland zu findenden aufgeschäumten Saucen, das Fehlen klassischer Fonds in den meisten Saucen, die stärkere Verwendung roher Produkte, den weitgehenden Verzicht auf geschmorte Elemente, eine intensivere Beachtung der Textur, eine undogmatische aromatische Kombinatorik und nicht zuletzt eine andere Würze mit einem höheren Säureanteil, der im Vergleich zur buttrigen Sahnesüße das aromatische Bild transparenter und pointierter erscheinen läßt.

Dieses Küchenkonzept wirkt durchaus organisch und wird auf dem Niveau der Genannten handwerklich äußerst präzise präsentiert – wenn man so will: ohne das „klassische" Geschmacksbild, aber mit einer klassisch-perfekten Kochtechnik. Letztere wiederum sichert diese Küche auch gegen eine zu vordergründige Adaption neuerer spanischer Entwicklungen ab.

Das Essen bei Sergio Herman ist stark von der nahen See und der sicheren Kennerschaft eines Familienbetriebs in diesem Sektor geprägt. Schon die aromatisch eher spröde Schwertmuschel zu Beginn wird mit diversen Mikro-Elementen aromatisch und texturell zu einer schieren Delikatesse, und eine große, flache Auster (Huître plat) von wunderbarer Produktqualität gerät mit einem Champagner-Granité und der dezent eingesetzten Kombination von einem Tupfer Crème double, Kaviar, Ingwer und Olivenöl zu einem Meisterwerk. Immer dabei sind unauffällige, oft hauchzarte krosse Elemente, so subtil eingesetzt, daß sie quasi immer „richtig" gegessen, also nicht überdosiert werden. Überhaupt ist dies eine Küche der kleinen Form, der winzigen Teile und der präzise zusammengestellten Miniaturen, was die Gäste zu einem sorgfältigeren Umgang mit dem Essen zu zwingen scheint. Dieser augenfällige Mangel an Redundantem (vulgo: man erhält „griffige" Portionen von erkennbar simplem Aufbau) scheint das Publikum daran zu gewöhnen, daß die Bestandteile eine Funktion im Akkord haben und nie nur Dekoration sind. Auch so läßt sich also Aufmerksamkeit erzeugen.

Typisch ist der spezifische Einsatz zeitgenössischer Techniken wie der „sphärischen Gelees" (sfericos), die Ferran Adrià 2003 entwickelt hat: Flüssigkeiten werden mit einem „Algin" genannten Bindemittel versetzt und gelieren in einem Kalziumchloridbad, wobei – je nach Verweildauer – nur die Oberfläche leicht fest wird und auch platzende Gebilde produziert werden können. So verbindet

Herman eine Sashimi vom Thunfisch (plus Auster, Avocado und einem Stück Wakamé-Alge) mit einem Wasabi-Gelee dieser Art. Das ist aromatisch nicht weiter ungewöhnlich, gewinnt aber beim Zerplatzen eine erheblich andere sensorische Funktion.

Spuren einer so funktional eingebundenen Moderne finden sich hier regelmäßig und in einer entwickelten Selbstverständlichkeit. Die Langustinen etwa werden in zwei Versionen serviert, bei denen jeweils eine aktuelle Technik genutzt wird. Ihre Kombination (roh) mit grünem Spargel und Foie gras verträgt nur ein minimales Soja-Aroma, das folglich lediglich als Soja-Air erscheint, also in Form eines extrem luftigen, mit Lecithin ganz leicht stabilisierten Schaums. In der zweiten Version (gegart) ist es dann ein warmes, recht festes Safrangelee, das erst durch die Verwendung der stärker wärmeresistenten Bindemittel Agar-Agar oder Gellan, eines weiteren Adrià-Produktes, möglich wird und einen Akkord zwischen einem mit Chlorophyll „gewürzten" Reis, einer wie ein Zitat wirkenden Krustentier-Mousseline und einem kroß karamelisierten Plättchen von Reis(teig) ermöglicht.

Ähnlich differenziert werden die zwei Varianten der Jakobsmuschel serviert, wobei eine Kombination mit einem chinesisch lackierten Bauchspeck (mit Hoi-Sin-Sauce) hervorsticht. Beim Steinbutt überzeugt die Verwendung eines dezent krossen Tempuras von einer „Soft-Shell"-Krabbe und ganz besonders ein Vadouvan-Öl als Würzelement. Diese ungewöhnliche Infusion mit der eher herben indischen Gewürzmischung, die an in Fleischfond geröstete Zwiebeln erinnert, erweist sich als genialer Schachzug zur Verwendung des Aromas – ohne riskante Proportionen auf dem Teller zu installieren. Auch wenn eines der wenigen Fleischgerichte, eine Taube, etwas konventioneller ausfällt, erlebt man die Küche des sechsunddreißigjährigen Sergio Herman als eine ebenso originelle wie nahezu perfekte Summe einer intelligent erfaßten und angewandten Moderne.

Die folgerichtig wirkende Beharrung auf den handwerklichen Grundlagen des Metiers bei gleichzeitiger Relativierung eines oft sinnlos durch die Jahrzehnte geschleppten, im Wortsinn altmodischen geschmacklichen Verständnisses macht ihn zu einer markanten Figur unter Europas besten Köchen. Neben einem solchen Beispiel wirkt dann der Klassizismus vieler Kollegen unreflektiert, als wären sie unfähig, aus ihrem einseitig-handwerklichen Verständnis heraus die Ästhetik einer zeitgenössischen Küche zu begreifen – und nicht nur die Optik. ❧

01. 04. 2006, F.A.Z., Feuilleton, Seite 36

Die Köchchenfrage

Wie, bitte, hält er's mit der Moderne?
Thomas Keller im Gespräch

Thomas Keller gilt seit Jahren unangefochten als einer der besten amerikanischen Köche. Der heute Fünfzigjährige erlebte nach dem Start seiner „French Laundry" in Yountville/Kalifornien (1994) einen rasanten Aufstieg. Die Ehrung mit drei Michelin-Sternen für sein zweites Spitzenrestaurant, das 2004 in New York eröffnete „Per Se", überraschte kaum mehr. Keller betreibt außerdem die Bistros „Bouchon" in Yountville (seit 1998) und „Bouchon Las Vegas" (seit 2004). Sein Buch „The French Laundry Cookbook" (1999) ist vor allem deshalb sehr bemerkenswert, weil es in bisher unbekannt detaillierter Weise die Gedanken und Beweggründe eines Kochs bei der Konzeption von Gerichten erläutert.

Kellers Stil ist französisch geprägt, gewinnt aber deutlich an Kontur, wenn er sich aromatisch etwas davon befreit und auf die im Vergleich zu Europa meist wesentlich breitere Produktpalette der amerikanischen Spitzenküche einläßt („Salat von Palmenherzen mit eingemachten Wintermelonen, kandierten Haselnüssen und einem schwarzen Püree von Wintertrüffeln"). Im Gespräch vermittelt er eine Mischung aus Intensität, Konzentration und routinierter Argumentation, die darauf hindeutet, daß die amerikanischen Starköche eben auch guttrainierte amerikanische Stars sind. Insofern werden Titulierungen wie „bester Koch der Welt" nicht weiter diskutiert, sondern als journalistische Meinung deklariert („Das ist Politik"), gleichzeitig aber wird hartnäckig darauf bestanden, zwischen den französischen Vorbildern und der amerikanischen Spitze bestünden nur noch stilistische, keine qualitativen Unterschiede mehr.

Auch für die aktuelle, vorwiegend von experimentellen Kreativen bestimmte und international seit Jahren heftig diskutierte Moderne hat Keller eine zutiefst amerikanische Problemlösung bereit: Für ihn besteht die kulinarische Welt aus „hundert, hundertfünfzig, vielleicht zweihundert Köchen", die sich irgendwie einen Namen gemacht haben. Es gebe keine Moderne im engeren Sinne, nicht Stil, sondern nur Persönlichkeit. Mit dieser Variante des „Ich bin okay, du bist okay" läuft Keller natürlich Gefahr, Vergleich und Kritik auszuhebeln („Was immer man über einen Koch sagt, ist ein Standpunkt, mehr nicht"), was in einem Metier, dessen Regeln leicht verletzbar sind, absurd ist. Man darf hier wohl einige ungelöste Probleme mit der Moderne vermuten.

Später wird Keller deutlicher. Moderne Küchen haben für ihn keine Referenzqualität: „Ist es gut oder schlecht?

Niemand weiß es, weil wir es noch nie gegessen haben." Und: „Meine Küche muß immer einen Referenzpunkt haben." Dabei nennt er seinen eigenen Stil modern im Sinne von „zeitgenössisch" (contemporary), den von Adrià und Co. aber „ultracontemporary". Der „Stil" sei aber grundsätzlich gegenüber der Produktqualität und der handwerklichen Ausführung „zweitrangig". Keller besetzt damit eine erstaunlich traditionalistische Position, der es nicht gelingt, grundsätzliche Kategorien von Küchenqualität zu entwickeln, mit denen man auch modernste Aspekte qualitativ würdigen könnte. Insofern wundert es nicht, daß er, dessen Kreationen bisweilen durchaus strukturalistische Züge haben, diese ganz in der Art reiner „Bauchköche" eher intuitiv produziert und kaum eine Idee von systematischeren Zusammenhängen hat.

Dabei müßte sich ja eigentlich den intuitiven Schöpfern strukturalistischer Phänomene deren Sinnfälligkeit aus dem Verständnis der eigenen Arbeit heraus besonders deutlich erschließen: Sie stehen schließlich mit dem Selbstbewußtsein von Meisterköchen hinter ihrer Leistung und verweigern sich im Prinzip lediglich deren Systematisierung.

Auf der anderen Seite erfreut Keller dann mit einer entwickelten Theorie zur Erarbeitung einer individuellen Küche, wobei der Begriff des Kreierens abgelehnt („I don't create") und für die Schöpfung reserviert wird: „Alles ist da, wir erschaffen nichts, wir müssen es nur finden." Eine individuelle Küche entwickelt sich demnach in vier Stufen: Neugier (hier gemeint als eine nicht allzu tiefe Bewußtwerdung, mehr im Sinne einer wachen Wahrnehmung oder auch Sensibilisierung), Inspiration, Interpretation und Evolution. „Wer nicht sehen kann oder will, der wird auch nichts finden", fügt er hinzu und eröffnet im Umkehrschluß damit ein extrem weites Feld. Hier gelte es, „Antennen zu entwickeln" und „offen gegenüber Dingen oder auch Stimmungen zu sein". „Anything can inspire", geht es weiter, und das mit dem schönen Bild von einem bunten Kissen, das den Maler, den Komponisten oder eben auch den Koch inspirieren könne, also assoziative Prozesse auslöst. Mit der daraus folgernden Interpretation (des schon geschaffenen Materials) erreicht der Individualist eine Phase des konkreten Handelns, die sodann in der Phase der Evolution als ein neuer individueller Aufschluß in den Kommunikationsprozeß eingeht.

Man muß sicherlich diese recht evident wirkende Stufentheorie nicht kritisieren, sollte aber vielleicht darauf hinweisen, daß hier trotz aller scheinbaren Sinnfälligkeit eine gewisse Nähe zum Klischee der eher aleatorischen Kreativität des klassischen Boheme-Milieus sichtbar wird. Demgegenüber könnte man die von Anfang an sehr logisch entwickelte Kreativität eines Ferran Adrià eher eine systematische Kreativität nennen.

Ein wenig schmunzelnd läßt sich in diesem Zusammenhang auch registrieren, daß die Ergebnisse der aleatorischen Kreativität (der scheinbar freieren Kreativität) gerade in der Kochkunst oft konventioneller wirken als die bisweilen strikt erarbeiteten Produkte einer eher systematischen Kreativität. Keller ergänzt seine Handreichung für die Entwicklung einer individuellen Küche noch durch den – ebenfalls schillernden – Hinweis, man solle eher in sich selbst arbeiten und nicht so sehr nach außen gerichtet. Das wiederum erinnert an Joel Robuchon und dessen Ausspruch, es sei ihm „in letzter Instanz egal, ob ein Gericht den Leuten gefällt", am wichtigsten sei es, daß er selbst damit zufrieden ist. Man wird die Frage, ob intensive Recherche oder ein gewisser künstlerischer Autismus in der Kochkunst mehr Perspektive haben, sicherlich lohnend diskutieren können.

Man sollte also ganz allgemein die Ausflüge der Köche in die Theorie sorgfältig registrieren und ruhig auch einmal von logischen Defiziten abstrahieren. Das wiederum sollte die Köche nicht von der notwendigen Erkenntnis abhalten, daß die Theorie ein Teil ihres Fachs ist und – ganz wie das kulinarische Handwerk – Qualitäten kennt, die erarbeitet werden wollen. ❧

08. 04. 2006, F.A.Z., Feuilleton, Seite 36

Olé, ihr Kreativen!

Wirkt sich das spanische Küchenwunder auch in der Breite aus?

Die Reaktionen auf die kreativen Entwicklungen in der spanischen Küche bleiben bislang eher emotional und haben in der Regel noch nicht die Qualität einer echten Rezeption erreicht. Besonders auffällig benehmen sich die französischen Köche, die eine merkwürdige Technik entwickelt haben: Vordergründig ignorieren sie jegliche Konkurrenz, so gut es eben geht, oder bügeln sie kurzerhand ab, sind aber tatsächlich geradezu hysterisiert von der Vorstellung, nicht mehr als Nabel der kulinarischen Welt zu gelten.

Die Folge? Bei genauerer Betrachtung finden sich auf französischen Tellern wahrscheinlich mehr spanische Spuren als in Deutschland, die allerdings – das ist dann die spezifisch französische Variante – gerne als eigene Erfindungen ausgegeben werden. Die Lesart wäre dann etwa so: Schlechte Köche klauen Ideen, gute lassen sich inspirieren. Von Alain Ducasse stammt allerdings ein ernst zu nehmender Einwand, nach dem die kreative Spitze in Spanien eher begrenzt und von einem spanischen Küchenwunder keine Rede sei. Es handele sich um ein Land, das eine mit Frankreich vergleichbare feste Verankerung der avancierten Küche im bürgerlichen Milieu noch keineswegs erreicht habe.

Einige Stichproben in Barcelona scheinen diese These zu bestätigen. Die berühmten Tapas in „La Boqueria", den phantastisch bestückten Markthallen mitten in der Altstadt, können nur ansatzweise überzeugen, weil – bei erkennbar gutem Ausgangsmaterial – die grobe und unkonzentrierte Garung keinerlei Gewinn bringt. In dieser Form ist die berühmte A-la-plancha-Garung (auf einer Stahlplatte) in ihrer Wirkung nicht anders als die Fritteuse einer deutschen Imbißstube.

Das „Rias de Galicia" gilt als eine Institution für Fisch und Meeresfrüchte, die hier tatsächlich auch in hervorragender Qualität auf den Tisch kommen. Das Restaurant ist teuer, wirkt kochtechnisch aber etwas in die Jahre gekommen. In der Summe hat man den Eindruck, als wären die Gerichte um so schlechter, je mehr Handarbeit in ihnen steckt. Hervorragend geraten butterweiche Pulposcheiben mit einem Minimum an Grillspuren oder auch riesige Garnelen, denen man anmerkt, daß sie hier lebend verkauft werden und noch über ihre vollständige Aromenpalette verfügen. Auch hier ist die Grillnote sehr zurückhaltend, entspricht also nicht dem Klischee von scharfem Grillen der Krustentiere im iberischen Raum. Bei anderen Zubereitungen gibt es jeweils kleinere technische Mängel (zum Beispiel zu dicke Panaden).

Im Bereich der Restaurants mit einem Michelin-Stern fiel die Wahl auf „El Racó d'en Freixa". Der hier wirkende Ramon Freixa läßt in einem Buch aus dem Jahr 2004 („Mano de Cocinero") erkennen, daß er nach einem ausgewogenen Mittelweg zwischen Moderne und klassischer Kochkunst sucht. Das Menü in dem minimalistisch dekorierten Restaurant beginnt mit einer optischen Referenz an die Küchenmoderne: Die sieben „Snacks" des Degustationsmenüs (zum Beispiel mit Pfeffer gewürzte Erdbeeren, eine Schale mit Kartoffelchips und einer kleinen Tube mit Trüffelöl dazu, ein Pistazienbrot, das an ein grün gefärbtes und dann getrocknetes Weißbrot erinnert) deuten allerdings konzeptionelle Unklarheiten und küchentechnische Mängel an. Die danach folgende konfierte Wachtelkeule mit Ingwersahne und Lauch leidet unter einer viel zu starken Garung, die den Eigengeschmack der Wachtelkeule quasi beseitigt hat. Eine zusätzliche Fehlreaktion zwischen konfierter Wachtel und dem Lauch läßt diese Kreation endgültig scheitern.

Es geht weiter mit Kartoffelravioli und deutlich zu bitter frittierten Kartoffelfäden auf einem Bohnengemüse, dem eine Vinaigrette fehlt. Dazu ein überraschend gut gelungener Foie-gras-Trüffel, der vor allem davon zehrt, daß die Leber-Kugel im Kern mit einer üppigen Trüffelschicht versehen ist. Im weiteren Verlauf verstärkt sich der Eindruck, daß hier in wenig gelungener Weise Standards internationaler zeitgenössischer Spitzenküche zitiert werden, aber keinerlei eigene Qualität erreicht wird. Typisch dafür ist die Kombination von Jakobsmuscheln mit dem ersten jungen Gemüse der Saison. Hier wird eine A-point-Gemüsegarung im Stil von Alain Passard („L'Arpege" in Paris) versucht, aber nicht wirklich umgesetzt. Das Gemüse bleibt zu fest und ist deshalb mangels Aroma zur reinen Textur degradiert.

In mehreren Gerichten verwendet Freixa zur sensorischen Auflockerung Haselnüsse, ohne allerdings in Größe und Proportionierung deren vernichtende Wirkung auf andere Elemente beim Kauen zu bedenken. Ein geradezu verstörender Mangel an handwerklicher Qualität zeigt sich am Lammgericht: Die Koteletts sind – wie schon die Wachtelkeule – überkonfiert und haben dabei sogar Bitternoten entwickelt. Eine unschön bittere Sauce verstärkt diesen Effekt noch und überlagert zudem sämtliche Gemüsebeilagen. Verglichen mit den Standards in anderen Sternerestaurants etwa in Deutschland, Frankreich oder der Schweiz, muß dieses Gericht als kaum genießbar eingestuft werden.

Die fünf Käsesorten danach sind von normaler Qualität, und die Desserts verfügen – wie schon die Snacks zu Beginn – über einige Gags (Erdbeerbrot), aber nicht über eine wirkliche Linie. In der Summe also eine äußerst mittelmäßige Qualität und ein Küchenstil, der von erheblicher Verunsicherung zeugt: von der Moderne angerührt, von den traditionellen Wurzeln abgeschnitten, ohne Nabelschnur zu jedwedem System. Enttäuschend.

Man wird solche Eindrücke sicher nicht generalisieren können, sie aber gleichwohl als Ausdruck einer spezifisch spanischen Entwicklung sehen dürfen. Es deutet sich an, daß hier erst die Spitze und dann der Eisberg entsteht – ein Vorgang, der sich deutlich von der Entwicklung in Deutschland in den letzten drei Jahrzehnten unterscheidet. Kreative Köpfe werden in Spanien nach wie vor immer zahlreicher, und man sollte sich schon einmal an Namen wie Quique Dacosta, Dani Garcia, Jordi Herrera, Eneko Atxa, Carmelo Bosque oder Carlos Cidón gewöhnen. Auch die Formel „Keine Kreativität ohne solides Handwerk“ sollte bei dieser eher experimentellen Moderne vorsichtig interpretiert werden – sosehr dabei auch die Mägen klassisch Orientierter in Bewegung geraten mögen. Es gibt eine kulinarische Evidenz, die mit wenig geschmacklicher Erinnerung auskommt und dennoch überzeugt. Die „normale“ spanische Gastronomie scheint damit allerdings wenig zu tun zu haben. ❧

15. 04. 2006, F.A.Z., Feuilleton, Seite 34

Womit haben wir das verdient?

Das Dessert aus dem Baukasten wird niemandes Lieblingsleckerei

Die Desserts stehen in der Spitzenküche oft im Schatten der kritischen Bewertung. Dort sind sie aber auch gut aufgehoben. Im Laufe der Jahre haben Nachspeisen erheblich an optischer Präsenz zugelegt und werden meist selbst dann noch wohlwollend begutachtet, wenn sie nur kurz probiert wurden. Ihr Genuß ist der Inbegriff des mitessenden Auges, sie verkörpern den sichtbaren Teil des kulinarischen Handwerks, und wenn es eine Auswirkung der Desserts auf den herzhaften Teil des Essens geben sollte, dann bestenfalls als optische Anleihen in Form einer Konditorisierung durch allerlei Röllchen, Scheibchen, Türmchen, Dekoelemente.

Es ist aber an der Zeit, von der generellen Dessertschwäche vieler Restaurants zu reden und entweder eine Rückkehr zu sträflich vernachlässigten Werten oder eine Neubesinnung im Sinne kulinarisch entwickelter, gastronomischer Desserts zu fordern. Wenn die Beurteilung der süßen Banalitäten auch nur annähernd die Kriterien benutzt, die für den Rest der Küche Geltung beanspruchen, dann kann sie von wenig mehr als reinem Handwerk sprechen, dem der kulinarische Sinn abhanden gekommen ist. Wo vielleicht nach Wein und schwerem Hauptgericht der Bedarf an süßem Ausgleich eine gewisse physiologische Logik besäße, vernichtet gerade in den großen Häusern nicht selten eine ganze Folge von Desserts jedweden subtilen Eindruck und entläßt den Gast im Zustand grenzenloser Überfütterung.

Dieser Effekt hat seinen Grund im Äquivalent zum Versalzen, das man leider nicht einfach „Versüßen“ nennen kann, weil auch dieser Begriff bereits verbraucht wurde, bevor die Gourmandise nach Worten suchte. Desserts sind derzeit weitgehend ein Ausbund an künstlicher Süße, während die ursprüngliche, sehr viel stärker aromatisch eingebundene und meist durch Säureanteil ausbalancierte Fruchtsüße eine deutlich geringere Rolle spielt. Es fehlt heutigen Köchen zum Beispiel fast durchgehend die Fähigkeit, klassische Formen des Desserts zu optimieren – die analoge Kunst im herzhaften Bereich, etwa bei der Zubereitung eines klassisch getrüffelten Bresse-Huhns à la crème, wurde glücklicherweise noch nicht ganz verlernt.

Wo ist also das Stück Apfelkuchen, das als Basis einen mit bester Butter makellos leicht kroß gearbeiteten Blätterteig hat, das eine bestechend gute Apfelsorte in perfektem Reifezustand und A-point-Garung verwendet, das eine

Crème anglaise (oder pâtissière) mit allerbester Vanille in feinster Abstimmung einsetzt und schließlich mit einem Gelee abrundet, das seine texturell kontrastierende und aromatisch verbindende Funktion ausfüllen kann?

Es sind insbesondere zwei Aspekte, die stärker in den Mittelpunkt rücken müssen, nämlich die Subtilität bei der Zubereitung und die Kreativität im aromatischen Sektor. Nach wie vor gibt es im Dessertbereich so gut wie kein Äquivalent zu einer entwickelten Sauce, die dank einer feinen Abstimmung von verschiedenen Inhaltsstoffen eine aromatisch interessante Komplexität entwickeln könnte. Bis hinein in die Spitzengastronomie benutzen die Patissiers zudem vorgefertigte Zutaten, aus denen sich im Baukastensystem gefällige Standards zusammenstellen lassen.

Der Grundstoff Schokolade (als Kuvertüre) wird in der Regel so übernommen, wie er vom Handel angeboten wird, also bereits mehr oder weniger gezuckert und aromatisiert. Eine individuelle Sprache der jeweiligen Köche oder Zuckerbäcker gehört deshalb zu den großen Seltenheiten. Im Grunde arbeitet man in den Restaurants genau wie in den französischen Patisserien, deren durch und durch verschulte Technik heutzutage wenig mehr als standardisierte Zuckerbomben von lediglich gewinnendem Äußeren produziert. Eine Besinnung auf die wesentlich individueller angelegte Tradition entsprechend profilierter Restaurants ist dringend angeraten, um endlich auch im Dessertbereich Anschluß an die weitaus besser entwickelte herzhafte Küche zu erreichen.

Besonders enttäuschend ist die nach wie vor reduzierte Aromenpalette. Während die besten Chocolatiers (vulgo Pralinenhersteller) in ihren Manufakturen bereits ein breites Spektrum an Aromen verarbeiten, also auch eine große Anzahl verschiedener Gewürze und Kräuter einsetzen (zum Beispiel LeRoux in Quiberon oder Joël Durand in St-Rémy-de-Provence), enthalten uns die Patissiers bei den Nachspeisen immer noch diese faszinierende Geschmackswelt vor – ganz zu schweigen von komplexeren Dessertkompositionen, die in strukturalistischer Manier einen wirklich entwickelten Bezug von Elementen realisieren müßten. Die heute öfter zu findende Verwendung vieler kleiner Einzelelemente im Stile der spanischen Moderne oder die ebendort entwickelte erweiterte texturelle Sprache (etwa pulverisiertes Eis) kann ebenfalls nicht davon ablenken, daß subtile Zusammenhänge bisher kaum realisiert wurden.

Sie müßten allerdings auch auf ein Publikum treffen, das bereit wäre, den weitverbreiteten, fast schon legendären Dessert-Analphabetismus zu überwinden. Es muß zu denken geben, wenn man den Eindruck hat, eine ganze Nation sei gerade eben erst dabei, unterschiedliche Schokoladensorten zu entdecken und sich von der Dauerlähmung der Geschmackspapillen durch alles unter sich begrabende Zuckermassen zu befreien. Man kann heute quasi jedes Kuchen- oder Dessertrezept im Zuckeranteil unbesehen um die Hälfte reduzieren, stünde aber immer noch gegen Spitzenköche, die selbst so gut wie nie ein Dessert essen, gegen Gourmets, für die die Gourmandise diesseits der Desserts endet, oder gegen das von älteren Damen mit enormer Kondition besetzte Kaffee-und-Kuchen-Image. „Süß" ist unmännlich, ungesund, für Kinder, und lieber ist ein Cowboy schwul, als daß er die Effeminiertheit besäße, die für jede einzelne Sorte unterschiedliche Kuvertüre der Chocolats von Robert Linxe („Maison du Chocolat", Paris) zu erschmecken.

Bei aller Achtung für die handwerklichen Grundlagen des Faches und trotz wahrlich grandioser technischer Entwicklungen etwa bei dem spanischen Patissier Oriol Balaguer („La Nouvelle Cuisine des Desserts", Barcelona 2001) kommt man nicht umhin, sich für den Dessertsektor ein gründliches Umdenken, nein, Neudenken zu wünschen. Auch hier gibt es noch Welten zu entdecken – von einer dringend notwendigen Wiederbelebung der klassischen Machart bis zu einer Moderne, die wir bestenfalls erahnen können. ❧

22. 04. 2006, F.A.Z., Feuilleton, Seite 36

Macht keinen Wind

**Und kocht nicht schlapp:
Der österreichische „Ikarus"**

Die Welt hat sich daran gewöhnt, nach Salzburg zu kommen. Insofern ist das bemerkenswerte Konzept des Restaurants „Ikarus" im spektakulären „Hangar 7" am Salzburger Flughafen von einer gewissen Logik. In einer küchentechnischen Tour de force, die auf so hohem Niveau noch nirgendwo versucht wurde, will man hier das kulinarische Äquivalent zu einer Cover-Band realisieren. Der residierende Stammkoch präsentiert jeden Monat das Menü eines international bekannten Kollegen, dessen Zubereitung in enger Zusammenarbeit mit diesem in Salzburg trainiert wird und anschließend – ohne den Erfinder – ihre „Aufführung" erfährt. Wer also die Vorstellung hatte, die Kreationen der Großmeister der Zunft seien Unikate, bei denen es unbedingt notwendig ist, daß das Genie kurz vor dem Servieren noch einmal 3,5 Sekunden lang einen Rosmarinzweig durch die Suppe zieht (so ähnlich wird es von Escoffier berichtet), sieht sich durch die technische Reproduzierbarkeit widerlegt.

Tatsächlich ist dies nur der letzte konsequente Schritt einer Wiederentdeckung typischer Küchenabläufe, die seit eh und je genau diese Reproduzierbarkeit reproduzieren – und dies immer schon und immer wieder auch ohne ständige Mitwirkung des Chefs. Wer angesichts der stilistischen Bandbreite zwischen Marc Haeberlin, Jean-Georges Vongerichten, Juan Amador oder Dieter Müller allerdings nicht zu ersetzen ist: ein „Executive Chef" vom Range eines Roland Trettl. Der Fünfunddreißigjährige gilt als Musterschüler von Eckart Witzigmann, unter dessen Patronat das „Ikarus" arbeitet – es beschert in späten Jahren der „deutschen" Kochlegende doch noch einen wesentlichen Auftritt in ihrem Mutterland.

Im laufenden Monat kocht man also Kreationen des Italieners Gianluigi Bonelli vom „Kee Club" in Hongkong, der in einem großen Degustationsmenü deutliche Spuren seiner Aufenthalte bei Ferran Adrià (2003) oder beim italienischen Drei-Sterne-Koch Massimiliano Alajmo vom „Le Calandre" verrät. Wie bei Alajmo oder auch bei Heston Blumenthal haben nicht einige zeitgenössische Effekte wie ein Stickstoff-Caipirinha-Eis die größte Bedeutung, sondern Kompositionen, die einen leicht veränderten Blickwinkel auf Bekannteres ermöglichen.

„T&M Evolution" ist der Name für ein Gericht, das den Klassiker „Tomate und Mozzarella" auf marinierte Mozzarella, eine „tomatisierte" Brioche und einen Mozzarella-Schaum aufteilt und mit dieser texturellen Varianz eine durchaus evidentere, breitere Sensorik erreicht. Ähnliches gilt für einen sehr schön konfierten Schweinebauch mit einer krossen Platte von Rote-Bete-Karamel, einem Sellerieschaum, einem Agar-Agar-Gelee von Rosenblüten und einer hervorragend zurückhaltend abgestimmten Wasabi-Creme. In diesem guten und harmonischen Geschmacksbild zeigt sich sehr deutlich, wie Textur Geschmack inszenieren kann – so daß der sensorische Eindruck deutlich an Plastizität gewinnt.

In ähnlicher Weise gefällt die Kombination von Venusmuscheln mit Tofu, einem Sud mit feinsten Korianderstreifen und einem Bisque-Schaum obenauf durch einen subtilen Verlauf. Der klassisch gehaltene Schaum vermischt sich peu à peu mit dem Sud, so daß das Begleitaroma von der klassischen Reminiszenz langsam ins asiatische Fach wandert. Ganz ähnlich wie den Meisterkollegen Alajmo und Blumenthal scheint auch Bonelli bisweilen die Grenze zwischen dem ohne weiteres Machbaren und dem Prätentiösen nicht ganz klar zu sein. Eine Kreation wie die Lamellen vom Kabeljau mit Auberginen, einem Püree von Taro-Kartoffeln mit einem kaum merklichen Anteil an Taggiasca-Oliven und etwas Foie-gras-Creme erinnert in ihrer aromatischen und texturellen Enge an Morandi-Bilder – allerdings ohne die Möglichkeit, die zurückgenommene Leere mit irgendeinem Inhalt füllen zu können.

Ein großer Teil des Publikums in dieser im Jahre 2003 eröffneten, spektakulären Glas-und-Stahl-Konstruktion mit perfekt flugtauglich gehaltenen Oldtimern ißt üblicherweise das Menü des Gastkochs. Das mag verständlich sein, führt aber unter den Umständen einer nicht ganz ausgereiften Mainstream-Avantgarde wie bei Bonelli zu einem merkwürdigen Mißverhältnis, weil die ebenfalls erhältlichen Gerichte von Roland Trettl in ihrer teilweise erstaunlich ausgereiften Meisterschaft durchaus beeindrucken können. Insofern ist es eben nicht doch so wie bei einer guten Cover-Band, die oft ein Hort von musikalisch-handwerklichem Talent ist, aber den Sprung zum eigenen Profil nicht schafft. Was Trettl gegenwärtig hier unter seinem Namen kocht, bestätigt vollständig das Vertrauen Witzigmanns in ein Talent, das profundes Handwerk in einer nie überzogenen eigenen Handschrift darbietet.

Das beginnt mit forciert klingenden Kunststücken wie der „Fine de Claire"- Auster mit Zwiebelcreme und Kaviar, die in ihrer aromatischen Struktur durch die feinstens proportionierten Zutaten ausschließlich erweitert und nicht überlagert wird. Ein solcher Akkord kann nur in einem minimalen Spielraum funktionieren, der keine Kompromisse zuläßt. Hervorragend auch ein Stück Steinbutt mit Risinabohnen und einem Tomatensud von geradezu altmeisterlicher Virtuosität in einer guten Würze (von der Art, die eine Unzahl von Teilaromen zu besitzen scheint, die gleichwohl so ausbalanciert sind, daß keines von ihnen besonders auffällt) und einer sensiblen Texturerweiterung durch den leichten Widerstand der Bohnen.

Die „Langustinen auf Paprikasalat" gelingen nach dem gleichen Muster, wobei Trettl auch noch eine der im Mund zerplatzenden, „Sfericos" genannten Kugeln (eine der spektakulärsten Entwicklungen von Ferran Adrià) mit leichter Hand integriert. Ein wenig enttäuschend bleiben lediglich das Dessert und ein Beiried vom Rind (das Zwischenrippenstück/Entrecôte). Das Fleisch ist trotz perfekter Garung und guter Reife etwas zu elastisch – was auf ein aktuelles Problem mit dem Wagyu-Beef verweist. Dieses Produkt ist längst ein Modeprodukt und verfügt in vielen Fällen nicht mehr über eine wirklich beeindruckende Qualität. Gerade in Österreich kann es von der Qualität einheimischer Rinder, eine konsequent professionelle Reifung vorausgesetzt, leicht übertroffen werden.

Im August wird Roland Trettl sozusagen sein eigener Gastkoch sein und ausschließlich eigene Kreationen präsentieren. Stilistisch will er diese in der fast puristisch anmutenden Anlage der genannten Gerichte halten. Er wird damit reüssieren können – wie man das hier vielleicht nennen würde. Im „Ikarus" kann man leicht die Fremde suchen und mit allerschönstem Entsetzen feststellen, daß das Gute schon da ist. ❧

29. 04. 2006, F.A.Z., Feuilleton, Seite 36

Die Materialisierung der Sauce

Bei Georges Blanc gibt es noch die ganz großen Redundanzen

Wie einschneidend die Veränderungen in der avancierten Küche mittlerweile sind, kann man am besten feststellen, wenn man sich auf die Suche nach deren wenigen noch vorhandenen Wurzeln macht. Gemeint ist eine Küche, wie sie etwa seit den dreißiger Jahren des letzten Jahrhunderts zum Beispiel im Raum Lyon oder im südlichen Burgund Furore machte. Damals gab es die berühmte Mère Brazier, die sich in ihren Restaurants in der Rue Royale in Lyon und auf dem Col de la Luère drei Michelin-Sterne erkochte. Von ihr lernte der junge Paul Bocuse, dessen Restaurant heute eine der ganz wenigen aromatischen Brücken in die Vergangenheit bildet (F.A.Z. vom 12. März 2005).

Weitere Namen sind die Mère Guy in Lyon, André Pic in Valence, der große Fernand Point von der „Pyramide" in Vienne, die alle in den dreißiger Jahren mit drei Sternen ausgezeichnet wurden, oder auch die zunächst ausschließlich weiblichen Köche der Blanc-Dynastie in Vonnas mit Élisa Blanc an der Spitze, die der französische Journalist und Gastrosoph Curnonsky einmal „die beste Köchin der Welt" nannte. Ihre Rezepte werden teilweise auch heute noch gekocht, und das in einer Art und Weise, die die „Ancienne Auberge" in Vonnas/Bresse zu einer der interessantesten Adressen der kulinarischen Archäologie macht. Wohlgemerkt: das Zweitrestaurant „Ancienne Auberge" und nicht das Hauptrestaurant des Georges Blanc, dieses umtriebigen Geschäftsmannes, dem mittlerweile größere Teile des Ortskernes von Vonnas gehören.

Die alte Limonadenfabrik hat einen Umbau erdulden müssen, der ihr nicht sehr viel Identität gelassen hat, dafür aber an Pariser Flohmarkt-Qualitäten aus den sechziger oder siebziger Jahren erinnert. Die Preise sind zivil, die Atmosphäre entspannt, und selbst an ruhigen Tagen füllen viele Interessierte die Räumlichkeiten. Man könnte das Essen als eine klassisch-regionale, sehr süffige Küche rund um den massiven Einsatz von Butter und Sahne bezeichnen, würde aber dabei nicht berücksichtigen, daß hier eine reibungslose Entwicklung von regionaler Küche bis zur Hochküche zu finden ist – auch wenn den Gourmetführern diese alte Spitzenküche keine Sterne mehr wert ist.

Da wäre zu Beginn ein Exemplar jener furchterregenden Blätterteig-Törtchen, deren Mißbrauch in den fünfziger und sechziger Jahren ganze Menüs in braunen Farbtönen versinken ließ und deren Sensorik fast immer aus leicht krossem Rascheln und viel dichter Masse aus von der Füllung feucht gewordenem Teig bestand. Und hier? Der frisch und präsent wirkende Blätterteig enthält eine dichte Füllung aus Wildentenfleisch und den zugehörigen Innereien, die sensibel balanciert ist und eine geradezu undurchsichtige aromatische Tiefe hat. Zusammen mit der Teighülle wirkt das Fleisch im besten Sinne vollmundig – es ist nicht mit den in dünnen, krossen Filoteig eingepackten Elementen aktuellerer Küche vergleichbar. Ohne eine Wertung damit zu verknüpfen, könnte man hier von dem Unterschied zwischen skelettierten Strukturen neuerer Prägung und solchen „mit Fleisch" reden.

Es fällt natürlich auf, daß diese klassische Gourmetküche heute enorm schwer wirkt. Die Esser früherer Jahrzehnte konnten offensichtlich andere Kapazitäten frei machen. Wie sonst sollte man ein Gericht wie das Hechtklößchen in einer Hummersauce irgendwo unterbringen können? Und nur nebenbei: Wie groß soll eigentlich der unverkleinerte Hechtkloß sein? Die enorme Dichte des Materials und sein hohes spezifisches Gewicht stellen den Gast einfach vor das Problem, daß hier scheinbar nichts mehr durch Kauen zu verdichten und zu zerkleinern ist, sondern das komplette Objekt wohl exakt sein Volumen im Magen beanspruchen wird.

Zu allem Überfluß korrespondiert das Volumen auch noch mit einer hervorragenden kulinarischen Qualität, verlangt also im Prinzip nach einer Berücksichtigung auch noch des letzten Tropfens der sahnigen Hummersauce, was dann auch noch in Frieden mit dem Blätterteigtörtchen, einer Ochsenschwanzterrine von ähnlicher Dichte wie der Hechtkloß oder dem „Gâteau de foie blond financière" (ganz klassisch mit Hahnenkämmen) geschehen muß. Und winkt nicht am Horizont noch das traditionelle „Poulet de Bresse", ebenfalls à la crème, und der berühmte „Baba au rhum"?

Solange es gutgeht, ist das alles nur ein psychisches Problem, eine andere Grundeinstellung. Man wird allerdings geradezu genötigt, auf einer Welle des süffigen Geschmacks zu reiten – ohne intellektualistische Unterbrechungen wie texturelle Spezialeffekte der feineren Art. Und dennoch: Diese andere Welt, die man trotz ihrer Abweichung vom Status quo keine alte nennen sollte, wird heute all denen zu erklären sein, die keinerlei Zusammenhang zwischen ihren kulinarischen Vorerfahrungen und einem solchen Essen herstellen können, die nicht die genial einbettende Wirkung perfekt über einen langen Zeitraum zubereiteter Sahnesaucen kennen, die zwischen einem butterweich in Sahne gegarten Bresse-Huhn und einem überwürzten Curry-Hähnchen keine grundsätzlichen qualitativen Unterschiede erkennen.

Die Aromen-Zapper unter Köchen und Essern laufen immer Gefahr, sich von einer Summe minimaler Eindrücke einen sozusagen zusammenwachsenden Wert zu versprechen. Den gelernten guten Geschmack, der den horizontalen Abwechslungen die vertikale Tiefe hinzufügen könnte, scheint man nicht mehr zu brauchen. Hier in Vonnas dagegen gibt es sie noch, die ganz großen Redundanzen, die zwanzigste Gabel hintereinander vom schneeweißen Bresse-Huhn, das schmeckt wie eine Materialisierung der Sauce, so wie diese wie eine Entmaterialisierung des Fleisches schmeckt. Der Akkord ist eng, aber tief, und nicht breit, aber flach. Er gibt dank dieser Redundanz die Zeit, in immer neuen Versuchen die aromatischen Subtilitäten zu erspüren, und dies in der Sicherheit eines schnell erkannten, überaus guten Geschmacksbildes.

Wichtig ist nun die Frage, ob man von diesen Klassikern zur aktuelleren (aber nicht unbedingt avantgardistischen) Küche von heute eine Linie ziehen kann, die mit „Entwicklung" beschrieben werden könnte. Hier wie in mancher anderen Kunst ergibt eine solche Benennung insofern kaum Sinn, weil sie traditionelleren Formen – mit oder ohne Absicht – eine gewisse Notwendigkeit zur Vervollkommnung, also ein gewisses Fehlerpotential, bescheinigt. In dem Moment aber, da man einen im Kern zeitunabhängigen Verlauf denkt, der das komplexe Kontinuum Kochkunst in jeweils unterschiedlichen Teilaspekten aufschließt, wird das Ganze erkennbar und werden die Teile in ihrem Wert bestätigt. ❧

06. 05. 2006, F.A.Z., Feuilleton, Seite 38

Stufe für Stufe Qualität

Bausteine zu einer allgemeinen Theorie des Kochens

Ausgerechnet die diffuse Entwicklung der Kochkunst in den letzten Jahren scheint es möglich zu machen, über eine allgemeine Theorie des Kochens nachzudenken. Eine solche Theorie sollte unter anderem in der Lage sein, zur Objektivierung beizutragen, Einordnungen zu ermöglichen, Forschung, Lehre und Ausbildung auf ihre Stringenz zu befragen oder auch allgemeiner die Annäherung an das Kochen in jeder möglichen Form zu strukturieren. Sie sollte die ersten Schritte des Frühmenschen bei der Zubereitung von Speisen ebenso erhellen wie die Suche eines Kreativen nach neuen Ausdrucksformen.

Dazu bietet sich eine Aufgliederung in fünf Stufen an. Die erste ist die der Auswahl von eßbaren Produkten (zum Beispiel das Schaf) und der Ansammlung von Kenntnissen über diese Produkte. Sie beinhaltet ebenso grundsätzliche Janein-Entscheidungen über die Eßbarkeit wie subtile Kenntnisse und Überlegungen von Meisterköchen zur Produktqualität (zum Beispiel von besonders gezüchteten Lämmern eines bestimmten Alters). Die zweite Stufe ist die der Vorbereitung des Produktes zum Essen und meint Formen der Zubereitung, die noch keinen grundsätzlich verändernden Einfluß auf geschmackliche Aspekte haben. Dazu gehören etwa die Säuberung des Produktes von der Beseitigung nicht eßbarer Teile bis hin zur klassischen „Mise en place" der französischen Hochküche oder auch die teilweise extrem differenzierten Vorbereitungen der Japaner bei einem Fischgericht.

Die dritte Stufe ist die Aromatisierung. Hierzu gehört auch die Garung, die deshalb keine eigene Stufe für sich beanspruchen kann, weil sie im Effekt vor allem eine Geschmacksveränderung bewirkt und damit eine grundsätzliche Ähnlichkeit etwa zum Würzen roher Produkte hat. Die Aromatisierung reicht von wenig wahrnehmbaren Manipulationen wie der Eiweißgerinnung beim Kochen von Fisch oder dem Salzen eines rohen Stücks bis zu komplexen Gewürzmischungen oder komplexen Garverfahren wie dem langen Schmoren mit verschiedenen Zutaten. Haben Maßnahmen der Stufe zwei deutliche Auswirkungen auf eine Veränderung des Geschmacks (etwa beim Reifenlassen zugeschnittener Stücke Fleisch), könnte man sie auch unter Stufe drei diskutieren.

Die vierte Stufe scheint auf den ersten Blick ausschließlich mit Verfahren der Dekonstruktion und Begriffen wie „Textur" zu tun zu haben. Tatsächlich ist dies aber nur ein Teil dessen, was man „Veränderung der Aggregatzustände" nennen kann. Daß diese Stufe schnell mit Ferran Adriá verbunden wird, liegt nicht daran, daß Adriá diese Stufe erfunden hätte, sondern daran, daß er in diesem Bereich besonders intensiv geforscht hat. Mit den Maßstäben einer allgemeinen Theorie gesehen, sind auch recht viele traditionelle Elemente des Kochens Veränderungen des Aggregatzustandes: Die Spanne reicht vom Spiegelei über das Eis und das Kartoffelpüree bis zu Gelees, dem Soufflé oder den vielen Erweiterungen, die Adriá entwickelt hat. Die „Dekonstruktion" ist im Lichte einer allgemeinen Theorie nicht mehr (und nicht weniger) als eine auffällige Veränderung gewohnter Aggregatzustände. Für unterschiedliche Aggregatzustände wäre auch der Begriff der texturellen Variation denkbar.

Die fünfte Stufe schließlich ist die der Konstruktion, also des Zusammensetzens von Einzelelementen zu komplexeren Gebilden, deren Teile in einer Beziehung zueinander stehen. Die große Varianz zwischen einer Art automatischer Konstruktion, die unter Umständen von vielen unbewußten Variablen abhängig ist, bis zu einer Vorgehensweise, die nicht nur entwickelte Kenntnisse aller Stufen besitzt, sondern diese auch reflektiert einsetzt, läßt für letztere auch den Begriff der strukturalistischen Konstruktion sinnvoll erscheinen.

Was wird nun mit einer solchen allgemeinen Theorie möglich? Es wird zum Beispiel klar, daß Adriá nicht die Moderne schlechthin darstellt, sondern bei der Erforschung eines bestimmten Bereiches extrem weit fortgeschritten ist. Eine strukturalistische Konstruktion unter Berücksichtigung seiner Entwicklungen ist bei ihm selbst in Ansätzen zu erkennen (F.A.Z. vom 26. November 2005), steckt an anderer Stelle aber noch in den Kinderschuhen. In gleicher Perspektive wird klar, daß die klassisch-französische Hochküche ihre Stärken auf den ersten drei Stufen hat, die Aggregatzustände aber eher weniger berücksichtigt und eine strukturalistische Konstruktion kaum kennt. Es wird weiter deutlich, daß der komplette Bereich des Lernens und der Ausbildung zu sehr im Zeichen eines klassischen Küchenverständnisses steht und zuwenig den systematischen Erkenntnisgewinn zum Ziel hat. Das gilt für professionelle Köche ebenso wie für die häusliche Küche und einfachste Kochschulen und Rezepturen, die ohne eine – und sei sie noch so marginale – Vermittlung größerer Zusammenhänge keinen echten Kompetenzgewinn ermöglichen.

Es werden bei der Einschätzung von Küchenstilen Ungleichgewichte diskutiert werden können, wenn etwa sehr viel mit Aggregatzuständen experimentiert, aber der Produktaspekt kaum gewürdigt wird. Am Beispiel Adriá wird deutlich, daß auf anderen Stufen vergleichbare Forschungen bisher kaum stattgefunden haben. Wertende Beschreibungen sind übrigens vor dem Horizont einer allgemeinen Theorie der Küche kaum möglich, weil sie in einem kommunikativen Prozeß entstehen, also eher einer Theorie des Essens zugeordnet werden müßten. Die heute als hervorragend angesehenen Küchenleistungen stellen sich hier vor allem als eine Maximalisierung von Wissen und Differenzierung in den einzelnen Bereichen dar. Es wird also möglich, klassisch-perfekte Produktauswahl, Zubereitung und Würzung gleichberechtigt neben avantgardistischer Texturvariation oder der extrem differenzierten japanischen Vorbereitungstechnik für Fisch zu sehen.

Was allerdings auch erkennbar wird, ist der Weg von dem eher naturgegebenen Produkt über geringfügige Eingriffe (einfache Garmethoden) bis zu sehr deutlichen Eingriffen des Menschen in den Stufen vier und fünf. Wenn man also in der Fähigkeit zur Differenzierung eine typisch menschliche Entwicklung sieht, ist die am weitesten entwickelte Form des Kochens die strukturalistische Küche. Die Frage, ob sie auch die beste Küche ist, muß aber in einen Bereich außerhalb der allgemeinen Theorie des Kochens verwiesen werden – wie immer die Wechselbeziehungen zwischen den beiden Feldern auch sein mögen. ❧

13. 05. 2006, F.A.Z., Feuilleton, Seite 36

Schwein gehabt

Karl-Emil Kuntz kocht regionale Küche auf Spitzenniveau

Die Suche nach einer avancierten deutschen Küche mit ausgeprägter regionaler und traditioneller Authentizität wird wohl noch für längere Zeit konkret und abstrakt zugleich sein: konkret nach entsprechenden Restaurants und abstrakt nach der mehr oder weniger verschütteten kulinarischen Substanz. Dabei kann man den Eindruck gewinnen, daß viele Gourmets eine Forderung unterstützen würden, die da lauten könnte: „Köche! Macht eure Zweitrestaurants mit Regionalküche zu euren Erstrestaurants!"

Diese Forderung nach der Umarbeitung der nicht selten stumpfen Schwerter einer epigonalen internationalen Spitzenküche zu den Pflugscharen einer Küche, die größere Zusammenhänge begreift, kann leider falsch verstanden werden und spricht vor allem nicht den heute als notwendig erachteten Glamour aus. Um so mehr kann man sich über die wenigen Orte freuen, an denen selbstverständlich verstandene und gepflegte Traditionen fortgesetzt werden. Der Gault-Millau schrieb einmal über die „Krone" in Herxheim, daß man nicht wisse, ob das Essen im Zweitrestaurant „Pfälzer Stuben" nicht genauso gut sei wie im Gourmetteil des Hauses. Wie dem auch sei: Der freundliche „Krone"-Wirt Karl-Emil Kuntz ist jedenfalls wie kaum ein anderer in der Lage, nicht nur Gleichwertiges in beiden Bereichen aufzutischen, sondern mit hervorragenden Kreationen eine Attacke gegen die Betonköpfe des deutschen Import-Küchenwunders zu führen.

Im Grunde geht es um ganz simple Fragen: Kann eine Rinderroulade (sie heißt bei Kuntz „gefüllte Rinderhüfte") oder ein „bei Niedrigtemperatur geschmorter Spanferkelbauch" ganz selbstverständlich Hauptgericht eines Gourmet-Menüs sein? Muß man erst an Köche wie den verstorbenen Bernard Loiseau erinnern, der in seinem Drei-Sterne-Haus in Saulieu natürlich alle burgundischen Spezialitäten servierte, und das auch noch puristisch und durchaus nicht getarnt unter allerlei gefälligem Drumherum? Kuntz hat die Roulade optimiert. Er hat bestes Material verwendet, es à point geschmort und so einen klaren Fleischgeschmack erhalten. Die begleitende Sauce hat Komplexität und Tiefe und gleichzeitig ein Aroma, das an die Küche allerbester Mütter und Großmütter erinnert. Den Schweinebauch hat Kuntz mit Spargel, Erbsen und Morcheln so begleitet – wie man zu dieser Jahreszeit ein Kalbsfilet begleiten würde.

Ein Schweinebauch hat seine Fettschichten, ist aber in dieser Form der Zubereitung nicht mit einer Schweinshaxe im Münchner Hofbräuhaus zu vergleichen. Das Schwein von Kuntz ist schiere Delikatesse mit feinsten Noten aus der Karamelisierung der Kruste und einem Akkord mit den Zutaten, der das Kalbsfilet nicht eine Zehntelsekunde vermissen läßt. Kuntz ist mit Gerichten wie dem „Pfälzer Saumagen“ aufgewachsen, er kennt die traditionelle Würze und behält bei aller Verfeinerung deren Struktur bei. Können wir noch objektiv sein und einer in dieser Weise optimierten Form eine höchste Qualität zugestehen? So wie der Elsässer „Pâté en croûte“ bei Antoine Westermann in Straßburg?

Sicherlich gibt es ein paar Mechanismen, die unsere kulinarische Lupe in Betrieb setzen und a priori vergrößern: die Isolation des Essens etwa auf einem großen Teller mit professioneller Dekoration oder auch die kleine Form eines Amuse-Bouche-Happens. Vielleicht würde traditionelle Küche in einer abgedunkelten Bauhaus-Kathedrale mit Mahler als Begleitmusik so schmecken wie nie zuvor. Wie aber würden wir dies bewerten? Würde die Inszenierung die „Credits“ bekommen oder die Speise?

In vielen Restaurants hat man den Eindruck, als würde das Eßbare diesseits der „Gourmetküche“ bei weitem nicht mit der gleichen Konzentration behandelt wie Steinbutt und Co. Niemand sollte sich jedenfalls über eine reine Innereien-Variation wie das sensationelle Gratin aus Kalbsbries, die Leberknödel und die süßsauren Nieren erheben: In einer so sorgfältig gearbeiteten Kreation sind buchstäblich alle Kriterien großer Küche erfüllt, wobei hier mit „großer Küche“ exakt die Qualität gemeint ist, die Höchstnoten verdient.

Kuntz serviert auch Gerichte, die in der Folge der deutschen Adaption der Nouvelle Cuisine stehen und in dieser Tradition eine Verfeinerung pflegen, bei der nicht die Differenzierung im Vordergrund steht, sondern eine Verwischung möglicher aromatischer Konturen durch eine meist sehr sahnig-buttrige Einheitsverpackung. Ein Beispiel ist die „Phantasie vom Haynaer Spargel“, die mit einer „Panna Cotta“ aus Spargel oder in Kombination mit Flußkrebsen und weißer Tomatenmousse den Spargel nicht in grundsätzlich unterschiedlichen aromatischen Räumen zur Wirkung kommen läßt. Auch Verpackungen in Mäntel und Wickel („Rheinzander, im Lauchmantel gedämpft“) werden dem grundlegenden Produkt nicht gerecht, weil sie ihm eine individuelle Behandlung versagen und es – kaum gefördert – fast ohne Aroma zum Element eines Haute-Cuisine-Hamburgers degradieren. Auf der anderen Seite gefallen sehr moderne Kreationen wie der „Lachs mal anders mit Ochsenmark und Vanillekarotten im Holunderblütensud“, weil Kuntz hier erkennen läßt, welche Perspektiven ein noch etwas risikofreudigerer Zugang böte – selbst dann, wenn das Werkzeug eine durch und durch klassisch geprägte Küchentechnik ist.

Man hat bei Karl-Emil Kuntz das Gefühl, als würde nach langen Jahren der Arbeit auf hohem Niveau der Kessel einen gewissen Überdruck entwickelt haben, als wäre mittlerweile so viel an neuen Erfahrungen generiert, daß der Schritt zu einem noch konsequenteren eigenen Profil rund um die Arbeit mit den Produkten und Rezepturen der Region nur folgerichtig wäre. Entschieden wird man vor allem dafür eintreten müssen, daß nicht nur die Adaption klassischer Vorbilder höchste Anerkennung verdient, sondern gleichermaßen die kreativen Ansätze von Rang und eine entwickelte Regionalküche. Man wird andererseits vor dem Hintergrund der Arbeit des achtundvierzigjährigen Kuntz nur wünschen können, daß sich auch andere Meister ernsthafter mit unserer kulinarischen Tradition befassen und Analyse und Überarbeitung von deren Rezepturen den gleichen Aufwand schenken, mit denen über Jahrzehnte winzige Details der Garung von Jakobsmuscheln erörtert wurden. ❧

20. 05. 2006, F.A.Z., Feuilleton, Seite 34

Basler Neckerli

Stucki verpflichtet: Saucenimpressionen aus dem „Bruderholz“

Auch heute noch, acht Jahre nach dem Tod der Schweizer Kochlegende Hans Stucki, spricht man nicht vom Restaurant „Bruderholz“ auf den Hügeln über Basel, sondern man geht weiterhin zum „Stucki“. Aber es ist nicht nur dieser Name, der weiter über der Tür des seit nunmehr achtzig Jahren existierenden Restaurants steht, sondern auch ein kulinarischer Anspruch, dessen Einlösung sich nach wie vor schwierig gestaltet.

Ein Problem dabei ist, daß die Bewunderer Stuckis ein schrumpfender geschlossener Zirkel von Eingeweihten sind, denen in ihren Augen der alleinige Blick auf die wahren Qualitäten der Kochkunst gegeben ist. Wir kennen diesen Effekt auch aus Deutschland, wo sich mit dem Namen Eckart Witzigmann auf ewige Zeiten eine singuläre kulinarische Qualität zu verbinden scheint, die viele falsche Vergleiche provoziert und die Leistungen nachfolgender Generationen ignoriert. Diskutiert man aber mit wachgebliebenen Zeitgenossen, ergibt sich ein differenzierteres Bild: Das kulinarische Erlebnis war für die damalige Zeit so singulär, daß es heute schwerlich zu wiederholen ist. Qualität aber muß relativ zur Zeit gesehen werden – was zeitüberdauernde Qualitäten logischerweise nicht ausschließt.

Aus dieser Perspektive wird verständlich, daß die Übernahme klassischer Rezepturen eines Hauses durch nachfolgende Küchenchefs zum Problem werden kann. Heute steht im „Bruderholz“ mit dem Elsässer Patrick Zimmermann ein Koch am Herd, der die Küche des früheren Meisters nur noch mittelbar über seinen Vorgänger, Stuckis ehemaligen Sous-Chef Jean-Claude Wicky, kennt. Die „Taube im Crépinette mit Gänseleber“ gehört jedenfalls zu den Klassikern des Hauses und enttäuscht. Die Crépinette ist handwerklich nicht perfekt gemacht und fällt auseinander, das Fleisch ist nicht in allen Teilen gut aromatisiert, und die Sauce bietet zwar viele Trüffelstückchen, aber nicht deren Aroma. Gut ist dagegen eine ausgehöhlte Kartoffel mit einer Sauerampfercreme und einem Stückchen gebratener Gänseleber obenauf. Hätte man davon mehr als nur ein Exemplar, wäre die Kreation jedoch viel interessanter zu essen.

Aber der Hausgeist: Da ist das klassische Ambiente einer großbürgerlichen Villa mit einem beruhigend unaufgeregten Interieur und einem Publikum, das hier sein kulinarisches Zuhause gefunden hat. Da ist ein Servicepersonal von gereifter Routine und frei von albernen Inszenierungen, und selbst die Kunstgegenstände lassen zu größeren Teilen erkennen, daß hier nicht ein bißchen in Kultur gemacht wurde, sondern Stucki daran wirkliches Interesse hatte. Bei den Gerichten freilich erscheint der Geist zwar bisweilen, hätte sich aber manches Mal abwenden müssen. Die „Ententerrine auf Ananaskonfit“ überzeugt mit ihrer leichten Rustikalität, wird aber von einem viel zu harten Teigelement („Hippe“) sinnlos begleitet. Es folgt ein minimal marinierter Lachs mit hauchfeinen Radieschenstreifen und Zucchiniwürfeln, der auch ohne Zirzensik überzeugt, weil die Proportionen der Begleit-Texturen stimmen.

Wenn Zimmermann präzise wird, gewinnt seine Arbeit sofort an Format. Das klassische „Flußkrebsfrikassee mit Morcheln und Feves-Bohnen verfeinert, Krustentier- und Karottenemulsion“ gefällt dank Flußkrebsen und Morcheln von erfreulicher Größe und einer Emulsion, die durch eine feine Abstimmung zwischen den Krustentier-Aromen, den Karotten und einem geringen Sahneanteil erfrischend wenig süßlich wirkt.

Diese leicht individuelle Saucenauffassung kommt bei dem „In Butter gedünsteten Frühlingsgemüse mit Zitronenöl und altem Essig verfeinert“ besonders gut zur Geltung. Die fast perfekt gegarten Elemente von Bohnen und Erbsen bis zu Spargel und Artischocken gewinnen durch die ganz leichte Säure der minimal cremigen Sauce erheblich an Struktur und erreichen problemlos ein kulinarisches Niveau, das keinerlei Vergleich mit den üblichen Luxusprodukten zu scheuen braucht. Es scheint im Moment allgemein so, daß erst diese Art von leicht angesäuerten Saucen oder auch das, was man bisweilen als „warme Vinaigrette“ bezeichnet, eine wirkliche Alternative zu den klassisch vertieften Saucen sein kann. Im Gegensatz etwa zu den Sahnesaucen, die andere Aromen schnell egalisieren, ermöglichen Saucen mit einem ganz leichten Säureanteil oder einer leicht herben Note oft eine Ausweitung des Aromenspektrums und eine größere Freistellung der von ihnen begleiteten Speise.

Wie man es nicht macht, ist leider ebenfalls im „Bruderholz“ zu schmecken. Der „St. Petersfisch mit Basilikum, Zitronenfrüchte-Ravioli und kräftiger Safransauce“ ist einfach zu grob geraten und ergibt einen völlig anderen Eindruck, als ihn der Titel verspricht: Die Ravioli schmecken eher nach Kürbis und erdrücken den Fisch mit ihrer Süße. Die Safransauce ist nicht kräftig, sondern scheint eine leicht veränderte Nutzung der Krustentiersauce von anderer Stelle zu sein, und auch das Basilikum ist kaum präsent.

Dieser Mangel an Subtilität findet sich leider auch bei zwei Gerichten aus dem Tagesmenü, die gleichwohl zu erstaunlich strammen Preisen auf der Rechnung erscheinen. Das „Marbré von Gänseleber und Schweinsfuß“ entpuppt sich als eine viel zu kalt aus dem Kühlschrank servierte, eher gutbürgerliche Verirrung, in der eine langweilige Scheibe Schweinsfuß-Terrine mit einem Foie-gras-Medaillon angereichert wird. Und die „In Olivenöl sautierten Burgunderschnecken mit frischen Kräutern“ versprechen mehr Frische, als sie halten können. Hier sorgen größere Mengen Jus und Cremesauce für ein verkleistertes Geschmacksbild, dem weder das Olivenöl noch die Kräuter anzuschmecken sind.

Patrick Zimmermann läßt also aufblitzen, was er kann, hat aber wohl noch nicht alle notwendigen Entscheidungen getroffen, die ihn zu einer bemerkenswerten Größe machen könnten. Viele Köche haben noch nicht wirklich verstanden, daß erst ein präzises Mitdenken ihre handwerklichen Fertigkeiten vollendet. Man sollte sich vom Bild des „Bauchkochs“ auf diesem Niveau grundsätzlich verabschieden. Es ist ein Trugbild, wenn sich Köche und mancherlei Kritik einzureden versuchen, daß eine hervorragende Küche ohne gedankliche Durchdringung möglich wäre. Zusammenhängendes Konzept und gleichmäßige Qualität gehen Hand in Hand. ❧

27. 05. 2006, F.A.Z., Feuilleton, Seite 34

Die Deklination des Löwenzahns

Raus dem Klassikkorsett: Jean-Marie Dumaines „Vieux Sinzig“

Die Entstehung der klassischen Regeln der Kochkunst können wir uns kaum anders denn als eine Abfolge von einzelnen Entdeckungen, Kopien davon und immer wieder neuen Varianten vorstellen, die sich unter dem inneren Druck von schriftlichen Fassungen und dem äußeren Druck von zunehmender Professionalisierung verfestigt haben. Sie sind bis auf den heutigen Tag also nicht Ergebnis eines systematischen Denkens und damit einer Theoriebildung, die auch einmal vom Nutzwert abstrahieren kann, um auf diese Weise sinnlose Verkrustungen und Einschränkungen zu relativieren.

Am Beispiel des Einsatzes von Kräutern wird das besonders deutlich. Es gibt in der avancierten Küche nur eine kleine Anzahl gängiger Kräuter, deren Aroma sich viele Köche zudem nur indirekt nutzbar machen, die man außerdem nicht „durchschmecken“ soll und die deshalb schon gar nicht roh und in größerer Menge eingesetzt werden. Dieser erlernten Beschränkung, für die es bestenfalls plausible (das Braten mit zuviel Kräutern übertünche den Eigengeschmack des Hauptproduktes, hört man oft), aber keine letztlich haltbaren Begründungen gibt, steht eine denkbare Systematik des Einsatzes von Kräutern gegenüber, die eine große Vielfalt von Möglichkeiten bieten kann. Allein schon der Gedanke an die kulinarische Diskussion der möglichen Aggregatzustände (roh, getrocknet, pulverisiert, angefroren, püriert) für jedes nur denkbare Kraut läßt erahnen, wie weit das Feld ist.

In der Frühphase dieses Prozesses, in der wir uns noch befinden, ist die Bedeutung von Restaurants wie das „Vieux Sinzig“ des Franzosen Jean-Marie Dumaine in Sinzig am Rhein nicht hoch genug einzuschätzen. Ein Bio-Restaurant im alpenländischen Raum mit Kräutern frisch von der Almwiese wäre vielleicht reizvoll, größere Überzeugungskraft aber besitzt eine Küche, die auch ohne solchen Standortvorteil intensiv mit Kräutern arbeitet und dabei den Vergleich mit jedweder Spitzenküche aushält. Dumaine verfolgt schon seit 1979 einen Kurs, der sich stark auf die konsequente Nutzung von Pflanzen der unmittelbaren Umgebung konzentriert. Seine Leistungen bestätigen nachhaltig, daß der Rückgriff auf lokale Ressourcen auch in Deutschland nicht im Widerspruch zu einer avancierten Küche stehen muß.

Mit dem hochinteressanten „Menu découverte“ ermöglicht Dumaine in elf Gängen beinahe einen vollständigen

Blick auf alle Gerichte seiner Karte. Diese Gerichte sind geeignet, die Diskussion an verschiedenen Punkten weiter zu beleben. Der Beginn fällt etwas unentschieden aus: Die Entenstopfleber mit Wiesenknöterich oder auch die Elemente im Amuse-bouche (etwa eine Kräutercreme) bieten eine gewisse Abweichung von den üblichen Aromen, gewinnen aber noch keine wirkliche Eigenständigkeit. Das gilt auch für die drei verschiedenen, mit etwas Meerrettich gratinierten Crèmes brûlées aus Brennessel, Löwenzahn und Sauerampfer. Man registriert minimale Unterschiede, die aber wiederum so unspezifisch sind, daß ihnen die nötige Evidenz fehlt.

Dumaine verzichtet hier und an anderen Stellen leider auf den gleichzeitigen Einsatz der rohen Kräuter. Benutzt man etwa die beiliegenden Deko-Blätter als Verstärkung, wird alles sofort trennschärfer, ohne daß der ursprüngliche Charakter der Crème brûlée verlorenginge. Während die Crème sofort wirksam wird, schließt man das Kraut erst durch Kauen aromatisch auf, so daß sich ein Nachhall mit dem puren Aroma ergibt.

Eine merkwürdige Wirkung entsteht bei der „Roquefort-Joghurtcreme auf Lammcarpaccio mit Labkraut-Tempura“. Wenn man das Labkraut-Tempura allein ißt, nimmt man nur den Tempura-Teig wahr. Im Akkord mit der gut ausgewogenen Roquefort-Creme aber verschwindet der Tempura-Geschmack, und es bleibt ein dezenter Hintergrund-Ton vom Labkraut.

Deutlich überzeugendere Lösungen finden sich bei den Fisch- und Fleischgerichten. Beim „Seesaibling mit Mädesüßblüten, Taubnessel-Spinat und Traubenkernöl“ entwickelt sich mit Hilfe einiger anderer (meist gegarter) Kräuter und vor allem der auf einem heißen Stein servierten getrockneten Mädesüßblüten zunächst ein eher herbes Geschmacksbild mit nicht sehr zugänglichem Profil. Es zeigt sich aber, daß diese Fassung für den Saibling hervorragend ist und der Fisch ein ganz ungewöhnlich komplexes Aromenspektrum gewinnt. Systematisch gesehen läßt sich erläutern, daß durch jede Aromatisierung (vulgo: Begleitung) eines Hauptproduktes bestimmte Teile von dessen Aromenspektrum verstärkt, ergänzt oder auch überlagert werden, wobei – ein gutes Maß an Harmonie vorausgesetzt – prinzipiell kein qualitativer Unterschied in die jeweiligen Varianten hineindiskutiert werden kann und unsere gelernten Bewertungen dabei nicht selten auch Varianten ausschließen, die ohne weiteres als wohlschmeckend empfunden werden können.

Neben dem Saibling gefällt auch eine exquisite Lösung für den Seeteufel, der hier mit Löwenzahn als Creme, Chip, Chutney und Karamel begleitet wird. Die Deklination des Löwenzahns ist nicht nur ein Beweis für die Möglichkeit, gängige Chips und Chutneys zu ersetzen, sondern erreicht durchaus eine eigene Qualität. Am deutlichsten ist die Veränderung beim in Kräuterheu gegarten Rinderfilet, weil hier der Fleischgeschmack (bei sehr guter Reife und Garung) dominant bleibt und selbst eine kräftige Aromatisierung durch die Kräuter verträgt.

Dennoch könnte die Küche im „Vieux Sinzig“ hin und wieder noch an handwerklicher und konzeptioneller Qualität zulegen. Wenn traditionelle handwerkliche Kriterien in hohem Maße erfüllt werden (so bei einem gebratenen Spanferkelrücken mit einem sehr originellen Riesling-Sauerkraut und verschiedenen Kohlsorten), kann man nicht nur einen individuellen Versuch gegen die Macht der Gewohnheitsküche genießen, sondern eine vollgültige Variante. Dieses Niveau durchgehend zu erreichen oder gar noch auszubauen sollte angesichts des Erfolgs des Restaurants möglich sein. Denn Dumaine zeigt großen Erfindungsreichtum und verkauft Produkte wie einen Zuckerrübenbalsamico, „Akazienblüten-Kapern“ oder Tannenspitzen-Senf.

Wichtiger noch aber ist es, das alte Vorurteil gegen den Einsatz roher Kräuter und Pflanzen in warmen Zubereitungen zu widerlegen. Die Kräuter- und Pflanzenküche hat hervorragende Möglichkeiten, um die alte Mär vom Zivilisationskriterium des Übergangs vom Rohen zum Gekochten gründlich ad absurdum zu führen. Dumaine ist klassisch ausgebildet. In diesem Punkt könnte er sich noch weiter davon befreien. ❧

03. 06. 2006, F.A.Z., Feuilleton, Seite 34

Wunderbares Vakuum

Jacob-Jan Boerma kocht sich in den Niederlanden an die Spitze

Zum wiederholten Male haben die Spitzenköche in den Niederlanden den zweiunddreißigjährigen Jacob-Jan Boerma vom Restaurant „De Leest" in Vaassen (in der Nähe von Apeldoorn) zum „vielversprechendsten Chef-Koch" gewählt. Mittlerweile hat eine solche Auszeichnung Gewicht, weil unser Nachbarland mit nun drei Drei-Sterne-Restaurants und einer international mehr und mehr geachteten wohltemperierten Modernität eine erstaunliche Position gewonnen hat. Bei einem vergleichbaren Verhältnis von Einwohnerzahl zu Drei-Sterne-Restaurants müßte Deutschland fünfzehn statt sieben solcher Etablissements haben.

Boerma zeigt in vielerlei Hinsicht, daß er über die nötigen Triebkräfte verfügt. Sein wichtigster Lehrer war der schon legendäre Belgier Roger Souvereyns (vom ehemaligen „Scholteshof" in der Nähe von Hasselt), ein Koch von einer genuinen, aber nie modischen Kreativität. Boerma möchte am liebsten „alle Drei-Sterne-Köche der Welt" kochend von sich überzeugen und nennt als Lieblingskochbuch ein Dessertwerk des Spaniers Oriol Balaguer („La Nouvelle Cuisine des Desserts", 2001), in dem die Patisserie so gründlich neu strukturiert wird, daß die üblichen süßen Abziehbilder nur noch naiv wirken. Dem Trubel rund um die Fernsehköche begegnet er mit der Distanz eines Altmeisters: „Was ich tue, ist Passion, was die Fernsehköche tun, ist Show."

Solchermaßen ideologisch gestärkt, entwickelt Boerma in seinem ebenso elegant wie puristisch-modern eingerichteten Restaurant in dem unauffälligen Örtchen Vaassen eine Küche von teilweise erstaunlicher Meisterschaft. Im nachhinein neigt man deshalb fast zu der Ansicht, daß das Stückchen lokaler Wurst mit einem Tupfer Senf auf Holzspieß im Holzständer als Zitat aktueller Präsentationsmanierismen gedacht war – etwa wie die eine oder andere moderne Grafik, deren Aussage hinter die Ausstattung zurücktritt („vom Künstler in der Platte handsigniert, auf handgeschöpftem 74er-Bütten aus Öko-Holz nach Reifung in griechischen Bergklöstern"). Ansonsten werden die sieben Kleinigkeiten zu Beginn in schneller Folge einzeln serviert. Sie erfüllen exakt das, was ein gutes Amuse Bouche leisten kann: eine kleine Reise durch diverse Abteilungen der Küche, weniger den Appetit anregend (als wenn das an solcher Stelle nötig wäre), als ankündigend, daß man es mit einem Koch von Rang zu tun hat.

Hier also verraten ein Gurkeneis, ein warmes Fenchelpüree oder eine Garnele mit Ananas und Curry-Sauce die Fähigkeit zu perfektem Würzen, die erwähnte Wurst oder dünne Scheiben rohen Rinderfilets ein erfreuliches Verständnis von Produktqualität und kleine Ironien wie eine Art dekonstruierte Pommes frites in Form eines wunderbaren Currykùchleins Leichtigkeit an der richtigen Stelle.

Die erste Vorspeise, ein Thunfischsalat in Form eines

recht hohen Türmchens, bestätigt den ersten Eindruck vor allem deshalb, weil die Grundlage simpel ist, das Ergebnis aber hochfein. Ein Meister fällt bei solchen Assemblagen immer dadurch auf, daß er es schafft, durch exakte Proportionierung der Zutaten und subtilste Würzung ein erstaunliches Niveau zu erreichen. Die einzige Besonderheit ist hier ein Stilelement, das in mehreren Gerichten Verwendung findet: der Ersatz normaler Salate durch Blätter und Stücke von Pflanzen, die sich an der See finden (etwa die Strandaster). Deren oft etwas dickere Blätter haben kein prominentes Aroma, sind aber als Texturelemente präziser und berechenbarer einzusetzen als viele Salatsorten.

Weniger überzeugend fallen zwei Gerichte mit Hummer aus, weil Boerma hier in eine der Marotten der niederländischen Spitzenköche verfällt, nämlich den etwas zu starken Einsatz von Fruchtsüße. Immerhin fängt er beim „Salat von Nordseekrabben mit Kürbis, Apfel, Curry und mariniertem Hummer" die Süße durch ein außergewöhnlich gutes Curry weitgehend wieder auf. Im zweiten Hummergericht ist dann – wieder eine Besonderheit – der Hummer in der Salzkruste gegart, was ihm eine ganz ungewöhnliche Saftigkeit beläßt. Boerma benutzt fast immer Niedrigtemperaturgarungen (mit oder ohne Vakuum) und erzielt auf diese Weise hervorragende Garzustände und – durch die längere Garzeit – besonders gute Möglichkeiten zur Aromatisierung der Hauptprodukte.

Selbst seine Gänseleberterrine (leider nicht ganz sauber von Nerven befreit) wird im Vakuum gegart und erhält durch die dort mögliche intensivere Aromatisierung eine enorme Präsenz, die durch eine frische, leicht zitronige

Begleitung noch unterstützt wird. Es erstaunt immer wieder, welch originelle Versionen mit einem der Emblemprodukte der Klassik noch möglich sind.

Beim Wolfsbarsch mit Lorbeer, Spargel, einem Zitronen- und Kräuterjus und scheinbar banalen Minikroketten von Kartoffelpüree gelingt mit aufwendiger Küchenarbeit die perfekte Illustration der Forderung nach der Natürlichkeit von Aromen. Alles schmeckt idealtypisch, wie der Wolfsbarsch an sich oder der Spargel an sich, wobei nicht die kleinste Überlagerung durch andere Aromen auszumachen ist, auch nicht vom Lorbeer beim Fisch. Wir haben uns daran gewöhnt, daß die Kochkunst von den zahlreichen Teilaromen eines Produkts einige verstärkt, einige aufnimmt und andere überlagert. Bei Boerma aber scheinen sie alle gleichermaßen gewürdigt und ins Großartige gesteigert.

Beim Rehbock „de Leest-Stijl" schafft Boerma schließlich auch noch die Verbindung von klassischem Verständnis und strukturalistischer Inszenierung. Das wieder überaus gut gegarte Fleisch wird von einem Ragout aus Würfeln von rote Bete, Apfel, kleinen Pfifferlingen und zweierlei Nüssen (Pinienkernen und Macadamianüssen) begleitet. Die verschiedenen Texturen sorgen für eine unterschiedliche Länge in der Wahrnehmung: von den frischen Apfelwürfeln zu Beginn bis zum Nachhall der Nüsse. Die Länge dieses Ablaufs entspricht exakt der Zeit, die man braucht, um einen Bissen Fleisch aromatisch aufzuschließen und zu zerkauen.

Auch wenn der junge Meister beim Dessert, einer differenziert klingenden „Zitronencreme mit Himbeeren, Bouillon von Zitronengras mit Vanille und Vanilleschaum mit Basilikumöl", die Regeln seines Vorbilds Balaguer noch nicht ganz befolgt, wird deutlich, daß sich hier ein großes Talent seinen Weg bahnt. Wichtig wäre Einsicht in spezifische Stärken und Schwächen, noch wichtiger die exakte Lokalisierung der Details. Vielleicht sollte Boerma den letzten Rest von Modischem beseitigen und sich allein der Moderne widmen. ❧

10. 06. 2006, F.A.Z., Feuilleton, Seite 42

Mir schmeckt's aber

Ein Nachschlag zur Debatte über den freien Willen

Es ist ein Merkmal der Unfreiheit, daß man sie als Freiheit empfinden kann, wenn sich ihre Determinanten mit der eigenen Persönlichkeitsstruktur decken. Das Gefühl, einen freien Willen und zum Beispiel ein weitgehend unbeeinflußtes ästhetisches Wahlverhalten zu haben, ist höchst relativ. Unabhängig davon, was nun Hirnforschung und Handlungsphilosophie als Freiheit gelten lassen wollen, unterliegen die Handlungen, die ein Handelnder für frei hält, und deren mittelbare und unmittelbare Auswirkungen immer der Beurteilung durch Dritte. Ein Ich, das im Sinne der Redewendung so frei ist, setzt sich, ob es es nun will oder nicht, der Diskussion aus.

Wer demnach in scheinbar völliger Wahlfreiheit das Essen bei McDonald's zu seinem kulinarischen Lebensmittelpunkt macht und mit dieser freien Wahl eine Regression der kulinarischen Kultur vom Aussterben hochwertiger Nutztierrassen über die Industrialisierung der Nahrungsmittelproduktion bis zur Verödung der Restaurantlandschaft fördert, kann ohne weiteres auf die Qualität dieser Freiheit und den Freiheitsgrad dieses freien Willens befragt werden. Insofern irrten die Alten: Über nichts sollte man so kräftig streiten wie über den angeblich so individuellen Geschmack.

Im kulinarischen Bereich wird meist übersehen, daß es zwischen dem Fastfood-Konsumenten und dem Gourmet große Ähnlichkeiten gibt. Natürlich fiel die Wahl des Gourmets auf hochwertigere Materialien und auf die Teilnahme an einer kulturell eher als positiv eingestuften Subkultur. Im Prinzip kann seine Wahl aber ebenso bedingt sein wie die des von ihm nicht selten verachteten Gegenübers. Unsere scheinbaren Paradiese der Waren und Dienstleistungen sind bestens geeignet, die Autosuggestion eines freien kulinarischen Willens zu unterstützen. Wenn sich überhaupt jemand in einem Supermarkt oder vor den Töpfen der vielfältigen Ethno-Küchen unfrei fühlt, dann die Gourmet-Fundamentalisten, die partout keine Rohmilchbutter oder kein Pauillac-Lamm finden können.

Wir sind ein Produkt unserer kulinarischen Sozialisation, und diese Sozialisation ist in der Regel ein wirres Konglomerat von Zufälligkeiten, kulinarischen „Unglükken" und Glücksgefühlen aller Art, von subtilen psychischen Verknüpfungen oder – nicht zu vergessen – kulturellen Vorgaben, die dafür sorgen, daß der Mensch als Gattung so gut wie alles ißt, als Individuum aber massiv selektiert. Gesteuert wird die kulinarische Sozialisation in der Familie kaum noch und in der Schule erst recht nicht mehr. An anderer Stelle würde eine solche „verbogene Sozialisation“ Gutachter auf den Plan rufen, die dann von mildernden Umständen sprächen und in der wahllosen Ernährung nur ein ganz normales Zeichen von durchaus positiv verstandener Individualität sehen wollten. Die Folgen kulinarischen Handelns und Nichthandelns werden regelmäßig außer acht gelassen.

Vieles wird verdrängt und spielt sich im Unbewußten ab. Hier ist das Verhältnis zum Essen von der Wahrnehmung von Kunst oder Musik zu unterscheiden. Die Begegnung mit unliebsamen Bildern oder einer unliebsamen Musik findet zwar auch vor dem Hintergrund einer entsprechenden Sozialisation statt, aber man muß sie sich eben nicht in den Mund stecken. Nur selten bedrängen uns Bilder so stark, daß wir längere Zeit Probleme damit haben – wenn überhaupt. Beim Essen ist es dagegen ohne weiteres denkbar, daß ein Stück schwabbeliges Fett noch nicht einmal ohne sofortige Würgereize den Weg in den Mund findet. Ein Gehirn, dessen Besitzer sehr wohl unterscheiden kann, was im Fernsehen Fiktion und Nichtfiktion ist, so daß es einem möglich ist, Leichenberge in den Nachrichten zu betrachten und sich wenig später genußvoll dem Abendessen zu widmen, ist beim Essen selber oft nicht in der Lage, Ekelverknüpfungen zwischen Essen und Exkrementen zu vermeiden oder die Wahrnehmung „Gestank“ in „Geruch“ umzuwandeln.

Wenn Tierschutzorganisationen auf Ekelpropaganda setzen, wissen sie genau, daß dies Menschen erreicht, die Tiere essen, deren Schlachtung aber nicht mit ansehen können. Unsere vermeintliche Willensentscheidung erschöpft sich zumeist darin, daß wir die eingehenden Informationen daraufhin abgleichen, ob sie zu unseren Positiv-Negativ-Mustern passen. So gesehen, fühlen wir uns wohl, wenn wir die Freiheit haben, unsere Unfreiheit mit dem passenden Material zu bedienen.

Ein größeres Maß an kulinarischer Freiheit kann nicht über bockiges Beharren auf der Bedienung der eigenen Sozialisationsvorgaben erreicht werden, sondern nur über das Erlangen oder Wiedererlangen einer größeren Öffnung und Verfügbarkeit unserer Wahrnehmung des Essens. Selbstverständlich bleibt der „freie“ Wille auch im kulinarischen Bereich ein Ideal. Die Erkenntnis, daß wir unfreier sind, als wir vielleicht meinen, ist allerdings eine Voraussetzung für die Erlangung dessen, was man „Kulturfähigkeit“ des Essens nennen möchte. Erst die kritische Sicht auf unser individuelles Verhältnis zum Essen ermöglicht eine überfällige gesellschaftliche Rückkopplung und entsprechende Konsequenzen – zum Beispiel in Bildung und Erziehung. Einen wie auch immer gearteten Freiraum „wenigstens für das Essen“ gibt es nicht.

Wir tun uns keinen Gefallen, wenn wir uns in einem der wichtigsten Bereiche des Lebens die Freiheit der Unfreiheit zugestehen. Das alte Treibenlassen im Namen der Wahlfreiheit hat uns heute in eine Situation gebracht, in der wir nicht mehr nur warnen können. Die nachwachsenden Generationen bestehen bereits zu großen Teilen aus kulinarischen Analphabeten. ❧

17. 06. 2006, F.A.Z., Feuilleton, Seite 42

Prickelspeise extrafein

F.A.Z.-Gourmetvision Spezial: Desserts in der „Schwarzwaldstube"

Als Spezialausgabe der F.A.Z.-Gourmetvision präsentiert Pierre Lingelser, Patissier von Harald Wohlfahrts „Schwarzwaldstube" in Baiersbronn, ein breites Spektrum an Desserts. Der Elsässer arbeitet bereits seit zehn Jahren an der Seite Wohlfahrts und hat sich bei Publikum, Kritik und nicht zuletzt den eigenen Kollegen den Ruf eines wahren Meisters seines Faches erarbeitet. In zunehmend virtuoser Weise hat Lingelser auf hervorragender handwerklicher Grundlage einen Stil entwickelt, der Subtilität und Erfindungsreichtum mit einer überlegten Sicht auf Funktion und Perspektiven des Fachs verbindet.

Natürlich besteht diese Dessertvision nicht ausschließlich aus Nachspeisen. Sie beginnt mit einigen Gängen von Harald Wohlfahrt. Bereits das traditionell vierteilige Amuse-Bouche, eine Variation aus Gelbschwanz-Makrele, schafft eine komplexe Interpretation mit trennscharf entwickelten Details (Süßholzbeize für die Makrele) und interessanten Ideen (Makrele plus Mango und Rhabarber). Die folgende „Velouté von grünem Spargel mit Gänseleberflan" hat mit ihrer Kombination von Frische und klassischem Tiefgang eine herausragende Finesse. Beim „Rotbarbenfilet mit Octopusrisotto und Rotweinschalotten" gibt es eine texturell und aromatisch ideale Fassung für die Rotbarbe, die Wohlfahrt in der Garung so optimiert hat, daß sie präzise zwischen einem leichten Biß und einer schmelzenden Textur liegt. Abgeschlossen wird der herzhafte Block von „Lammcarré, mit Paprika und Ingwer gratiniert, geschwenkten Artischocken und Barolojus" – meisterlich gehalten.

Die Desserts werden dann in drei alternativen Komplexen von je drei Nachspeisen präsentiert, die sich rund um die Leitmotive „Moderne", „Frucht" und „Schokolade" entwickeln. Inklusive eines Dessert-Aperitifs und Eispralinen zum Schluß ergibt das einen fünfteiligen Block. Den Auftakt macht ein Schokoladenbeignet auf einem Paprika-Himbeer-Kompott, das beweist, wie spannend eine Ausweitung in Richtung „gastronomischer Desserts" (unter Verwendung von Elementen der herzhaften Küche) sein kann.

Der erste Komplex beginnt mit einem optimierten Klassiker. „Das karamelisierte Millefeuille von Himbeeren mit Eisenkraut-Eis" erfreut durch einen Blätterteig, der so luftig und kroß ist, daß er eine völlig andere Funktion bekommt als die oft zur Verdichtung neigenden Beispiele an anderer Stelle. Die klassische Struktur aus Blätterteig, Himbeere und Crème anglaise wird durch das Eisenkraut-Eis mit seiner Zitronengras-Infusion ausgesprochen sinnvoll weiterinterpretiert, weil nicht nur ein weiteres Aroma dazukommt, sondern über das Eis auch ein Temperaturelement, das die anderen Bestandteile in einen neuen sensorischen Zusammenhang stellt.

Was Lingelser „prickelndes" Erdbeersorbet mit einer Wassermelonen-Passionsfrucht-Kaltschale nennt, ist die sensorisch spektakuläre Wiederkehr des Brausepulver-Effekts – basierend auf der Verwendung von Karbondioxyd, einem schon bewährten Stilmittel der molekularen Küche. Zusätzlich fällt bei dieser Kreation die fast herzhafte Wirkung der Kaltschale gegenüber dem Sorbet auf, die im Zusammenhang mit den prickelnden Körnern im Mund eine Vermischung nach Art eines aromatischen Minifeuerwerks verursacht.

Den Abschluß des Komplexes bildet eine Schokoladenkomposition mit Mango und Passionsfrucht, die in aromatischer und sensorischer Komplexität differenzierten herzhaften Gerichten in nichts nachsteht. Die Spannweite reicht vom Schokoladen-Espuma über platzende Ingwer-Likör-Bonbons bis zu Crèmes und Beignets.

Eine sensibel entwickelte „Variation von Zitrusfrüchten mit Mandarinensorbet" steht am Beginn des zweiten Komplexes. Interessant ist, welch unterschiedliche Wirkung die Säure und die Aromen im engeren Sinne haben, je nachdem, ob sie in einem Bisquit, einem Eis, einer Marmelade, einem Schaum oder einer „sphärischen" Ravioli (nach Adrià) vorkommen. Das „Apfel-Koriandersorbet auf Eukalyptus-Gelee" danach weitet das Spektrum dank seiner Präzision wie selbstverständlich aus, während das „Schokoladensoufflé mit Erdbeeren in Dattel-Balsamicokaramel und Schokoladenstreuseln" einfach und klassisch aussieht, aber höchst interessant mit der Säure des Balsamicos und dem Salz- und Nußanteil der Streusel spielt.

Der dritte Komplex eröffnet beim „Passionsfrucht-Soufflé mit Bananen im Vanillesud, Guavensorbet und Kokosschnee" einen tropischen Aromenstrauß, der durch seine begrenzte Süße eine ungewöhnliche Seriosität und Differenziertheit bekommt. Die Erkenntnis, daß die tropischen Früchte nicht per se banale Zuckerbehälter oder unreif-frisches Kaumaterial sind, kann für eine Revision des Patisserie-Verständnisses noch sehr wichtig werden. Die „im Sherry-Schokoladensud glasierten Kirschen auf Zimtsablé mit Sauerkirschsorbet und Mandelmilchgranité" danach werden mit dem typischen Verständnis von Mikroelementen der Wohlfahrt-Schule zu einer perfekten Miniatur. Originellster Bestandteil ist hier ein „Savarin mit Kaffee, Kardamom-Creme und Mangosorbet mit indischen Gewürzen", das ein durch und durch ungewöhnliches Aroma zwischen einer leichten Herbheit, der spezifischen Kardamom-Frische und den unergründlichen Gewürzen (Tamarinde plus Sternanis, Kardamom und Zimt) hat.

Den Abschluß aller drei Dessert-Komplexe bilden zwei im Mund aufbrechende Eiskonfekte, einmal mit einem Pfirsich-Champagner-Sorbet, einmal mit einer Ananascreme und einer sehr speziellen Dill-Glasur. Eine weitere Besonderheit der Dessertvision gibt es bei der Begleitung mit Getränken. Sommelier Stéphane Gass weicht an einigen Stellen von der üblichen Linie mit Süß- oder Portweinen ab und eröffnet neue Perspektiven. So entwickeln ein zehnjähriger Madeira Bual von Cossart Gordon zum Schokoladensoufflé oder ein dreizehn Jahre alter Rum Telica, Barrel 67 zum Savarin mit Kaffee eine ganz andere Funktion als die eher harmonisch-ineinandergreifend begleitenden Süßweine. Mit dem Madeira oder dem Rum gibt es so spezielle Reaktionen, daß man von einer kompletten Uminterpretation der Aromen reden kann – ohne daß ein Qualitätsverlust zu beklagen wäre. Alles in allem eine Aufforderung zur Intensivierung. ❧

Die F.A.Z.-Dessertvision ist von Mittwoch, den 21. Juni, bis zum Sonntag, den 30. Juli, zum Preise von 125 Euro in der „Schwarzwaldstube" im Hotel Traube-Tonbach in Baiersbronn zu bekommen.

24.06.2006, F.A.Z., Feuilleton, Seite 46

Der Flußbarsch steht völlig frei

Wie die Brüder Obauer in Werfen die Mundräume weit machen

Solange man in Österreich noch keinen Michelin-Führer hatte, war die Welt noch in Ordnung. Der lokale, keiner Zentrale und keinem internationalen Vergleich verpflichtete Gault Millau verteilte großzügig hohe Noten, die dann – sehr österreichisch – folgenderweise interpretiert wurden: Johanna Maier (Filzmoos) hat neunzehn Punkte, soviel Punkte hat keine andere Köchin der Welt, also ist Johanna Maier die beste Köchin der Welt. Vermutlich hat man diesen Zustand der mangelnden Relativiertheit genossen; noch lange werden an diese goldenen Jahre die überall in Österreich aufgestellten Verkehrsschilder erinnern, die den Weg zu den berühmten „Hauben-Restaurants" (die Haube ist das Gault-Millau-Signum) weisen.

Mit dem Erscheinen des ersten Michelin-Führers für Österreich (für das Jahr 2005), der zu allem Überfluß auch noch von der deutschen Michelin-Redaktion betreut wurde, hat sich die Lage böse verändert. Man sieht sich – masochistisch ist die Logik dieser Nationalseele – mangels einer Drei-Sterne-Auszeichnung nur noch als zweitklassig. Lokale Weltklasse-Restaurants wie das „Steirereck" in Wien (damals noch neunzehn Punkte) haben nur einen einsamen Stern bekommen, und Johanna Maier wird gleich von mehreren Damen aus Italien und Spanien übertroffen. Muß das nicht Folgen haben? Es sieht fast danach aus.

Vor einigen Jahren präsentierten sich die Brüder Karl und Rudi Obauer im idyllisch mitten in den Bergen gelegenen Werfen noch als junge Wilde, die, so der Titel ihres Buches aus dem Jahre 2002, „hemmungslos" kochten, das hieß in der Realität: mit Fusion-Elementen, internationaler Mainstream-Moderne und einer überarbeiteten Regionalküche drei Küchenstile gleichzeitig pflegten. Auch heute noch wehren sie jede Vermutung, sie hätten ihre Freistil-Küche aufgegeben, vehement ab und geben weiterhin die Spontanen, bei denen alles etwas lockerer ist – nicht nur die Atmosphäre in ihrem unprätentiös-modernen Restaurant. Und dennoch wird man darauf bestehen müssen, daß die Obauer-Brüder eine hochinteressante Entwicklung eingeschlagen haben: Präzise Handwerkskunst bringt hier individuelle Gerichte hervor.

Den bei aller Individualität fast immer evidenten Kurs gibt eine von den klassischen Saucenklischees abweichende Linie vor. Fast jede Kreation wird vom Einsatz spezieller Öle (einschließlich der markanten Kernöle) und

Essige bestimmt. Der Unterschied zu den oft stark homogenisierenden Verwendungen von viel Butter und/oder Sahne liegt in der Breite des Spektrums. Die „süßen" Beigaben egalisieren Unterschiede zwischen den Aromen und nivellieren Subtilität. Viele Köche haben sich zu sehr auf eine Art Tutti fixiert, sie arrangieren ein geschmackliches Panorama mit immergleichen Mitteln und ohne die nötige Vorsicht im Detail. Die weitgefächerten Aromen der diversen Öle und Essige dagegen erlauben eine Verstärkung der Komplexität im Sinne einer Unterstützung der Eigenart von Aromen.

Die „Kaninchen-Gänseleber-Sülze mit Fenchel und Parmesan" zu Beginn läßt dieses Prinzip deutlich erkennen. Im Mittelpunkt steht eine klassische Verbindung, in der das ohnehin sehr zarte Fleisch durch die schmelzende Gänseleber noch weicher wirkt. Die Besonderheit aber wird durch eine Vinaigrette gewonnen, die mit einem Linsengemüse und dem in ihr aufgelösten Parmesan diese Homogenität – ohne sie zu zerstören – in einen anderen Zusammenhang stellt. Je nach Proportionierung kann man also das Original und eine wirklich alternative Interpretation, die nicht nur klassisch „Begleitung" ist, erleben. Sensorisch beweist sich dabei ein Prinzip, das die klassische Küche im engeren Sinne kaum je beachtet hat: Wir können durchaus mehrere Dinge gleichzeitig wahrnehmen, vor allem wenn diese eine klar entwickelte Struktur haben, deren Einzelteile aufeinander bezogen sind. Das auf diese Weise entstehende geschmackliche Bild einer Kreation fügt sich allerdings erst dann zusammen, wenn man es bewußt registriert.

Bei der „Kalbszunge mit Spargel und Trüffel-Essig-Nage" herrscht das gleiche Prinzip des integrierten Kontrastierens, das man auch als aromatische Räumlichkeit bezeichnen könnte. Es bilden sich Kontrastpaare zwischen der sehr milden Zunge und der Komplexität des Trüffelaromas, der Festigkeit des al dente gegarten Spargels und der schmelzend-zarten Zunge sowie zwischen Essig und Zunge. Für irrlichternde Momente sorgt zusätzlich etwas Bärlauch.

Erfreulich ist auch, daß bei Obauer die Vorspeisen-Sensibilität auf die Hauptgerichte übertragen wird und nicht – wie leider häufig zu beobachten – die Hauptgerichte ein Ausbund an Redundanz und geringer Differenziertheit werden. Der „Flußbarsch mit Treviso-Radicchio und Apfelbalsamico" ist nur auf den ersten Blick die Variante eines Zanders in Rotweinbutter, weil hier ebenfalls eine größere Menge Butter eingesetzt wird. Tatsächlich herrscht das nämliche, kontrastierende Prinzip, weil die Butter eben nicht – wie zu vermuten – den Fisch „verpackt", sondern gegen die Herbheit des Radicchio steht und diese ausbalanciert. Zur Vollendung wird dann diese Balance von dem komplexen Apfelbalsamico weiter aufgefüllt. Der Fisch steht glasklar und sozusagen völlig entspannt dazwischen.

Eine Komposition, bei der noch nicht ganz klar erscheint, ob man hier eine entwickelte Novität oder einen Seitenweg ohne viel Perspektive vor sich hat, ist das „Werfener Lamm mit Rettich und Rosmarinpolenta". Diese Ambivalenz hat den Grund, daß das Lammaroma nicht um seiner selbst willen gefördert, sondern eher als Mittel zum Zweck der Schaffung eines ungewöhnlichen neuen Akkordes eingesetzt wird. Die Polenta schmeckt kaum nach dem Rosmarin, dessen Kombination mit dem Lamm durchaus angezeigt ist, bekommt aber durch einen Milchschaum eine Texturveränderung. Eine Bärlauchcreme könnte die ebenfalls probate Knoblauchfunktion zum Lamm einnehmen, schmeckt aber zu sehr wie ein Gemüse. Die Rettichcreme schließlich (abermals mit einem Kernöl-Anteil) setzt einen vollends seltsamen Akzent. Alles zusammen ist kaum einzuordnen, hat aber seinen Reiz. Vielleicht sollte diese Komposition einmal mit einem Lamm versucht werden, das über deutlich mehr Alter und Eigengeschmack verfügt.

Auch bei dem „Warmen Steinkleetopfen mit Tomatenkompott" überschreiten die Köche durch ein viel zu kräftiges Grundaroma die Nachvollziehbarkeit, wobei aber das Prinzip wiederum einleuchtet. In Werfen schreitet die Kochkunst derzeit so beherzt voran wie in kaum einem anderen Spitzenrestaurant. ❧

01. 07. 2006, F.A.Z., Feuilleton, Seite 50

Mir ist ganz italienisch wohl

Im Mannheimer „Da Gianni“ kocht ein Deutscher gegen Klischees

Das Gerede über italienische oder mediterrane Einflüsse in der Küche hat uns ein viel zu diffuses Bild verschafft. Was soll man darunter denn verstehen? Die Verwendung von Produkten, die es eher dort als hier gibt? Die katalanischen Spezialitäten, wie etwa Krustentiere, deren Schalen samt Innereien noch einmal kräftig geröstet und dann zu einer fast herben Sauce verarbeitet werden, die mit den bei uns verbreiteten aufgeschäumten Sößchen aber auch gar nichts gemein hat? Oder der Ducasse-Stil, bei dem zum Beispiel in Olivenöl geschmorter Grünspargel mit Parmesanspänen, grobem Meersalz und ebenfalls mit Olivenöl zerstampften Kartoffeln kombiniert wird? Oder italienische Pasta, gewürzt mit wenig mehr als der Liebe zum Italienischen. Oder ein vor Öl triefendes Schmorgemüse in einem nicht sehr vornehmen, aber beeindruckend authentischen Restaurant irgendwo in einem kleinen Dorf – betrieben von Amerikanern, Briten, Niederländern oder Deutschen, die zu Hause ihr Geld verdienen, sich die Emotionen aber für den Export vorbehalten?

Im Raum steht auch immer der Simplizitätsvorwurf, der es vor allem den Franzosen oft unmöglich macht, in einer Pasta-Komposition mit Tomatensauce etwas zu erkennen, das die geheiligten Michelin-Sterne verdient. Glücklicherweise haben wir in Deutschland nicht nur eine unübertroffene Menge von Pizzerien, sondern auch eine beträchtliche Anzahl guter italienischer Restaurants, die durchaus in der Lage sind, Klischees zu korrigieren.

Das „Da Gianni“ in Mannheim gehört schon seit gut zwanzig Jahren zur ersten Garde unserer Italiener. Wie üblich, lohnt es sich zu erforschen, ob man es mit nichtkochenden Italienern und kochenden Nicht-Italienern zu tun hat. Auch in diesem Falle steht hinter einer beeindruckend italienischen (also männlichen) Service-Mannschaft mit Wolfgang Staudenmeier ein deutscher Koch und läßt daran erinnern, daß Heinz Beck im „La Pergola“ in Rom gerade eben seinen dritten Michelin-Stern bekommen hat. Haben wir am Ende bessere Gene für die italienische Küche als die Italiener selbst?

Staudenmeier ist kein Unbekannter, sondern der Vorgänger von Harald Wohlfahrt in der „Schwarzwaldstube“ in Baiersbronn, in der man 1978 gemeinsam deren zweiten Stern erkochte. Im „Da Gianni“ ist ohne weiteres eine meisterliche Hand zu erkennen, auch wenn die Ehrungen nicht denen der „Schwarzwaldstube“ entsprechen. Staudenmeiers Stil kann jedenfalls wichtige Erkenntnisse über das Wesen der italienischen Küche vermitteln und ist ganz nebenbei auch eine gute Schule für den Umgang mit Olivenöl. Beim Amuse Bouche hält man sich hier dezent zurück, verspricht aber mit einem etwas umgebauten Mini-Vitello-Tonnato und einer fein abgestimmten Petersiliencremesuppe Subtilität: Zwei einzelne geröstete Pfefferkörner müssen einfach in dem Moment sinnvoll geplant wirken, wo sie als exakte Dosierung auffallen.

Was folgt, ist eine Demonstration erfreulicher Stärken. Da sind die Scheiben vom Pulpo butterweich oder die Tintenfisch-Beutel zur Rotbarbe texturell so sensibel abgestimmt, daß sich ihre Texturen zu einem neuen Meerestier zu vereinen scheinen. Die Wirkung von Staudenmeiers Küche ist ganz entscheidend von einer Art Unterdosierung abhängig. Das verführerische Olivenöl, mit dem man das Wolfsbarschcarpaccio mit Spargel, Meersalz und etwas Rogen überschwemmen und das man vor dem Einsatz auf warmen Gerichten kühlen könnte (eine Ducasse-Technik), um den thermischen Schock auszugleichen und es frischer zur Wirkung kommen zu lassen, nimmt der Meister subtil zurück. Es ist da, aber kaum zu registrieren und außerdem von einer Milde, wie man sie selten findet.

In Staudenmeiers Küche sind die Saucen nach wie vor Chefsache, und es wird deutlich, warum. Um jenen Punkt im Mittel- bis Hintergrund eines Produktaromas zu finden, der durch ein so mildes Olivenöl eine derartige Veränderung erfährt, braucht es ein höheres Verständnis der Zusammenhänge. An dieser Stelle ergibt sich und erledigt sich gleichermaßen auch der Simplizitätsverdacht: Wenn nicht Sensibilität, so braucht diese Subtilität die Vergleichsmöglichkeiten häufiger Restaurantbesucher, die es auch einmal schätzen, wenn das Gute etwas leiser daherkommt.

Zwischenzeitlich nimmt auch Staudenmeier die eine oder andere kleine Auszeit. Eine Foie gras im Baumkuchenmantel ist ohnehin schon nahe am Dessert und wird mit einem Birnenkompott und viel Vanille endgültig zum Birnenkuchen. Stilistisch kann man dies eher den deutschen Marotten zuordnen. Auch die Variation aus geschmortem Kaninchen leidet etwas unter ungeklärten Intensitäten. Das Fleisch könnte teilweise deutlicher geschmort sein, und trotz eines guten Rosmarin-Innereien-Spießes wirken die Beilagen (Gnocchi, Karotten) beliebig. Hier mangelt es ein wenig an Präzision. Dafür wird aber beim Wolfsbarsch mit Venusmuschel-Safran-Sud ein weiterer Effekt von Staudenmeiers Saucen-Subtilität sichtbar.

Es macht einen fundamentalen Unterschied, ob man die Saucen französisch-tief oder eher unaufdringlich anlegt. Die hier zu findende elegante Unaufdringlichkeit mangels herber, saurer oder dichter Noten einer stark reduzierten klassischen Sauce läßt eine sehr schöne Leichtigkeit entstehen, in der sich die verschiedenen Muschelsorten erstaunlich differenziert behaupten und in der das Fischfleisch (endlich auch einmal wieder ohne die so selten wirklich gelingende krosse Haut) viel substantieller wirkt. Sauce, Muscheln, Fisch sind hier in sich stimmig und genügen sich selbst.

Dennoch wird es mit den Beilagen noch einmal interessanter, weil das Erbspüree, das fein gewürfelte Ratatouille-Gemüse oder ein Lauchgemüse aus den kräftigeren grünen Teilen des Lauchs (mit eigener Vinaigrette) ausgewogene Kontraste ermöglicht, die nicht zu stark in das Hauptprodukt eingreifen, sondern es nur etwas anders interpretieren. Das Publikum gewöhnt sich vielleicht hier und da und über die Jahre so sehr an Namen und kulinarische Institutionen, daß ihre Funktion für das Ganze leicht übersehen wird. Die Küche im „Da Gianni" ist immer interessant und aufschlußreich. Der Meister selber könnte mit allem Recht an der weiteren Perfektionierung seines Stils arbeiten. ❧

08. 07. 2006, F.A.Z., Feuilleton, Seite 46

Iß roh, so bleibst du froh

Warum sind die Stammgäste im „Borchardt" mit allem zufrieden?

Die Urbanität in Berlin-Mitte, Abteilung „Gehobener Konsum", Unterabteilung „Essen", ist noch eine überschaubare Angelegenheit. Rund um den Gendarmenmarkt gibt es die eine oder andere Adresse, und vielleicht könnte es einem Fotografen mit seinen stillstehenden Bildern sogar gelingen, an irgendeiner Stelle einmal jene Atmosphäre einzufangen, wie man sie freilich in Paris fast an jeder zweiten Straßenecke findet. Das „Margaux" zum Beispiel scheint trotz Parlamentsnähe darunter zu leiden, daß zwischen „Margaux" und Bundestag auch noch eine Imbißstube steht, die potentielle Kunden vom guten Essen abhält.

Und doch gibt es ein Fleckchen, das Tag für Tag Hunderte der Stützen von Staat und Gesellschaft geradezu magisch anzieht, eine Touristenattraktion, die in jedem Führer steht und dennoch so authentisch ist, daß sich eine Proletarisierung von außen nicht abzeichnet – das „Borchardt". Man hat so etwas schon anderswo gesehen. Damit ist jetzt nicht die äußere und strukturelle Ähnlichkeit mit Pariser Brasserien wie dem „La Coupole" gemeint. Vertraut ist vielmehr eine gewisse Irritation angesichts der Frage, ob es sich hier nun um etwas aus der vornehmen Garde der Stammcafés wichtiger Geister handelt oder doch mehr um einen Szenetreff, dessen Zusammenhalt nicht unbedingt die Hochkultur stiftet. Da sind ein paar Entrees zu pompös und ein paar Küßchen zuviel, da wird etwas zu demonstrativ telefoniert oder zu laut gelacht. Droht hier vielleicht ein Sansibar nach Sylter Art, wobei jeder Anwesende den anderen für bedeutend hält? Das wäre dann so etwas wie die Proletarisierung von innen.

Das „Borchardt" ist nicht zuletzt ein Restaurant von einem gewissen Anspruch, und das interessiert aus einem ganz einfachen Grund. Man muß nun einmal damit rechnen, daß die kulinarische Sozialisation der genannten Spitzen von Staat und Gesellschaft zu einem wichtigen Teil hier stattfindet. Oder aber, auch das ist nicht auszuschließen, daß die Qualität des Essens auf deren kulinarische Sozialisation abgestimmt und deshalb so erfolgreich ist. Beide Möglichkeiten stimmen nicht fröhlich. Im „Borchardt" entspricht das kulinarische Konzept einem vergröberten Bild zeitgenössischer kulinarischer Routine.

Für die Toskana-Fraktion gibt es etwas Pasta, Rinderfilet-Carpaccio und Mozzarella mit Tomaten und Basilikum. Für bodenständige Hypersensible der Bistro-Fraktion allerlei französische Rustikalitäten („Elsässer Blutwurst mit Champagnerrahm und Kartoffelpüree“) und für deren Wahlverwandte aus der Urbevölkerung das Wiener Schnitzel. Für die Gourmet-Fraktion scheinen die in die Beschreibungen eingebauten Signalwörter gedacht zu sein („Suprême“, „Nage“), und für die Zeitgeist-Fraktion hat man das Kobe-Beef auf die Karte gesetzt – dabei doch wohl wissend, daß das echte Kobe-Beef nicht exportiert wird und der als „Wagyu“ verkaufte „Ersatz“ mittlerweile sehr zu wünschen übrigläßt.

All das wäre gar kein Problem, wenn es denn gut zubereitet wäre. So wird etwa das „Wiener Schnitzel“ allgemein als eine recht solide Leistung des Hauses angesehen, zumal es hier vom Kalb ist und inklusive Sardelle und Kapern erscheint. Trotz guter und expressiv soufflierender Panade darf aber der Hinweis erlaubt sein, daß ein Verhältnis von eins zu eins zwischen Dicke der Panade und dem Fleisch eine gewisse Ähnlichkeit zur Fleischbehandlung bei McDonald’s hat. In dieser Form ist das Schnitzel eigentlich ein Fleischgericht für Leute, die kein Fleisch mögen. Im italienischen Fach sind die „Linguine mit Flußkrebsen, Spargel, Spinat und Kirschtomaten“ eine schwere Enttäuschung. Dem Gericht fehlen eigentlich die Sauce, der Spinat und vor allem seriöse Flußkrebse. Die Gebilde, die hier zur Füllung des Wortes „Flußkrebs“ aufgeboten werden, sind klein wie die braunen Nordseekrabben und völlig geschmacklos – wenn man einmal von dem faden Nebengeschmack absieht.

Etwas besser ist dann die „Rotbarbe, auf der Haut gebraten in grüner Curry-Nage mit Junggemüse und Gewürz-Cous-cous“. Der kräftig kroß gebratene Fisch und die Couscouswürze ergeben einen angenehmen Akkord, und auch die Sauce paßt trotz einiger etwas zu kräftig (da ungleichmäßig) gewürzter Stellen durchaus gut. An den Gemüsen allerdings scheitert die Küche, weil es nicht gelingt, die Garzeiten der einzelnen Elemente auch nur einigermaßen zu koordinieren. Selbst die Minikarotten kann man mit dem Fischmesser nicht zerteilen, und die viel zu großen Lauchzwiebeln sind innen noch roh. Hier wird ein typisches Frühjahrselement der avancierten Küche, also die nach Sorte einzeln à point gegarten jungen Gemüse, kopiert, ohne daß man die Besonderheit der jungen Gemüse wirklich verstanden hätte.

Auch beim „Suprême vom Schwarzfederhuhn in Portweinjus mit sautiertem Chinakohl und Buttergnocchi“ will es nicht gelingen, den, hat man’s erst auf dem Teller, einigermaßen pompös wirkenden Titel kulinarisch zu fundieren. Das Huhn selbst ist von guter Produktqualität, die Garung aber zu fest, was eben geschmackliche Auswirkungen hat und nicht nur dem Zartheitskult der Gourmandise widerspricht. Leider ist das Gemüse mit Chinakohl viel zu scharf gewürzt, so daß es so gut wie jede Balance auf dem Teller zerstört. Der im Prinzip ordentliche Portweinjus geht gut mit dem Huhn zusammen, verliert aber in der Verbindung mit dem Gemüse vollständig seine Struktur.

Insgesamt wirkt das Essen im „Borchardt“ also nicht gerade überzeugend – einige der offenen Weine eingeschlossen. Die Konzepte scheinen – wie so häufig – einfach für die Küchenmannschaft etwas zu schwierig. Mehr zu denken gibt da schon die Rezeption. Achten die anspruchsvollen Gäste nicht auf die Qualität, auf die sie mutmaßlich doch sonst in ihrem Leben achten? Nehmen sie eine Auszeit der unproblematischeren Art? Haben sie beim Essen die Kritik satt, die das tägliche Brot all dieser Medienleute und Öffentlichkeitsarbeiter aller Branchen ist? Andere Bereiche der Kultur profitieren regelmäßig davon, daß man Zeichen setzt. Die Eßkultur wartet auf so etwas immer noch. Über dem „Borchardt“ liegt insofern ein Hauch von Enttäuschung. Enttäuschung darüber, daß es so wenig an eine Institution wie das Pariser „Taillevent“ erinnert: diskret, leise, bedeutend und kulinarisch mit der unerbittlichen Energie des Jean-Claude Vrinat betrieben, der eine Verkörperung des Unterschiedes zwischen Lebensstil und Lifestyle ist. ❧

15. 07. 2006, F.A.Z., Feuilleton, Seite 34

Taube blasiert, Seeteufel verkühlt

Jean-Luc Tartarin in Le Havre trägt Versatzstücke zusammen

Die Köche können grundsätzlich mit oder ohne Theorie reüssieren. Sie unterscheiden sich darin nicht von anderen Kreativen, denen man oft genug höchst kompakte und interpretationsfähige Leistungen bei völliger Abwesenheit von theoretischer Grundlegung bescheinigt. Es mehren sich allerdings die Zeichen dafür, daß nach langen Jahren der vorsichtigen Assimilation, also einer eher zurückhaltenden Aufnahme einiger innovativer Details und deren Einbau in ein bestehendes, weitgehend klassisch fundiertes System, eine Situation entstanden ist, die ohne tiefergehendes Verständnis zu schwachen Ergebnissen führt. Das Problem entsteht vor allem dann, wenn nicht nur ein paar zeitgenössische Neuentwicklungen aus dem Bereich der „molekularen Küche" herangezogen werden, sondern der Zusammenhang in einem Dickicht von mangelndem Verständnis verlorengeht.

Jean-Luc Tartarin kocht in der wunderschönen ehemaligen Villa des französischen Dramatikers Armand Salacrou (1899 bis 1989), die an der Promenade des längst nicht mehr so häßlichen französischen Seeortes Le Havre liegt. „La Villa du Havre" ist im strengen französischen Gault Millau mit achtzehn Punkten bewertet, befindet sich dort also in der Gesellschaft des „Grand Véfour" in Paris oder des „Buerehiesel" in Straßburg. Der Gault Millau Frankreich kann als sichere Stütze für die kreative Küche gelten, wobei allerdings oft nicht ganz klar wird, was exakt man da eigentlich favorisiert. Tartarin jedenfalls sieht man irgendwo in der Nähe von Adrià, Veyrat und Gagnaire, wobei der Koch selbst Pierre Gagnaire als wichtigste Inspiration nennt, und zwar wegen dessen kochtechnischer Qualitäten und weil er „vor allem ein Koch ist" – was immer das bedeuten mag.

Die Indizien sind schon beim sechsteiligen Amuse Bouche, das in verschiedenen Gefäßen serviert wird, mehr als klar. Man entdeckt Spuren der kleinen, erst beim Essen ungewöhnlich wirkenden Akkorde, wie sie immer wieder bei Gagnaire zu finden sind: Die Melonenkugel wird mit Rosmarin und Kümmel aromatisiert, ein Kaninchengelee mit einer Kirsche kombiniert oder ein Tomatensorbet mit Paprika und Pesto. Dazu gesellen sich dann aber gleich drei Adrià-Anleihen: eine Pampelmusen-Passionsfrucht-Air zum Taschenkrebs, ein Espuma aus Pommes frites mit Ketchup und ein sphärischer Apfelraviolo zu einem Stück Blutwurst. Die Air ist viel zu schwach für das kräftig gewürzte Taschenkrebsfleisch. Der Pommesfrites-Schaum gefällt mit einem so treffsicheren Aroma (inklusive des Salzes, das die Fritten üblicherweise würzt), daß man einen Moment lang an eine perfekte Ironie glaubt. Und der Raviolo bedient vielleicht vordergründig den klassischen Apfel-Blutwurst-Akkord, tut dies aber in schlechter Proportion und Würze.

Schon hier schleichen sich erste Zweifel ein, ob vielleicht ein Zusammenhang zwischen dieser Aneinanderreihung modernistischer Zeichen und der nicht immer überzeugenden strukturellen Substanz besteht. Man kann zum Beispiel nicht ohne weiteres das klassische Apfelkompott oder eine Apfelscheibe durch einen sphärischen Raviolo mit seiner sehr speziellen Oberflächenspannung und explosionsartigen Aromenentfaltung beim Zerplatzen ersetzen, ohne den völlig veränderten Zusammenhang auch bei Zubereitung und Präsentation der Blutwurst zu berücksichtigen. Die eine Textur ersetzt eben nicht die andere, sondern schafft völlig neue Verhältnisse.

Es erscheinen – mit einer Beschreibung des Gerichtes in Gedichtlänge – einige Langustinen mit Sancho-Pfeffer und einem „Jus de la tête pilé à la minute", expressiv auf einer schwarzen Steinplatte arrangiert. Ein partieller Schnitt in der Schwanzmitte schafft Raum für die Aromen, und auch der Tupfen Sauce signalisiert Sinn für Proportionen und scheint sensibles Essen zu fordern.

Was aber tatsächlich bleibt, sind einseitig markierte, das heißt auf der anderen Seite glasige Langustinen mit kaum definierbarer Würze und einer Sauce ohne eigenes Profil. Noch prätentiöser geraten die Rotbarben, denen man eine ganze Reihe von Manipulationen, formuliert im Plauderton der Pariser Luxusimbißstuben („Saveur ‚terre et mer' levée de rouget barbet juste snacké sur la chair …"), aromatisch partout nicht entnehmen kann. Es bleiben ein paar mit Bouillabaisse glasierte Rotbarbenfilets, deren Haut durch diese Technik unschön elastisch geworden ist. Den Seeteufel danach hat die spanische Garung erwischt, er ist also bei Niedrigtemperatur mehr erwärmt als gegart und stört durch sein auslaufendes Wasser den

Rest der Komposition, wie etwa ein paar Rucolablätter, die nicht weiter auffallen, aber – natürlich – ein „bouquet" darstellen, das – natürlich – „sauvage" ist, also von wilden Pflanzen stammt. Nichts gegen eine Garung, die zum Beispiel im Vakuum in der Lage ist, eine neue Textur des Fisches zwischen roh und durchgegart zu definieren, dabei aber jederzeit evident geraten kann. Aber dieses hier hat davon nichts.

Bei der Taube treibt man es noch schlimmer, weil sie überdies spektakulär „en vessie", also in einer Schweinsblase gegart ist, die zum Tisch gebracht, aufgeschnitten und zum Überprüfen des Heu-Aromas nebst Myrte herumgereicht wird. Die servierte Taube dann zeigt allerdings weder nennenswerte Zartheit durch die indirekte Garung noch irgendeinen Geschmack, dem man mit einigem interpretatorischen Willen auf die Spur kommen könnte. Für die Sensorik gedacht ist wohl auch ein Pilzeis in einem Extraglas, das allerdings so grob gerät, daß die ansonsten durchaus interessante Wechselwirkung mit warmen Elementen nicht so recht zustande kommen will. Zu allem Überfluß reagiert auch noch ein ziemlich individueller und guter Côtes-du-Rhône mit der leicht karamelisierten Sauce so bizarr, daß man die Assoziation mit einigen belgischen Spezialbieren kaum vermeiden kann.

Dies alles hier ist eine Versammlung kulinarischer Gesten, zusammengesammelt bei den einschlägigen Verdächtigen, aus den Zusammenhängen gelöst und völlig mißverstanden. Dieser Küche fehlt die Theorie, also die Einsicht in größere Zusammenhänge, in das Wieso, Warum und Weshalb. Die Assemblage von Versatzstücken schafft kein Konzept, sie nimmt den Realien ihre Bedeutung, ohne sie durch eine neue zu ersetzen. Diese Art von Küche, die man in Frankreich leider immer wieder einmal findet, ist im Grunde irgendwo im Niemandsland zwischen Ferran Adrià und Michel Bras verschollen. ❧

22. 07. 2006, F.A.Z., Feuilleton, Seite 34

Wo ist der deutsche Ducasse?

Den Meisterköchen fehlt das Gefühl für ihre soziale Verantwortung

Auf den ersten Blick haben unsere Meisterköche mit dem Niedergang der kulinarischen Kultur rein gar nichts zu tun. Sie sind es schließlich, die mit ihrer Arbeit Qualität erzeugen und Maßstäbe schaffen. Was stören sie da deren Mißachtung industrieller und individueller Art, die gründliche, schichtunspezifische kulinarische Verdummung und die Dunstwölkchen von Hyperaktivität, mit denen die Medien in ihren Kochshows die Realität vernebeln? Nein, durch ihr Handeln scheinen sie unangreifbar und nicht verantwortlich zu machen. Aber wie ist es mit dem Nicht-Handeln? Machen sich unsere Starköche durch unterlassene kulinarische Hilfeleistung für den Status quo in Deutschland mitverantwortlich?

Daß die künstlerischen Spitzen eines Faches Verantwortung für das Ganze empfinden, scheint beim individualisierten Künstlerbild unserer Tage nicht unbedingt erwartet zu werden, auch wenn sich einige Literaten um Politik oder Rechtschreibung kümmern. Im Falle des Essens fällt allerdings die eklatante Abstinenz vieler prominenter Köche auf, der Mangel an deutlichen Stimmen, der Unwille oder die Unfähigkeit zu wirksamen Kampagnen, verbunden mit einem Mangel an Organisation. Nicht einmal der Kampf um die Symbole wird aufgenommen. Es reicht nicht, jeden Morgen die eingehenden Waren aus aller Welt am Hintereingang des Restaurants auf ihre Qualität zu überprüfen, wenn am anderen Ende der Skala ganze Generationen von Jugendlichen nur noch die Kombination von Ketchup mit zwei oder drei anderen Nahrungsmitteln kennen und wollen.

Die avancierte Küche gefällt sich sehr darin, als Teil der Hochkultur gesehen zu werden. Es wird Zeit, daß sie sich um die Kultur kümmert, deren Teil sie ist und bleibt, und ihr Gewicht in der öffentlichen Diskussion zur Geltung bringt. In diesem Zusammenhang ergeben sich eine ganze Reihe von Arbeitsfeldern, die dringend einer intensiveren Pflege bedürften. Da wäre zunächst die Pflege der traditionellen und regionalen Küche. Es ist höchste Zeit, die unreflektierte Frankophilie vergangener Jahrzehnte zu relativieren und deutlichere Zeichen für unsere eigenen kulinarischen Ressourcen zu setzen. Dazu wäre es notwendig, eine gedankliche Trennung zwischen den hervorragenden handwerklichen Traditionen der klassisch-französischen Küche wie auch den hochinteressanten technischen Neuentwicklungen der spanischen Schule und dem Objekt, auf das man sie anwendet, vorzunehmen. Es besteht kein Grund, warum nicht auch aus unserer Regionalküche ein kohärentes System entstehen sollte, in dem kulinarische Traditionen nach modernsten Methoden behandelt werden.

Sodann darf man von einem Meisterkoch verlangen, daß er die materiellen Ressourcen seines Berufs nicht nur im Inhalt der Lastwagen seiner Zulieferfirma sieht, sondern sich aktiv um eine Verstärkung oder sogar Entwicklung regionaler Herstellmöglichkeiten kümmert. Hervorragende Einzelergebnisse in verschiedenen Restaurants machen ohne jeden Zweifel deutlich, daß der Kult um diverse französische Spezialprodukte („Pauillac-Lamm") längst der Vergangenheit angehören sollte. Die Zusammenarbeit mit der Bio-Bewegung sollte verstärkt werden. Hier könnte das erzieherische Wirken der Spitzenköche nachhaltig fruchtbar werden.

Ein besonders großes Problem ist die Sprachlosigkeit unserer Meisterköche. Wenn die meisten von ihnen als Individuen keine Medienpräsenz zeigen wollen, so sollte man sich weitaus ernsthafter, als es die Ansätze der diversen Standesorganisationen bisher zu erkennen gaben, um eine Organisationsform bemühen, die nicht nur der Interessenvertretung dienen sollte. In der gesellschaftlichen Diskussion rund ums Essen muß die Stimme der Experten endlich kräftig werden.

Man kann die öffentliche Diskussion um die vielen kulinarischen Problemfelder von der Produktqualität bis zur Erziehung nicht kampflos jedem Fernsehredakteur überlassen, der auch einmal ein Süppchen kochen möchte. Man muß sich in der Verantwortung dafür sehen, daß die in intensiver Konzentration erarbeiteten, täglich realisierten Werte von Kochkunst und Gastlichkeit nicht schon vor der nächsten Schultür zerbröseln. Und es kann den Meistern auch nicht gleichgültig sein, wenn das öffentliche Bild der Gourmandise immer noch darunter leidet, daß Spitzen von Staat und Gesellschaft grundlegende zivilisatorische Zusammenhänge noch nicht erkannt haben.

Es wird dabei unumgänglich sein, daß viele unserer Spitzenköche auch einmal ihren Hortus conclusus verlassen und sich jener Form des geistigen Lebens stellen, die überall sonst den Fortschritt voranbringt: der Kontroverse. Es ist an der Zeit, die ewige Rücksichtnahme, bei vielen Vertretern des Berufs längst zu Ängstlichkeit verdichtet, aufzugeben und entschieden gegen Industrie und Politik, gegen Bildungsmisere, Vermassung und Orientierungslosigkeit aufzutreten. In Deutschland leisten die meisten Spitzenköche keinerlei Beitrag zur Suche nach neuen Formen der Restauration, die neue Konsumgewohnheiten und Qualität zusammenbringen.

Es fehlen Publikationen von Könnern, die doch die Begrenztheit und Einfallslosigkeit der Fernsehkochstars mit so leichter Hand offenlegen könnten. Es fehlt die deutsche Antwort auf Alain Ducasse, der sich nicht nur um die Haute Cuisine kümmert, sondern fast die komplette traditionelle und regionale Küche des Landes plus deren Adaption in Brasserien und Bistros überarbeitet und in den vier Bänden seines „Grand Livre de Cuisine" zu ästhetisch hocherfreulichen Standards verdichtet hat. Es fehlt schließlich weitgehend jede Bemühung, die avancierte Küche als ein komplexes System zu begreifen, das von Beteiligten aus ganz verschiedenen Sektoren getragen und optimiert wird. Für die Ausbildung einer verfeinerten Eßkultur gilt: Viele Köche verbessern den Brei!

Das alles mag unbequem sein und Aufwand erfordern. Man hat sich eingerichtet in Lob, Erfolg und Lebensstil; scheinbar haben die Meister jeden Grund, vor allem sich selbst zu sehen und nicht das Ganze. Auf diese Weise werden sie die kulinarische Tektonik allerdings nicht beeinflussen können. ❧

29. 07. 2006, F.A.Z., Feuilleton, Seite 34

Wie isset? Joot?

Ein Topos der kulinarischen Sozialisation: Das Brauhaus

Brauhäuser und ihre Küche sind in Deutschland wichtige Faktoren in der kulinarischen Sozialisation. Um diese Bedeutung im Leben des einzelnen zu bekommen, muß der Besuch im Brauhaus noch nicht einmal zu einer täglichen Gewohnheit werden. Das Brauhaus ist ein kulinarischer Topos, der ganz bestimmte Assoziationen auslöst und mit einer ebenso spezifischen sozialpsychologischen Situation wie klaren kulinarischen Vorstellungen verbunden wird.

Die Vorstellung vom Brauhaus wird bestimmt durch eine merkwürdige Mischung aus Überzeitlichkeit, Anonymität und Nähe. Man weiß, daß diese Institutionen Generationen überleben und mittlerweile zu den wenigen Konstanten unserer Gesellschaft gehören, und dennoch gehört zu diesem Phänomen sowohl eine zeitgenössische Verknüpfung (auch die Protagonisten der jeweiligen In-Generationen sind hier zu finden) als auch individuelle Nähe. Man kann in Pariser Gastronomie-Palästen das Gefühl haben, man sei dort nur ein Staubkorn im ewigen Getriebe der Haute Cuisine, in einem rheinischen Brauhaus wird ein vergleichbares Fremdheitsgefühl mit einem „Na, wie isset, jong" in Sekunden beseitigt. Individuell anerkannt und gut behandelt zu werden, aber gleichzeitig in einer unbedingt entspannenden Anonymität bleiben zu können, scheint einem großen Bedürfnis vieler Besucher der Gastronomie entgegenzukommen, die ebendieses in den Abfütterungsmaschinen internationaler Systemgastronomie ebenso vermissen wie unter der Dauerbeobachtung vieler Service-Truppen der Spitzengastronomie.

Ein guter Teil der Besucher scheint zu den Stammgästen zu gehören, der andere Teil wird so behandelt, als wäre man Stammgast. Diese Formel hat die moderne Gastronomie jedenfalls noch nicht geknackt. Was die Speisekarte angeht, so hat sich fast so etwas wie ein fester Begriff von Brauhaus-Essen etabliert, der im übrigen noch regionale Abweichungen (rheinischer Sauerbraten), aber auch viele Ähnlichkeiten kennt (Schweinshaxe). Für viele Menschen – und nicht nur die älteren Semester – ist ein Essen nach Brauhaus-Art der Maßstab für gute Qualität, wobei auch die Abweichungen nach oben in der Spitzenküche vor diesem Hintergrund unter Legitimationsdruck geraten können: „Verfeinerung" wird von hier aus durchaus als Mangel an Aromen und Würze interpretiert, Zartheit als eine Art kulinarischer Affektiertheit, der Hang zum Dekorativen gilt als kunsthandwerklich-weiblich. Wenn also das Brauhausessen vorzugsweise männlich sein sollte (der Schein trügt, auch wenn immer ein paar Frauen weniger dazusein scheinen als Männer), müßte dann doch verwundern, daß die Starköche fast ausschließlich ebenfalls männlich sind. Aber vielleicht ist das gar nicht verwunderlich, weil die Spitzen der Zunft sich in ihrer Mehrzahl regelmäßig als Redundanzesser zu erkennen geben, die es eigentlich lieber rustikal haben.

Wie steht es also um das Essen im kulinarischen Mittelpunkt? Das Stammhaus der Brauerei „Schumacher" in Düsseldorf ist groß, immer belebt und durchaus im positiven Sinne bürgerlich. Die Karte ist umfangreich, das Essen preiswert, die Portionen sind groß, und leichte saisonale oder zeitgenössische Zugeständnisse finden sich als Tagesangebot wieder. Bei den Streifzügen durch die Gerichte wird schnell klar, daß eine Grundfrage ist, inwieweit sich Küchenleistung und Stil gegenseitig bedingen. Der Zwang zu Convenience-Lösungen (also der Bereithaltung fertiger Gerichte zur zügigen Abwicklung der Bestellungen) hat deutliche Konsequenzen. Diese Konsequenzen (zum Beispiel übergartes Fleisch) wiederum sind den Gästen möglicherweise nicht klar, so daß also eine etwaige Einschätzung dieser Küche auf nicht bekannten Prämissen beruht. Die „Matjesfilets mit Bratkartoffeln und grünem Bohnensalat" haben keine optimale Frische, der Bohnensalat ist unangenehm kalt, weil er offensichtlich direkt aus einer Kühltheke kommt, und den immerhin erkennbaren traditionellen Akkord (der auch in der Spitzenküche vorkommt) müßte man völlig zerstören, wenn man den großen Mengen Zwiebelringen auf dem Teller zuspräche.

Ein „Tafelspitzsüppchen mit Einlage" schmeckt zwar selbstgemacht, hat aber keine aromatische Substanz und ausgelaugtes Fleisch als Einlage, was man nicht als Stil, sondern nur als handwerklichen Mangel einordnen kann. Anders ist es bei der erstaunlich guten gebratenen Blutwurst mit Sauerkraut und Sahnepüree, einem Gericht, das über eine schöne Balance zwischen Süße (beim Püree) und Säure verfügt und bei dem die Wurst eine optimale Garung erfährt, weil sie nicht bis zur Auflösung durchgebraten ist. Die Akkordbildung entspricht einem Bild, das wir aus der Klassik kennen, ist also eng und harmonisch.

Die verschiedenen Braten („rheinischer Sauerbraten", „Altbierbraten") und das Kasseler Kotelett leiden erheblich darunter, daß das Fleisch viel zu fest ist. Der Sauerbraten ist nicht klassisch durchgeschmort und damit kräftig aromatisiert, sondern wirkt wie eine Art Convenience-Lösung, bei der ein normaler Braten erst durch eine „Sauerbratensauce" zum Sauerbraten wird. Die Saucen allgemein haben keine große Tiefe, wie sie sich aus sorgfältiger Machart ergäbe, sondern eine Mischung aus wenig Substanz und kräftig hinzugefügter Würze. Die Knödel (Semmelknödel zum unspezifischen Altbierbraten) und Klöße (Kartoffelklöße zum Sauerbraten) enttäuschen und provozieren eine etwas überraschende Überlegung: eine solche Gastronomie muß aufpassen, daß sie durch die Entwicklungen im Fertigproduktbereich der Industrie nicht ins Hintertreffen gerät. Beeindruckend ist eigentlich nur die „ofenfrische Schweinshaxe", die ohne irgendeine Beschränkung lang genug und richtig gegart ist, also eine gute Kruste und ein bis an den Knochen durchaus gut gegartes und dabei zartes Fleisch hat.

Das Brauhaus „Schumacher" ist nur ein Beispiel. Andere Brauhäuser von München bis nach Köln haben wieder andere Stärken und Schwächen, und nähme man alle Stärken zusammen, hätte man zumindest eine Grundlage für die Diskussion darüber, was denn eine traditionelle Küche sein könnte. Unter kulturellen Gesichtspunkten besteht längst die Notwendigkeit, diese traditionellen Gerichte einmal einer genaueren Betrachtung zu unterziehen. Natürlich gibt es eine größere Anzahl von Publikationen zum Thema und regelmäßig die Behauptung, das oder das sei nun wirklich besonders authentisch. Gute Einzelrezepte können strukturelle Schwächen nicht verbergen. Die Bücher von unterschiedlichen Sachbuch-Autoren leiden darunter, daß die Autoren nicht gut genug kochen können, die von Spitzenköchen unter ästhetischen Problemen durch die Vermischung der unterschiedlichen kulinarischen Bezüge. Das Gemeinsame von Brauhaus und Restaurant gilt es erst noch zu bestimmen. Bisher hat keine Seite die Kraft, Maßstäbe zu setzen. ❧

05. 08. 2006, F.A.Z., Feuilleton, Seite 34

Billiger machst du's wohl nicht?

Aber ja doch: Olivier Roellingers Zweitrestaurant ist erstklassig

In der anhaltenden Diskussion um neue Formen der Gastronomie, die gute bis hervorragende Küchenleistungen ermöglichen und gleichwohl den gewandelten Bedürfnissen des Publikums entgegenkommen, stehen die heikelsten Erörterungen noch bevor. Vordergründig mag es darum gehen, qualitativ gute Kreationen in erschwinglicher und informeller Form einem Publikum zu präsentieren, das sich sehr wohl für gute und kreative Küche interessiert, dafür aber nicht ganze Abende mit großen Menüs, teuren Weinen und Rundumbetreuung investieren will. Das eigentliche Konfliktpotential aber steckt darin, daß bei der Suche nach abgespeckten Formen eine Frage auftaucht, die, in ein Beispiel übersetzt, so lauten könnte: Ist eine hervorragend abgeschmeckte Suppe mit nicht kostspieligen Zutaten nicht eine ebenso gute Küchenleistung wie eine luxuriös große Schnitte vom extrem teuren geangelten Wolfsbarsch mit jungem Gemüse?

Worin liegt denn die hervorragende Küchenleistung, wenn ein Spitzenrestaurant zusammengekaufte Ingredienzien wie eine Jakobsmuschel und Kalbsbries ohne größere handwerkliche Manipulationen mit etwas Vanillesauce überzieht? Worin liegt andererseits die normalerweise nicht so hoch bewertete Küchenleistung, wenn jemand eine Kalbshaxe mit viel Aufwand in ein durch und durch optimiertes Gericht verwandelt? Eine solche Diskussion wird die Großen ihres Faches nicht treffen, weil diese Elite nicht nur die wirklich raren Produktqualitäten präsentiert, sondern in der Regel auch zu handwerklichen und kreativen Leistungen in der Lage ist, die jeden Vergleichsversuch schnell scheitern lassen. Sie könnte aber den vielen Epigonen in Stern- und Punkterängen zuerst die argumentative Grundlage und dann wohl auch den Publikumszuspruch entziehen. Ein paar kulinarische Allerweltsgesten der gehobenen Art werden zuwenig sein, wenn der die Spitzenküche wie ein Virus befallende Mangel an Individualität im Wettbewerb um neue Ansätze ins allgemeine Bewußtsein gedrungen ist.

Olivier Roellinger in Cancale in der Bretagne hat nun endlich seinen dritten Stern im Guide Michelin bekommen und berichtet, daß die Wartezeiten für einen Platz bei ihm immer länger werden. Das gilt auch für sein „Zweit"-Restaurant „Le Coquillage" im Château Richeux, das etwas außerhalb von Cancale spektakulär direkt am Meer gelegen ist. Roellinger nennt dieses Haus ein „Bistro

Marine“, womit man nicht nur ein bestimmtes kulinarisches Erscheinungsbild, sondern auch eine klare Distanz zur Spitzenküche assoziieren soll. Denn gerade diese Distanz soll hier zumindest teilweise überwunden werden. Das Degustationsmenü „Un grignotage de la mer“ wird in drei Gängen serviert, wobei sieben kleinen Gerichten (kalt und warm) vier warme und eine beliebig umfangreiche Auswahl aus rund zehn Desserts folgen. Mit einem Preis von 56 Euro kostet es nicht mehr oder auch weniger als ein Hauptgericht in Roellingers Hauptrestaurant „Maisons de Bricourt“.

Natürlich gibt es mit einigen Austern und den kleinen Bigorneau-Schnecken auch Elemente, die eher unaufwendig sind. Aber schon eine kalte Erbsensuppe mit Nußölen verblüfft mit ihrer ungewöhnlichen Frische und Komplexität. Es geht weiter mit hausgeräucherten Makrelen, die erfreulich individuell geraten, weil man hier offensichtlich kein standardisiertes Räuchermehl verwendet, ein Räucherhaus befindet sich im Park des Schlosses. Die jungen Makrelen (Lisettes) danach sind im Prinzip roh und haben nur einen Hauch von dieser Räuchernote. Eine von Roellingers Spezialsaucen („Vinaigrette Celtic“) macht sie schmelzend zart und leiht ihnen eine geradezu transparente Würze. Auch die Teigtaschen („Nems“) erfüllen mit ihrer raschelnd-krossen Textur und einer feinen, mit einem individualisierten Curry gewürzten Fischfüllung die Ansprüche bester Küchenarbeit.

Was regelrecht fesselt, sind die bunte Folge an Ideen bei gleichbleibend hoher Qualität, die Produktnähe der Zubereitungen und eine gewisse Klarheit der Gedanken, der jedes Dekorative fremd zu sein scheint. Bei den vier warmen Gerichten nach diesen „Vorspeisen“ fallen diese Qualitäten noch stärker auf. Geradezu Maßstäbe setzen die örtlichen Moules de Bouchot, bei denen die schwierige Balance zwischen dem salzig-jodigen Muschelwasser, etwas Kräutern und Sahne beziehungsweise Butter so perfekt ausfällt, daß die Muscheln ihr mildkomplexes Proprium entfalten, das sie von den gröberen Miesmuscheln anderer Provenienz unterscheidet.

Die Tintenfisch-Beignets bekommen mit Roellingers Tomatenchutney wieder eine kleine Gabe aus dem Stammhaus, und das Gratin vom Taschenkrebs und Palourdes mit hochfein gratiniertem Krebs- und Muschelfleisch ist ebenfalls nicht nur ohne Fehl und Tadel, sondern erreicht durch die Feinabstimmung jenes Niveau, das Anlaß für das Urteil ist, es ginge anders, aber nicht besser. All dies wirkt – inklusive der klassisch-verfeinerten Desserts, an denen immer wieder die kleinen Spezialitäten Freude machen von der Qualität des Rums beim „Baba au rhum“ bis zu den verwendeten Grundschokoladen – sehr natürlich, scheint mit sehr viel kulinarischem Augenmaß gemacht. Roellinger trifft hier einen Punkt, der nichts, aber auch gar nichts mit Vereinfachung im Sinne von „billiger machen“ zu tun hat, sondern in vielen Fällen eher meisterliche Konzentration in den Mitteln bedeutet.

Dem steht an anderem Ort nicht selten eine „Spitzenküche“ gegenüber, der wenig mehr einfällt als süffige Collagen im immer gleichen Schäumchen- und Sößchen-Stil: Mit zur Schau gestelltem Aufwand wird Bedeutung simuliert. Man sollte übrigens Olivier Roellingers Konzept keinesfalls mit den immer weiter verbreiteten Versuchen verwechseln, aus einem Hauptgericht fünf Amuse-bouche-Gänge zu machen. Ein wenig erinnert das Programm an das an dieser Stelle schon erwähnte Restaurant „La Chassagnette“ südlich von Arles (F.A.Z. vom 21. Januar), wobei Roellinger sich nicht so ausführlich mit Gemüse und Kräutern beschäftigt wie Jean-Luc Rabanel. Der hat übrigens jüngst das Restaurant verlassen und in Arles ein neues Haus mit ähnlichem Konzept eröffnet, „L'Atelier de Jean-Luc Rabanel“. ❧

12. 08. 2006, F.A.Z., Feuilleton, Seite 34

Gift für die Zähne

Im Pariser „Apicius“ wird die Foie gras zur flüssigen Bonbonmasse

Jean-Pierre Vigato vom Pariser „Apicius“ gehörte schon vor fast zwanzig Jahren zum erweiterten Kreis der Küchenmoderne, wird gelobt wegen seiner Verbindung von klar entwickelten Grundprodukten mit dezenten Aromen aus aller Welt und einer großen Leichtigkeit durch den weitgehenden Verzicht auf Fette aller Art. Seine Schüchternheit trug dazu bei, daß ihn eine Aura umgab wie einen Filmstar. So wurde er früh zu einem der Kult-Köche der Pariser Szene, der zudem noch eher Preiswertes anbot, in einem nicht besonders pompösen Restaurant in der Avenue de Villiers. Seit dem letzten Jahr nun residiert Vigato in einer Art Palais mit Garten in der Rue d'Artois im achten Arrondissement, wo in vielen Etablissements der Hauch einer ebenso wohlhabenden wie auf Diskretion bedachten Bourgeoisie zu spüren ist. Man kennt sich, hat sich eingerichtet, und der längst nicht mehr so schüchterne Vigato macht schon früh die Runde im Restaurant, um Fans und Freunde zu begrüßen.

Ein Problem ist, daß auch die Küche etwas „eingerichtet“ wirkt und jenes Adrenalin vermissen läßt, das jede hervorragende Küche gleich welchen Stils ausschüttet. Natürlich braucht man keine mehrstöckig angerichteten Amuse-Bouche-Assemblagen. Aber ein karges Brötchen ohne Butter und etwas Möhrencreme mit marinierten Möhrenstreifen und Koriander liegen dann doch deutlich unterhalb dessen, was man auch ohne Erwartungen erwarten darf. Und wieder hat man den Fall, daß sich ein aufstrebender deutscher Koch der jüngeren Generation fragen könnte, was denn diese Franzosen haben, wenn sie mit so wenig Engagement weltweit reüssieren. Vigato führt zum Beispiel das ganz große und teure Luxusprodukt vor – vor allem beim Fisch, wo es der nichtfranzösischen Konkurrenz ohnehin kaum jemals möglich ist, an die besten Stücke zu kommen. Riesige Schnitten von Wolfsbarsch oder St. Pierre demonstrieren den Primat des Hauptproduktes, das man sodann dezent oder sogar dezent und interessant begleitet.

Für den St. Pierre findet der Meister eine interessante Lösung: Er stellt aus kleinen Suppennudeln eine Art Risotto her, das mit Anchovis aromatisiert ist. Die Anchovis-Note ist von einer beherrschten Intensität und läuft deshalb nicht Gefahr, den Fisch mit einer „billigen“ Geschmacksnote zu trivialisieren. Und doch fehlt ganz offensichtlich das Verständnis für die Perspektive der Komposition. Der Katalysator zwischen Fisch und Anchovis ist die Röstnote beim Fisch. Nur wenn man sie deutlich im Akkord hat, schmeckt die Kreation hervorragend, ansonsten etwas leer und unverbunden. Ein solcher Akkord aber ist nur bei einem von zehn Bissen möglich, der Rest ist Redundanz. Ist dies vielleicht eher eine in die Jahre gekommene Geste denn die meisterliche Beherrschung einer Idee?

Die kräftig karamelisierte Foie gras mit konfiertem schwarzen Rettich firmiert unter „Classic Apicius“ und scheint völlig in Routine erstarrt zu sein. Die Leber ist nicht sauber pariert, die recht dünnen Scheiben sind nicht nur teilweise der Selbstauflösung nahe (also übergart), sondern haben so dunkel karamelisierte Stellen, daß man meint, ein Karamelbonbon im Mund zu haben. Die fünf hauchdünnen Rettichscheiben sind so stark konfiert, daß ihr Eigengeschmack verschwunden ist und man nur mit Mühe feststellen kann, daß sie tatsächlich unter Umständen mit den Bitternoten des Karamels sehr interessant zusammenwirken könnten. Diese Umstände werden allerdings leider nicht erzeugt, weil vermutlich die ausübenden Kräfte in der Küche den Sinn des Ganzen nicht verstanden haben und wohl auch die Dauerkontrolle des Meisters fehlt. Neu wäre das nicht: auch ein bekannter deutscher Koch der älteren Generation war einmal ganz erschüttert, als er nach Jahren einmal selber wieder einen „Klassiker“ seines Hauses probierte und mit Entsetzen feststellte, daß sich wichtige Proportionen in der stillen Post des endlos wiederholten Produktionsprozesses bis zur Sinnlosigkeit verschoben hatten.

Bisweilen hat man in der Spitzenküche auch den Eindruck, die Formalien – also das Bild des angerichteten Tellers oder der Titel des Gerichtes – seien die Henne und das Ei noch lange nicht gelegt. „Bouillon corsé de homard et de boef au herbes thai“ (etwa : „Kräftige Bouillon von Hummer und Rindfleisch mit Thai-Kräutern“) klingt gut und interessant. Was aber sagt die kulinarische Logik?

Kann sich ein unbehandeltes Hummerfleisch wirklich gegen eine kräftig gewürzte Bouillon durchsetzen? Gut ist diese Kreation mit ihrer schönen und komplexen Würze nur für die dünnen Scheiben von gut gereiftem Rindfleisch, mit denen die Suppenschale ausgelegt ist. Sie werden durch die angegossene Bouillon hervorragend aromatisiert und bleiben völlig zart. Die Hummerstückchen aber werden zu einem reinen Kaumaterial degradiert, dem man weder eine aromatische noch eine texturelle Funktion zuerkennen kann.

Vigato durchbricht diesen Mangel an gedanklicher und handwerklicher Präsenz nur beim Lamm, das er mit einer guten Bratkruste vom Grillen, Knoblauchzehen, einem Kartoffelpüree mit Trüffeljus und vor allem einer speziellen Krokette („Cromesqui") mit Kräuterfüllung serviert. Der nur ganz leicht krosse Teig der Krokette setzt das Fleisch in subtiler Manier in Szene: Es steht ganz klar im Mittelpunkt, bleibt aber längere Zeit von Textur und Aroma der Kräuterkrokette eingefaßt. Das erinnert unbedingt an das überragende Lamm im Brotteig bei Heinz Winkler. Bei Vigato hat man allerdings den Eindruck, daß diese Qualität nicht wirklich sein Niveau ist: Schon das begleitende Kartoffelpüree mit dem Trüffeljus zeigt mit einem leichten Hintergrund von kalter Kartoffel wieder Spuren einer mangelhaften Küchenorganisation.

Warum aber ist es bei alledem selbst an einem Mittag hier wieder ausverkauft? Ein wenig mag das daran liegen, daß der größte Feind der wirklichen Spitzenküche auf vertrackte Weise ihr eigenes Publikum ist. Es wird hier ziemlich schnell gegessen und dabei ziemlich viel geredet. Was aber soll man in einem solchen Bistro für die besseren Kreise schon servieren? Es besteht die Gefahr, daß man sich auf eine ungute Formel einigt: Wir schmecken nicht so genau hin, dann braucht die Küche auch nicht so genau zu kochen. In Frankreich scheinen eine ganze Reihe von Köchen des Garderegiments gerade dabeizusein, den Anschluß zu verpassen. Ein Klassiker wird eben nicht dadurch zum Klassiker, daß man ihn oft genug wiederholt, sondern dadurch, daß er klassische Qualitäten der Kochkunst in einer Form bindet, die sich jeden Tag neue Gründe schafft. ❧

19. 08. 2006, F.A.Z., Feuilleton, Seite 32

Schokotraum mit Rippchen

Frédéric Bau bricht eine Lanze für Kakaoprodukte

Die vielleicht wichtigste Folge der Arbeit von Ferran Adrià ist die Erkenntnis, daß sich in der Kochkunst noch ungeheuer viel entdecken läßt. So wie er im Bereich der Variation von Aggregatzuständen (flüssig, fest, geliert) experimentiert hat, könnte dies auf beliebig vielen Feldern geschehen. Daß dies bisher nur ansatzweise geschieht, liegt vor allem am Theoriemangel rund um die klassischfranzösische Haute Cuisine. Weil dort nicht präzise zwischen sinnvolldifferenzierter Technik (zum Beispiel Gartechniken zur Erhaltung des Eigengeschmacks von Gemüse) und ästhetischen Setzungen (zum Beispiel die Harmonie zwischen klassischen Zutaten) unterschieden wird, ergibt sich in der Praxis eine die Kreativität hemmende Gemengelage.

Ein schon oft mit Häme überzogener Bereich ist diesbezüglich die Verwendung von Schokolade auch bei herzhaften Gerichten. Der Kritik scheint dabei nicht bekannt zu sein, daß die Verwendung von Schokolade in dunklen Saucen zu dunklem Fleisch (Wild, Schmorgerichte) eine lange Tradition hat – und dies nicht nur in der mexikanischen Küche mit ihrer Gewürz-Kakaomischung „Mole", sondern auch in Frankreich, Spanien und Italien. Und so wundert es auch nicht, daß das neue Buch von Frédéric Bau („Fusion Chocolat – Le chocolat dans la cuisine") bei dem spanischen Verlag Montagud Editores erschienen ist, wo auch sonst die Moderne einen sicheren Rückhalt hat – inklusive „Apicius", der gegenwärtig besten Zeitschrift für Küchenmoderne (F.A.Z. vom 3. September 2005).

Bau ist Chefpatissier der französischen Firma Valrhona, die unter anderem die Spitzenküche mit hervorragenden Schokoladen beliefert. Er nähert sich dem Thema konsequent, gestützt auf seine überragende Kenntnis im Umgang mit dem nicht ganz einfach zu handhabenden Material. Dem Grundkurs in Sachen Produkt und Produktbehandlung folgt ein kleines Praliné in Form eines auch graphisch dargestellten „organoleptischen Profils" von Kakao und Schokolade (die Beschreibung eines Produktes erfolgt ausschließlich mit Begriffen aus der Sinnenwelt, etwa „sauer, bitter, lang im Geschmack, blumig, getoasted, schmeckt nach Kampfer"). Interessant ist auch der Hinweis, daß die bisherige Verwendung von Schokolade in der herzhaften Küche bestimmt sei von homöopathischen Dosen zur Kolorierung oder Bindung von Saucen, wodurch die Schokolade darin meist gar nicht identifizierbar ist.

Der Meister kennt seine Pappenheimer: Man möge sich doch einmal „davontragen lassen", „das Gegenteil versuchen" und auch das „Unnormale" und „Unlogische" zulassen. Was sich dann entwickelt, ist ein gut erklärendes Kochbuch, das in keiner Weise erkennen läßt, daß der Koch eigentlich ein Patissier ist. Bau landet mitten in einer niveauvollen Moderne, die vielleicht im Grad ihrer Modernität nicht immer an die Spitzen des Faches heranreicht, dafür aber auch fast immer gut nachvollziehbar ist.

Das mag der eine oder andere Betrachter auf den ersten Blick bezweifeln, wenn er auf Dinge wie eine Perlhuhn-Praline mit Vanille und Kräutern trifft, die von einer normalen Praline nicht zu unterscheiden ist. Es gibt Jakobsmuscheln mit einer Schokoladen-Orangen-Sauce, Hummer mit einer Sauce aus weißer Schokolade, Limone und Zitronenverbene oder Spare Ribs mit einer Schokoladen-Kaffee-Sauce mit Kardamom. Hat hier vielleicht jemand versucht, die berüchtigte Kreativität von Laien, die ohne jegliche Hemmungen vorzugsweise Süß-Saures kombinieren, in eine seriösere Form zu fassen?

Bei genauerer Betrachtung ergeben sich einige klare Strukturen, die Bau die Arbeit erleichtert haben. Da ist zum Beispiel die auch in der normalen Spitzenküche gerne genutzte Kombination von relativ neutralen Materialien mit ungewöhnlichen Aromen. Das genannte Perlhuhn wird eben nicht kräftig gebraten und mit deutlichem Eigengeschmack verwendet, sondern als Brustfleisch in einer quasi neutralisierten Reduktion. Was dort an Aroma verbleibt, ist vielfältig zu kombinieren und funktioniert ohne weiteres auch mit Schokolade – zumal die zunächst dominante, dann schmelzende Couvertüre im Mund peu à peu vom Fleischgeschmack abgelöst wird. Ähnlich neutral sind auch die Jakobsmuscheln oder der Hummer in der angewandten (pochierten) Form.

In anderen Rezepten schafft Bau ein leicht süß-saures Geschmacksbild und benutzt die Schokolade zur Ergänzung oder Vertiefung des Spektrums. So hat die Kombination eines kräftig mit Sternanis parfümierten Schweinefleisches mit einem Risotto aus Milchschokolade, getrockneten Parmesan-Plättchen und Schokoladenspänen Wurzeln im Süß-Sauren des asiatischen Raums. In seinen allgemeinen Erläuterungen erklärt Bau übrigens auch den Aufbau diverser Schokoladensorten und erinnert daran, daß jede Schokolade mehr oder weniger viel Zucker enthält – selbst die extrabitteren Varianten.

In vielen Rezepten des Fleisch-Sektors sind wir Süßes längst gewohnt. Hier verfällt der Meister allerdings nicht in den naheliegenden Fehler, mit allzuviel konfierten Früchten, Marmeladen und Chutneys endgültig alle Gerichte in Desserts zu verwandeln. Während gerade eine Reihe deutscher Köche auch ohne plakativ süße Zutaten ein überaus mild-süßliches Geschmacksbild rund um viel Butter und Sahne erzeugt, sucht Bau eher die ausgleichenden Kontraste. Man bekommt zum Beispiel an anderer Stelle oft Kreationen wie die Pastilla (krosse Teigtasche) mit Entenfleisch in einer durch diverse Früchte gesüßten Form, zu der man ohne weiteres auch noch etwas Schokolade mischen könnte. Bei Bau jedoch bleibt es beim direkten Akkord des Entenfleisches mit Sesam und Schokolade, die mit Sojasauce und Ingwer zum genuinen Element des Gerichtes wird.

Noch deutlicher ist dies bei einem gefüllten Kaninchenrücken, bei dem ganze Schokoladenstückchen Teil der Füllung sind und auf diese Weise nicht – wie die Saucen – zu einer Art Dauerparfümierung werden, sondern auch einmal kurzfristig eine sensorische Hauptrolle spielen. All das ist so sorgfältig und temperiert präsentiert, als wolle Bau partout beweisen, daß es eben auch mit Schokolade geht.

Was fehlt, ist eine wirklich befreite Abteilung, die nicht nur die Integration im Sinne hätte. Glücklicherweise sind wir heute so weit, daß sich ein Koch nicht mehr dafür entschuldigen muß, wenn er originelle Ideen hat. Es geht also. Kann man davon nicht noch etwas mehr bekommen? ❧

26. 08. 2006, F.A.Z., Feuilleton, Seite 32

Sie sind alle nur kleine Krabbler

Aber was Harald Wohlfahrt aus Taschenkrebsen kocht, ist großartig

Der Taschenkrebs (Cancer pagurus, auf französisch „tourteau“) zählt normalerweise nicht zu den bevorzugten Krustentieren der Spitzenküche. Er wird in vielen, vor allem französischen Seeorten in großen Mengen und zu moderaten Preisen verkauft und rangiert wegen seines nicht so feinen Fleisches in der Gunst der Köche deutlich hinter Hummer, Langustine, oder auch der Großen Seespinne (Maja squinado, „araignée“). Warum also widmet ein Koch wie Harald Wohlfahrt von der „Schwarzwaldstube“ in Baiersbronn dem Taschenkrebs eine Variation, die er „Feines vom Taschenkrebs“ nennt?

Ein erster Grund ist sicherlich, daß das Fleisch des Taschenkrebses nicht so grob im Geschmack ist, wie man glaubt. Die gekocht gekauften oder in einfacheren Restaurants zubereiteten Exemplare haben oft durch den hohen Salzanteil des für verschiedene Krustentiere und über längere Zeit benutzten Garwassers oder durch eine wenig sensibel aufgebaute Court Bouillon ein unnötig triviales Aroma bekommen, das wie eine etwas rustikale Variante des Krustentieraromas wirkt und kaum noch Aufschlüsse über das tatsächliche Aromenspektrum zuläßt. Wohlfahrt aber setzt als ein Element seiner fünfteiligen Variation ein pures, nur sehr zurückhaltend durch die Garung gewürztes Stück Scherenfleisch ein, um damit eine Referenzgröße für die Interpretation der anderen Variationen zu schaffen. Dieses Stück ist deutlich feiner und vielfältiger im Aroma als das normalerweise erhältliche.

Aber auch wenn nun der Nachweis geführt ist, daß es sich wirklich um etwas Feines handelt, wirkt der Titel der Variation angesichts oft klischeehafter Erwartungen an die Spitzenküche ein wenig wie die Erinnerung an den ursprünglichen Auftrag der klassischen Küche, für die „Verfeinerung“ die wichtigste Leitlinie ist. Sich eines scheinbar Groben anzunehmen und daraus etwas extrem Feines zu machen ist allerdings nur so lange das Ideal, wie man noch nicht entdeckt hat, daß die Aufwertung des Groben nicht nur durch dessen Veränderung, sondern auch durch dessen subtile Integration geleistet werden kann.

Bei Harald Wohlfahrt, der durch sein virtuoses Spiel mit feinen Nuancen der Aromatisierung auch international immer mehr auffällt, setzt Verfeinerung eine ungewöhnlich sorgfältige aromatische und texturelle Analyse voraus. Die aromatische Analyse, deren Ablauf wir uns bei den Meistern in der Regel als (noch) nicht systematisch vorstellen müssen, eröffnet Perspektiven zur Ausweitung und Verstärkung des im Ausgangsprodukt angelegten Aromenspektrums. Die texturelle Analyse dagegen ermöglicht die Inszenierung der Aromen durch sensorisch besonders aktive Elemente.

Ein gutes Beispiel für letzteres gelingt Wohlfahrt mit seinen Geleecannelloni mit einer Taschenkrebsfleischfüllung. Die Cannelloni bestehen aus zweierlei Materialien: einem klaren Krustentiergelee und einem Bisque-Gelee. Diese Begleitung hat eine doppelte aromatische Funktion, weil sie eine Verstärkung des Krustentieraromas durch das Gelee und in erweiterter Form durch das klassische Bisque-Aroma der berühmten Krustentiersuppe bewirkt. Die texturelle Inszenierung dieses Akkordes lebt von den unterschiedlichen Schmelzpunkten der beiden Gelee-Elemente, bei denen das klare Krustentiergelee sich deutlich schneller auflöst und zuerst wirkt – gefolgt von dem nachhaltigeren Bisque-Gelee. Weil sich aber beide Gelees schneller auflösen als das etwas faserige Krebsfleisch, ergibt sich ein sehr feiner Prozeß des Durchblendens, in dem zuerst die Gelee-Aromatisierungen und dann das Krebsfleisch mit einem nur noch leichten Hintergrund von der Aromatisierung wirksam werden.

Es spricht sehr für den intelligenten Aufbau der gesamten Variation, daß Wohlfahrt auch eine aromatische und texturelle Variante in Reinkultur vorführt. So wird das Taschenkrebs-Tatar mit extrem fein gehacktem Koriander und Limonenöl kombiniert. Es stellt sich dabei heraus, daß die Korianderblätter, die unter normalen Umständen schwierig zu dosieren sind und schnell dominant werden, in der feinstgehackten Form und zusammen mit dem Limonenöl ein gänzlich andersartiges Aroma als üblich bekommen. Es wirkt frisch und vegetabil und fügt dem mild-jodigen Aroma des Taschenkrebses einen feinen Säurehintergrund hinzu. Der Effekt kann mit dem eines Equalizers in der Musikelektronik verglichen werden: Durch gezielte Verstärkung einiger Frequenzen werden feine silbrige Höhen erzeugt.

Bei der ersten von zwei texturell besonders auffälligen Versionen sind Scherenstückchen in sehr feine Kataifi-Fäden eingewickelt und kroß ausgebacken. Aromatisch wird auch hier ein leichter Hauch von Olivenöl und Limone ergänzt, der aber vor dem Primat einer texturellen Wahrnehmung zurückstehen muß. Die Verknüpfung weicher mit krossen Materialien gelingt nur dann hervorragend, wenn der zeitliche Ablauf präzise beachtet wird. Ist das krosse Material zu fest oder zuviel davon vorhanden, wird alles andere überlagert. Wohlfahrt schafft mit den feinen, raschelnd-knusprigen Fäden eine A-point-Begleitung, bei der der elegant wirkende Kroß-Effekt den Beginn macht, während man das Krustentierfleisch erst noch durch Kauen aromatisch aufschließen muß. Es folgt eine Akkordphase, in der die schon fein zerkauten Teigfäden mit ihren ganz leichten Röstaromen zu einer geschmacklichen Ergänzung des Krustentieraromas werden, bevor dieses dann „übrigbleibt".

Bei einer weiteren Variation, einem kleinen Päckchen aus dem Fleisch der dünnen Krebsbeine, das mit Lauchgrün umwickelt und von einer Vinaigrette begleitet ist, gibt es abermals ein anderes Prinzip, das in seiner Auswirkung aber eine gewisse Rücksichtnahme verlangt. Die nicht sehr substantiellen Beinchen können sich kaum gegen den Lauch durchsetzen, weil die grünen Teile des Gemüses im Aroma deutlich intensiver ausfallen als die weißen. Texturell sorgt die kurze Garung des Lauchgrüns dafür, daß es nicht nur durch seine Festigkeit mehr Länge bekommt als das Krebsfleisch, sondern darüber hinaus einen langen Nachhall mit dem typischen Lauch-Zwiebel-Aroma erzeugt. Man sollte diese Variation, in der das Krebsfleisch nicht dominiert, sondern Teil einer Art von Salat wird, in jedem Falle zum Schluß essen, um die Wahrnehmung der anderen Elemente durch diesen Lauch-Nachhall nicht zu beeinträchtigen. Harald Wohlfahrt jedenfalls gelingt mit dieser Variation ein hochinteressant strukturiertes, im besten Sinne zeitgenössisches Gericht. ❧

02. 09. 2006, F.A.Z., Feuilleton, Seite 36

Jetzt gibt es keine Ausrede mehr

Wer ist wirklich der Beste im Land? Die Küchenprominentenliste

Die Bewertungen in den Restaurantführern hinterlassen den Eindruck einiger systembedingter Unschärfen. Die Noten suggerieren ein gleiches Niveau für alle betroffenen Restaurants gleicher Bewertung (etwa: neunzehn Punkte im Gault Millau), was aber weder de facto nachvollzogen werden kann noch in den Redaktionen der Führer tatsächlich so gesehen wird. Natürlich gibt es dort Diskussionen darüber, ob man eine Note noch aufrechterhalten kann oder abwerten muß, natürlich gibt es schwächere und stärkere Drei-Sterne-Häuser. Unschärfe stiftet der menschliche Faktor, der durchaus verhindert, daß man verdienten Altmeistern die Note kürzt. Auch am Sitz der jeweiligen Führer geht es anscheinend immer etwas milder zu. Vor allem aber produzieren die Führer keine wirkliche Reihenfolge, versagen also dem in diesem Sektor besonders an Zahlen interessierten Publikum die Auflösung im ewigen Suchspiel.

In diese Bresche springen diverse Rankings, die in der Regel die Bewertungen der Führer nach einem bestimmten Schema umrechnen und auf diese Weise zu einer Gesamtrangliste kommen. Die bekanntesten unter ihnen sind in Deutschland das „Hornstein-Ranking" von Wolf von Hornstein und die „Volkenborn-Listen" von Gustav Volkenborn. Im aktuellen Hornstein-Ranking führt Harald Wohlfahrt („Schwarzwaldstube", Baiersbronn) vor Dieter Müller („Dieter Müller", Bergisch Gladbach), Helmut Thieltges („Sonnora", Dreis), Heinz Winkler („Residenz Heinz Winkler", Aschau), Joachim Wissler (gleiche Punktzahl, „Vendôme", Bergisch Gladbach), Christian Bau („Schloß Berg", Nennig), Claus-Peter Lumpp („Bareiss", Baiersbronn), Berthold Bühler („Residence", Essen), Hans Haas („Tantris", München) und Thomas Bühner („La Table", Dortmund, jetzt „La Vie", Osnabrück). Durch die Art der Umrechnung liegen die Punktzahlen von 99,1 Punkten (Wohlfahrt) bis 94,2 Punkten (Bühner) sehr eng zusammen.

Um die These zu überprüfen, daß es sich bei den Wertungen zwar um veröffentlichte, aber im Detail nicht vollständig präzise Angaben handelt, hat diese Zeitung rund dreißig Verantwortliche des Führergewerbes sowie wichtige Kenner der Materie, von Manfred Kohnke („Gault Millau") über Madeleine Jakits („Der Feinschmecker") bis zu Gabriele Meichsner („Varta"), Wolfgang Ritter („Bunte", veröffentlicht eine eigene Top-100-Liste) oder auch dem langjährigen Michelin-Chefredakteur Alfred Bercher, gebeten, eine Reihenfolge ihrer persönlichen Top ten zu erstellen, auf Wunsch anonym. Die weitgehend kompletten Antworten ergeben nicht nur ein deutlich stärker differenziertes Bild, sondern auch deutlich feststellbare Trends hinsichtlich einzelner Restaurants wie stilistischer Präferenzen. Auch an der Spitze der so ermittelten Reihenfolge befindet sich eindeutig Harald Wohlfahrt. Es fällt allerdings auf, daß die ersten Sechs drei Zweiergruppen bilden, die jeweils klar voneinander getrennt sind. Die erste Gruppe besteht aus Wohlfahrt und Wissler, die zweite aus Thieltges und Müller, die dritte aus Bau und Winkler. Der relative Newcomer Wissler hat also einige Altmeister klar distanziert.

Es folgen – von dieser Spitze deutlich getrennt – Lumpp, Hans-Stefan Steinheuer („Steinheuers Alte Post", Bad Neuenahr), Jean-Claude Bourgueil („Im Schiffchen", Düsseldorf) und Juan Amador („Amador", Langen). Während die im „offiziellen" Ranking genannten Haas und Bühner bereits gemeinsam auf Platz elf folgen, belegt Berthold Bühler nur Platz zwanzig. Umgekehrt erfreut sich Altmeister Bourgueil noch einer beachtlichen Unterstützung („offiziell" Platz fünfzehn) und Modernist Amador schon einer beträchtlichen Aufmerksamkeit („offiziell" Platz dreiunddreißig).

Im Detail werden mit diesen Daten noch eine ganze Reihe von Beobachtungen möglich. Wohlfahrt wird von mehr als der Hälfte der Experten auf den ersten Platz gesetzt, Wissler immerhin schon von etwa einem Drittel. Ansonsten erhielten nur Thieltges und Lumpp diese Platzziffer – nicht aber zum Beispiel der ansonsten immer wieder einmal als „bester deutscher Koch" benannte Dieter Müller. Auch die Häufigkeit der Nennung in den jeweiligen Top ten ist sehr unterschiedlich. Alle Beteiligten sehen Wohlfahrt dort, während etwa Lumpp nur von knapp der Hälfte der Beteiligten dort gesehen wird. Ähnliches gilt für Steinheuer, Bourgueil oder Amador, die jeweils ihre Freunde haben, von denen sie hoch eingeschätzt werden, während sie bei den anderen gar nicht erst genannt werden.

Es gibt eine leichte Tendenz hin zur besseren Bewertung für individuellere und/oder kreativere Küchen. Neben den schon genannten Steinheuer (klare regionale Grundlagen) und Amador (spanisch inspirierte Avantgarde) finden sich unter den Genannten Namen wie Jörg Sackmann („Schloßberg", Baiersbronn, umfassend modern inspiriert), Josef Bauer („Adler", Rosenberg, einer der besten deutschen Regionalköche), Michael Hoffmann („Margaux", Berlin, von modernisierter Regionalküche bis zu sensibel-puristischer Moderne) oder Eric Menchon („Le Moissonnier", Köln, hochmoderne, oft strukturalistische Küche in einem Bistro-Ambiente). Parallel dazu nimmt die Unterstützung für gute, aber stilistisch nicht so profilierte Küche anscheinend ab. Betroffen davon sind neben dem Extremfall Bühler auch Martin Öxle („Speisemeisterei", Stuttgart) und der Altmeister Dieter L. Kaufmann („Zur Traube", Grevenbroich). Wo schon die Modernisten bisweilen deutlich polarisieren, sieht es für die Altmeister und Klassiker noch schlechter aus: Sie werden einfach kaum noch als Kandidaten für höhere Plätze benannt.

Die möglichen Folgerungen aus diesen Einschätzungen sind schwierig zu bewerten, weil, wie gesagt, eine individuelle Meinung die eine Sache ist, die Druckfassung aber anderen Gesetzen unterliegt. Die Prognosen für einzelne Köche könnten dennoch gewisse Vorzeichen für Veränderungen sein. Sollte die vorhandene Grundstimmung zugunsten individueller und/oder kreativerer Küche dazu führen, daß sich eine entsprechende Hausse bildet und in der Folge wesentlichere Umstrukturierungen bei den Bewertungen erfolgen? Die zwar handwerklich beachtliche, aber oft redundant exekutierte Spitzenküche ist heute einem vielfältigen Druck ausgesetzt, der sie in absehbarer Zeit entweder in der Versenkung einer Generationenküche verschwinden lassen könnte oder sie zwingen würde, sich wesentlich stärker als je zuvor beständig und neuerlich zu beweisen. Aber – dies sind eben nur Meinungen hinter den Kulissen. Ein Schelm also, wer Böses dabei denkt. ❧

09. 09. 2006, F.A.Z., Feuilleton, Seite 32

Perfektionierter Scherenschnitt

Das kommt uns nicht spanisch vor: Peter Nöthels kreative Klassik

„Hummer-Stübchen“! Was für ein Name so nahe am garantiert hummerfreien Düsseldorfer Rhein! Ist er vielleicht Vorzeichen der Nachbarschafts-Gourmandise von übermorgen, da man mit einem Blick aus dem Fenster die Wahl zwischen „Kaviar-Klause“, „Bries-Bar“ und „Steinbutt-Eck“ haben wird? Peter Nöthel ist jedenfalls ein eigenwilliger Mensch, dessen etwas knorrige Erscheinung kaum darauf schließen läßt, wie sensibel in seinem zurückhaltend gestalteten, nicht sehr großen Restaurant gearbeitet wird. Nach zwanzig Jahren Spitzenküche mit hohen, aber eher stagnierenden Bewertungen sind Köche seiner Art heute nicht mehr ganz so selbstbewußt wie noch vor zehn Jahren. Man steht am Rande des Zweifels und dies wegen der drängenden Moderne, die man eben nicht systematisch begreift, sondern vor allem als etwas, das man nicht mitmachen will, aber anscheinend muß.

Ob man kreativ genug sei, lautet unterschwellig die Frage, wobei den Maßstab in der Regel die oft so wenig eßbar wirkenden Kreationen spanischer Meister abgeben. Folge dieses Tunnelblicks ist nicht selten ein kulinarischer Aktionismus ohne jeden Zusammenhang. Es fehlt die Einsicht, daß die Moderne viele Gesichter haben kann, auch solche, die weniger offensichtlich sind, aber mindestens so große Veränderungen mit sich bringen können wie manche spektakulär fotografierte Texturvariante. In einem strukturalistischen Küchenverständnis sind die Variationen der Aggregatzustände eben nur ein Element.

Nöthel und sein Ko-Koch Peter Liesenfeld haben die Phase des undifferenzierten Wohlgeschmacks, der durch die Variation probater Formen schnell entstehen kann, hinter sich gelassen und befinden sich auf dem Weg zur modernen kulinarischen Konstruktion. Bestes Beispiel ist die Behandlung ihres Emblem-Produktes Hummer, das hier je nach Verwendung kanadischer oder bretonischer Herkunft ist. Durch eine kurze Garzeit (die weit unterhalb der alten Regel von einer Minute pro einhundert Gramm liegt) und ein weiter aromatisierendes Nachbraten entsteht eine durch und durch zarte Textur, die keinerlei Faserigkeit oder zähe Elastizität hat, wie man sie selbst in den allerbesten Häusern findet. Diese Vorbereitung ermöglicht Kombinationen, die andernfalls deutlich schlechter ausfallen würden.

Beim Salat von Hummer und Steinpilzen mit Apfel-Balsamico-Vinaigrette ergibt sich auf diese Weise ein vollständig harmonischer Akkord zwischen Hummer und Pilzen, die sich wegen der ähnlichen Dichte schnell vermischen. Wäre der Hummer fester, wäre ein solches Zusammenspiel nicht möglich. Auf eine ähnliche Weise funktioniert auch der immer wieder strapazierte Akkord mit Fleisch hier ohne Probleme. Beim gebratenen Hummer auf geschmorter Kalbshaxe ist das Fleisch in dünne Scheiben geschnitten und nicht zusätzlich (etwa durch Wenden in einer kräftigen Sauce) aromatisch verstärkt. Die Textur der sehr zarten Fleischscheiben sorgt für ein zügiges Vermischen der Aromen, wobei der gebratene Hummer mit seiner leichten Brat-Note um das Quentchen dominanter bleibt, das man braucht, um von einem Akkord mit dem Hummer zu sprechen. Solche Lösungen sind virtuos abgestimmt und von hervorragender Qualität.

Erwünscht wäre das Weiterdenken solcher Prinzipien auch bei den anderen Elementen einer Kreation. Der Salat zum Hummer etwa ist einfach in zu großer Portion vorhanden, hat zuviel von dem texturell sehr auffälligen Frisée-Salat und dazu noch Elemente wie Dill. Beide sind in der Lage, trotz einer guten und ausgleichenden Vinaigrette Hummer und Steinpilze glatt zu übertünchen. Das ein mögliches Verhalten des Essers so gut wie möglich antizipierende Denken in Proportionen ist leider allgemein noch etwas unterentwickelt und verhindert oft die optimale Inszenierung im Prinzip guter Kreationen. Merkwürdigerweise sind scheinbar dekorative Elemente wie kleine Tropfen intensiv gewürzter Saucen oder auch krosse Elemente (hier ist es ein kleines Kartoffelgitter) oft sehr viel präziser zu nutzen als die eigentlichen Beilagen.

Mit dem Steinbutt in Traubenkernöl, pochiert auf Avocado-Tatar mit Hummercarpaccio und Ossietra-Kaviar, gelingt Nöthel eine nahezu perfekte Komposition, die von großer Präzision und Logik ist. Der Fisch ist fest, aber noch einen Hauch glasig, also bestens à point gegart. Eine kleine Schicht von nur leicht temperiertem Kartoffelpüree auf dem Fisch isoliert den darauf liegenden Kaviar gegen die Hitze, so daß sich seine aromatisierende Wirkung auf den Fisch voll entfalten kann. Die Avocado-Zubereitung mit kleinen Stückchen darin vermischt sich vordergründig sofort mit dem Steinbutt, bleibt aber tatsächlich minimal weicher und läßt dessen Aroma Raum zur Entfaltung.

Das Hummercarpaccio rund um das Türmchen aus Hauptprodukt und Beilagen wird allerdings ohne entsprechende Erläuterung oder aktiv mitdenkendes Essen keine Rolle spielen. Zusammen mit dem warmen Fisch und dem jodig-intensiven Kaviar geht es glatt unter. Seine beste Wirkung hat es, wenn man abwechselnd von ihm und von der Hauptsache nimmt, als Texturereignis, wobei die Wirkung mit einem kühleren Carpaccio noch besser wäre, weil die dann leicht festere Textur noch intensiver wirken würde.

Völlig klassisch fällt ein Fleischgericht, das Kalbsfilet mit Artischockenkruste auf Kopfsalatrisotto und Karamelschalotten in Lorbeerjus, aus. Abgesehen von der etwas zu prominenten Süße der karamellisierten Schalotten profitiert diese Zubereitung von der im klassischen Sinne fehlerlosen Kochtechnik im „Hummer-Stübchen", die hier neben bester Fleischgarung auch ein Risotto produziert, das nicht modisch-breiig gerät, sondern Biß hat und so das Fleisch nachhaltiger begleitet. Eine Anmerkung sei trotzdem erlaubt. In der Klassik wird der Primat des guten Produktes in den fertigen Kreationen nicht konsequent genug gedacht. Das aromatisch und texturell enge Begleiten etwa eines Stückes Fleisch mit dem Effekt einer schnellen Vermischung der Aromen mag zwar einen subjektiv hervorragenden (weil in der Regel gelernten) Mischgeschmack schaffen, entfernt sich aber oft stark vom Eigengeschmack des Produktes. Die strukturalistische Küche mit ihrer Betonung der Funktionalität aller Elemente einer Kreation wäre da puristischer. Hervorragende Köche wie Nöthel und Liesenfeld haben gegenwärtig alle Werkzeuge, ohne weiteres eine hochbeachtliche Moderne realisieren zu können, aber vielleicht noch nicht den Glauben daran. ❧

16. 09. 2006, F.A.Z., Feuilleton, Seite 36

Erster Gang: Fortissimo furioso

Die zwölfte F.A.Z.-Gourmetvision dirigiert Christian Lohse

Mit seinem Engagement im Restaurant „Fischers Fritz" des Berliner Hotels „The Regent" hat Christian Lohse nach etwas unruhigen Zeiten nun eine Plattform gefunden, die es ihm ermöglicht, sein ungewöhnliches Talent adäquat einzusetzen. Durch seine Ausbildung in Frankreich hat Lohse jene spezifische Art von gründlichem handwerklichen Verständnis erworben, die den Weg zu großer Kochkunst öffnet – im Gegensatz zu artifiziellen Versuchen allerorten, eine solche nachzuahmen. Durch seine große Offenheit gegenüber kreativen Entwicklungen wie regionalen Ressourcen entsteht das, was man am besten fortgeschriebene Meister-Kreativität nennt. Die Küche des Restaurants hat ihr Hauptgewicht auf die Verarbeitung von Fisch gelegt, der hier in makelloser Produktqualität und in ausgesprochen vielfältigen Kompositionen angeboten wird. Und so ist auch das zwölfte Menü der ersten, der kreativen Küche gewidmeten Staffel der F.A.Z.-Gourmetvision weitgehend vom Fisch geprägt.

Lohse beginnt mit einer zweiteiligen Langustinen-Variation, bei der die Langustinen zur Verstärkung ihrer aromatischen Präsenz einseitig angeröstet sind. Bei der ersten Variation wird mit Hilfe einer Frischkäsecreme plus Langustinenjus eine sehr homogene Verbindung zu einem kalten Gurkengelee installiert, das den schmelzenden Hintergrund für einige zarte Texturen inklusive dünner Vanille-Ingwerkaramel-Plättchen bildet. In dieser Inszenierung bleibt die Langustine vollständig präsent und nachhaltig. Die zweite Variante mit Strauchtomaten und Nyons-Oliven sollte man nach der ersten essen. Sie klingt vergleichsweise normal, ergibt aber durch die genannten Röstnoten einen originellen, additiven Akkord mit der Olivenöl-Tomaten-Emulsion und den gehackten schwarzen Oliven.

Beim lauwarmen Confit vom Kabeljau mit Tatar von Austern und Staudensellerie, gerösteten Kräutersaitlingen und Steinpilzcreme sollte man auf die Gewohnheit, bestimmte Elemente eines Gerichtes zu einem Akkord zusammenzustellen, verzichten. Durch die hier ausgeprägt wirksame Funktion des „Gewürzraumes" (des Nachhalls von Aromen im Mund) ergeben sich beim sozusagen seriellen Essen immer neue Zusammenhänge. Folgender Ablauf bietet sich an: Kabeljau, Pilze, krosse Haut vom Kabeljau, Steinpilzschaum, dann ein Mix aus der Kombination von gehackten Austern mit Staudensellerie und Foie gras.

In einem Zwischengericht mit „Tsar"-Austern (eine besonders „cremige" Züchtung beziehungsweise Auswahl, seit Zarenzeiten so genannt) präsentiert Lohse eine geradezu pädagogische Austernvariante, bei der die Auster durch die Kombination von Kartoffelschaum, einem Kartoffelchip, Ossietra-Kaviar und feinsten Streifen von glatter Petersilie von etwaigen Reminiszenzen gegenüber der Austerntextur völlig befreit, andererseits aber aromatisch perfekt verstärkt wird. Man hat hier nicht den Eindruck, die Auster würde irgendwie begleitet, sondern sie wird – wie das auch bei der ersten Langustinen-Variation der Fall ist – spektral in ihrem Aroma verstärkt. Diese Variante des klassischen Denkens dürfte noch sehr viel Zukunft haben.

Auch der Steinbutt mit Pfifferlingen und einem Kumquats-Jus gewinnt durch eine systematischere Eßweise: Subtil verbindet sich der sorgfältig glasierte Steinbutt mit den verschiedenen Zitrus-Variationen mit Kumquats-Scheiben und -Jus („Beaumé"), Zitronenzesten und Zitronenpulver. Komplexe Akkorde mit allen Elementen (also inklusive diverser Kräuter, der Pfifferlinge und dünner Läuterzucker-Plättchen mit Lauch) sind zwar ausgesprochen vollmundig, begrenzte Akkorde einzelner Elemente geraten in diesem Falle aber differenzierter.

Beim Fleischgericht demonstriert Lohse souverän, daß alle Diskussion über die Qualität regionaler Produkte eigentlich überflüssig ist. Eingemachtes und Geröstetes vom Uckermarker Landschwein mit glasiertem Gemüse und leicht gebundenem Bratensaft mit Ysop und Lavendel: der Titel einer Kreation, die in selbstverständlicher Weise traditionelle Techniken in ein verfeinertes Panorama integriert. Schon mit dem Ysop-Lavendel-Jus entwickelt das zu einer leichten Kruste nachgebratene Schweinefleisch eine hervorragende Aromenverteilung. Die Gemüse – Karotten, Knoblauch und in Trüffeljus geschmorter Staudensellerie – bieten eine mit viel Gespür für die Verzahnung von Aromen aufgebaute Begleitung. So wirkt der Ysop in diesem Zusammenhang komplex-herzhaft, während der Lavendel am besten mit den milden, glasierten Elementen korrespondiert.

Im Akkord mit dem leicht rustikalen Schweinefleisch zeigt sich hier, daß es ein deutlicher Unterschied ist, ob man Aromen durch Überlagerung unauffindbar verschwinden läßt oder ob man die Aufmerksamkeit so auf begleitende Elemente verlagert, daß subjektiv nur das Beste vom Hauptprodukt „übrigbleibt", es aber in seiner Wirksamkeit für den Gesamtakkord nicht eingeschränkt wird. Ebenfalls von der typisch hochfeinen Rustikalität im besten Sinne französisch geprägter Meister ist die Oliven-Tartelette mit mariniertem Ziegenfrischkäse. Hier setzt Lohse auf eine echte Breitwandwirkung: Eine Brickteig-Scheibe mit eingearbeiteten Tomaten und Oliven, dem Frischkäse, Salat, Kräutern und Balsamico gefällt durch ein breites Textur- und Aromenspektrum sowie eine klare, erfrischend wirkende Säuresteuerung. Bei Kreationen dieser Art liegt die Schwierigkeit vor allem in einer minutiösen Steuerung der Proportionen, durchaus vergleichbar dem Orchesterklang eines im Tutti gehaltenen Akkordes: Je nach Lage der Dinge könnte es als sehr störend empfunden werden, wenn etwa die Quinten durch falsche Instrumentierung (durch den Komponisten oder Dirigenten, also den Koch) oder undiszipliniertes Spiel (des Orchesters, also der Küchenmannschaft) zu kräftig wären und die Akkordwirkung beeinträchtigten.

Zum Abschluß erfreut Lohse mit einer schönen Parallelisierung der Aromen von Korianderblättern (in einem Sorbet) und Korianderkörnern (in einer Schokoladencreme). Diese Variation kann seriell oder gemischt gegessen werden. Krosse Bananenscheiben und ein gleichfalls mit Kroßheitswerten spielender Streusel von Brioche, Koriander und schwarzem Pfeffer sorgen für eine sehr schöne Originalität. Christian Lohse reiht sich mit diesem sehr substantiellen Menü ohne Zweifel in die kleine Riege unserer meistversprechenden Köche ein. ❧

Das Menü der zwölften F.A.Z.-Gourmetvision ist von Dienstag, dem 19. September, bis zum Samstag, dem 14. Oktober, zum Preise von 129 Euro im Restaurant „Fischers Fritz" im Berliner Hotel Regent zu bekommen.

30. 09. 2006, F.A.Z., Feuilleton, Seite 40

Eine gewisse Idee des Herdes

Bei Jean-Luc Brendel wird man bewirtet wie General de Gaulle

Jean-Luc Brendel von der „Table du Gourmet" in Riquewihr (Elsaß) gehört mit seiner modernen Küche zu den erfreulichsten Kreativen in Frankreich. Seine Mischung aus souveränem Handwerk und präzise strukturierten Kreationen (mit Schwerpunkten bei interessanten Kräutern und Adaptionen der Regionalküche) ist ohne Zweifel besser, als es die Bewertungen (ein Michelin-Stern) verraten. Wenn ein solcher Koch ein weiteres Restaurant eröffnet, und das ausgerechnet mitten im Touristengetümmel der örtlichen Rue du Général de Gaulle, vermutet man bestenfalls den Wunsch nach einer gewissen Verbreiterung der kommerziellen Basis. Was Brendel tatsächlich aber in seiner neuen „Brendelstub" anstellt, ist höchst interessant und empfehlenswert.

Der Untertitel des mit viel Geschmack gestalteten Restaurants in einem der typischen Häuser aus dem sechzehnten Jahrhundert ist Programm. „La Magie du Feu" steht dort noch etwas schüchtern und klein auf der Speisekarte, die auf den ersten Blick kaum erkennen läßt, daß hier jemand auf der Suche nach einer guten Formel für ein akzeptables „Zweitrestaurant" eine ganz und gar beachtliche Variante gefunden hat. Dies hat nichts Sekundäres an sich, im Gegenteil will der Hinweis auf die klassischen Varianten des Feuers sozusagen im Sinne des schönen französischen Ausdrucks „Arts premiers" für die Kunst der Naturvölker auf die „erste Küche" hinaus. Hier geht es um Küche unter Beteiligung von offenem Feuer, und zwar sowohl in einem Backofen, der mit Holz befeuert wird („au feu de bois dans la tradition alsacienne"), als auch an einem Drehspieß.

Brendel entfaltet ein ganzes Programm mit völlig unterschiedlichen Reaktionen. Die „Tarte au boudin" (eine „Tarte flambée", „Flammekueche") ist quasi eine Pizza mit Blutwurst, sehr milden Zwiebeln, Speck in dünnen Streifen und – etwas zu dünn dimensionierten – Apfelstückchen. Der dünne Teig ist präzise auf den Punkt gegart, hat einen krossen Rand mit bestem Geschmack und einen Boden, der nicht durchnäßt, sondern ebenfalls kroß bleibt. Die aromatische und texturelle Abstimmung der Zutaten ist so sorgfältig, daß sofort klar wird: Die Gattung ist kein Hindernis für hervorragende Kreationen. Beim Lachs, gefüllt mit dünnen Speckstreifen auf einem Sauerkraut von Rettich und einer Cremesauce mit Infusion von Speck, entsteht durch die hochfein gehaltene Verbindung der Holz-, Rauch- und Specknoten ein völlig neuartiger Akkord, der in seiner sofort einsichtigen Qualität aus einem Paralleluniversum zu kommen scheint.

Hat man das alles wirklich vergessen können? Macht unsere angebliche „Verfeinerung", jene Aromenschablone jenseits von Sinn und Verstand, nicht einen großen Fehler, wenn sie das Spektrum ohne Not so weit verkürzt, daß so etwas nicht mehr möglich wird? Wohlgemerkt: Hier schmeckt weder etwas penetrant nach Holz noch angeröstet, es wird nichts überlagert, überwürzt oder „schmissig" rustikalisiert, und selbst wenn es kräftiger wird, gerät es hier nicht außer Kontrolle. Es erscheint ein mächtiges Ochsenkotelett, dunkel geröstet und in längliche Streifen aufgeschnitten. Brendel kauft regelmäßig große Stücke bester Herkunft und Reife, die im Ergebnis vor allem für eine extrem selten zu findende Natürlichkeit sorgen. Weil diese Natürlichkeit zudem noch mit großer Delikatesse gepaart ist, sollte sie sich auch für den entfalten, der kein Anhänger des Steak-Kultes ist. Eine Gabel mit einer guten Proportion von Röstnoten und dem im Kern fast rohen Fleisch, etwas Fleur de Sel, der dazu gereichten klassischen Sauce Béarnaise mit einem deutlichen Estragonanteil, etwas Gratin Dauphinoise und einem kleinen, erfrischenden Anteil von einem Tomaten-Zucchini-Millefeuille läßt weite Teile unserer üblichen Haute Cuisine zu Kammermusik schrumpfen.

Nichts gegen Kammermusik, aber behauptet man dort nicht immer die „Große Oper"? Wenn man die Stücke vom komplett gegarten Schinken betrachtet, wird der Unterschied auch sichtbar, weil vom unbearbeiteten Kern über stärker gegarte und vom Rauch durchzogene obere Schichten bis zur hart karamelisierten Kruste alles bestens vorhanden ist. Man findet diese Momente durchaus auch in der ländlichen Küche – wenn denn einmal alles zusammenpaßt. Hier aber spürt man den Meister, der nicht die schließlich auch bisweilen unklaren Traditionen repetiert, sondern weiß, was er macht. Das Elsässer Stubenküken, „Mechtkranzele" genannt, ist in einem Zustand, der nicht langsames Grillen nach Imbißstubenart, sondern kräftige Hitze verrät, bei der sich die Haut typisch am Knochen spannt oder vom Knochen löst. Aromatisch zahlt sich der Verzicht auf beschönigende Optik enorm aus, weil wiederum ein völlig anderes Spektrum des Hühnergeschmacks erschlossen wird und dessen Beherrschung wiederum die seltene Kombination aus Natürlichkeit und Finesse erzeugt.

Ist so etwas vielleicht zu realistisch für die Spitzenküche? Müßte man etwas kulinarischen Tüll besorgen und ein Tutu anfertigen, vielleicht aus Sahne und darin – immer noch behauptend, es käme vom Holzkohlegrill – den innersten Teil von weißem Fleisch adäquat verstekken? Brendel ist – mit dem Wunsch nach einem Menü „Magie du Feu", das alle wichtigen Elemente zusammenfaßt – für diese Initiative zu danken. Für die Spitzenküche sollten sich weitere Ansätze zu einer Revision ergeben. Es geht nicht darum, die sorgsam neutralisierten Interieurs ihrer Restaurants wieder mit Rauchschwaden zu füllen. Es geht darum, im Sinne einer strukturalistischen Küche die Integration und Emanzipation von Ressourcen zu betreiben, für deren Beseitigung es niemals einen kulinarischen Grund gegeben hat.

Es gibt nur die Unterscheidung zwischen guten und schlechten Produkten, nicht aber zwischen geeigneten und weniger geeigneten. Die traditionellen Garmethoden können und müssen als wesentlicher Teil des Spektrums einer entwickelten Küche betrachtet werden. Die intelligente Integration der traditionellen Garmethoden in eine hochentwickelte Küche könnte in Deutschland dazu führen, daß wir einen Frieden mit unseren immer noch sträflich mißachteten kulinarischen Traditionen schließen und vielleicht doch eines Tages auf der kulinarischen Landkarte der Welt auftauchen. ❧

07.10.2006, F.A.Z., Feuilleton, Seite 38

Lob der Küchendisziplin

Wir wollen einen Happen essen: Wie gelingen Spitzensnacks?

Das klassische, tellerfüllende Format unserer kulinarischen Kreationen gerät mehr und mehr unter Druck. Noch zu Zeiten der Nouvelle Cuisine konnten seriöse Gourmets ohne weiteres davon reden, daß drei Erbsen neben drei Bohnen kein „vernünftiges" Essen seien. Mittlerweile aber gibt es eine breite Phalanx von Interessierten, von Frauenzeitschriften bis zu Ferran Adrià, die aus unterschiedlichen Gründen die kulinarische Miniatur für diätetisch passend, funktionell vernünftig, amüsant oder gar notwendig halten. Die Forderung der aktuellen Avantgarde, daß das adäquate Menü ein Degustationsmenü sein müsse, das rund zwanzig oder mehr Kleinigkeiten beinhalten kann, hat längst die Runde gemacht und führt mittlerweile zu einer erheblichen Bewegung im Catering-Bereich, bei vielen Sonderaktionen selbst klassischer Gastronomie vom „Amusebouche-Menü" bis zum „Tapas-Menü" oder bei neuen Restaurantkonzepten.

Für viele Modernisten stellt sich die Frage, ob denn die Miniatur höchste kulinarische Qualitäten haben kann, kaum. Ganz so einfach ist es allerdings nicht, auch wenn es verführerisch erscheinen mag, in naher Zukunft den hochqualifizierten kulinarischen Genuß zum unprätentiösen Bestandteil des täglichen Lebens machen zu können, indem etwa ein Drei-Sterne-Koch irgendwo in der Stadtmitte eine Art Suppenbar betreibt, in der man ohne lange Wartezeiten, ungebunden von Service-Zeremonien und zu moderaten Preisen, Snacks von Weltklasse ißt. Folgen wir logischen Erwägungen, kann eigentlich niemand behaupten, daß die kleine Form (eine gefüllte Gabel ist schließlich auch eine Art kleine Form) nicht ohne weiteres höchste Qualität haben kann – die Meisterköche, die immer soviel Wert darauf legen, daß nur die Küche und nicht teures Ambiente die wahre Bedeutung eines Restaurants ausmachen sollte, schon gar nicht. Kann also der geniale Snack der großen Oper Konkurrenz machen?

Es wird noch vertrackter. Mit dem auf einen Satz zu essenden Happen verliert die Küche ihren Angebotscharakter, gewinnt aber möglicherweise an Struktur. Im Grunde ist der klassische Telleraufbau ein zu entschlüsselndes Objekt, bei dem der Esser dann besonders viele Wahrnehmungseffekte erzielt, wenn er Zusammenhänge begreift und in sensiblen Zusammenstellungen die sensorische Mechanik einer Kreation so gut wie möglich ausschöpfen kann. Tut er dies nicht, wird er auch nicht ansatzweise adäquat essen. Der gebildete Esser kann allerdings heute nur selten voraussetzen, daß die Codierung durch den Koch eine wirklich geplante ist, weil selbst der perfekt strukturalistisch arbeitende Koch in seiner Planung immer damit rechnen muß, daß er nicht adäquat decodiert wird und insofern auch für den oberflächlichen Redundanzesser attraktive Gerichte gestalten muß. Der Snack dagegen ist zunächst vor allem Pop.

Das ist es, etwas Weiches, etwas Krosses, vielleicht ein kleiner Temperaturkontrast, unmißverständlich, nachvollziehbar, diskutierbar. So etwas kann natürlich didaktische Vorteile bieten – im Sinne eines Lobs der Disziplin bei Köchen und Essern. Ist demnach womöglich die bessere Planbarkeit der kleinen Form und damit die Möglichkeit, sensorische Verläufe eindeutig zu definieren, der Schlüssel zu gesteigerter kulinarischer Qualität? Man wird unterscheiden müssen zwischen der kulinarischen Miniatur in Form einer mengenreduzierten Verkleinerung des „normalen" Gerichtes mit Angebotscharakter und der strukturalistischen Kreation, die Bestimmtes will und eine klare Entschlüsselung antizipiert. Die klassische Miniatur hat einen wichtigen Nachteil dadurch, daß sie durch die Miniaturisierung eben den Angebotscharakter verlieren kann: Hier kann man nichts mehr auswählen. Die strukturalistische Konstruktion andererseits hat den großen Nachteil, daß die erwünschte Planbarkeit genau das brauchte, was man gerade in der Snackkultur in der Regel nicht findet, nämlich kulinarisches Know-how von meisterlicher Planung bis zur Exekution durch ausgesprochene Fachkräfte.

So gesehen, ist der Weltklasse-Snack das Privileg der Weltklasse-Köche, die in der Lage sind, über bloße Effekte hinaus ein komplexes sensorisches Panorama zu entfalten. Die Situation erinnert an die überstrapazierten „Einfach, aber genial"-Konzepte, die ebenfalls nur in der Hand von Meistern wirklich genial werden. Einfachheit wie kleine Form sind die Reduktion von umfassenden Kenntnissen, nicht aber eine irgendwie geartete Beschränkung oder Selbstbeschränkung.

Die sprunghafte Entwicklung zu einer neuen Snack-Kultur leidet stark unter „Fälschungen", also Objekten, die wie strukturalistische Kreationen aussehen, in Wahrheit aber nur einige für typisch gehaltene Elemente von Gelees und Espumas bis zu Rohem oder Krossem sinnlos aufeinanderstapeln. Eine hervorragende strukturalistische Kreation hat keinerlei genormte Optik, sie muß zum Beispiel keineswegs unbedingt krosse Elemente beinhalten. Ihre Form folgt der Funktion. Die potentielle Genialität des Meistersnacks wird übrigens auch dadurch relativiert, daß ein komplexer Einmal-Happen die Sinne schnell überfordert. Man braucht ihn im Grunde dreimal: zur Impression, zur Identifikation und zur Verifikation – es sei denn, er ist so einfach strukturiert, daß sein Nachvollzug (schmelzende Foie gras mischt sich zügig mit einem Speckschaum, sensorisch belebt durch winzige, karamelisierte Nußstückchen) simpel ist.

Ein sehr ernsthafter und bereits sehr erfolgreicher Versuch sind die Bemühungen des Caterers Kofler und Company (mit Sitz in Berlin, Hamburg und Frankfurt), wo mit Hilfe von ausgesprochenen Spezialisten und Meisterköchen versucht wird, zweimal im Jahr eine „Prêt-à-dîner" genannte Kollektion von Snacks zu entwerfen, die allerhöchsten kulinarischen Ansprüchen genügen. Dabei zeigt sich, daß die Ideengebung durch Meisterköche – in der aktuellen Kollektion ist es der Gewürzspezialist Ingo Holland aus Klingenberg am Main – für sehr belebende „Signatur"-Serien sorgt, das größte Problem aber die Reproduktion in größerer Stückzahl ist. Im Grunde wird hier etwas gebraucht, was Köche selten haben, und wenn, dann nur die Besten: eine geradezu industriell-feinmechanische Präzision statt genialischer Ungenauigkeiten, die bei vielen von ihnen weiteren Entwicklungen im Wege stehen. Bekommt man dies in den Griff, winkt ganz in der Ferne übrigens etwas völlig Überraschendes: eine erhebliche Verbesserung jeder Art von Fertignahrung. ❧

14. 10. 2006, F.A.Z., Feuilleton, Seite 38

Bestauntes Sardinen-potpourri

Das Lokal „Pré Catelan" beweist die Vormachtstellung Frankreichs

Das „Pré Catelan" liegt in Paris mitten im Bois de Boulogne und ist in seiner gut geschützten Lage ein echtes Refugium für den diskreten Teil der Bourgeoisie. Auch wenn die architektonische Belle-Époque-Hülle heutzutage nicht mehr so recht mit passend gekleideten Menschen gefüllt ist, vermittelt das Ganze ein unnachahmliches Gefühl von Kontinuität. Unter den Gästen sind einige sehr alte, denen man anzumerken scheint, daß sie wie die Kinder am Nebentisch schon vor Jahrzehnten mit ihren Eltern hier gegessen haben. Sonst aber ist hier alles modern, und ganz offensichtlich wird das auch in dieser Form geschätzt.

Chefkoch in diesem Flaggschiff des Lenôtre-Konzerns ist seit 1997 Frédéric Anton, der vorher sieben Jahre für Joël Robuchon gearbeitet und damit einen der besten und vor allem als evidenten Techniker geschätzten Koch zum Vorbild hat. So überrascht es nicht, daß Frédéric Anton eine dreiteilige Sardinen-Variation außergewöhnlich selbstbewußt und überzeugend präsentiert. „Selbstbewußt" deshalb, weil er mit traditionellen Formen der Fisch-Mißachtung spielt: Auch hier bekommt die Sardine Öl, aber es ist von exquisiter Qualität und wird durch einen Span kalter Butter und Korianderkörner texturell und aromatisch ungewöhnlich ergänzt. Auch hier ist die Sardine frittiert, aber eben mit bestem Teig, es gibt ein krosses Brot als feinstes Olivenbrot, und selbst der Aspik taucht als Geleespiegel in einem Extra-Teller auf.

Die Anordnung dieser optimierten Zitate verlangt nach einem Spiel mit Kombinationen. Und hier kommt dann die Moderne zu Wort: mit wundervollen Wirkungen der Elemente aufeinander, besonders im Zusammenspiel von schmelzendem Gelee und gebackenen Sardinen. Es entsteht eine Mischung aus Purismus im Detail, Adaption von Tradition und Optimierung im Sinne einer „State of the art"-Küche.

Mit der gleichen Sensibilität nähert sich Anton einem sehr schwierigen Thema: einer Version von Langustinen, die dem nicht durch scharfes Anbraten oder Würze verstärkten Krustentier dennoch eine dominante Rolle in einem ausgewogenen Gesamtbild verschafft. Der Titel dieser Kreation, „Langustinenravioli in einer Bouillon von Olivenöl, parfümiert mit Pfeffer und Minze", verrät noch nicht sehr viel – ebensowenig wie die Präsentation, die nur aus einem Schaum („Air") zu bestehen scheint, in dem buchstäblich keinerlei Kontur mehr auszumachen ist.

Die aromatischen und texturellen Proportionen auf diesem Teller geraten extrem fein. Die Langustinenschwänze sind in einem sehr feinen Nudelteig gegart, der weich und nicht etwa al dente ist. Auf diese Weise bleibt selbst die zarte Textur der hier weder festen noch elastischen Langustinen dominant (so etwas funktioniert nur bei allerbester Frische des Ausgangsmaterials). Sie wird begleitet von Mikroelementen der Minze in der Sauce, ab und zu einem leichten Hauch des nicht ganz emulgierten Olivenöls und einem fast geschmacksneutralen Schaum, der – pardon – in seiner Konsistenz ein wenig wie Badeschaum wirkt: Man meint, einen minimalen Widerstand zu spüren, kann ihn aber kaum verifizieren – meisterlich und ausgesprochen dienlich für die Langustinen.

Auch bei der mit einem Sojasud glasierten Seezunge mit Sprossen und Mango gelingt Anton eine ebenso originelle wie technisch sinnvolle Kreation. Die wegen ihres zarten Aromas schnell von anderen Elementen zur reinen Textur degradierte Seezunge packt er einfach zu einem dikken Päckchen zusammen und ermöglicht so eine nachhaltige Mechanik, bei der selbst eine kräftige Würze ohne Probleme integriert werden kann.

Das Lammgericht, auf dem Papier ein „à la plancha" gegartes Filet, „paniert mit schwarzem Pfeffer und Salbei, dazu eine mit Gewürzlamm gefüllte Kartoffel", ist geradezu ein Qualitätsschock, weil hier die Frage aufkommt, was denn die Kollegen eigentlich mit ihren so hochgerühmten Pauillac-, Sisteron- oder Salzwiesenlämmern anstellen, daß diese gegenüber der Zubereitung von Frédéric Anton derart abfallen. Zartheit und Würze sind schlicht überwältigend. Dazu gibt es auch noch ein komplexes Aromenspiel zwischen Pfeffer und Salbei in der Kruste und dem Mix aus verschiedenen Pfeffern und Curry im Lammragout der gefüllten Kartoffel. Und auch beim Dessert, einer Erdbeervariation „Tout fraises", erfreut vor allem die konsequente Abweichung von den oft so belanglos inszenierten Standards.

Bei allerbestem handwerklichen Niveau und der legendären Pariser Produktqualität gelingen Anton in einem immerhin zufällig à la carte ausgesuchten Menü also gleich mehrfach sofort einsichtige, originelle Versionen. Das liegt sicher auch am gegenüber Deutschland sehr viel größeren Profilierungsdruck. In Paris tut man gut daran, individuelles Profil zu besitzen. Bei uns dagegen scheint immer noch eine Fetischisierung der Ausführung vorzuherrschen – als ob es nur darauf ankäme, seine Hausaufgaben ordentlich zu machen. Eine Blindprobe zwischen bestimmten Kreationen der deutschen Spitzenküche braucht man sich gar nicht erst vorstellen. Standardisierung hier, Individualisierung und genialische Grenzüberschreitung dort machen einen deutlichen Unterschied zwischen den besten Franzosen und den meisten deutscher Spitzenköchen aus. Mit Könnern wie Frédéric Anton wird Frankreich jederzeit seine Spitzenstellung im schärfer werdenden internationalen Vergleich halten können. ❧

21. 10. 2006, F.A.Z., Feuilleton, Seite 36

Sardine, wo bist du denn?

Versteckte Qualitäten der Tradition: Das „Landhaus Bacher“

Erst vor wenigen Tagen wurde Lisl Wagner-Bacher vom „Landhaus Bacher“ in Mautern von der Gourmet-Zeitschrift „A la Carte“ abermals auf den ersten Rang der österreichischen Köchinnen und Köche gesetzt. Der Betrachter registriert also nun die zutiefst landestypische Situation, daß Johanna Maier vom „Hubertus“ in Filzmoos lokal gerne als „die beste Köchin der Welt“ bezeichnet wird, andererseits Frau Bacher die beste in Österreich ist. Die Realität im Restaurant hat in beiden Fällen glücklicherweise mit den Verkrampftheiten des Ranglistenunwesens wenig zu tun, denn es herrscht eine Auffassung von Spitzengastronomie, die eher von der hier weitverbreiteten Lust an gutem Essen als von internationalem Gourmet-Szene-Denken geprägt ist. Das „Landhaus Bacher“ ist einfach ein sicherer Hafen, in dem die Teller nicht auf Krawall gebürstet sind, die Gäste Homogenität und Einverständnis ausstrahlen und auch das Ländliche so weit zurückgefahren ist, daß das mitessende Auge nicht schon satt ist, bevor das Essen überhaupt begonnen hat.

Frau Bacher setzt dennoch ein subtiles optisches Zeichen, weil sie auf die übliche Kochmontur verzichtet und eine Küchenschürze trägt. Es kann – bei gleicher handwerklicher Qualität – ein Unterschied sein, ob man die Quellen des eigenen Denkens in der sorgend-umsorgenden Gastlichkeit der Hausfrau oder in den Formalismen eines Berufsstandes lokalisiert. Und so ist es nur folgerichtig, daß die Küche der dreiundfünfzigjährigen Köchin konsequent Schwierigkeiten vermeidet oder, besser gesagt: Lösungen findet, die Probleme gar nicht erst aufkommen lassen.

Alain Ducasse, Sohn einer Mutter, die selber Foie gras erzeugt hat, benutzt eigens nicht ganz so groß gemästete Exemplare der Stopfleber, weil diese noch einen identifizierbaren Lebergeschmack haben, und serviert sie quasi unbehandelt mit etwas Fleur de Sel. Authentizitäten dieser Art werden hier vermieden. Bei Frau Bacher ist die Foie gras so aromatisiert und in Baumkuchenmantel oder Törtchen verpackt, daß sie nicht nur Gefahr läuft, mit einem Dessert verwechselt zu werden, sondern beginnt, in die „billigen“ Gefilde der sogenannten „Mousse de Canard“ abzudriften. Der Maßstab der Abweichung wird noch auf demselben Teller deutlich. Neben einer der Variationen liegen einige Scheiben eines hervorragend geschmorten Apfels: voller Aroma, unmittelbar und identisch. Die Foie gras firmiert als Teil des „Traditionsmenüs“.

Die weiteren Kreationen an diesem Abend legen die Vermutung nahe, daß eine Anpassung der traditionellen Kreation an die aktuellen Qualitäten des Hauses ein Gewinn wäre. Auch bei den gefüllten Paprikaschoten mit Mandeln, Sardinen und Sardellencrostini gibt es etwas vor dem kulinarischen Volkszorn zu verbergen, weil nun einmal Sardinen und Sardellen nicht jedermanns Sache sind. Frau Bacher bewegt sich hier auf einem schmalen Grat: zwischen einer sehr gelungenen Fassung für den Fisch und einer Verpackung, die den Inhalt mehr oder weniger ausblendet. Auf dem Teller begegnet man vielen Texturen, die mehr Biß haben als die Sardinen: den Mandeln auf der Sardine, krossem Brot, Pinienkernen in der Paprikafüllung oder auch dem nur leicht angeschmorten Gemüse aus Salatstreifen unter den Paprikaschoten. Durch solche Beigaben bekommt der Fisch eine Art Begleitschutz, der schnell dafür sorgen kann, daß man ihn meist im Hintergrund, bestenfalls im Mittelgrund wahrnimmt.

Interpretiert man nun die kräftigen Noten von Sardine und Sardelle als ein gewisses aromatisches Manko, haben sie hier eine sehr gute Fassung. Beim Rehrücken, mit Pinienkernen gratiniert, Selleriepüree und karamelisierten Serviettenknödeln kann man andererseits studieren, wie eine perfekte texturelle Inszenierung funktioniert. Die Pinienkerne sind nur leicht brüchig-bröckelig und zusammen mit dem Reh nur am Anfang eines Bissens – also wenn das Aroma des Fleisches noch nicht aufgeschlossen ist – wirksam. In dieser Logik sind auch die Knödel mit ihrer dem Fleisch nicht unähnlichen, leicht elastischen und nachhaltigeren Textur bestens geeignet, das Fleisch längere Zeit zu begleiten – was bei ihrem dezenten Aroma aber eben nur zu leichten Vermischungen und nicht zu Überlagerungen führt.

Die Wirkung solcher kulinarischen Konstruktionen auf den Esser hängt übrigens nicht davon ab, ob er gewillt oder in der Lage ist, diese zu ermitteln oder nachzuvollziehen. Zumindest bei Kreationen, die üblicherweise dem klassischen Redundanzesser munden, scheint sich diese Qualität in einer sozusagen abstrahierten, nonverbalen Form ohne weiteres zu vermitteln. Weitere positive Aspekte ergeben sich im „Landhaus Bacher“ bei Gerichten, die eine Art Selbstverständlichkeit und damit die bei der Foie gras vermißte Natürlichkeit ausstrahlen. Dazu gehört unbedingt der Neusiedlersee-Zander mit knuspriger Paradeiser-Kräuterlasagne, der außer mit einer perfekten Garung auch mit einer unangestrengt realisierten, krossen Haut gefällt, die wesentlich bessere Aromen hat als die oft strengen Röstnoten in viel zu dunkel und fest geratenen Krusten.

Auch die von Cannelloni mit Kürbisfüllung und einigen sehr wirkungsvollen, kroß gebackenen Stückchen Wildreis begleiteten Langustinen passen erstaunlich gut in dieses Haus multifunktionaler Verwendung österreichischer Emblem-Produkte. Der Einsatz des Kürbis als eines leicht süßen Gemüses fördert im Prinzip eine „mittig“-süßliche Küche, deren Dominanz wir in Deutschland noch häufig beklagen müssen. Hier in Österreich hat man aber mit dem gut trainierten Einsatz heimischer Kernöle und Essige oft einen schönen Ausgleich, der die Süße einfängt und sie konkreter im Aromenspektrum fixiert, wie etwa bei dem feinen, mit Essig abgeschmeckten Kürbiskompott zu einem Saibling mit Geleedeckel im Amuse Bouche.

Erwähnenswert ist im Landhaus Bacher die geradezu enzyklopädische Weinsammlung von Spitzenweinen aus der Wachau, dem Kremstal und dem Kamptal und eine weithin berühmte Bordeauxsammlung des Hausherrn Klaus Wagner. Das Essen erscheint im Moment noch stark klassisch orientiert und hat die Qualität eines prototypischen Zwei-Sterne-Restaurants. Es deutet sich allerdings an, daß – nicht zuletzt unter Mitwirkung von Schwiegersohn Thomas Dorfer – die Küche nicht einfach eine von der „Grande Dame“ der österreichischen Gastronomie verwaltete ist, sondern Präsenz hat und weiter hinzugewinnt. ❧

28. 10. 2006, F.A.Z., Feuilleton, Seite 36

Komm, holder Herbst

Start der F.A.Z.-Gourmetvision regional im „Landhaus St. Urban"

Die zweite Staffel der F.A.Z.-Gourmetvision trägt den Zusatz „regional". Mit ihr soll der Beweis angetreten werden, daß auch mit regionalen Ressourcen und vor dem Hintergrund unseres eigenen kulinarischen Erbes eine Spitzenküche möglich ist, die Profil und Identität besitzt. Das erste Menü stammt von Harald Rüssel vom Landhaus St. Urban in Naurath nahe Trier. Rüssel ist Vorsitzender der deutschen Sektion der „Jeunes Restaurateurs" und hat sich schon in der Vergangenheit immer wieder um eine Belebung des regionalen Profils der Mitglieder seiner Organisation bemüht.

Für sein eigenes Restaurant hat er mittlerweile ein Netzwerk von Erzeugern geschaffen, die darauf setzen, daß die Wiederbegründung regionaler kulinarischer Zusammenhänge nicht nur für sie selbst Vorteile bietet, sondern auch einen erheblichen Schub für die Zukunft der deutschen Spitzenküche bringen kann. Harald Rüssel beginnt sein mit großer Intensität und wie befreit entwickeltes Menü mit einem Stückchen „Flammenkuchen von Herbstfrüchten", einer vollmundigen Versammlung von Pilzen, schwarzen Nüssen, Speck, Kürbis, Kräutersalat und getrockneten Streifen Rehfilet von einer hochfeinen Bodenständigkeit, die nur Köche realisieren können, die über ein komplex entwickeltes Verständnis verfügen.

Mit dem „Pochierten Landei auf Rote Bete und Mangoldsprossen mit Orangenspeckvinaigrette und nußigem Schwabensand (Butterbrösel)" folgt eine Kreation von modernstem strukturalistischem Verständnis, bei der nicht nur feinstes Texturspiel in immer wieder neuen Varianten zu beobachten ist, sondern auch eine ungewöhnliche Interpretation ländlicher Aromen vor dem Hintergrund der ausgewogenen Süße von der Vinaigrette geboten wird – ein in Feinheit und Komplexität grandioses Gericht. Es liegt auf einer in diesem Menü fast durchgehend zu beobachtenden Linie: Hier geht es nicht nur darum, die gerne als rustikal geschmähten Elemente zu emanzipieren, sondern sie sogar von der Anmutung zu befreien, sich emanzipieren zu müssen.

Auf diese Weise entstehen wunderbar selbstverständlich wirkende Begegnungen, wie die zwischen einem mit Piment gebratenem Kalbsbries und verschiedenem Wurzelgemüse in einem leichten Zimtsud mit kleinen Thymian-Einsprengseln. Mit Hilfe dieses nie aufdringlichen Katalysators ergeben sich zwischen Bries und jeweils einem Stück Rübchen, Sellerie, Zwiebel oder Karotte neuartig wirkende Akkorde von einer Eleganz, die man im Zusammenhang mit Wurzelgemüse kaum erwarten würde. Bei der „Wildentenbrust im Zitrus-Quittensud mit Nelkenknödeln und Wirsingroulade" verzichtet Rüssel auf die enge, pappige Schwere und Süße, von der häufig die aromatisch etwas intensivere Wildente begleitet wird. In dieser Kombination sorgen ganz im Gegenteil die Säure im Quittensud und der leicht herzhafte Leberschaum von nichtgestopfter Entenleber für eine Ausweitung des Spektrums und damit für ein Freistellen des Entenaromas.

Beim Fisch haben sich hier an der Mosel viele Probleme längst erledigt. Fangfrischer Moselbarsch, Zander oder auch Wels erreichen ohne Schwierigkeit eine Produktqualität, die der gängigen Importware gleichwertig oder gar überlegen ist. Aber wieder ist es eine große gedankliche Freiheit, die über die reine Produktqualität hinaus dazu führt, daß ein Gericht wie der „Mehringer Moselzander mit Kürbis-Linsen-Ragout, mild geräuchertem Schweinekinn und gebackener Senfpraline" exakt das entwickelt, was uns hierzulande kaum noch präsentiert wird: eine Kreation, die ihre Wurzeln vollständig in unseren kulinarischen Erinnerungen und Bildern hat, diese Reminiszenzen aufnimmt, nicht zerstört und nicht zitiert, sondern ihnen zu einer optimierten Funktion verhilft. Hier also kann man entweder Linsen und Geräuchertes, Senf und Schweinekinn wieder liebenlernen oder mit Staunen ihr Potential erkennen.

Das „Falsche Kotelett vom Landschwein mit Bohneneintopf und Speckschaum" liest sich wie ein Ausbund an Grobheiten, zumal „falsches Kotelett" ein Tarnname für Fleisch vom Bauchlappen ist, das gemeinhin nicht gerade zu den hochwertigen Teilen eines Schweins gezählt wird. Das Ergebnis freilich ist so verfeinert und in dem engen Texturspiel von Bohnen und den unterschiedlichen Schichten des Schweinebauchs so raffiniert, daß nur die reine Degustation zählt, die die Qualität von Produkt und Zubereitung keinerlei Einordnungszwängen unterwirft. Die extra servierte „Rohesserwurst" (eine knapp angebratene rohe Mettwurst) spielt noch einmal kurz mit der rustikalen Reminiszenz, um sich dann bestens in das neue Bild zu fügen.

Diese Küche verträgt sogar eine Reduktion auf Wesentliches. Den üblichen üppigen Hauptgerichten mit Wild, die in den Augen vieler Köche nicht modernisierbar scheinen, wird hier ein Rehfilet in einem aromatisch und texturell perfekten Gewürzbrot mit wenig mehr als Spuren von zweierlei Pfeffer, einem Quentchen Petersilienwurzelpüree und kleinen Stückchen geschmorter Zwiebel entgegengestellt – wobei man dem wirkungsvollen Kubebenpfeffer diejenige regionale Extraterritorialität zugestehen kann, die andere Pfeffersorten sicherlich auch beansprucht hätten. „Herbstliches mit Zwetschge und Birne, Schokoladencreme und Teegelee" schließt dieses Menü ab, wobei auch hier eine trickreiche Inszenierung mit Salz zur Schokolade, einem mit Tee-Gewürz-Gelee gefüllten Parfait, Textur von einem kleinen Mürbeteigboden oder einem Kompott von Pflaumen und Trockenfrüchten für neue Substanz sorgt.

Harald Rüssel ist mit der ersten „Gourmetvision regional" ein großer Wurf gelungen, weil hier mit ebenso großer Substanz wie Leichtigkeit demonstriert wird, daß eine aus regionalen Ressourcen gespeiste und aus kulinarischen Traditionen entwickelte Küche auch bei uns zu höchster Qualität geführt werden kann. Und es gibt noch einen weiteren Nebeneffekt: Rüssel hat sich in diesem Menü als Koch noch steigern können. Das mag etwas damit zu tun haben, daß es hier einmal nicht um die französisch-mediterranen Schablonen geht, sondern um die Arbeit an einer neuen Form der eigenen kulinarischen Identität. ❧

Das erste Menü der F.A.Z.-Gourmetvision regional ist von Samstag, dem 28. Oktober, bis zum Samstag, dem 2. Dezember, zum Preis von 104 Euro im Landhaus St. Urban in Naurath-Büdlicherbrück zu bekommen.

04. 11. 2006, F.A.Z., Feuilleton, Seite 38

Das Berliner Sicherheitskonzept

Vor den besten Köchen der Welt wurde eine große Chance vertan

In dieser Woche fand im Berliner Hotel Adlon das Jahrestreffen von „Traditions et Qualité" statt – zum erstenmal auf deutschem Boden. Die 1954 von Pariser Restaurateurs gegründete Vereinigung gilt mit ihren rund hundertvierzig Mitgliedern als anspruchsvollste Köchevereinigung der Welt: Ihr gehört quasi die komplette Kochelite an, Präsident ist seit 2001 der Elsässer Marc Haeberlin. Zum erstenmal hatten dadurch die deutschen Spitzenköche Gelegenheit, bei einem Festessen den internationalen Kollegen den Stand der hiesigen Küche zu präsentieren. Hätte man sich zu diesem Anlaß nicht einige spezielle Gedanken machen sollen – unter anderem deshalb, weil viele der anwesenden Gäste die deutsche Spitzenküche entweder gar nicht oder nur teilweise kennen? Die Spannbreite der Möglichkeiten wäre jedenfalls groß gewesen: zwischen einer Selbstdarstellung als brave Epigonen der französischen Kochkultur und aufregenden eigenen Ansätzen – auch wenn nicht alle unsere hervorragenden Kreativen zu der Garde von vorwiegend mit drei Michelin-Sternen ausgezeichneten Köchen gehören, die „Traditions et Qualité" versammelt.

Nach einigen zuverlässigen Amuse Bouches, die Jean-Claude Bourgueil und Hans Haas anrichteten, begann das Menü mit der „Roulade vom rohen Rinderfilet mit leicht geräuchertem Kaviar" von Helmut Thieltges („Waldhotel Sonnora", Dreis). Er hat seinen Klassiker, der früher als Tatar-Törtchen auf einer Rösti-Unterlage serviert wurde, mittlerweile unter sensorischen Aspekten umgebaut. Heute liegt eine Rolle Rindertatar mit einem Streifen Creme fraîche und dem Kaviar derart auf einem länglichen, kroß getrockneten Stück Toast, daß man jedesmal Scheiben davon abschneidet und immer einen präzisen Akkord hat. Das krosse Brot ist zudem neutraler als die Rösti und eröffnet somit ein feiner strukturiertes Geschmacksbild. Eine sechsteilige Foie-gras-Variation von Altmeister Dieter Kaufmann („Zur Traube", Grevenbroich) stand ganz in der eher deutschen Tradition dessertähnlicher Gänsestopfleber-Behandlung, wobei bei diesem sehr dekorativen Gericht eine Terrinenscheibe mit Orangenstückchen qualitativ herausragte.

Joachim Wissler („Vendôme", Bergisch Gladbach) gelang mit seinem „Bretonischen Hummer mit Grapefruit, Algenkrokant und Safran-Paellasud" neben dem Dessert das differenzierteste Gericht. Das aromatisch und texturell breitgefächerte, leicht süß-saure Panorama mit dem deutlich wirksamen hauchdünnen Algenchip, Salicornes und einer kräftigen Sudwürze schuf eine meisterlich ausgewogene interessante Hummer-Interpretation. Einen starken Kontrast dazu bildete das „Medaillon vom Seeteufel mit Verjus-Butter“ von Heinz Winkler („Residenz Heinz Winkler“, Aschau). Winkler griff hier ein Konzept auf, das schon zu „Tantris“-Zeiten erfolgreich war: Der Seeteufel (leider mit einem Hauch von Unfrische) wird durch Garung bei niedriger Temperatur in perfekter Zartheit mit der dann typischen, sehr feinkörnig wirkenden Textur serviert. Die Sauce lag auf der Linie von Winklers „Rotweinbutter“ an anderer Stelle und rundete das ebenfalls schon klassisch-deutsch zu nennende Bild souverän ab.

Ausgerechnet Dieter Müller („Restaurant Dieter Müller“, Bergisch Gladbach) wich mit seinem „Rücken und geschmorte Schulter vom Eifelreh mit Zimtaromen, Petersilienwurzeln und Waldpilz-Barbajuans“ von seiner gewohnten Leichtigkeit und Eleganz ab und präsentierte eine Ansammlung gesättigter Aromen, die sich nur schwer zu einem transparenten Gesamtbild fügten. Dazu kam eine etwas unglückliche Behandlung der geschmorten Schulter, die farblich und aromatisch Finesse vermissen ließ.

Dem Branchenprimus Harald Wohlfahrt („Schwarzwaldstube“, Baiersbronn) wurde per Losverfahren das Dessert zugeteilt. Das in Zusammenarbeit mit seinem exquisiten Patissier Pierre Lingelser (F.A.Z. vom 1. Juli) entwickelte „Delice von der Williamsbirne und Valrhonaschokolade mit Kürbiskern-Krokanteis“ ist eine aufwendig gearbeitete State-of-the-art-Kreation, die klassisch-handwerkliche Arbeit perfekt mit neuesten Techniken verbindet (zum Beispiel das hauchdünne, im Mund platzende und mit Birnenbrand gefüllte Zuckerbonbon).

Insgesamt konnte man sich aber des Eindrucks nicht erwehren, daß mit diesem Menü – bei aller Qualität im Detail – eine Chance vertan wurde. Von allen beteiligten Köchen existieren Gerichte, die auch unter den erschwerten Umständen einer Zubereitung für hundertvierzig Gäste ein selbstbewußteres Bild hätten bieten können, als dies nun durch diese Sicherheitsversion geschah. Hatten die einzelnen Küchenchefs Interesse daran, ihr jeweils eigenes Süppchen zu kochen, oder ging es nicht vielmehr darum, ein gewisses nationales Interesse zu verfolgen? Die Gewichtung lag leider mehr auf einem „Wir können das auch“ als auf einer wirklichen Demonstration der möglichen Leistungsfähigkeit unserer Küche.

Wieder einmal scheint es an der nötigen Koordinierung und Formulierung gemeinsamer Interessen gefehlt zu haben. Besonders deutlich wurde das auch bei den begleitenden Weinen, die – von Sponsoren gestiftet und von dem Wohlfahrt-Sommelier Stéphane Gass nur mit Mühe den Gängen zugeordnet – eher seriösen Standards entsprachen (wie zum Beispiel der Grauburgunder von Diel aus dem Jahr 2003, der gleiche Jahrgang des Chardonnay von Huber oder der 2004 gekelterte Spätburgunder Selection von Keller) als einer Präsentation der ja zum größten Teil noch nicht so alten und damit weltweit auch noch nicht so bekannten Spitzenqualität der deutschen Winzer.

Natürlich hätte das mehr Geld gekostet und den ehrenwerten Einsatz mancher Sponsoren überfordert. Aber vielleicht haben die Veranstalter dieses Treffens die Rezeption der deutschen Spitzengastronomie im Ausland falsch eingeschätzt. Vielleicht lesen sie keine ausländischen Zeitungen, in denen man die kulinarischen Nachrichten aus unserem Land immer noch an den Fingern einer Hand abzählen kann, und bemerken nicht die marginale internationale Verbreitung der Bücher deutscher Köche. Man ist in diesen Kreisen untereinander sehr freundlich und gegenseitig voll des Lobes. Das ist schön, aber nicht förderlich. Auf der Suche nach einer Identität der deutschen Kochkunst sollte man grundsätzlicher denken: Gäste kommen nur dann gerne ins Land, wenn sie dort Spezifisches, Unverwechselbares, Identisches finden. Es war durchaus ein schönes Fest. Es hätte aber ein grandioses sein können.

11. 11. 2006, F.A.Z., Feuilleton, Seite 40

Entflammt in der Sonnenküche

Catherine Guerraz zeigt in Paris, wie man auf einfache Art brilliert

Die großen Namen der Pariser Gastronomie sind in der französischen Hauptstadt selbst bei weitem nicht so unumstritten, wie man das vermuten könnte. Natürlich hat ein echter Pariser Feinschmecker sie alle irgendwann einmal besucht und berichtet beiläufig über neun Schwächen hier und eine Stärke da, vermittelt dabei aber vor allem den Eindruck, das wäre eher etwas für Touristen oder begeisterte Provinzler, die zu den „big names" natürlich ein völlig anderes Verhältnis haben als der erfahrene Einheimische.

Ermattet wendet man sich also den wahren kulinarischen Werten zu. Sie findet man regelmäßig in den eher abgespeckten Versionen der Haute Cuisine, also in meist engen Lokalitäten, die vom Zwang zum Luxusprodukt, zu exquisit trainiertem Service und großen Blumengebinden in noch größeren Vasen frei sind. Der gastronomische Kern von Paris bleibt eben doch das Café oder besser gesagt: das volle Café, in dem schon ein leerer Stuhl zuviel signalisiert, daß man sich nach etwas Neuem umsehen sollte. Essen kann man folglich auch nur da, wo der Geräuschpegel stimmt – das Ohr ißt sozusagen mit.

Man nennt manche Etablissements heute „Neo-Bistros", was aber nicht weiter verwirren sollte: Die Mechanismen sind die alten. Fest steht jedenfalls, daß das Essen in diesen mittleren Restaurants in Paris viele Freunde hat, die es ganz ernsthaft gegen die Leistungen der Spitzenküche aufwiegen. Zudem ist es relativ preiswert.

Auf der Suche nach der Substanz dieser Szene trifft man schnell auf Catherine Guerraz vom „Chez Catherine" in der kleinen Rue Berryer unweit des Arc de Triomphe. Ihr Buch („Les délices de Chez Catherine") schmückt ein Vorwort von Nicolas de Rabaudy, einem bekannten kulinarischen Chronisten, und zu ihren Anhängern gehört Jean-Pierre Coffe, das französische Gewissen in Sachen Produktqualität. Madame Guerraz, die ihr südfranzösisch orientiertes Angebot eine „Küche der Sonne" nennt, hat in ihrem ehemaligen Lokal, das sie bis 2002 betrieb, schon einmal den Titel „Bestes Bistro des Jahres" erhalten, und sie war vor zwei Jahren Trägerin des Prix Pudlowski als „Beste Köchin des Jahres".

In ihrem auf den ersten Blick sehr zurückhaltenden, modern eingerichteten Restaurant überrascht zunächst ein Preisniveau, das kaum höher liegt als in einer beliebigen Brasserie um die Ecke: Fast alle Gäste essen hier das dreigängige Menü für fünfzig Euro. Die zweite Überraschung ist das Amuse Bouche, das formal nicht mehr als ein kleiner Ring mit Ratatouille, Mozzarella und etwas Pesto ist, aber sofort auffällt, weil alles aromatisch so frisch und unmittelbar wirkt, als habe man einen Grauschleier entfernt, der sonst über solchen Assemblagen liegt.

Dieser Eindruck verstärkt sich noch bei der „Ceviche de Rascasse", hier in Form einer Mischung aus einem interessanten Kokos-Sud, Gemüse, Kräutern, Garnelen und Stückchen vom Drachenkopf (rascasse). Wieder entsteht ein außergewöhnlich natürlich wirkendes Geschmacksbild, bei dem den einzelnen Elementen offensichtlich sowenig Behandlung zugemutet wurde wie eben möglich, um sie in eine sinnvolle Beziehung zu dem hochfeinen Sud mit seiner eleganten Süße-Säure-Balance zu bringen. Hat die mangelnde Klarheit bei solchen Speisen in anderen Häusern etwas damit zu tun, daß die große Kochkunst bisweilen dazu neigt, die Realien zu stark zu behandeln – als ob der Übergang vom Rohen zum Gekochten auch heute noch ein Markstein für kulinarisch-zivilisatorisches Verhalten wäre? Muß man wirklich kaschieren, wenn auch lasieren möglich wäre?

Derweil serviert Madame Guerraz eine Langustinen-Trilogie, die sie zwar ähnlich unmittelbar wie die Ceviche begleitet, damit aber diesmal in Schwierigkeiten kommt. Der Akkord aus Langustine, Ofentomate und konfierten Zwiebelstreifen schmeckt nicht schlecht, ist aber für eine rohe Langustine zu kräftig. Wenn dagegen bei der zweiten Variation die Langustine kräftig angeröstet ist (was man bei Krustentieren wegen der Prägnanz der aromatischen Veränderung den „zweiten Geschmack" nennen sollte), klappt ein ähnlicher Akkord mit zusätzlichen Kräutern ohne Probleme.

Das beste Gericht an diesem Abend ist eine Versammlung von sechs kleinen Rotbarbenfilets mit Auberginenkaviar, gegrillten Zucchini und einem Krustentierjus. Da besticht zunächst die berühmte Pariser Fischqualität, die sich bei den kleinen Rotbarben in einem luftig-jodigen Aroma zeigt, das keinerlei Ähnlichkeit mit dem von länger gereisten Exemplaren in manchem Restaurant im Hinterland hat. Zusammen mit einem nicht unbedingt in Öl ertränkten Auberginenkaviar, dünnen, aber kräftig gegrillten Zucchinistreifen und dem leicht rauchigen Krustentierjus ergibt sich die seltene Kombination von variierten Grill-Bratnoten und großer Frische. Diesem absolut überzeugenden Akkord scheint alles Künstliche fremd zu sein, er repräsentiert vielleicht gerade deshalb eine sehr gute Küche.

Das Lammgericht mit Artischocken läßt allerdings die Frage ungeklärt, ob Madame Guerraz solche Treffer nur intuitiv gelingen oder ob sie ihr bestes Niveau beliebig wiederholen könnte. Die Kotelettstücke (mit Haut und Fettschichten) sind im Kern noch quasi roh und haben nicht das nötige aromatische Gewicht, um säuerlich eingelegte Karottenscheiben und Artischocken aufzuwiegen. Die Feinheiten in Kruste und Fettschicht – ein positiver Nebeneffekt der Untergarung – haben so keine Chance, wahrgenommen zu werden. Die Korianderkörner dazu könnten als interessanter Katalysator für die säuerlichen Gemüse wirken, müßten dann aber zerstoßen serviert werden.

Nach einer trivialen „Baba au whisky Irlandaise" und einem zweiten, wegen der Qualität der Aprikosen überzeugenden Dessert bleibt ein guter Eindruck von einem Essen mit überraschenden Grundtendenzen, ein etwas unentschiedener Eindruck allerdings von der Leistungsfähigkeit der Köchin. Das allerdings muß kein Widerspruch sein, weil es fast schon künstlerische Tradition ist, daß wichtige Anregungen oft daher kommen, wo eine unreflektierte Vorstellung von Perfektion noch nicht ihr zerstörerisches Werk getan hat. Von dieser mittleren und nicht so artistischen Küche kann man lernen, daß unsere besten Köche mit einem wesentlich höheren Anteil an intelligent eingesetzten, nur wenig bearbeiteten Produkten ihr Spektrum deutlich erweitern würden. Die Wirkung einer solchen Praxis könnte man zum Beispiel bei Sergio Herman im „Oud Sluis" in Sluis in den Niederlanden studieren. ❧

18. 11. 2006, F.A.Z., Feuilleton, Seite 40

Spitzenküche nach Norm

Den meisten Restaurants fehlt der Mut, alte Muster aufzugeben

Wenn man die weltweit zunehmende Individualisierung in der Spitzenküche einmal bis in kochtechnische Details verfolgt, wird deutlich, warum einem großen Teil der avancierten Vertreter in den mehr oder weniger am klassisch-französischen Stil orientierten Ländern erhebliche Probleme drohen. In der Adaption klassischer Rezepte durch viele Köche findet sich ein Denkfehler, der daher rührt, daß sie sich zu sehr in einem handwerklich-berufsständischen Regelwerk eingerichtet haben und die Grundlagen ihres Faches schon für dessen Vollendung halten. Der eigentliche Mangel besteht darin, daß man keine Trennung zwischen der durchaus hervorragend entwickelten Kochtechnik und deren Anwendung macht.

In der Rückschau auf die vergangenen Jahrzehnte muß man den Eindruck gewinnen, als hätten viele Köche die notwendigen Muster für die Anwendung einer Technik zu deren unveränderlichem Inhalt gemacht. Da ist zum Beispiel die Herstellung von Fonds zwecks Einsatz bei der Saucen- oder Suppenzubereitung, als aromatisierende Flüssigkeit beim Pochieren und für viele andere Zwecke. Warum werden fast alle Fonds mit quasi standardisierten Gemüsebeigaben aufgebaut? Und warum haben selbst Restaurants der Spitzenklasse oft nur einen hellen (meist einen Geflügelfond) und einen dunklen Fond (meist einen Kalbsfond) in Gebrauch, mit dem sie alle ihre Zubereitungen traktieren und auf diese Weise einen abstrakten, weitverbreiteten Normgeschmack schaffen?

Solche Normierung hat mittlerweile ein Ausmaß erreicht, das vielen Köchen vermutlich nicht bewußt ist. Andere Beispiele sind das unverständliche Anbraten in irgendeiner Butter oder irgendeinem Olivenöl, als wenn es nicht eine Unzahl von sehr unterschiedlich schmeckenden und differenziert zu nutzenden Fetten gäbe. Die Zutatensammlungen selbst der besten Restaurants entlocken ambitionierten Amateuren heute oft nur noch ein müdes Lächeln, weil dort ein Portwein aus der Massenproduktion zum Einsatz kommt und kaum mehr als die eine oder andere Sorte mittelmäßigen Olivenöls zu finden ist. Die im Prinzip sehr subtile Arbeit mit Kochweinen wird mit schlichten Tropfen erledigt, „weil das ja sowieso niemand herausschmeckt" – als ob es nicht Kochtechniken gäbe, die präzise die Qualität eines Weines in einer Sauce inszenieren können. Derart unsensibler Umgang mit dem Material führt zu so merkwürdigen Situationen wie einer

Ankündigung der Verwendung von Olivenöl auf der Speisekarte, die man dann aber an keiner Stelle des Essens wirklich bemerkt.

Nach wie vor führt auch das kulinarisch oft nicht begründbare Montieren von Saucen mit Butter und Sahne zu einer Homogenisierung des Aromas der betroffenen Produkte, deren Individualität zugunsten eines immer gleichen aromatischen Nebels aufgegeben wird. Weitere Beeinträchtigungen ergeben sich durch die Beschränkung der Palette von Rohwaren, die in sinnloser Weise und ohne über die möglicherweise historische Bedingtheit ihres Zustandekommens nachzudenken bis heute die Spitzenküche durchzieht. Legendär ist etwa die Einschränkung durch den Verzicht auf Kräuter und bestimmte Gewürze. Hier wird der Griff auf Hunderte von interessanten Aromen durch eine winzige Auswahl akzeptierter Würzen, vor allem aber durch ein ebenso manisches wie unproduktives Salzen und Pfeffern bei jeder Gelegenheit ersetzt. Man schimpft über Glutamat, empfindet aber längst alles als fade, was nicht dem Regen von Salz und Pfeffer ausgesetzt war.

Selbst die Konzentration auf Luxusprodukte sorgt für Normierung. Das Bressehuhn zum Beispiel mag durch die genau festgelegten Regeln seiner Aufzucht sehr gut sein. Aber es ist und bleibt ein normiertes Produkt. Genau das Gegenteil bekommt man aus individuellen Zuchten unter individuellen kulinarischen Vorgaben.

Die „Verfeinerung" der Spitzenküche hat – nicht zuletzt auf deutschem Boden – eine Antigeschmack-Küche hervorgebracht, die fast kindlich wirkt, weil sie dem süßlich-milden Gesamtbild höchstens mal ein paar minimale Aromenspitzen zumutet, zu denen in vielen Fällen keinerlei Elemente gehören dürfen, die als rustikal geschmäht werden. Die in diesem Zusammenhang häufig angewandte indirekte Garung in vielerlei Rollen und Päckchen mag als künstlerisches Mittel seine Berechtigung haben. Das Verfahren wirkt aber zerstörerisch und ist ein Zeichen von Degenerierung, wenn es zum Synonym für die gute Behandlung eines Produkts wird. In diesen Zusammenhang fällt auch die Deklarierung einer bestimmten Harmonie im Gegensatz zu einer differenzierteren geschmacklichen Struktur und Spannung.

Alle Anzeichen deuten darauf hin, daß das erlernte Harmonieverständnis der Köche ein Sonderfall von Struktur und Spannung ist, der weder generalisiert werden kann noch als Signum und Privileg einer entwickelten Küche taugt. Die mangelnde Analyse des eigenen Handwerks vermischt sich natürlich ganz besonders schlecht mit stilistischen Automatismen, die man auch die Neigung zur unreflektierten Kopie nennen könnte. Dabei fällt zusätzlich auf, daß die klassischen Traditionen da, wo sie reflektierter behandelt werden (zu nennen wären zum Beispiel Ansätze bei Robuchon, Ducasse oder Troisgros), durchaus Wege zu einer ungeahnten Optimierung aufzeigen.

In den meisten Spitzenrestaurants aber finden sich auffällig wenig optimierte Qualitäten, also Zubereitungen, die weit über dem Durchschnitt stehen und neben einer gewissen künstlerischen Individualität auch eine erkennbar avancierte Entwicklung des handwerklichen Verständnisses zeigen würden. Warum gibt es reihenweise Spitzenköche, die beim Schmoren von Fleisch nicht über solides Mittelmaß hinauskommen? Und warum haben mittlerweile schon gutbürgerliche Restaurants die nötigen Tricks im Repertoire, um recht nahe an die Leistungen von Spitzenhäusern heranzukommen?

Angesichts von internationalen Entwicklungen, die beweisen, daß man gute Küche erreichen kann, ohne sich in klassischen Klischees zu verfangen, hätte die auf den Regeln der Haute Cuisine basierende mitteleuropäische Spitzenküche eine ernsthaft betriebene Revision verdient. Sie braucht Anstrengung statt Abwicklung. Auch in der Küche kann man nicht mehr damit durchkommen, daß man irgendwann einmal etwas gelernt hat, was man dann für den Rest seines Lebens unreflektiert anwendet. Die avancierte Küche muß erwachsen werden, gefragt ist Intelligenz. ❧

25. 11. 2006, F.A.Z., Feuilleton, Seite 40

Raus aus der Barolo-Dusche

F.A.Z.-Gourmetvision regional im „Herrmannsdorfer Schweinsbräu"

Die zweite Gourmetvision regional kommt aus dem „Herrmannsdorfer Schweinsbräu", dem Restaurant der „Herrmannsdorfer Landwerkstätten". Diese Einrichtung, die sich zum Ziel gesetzt hat, den kulinarischen Saulus zum Paulus zu wandeln, ist eine Idee des ehemaligen Fleischfabrikanten Karl Ludwig Schweisfurth, der sich vollständig von der Massentierhaltung abgewandt und mit großem finanziellen und persönlichen Aufwand den Beweis erbracht hat, daß ökologisches Denken und wirtschaftliches Arbeiten nicht im Widerspruch stehen müssen. Dem Protagonisten unseres Menüs, Thomas Thielemann, stehen für sein großes Restaurant dementsprechend ausgezeichnete Produkte zur Verfügung, die keinen Vergleich mit den üblicherweise in der Spitzenküche verwendeten Ressourcen zu scheuen brauchen.

Zu Beginn wird bei der „Schweinswurst mit Kartoffelgemüse und Liebstöckel" und dem „Fleischpflanzerl mit Lauchgemüse und Senfsabayon" demonstriert, wie eine Optimierung traditioneller Rezepte der bürgerlichen Küche durch eine sensiblere Würzung, interessante Akkorde und bessere Proportionen erreicht werden kann. Thielemann gelingt dabei etwas sehr Wichtiges: Die Optimierung erfolgt aus sich heraus. Sie wird aus dem traditionellen Geschmacksbild entwickelt und nicht durch ein Überstülpen von Manierismen, wie wir es oft von der Spitzenküche her gewohnt sind. Die „Flußkrebse mit Kohlrabi und Kohlrabi-Corail-Sud" sind ein Produkt aus der wiedererstarkenden heimischen Zucht und werden hier mit einem traditionell deutschen Gemüse kombiniert. Diese Kreation ist eine elegante Variation von Kohlrabi-Texturen, deren wichtigste der im Kohlrabi-Sud gegarte Flußkrebs ist. Auch aromenstarke Beigaben wie Dill oder das Corail im Sud fügen sich ohne weiteres in dieses Bild.

Beim „Kalbsbries mit gedünstetem Sellerie und Salbei" ist es verblüffend zu sehen, wie eines der emblematischen Produkte frankophiler Küche reagiert, wenn es einmal nicht mit Trüffeln und Steinpilzen traktiert wird, sondern mitten in einem normalen Gemüsegarten landet. Die dünnen Selleriescheiben vermischen sich sofort mit der Textur des Bries und sind aromatisch so zurückhaltend, daß die Balance perfekt ist. Für eine Überraschung sorgen die fritierten Salbeiblätter, die ebenfalls hervorragend passen, aber in dieser überraschenden Interpretation fast etwas Exotisches bekommen. Man staunt, was da bislang so achtlos übersehen wurde.

Der gerade im süddeutsch-alpinen Raum populäre Backgockel kann sich darüber nicht beklagen. Thielemann kombiniert ihn mit karamellisierter Roter Bete, die nicht – wie etwa bei Alain Passard – einen noch minimal rohen Kern hat, sondern mit viel Butter durchgegart ist. Hinzu kommt nun noch etwas Thymian, und schon ist ein erstaunliches Niveau erreicht. Die Gründe dafür liegen zuallererst in der Fleischqualität. Während die Spitzenküche normalerweise zum sehr guten, aber standardisierten Bressehuhn greift, hat das hier verwendete Geflügel ein individuelles Aroma, das sich aus einem deutlichen Produktgeschmack und einer schmeckbaren Natürlichkeit zusammensetzt (im Gegensatz zu der oft sehr ausgeprägten Getreide-Schlußmast beim Bressehuhn). Es reicht nun aus, das Fleisch mit seiner Panade und unterschiedlichen Mengen von Roter Bete zu essen, um jeweils unterschiedliche, aber immer hervorragende Schwerpunkte im Akkord zu schmecken.

Eine ähnliche Emanzipation des Produktes gelingt auch beim „Schweinskotelett natur mit gefülltem Schweinefuß". Die Qualität des Schweinefleisches (man hat hier immer zwei- bis dreihundert Schweine rund um das Restaurant in der Mast) ist bestechend – zart und von intensivem Fleischgeschmack, der aber eben nicht nach Schwein (sprich: nach dem Massenprodukt Schwein) schmeckt, sondern von der Struktur her eher mit einem guten Kalbskotelett am Stück (côte de veau) vergleichbar ist. Die Füllung des Schweinefußes kann man abermals klassischen Formen der Spitzenküche gegenüberstellen: Gérard Boyer in Reims hat ihn vor Jahren einmal mit Hilfe von vielen Trüffeln geadelt. Hier aber nobilitiert sich das

Schwein selbst, weil die Würze durch eine Füllung mit den diversen Innereien erreicht wird, die einzeln nicht durchschmecken, in der Summe aber eine hochfeine und individuelle Aromatisierung ergeben.

Beim Rindfleisch hat die von den Herrmannsdorfer Landwerkstätten betreute Zucht zu Ergebnissen geführt, die üblicherweise eher dem stärker fettgeäderten Wagyu zugerechnet werden, das auch die Ausgangsrasse für das berühmte Kobe-Beef ist. Bei Thielemanns geschmorter „Flachen Ochsenrippe mit püriertem Wurzelgemüse und Preiselbeerkompott" wirkt sich der hohe Fettanteil in einer wunderbar sämigen Textur des Fleisches aus, das buchstäblich im Mund schmilzt. Der Verzicht auf zuviel Parfümierung – zum Beispiel in Form der üblichen Dauerduschen mit einer Barolo-Reduktion – führt abermals zu einem sehr natürlichen Geschmack, der sich vor allem aus der eigenen Struktur der Fleisches ergibt. Man assoziiert Tafelspitz, weil das Gemüse einen deutlichen Meerrettichanteil aufweist. Doch es profitiert auch von den kleinen Fruchteinsprengseln durch die Preiselbeeren.

Beim Dessert macht Thielemann dank der selbstverständlichen Konsequenz seines Ansatzes gleichfalls sofort klar, was seine Lösung von einem abstrakt zusammengesetzten Dessert etwa nach Art eines Passionsfruchtsoufflés mit Vanilleeis unterscheidet. Das „Ragout von karamellisierten Äpfeln, Nüssen und Trockenobst mit Sauerrahmeis" wirkt wie die Essenz sämtlicher Dessert-Erwartungen. Hier wird aber nicht bloß zitiert, sondern die Bestandteile ergeben einen originellen Akkord, der – zum Beispiel bei der Kombination der karamellisierten Äpfel mit rohen Stücken – eine immense texturelle Breite gewinnt. Dieses Menü, über dem der Geist einer natürlichen Harmonie liegt, zeigt deutlich: Wenn so etwas mit regionalen und traditionellen Ressourcen möglich ist, müssen wir über die Konzepte unserer Spitzenküche anders nachdenken als bisher. ❧

Das Menü der zweiten F.A.Z.-Gourmetvision regional ist vom 29. November bis zum 23. Dezember zum Preis von 84 Euro im „Herrmannsdorfer Schweinsbräu" in Glonn/Bayern zu bekommen.

02. 12. 2006, F.A.Z., Feuilleton, Seite 40

Das sind doch die kleinen Brösel

Farbiger Sand im Würzregietheater: Drei Sterne für Pedro Subijana

Vor wenigen Tagen wurde in der neuen spanischen Ausgabe des Guide Michelin der schon achtundfünfzigjährige Pedro Subijana vom Restaurant „Akelare" in San Sebastián überraschend mit dem dritten Stern ausgezeichnet. Spanien hat damit wie Deutschland sechs Köche mit dieser Auszeichnung.

Subijana gilt als einer der Väter der rapiden Entwicklung der spanischen Küche. Der schon seit 1975 an gleicher Stelle tätige Baske war der erste spanische Koch, der ein Degustationsmenü angeboten hat und schon früh eine Ausweitung des Horizonts jenseits der eingefahrenen handwerklichen Strukturen forderte. Trotz einer stark klassisch geprägten Grundlage forscht er ständig weiter und überrascht immer wieder auch mit Beiträgen zur aktuellen Küchenmoderne.

Das Menü in dem etwas außerhalb von San Sebastián gelegenen Restaurant beginnt – wie oft in Spanien – mit einem exquisiten Schinken, der sich durch ein intensivnussiges Fleischaroma und eine große Nachhaltigkeit auszeichnet. Die Kleinigkeiten vorweg fallen ansonsten unterschiedlich aus. Das „Zurrucutuna" genannte Stockfischpüree und kleine Sandteigplätzchen mit Olive und Paprika sind eher einfach, Zubereitungen wie ein frittiertes Eiweiß mit einem sphärischen Raviolo aus Tomate und Paprika wirken spielerisch, während die frischen Anchovis im leicht temperierten Olivenöl eine Qualität entfalten, die sie glatt zu Edelfischen macht.

Die „Austern, mit der Schale zu essen", sind eine neue Entwicklung aus jüngster Zeit. Für dieses ungewöhnliche Gericht werden Austern mit Saft eingefroren, erst in einen Schwarzbrot-Kakao-Teig verpackt und in einem heißen Pflanzenfett erhitzt, das dann schnell abgekühlt wird und der eingepackten Auster eine leicht feste Schale gibt. Komplett in den Mund genommen, platzt dieses Gebilde, und es ergibt sich eine Variante des heute in verschiedenen Formen (etwa: hauchdünne Zuckerhüllen, sphärische Ravioli oder auch bei niedrigen Temperaturen erwärmte Kirschtomaten) beliebt gewordenen Platzeffektes, bei dem der Mund in kürzester Zeit mit dem jeweiligen Aroma überschwemmt wird. Wie durchaus nicht selten in der spanischen Avantgarde leuchtet auch hier der sensorische Effekt im Prinzip ein, die aromatische Ausgestaltung aber nicht. In diesem Falle bleibt im Mund ein anhaltender, fader Nachgeschmack nach kaltem Fett, der den kurzfristig wirksamen Austerngeschmack unschön ausklingen läßt.

Ein regelmäßig eingesetztes Mittel bei Subijana sind diverse Variationen von Butterbröseln, deren sensorisch auffällige, aber für das begleitete Produkt meist recht unproblematische Wirkung heute mehr denn je geschätzt wird. Bei den „Jakobsmuscheln auf farbigem ‚Sand'" liegen eine Jakobsmuschel und zwei Kammuscheln auf einem verschiedenfarbigen Bett aus Bröseln mit grünen Pimientos, „en amarillos" (gelb, mit Safran) und einem Mix aus Tomate und Paprika. Der durch verschiedene Mischungen zu variierende Akkord ist sehr gut strukturiert und eine souveräne Inszenierung der Muscheln.

Seinen persönlichen Auftritt gestaltet der Meister mit der sogenannten „destillierten Languste", wobei das Adjektiv ein dem Destillieren (oder der Funktionsweise einer klassischen Espressomaschine) ähnliches Verfahren zur dezenten Garung von Langustenscheiben nicht ganz korrekt bezeichnet. In zwei übereinanderstehenden Glasbehältern, die über ein Steigrohr verbunden sind, befinden sich oben Langustenscheiben und einige Gemüse, unten eine aromatische Brühe. Diese wird nun erhitzt, steigt in den oberen Behälter hinauf und „gart" die Langustenscheiben – dies allerdings nur eine relativ kurze Zeit, weil sie über eine kleine Rücklauföffnung wieder langsam in den unteren Behälter zurückfließt. Der Effekt: Die Brühe parfümiert dezent die Zutaten, die ihrerseits die Brühe parfümieren. Serviert wird anschließend eine Schale mit Langustenscheiben und Gemüse und ein Glas mit dem „Tee". Der kulinarische Effekt im engeren Sinne ist gut, es fällt aber schwer zu glauben, daß eine einfachere Technik nicht den gleichen Effekt hätte.

Mit einer sehr schön natürlichen Ringeltaube, deren im Vergleich zu den überzüchteten „Nesttauben" festeres Fleisch ein wesentlich stärkeres Braten verträgt, kann Subijana voll überzeugen. Die Begleitung durch ein Cidre-Gelee (mit Kuzu-Bindung) und eine Art Nußpüree in perfekten Proportionen verrät ein sehr gutes Verständnis für Fleischgerichte.

Die Desserts sind aromatisch interessant, weil sie von den gängigen Klischees abweichen. Eine Dickmilch aus Kokosmilch mit Mandeln und einer dezenten Note von grünen Zitronen fällt erstaunlich fremdartig aus, nicht nur, weil die Dickmilch – dank der Beigabe eines entsprechenden Geliermittels – erst nach etwa einer Minute im Glas geliert. Man kann dabei natürlich Spielerisches vermuten, wie bei der Salami aus Schokolade zum Abschluß. Andererseits liegt auch der Verdacht nahe, daß hier – ganz anders als zum Beispiel bei Martin Berasategui im nahen Lasarte – einige Techniken eher als Tricks zur Anwendung kommen und nicht, weil sie genuin kulinarisch begründet wären.

Der Kreativdruck scheint in Spanien mittlerweile so hoch zu sein, daß er auch da greift, wo er gar keinen Zweck erfüllt, also bei Referenzgrößen für die noch stärker in Regelwerke eingebundene „klassische" Kreativität. Die vielen neuen Entdeckungen nicht nur zu demonstrieren, sondern in einen klaren kulinarischen Funktionszusammenhang zu bringen, wird für Subijana und in Spanien generell noch ein ziemliches Problem werden. ❧

09. 12. 2006, F.A.Z., Feuilleton, Seite 38

Die Büchse wird wohl genügen

Japaner verraten keine Mengenangaben: Kochbücher aus aller Welt

Kochbücher von Spitzenköchen, die international bedeutsame Anstöße zur Entwicklung der Kochkunst geben können, kommen nach wie vor nicht aus Deutschland. Zu allem Überfluß werden aber auch kaum fremdsprachige Werke ins Deutsche übersetzt, so daß der Interessierte heute neben der französischen und englischen auch die spanische Sprache lesen können sollte. Eine lobenswerte Ausnahme auf dem Weg zu einem besseren Verständnis der spanischen Küchenmoderne ist der Band „Die Avantgarde-Küche Spaniens“ (Christian Verlag), der als Koproduktion in Spanien geschrieben wurde. Hier sind erstmals in größerer Breite die tatsächlichen Unterschiede zwischen klassisch-französisch orientierter Küche und den neueren spanischen Entwicklungen zu studieren. Gleichzeitig wird das Bild einer komplexen Szene entwickelt, die eben nicht allein von Namen wie Adrià, Arzak oder Berasategui bestimmt ist.

Von Ferran Adrià selbst liegt mittlerweile mit „elBulli2005“ (elBullibooks) die Fortschreibung seines Werkverzeichnisses vor. Erkennbar wird, daß der Meister, technisch sowieso immer auf dem neuesten Stand, nun beginnt, an komplexeren kulinarischen Konstruktionen zu arbeiten. Entgegen dem von einer oft naivverkürzenden Rezeption in Deutschland bestimmten Bild hat Adrià längst ein überragendes künstlerisches Niveau erreicht, und das gleichermaßen im Denkansatz wie in der kulinarischen Konzeption und innovativen technischen Realisation.

Nicht ganz so innovativ, dafür aber ebenfalls auf einem hohen Reflexionsniveau ist die Arbeit des früheren Chirurgen Miguel Sánchez Romera. In „Construccionismo Culinario“ (Ediciones Akal) verbindet sich eine für spanische Verhältnisse moderate Moderne mit dem bei Köchen seltenen Versuch, deren Konstruktion gedanklich präzise zu strukturieren. Juan Mari Arzak ist einer der Begründer der spanischen Moderne und noch ein Zeitgenosse von Bocuse, Troisgros und Co. Vor einiger Zeit sah man ihn in der Küche von Adriàs „El Bulli“ experimentieren. Das Ergebnis ist „Bocados“ („Häppchen“ oder „Kleinigkeiten“, Edición Bainet media), eine moderne Sammlung spektakulärer Kreationen auf der Höhe der Zeit, die eindeutig davon profitieren, daß Arzak über ein entwickeltes aromatisches Verständnis (im traditionellen Sinne) verfügt. Eine derart angeregte Beschäftigung mit der Moderne würde man sich auch einmal von Altmeistern bei uns wünschen.

Was Frankreich angeht, ist es nur noch eine Frage der Zeit, bis auch französische Köche erkennen, daß ihre Kritik an den Entwicklungen in Spanien von haarsträubender Oberflächlichkeit war. Etwas überraschend prescht nun Thierry Marx, hochtalentierter Koch vom „Chateau Cordeillan-Bages“ in Pauillac, vor. Sein etwas unbescheiden benanntes Buch „Planète Marx“ (Minerva) ist quasi ein Kunstband mit Rezepten, bei dem die Abbildungen aus dem Inneren der kulinarischen Objekte zu stammen scheinen. Vom Farbcode des Buches bis zur Typographie wird Hypermodernes signalisiert. Die Rezepte sind eine Mixtur aus spanischem Mainstream und tief gestaffelter französischer Kochkunst – eine hochinteressante Mischung, die eine große Zukunft hätte, wenn man einmal vom hohen Roß herabstiege und sozusagen auch das Roß zur kulinarischen Disposition stellte.

Interessante Anregungen finden sich in einigen Büchern japanischer Köche. Der wohl bekannteste unter ihnen, Nobu Matsuhisa, hat zusammen mit seinem englischen Mitarbeiter Mark Edwards die Arbeit in seiner Londoner Dependance dokumentiert („Nobu West“, Quadrille Publishing). Die Rezepturen sind bei Nobu in ihrer Gänze oft nicht zwingend, haben aber häufig interessante Details, die übrigens oft in der Spitzenküche kopiert werden, ohne daß jemals Nobu als größere Quelle der Inspiration genannt würde. Das gilt ganz besonders für seine personalisierten Saucen und Dressings.

Endlich gibt es auch erste japanische „Kaiseki“-Kochbücher, die die exquisite und mit den Restaurants im Westen kaum vergleichbare Arbeit japanischer Spitzenköche für heimisches Publikum dokumentieren. Es ist kein Wunder, daß Ferran Adrià und Nobu Matsuhisa ein Vorwort für „Kaiseki. The exquisite cuisine of Kyoto's Kikunoi Restaurant“ von Yoshihiro Murata geschrieben haben. Japaner bezeichnen die Bedeutung Kiotos bisweilen als Paris und dem Großraum Lyon zusammen vergleichbar. Die Rezepte wirken puristisch und von subtiler Küchenpräzision bestimmt. Ihre Umsetzung wird ohne ein entwickeltes Küchenverständnis kaum möglich sein. Erst jetzt erreicht uns auch ein Buch von Masayasu Yonemura vom Restaurant „Yonemura", ebenfalls in Kioto (erschienen 2004, Super Edition). Im Gegensatz zu Murata hält sich das Buch an den japanischen Brauch, nur die Zutaten weiterzugeben, nicht aber die Mengen, die der Interpretation des jeweiligen Kochs überlassen bleiben.

Gleiches gilt – leider – für ein spektakuläres Dessert-Buch des in Hongkong arbeitenden Italieners Gianluigi Bonelli („Makeup concept"), das im Prinzip wie ein Kunstband daherkommt. Rund um Kreativgrößen wie die Spanier Albert Adrià (den Bruder von Ferran) oder Oriol Balaguer hat sich in den letzten Jahren eine Art internationaler Dessert-Szene gebildet, die längst auf Augenhöhe mit der „herzhaften" Küche arbeitet.

Mehr und mehr Bücher haben übrigens eine bibliophile Anmutung, etwa die Kunststoff-Kassette „Cooking – (R)evolution" (Lannoo) mit zwei Bändchen des Belgiers Alex Hanbuckers vom Restaurant „Herborist" in Sint-Andries bei Brügge, der ebenfalls zunehmend zeitgenössisch agiert. Eine gewisse Überraschung ist „In Search of Perfection" (Bloomsbury) des britischen Avantgardisten Heston Blumenthal, der sich für die BBC auf die Suche nach der optimalen Version diverser Klassiker wie Steak, Pizza, oder Fish and Chips machte. Am Ende jedes der acht Kapitel steht eine aufwendig optimierte Version von Blumenthal, darunter auch eine wunderbar elaborierte Fassung des „Black Forest Gateau". Blumenthal demonstriert, daß bei ihm wie bei vielen anderen der genuin Kreativen die avantgardistische Oberfläche Ergebnis einer komplexen Entwicklung ist und nicht etwa primär der Jagd nach „Novelties" entspringt. Mit der klassisch französischen Haute Cuisine haben die meisten dieser Bücher nur noch Berührungspunkte. In ihrer befreiten Kreativität und Vielfalt gewinnen die Autoren ihr Profil in keiner Weise ausschließlich gegen repetitiv gewordene Küchenformen, wie das zum großen Teil die Meister der „Nouvelle Cuisine" taten. Die neuen Neuen können es sich leisten, das Alte kommentarlos hinter sich zu lassen. ❧

16. 12. 2006, F.A.Z., Feuilleton, Seite 36

Siebenfach Schokolade

Einfach gut: Heinz Hanner bringt die österreichische Küche in Form

Das Restaurant „Hanner" in Mayerling liegt zwar nicht weit von Wien entfernt, scheint aber dem internationalen Publikum bisher entgangen zu sein. Mit der gerade erfolgten Vergabe eines zweiten Michelin-Sterns an den dort wirkenden Küchenchef Heinz Hanner sollte sich die Aufmerksamkeit jetzt aber endgültig auf einen Koch richten, der zu der verschwindend kleinen Anzahl von Meistern gehört, die sinnvolle Verschmelzungen von Moderne, Individualität und Tradition erreicht. In der Vergangenheit hat man Hanner in Österreich immer wieder ein allzu leichtfertiges Experimentieren mit den Techniken der sogenannten „Molekularküche" vorgeworfen. Die reale Lage auf den Tellern zeigt, daß er sich heute in einer entscheidenden Phase befindet: Gelingt ihm nun eine weitere Klärung der Strukturen, kann sich hier eine grandiose Küche von internationaler Spitzenklasse entwickeln.

Das zu beträchtlicher Größe erweiterte Haus mitten im Wald signalisiert mit einer überraschend modernen und großzügigen Einrichtung und einer sehenswerten Küchenarchitektur schon optisch eine qualitätsvolle Moderne, die sich erfreulich weit vom inneren wie äußeren Nippes entfernt hat. Diese Befreiung setzt sich in den besten Kreationen fort, bei denen Hanner offensichtlich jedes Element einer individuellen Prüfung aussetzt und sich nicht mit Klischees zufrieden gibt.

Ein Musterbeispiel dafür ist seine „Taube mit Aubergine, Crostino und gefüllten Pommes soufflées". Alle Teile haben ein individuelles Aroma bei gleichzeitig perfektem klassischen Handwerk. Als zentrales Objekt bleibt die Taubenbrust weitgehend natürlich erhalten. Die immer etwas aromenschwachen Keulen sind durch extrem intensives Glasieren quasi konfiert und zu einer erstaunlichen Delikatesse geworden. Das Auberginenpüree ist leicht geräuchert und mit Eukalyptus aromatisiert, verläßt also das Klischee des von Olivenöl gesättigten „Auberginenkaviars" ohne freilich seinen Grundcharakter zu verlieren. Ein Innereien-Ragout fungiert als Aufstrich für das (leider zu kleine) Crostino und ermöglicht zusammen mit der Auberginenzubereitung und der Brust einen sensorisch extrem breiten und feinen Akkord.

Bei einem Fischrezept, dem „Atterseesaibling mit Muskatkürbis und Pfifferlingen" ist abermals eine eher mittige Aromenstruktur zu beobachten, die eine andere Aufmerksamkeit erfordert als die gedopten Aromenwände, wie klassische Routine sie errichtet. Ganz in österreichischer Tradition wählt Hanner eher eine leichte Säure als komplexe Tiefe und schafft so Platz für ein sehr viel feineres Aromenspiel. Solche Gerichte scheinen dennoch eher als charakteristisch für seine spezifische Klassik-Interpretation zu stehen, weil sie sensorische Aspekte nur in geringem Ausmaß berücksichtigen. Deren Einbau – und damit ein erheblicher Gewinn an Plastizität – bleibt auch hier eine Schwierigkeit.

Die Spannweite kann erheblich sein und von der Assemblage oberflächlicher Effekte bis hin zu einer bis heute kaum je erreichten Kombination aus präziser sensorischer Strukturierung im Vordergrund und einer Art intuitivem Mittel- und Hintergrund reichen. Eine präzise erarbeitete strukturalistische Küche könnte den Esser über sorgfältig antizipierte Grobstrukturen in die Feinheiten und – wenn man so will – Freiheiten komplexer Mikrostrukturen führen.

Ein guter Ansatz ist diesbezüglich der „Gebeizte Hirschrücken mit Karotten-Kardamom-Schaum und Vogelbeeren". Das Fleisch und der originelle Schaum, die in einer klaren Funktionalität zueinander stehen, dominieren. Dann aber tritt ein komplexer Hintergrund hervor – mit den eher herben Vogelbeeren, mit diversen Kräutern und mit kleinen Einsprengseln von gut identifizierbarem Olivenöl, die eine Unzahl von Varianten in Texturen, Aromen und Temperaturen ergeben und bis in die kleinsten Verästelungen nie den Zusammenhang verlieren.

Kreationen dieser Art sollte man nicht mit den unstrukturierten Assemblagen einer Unzahl von Elementen an vielen anderen Stellen verwechseln. Es ist also nur konsequent, daß Hanner auf dem Weg zur optimalen Strukturierung auch Gelees oder Schäume aller Art benutzt. Die Gänseleber mit rotem Rübengelee, einem Rote-Bete-Air und einem Glukose-Chip mit Maldon-Seesalz verliert sich allerdings ein wenig an der Oberfläche, weil zum Beispiel das Gelee pointierter sein müßte, um jenseits der Textur auch eine aromatische Funktion zu erhalten. Auch das zarte Rote-Bete-Air sollte noch (aromatisch) bestehen können und nicht wegen der zu unterschiedlichen Textur quasi ausgelöscht werden. Man hat in solchen Fällen bisweilen den Eindruck, als würden die Köche immer noch die eine Küche von der anderen trennen und nicht erkennen, daß klassische Traditionen wie innovative Ansätze nicht im Widerspruch zueinander stehen.

Hanner beschließt sein Menü mit einer sehr schönen Schokoladendegustation, bei der sieben Cremes, von weißer Schokolade aus Spanien bis zu dunkelsten Sorten aus Frankreich und Italien, zuerst pur probiert werden sollten und dann in Kombination mit jeweils einem anderen aromatischen Element (wie etwa rotem Rübensaft, Wasabi oder Paprika). Angesichts des Potentials der modernen Küche und der Perspektiven eines solchen Kochs ahnt man, daß solche evidenten Übungen heute immer noch Moderne signalisieren. In absehbarer Zeit aber werden wir sie – hoffentlich mit Hanners Hilfe – den Anfängen einer großartigen Entwicklung zuordnen. ❧

23. 12. 2006, F.A.Z., Feuilleton, Seite 36

Das Reh lernt vom Auerhahn

Schmecken Sie zu: Ein beispielhaftes Gericht von Heinz Winkler

Kaum etwas in unserem Leben erweckt so viele Assoziationen wie das Weihnachtsfest, und die Bilder von duftendem Weihnachtsgebäck bis zum Braten sind ein wichtiger Teil dabei. Die klassische Küche hat stets zu diesen Assoziationen gepaßt, denn sie bezieht ihre Wertschätzung zum wesentlichen Teil aus einer oft gefühlsbetonten kulinarischen Erinnerung – auch wenn diese bisweilen nur indirekt funktioniert und nicht immer ein konkretes Objekt („Ach, Großmutters Braten!"), sondern eher das Prinzip meint, an das man angesichts eines meisterlichen Gerichtes gerne erinnert wird.

Wenn unser größter deutscher Klassiker, Heinz Winkler von der „Residenz" in Aschau, sein „Reh im Brotteig mit Portwein-Wacholder-Sauce, Apfelcrêpe, Rotkraut und Wirsing" anbietet, wird sich schon beim Lesen dieser Bezeichnung eine Flut von Bildern einstellen, die durch die Erwartung einer kulinarischen Spitzenleistung aufs angenehmste purifiziert und von etwaigen Störfaktoren wie schlechten Erfahrungen befreit werden. Diese Möglichkeit einer komplexen assoziativen Einbindung fehlt dagegen meist bei Gerichten der aktuellen Küche und macht sie deshalb für Freunde der Klassik so wenig attraktiv. Hier deutet sich ein Unterschied zwischen Gegenständlichem und Abstraktem an.

Für Winkler begann die Entwicklung seiner Rezeptur für das „Reh im Brotteig" mit dem Zerlegen eines Auerhahns und einem Blick auf dessen Mageninhalt, der weitgehend aus Wacholder, diversen Beeren und Kiefernzweigen bestand: So also sah das Futter in der aufgelokkert bewachsenen Lebensumwelt des Tieres aus. Winkler stellte daraus die Zutaten für sein Gericht zusammen. Das Fleisch wird in einen Brotteig verpackt, was zunächst eine klare Entscheidung für angebratenes und auf diese Weise weitgehend naturbelassenes Fleisch ist. Anders als manche Vertreter einer eingepackten indirekten Fleischgarung hat Winkler aber keine Neutralisierung (und damit auch Popularisierung) des Fleisches im Sinn, sondern er nutzt die Hülle zu dessen intensiver Aromatisierung mit Wacholder, etwas Speck und ein paar Latschenkiefernnadeln. Da der Meister technisch und konzeptionell versiert ist, gelingt ihm auch mit den lediglich vier bis fünf Kiefernnadeln ein deutlicher Effekt.

Es gibt immer wieder Köche, die im Rahmen eines spektakulären Auftritts am Tisch eine Brotkruste aufbrechen, der zwar dann ein verführerischer Duft entströmt, den aber merkwürdigerweise das darin enthaltene Objekt nicht annimmt. Hier ist es anders, denn erst nach dem Braten wieder entspannendes Fleisch nimmt wirklich Aromen auf. Es braucht also nicht dampfende Hektik, sondern viel Ruhe. Die Brotkruste schafft also doppelten kulinarischen Nutzen – der zweite entsteht durch die dezent krosse Textur, die zum Fleisch ideal paßt.

Dadurch bietet uns Winkler ein Urbild an Natürlichkeit und Bodenständigkeit, Purismus im Denken und eine beinahe klösterliche Kargheit in der Anmutung – trotz der luxuriösen Qualität des Gerichts. Mit ihm meint man an blankgescheuerten Holztischen im Herrgottswinkel eines zurückhaltend restaurierten süddeutschen Bauernhofes zu sitzen. Die Macht dieser Assoziationen wird jedenfalls beim Essen kaum gebrochen werden können.

Und es geht weiter mit solchen kulinarischen Bildern, weil auch Rotkraut und Wirsing mit ihrem leichten Duft nach geräuchertem Bauchspeck oder die sanfte Textur der unmittelbar mit dem Fleisch korrespondierenden Apfelcrêpes winterlich-festlich besetzte Assoziationen ermöglichen. Abgesehen von dem leicht krossen Brotteig schafft Winkler keine texturelle Konkurrenz zum Fleisch, sondern er strebt eher Abwechslung im Ähnlichen an. Für ihn ist ein Essen dann gut, wenn durch die Abwechslung von Hauptprodukt und Beilagen sich beim Essen immer wieder neue Eindrücke erreichen lassen, die sich aus dem Nachhall der jeweils vorherigen Elemente und einem neuen Element ergeben.

Eine zentrale Rolle spielt dabei die Sauce, die für Winkler den Unterschied zwischen häuslicher Küche – „Etwas braten kann der Gast auch zu Hause" – und Spitzenküche ausmacht. Im Gegensatz zu denjenigen Ausprägungen der Klassik, die eine möglichst langsame Vermischung der Aromen zur Erzielung eines Gesamtgeschmacks ohne deutlich identifizierbare Einzelelemente propagieren, setzt

Winkler auf die plastisch-additive Erzeugung von Tiefe. Während sich der grundlegende Fond langsam entwickeln soll, sieht der weitere Saucenaufbau zeitlich versetzte Ergänzungen bis hin zu Beigaben im letzten Moment vor. Speziell diese späten Beigaben (zum Beispiel fein gehackte Kräuter, Essige, Wein) geben, so Winkler, der Sauce Leben, „machen sie jung". Eine wichtige Rolle spielt dabei eine leichte Säure von Wein oder Essigen: „Wo die Säure fehlt, ist die Sättigung zu groß."

Die Sahne dagegen wird eher im Mittelgrund plaziert. Sie verschmilzt also weder undefinierbar mit den Grundzutaten, noch schmeckt man sie als späte Zugabe in der servierten Sauce heraus. Im Falle der Portwein-Wacholder-Sauce unseres Gerichts ergibt sich das Wildaroma quasi als Mix aus der auch beim Reh selbst vorhandenen Wacholdernote und einer leichten Bindung nach Art einer Rouennaiser Sauce (in diesem Falle mit etwas Blut und passierter Hirschleber). Im Mittelgrund wird dieser Geschmack durch die Aromatisierung der Beilagen mit etwas Speck oder die Bratnoten des Crêpe ergänzt.

So entwickelt sich bei Heinz Winkler ein komplexes Geflecht aus Beziehungen und Proportionen mit einem Ergebnis, das weit über den noch vergleichsweise normalen Titel des Rezeptes hinausgeht. Ohne diese Komplexität wäre ein solches Rezept banal; es wird zu dem, was es ist, allein durch die Hand des Meisters. Er schmeckt nicht isoliert ab, sondern sieht die Additionen, Subtraktionen und Multiplikationen von Aromen in jeder möglichen Kombination voraus. Er antizipiert das Verhalten des Essers und die Entwicklung eines Gerichts nach dem Servieren (was meist vernachlässigt wird). Es mag gar nicht in der Absicht Winklers liegen, aber hier wird demonstriert, daß es keine einfachen Gerichte gibt. Was gerne als einfach hingestellt wird, entpuppt sich letztlich nur als Produkt einer trivialen Wahrnehmung und trivialisierender Beschreibungen. ❧

30. 12. 2006, F.A.Z., Feuilleton, Seite 38

Wir haben die Wahl

Zur Lage der Kochkunst nach der Entthronung der Klassik

Das gern bemühte Bild vom Feuerwerk, das sich beim Essen einer anspruchsvollen kulinarischen Kreation im Mund abspielt, ist ohne Zweifel treffend. Dennoch täte man den Köchen zuviel der Ehre, übertrüge man das Bild auch auf die Lage der Küche. Man kann deren Meister noch nicht auf eine Stufe mit den Feuerwerkern stellen, die Künstler und Handwerker zugleich sind. Viele Köche schießen ihre Raketen in die Gegend, kümmern sich aber gar nicht um das ephemere Kunstwerk des vorübergehenden Eindrucks, das entsteht, und werden dabei von Essern beobachtet, die partout den Blick nicht zum Himmel wenden wollen, sondern lieber dabei zusehen, wie die Abschußrampen verkabelt werden.

Am Ende des Jahres 2006 sieht es nach Götterdämmerung aus, wobei stets ein kleiner Zweifel mitschwingt: Wieweit waren die Götter Götzen, wieweit könnten die scheinbaren Götzen Götter werden? Die Kochkunst, ist festzustellen, bekommt Struktur. Sie erschließt sich aber nur denjenigen diesseits und jenseits der Herde, die bereit und in der Lage sind, ihre gemütlichen Sehweisen gegen eine kreative Unruhe einzutauschen. Die klassisch französische Haute Cuisine steht nicht mehr alleinseligmachend im Mittelpunkt des Interesses. In langen Jahren selbstgefälliger Inszenierungen, die von nichtfranzösischen Köchen genauer kopiert wurden als die kulinarische Substanz, hat man eine unreflektierte Vermischung grundlegender Werte und modischer Ausprägungen zugelassen. Wo Entwicklung hätte stattfinden müssen, hat man Dekoration gewählt. Viele Spitzenrestaurants erleben eher sieben Renovierungen der Einrichtung als einen noch so kleinen Fortschritt des Küchenchefs. Und immer noch benehmen sich die Hüter des Gestrigen in Produktion und Rezeption wie bockige Teenager, denen man ihren Lieblingsstar ausreden will. Die Attacken gegen „Schäumchen" und sonstige, nach langen Jahren der Lethargie dringend überfällig gewordene handwerkliche Entwicklungen wollen immer noch nicht enden. Mangels jeglichen strukturellen Denkens ist man vielfach nicht in der Lage zu erkennen, daß neben den „klassischen" Werten wie Produktauswahl, Produktqualität, Produktvorbereitung und der noch vergleichsweise begrenzt entwickelten Aromatik auch die sensorische Strukturierung eines Gerichts zu den ganz normalen Aufgaben des Kochkünstlers zählt. Etwas auf den Teller legen, das irgendwie zu den Klischees unserer geschmacklichen Sozialisation paßt – das ist bei genauerer Betrachtung auch heute noch das Geheimrezept in vielen Häusern der Spitzenküche.

In Zukunft wird man verstärkt trennen müssen (und allem Anschein nach auch können) zwischen dem handwerklich ordentlich Gemachten und dem wirklich Gestalteten. Der Fraktion der Köche, die so gern darauf bestehen, die Kochkunst sei ausschließlich Handwerk, wird man insofern zustimmen müssen, als ihre Auffassung tatsächlich oft die von Handwerkern ist – und mag sie noch so aufgeputzt daherkommen. Die Fixierung auf die Exekution bestehender Regeln bringt die Gefahr mit sich, von der Stange zu produzieren.

Die Erschütterung der Stellung der französischen Haute Cuisine sollte allerdings nicht als grundsätzliche Aufwertung anderer kulinarischer Schwergewichte, also vor allem der spanischen Küche, mißverstanden werden. Der Einfluß Spaniens ist differenziert zu betrachten. Überschätzt wird der unmittelbare Einfluß im Bereich der sichtbaren Oberfläche (also ebender „Schäumchen" und so weiter), unterschätzt hingegen der mittelbare durch das Aufbrechen alter Strukturen. Sogenannte klassische französische und scheinbar moderne spanische Küche relativieren einander wechselseitig, wie alle Nationalstile. Die Defizite der einen Küche zum Beispiel im sensorischen Bereich werden ebenso sichtbar wie die Defizite der anderen im Bereich der kulinarischen Konstruktion oder der Aromatisierung.

Wesentlich wichtiger als das Aufwiegen von Defiziten ist aber das neue Bild einer „kompletten" Kochkunst, das bisher nur hier und da in Ansätzen erkennbar wird. Solange man sich die komplette Küche sozusagen zusammensetzen muß, kann man die in den Medien verbreitete Konzentration auf internationale Superstars (Adrià, Ducasse) nur als maßlose Überschätzung charakterisieren. Vor dem Bild einer Kochkunst, die sich über die Summe spezieller Fähigkeiten vieler Köche definiert, schwindet die Bedeutung des einzelnen Kochs – weil er sich nicht wie bisher als perfekter Generalist definieren kann.

Die enorme Erfolgswelle der Fernsehköche dokumentiert beileibe keinen Fortschritt, sondern stellt das letzte große Inkasso der „alten Schule" dar, der es noch möglich ist, ein entsprechend disponiertes Publikum mit ein paar einfachen Tricks zu betören. In Wirklichkeit zeichnen sich für den Esser unendliche Möglichkeiten ab. Das Aufbrechen des alten Rasters nachvollziehender Kennerschaft abgesicherter kulinarischer Werte bedeutet die Chance, einen echten Reflex auf das Essen zu erlernen und den vielfältigen Verstrickungen in eine sozusagen weder von außen noch von innen je kontrollierte kulinarische Sozialisation zu entkommen. Der Ersatz des Geschmäcklerischen durch kulinarische Erfahrungen hat ein Potential, das unbegrenzt erscheint – auch wenn wir heute noch selbst bei Kleinigkeiten wie der Memorierung und Identifizierung unterschiedlicher Produktqualitäten Schwierigkeiten haben.

Wie bei den Köchen steht bei den Essern ein Bewußtseinssprung, der ein ungeheures Potential entfesselt und dennoch keine hohe Hürde darstellt. Es mag sogar ohne weiteres sein, daß in diesem Falle die Initiative nicht ausschließlich von Köchen als Vermittlern ausgeht. Zum einen leben die Köche – trotz gegenteiliger Beteuerungen – mit dem unterentwickelten Geschmack sehr gut und lassen sich bestenfalls zur „Aufklärung" über geeignete Mittel des Nachvollzugs herab. Zum anderen gibt es längst das Wählerische, jene dumpfe, aber nicht zu unterschätzende Vorstufe der Entdeckung des Geschmacks – egal, ob man nun zwischen Chips-Sorten im Supermarkt steht, zwischen Biersorten an der Theke oder zwischen den Küchenstilen der Welt. ❧

06. 01. 2007, F.A.Z., Feuilleton, Seite 34

Nebensache Hauptgericht

Ein Meister im Zwiespalt: Der Berliner Hotelkoch Bobby Bräuer

Beim ersten Mal nimmt man den Effekt vielleicht gar nicht wahr und wenn, dann höchstens in den Augenwinkeln. Am Ende des Essens kann es sein, dass man wie gebannt auf die Tür schaut und wartet, dass er wiederkommt. In der „Quadriga" im Berliner Hotel „Brandenburger Hof" erscheint das Essen, und zwar im wahrsten Sinne des Wortes. Eine zentral gelegene Schiebetür öffnet sich lautlos, und man meint eine Sekunde lang, eine Erscheinung zu haben. In einer Art Kasten steht eine junge Dame mit dem Tablett vor einem dunklen Vorhang und rundum von einer ganzen Anzahl Lämpchen beleuchtet. Sie läuft nicht gleich los, sondern verharrt genau den Moment lang, den man braucht, um die Sache transzendieren zu lassen. Ja, das muss sie sein, die heilige Jungfrau mit dem Tablett.

So kann man Essen natürlich auch inszenieren. Fabelhaft. – In diesem diskreten Hotel ist allerlei versucht worden, um den Anschluss an die nüchterne Berliner Bebauung herzustellen, einschließlich des Angebots, die gegenüberliegenden Häuser auf eigene Kosten neu streichen zu lassen. Entschieden hat man sich letztlich für eine gelungene innere Lösung, bei der das Gourmetrestaurant, eine Lounge und einige sehr schön gestaltete Salons rund um den Innenhof liegen. Die Küche wird von Bobby Bräuer geführt, einem Schüler von Eckart Witzigmann, Dieter Müller und André Jaeger, dem Schweizer Klassiker der euroasiatischen Küche. Bräuer hat im „Königshof" in München geglänzt und ist nach einer etwas unglücklichen Phase im Düsseldorfer „Victorian" vor drei Jahren nach Berlin gekommen. Man kommt in einer Hotelküche nicht umhin, sich mit dem Funktionalismus zu arrangieren.

Was Bräuer präsentiert, ist vordergründig ein ziemlich ausgereifter Wohlgeschmack, ohne handwerkliche Fehler im klassischen Sinne, kreativ in den engen Grenzen des Mehrheitsfähigen. Bei näherem Hinsehen findet sich aber eine Küche im Übergang, die teils unter der glatten Oberfläche Unklares verbirgt, teils aber auch von bemerkenswerter struktureller Klarheit ist. Konstitutiv ist eine Art zweigeteiltes aromatisches Spektrum zwischen erlernter Klassik und interessanten individuellen Lösungen. Wenn es weitgehend klassisch ist, wie etwa beim Kalbsfilet mit geräuchertem Lauch, Oliven und Perlzwiebeln, kann auch die avanciert klingende Beschreibung nicht darüber hinwegtäuschen, dass sich alle denkbaren Spannungen in Wohlgeschmack auflösen. Weder die Räuchernote noch die Oliven spielen eine wesentliche Rolle, und das Fleisch wird schlichtweg dem Zartheitskult geopfert: Es geht dahinschmelzend unter, statt sich gut gebraten interessanten Akkorden auszusetzen. An anderer Stelle trifft es das Perlhuhn à la Biscayenne mit Safran und Pimentaromen, das mangels einer seine Identität fördernden Begleitung auch als Kalbfleisch durchgehen könnte, aber wieder äußerst klassisch-süffig daherkommt.

Andererseits gibt es deutliche Spuren einer weiterentwickelten Aromatik, die kaum noch Vergleiche mit dem alten Normgeschmack provoziert, sondern wirklich Finesse hat, worunter man in diesem Zusammenhang die individuelle Ausformung auf höchstem Niveau verstehen kann. Die harmlos als Gruß aus Bräuers badischer Heimat präsentierten Kalbsrahmbeuscherl mit einem exquisiten Mini-Knödel sind eine hervorragend abgeschmeckte Delikatesse mit einer eleganten Säure, und auch bei einem Stückchen Wolfsbarsch mit konfierten Zwiebeln und einem krossen Kalbskopfchip wird nichts vernebelt: Der Koch vertraut auf eine klare, additive Wirkung präzise gearbeiteter Elemente.

Man kann an vielen Orten gegenwärtig den Eindruck haben, dass Köche bei den Vorspeisen und Kleinigkeiten anders denken als bei den Hauptgerichten. Die Hauptgerichte sind nicht selten Rückfälle in alte Klischees, die man angesichts der Vorspeisen schon für überwunden hielt. Die zu Beginn aufgebaute Aufmerksamkeit kumuliert bei vielen Köchen nicht etwa in einem alles in den Schatten stellenden Hauptgericht, einer kulinarischen Großtat, die als Emblem-Gericht das Image von Koch und Restaurant bestimmen könnte, sondern verpufft in Aufwand, schierer Menge oder einem Purismus, der ohne Begründung bleibt. Auch bei Bräuer finden sich die ganz großen Pretiosen unter den Kleinigkeiten und Vorspeisen.

Ein Meisterwerk ist etwa sein Loire-Wildlachs mit zweierlei Kaviar, Kartoffelblinis und Kräutermayonnaise, also eine Komposition, deren Titel routinierte Gourmets glatt einlullen könnte. Tatsächlich aber entfalten ein Stück Lachs mit einer Sellerie-Air (ein Musterbeispiel für deren sinnvollen Einsatz), ein anderes mit Rogen vom fliegenden Fisch, Blinis, die wirklich nach Kartoffeln schmecken, Minze in der Mayonnaise und allerlei Mikro-Elementen inklusive einiger Blüten ein wahres Feuerwerk an feinsten Beziehungen. Warum geht Bräuer nicht auf ähnliche Weise etwa den St. Petersfisch mit Stabmuscheln und Zucchini-Blüte an? Es fängt schon damit an, dass fast nur gegarte Elemente auf dem Teller sind, natürlich bestens gegart und abermals von mehrheitsfähiger Süffigkeit. Aber es gibt keine Beziehungen oder Kontraste. Wie anders war zu Beginn eine Crème brûlée von Paprika mit Sardine, weil es dort geschmacklich die Ebene der Eigenständigkeiten (der Grundprodukte Paprika und Sardine) und die der Beziehung gab (über den Katalysator Crème brûlée).

Köche wie Bobby Bräuer sind in einer diffizilen Situation, die man – etwas unfreundlich – so auf den Punkt bringen könnte: Vor gar nicht so langer Zeit hätte man solche Küchenleistungen für Höchstnoten vorgeschlagen. Veteranen der Spitzenküchenbeobachtung schätzen den Fortschritt so ein, dass es heute in Deutschland eine ganze Reihe von Köchen gibt, die das Niveau von „Jahrhundertkoch“ Witzigmann haben. Heute haben sich die Maßstäbe gewaltig verändert, und das eben nicht etwa nur unter modischen Gesichtspunkten, sondern in den Kernpunkten des Faches. Die Option von überschaubaren Karrieren mit berechenbar zusammenzustellenden Konzepten in einem berechenbaren System von klaren kulinarischen Werten existiert weniger denn je. Die Köche werden sich mehr denn je auf lebenslanges Lernen einstellen müssen. Man kann und muss heute gestandene Spitzenköche wie den Mittvierziger Bobby Bräuer wieder unter dem Aspekt betrachten, welches Potential sie haben. Immer nur über das Ausmaß an Meisterschaft zu reden ist in einem so offen gewordenen System wie der Spitzenküche nicht mehr an der Zeit. ❧

13. 01. 2007, F.A.Z., Feuilleton, Seite 36

Expeditionen ins Gierreich

Der Belgier Viki Geunes lehrt die alten Meisterköche das Fürchten

Es gibt sie noch, die ganz großen Karrieren von Kochtalenten, die sich in kürzester Zeit und ohne großartige Lobby an die Spitze des Faches kochen. Viki Geunes vom Restaurant „t'Zilte“ aus Mol in Belgien (etwas nördlich der Autobahn von Hasselt nach Antwerpen) tauchte im dortigen „Gault Millau“-Essensführer erst vor drei Jahren mit einer Note von fünfzehn Punkten auf. Soeben hat man ihm achtzehn zugesprochen, und selbst diese Bewertung – vor allem aber der irreal karge einsame Michelin-Stern – könnte noch höher ausfallen, ohne dass man Grund zur Beschwerde hätte.

Der vierunddreißigjährige, fast asketisch wirkende Autodidakt hat in jüngster Zeit mit seinem Menü „Smaaktendens“ Aufsehen erregt, das er als eine „Entdeckungsreise durch die zeitgenössischen Aromen und Kochtrends“ versteht. Das Besondere daran ist, dass Geunes nicht etwa aktuelle kochtechnische Entwicklungen aneinanderreiht, sondern ein außergewöhnlich tiefes Verständnis von kulinarischen Zusammenhängen erkennen lässt.

So findet sich im Menü neben ein paar neueren texturellen Varianten in erster Linie ein strukturalistisches Küchenverständnis par excellence, bei dem eine völlig selbstverständliche handwerkliche Meisterschaft mit einem hervorragenden Nachdenken über Proportionen und Beziehungen kombiniert wird. Und weil er auch im aromatischen Sektor individuelle Wege geht, ist Geunes eben nicht eine Mischung aus Martin Berasategui, Pieter Goossens und Sergio Herman, sondern durchaus schon eine eigene Macht in diesem Umfeld. Das alles ist ziemlich starker Tobak für ein aufstrebendes Talent, aber die Küche zeigt ja ihren Rang auf dem Teller, der vor dem Gast steht, und nicht durch die aufgeblasene Erscheinung von „Instanzen" mit mehreren Kochmützen übereinander.

Das siebengängige Menü von Geunes beginnt mit fünf nacheinander servierten Amuse-Bouches, die sofort erkennen lassen, dass hier Ravioli, Air und Schäumen eine klare aromatische und sensorische Funktion zugedacht wird. Dabei glänzt Geunes nicht nur mit Kreationen wie einem feinst abgestimmten sphärischen Raviolo aus Knoblauchcreme mit einem Tropfen Paprikapüree oder einer milden Kürbiscreme mit Muscheln und intensivem Schalentier-Air, sondern auch mit meisterlichen Miniaturen wie dem winzigen Gurkensalat mit diversen Mikrotexturen, einer Sardinenschicht, einem Sojaeis und am Rande einer Miso-Mayonnaise.

Geunes arbeitet fast durchgehend mit der additiven Aromenbildung der strukturalistischen Küche, bei der eine ganze Reihe von in sich optimierten Elementen auf den Teller kommt. Sein marinierter Thunfisch ist eine Kreation mit fünf nebeneinanderliegenden Zubereitungen, die in vielfältiger Weise miteinander verknüpft werden können und immer neue Akkorde ermöglichen. Der Thunfisch ist mariniert und hat eine Hülle aus Kräutern mit Würfeln aus Äpfeln und Fetakäse. Es gibt Krebssalat mit einer krossen Möhrenplatte, einige kleine, rohe Möhrenhalbkugeln, Oliven-Crumble mit einem sehr milden Aroma und ein Törtchen aus Möhrengelee und -schaum. Die Vielfalt der gleichwohl unaufdringlichen Texturen und die feinst abgestimmten, nie aufdringlichen Aromen sind verblüffend gut.

Das zweite Gericht, die „Strukturen von Jakobsmuscheln", ist eine jener Kreationen, die in ihrer hochintelligenten Feinmechanik nicht anders denn als internationale Spitzenleistung betrachtet werden können. Den Kniff macht in diesem Falle eine Minibrioche in Kastenform aus, auf der sich rohe Jakobsmuschel-Scheiben, ein Stück gegrillte Jakobsmuschel, ein winziges Stückchen Räucheraal, etwas Foie-gras-Eis aus dem Pacojet und ein Foie-gras-Air befinden. Die kleine Form des Brioche führt dazu, dass der Anteil von krosser Außenhaut und weichem Kern zugunsten des Krossen ausfällt, das nun – wenn man eine Scheibe von diesem Gebilde abschneidet – eine im weiten Spektrum und in der zeitlichen Folge unglaublich komplexe sensorische Wirkung entfacht.

Dies allerdings vor allem deshalb, weil die Aromen und Proportionen millimetergenau stimmen. Von der Foie gras bekommt man nur den nötigen Hauch, der Unterschied zwischen roher und gegrillter Muschel kommt plastisch zur Geltung, es gibt einen kleinen Blitz von Räucheraal, und der große Texturkontrast zwischen Brioche und Muschel behindert deren Wahrnehmung nicht etwa, sondern stellt die Muschel frei. Und es geht noch weiter, weil man an der Seite ein Muscheltatar hat oder zweimal drei winzige Elemente aus Räucheraal, Apfelmus und Artischockenboden, deren Integration oder Verdoppelung neuerliche Schattierungen ermöglicht.

Danach kommen ein Wolfsbarsch, dessen klassisch-moderner Akkord mit iberischem Schinken, Trüffeln und Schwarzwurzeln von sphärischen Ravioli mit Bohnencreme überschwemmt und uminterpretiert wird, und ein Hummer auf Bauchspeck, bei dem endlich einmal das Geheimnis dieses oft misslingenden, gleichwohl populären Akkordes gelüftet wird: Nicht nur die Menge des Bauchspecks ist entscheidend, sondern eine Proportion von zwei Dritteln Fleischanteil gegenüber dem sonst üblichen gedankenlos hohen Fettanteil, der die Rezeption des Hummerfleisches behindert. Virtuos auch, wie hier mit einem leicht herben Artischockenpüree und leicht karamellisiertem Chicoree ein eleganter, herzhafter Kontrapunkt gesetzt wird.

Den aromatisch stärksten Eindruck aber macht die Kombination von Bresse-Huhn mit Petersilienwurzel und Nuss, beides in Varianten. Das Huhn selbst ist naturbelassen gegart und stabilisiert so seine kontrastierende Position im Akkord mit einer dichten Haselnusscreme und einer mit Nussmasse gefüllten Pasta-Rolle. Ein Salat aus Shi-i-take-Lamellen, eine leicht angeröstete konfierte Zwiebel, ein originell gewürztes Petersilienwurzelpüree und einige einseitig angeröstete Würfel aus Petersilienwurzel runden weiter ab. Warum nur einseitig angeröstet? Weil der dadurch entstehende Kross-Effekt hier genau passt und eine Rundum-Röstung sowohl zu viel des Krossen gewesen wäre als auch gleichzeitig das Aroma der Petersilienwurzel weitgehend beseitigt hätte.

Auch bei den zwei Desserts ist zu beobachten, wie schnell immergleiche Trampelpfade verlassen werden, wenn man die Süße zurücknimmt und dem eisigsahnigen Allerlei sensorisches Leben einhaucht. Die Logik der Küche von Geunes jedenfalls ist so komplex, dass sie allen Ansprüchen gerecht wird. Die alten Meister in Belgien tun sich zunehmend schwer. Dies ist ein neuer. ❧

20. 01. 2007, F.A.Z., Feuilleton, Seite 34

Klassik als Totschlagargument

William Ledeuil sucht in Paris nach der Zukunft des Kochens

Trotz seiner zweiundvierzig Jahre zählt man William Ledeuil in Frankreich zu den ganz großen Talenten einer neuen Küche, die man allerdings in keiner Weise in die Nähe von eher handwerklich orientierten Dingen wie der alten Nouvelle Cuisine bringen will. Mit „neu" verknüpft man hier eher Begriffe wie „spielerischer", „variantenreicher", „neugieriger", „mehr Risiko" und natürlich „entspannt". Das wiederum bedeutet in Paris die Abkehr von Pomp, Preisen und Programmen einer schwer in die Jahre gekommenen Starküche, die immer mehr Schwierigkeiten hat, ihre Prinzipien noch in Großtaten umzusetzen.

Ledeuil stammt aus der Starküche des Guy Savoy und ist also fachlich über jeden Zweifel erhaben. Sein Weg ist aber weder eine Fortschreibung der Klassik noch ein weitgehend experimenteller Neubeginn nach spanischem Muster, sondern hat im Grunde viel Zufälliges an sich. Man wirft in dieser Küche – vor allem im aromatischen Sektor – die Würfel neu und versucht dann langsam, daraus auch eine neue Ordnung zu entwickeln. Die bei ihm und vielen anderen Köchen dieser Szene immer wieder vorkommenden Ungereimtheiten und Vorläufigkeiten sind insofern nicht unbedingt Ausdruck mangelnder Fähigkeiten, sondern das, was ein im Moment noch nicht abgeschlossener Prozess erfordert.

Auch die äußere Form dieser neuen Küche ist modern. Ledeuils Restaurant an der Rue des Grands-Augustins heißt „Ze Kitchen Galerie" (es liegt direkt neben „Les Bouquinistes", einem Bistro seines Lehrers Guy Savoy), wirkt wie eine Cafeteria, hat eine für die Gäste einsehbare Küche, bietet zwei Schichten pro Abend und für Pariser Verhältnisse höchst moderate Preise. Etwas überrascht registriert man, dass diese junge Küche eine beträchtliche Anhängerschaft unter alten Engländern und Amerikanern hat, von denen man zu ihren Gunsten einmal nicht annehmen will, dass es allein die Verballhornung der französischen Aussprache ihrer Muttersprache im Restaurantnamen ist, die sie magisch anzieht.

Die Gerichte signalisieren optisch eine zeitgenössische Auffassung, die man mittlerweile schon als Mainstream bezeichnen muss, sehen also nicht spanischabstrakt aus. Ihre Bezeichnungen verraten ein asiatisch inspiriertes Programm: „Marinierter Pulpo, Borlotti-Bohnen mit Thai-Kräutern und eine Tomaten-Galgant-Würze" heißt es da zum Beispiel. Das signalisiert eine individuelle Aneignung irgendwo zwischen Mittelmeer und Asien, die allerdings anders ausfällt als die französische Küche mit asiatischen und mediterranen Einflüssen, die seit langen Jahren dem deutschen Nachwuchs die Zukunft verkleistert.

Ledeuil macht nicht den Fehler, diese Aromenversammlungen in mehr oder weniger klassischen Geschmacksbildern einzufangen, sondern lässt sich – geradezu mit einer gewissen Vorsicht – auf sie ein. In diesem Falle sind die Pulpostücke etwas unterschiedlich zart, die Kräuter ein wenig zu dezent, und die Würze leidet unter etwas zu viel Schärfe. Insgesamt wirkt das leicht andersartig, aber doch eher wie eine Annäherung und noch nicht wie eine überzeugende Position.

Eine technisch noch etwas klassischere, im Ergebnis aber überzeugendere Lösung findet Ledeuil für die in „Nori-Algen marinierte Dorade mit Vanille und Ingwer". Hervorragend frische, rohe Doradenstreifen werden von einer Ansammlung kleinster Stückchen Algen, Kräutern, Radieschen, Schnittlauch und anderem begleitet. Die Stücke sind so klein, dass sie einzeln nicht durchschmecken, zusammen aber wie ein Chutney wirken, also einen Eigengeschmack entwickeln, der sehr originell wirkt. Diese Art der sozusagen trockenen Chutneys ist oft sehr nützlich, weil das Aroma ständig minimal changiert und der Mix – wenn es denn wirklich eine ausgewogene Mischung ist – selten zu stark für das Hauptprodukt wird. Die leicht gebundene Sauce mit Vanille und Ingwer bleibt im Hintergrund, so dass sich eine schöne Komplexität ergibt, die – mangels textureller Konkurrenz – den Fisch immer gut dastehen lässt Mit rund fünfzehn Euro ist eine solche Vorspeise auch ausgesprochen preiswert.

Überzeugend gelingt das Fischgericht „Rascasse, mit Zitronengras gespickt und mit Zitrusfrüchten lackiert", weil die Früchte mehr mit ihrem Säureanteil als mit ihrer Fruchtsüße eine Rolle spielen. Aus unerfindlichen Gründen verwandeln selbst wahre Spitzenköche den milden Fisch häufig in eine Art Dessert, weil sie ihn mit Mengen von Vanille oder reifen, oft exotischen Früchten traktieren und dabei missachten, dass gerade ein mildes Grundprodukt eher einen klaren, aber sehr fein dimensionierten Kontrast braucht, um davor bestehen zu können. Ledeuil lenkt zudem einen Teil der Fruchtsäure durch eine würzige Sauce auf der Basis von Tomate und Paprika auf klassische Gemüse wie junge Bohnen (fèves), Kirschtomaten, kleine Paprikaschoten, geröstete Karotten und geröstete Kartoffelstäbchen um, die auf diese Weise leicht uminterpretiert werden und ein ungewöhnlich präsentes Bild mit Frische und einer angenehmen Säure ergeben.

Auch beim Fleisch funktioniert dieses Verfahren. Diesmal ist es etwas knorpeliges Kalbfleisch (tendron) und Kalbsbries, das von Chinakohl, Thaibasilikum und einem kleinformatigen Gemüseragout begleitet wird – alles wiederum per „Jus pimenté" von leichter Schärfe und Säure durchzogen. Leider ist hier das Fleisch übergart und wirkt mit seinen vielen Knorpeln fast wie ein Rest vom Parieren besserer Stücke. Immerhin bleibt auch hier der Eindruck, dass damit ein für die Zukunft sehr wichtiges Prinzip praktiziert wird.

Es gilt, zwischen den klassischen Techniken und einem Geschmacksbild zu unterscheiden, das man zur Vermeidung von sprachlichen Ungenauigkeiten eigentlich nicht „klassisch" nennen sollte. Klassik im aromatischen Sektor sollte eher in Richtung von etwas Historischem diskutiert werden, nicht aber im Sinne von unantastbaren Qualitäten. Der klassische Akkord zwischen bestimmten Realien wäre dann als aus einem bestimmten Zeitgeschmack heraus entstanden zu begreifen. Die ausgefeilte handwerkliche Technik hingegen, wozu auch Teile der Konstruktion von Gerichten oder die Technik zur Erzeugung von Aromen und Aromatisierungen gehört – wäre hingegen klassisch im Sinne unverzichtbarer, entwickelter Grundlagen. Ledeuil scheint noch etwas danach zu suchen, wie er seinen Ideen jene klassischen Qualitäten mitgeben kann. Anders als viele oberflächliche Kopisten ist er aber einer anderen Küche von durchaus klassischen Qualitäten deutlich auf den Spuren. ❧

27. 01. 2007, F.A.Z., Feuilleton, Seite 38

Erkennen Sie die Himbeere?

Was die abstrakte Küche von der konventionellen unterscheidet

Ein großer Teil der Schwierigkeiten mit der Kochmoderne rührt von einem Problem her, das bereits viele Künste beschäftigt hat: die Irritation durch das Abstrakte. Zur begrifflichen Klärung sollte man zunächst dessen Gegenteil aber nicht als „gegenständliche Küche" bezeichnen, weil dieser Begriff jede Form abstrahierter Küche ausschließen würde – auch wenn sie durchaus akzeptiert wäre (eine solche akzeptierte Abstraktion hat etwas damit zu tun, dass die Identifizierung von Essbarem auf unterschiedliche Weise verlaufen kann). Besser erscheint also der Begriff „konkrete Küche", weil er berücksichtigt, dass die Identifizierung nicht allein eine optisch-gegenständliche ist, sondern eher eine Konkretisierung, die durchaus das Gegenständliche ignorieren kann, wenn sie denn zum Beispiel über Erfahrungen („dieses Mousse schmeckt wie eine Möhre") oder Erklärungen („auf der Karte steht, das sei ein Schwarzwurzelpüree") erfolgt.

Die Identifizierung der konkreten Küche beginnt mit der Erkenntnis: „Man sieht, was man isst" oder auch „Man sieht zwar nicht, was es ist, aber man bekommt es per Erklärung auf der Speisekarte in einer ausreichend vertrauenswürdigen Situation gesagt". Dabei gibt es interessante Varianten, bei denen es unerwünscht ist, dass das Essbare in allzu konkreter Form erscheint. Die Freunde von Froschschenkeln dürften irritiert sein, wenn sie diese mit anhängendem Tier serviert bekämen. Abstrakte Formen wie etwa in Teighüllen eingepackte Filetstücke von Reh, Kalb, Hase oder Rebhuhn würden bei einer Blindverkostung vermutlich teilweise nur schwierig zu identifizieren sein, werden aber sozusagen kognitiv konkretisiert, weil ihr Geschmack akzeptiert oder erwünscht ist.

Die abstraktesten Elemente der konkreten Küche sind die Saucen. Im Kern der kulinarischen Identität steht gegenwärtig aber immer noch eine konkretisierbare aromatische Struktur. So gesehen entpuppt sich ein wesentlich größerer Teil der Avantgarde als konkrete Küche, als man dies auf den ersten Blick meint. Die äußere Form und die Textur mögen sich verändern – wenn die Einordnung der aromatischen Struktur gelingt, bleibt das Essen ein Teil der konkreten Küche. Insofern sind – unter Aspekten der abstrakten Küche gesehen – die texturellen Irritationen (Dekonstruktionen) aus der Hand der spanischen Avantgarde (wie zum Beispiel eine Gemüsesuppe, bei der alle Elemente in Schäume, Mousse oder Sorbet verwandelt sind) immer noch Teil der konkreten Küche – auch wenn sie von vielen bereits als abstrakt empfunden werden.

Das abstrakte kulinarische Erlebnis ist vor allem losgelöst von der Möglichkeit konkret-reminiszenter Reaktionen. Es widmet sich dem Geschmack als solchem, also der sensorischen Struktur im weitesten Sinne, die auf ihre Spezifität und ihren Differenzierungsgrad hin befragt wird. Das abstrakte kulinarische Erleben kennt sodann Empfindungen, die ohne die Suche nach bildhaften Analogien auskommen, denn es will sich ganz von den Fesseln einer diffusen kulinarischen Sozialisation lösen. Es kennt den Zustand der reinen Degustation, in dem durch eine weitgehend ressentimentfreie, vollständige Öffnung gegenüber der sinnlichen Erfahrung diese in einer ungleich größeren Vielfalt möglich ist als beim Festhalten an vorwiegend konkreten kulinarischen Erfahrungen.

Eine Küche, die abstrakte Erfahrungen in diesem Sinne ermöglicht oder fördert, muss also zunächst einmal gezielt Abstraktionen vornehmen. Sieht man die Entwicklung der Nahrungsherstellung aus anthropologischer Sicht, könnte man zu dem Schluss kommen, dass sie eine Entwicklung hin zum Abstrakten ist, weil die Differenzierung der Zubereitung auch verschiedene Abstraktionen erzeugt hat. Heute lebt man zum Beispiel mit unterschiedlich aromatisierten Eissorten und ist möglicherweise eher in der Lage, das Aroma von Himbeeren zu identifizieren, als diese selbst in einem Korb zwischen Brombeeren und Erdbeeren herauszufinden. Ein solchermaßen an das kulinarisch Teil-Abstrahierte gewöhnter Mensch ist eher für das wirklich Abstrakte zu gewinnen als ein klassisch geübter Gourmet – wenn auch vermutlich aus eher oberflächlich-unterhaltsamen Beweggründen. Er wird auch spielerisch abstrahierende Elemente, wie die Blutwurst, die sich als Schokoladenkreation herausstellt (so serviert von Pedro Subijana), vergnügt annehmen.

Eine wirklich abstrakte Küche müsste vor allem aromatisch abstrakt sein und damit von der Kernforderung der klassischen Kochkunst nach produktnaher Zubereitung abweichen. Auch eherne Sätze wie der von der Produktqualität, mit der eine gute Küche steht und fällt, scheinen nicht unbedingt Thema der abstrakten Küche zu sein. Was aber dann? Denkbar (und in Ansätzen von Martin Berasategui bis Quique Dacosta bereits zu besichtigen) sind Gerichte mit künstlich erzeugten Texturen von Air über trockenes Eis bis hin zu Objekten, die einem Prozess der Mineralisation unterzogen wurden, und Aromen, die keinen konkreten Ausgangsprodukten zugeordnet werden können. Es wird dabei deutlich, dass zwar bei den Veränderungen von Aggregatzuständen (Texturen) große Anstrengungen unternommen wurden, bei der Konstruktion ungewöhnlicher Aromen aber noch große Entwicklungsmöglichkeiten bestehen.

Eine Verbindung zwischen dem Idealtypus der abstrakten Küche und der konkreten Küche wäre die Kombination von einem konkreten Hauptprodukt und abstrakten Elementen, bei der die klassische Kochkunst durchaus weiter zu Ehren käme. Gerichte, die in dieser Art Entwicklung zeigen, gehören heute zu den interessantesten kulinarischen Kreationen, weil sie zwar irritieren, aber noch auf einigermaßen mehrheitsfähige Weise. So zum Beispiel die Verbindung eines klassisch perfektionierten Lammrückens mit verschiedenen Zubereitungen in ungewohnten Texturen oder Aromen, die das traditionelle Hauptprodukt ungewohnt würzen oder es mit einer Substanz kombinieren, die die Textur des Fleisches so ungewöhnlich erweitert, dass ein völlig neuartiger Eindruck entsteht.

Letztlich kann sich der Kreis aber auch wieder schließen – dann nämlich, wenn es gelingt, die konkrete Küche abstrakt wahrzunehmen. Dieses Resultat, das strukturelle Essen, scheint allerdings Folge einer individuellen Entwicklung zu sein, die ohne vorherige Erfahrung des Abstrakten unmöglich ist. ❧

03. 02. 2007, F.A.Z., Feuilleton, Seite 34

Über den Bildschirm hinaus

Cornelia Poletto bietet viel mehr als den Ruf einer Fernsehköchin

Cornelia Poletto vom gleichnamigen Hamburger Restaurant gehört spätestens seit ihrem regelmäßigen Einsatz in der ZDF-Sendung „Kerner's Köche" zu den wenigen bekannten Köchinnen des Landes. Mit ihren fünfunddreißig Jahren, einem geradezu jugendlichen Äußeren und einem immer konzentriert und seriös wirkenden Auftreten ist sie eine echte Sympathieträgerin. Für ihre mediale Zukunft ist allerdings zu hoffen, dass man auch einmal weniger grelle Formate findet, in denen sie nicht in Konkurrenz zu hektischen Vereinfachern steht. Sie selbst hält sich auch gar nicht für eine Fernsehköchin, und das vor allem deshalb, weil für sie die tägliche Arbeit in ihrem Restaurant im Vordergrund steht. Das Publikum dort hat jedenfalls mit den üblichen Promi-Touristen wenig zu tun.

Frau Poletto begann ihre Ausbildung beim Südtiroler Heinz Winkler, was bei ihr prompt zu der Meinung führte, es gäbe auf der Welt nur die Drei-Sterne-Küche – mit entsprechenden Nebeneffekten („Ich konnte kein Wiener Schnitzel machen".) Eine wichtige Station war dann die Arbeit im Hamburger „Anna e Sebastiano", wo sie unter Anna Sgroi ihren italienischen Stil („Ich habe nie gesagt, dass ich italienisch koche.") weiterentwickelte. Ihrem Ziel „einer Küche, die den Geschmack nicht überfordert", sieht sie sich näher denn je, weil sie sich heute „traut, immer purer zu kochen".

Anmerkungen dieser Art betreffen eine Rolle, die in Deutschland im Moment kaum besetzt ist. Vor dem Hintergrund der florierenden Kochmoderne wird oft übersehen, dass unsere Klassiker schwächeln. Nach wie vor bekommt man die wirklich sensationellen Produktqualitäten, Garzeiten und minimalistischen Reduktionen auf das Wesentliche eher bei Meistern wie Michel Troisgros, Alain Ducasse oder Bernard Pacaud als in Deutschland. Es gibt ihn eben doch, diesen berühmten Kochkunst-Effekt, wenn eine so bestechende Qualität präsentiert wird, dass jede Suche nach stilistischen Einordnungen oder Modernismen zweitrangig wird, weil Maßstäbe erkennbar werden, die für die Kochkunst insgesamt von Interesse sind und bleiben.

Ein Schritt in diese Richtung wäre also gerade bei uns dringend überfällig. Dazu aber braucht man keine leichte Hand durch großzügiges Weglassen, sondern äußerste Konzentration. Auf dem Weg in diese Richtung scheint Frau Polettos Niveau im Moment noch etwas zu schwanken. Ein sehr positives Beispiel sind zunächst etwa ihre „Frutti di mare" mit dem Zentralprodukt Carabinero, den großen Garnelen spanischer Provenienz. Hier gelingt mit hervorragender Produktqualität, Garung und dienlichen Proportionen ein vielfältiges Spiel zwischen den Garnelen, Pulposcheiben, Jakobsmuscheln, Venusmuscheln und kleinen aromatischen Elementen.

Es deutet sich aber an, dass eine Reduktion auf das Wesentliche nicht nur das Ausschließen unwesentlicher Elemente meinen kann, sondern auch die Konzentration auf ein einzelnes Produkt. Es ist vergleichsweise leichter, dem probaten Mittel einer angenehm zu essenden Vielfalt zu folgen, als sich mit einer minimalistischen Annäherung dem Risiko des knappen Verfehlens auszusetzen. Auch die Rotbarbe mit Pimientosfüllung, Couscous, Blattspinat und Chorizo-Schaum ist gut eingefasst und mit ihrer leichten Schärfe interessant, wird aber eben nicht so freigestellt, dass man sich wirklich mit ihrem Aroma befassen könnte. Und beim Wolfsbarsch mit Muschelsud, Gemüserauten, Kräutern und Algen ist zwar der Fisch durch die Portionsgröße immer im Mittelpunkt, bleibt aber abermals vielen Zufälligkeiten durch die immer wechselnden Elemente ausgesetzt.

Diese Zufälligkeiten ergeben zwar durchaus einen guten Geschmack, sind aber keine wirkliche Lösung. Wenn es zum Beispiel gelänge, den Fisch in vier Variationen zu präsentieren, die sein Verhältnis zu einem Muschelsud, zu Algen (Quellern), Kräutern oder Gemüsen sinnvoll definieren würden, wäre dies vielleicht ein Schritt weiter zu einer puristischeren kulinarischen Erfahrung. Vermischen könnte man die Variationen dann immer noch. So gesehen ist das heute sehr verbreitete Spiel mit vielen Begleitelementen eine aufgeschobene Entscheidung – so unterhaltsam das auch sein mag.

Bei einem anderen Wolfsbarsch-Gericht wird es dagegen ausgesprochen trickreich. Dieser Fisch weist in seiner Konsistenz immer eine Spur von Faserigkeit auf und eine gewisse leicht trockene Stumpfheit. Cornelia Poletto

gelingt es, diesen ganz leichten natürlichen Makel des Produktes zu eliminieren, und zwar durch eine partielle Auslagerung des Problems. Sie kombiniert ihn so mit Kartoffeln und Artischockenstücken, dass diese die Rolle des leicht Stumpfen übernehmen und den Fisch durch die Befreiung von diesem Makel veredeln.

Mit ihren Fleischgerichten, in diesem Falle einem geschmorten „Schulterscherzel vom Hereford-Rind" und einem Müritz-Lamm plus einem speziellen Bohnentörtchen mit verschiedenen Bohnentexturen, steht Frau Poletto mitten im Herzen einer klassisch orientierten, leicht mediterran beeinflussten Kochkunst, die im Prinzip als ziemlich ausgereift gelten kann. Man kann sich weder über Garzeiten noch unnötige Eskapaden beschweren, und das geschmackliche Bild insgesamt ist von mehrheitsfähiger Qualität auf dem Niveau der Bewertungen in den Restaurantführern für das Restaurant „Cornelia Poletto" (ein Michelin-Stern). Aber reicht das als kulinarisches Lebensziel?

Wer sich „traut, immer purer zu kochen", hat ja vielleicht eine kulinarische Seele, die auch nach Erfolgen in jungen Jahren noch Vorstellungen davon hat, wo und wie es weitergehen könnte. Es gab hier auch schon einmal ein beinahe altmeisterlich purifiziertes, mit nicht zu viel Rotwein gegartes Rinderfilet, das voller Vertrauen in die Wirkung einer echten Optimierung zubereitet wurde und selbst die minimale Begleitung kaum nötig hatte. Da meinte man eine Tendenz zu entdecken, die einerseits eine etwas stärkere Abwendung vom Mainstream zum italienischen Fach zeigte und andererseits auf eine konsequent klassisch optimierte Technik und Tellerkonstruktion setzte. Eine Küche also, die – das wäre ein in der Küche oft unterschätzter weiblicher Effekt – auf den äußeren Glanz der Tellerjongleure verzichtet und stattdessen mit der Essenz der Produkte gleichzeitig auch so etwas wie deren Seele freilegt – um einmal im Sprachgebrauch der klassischen Gastrosophie zu bleiben. In der Realität einer professionellen Küche bedeutet dies ganz profan: Präzision, in allem, was man tut. ❧

10. 02. 2007, F.A.Z., Feuilleton, Seite 34

Hier atmet der Saibling Frische

Die gehobene Gasthauskultur setzt auf Optimierung

Die Bemühungen und Überlegungen zur Wiederbelebung einer Gasthauskultur haben im Prinzip immer eine „mittlere" Küche im Auge. Sie soll eine breite Akzeptanz ermöglichen und sich nicht allzu weit vom „normalen", gutbürgerlichen Essen unterscheiden. Sie soll die große, weite Produktwelt der Spitzengastronomie durch regionale Produkte ersetzen und über eine stärkere Identitätsbildung durch Berücksichtigung der regionalen kulinarischen Traditionen auch eine verstärkte emotionale Verbindung zwischen Essen und Konsument schaffen. So sinnvoll und logisch diese Forderungen sind, so sehr fällt auf, dass sich die Einstufung solcher Küchen gegenüber den Manierismen der oft aus jeglichem traditionellem Zusammenhang gelösten Spitzenküche in einer Art trotziger Selbstbescheidung übt. Schielt man etwa immer noch auf die Büttel der klassischen Hochküche und ihre Bewertungen? Ist denn die Kombination von in Sekunden zu garenden Jakobsmuscheln mit Trüffelscheiben und einer oft nicht wirklich passenden Sauce grundsätzlich höher einzustufen als ein wirklich perfekt gegarter Braten mit einer intelligent gemachten Begleitung? In keinem Fall, aber man muss sich vielleicht erst noch an diesen Gedanken gewöhnen. Jede gut aufgebaute und gut strukturierte Küche ist in der Qualität grundsätzlich nach oben hin offen.

Die österreichische Gasthauskultur hat nicht nur bereits eigene Organisationen, sondern auch einige kulinarische Institutionen, die teilweise schon seit langer Zeit eine Küche präsentieren, die schärfstens über dieses Problem nachdenken lässt. Dabei sollte man allerdings eine nicht unwesentliche Kleinigkeit beachten. Natürlich können fast alle Spitzenköche auch gute traditionelle Gerichte zubereiten. Aber – bei genauer Betrachtung befinden sich solche Gerichte nicht selten in einer Art Schwebezustand. Man registriert erfreut die hervorragende Produktauswahl und -behandlung, bemerkt aber ästhetische Unterschiede im aromatischen Spektrum, weil die Köche sozusagen das Traditionelle zu sich heraufholen, ohne jedoch vorher ausreichend zu Studienzwecken „hinabgestiegen" zu sein. Umso mehr freut man sich über Restaurants wie das „Sodoma" in Tulln (in Reichweite von Wien), in dem man den Eindruck hat, dass hier in beeindruckender Weise die glückliche Mischung aus traditioneller geschmacklicher Ästhetik und handwerklich-konzeptioneller Optimierung gefunden wird.

Den Einstieg, ein Schälchen mit rohen Gemüsen und dreierlei Saucen (ein leicht modifiziertes Olivenöl, eine Schnittlauchcreme und ein Gänseschmalz), benutzt auch Alain Ducasse in seinem Bistro „Aux Lyonnais“ in Paris – eine Reminiszenz an das Essen, das in früheren Zeiten zur Feldarbeit gebracht wurde. Schon hier fällt die außergewöhnliche Qualität des mild-würzigen, nie penetrant nach Fett schmeckenden Schweineschmalzes auf. Der „Gedämpfte Saibling mit Gurkengemüse“ hat exakt den Frischeeffekt, den man in der mittleren Spitzenküche so gut wie nie findet. Er atmet sozusagen Frische, die von einem ungewöhnlich milden Dill nie gestört wird. Die dünnen Gurkenstreifen werden durch eine leichten Crème-fraîche-Hülle dezent gehalten, und ein paar Fäden Olivenöl schaffen eine minimale Irritation, die dem Akkord einen Hauch von Individualität gibt. Diese im Prinzip einfache, aber extrem präzise gestaltete Kreation überzeugt sofort. Das gilt auch für die „Grammel-(Grieben-)knödel mit warmem Krautsalat“, die man quasi in jedem österreichischen Gasthof bekommt. Man hat sie schon oft gut bekommen, süffig, würzig, mit ausgewogenem Speckanteil in der Füllung. Aber hier ist wieder alles anders, weil man merkt, wie gut die Würze sein kann und dass kleine ganz belassene Grieben-Stücke im Zusammenhang mit der etwas festeren Textur des Knödels eine hervorragende Sensorik ergeben.

Das gilt auch für den begleitenden Krautsalat, dessen Mischung mit Wacholder, Kümmel und Speck man nicht reproduzieren kann, wenn man dieses Geschmacksbild nicht vollständig verinnerlicht hat. Beim „Gekochten Schulterscherzl mit Schnittlauchsauce, Apfelkren und Gemüse“ handelt es sich um eine Variante der häufig anzutreffenden Tafelspitzversion. Im Gegensatz etwa zu dem bis zur Unkenntlichkeit aromatisierten Fleisch im Wiener „Meinl am Graben“ ist hier das Fleisch à point gekocht und ist nicht nur butterweich, sondern hat noch wesentlich mehr Fleischgeschmack. Bei der Begleitung muss man glatt von strukturalistischer Küche sprechen, weil die Elemente präzise dimensioniert sind und zu vielfältigen, immer stimmigen Akkorden kombiniert werden können. Die Apfel-Meerrettich-Mischung schmeckt auf der Apfelseite authentisch wie Früchte von guten Fallobstwiesen, und der bisweilen problematische Meerrettichanteil ist ebenso minimal wie der Schnittlauchanteil in der Sauce. Mit bissfest-frischen Fisolen (Bohnen) und kurz gebratenen Rösti ergibt sich eine strukturelle Substanz, die gerade deshalb fasziniert, weil man sie in diesem Bereich so selten findet. Auch der „Kalbsrücken mit Kalbsschwanzragout, Pilzen und Lauch-Erdapfel-Püree“ weicht nicht von dieser Linie ab, obwohl er im ersten Moment konventioneller wirkt. Hier sind es vor allem aromatische Aspekte, die das Gericht zunächst kaum merklich, dann aber sehr nachhaltig einfärben. Im Detail findet sich eine außergewöhnlich altmodisch schmeckende dunkle Sauce oder ein Lauchpüree, das – anders, als in der Spitzenküche üblich – vom kräftigeren grünen Teil der Lauchstangen hergestellt wurde.

Entscheidend aber ist der Eindruck, dass das Aromenspektrum „von unten“ stammt und eben nicht so sehr durch Verfeinerung als vielmehr durch Optimierung erzeugt wird. Dazu kommt ein aromatischer Purismus, der keineswegs Verdünnung im Sinn hat. Hier werden die Farben möglichst ungebrochen aufgetragen. Die Konsequenz aus den Erfahrungen mit einer solchen Küche gehen weit über die Diskussion um regionale Küche hinaus. Der eigentliche Kern ist die Frage, ob nicht die Optimierung von Produkten eher so aussehen sollte wie hier, statt die Form von eingepackten Röllchen und schaumigen Sößchen anzunehmen. Es ist der Gegensatz zwischen dem pointierter gemachten Produkt, das uns voller, komplexer, in bestem Glanz erscheint, und den mehr oder weniger übertünchenden Begleitungen vieler Spitzenköche, die immer zu meinen scheinen, irgendwelche Makel überdecken zu müssen. Hier geht es nicht um hierarchische Diskussionen zur rechten Einstufung des vermeintlich Schwächeren, sondern um eine selbstbewusste Begegnung auf Augenhöhe. ❧

17. 02. 2007, F.A.Z., Feuilleton, Seite 36

Reiz aromatischer Tupfer

„Der Chinese" hat mit der chinesischen Küche kaum etwas zu tun

Das Bild, das wir von einem Essen „beim Chinesen" haben, dürfte ähnlich klar sein wie das vom Essen „beim Italiener". Niemand wird vermuten, dass eines der wenigen chinesischen Spitzenrestaurants Europas gemeint ist, aber jeder wird vielleicht an die ominösen „Acht Köstlichkeiten", an einige umstrittene Extremfälle wie die Haifischflossensuppe und an die beliebten Büfetts denken. Besonders mit diesen Büfetts und Angeboten wie „Essen so viel Sie mögen für neun Euro achtzig" scheint man so etwas wie eine magische Formel gefunden zu haben, an denen der an Discount-Preise gewöhnte Deutsche kaum vorbeigehen kann.

„Der Chinese" hat tatsächlich mit der chinesischen Küche kaum etwas zu tun. Ze Lai Sin, vom „Lai Sin's" in Driebergen bei Utrecht, einem der besten chinesischen Restaurants in Europa, sieht dies selbst im traditionell an chinesischer Küche interessierten Holland so. Für die chinesischen Restaurants in Europa oder Amerika galt am Anfang vor allem die Devise, für nicht sehr wohlhabende Landsleute preiswert zu kochen. Zuerst Seeleute und später Auswanderer und Mao-Flüchtlinge sorgten in diversen Hafenstädten, in London, Paris, New York oder San Francisco für schnell wachsende Kolonien, bis dann in den sechziger Jahren erstmals so etwas wie eine Modewelle für eine Verbreitung bis in Kleinstädte sorgte.

Ist nun das Essen „beim Chinesen" nur eine völlig unproblematische Variante oder gibt es schwerwiegende kulinarische Konnotationen mit, sagen wir, McDonald's? Der durchschnittliche „Chinese" ist nicht schwer zu finden, das Angebot dieser Restaurants ähnelt sich oft bis ins Detail. Die in der Regel riesige Speisekarte lässt auf eine Küche schließen, die extrem viel vorbereitete Elemente und einen großen Anteil an Tiefkühl-Produkten (vor allem bei Garnelen, Fisch und Meeresfrüchten) verwendet. Das sehr schnelle Servieren der Gerichte sollte auch Laien signalisieren, dass viele Speisen aufgewärmt sind und Eintöpfen oder Schmorgerichten ähneln. Trotz einiger roher oder al dente gegarter Gemüse fällt es oft schwer, eine Spur von Frische zu assoziieren, und auch die von guten Köchen durchaus à point realisierbare Wok-Garung ist in dieser Form nicht erkennbar. Häufig werden die Woks nur noch benutzt, um vorgegarte Elemente mit dicklichen Saucen zu überziehen und aufzuwärmen.

Der typische zeitversetzte Aufbau der Wok-Garung zur Erzielung eines Gerichtes mit Elementen von durchgegart bis roh findet sich in der Regel erst in besseren Restaurants. Bei den Vorspeisen ist die Qualität oft von Haus zu Haus sehr unterschiedlich. An diesem Abend leidet sie unter gravierenden technischen Fehlern, weil etwa die Frühlingsrollen viel zu kross ausgebacken sind und die ohnehin nicht besonders markante Füllung mit ihrer dominanten Textur völlig verschwinden lassen. Gleiches gilt für die mit einer Fleischfarce gefüllten Wan-Tan-Taschen, bei denen die durchaus ordentliche Füllung kaum identifizierbar ist. Bei den Hauptgerichten dominiert ein Effekt, der sehr typisch für diese Küche ist. In wenigen Sekunden wird im Mund ein Gewürzraum erzeugt, dessen Dichte und vor allem Schärfe den weiteren Verlauf des Essens komplett diktieren.

Ob die „Knusprige Ente mit Champignonsauce", die „Acht Kostbarkeiten" oder der „Sea Food Hot Cook mit Hummerkrabben, Tintenfisch, Fischfilet, Gemüse, schwarzem Bohnengewürz und Knoblauch" – der Effekt ist da, und zwar unabhängig davon, ob das Gericht als „scharf" eingestuft wird oder nicht. In diesem Umfeld lässt sich im Prinzip alles verstecken, weil es kaum als Produkt und schon gar nicht in seiner Produktqualität zu identifizieren ist. Was bleibt, sind einige aromatische Tupfer.

Wenn ein Pilz oder ein Stück Fleisch etwas dicker oder weniger durchgegart ist, schmeckt es nach einiger Zeit des Kauens kurz nach Pilz oder Fleisch. Das ist alles, weil die Identifizierung noch dadurch erschwert wird, dass die meist sehr dichten, klebrigen und bei aller Schärfe oft süßlichen Saucen die Elemente buchstäblich verpacken. „Ich habe mit dem Fleisch bei Chinesen immer gute Erfahrungen gemacht", sagt ein Gast. Diese Einschätzung ist verständlich, weil das Fleisch hier in der Regel ohne Fett, Knorpel oder Ähnliches ist und durch die Garung immer mürbe. Da kann ein Schweinebraten in der gutbürgerlichen deutschen Küche schon einmal deutlich unappetitlicher ausfallen.

Die immer auf Gabelgröße zurechtgeschnittenen Stückchen ermöglichen in der Küche natürlich auch die Verwendung von Resten aller Art. Bei der Ente, die als aufgeschnittenes Filet „offen" präsentiert wird, fällt eine merkwürdige Textur auf. Das Fleisch ist von unansehnlicher, graubrauner Farbe, aber völlig zart und aromatisch durchaus nicht schlecht, ist also längere Zeit bei begrenzter Temperatur warmgehalten worden. Die Kombination dieses Fleisches mit der nämlichen Mischung aus Gemüse, diversen Fleischsorten und dicklicher Sauce holt sie allerdings aromatisch sofort wieder zurück ins Glied. Einzig die Garnelen des Hot-Cook-Tellers profitieren etwas von dieser Küchentechnik. Weil sie etwas mehr Widerstand bieten, ergibt sich ein interessanter Akkord zwischen Garnelenaroma und den Mischaromen aus zusammen gegarten Fleischsorten und Gemüse. Vielleicht gerade wegen der Mängel im Detail bleibt das Gesamtbild so, dass es den oberflächlichen Esser von diversen möglichen Sorgen (Fett, unbekannte Aromen, unbekannte Texturen) befreit und nicht zuletzt angesichts von Billiglösungen wie den Büfetts eine attraktive Variante darstellt.

Das eigentliche Problem liegt tiefer. Der alles verkleisternde, mehr oder weniger würzige Süß-sauer-Geschmack ist etwas, das man auch bei vielen Fastfood-Ketten findet, zum Beispiel beim McDonald's-Hamburger. Die aromatische Reizüberflutung ohne Differenzierung hat im Prinzip einen ähnlichen Effekt wie diverse andere Formen von Abhängigkeit, weil schnell die Notwendigkeit entsteht, die gewohnte Dosierung auf keinen Fall zu unterschreiten. Wird ein solches Geschmacksbild zum Maßstab für Wohlgeschmack, schmeckt alles andere fade. Gewöhnt man Kinder früh an den aromatischen Overkill, werden sie nur schwer von weitgehend naturbelassenen Aromen zu überzeugen sein. Wer seinen Maßstab hier findet, verliert anderes. Wer andererseits über entwickelte Maßstäbe verfügt, wird das alles einordnen können. Es gibt körperliche und geistige Fitness – auch die kulinarische sollte man nicht aus dem Auge verlieren. „Beim Chinesen" ist es laut. Es fehlt die aromatische Stille. ❧

24. 02. 2007, F.A.Z., Feuilleton, Seite 36

Vom Zwange befreit

Rolf Straubinger zaubert: Die dritte F.A.Z.-Gourmetvision regional

Rolf Straubinger, Küchenchef von Burg Staufeneck in Salach und Koch der dritten F.A.Z.-Gourmetvision regional, hat einen spezifischen Ansatz bei der Verarbeitung regionaler und traditioneller Ressourcen. Mit einer ganzen Reihe von detailliert durchdachten Maßnahmen erreicht er eine außergewöhnliche Kombination von Bodenständigkeit, Finesse und Originalität. Das Menü hat durchaus rustikale Elemente, die man in der Spitzenküche selten findet, die jedoch nie schwer schmeckten oder beim Aromenspektrum einseitig im herzhaften Bereich lägen.

Es beginnt mit zwei Klassikern der schwäbischen Küche als Amusebouche: „Maultaschen in der Brühe" mit einer durch Kräuter belebten Füllung und „Kalbskutteln schwarz-sauer mit gerösteten Spätzle". Im Gegensatz zu gängigen Modifikationen der Kutteln durch eine eher deren Aroma verdeckende Technik („Champagnerkutteln") gelingt hier mit dunkleren Röstaromen eine originäre, gleichwohl nie aufdringliche Lösung.

Beim folgenden „Kalbsbries mit Topinambur und Salat von gepökeltem Kalbskinn im Kalbskopfcanneloni mit Petersilienvinaigrette" ergibt sich mit Bries, Topinambur und Vinaigrette zunächst ein Akkord, der wie ein veredelter Kartoffelsalat wirkt. Auf der anderen Seite des Tellers gibt es Texturkontraste mit einem Kalbskopfcarpaccio und den gefüllten krossen Canneloni. Dazwischen liegt ein Petersilienpüree, das in der Lage ist, die ganze Komposition umzudeuten und ihr eine ungemein erdige Komponente zu geben: Auf einmal schmeckt das Bries völlig anders – aber eben so, als wäre es schon immer so gewesen.

Die „knusprig gebratene Blutwurst auf Erbsenpüree mit glacierten Birnenspalten" ist hier keine Wurstscheibe, sondern ein in der Mitte mit Jus gefüllter Ring einer komplex abgeschmeckten Blutwurstmasse. Diese wird zunächst mild-vegetabil vom Erbsenpüree unterstützt und erweitert. Die durchgreifend verfeinernde Begleitung kommt von einem kleinen Gemüse aus bissfest belassenen Erbsen, geschmorten Salatstreifen und Zwiebeln. In dieser Funktion wirken die Salatstreifen mit ihrer dezenten Bitterkeit nicht wie meist an anderer Stelle beiläufig, sondern sind wegen des leicht süßlichen Umfelds von überraschender Prägnanz.

Das „Ragout von geschmorten Schweinebäckle mit Kartoffelstampf und Sauerkraut, Kartoffelknödeln mit hausgemachter Leberwurst und Schweinebauchkrusteln" ist dann ein teildekonstruierter Schweinebraten mit Sauerkraut und Knödeln, weil zum Beispiel das Sauerkraut auch in frittierter Form und als Teil des Pürees vorkommt oder der Braten in zart geschmorte Teile und die eigens verstärkt kross gerösteten Krusteln zerlegt wird. Und wieder gelingt Straubinger mit einem speziellen Einfall eine interessante Umdeutung des Ganzen: Die Knödel sind so mit Leberwurst gefüllt, dass ihre Masse unterschiedlich stark von diesem Aroma durchsetzt ist. Der ständig changierende Leberwurstanteil ergibt dann im Akkord eine optimale Würze für die Komposition.

Die Tendenz zu leicht säuerlichen Aromen – gegenwärtig in der internationalen Spitzenküche gerade bei Saucen wieder sehr modern – gehört in Schwaben zu den grundlegenden Bestandteilen der Küche. Das „Zanderfilet auf gesäuerten Kalbskopfgraupen mit Zwiebelconfit und Estragon-Senfsauce“ vereinigt die klassische mild-würzige Senfbegleitung mit leicht säuerlichen, al dente gegarten Graupen, Kalbskopfwürfeln und einem Kalbskopfchip.

Frappierend wird es, wenn mit der „Minutenroulade vom schwäbischen Bauerrind mit Petersilienwurzeln“ einer der größten Klassiker der deutschen Küche optimiert wird. Das Fleisch ist butterweich und nicht bis zur Unkenntlichkeit geschmort und profitiert deutlich davon, dass hier traditionelle Füllelemente wie der Speck als krosse Stücke und als Teil von Speckspätzle sozusagen ausgelagert sind. Mit einem Petersilienwurzelpüree und frittierter Petersilie gelingt abermals eine interessante Interpretation – ohne freilich das klassisch-optimierte Bild zu stören.

In ihrer wie von allen Zwängen befreiten Form ist Straubingers „Dicke Rippe vom schwäbisch-hällischen Schwein mit Korianderkruste und Thymianjus“ geradezu virtuos angelegt. Die in diesem Zusammenhang höchst effektive, fast erfrischende Korianderkruste mit Stückchen von Zitronen- und Orangenschale schafft ausgesprochen süffige und aromatisch belebende Verhältnisse, die man mit dem Thymianjus und dem leichten Raucharoma von auf Holzkohle gegarten Folienkartoffeln zu einer außergewöhnlichen Verbindung aus Erdigkeit und feinsten aromatischen und texturellen Nuancen zusammenstellen kann.

Was sich zum Abschluss bescheiden „Dessertkreation von Quark und Quitte“ nennt, ist eine souveräne Deklination der Quitte: vom elegant abgeschmeckten Saft über konfierte Quitten und krosse Zuckerröhrchen mit Quittenconfit bis zu einem Quarkteig, der ein wenig an jenen Teig erinnert, den man am liebsten schon vor dem Backen isst. Mit diesem Menü hat Rolf Straubinger, der in seinem Restaurant normalerweise eine Mischung aus internationaler Spitzenküche und einigen regionalen Gerichten anbietet, einen wesentlichen Schritt zur Emanzipation der schwäbischen Regionalküche auf höchstem Niveau geleistet. Und das nicht durch das eine oder andere regionale Einsprengsel, sondern durch ein ungemein überzeugendes Kondensat der Kochtradition einer Region. Dieses Menü zeigt einen Koch am Werk, der durch die glücklichen Umstände seiner kulinarischen Sozialisation ein wohl kaum kopierbares tieferes Verständnis der Zusammenhänge besitzt. ❧

03. 03. 2007, F.A.Z., Feuilleton, Seite 36

Knackt den kulinarischen Code

Christian Bau hat das Zeug zum ganz großen Drei-Sterne-Koch

Die immer größer werdende stilistische Bandbreite der besten Köche der Welt hat bei den meisten von ihnen einen interessanten psychologischen Nebeneffekt. Eine Auszeichnung wie der dritte Michelin-Stern wird nicht mehr als Höhepunkt betrachtet, den man anschließend zu halten versucht, sondern eher wie ein Aufstieg in die Erste Liga, also als Beginn etwas viel Größeren. Denn niemand weiß so gut wie die Mitglieder dieser Liga, dass es nun gilt, den Anschluss an die Spitze zu halten und sich auf keinen Fall im unteren Mittelfeld oder gar tiefer zu bewegen.

Dem Publikum bleibt das weitgehend verborgen, die Köche aber denken fast alle so. Es geht nicht mehr allein um die Erfüllung handwerklicher Formalitäten auf höchstem Niveau, sondern um die Entwicklung einer eigenen kulinarischen Sprache. Erst wer über eine solche Sprache verfügt, wird wirklich beachtet. Warum dieser Schritt vielen Köchen schwerfällt, ist einfach zu verstehen: Viele Jahre lang ist der aufstrebende Koch auf der Suche nach eher technischer Perfektionierung von Details, nach besseren Garverfahren hier und besseren Lieferanten da, nach neuen Produkten oder Mitarbeitern, die seine Erwartungen umsetzen können. Wie aber reagiert er, wenn er am Ziel seiner Wünsche angekommen ist und zu ahnen beginnt, dass es ästhetische Kategorien gibt, die weit über das Handwerkliche hinausgehen? Vor allem die jüngeren und kreativeren Köche achten dann auf stete Weiterentwicklung. Wer einige Jahre lang nicht mehr bei Harald Wohlfahrt oder Joachim Wissler gegessen hat, weiß im Grunde kaum etwas über deren aktuelles Leistungsvermögen.

Alles spricht dafür, dass auch Christian Bau, mit sechsunddreißig Jahren jüngster Drei-Sterne-Koch in Deutschland, diesen Weg nehmen wird. In nur sechs Jahren gelangte er vom ersten bis zum dritten Stern, und trotzdem zeigt er, dass er bereit und in der Lage ist, noch weiter an Profil zu gewinnen. Ein Teil von Baus möglicher Rolle in der Zukunft wird sicherlich von dessen überaus profunder klassischer Technik bestimmt sein. Er ist auf die Verwendung ungewöhnlich unverfälschter reiner Aromen spezialisiert. Das fällt schon bei Kleinigkeiten wie Mini-Tartelettes mit Tomate und Pesto oder Speck auf und gewinnt ein Höchstmaß an Effizienz, wenn Bau zum Beispiel bei seiner Variation des Bigorre-Schweins die Fleischstücke eben nicht bis zum aromatischen Overkill behandelt, sondern auf puren Eigengeschmack und additive Wirkungen mit den weiteren Elementen des Gerichtes setzt. So werden etwa die üblichen Brat- und Schmornoten des Fleisches auf diverse kleine Stücke Schmorgemüse ausgelagert. Im Akkord schmeckt man sie also, erlebt das Fleisch aber deutlich purer. Gleiches gilt übrigens für die Würze, die ebenfalls ausgelagert ist, und zwar auf den leicht mit Barolo-Essig angesäuerten Bratenjus.

Zunächst aber glänzt Bau mit außergewöhnlichen Amuse-Bouches, die in ihrer Vielfalt und präzisen Feinmechanik fast so etwas wie eine deutsche Spezialität sind und jedenfalls bei vielen internationalen Meistern nur sehr selten in ähnlicher Qualität auftauchen. Für eine Kreation wie den Foie-gras-Flan mit Trüffeln und Parmesanschaum braucht man eine extrem sichere Hand bei den Proportionen, weil der Parmesanschaum nur an einem bestimmten Punkt eine gute, komplexe Würze liefert, bei minimaler Überdosierung aber bereits Trivialität erzeugen würde. Hier zeigt sich wieder einmal, dass Schäume mit ihrer geringen Aromendichte ein ideales Material für sensible Abstimmungen sind.

Ein erster Höhepunkt ist der „Hummer mit Korianderparfum, Blumenkohl-Yuzu-Marinade und einem exotischen Hummertee". Diese Hummervariation ist weit entfernt von den redundanten Versuchen mit Koriander oder Fruchtaromen, weil Bau mit seinem feinen Proportionengespür auch hier exakt die ideale Mischung trifft. In einer der Variationen wird zum Beispiel der Blumenkohl als körnige Textur eingesetzt, die einem Cous-Cous nicht unähnlich ist und mit Hilfe der über den ganzen Teller verteilten Katalysatoren Krustentierjus und Yuzu genau um jenen Teil des Aromas erleichtert, der die Sache kohlig erscheinen lassen könnte.

Dem gegenüber wirkt ein Favorit des Publikums, die Kombination von Langustine mit Kalbsbries, konfierten Zwiebeln, Rosmarinparfum und Jus aus geschmorter Kalbsbrust wie verkehrt gepolt. Während das komplexe Aroma des Hummers durch die Begleitung eine deutliche Intensivierung erfährt, wird der auf dem Papier vielleicht verwegene Akkord von Langustine und Bries eher von einer Überlagerung durch kräftigere Aromen bestimmt, die die beiden Elemente fast neutralisieren.

Ein aktueller Favorit des Meisters ist der „Steinbutt mit zweierlei Langustinen, kleinem Kräutersalat und einem leichten Sud von Verveine". Das Gericht zeichnet sich durch zwei Besonderheiten aus. Einmal entsteht mit einem Tatar aus rohen Langustinen, einer gebratenen Langustine, rohem Kräutersalat, al dente gegartem Grünspargel, geschmortem Spinat und dem Fisch eine enorme sensorische Komplexität, zum anderen überrascht die Wirkung einer stark vegetabilen Komponente, die sich deutlich von üblichen Steinbutt-Langustinen-Akkorden absetzt. Erst die relative Anonymität des feingehackten und vielfältigen Kräutersalats sorgt für die sozusagen transzendierende Entfremdung (also eine Art Abstraktion), während allzu konkrete Kräuterbeigaben mit einem stark reminiszenten Hintergrund belastet wären.

Der Stand der Dinge bei Christian Bau ist nun so, dass sich die Grundidee von bis ins Detail strukturierten Gerichten bereits in fast allen Kompositionen finden lässt, die Präzision ihrer Realisierung aber noch unterschiedlich ausfällt. Die Sache ist auf diesem hohen Niveau allerdings vertrackt: Bei den Jakobsmuscheln mit Nüssen, Trüffel, Äpfel und Gänselebercreme könnte man vordergründig vielleicht noch die eine oder andere normale Proportion optimieren. Interessanter ist aber eine faszinierend erdige Note, die sich zwischen Nüssen, Trüffel und Foie gras ergeben könnte. Im Moment wäre sie nur zufällig zu entdecken oder eben mit Mühe absichtsvoll herbeizuführen.

Köche essen ihre eigenen Teller oft überhaupt nicht und schon gar nicht so wie ihre Gäste. Insofern ist es nur logisch, dass sie kulinarisch codieren, aber mögliche Nebeneffekte dieser Codierung, die erst durch Entschlüsselung erkennbar würden, nur schwerlich selbst entdecken. Da aber geht es weiter. ❧

Das Menü der dritten F.A.Z.-Gourmetvision regional ist von Dienstag, den 27. Februar, bis Samstag, den 31. März, zum Preis von 98 Euro im Restaurant Burg Staufeneck in Salach zu bekommen.

10. 03. 2007, F.A.Z., Feuilleton, Seite 34

Trollinger ist der neue Barolo

Was plant Otto Geisel, der deutsche Vorsitzende von Slow Food?

Otto Geisel, der neue Vorsitzende der deutschen Sektion der Vereinigung Slow Food, ist ein gestandener Gastronom, Weinspezialist und langjähriger Förderer regionaler Küche und regionaler Ressourcen. Er steht also nicht im Verdacht, die unendliche Liste nie konkret werdender kulinarischer Dauerredner zu verlängern. Im Gespräch mit dieser Zeitung über mögliche Strategien macht er von vornherein deutlich, dass ihm das Slow-Food-Image einer italophilen, manchmal fast sektiererisch wirkenden Gemeinde nicht behagt. Geisel will den ursprünglichen Gedanken hinter den Aktionen des Slow-Food-Gründers Carlo Petrini restaurieren, der – vor dem Hintergrund eines klassischen Achtundsechziger-Lebenslaufes – erstmals Intellektuelle und Erzeuger hochwertiger traditioneller Lebensmittel in größerem Stil zusammenbringen konnte. Der jährliche „Salone del Gusti" in Turin ist heute ein riesiges Zusammentreffen von Erzeugern, Köchen und Wissenschaftlern.

Der Grundgedanke bedeutet für Deutschland die Beschäftigung mit den eigenen kulinarischen Grundlagen, die Geisel – im Gegensatz zu Italien – für noch weitgehend unerforscht und deutlich unterentwickelt hält. Im engeren, geschmacklichen Sinne dürfte das eine Verlagerung bedeuten, die allein schon ausreichen müsste, um eine gewisse Toskana-Ferne zu erzeugen. Auf einer Karte des langsamer essenden Nordeuropa, die auch Skandinavien und die osteuropäischen Länder umfasst, fallen andere Hauptgrundmittel wie Getreide und Brot oder auch Techniken wie das Räuchern ins Auge. Ideal bleibt diesseits wie jenseits der Alpen der Dreiklang aus erstens gutem Produkt, zweitens „sauberer" Herstellung (also etwa ohne Kunstdünger) und artgerechter Tierhaltung und drittens fairer Bezahlung, die Geisel nicht nur in Dritte-Welt-Ländern, sondern auch in unseren Breiten für nicht gegeben hält.

Im Gegensatz zu Organisationen wie „Food-Watch", die sich an Gefährdungen orientieren und von Geisel nicht als natürliche Kooperationspartner gesehen werden, oder primär diätetisch orientierten Bemühungen von Gesundheitsaposteln gibt Slow Food ein klares Bekenntnis zur Qualität ab. Auch die Spitzenküche soll Partner sein können. Slow Food sieht bei den Qualitätsstandards von Produkten und Zubereitungsweisen eher aufklärerischen Nachholbedarf als im Sammeln schlechter Nachrichten. „Wenn wir das Thema Gammelfleisch aufnehmen", sagt Geisel, „treiben wir damit keinen einzigen neuen Kunden in die guten Metzgereien."

Diese Haltung bringt es mit sich, dass die rechtlich nicht geschützte Qualifizierung „Bio" nicht automatisch mit kulinarischer Qualität in Slow-Food-Sicht verknüpft ist. Geisel, ein klarer Denker mit einer seriösen Ausstrahlung und ausgesprochen vielfältigen Beziehungen bis hinein in die Politik, möchte versuchen, den bei Interessierten völlig unumstrittenen Zielen einer veränderten kulinarischen Kultur vermehrt Taten folgen zu lassen. Er sieht Slow Food als ein Netzwerk, das von der Grundlagenforschung bis zur Förderung einzelner Produzenten tätig ist, nicht aber selber als Erzeuger oder Handelsagentur auftritt. Scheinbar naheliegende Aktivitäten wie etwa ein Slow-Food-Führer nach Vorbild des italienischen „Osterie d'Italia" („wir haben keine Kapazitäten zur Restaurantkritik"), eigene Restaurants oder Qualitätssiegel würden in seinen Augen „die ehrenamtliche Struktur überfordern".

Auch die Vernetzung der Erzeuger zum Beispiel zu einem paradoxen „Rungis-Express" der langsamen Art mit dem Ziel, die heimischen Produzenten mit der Gastronomie zusammenzubringen, lehnt Geisel als zu ehrgeizig ab. Im Mittelpunkt seiner aktuellen Bemühungen steht eine erste große Slow-Food-Messe auf deutschem Boden, die vom 15. bis zum 17. Juni in Stuttgart stattfinden wird. Dort wird man „keinen Barolo oder Olivenöl" vorfinden, sondern in fünfundvierzig Stationen eine intensivere Begegnung vorwiegend mit der regionalen schwäbischen Küche ermöglichen.

Das zweite Vorhaben zielt auf eine Professionalisierung der Organisation. Mit Hilfe einer Stiftung, die vor der Gründung steht, möchte Geisel eine schlagkräftige Zentrale mit festen Mitarbeitern unterhalten. Da man hierzulande ein „anderes Demokratieverständnis als die Italiener" kultiviere, solle dies allerdings keine „Otto Geisel AG" werden. An die Italiener muss man übrigens jedes Jahr eine beträchtliche Summe zur Finanzierung der Slow-Food-Zentrale abführen. Mit einem „wissenschaftlichen Unterbau" ist sodann die Verstärkung der Kontakte zur Politik, zu den Handelsketten und vor allem den Schulen geplant. Von der Bundespolitik („in Berlin hat sich die Politik zu sehr verselbständigt") erwartet Geisel nicht allzu viel, von interessierten Länderministern oder Ministerpräsidenten allerdings schon, weil diese an der Förderung regionaler Besonderheiten ein Interesse haben müssen. Dabei sei die deutsche Slow-Food-Bewegung – und dies in deutlicher Abweichung von Italien – aber nicht politisch festzulegen, schon gar nicht in der Nähe der Grünen, die wie die Umweltlobbyisten zu sehr das Gefährdungspotential der Nahrung betonten. Bei den großen Handelsketten (aber nicht den Discountern) sieht Geisel ein erhebliches Potential für eine veränderte Produktpolitik. Mit einem der großen Handelshäuser wird über eine Kooperation verhandelt. Diese Handelshäuser könnten in Zukunft mit regionalisierten Angeboten ihr Profil gegenüber der industriellen Erzeugung und Vermarktung schärfen. Geisels Bejahung der Frage, ob ein Mensch, der vernünftig und sensibel mit seiner Nahrung umgeht, auch sonst ein besserer Mensch sei, führt zu einem Kernpunkt seiner Bemühungen, der Arbeit an und mit Schulen. Im Kontrast zu punktuellen Bemühungen der Köchevereinigung „Eurotoques" kann Geisel auf eine ganze Anzahl erfolgreicher Vorhaben verweisen. Hier geht es ihm um jeweils lokale Lösungen mit verantwortlichen Gastronomen und einer engen Zusammenarbeit aller Beteiligten und nicht primär um pädagogische Konzepte und Änderung der Lehrerausbildung. Überall seien interessierte Lehrer vorhanden und die Resonanz hervorragend, vorausgesetzt die Schüler und ihre Eltern „wissen, dass hier für sie gearbeitet wird". Slow-Food versteht sich eben als Netzwerk, das sich sozusagen von selbst weiterknüpft.

„Der Slow-Food-Gedanke ist in Deutschland – anders als in Italien – noch nicht richtig angekommen", stellt Geisel zum Schluss des Gesprächs fest. Er formuliert diesen Gedanken so präzise, dass sich das bald ändern könnte. ❧

17. 03. 2007, F.A.Z., Feuilleton, Seite 36

Keine Kartoffelfädenkörbchen

Bei Serge Burckel führt nicht großer Aufwand zum Sieg

So muss er wohl aussehen, der Ort, an dem der dem feinen Geschmack und nichts als dem feinen Geschmack verpflichtete Gourmet die Reinheit seiner Einstellung überprüfen kann. Kein Wagenmeister übernimmt das Parken, kein Empfangskommando nähert sich scharwenzelnd, und kein Höckerchen bietet Platz für die Handtasche. Nein, „Serge and Co." im Straßburger Vorort Schieltigheim muss man überhaupt erst einmal finden. Selbst wenn man vor der Türe steht, ist man sich noch nicht sicher, dass dieses wegen seiner heruntergelassenen Jalousien wie eine Eisdiele in den Betriebsferien aussehende Geschäftslokal die Spielstätte einer kreativen Küche im Boutique-Stil ist – Michelin-Stern inbegriffen. Zu allem Überfluss kocht Serge Burckel auch noch allein, so dass sich in jeder Hinsicht ein alternatives Bild zum klassischen „Sternerestaurant" ergibt, wo der Koch am liebsten inmitten einer vielköpfigen Mannschaft posiert.

Bei Burckel ist das Verhältnis Koch zu Gästen unter Umständen eins zu dreißig, bei den Stars nicht selten eins zu drei oder vier. Kann dies eine grundsätzliche Bedeutung für die zu erwartende Qualität haben? Die wichtigste Zahl bei solchen Überlegungen ist die Summe aller einzelnen Zubereitungen (zum Beispiel ein Risotto oder karamellisierte Nüsse). Wenn eine Küche ein Degustationsmenü mit sieben Gängen anbietet, kommen da durchaus – inklusive Amuse Bouche und anderer Kleinigkeiten – vierzig oder mehr Einzelelemente zusammen. Hat es auch noch ein davon deutlich abweichendes, großes Angebot à la carte, schnellt die Zahl noch einmal gewaltig in die Höhe.

Dem gegenüber kann eine auf wenige Gerichte begrenzte Küche schon einmal stark an Personal einsparen. Dazu kommt, dass ein Teil der Arbeit großer Brigaden oft in kulinarisch nicht dringend notwendige Dekorationen investiert wird, also etwa zur Herstellung von Körbchen aus kross ausgebackenen Kartoffelfäden. Andererseits benötigen die minutiösen Garzeiten vieler Produkte auf höchstem Niveau eine Form der Überwachung, die viele Kräfte bindet und bei extremem Verständnis nicht zulässt, dass man gleichzeitig mehrere Dinge macht, wie dies für einen Solisten selbstverständlich ist. Ein Alleinkoch kann also im Prinzip dann eine sehr gute Küche machen, wenn sie überschaubares Handwerk und interessante Ideen vereinigt. Die Realisierung einer wirklich komplexen, strukturalistischen Küche mit einem hohen Anteil à point herzustellender Elemente dürfte ihm allerdings schwerfallen.

Serge Burckel setzt nach jahrelanger Arbeit in Asien und Amerika auf eine erfrischende Mischung aus überraschend solidem Handwerk und einer individuellen Interpretation klassischer Grundlagen. Und so gefällt die Foie-gras-Terrine und Kalbsbries mit einer Creme aus Foie gras auch wegen ihrer geradezu traditionellen Schmissigkeit mit dickem Fettmantel und einem guten Portweinanteil plus einer Interpretation des üblicherweise dazu gereichten Gelees, das hier eines von der Taube mit einer Saté-Gewürzmischung ist. Wie häufig in solchen Fällen scheint der Interpret sich allerdings bei der Dosierung im Bann eines klassischen Harmoniebedürfnisses zu bewegen, so dass er die möglichen Reize dieser Kombination kaum ausnutzt.

Ein analoges Bild ergeben die in einem Cocktailglas servierten, getrockneten Jakobsmuscheln mit Linsenpüree, einem Passionsfruchtgelee mit rosa Pfeffer und einem Foie-gras-Puder – trotz der forciert klingenden Komposition. Im Zusammenhang mit dem Linsenpüree bleiben die getrockneten Muschelstreifen aromatisch blass, die Passionsfrucht ist kaum zu identifizieren, und das kalte Foiegras-Puder aus dem Paco-Jet ist ebenfalls sehr zurückhaltend dosiert. Es bleibt so etwas wie eine aromatische Luftaufnahme, bei der sich die Konturen der Aromen nicht genügend aus der Ebene lösen. Auch wenn der Akkord ohne weiteres harmonisch ist, mag man ihn nicht virtuos ausbalanciert nennen, weil er zur Anonymität neigt – die Transparenz klarer Aromen steht nicht im Vordergrund.

Genau dies ist bei der Frühlingsrolle mit Taschenkrebsfleisch und Krustentiercreme anders. Die Füllung ist zwar wieder – trotz kleiner Abweichungen – eher klassisch gestaltet, wird dann aber von den in ihrer Textur und ihrem frischen Aroma ungewöhnlichen Lychee-Samen eindeutig und gewinnend interpretiert. Der horizontalen Ebene der harmonisierten Aromen wird sozusagen ein aromatisch und texturell vertikales Element hinzugefügt – das Geschmacksbild erscheint mehrdimensional. Insgesamt bleibt indes der Eindruck, dass Burckels Ideen zwar Potential haben, die befreiende Klarheit in der Ausführung aber vermissen lassen. Der St. Petersfisch ist wieder handwerklich gut, der Amaranth als Alternative zu einem Risottoreis von einer schön widerstandsfähigen Textur und ein Hauch von Basilikum und Zitrusfrüchten angenehm, aber all das liegt eben im Niemandsland zwischen Finesse und Reiz.

Das Taubenkotelett mit Bratkartoffeln und kräftig angebratenen Pilzen verspricht mit seiner rustikalen Note einen interessanten Kontrast zur Papaya, der aber wieder mangels Zurückhaltung nicht zustande kommt. Glücklicherweise gelingt beim Reh mit einem überbackenen Püree von Kastanien und Sellerie, Datteln und Rübchen (navets) mit Preiselbeeren eine deutlich additivere Komposition, die auf prononcierte Einzelelemente vertraut. Der Wechsel zwischen Reh, Datteln und Preiselbeeren auf dem Hauptteller und dem extra servierten Püree ergibt eine erstaunlich intensive aromatische Reaktion. Was in der Summe (also alles zusammen gegessen) undifferenziert bleibt, ermöglicht als Wechselakkord (also in Reaktion mit dem Gewürzraum, den Reh und Aromen aufschließen) eine spannende Degustation.

Bei allem Eindruck des Ideenverschenkens: Restaurants wie „Serge and Co." haben etwas ungemein Sympathisches. Es zeigt sich, wie wenig Änderung im kulinarischen Programm man eigentlich braucht, um den Weg einer individuellen Küche zu gehen. Es zeigt sich außerdem, dass eine solche Arbeit mit begrenztem Aufwand in kleinen Restaurants möglich ist – und konkurrenzfähig. Am Horizont erscheint eine Restaurant-Landschaft, in der die Standardisierung durch Individualisierung abgelöst wird, die Köche neue Freiheiten entwickeln und die Esser sozusagen nicht in jeder Ausstellung die gleichen Bilder sehen wollen. Es ist zu wünschen, dass Köche wie Serge Burckel ein selbstbewussteres kulinarisches Profil gewinnen und sich ebendeshalb vielleicht etwas weniger früh als Kreative feiern lassen. ❧

24. 03. 2007, F.A.Z., Feuilleton, Seite 34

Lob des Landgockels

Gourmetvision regional: Die „Zirbelstube" in Bad Mergentheim

Die vierte Folge der F.A.Z.-Gourmetvision regional führt in die „Zirbelstube" im Hotel „Victoria" in Bad Mergentheim, dem Haus des Slowfood-Vorsitzenden Otto Geisel. Für seinen Chefkoch Hubert Retzbach ist die Frage nach Regionalität überflüssig, weil er sich seit Jahren fast ausschließlich heimischer Ressourcen bedient und auch Elemente der traditionellen Küche selbstverständlich in seine Arbeit einbezieht.

In seinem ausgesprochen selbstbewusst gestalteten Menü gibt es eine wichtige Beobachtung zu machen: Über viele Jahre hinweg gab es in Deutschland immer wieder die Ansätze von Spitzenköchen, „deutsch" zu kochen. Das führte regelmäßig zu einer Konfrontation der im Kern nur selten erfassten Eigenständigkeit der regionalen Produkte mit den jeweiligen kochtechnischen Manierismen der Zeit. Bei Hubert Retzbach ist nun zu erkennen, welchen enormen Glanz und natürliche Eigenständigkeit Produkte von der Bachforelle bis zur Landgockel-Keule bekommen können, wenn man sie mit bester Kochtechnik in ihrer ganzen Qualität präsentiert, ohne auch nur eine Sekunde daran zu zweifeln, dass hier eine makellose Küche auf höchstem Niveau entsteht.

Schon die Bachforelle im ganz leicht gebundenen Rieslingsud als erstes Amuse Bouche ist durch ihre Niedrigtemperaturgarung von schmelzender Zartheit. Als feines Würzelement werden hier übrigens – man wagt es kaum zu sagen – in Essig eingelegte Gänseblümchenblüten verwendet, die im Effekt Kapern nicht unähnlich sind. Das zweite Amuse Bouche, ein Strudel mit dem „Besten vom Mohrenköpfle-Landschwein" auf leicht gerösteten Blumenkohlscheiben, gefällt vor allem wegen der klassisch-süffigen Farce und der sensiblen Logik beim Einsatz der Röstaromen des Blumenkohls, die einerseits den Kohlgeschmack im Zaum halten und sich andererseits im Akkord auf das Fleisch zu übertragen scheinen.

Der Landgockel hat seinen ersten Auftritt beim „Cassoulet vom Hohenloher Landgockel mit Löwenzahnherzen und geräuchertem Speck". In diesem Eintopf finden sich Stücke von der Keule, diverse Innereien und ein Hahnenkamm, wobei sich ein fast sanftes Texturspiel zwischen den leicht bissfesten Bohnen, den an Salatherzen erinnernden Löwenzahnherzen und den unterschiedlichen Fleischstücken ergibt. Für die aromatische Expansion sorgen kleine krosse Speckstückchen und das leider sonst viel zu selten genutzte Bohnenkraut.

Bei den Fischgerichten von Zander und Waller (Wels) präsentiert Retzbach eine überragende Produktqualität, die nicht nur die sonst eingesetzten Qualitäten stark relativiert, sondern keinerlei Vergleich mit dem angeblich konkurrenzlosen Steinbutt zu scheuen braucht. Dazu kommt eine feine Originalität in der Begleitung, die nicht Effekte sucht, sondern aromatisch und texturell exakt die optimale Schnittmenge zwischen den Produkten ermittelt, die einen der wesentlichen Unterschiede zwischen Handwerk und Kunst ausmacht. Beim Zander sind es Artischocken (die nicht nur in der Bretagne, sondern auch hier wachsen) in drei Texturen: als Ravioli, marinierte Streifen und hauchdünne Chips, die Retzbach – wie als Reminiszenz an den berühmten Steinbutt-Akkord – in eine klassische Beurre blanc fasst. Der Waller ist minimal auf Rebholz geräuchert, mit einem Kartoffel-Lauch-Püree mild eingefasst, dessen Milde wiederum von einem Apfel-Balsamessig dezent kontrastiert wird, bevor der rohe, hauchdünn geschnittene Wildschweinschinken darüber grübeln lässt, warum solches Fleisch immer nur kross getrocknet serviert wird.

Es folgt der zweite Auftritt des Hohenloher Landgockels, bei dem Retzbach ebenfalls mit der modernen Weiterführung des Beurre-blanc-Grundgedankens (Fett- und Säureausgleich) arbeitet und seine Sauce deshalb mit einem Silvaner-Eisweinessig abschmeckt. Die gegenüber der Brust in der Spitzenküche oft verschmähte Keule zeigt hier ihren Vorteil: Sie schmeckt prächtig nach Huhn und bekommt durch die leicht süßliche Säure eine perfekte Ergänzung. So etwas ausgerechnet mit einem milden Petersilienwurzelpüree zu begleiten entstammt abermals tiefem Verständnis – nicht für eine ominöse „Harmonie“, sondern für optimale Ergänzung.

Danach folgt ein „Bollito misto“: gemischtes, eher gargezogenes als -gekochtes Fleisch. Filet und Stücke von Wade und Brust sind ungemein saftig und bestens aromatisiert. Was aber die Sache erst exquisit macht, ist wieder eine der kleinen abweichenden Retzbach-Ideen. Er erzeugt mit grünem und weißem Spargel, Gemüse und vor allem Kräutern ein ganzes Frischespektrum, das den Akkord mit dem komplex schmeckenden Fleisch zu einer enormen Delikatesse macht. Auch dieses Gericht hat die typische Überzeugungskraft großer Küche.

Das Dessert scheint zunächst eine Trivialität schlimmster Art zu sein. Der „Gratinierte Weinschaum-Zitronenflan mit Weinschaumeis“ klingt älteren Gourmets sicher verdächtig nach dem unvermeidlichen Abschluss eines sonntäglichen Mittagsmenüs in den fünfziger oder sechziger Jahren. Hier aber wird er eher zur Demonstration einer präzisen Kochtechnik und der Beherrschung von Nuancen – zum Beispiel im Ausmaß der Gratinierung. Hubert Retzbach, der seit mehr als zwanzig Jahren an dieser Stelle kocht und eher wie ein verlässlicher Küchen-Haudegen wirkt, der die ganze Sache immer irgendwie im Griff hat, präsentiert sich in diesem Menü als ein hervorragender Koch mit Schwerpunkten in der aromatische Finesse und Präzision.

Aber man muss bei diesem Menü noch zwei weitere Aspekte sehen. Der eine ist eine große Leichtigkeit und Eleganz, die an keiner Stelle, also weder bei Schwein noch Landgockel-Keule, noch gemischtem Kochfleisch verlassen wird. Dieses Menü könnte zur ästhetischen Versöhnung vieler mit den Perspektiven einer regional verwurzelten Küche taugen. Das schiere Ausmaß dieser selbstverständlichen Brillanz sollte – zweitens – nicht nur Skeptiker überzeugen, sondern auch eine nützliche Referenz für jene Köche werden, die stärker strukturieren oder zeitgenössischer denken, dabei aber nicht selten eine entwickelte aromatische Finesse aus dem Blick verlieren.

31.03.2007, F.A.Z., Feuilleton, Seite 36

Dem Rochenflügel nachfliegen

Sven Elverfeld kocht sich mit einer aromenbetonten Küche frei

Als Sven Elverfeld im Herbst 2003 vom Gault-Millau zum „Koch des Jahres" gekürt wurde, hatte man einen zwiespältigen Eindruck von seinen Kochleistungen. Einerseits beeindruckte er mit einer Demonstration handwerklicher Techniken, die unverkennbar aus dem Fundus von Dieter Müller, seinem wichtigsten Lehrer, stammten. Andererseits ging die ästhetische Qualität der Arbeit auch nicht darüber hinaus – ein klares Zeichen dafür, dass eine von bloßer handwerklicher Fortführung unterschiedene Identitätsfindung noch fehlte.

Heute sprechen die Kreationen des achtunddreißigjährigen Kochs eine andere Sprache. Elverfeld hat Anschluss an eine Moderne gefunden, die ihre Kreationen weitaus präziser durchdenkt und die hervorragende klassische Ausbildung ihrer Protagonisten nutzt, um Köche wie Kunden auf Neuland zu führen. Um einige Namen zu nennen: Elverfeld steht nun in der Nähe von Joachim Wissler, Nils Henkel (dem leider noch nicht eigenverantwortlich auftretenden designierten Nachfolger von Dieter Müller), Juan Amador, Tim Raue, Thomas Bühner, Eric Menchon und natürlich Harald Wohlfahrt. Bis auf den etwas älteren Wohlfahrt sind alle diese Köche um die Vierzig und haben das Potential, so etwas wie eine neue deutsche Schule der (strukturalistischen) Küche zu bilden, die erstmals Anspruch auf internationale Eigenständigkeit erheben kann.

Das verdeutlicht zum Beispiel bei Elverfeld der „Marinierte Blue Fin Thunfisch mit Steckrübe und Rote Bete". Im Zentrum steht ein Thunfischquadrat von etwa fünf Zentimeter Kantenlänge. Dazu kommen einige Miniwürfel aus konfierter Steckrübe und Roter Rübe, die exakt so weit behandelt sind, dass sie noch über einen klaren Eigengeschmack verfügen, der sich im Akkord mit dem Thunfisch knapp halten kann. Minipuffreis an der Seite sorgt für eine texturelle Belebung, die ebenfalls in ihrem sensorischen Ausmaß immer dienlich bleibt. Solche texturellen Elemente brauchen im Prinzip über keinerlei Aroma zu verfügen, weil ihre Funktion im Zusammenhang eine nichtaromatische ist und ein identifizierbares Aroma im Akkord sogar kontraproduktiv sein könnte.

Ist eine solche Küche kompliziert? Nein. Sie kann am Redundanzesser als angenehm frisches Häppchen vorbeirauschen. Sie kann aber auch zum Objekt einer entwickelten Wahrnehmung werden und in dieser Funktion noch wesentlich komplexeren Betrachtungen unterworfen werden. Diese würden dann allerdings – ein generelles Problem vieler moderner Küchen – durch die kleine Portionierung des Gerichts behindert, weil eine solche Intensivierung die Möglichkeit zur Wiederholung bestimmter Akkorde erfordert.

Ein zweiter Aspekt bei Elverfeld ist der souveräne Einsatz gewöhnlicher Realien, zum Beispiel beim „Rochenflügel mit Pinienkern-Kartoffelschmelze und andalusischen Tomaten". Es zeigt sich hier, wie vergleichsweise trivial Klassiker nach Art der „Rochenflügel mit Kapern und Nussbutter" ein Segment der Perspektiven des Rochen-Aromas verstärken und wie subtil dieser Fisch wirken kann, wenn man sich ihm zurückhaltender nähert. Hier fällt zum Beispiel auf, dass die Pinienkerne gedrittelt sind. Denn ganze Kerne würden texturell und aromatisch das geradezu zarte Bild empfindlich stören und in diesem Falle auch das feinkomplexe Aroma der andalusischen Tomaten überlagern.

Ähnlich sensibel geht es bei den „Jakobsmuscheln mit Gurkengelee, Nussbutter und Erdnusskrokant" zu, auch wenn diese Komposition zunächst eher forciert klingt. Den Clou macht ein interessantes aromatisches Verständnis aus, bei dem weniger auf die vordergründigen Einzelaromen geachtet wird als auf nicht so einfach zu entdeckende und nur in bestimmten Proportionen wirksame Hintergrundnuancen. Das traditionelle Aroma der Gurke, die leichten Röstaromen der Beurre noisette und die ebenfalls leicht gerösteten Erdnüsse verbinden sich zu einer fast bodenständigen, erdigen Note, die die Muschel hervorragend begleitet. Solche ebenso individuell wie überraschend ausgereift wirkenden Aromenspiele sind ein drittes Merkmal bei Elverfeld. Da wird etwa der St. Petersfisch scheinbar klassisch mild von dünnen Kohlrabistangen und einer Sauce mit winzigen Salamischnipseln als Würze begleitet und erfährt dann doch eine überraschende Frische-Infusion durch quasi rohe Rhabarberstücke. Es zeigt sich hier, dass die in der Klassik oft verpönte Verwendung roher Elemente nicht nur Kontraste schafft, sondern durch die andersartige Aromenstruktur neuartige Akkorde ermöglicht. Die Erforschung dieses Bereichs (also etwa die Vermischung klassischer Saucen mit pürierten rohen Kräutern oder Gemüsen unmittelbar vor dem Servieren) steht noch weitgehend aus.

Sven Elverfeld hat einen Kurs eingeschlagen, der seine speziellen Talente endlich sichtbar macht. Weitere Wünsche betreffen nur kleine Details: So wäre es eine Überlegung wert, das weitverbreitete übermäßige Schmoren wie bei der „Roulade und Backe vom Simmentaler Ochsen", bei dem der Fleischgeschmack durch ständiges Überglänzen mit Sauce fast eliminiert wird, zugunsten des Eigengeschmacks zu reduzieren. Auch die Proportionen der Elemente erscheinen noch nicht bei allen Kreationen gleichermaßen strukturiert. Und weil Elverfeld nicht nur eine so erfreuliche Entwicklung genommen hat, sondern auch in der Lage ist, selbstbewusst andere aromatische Wege einzuschlagen, kann man vielleicht auf die weitere Abkehr von der engen Palette der Luxusprodukte und deren standardisierten Geschmacksbildern hoffen, wie dies beim Rochenflügel zu erkennen war. Wenn ein Koch die wirkliche Mechanik der Kochkunst für sich entdeckt hat, winkt eine neue kreative Freiheit jenseits der Konventionen. ❧

07. 04. 2007, F.A.Z., Feuilleton, Seite 38

Heraus aus der Form!

Widerspenstige Gebilde:
Was ein Degustationsmenü leisten sollte

Die Form der Menüs in der Spitzenküche entspricht gegenwärtig nur noch selten dem Stand der Kochkunst. Die Aneinanderreihung von kleineren Portionen konventioneller Gerichte – und das auch noch in der Folge von kalt nach warm, von leicht nach schwer und von Fisch nach Fleisch – ist mit einer Auffassung von Küche verbunden, in der ein paar leichtere Kleinigkeiten den Weg zu den mächtigen Hauptgerichten („plats de résistance") vorbereiten. Der gern benutzte Ausdruck „Degustationsmenü" ist im Grunde schon sprachlich problematisch: Es ist nicht zu erkennen, wo in der Wahrnehmungsqualität der Unterschied zwischen drei oder zehn Löffeln eines Gerichtes besteht. Was wäre denn etwas, das über Probieren hinausgeht? Nur das Sattessen?

Auch Ferran Adrià wird in seiner These Nr. 22 über die Arbeit der eigenen Küche nicht präzise genug. Dort heißt es: „Das Degustationsmenü ist der höchste Ausdruck avantgardistischer Küche. Seine Struktur ist lebendig und kann Änderungen erfahren. Konzepte wie Snacks, Tapas, Pré-Desserts usw. stehen im Mittelpunkt." Menüs, die in dieser Art aufgebaut sind, finden wir mittlerweile auch in Restaurants mit primär klassischer Küche. Man sollte also stärker zwischen dem eher materiellen und dem eher immateriellen Charakter des Probierens trennen und in diesem Zusammenhang daran erinnern, dass Probieren normalerweise mit Analyse verbunden ist. Man nimmt eine Probe, um sie in den Naturwissenschaften zu analysieren oder um im täglichen Leben festzustellen, ob das angebotene Weihnachtsplätzchen den eigenen Vorstellungen so entspricht, dass man eine Tüte davon kaufen möchte.

Die These Adriàs geht nur scheinbar darüber hinaus. Sie setzt auf eine größere Anzahl von verschiedenen Elementen und verspricht sich davon eine Sensibilisierung durch Abwechslung, eine Aufklärung über die Vielfalt oder auch schlicht eine Folge von Adrenalinstößen, die den denkfaulen Redundanzesser auch einmal auf dem falschen Fuß erwischen. Und weil man nun in der Gastronomie nicht ein Löffelgericht mit Steinbutt probiert, um hinterher davon eine dicke Schnitte zu bestellen (was nicht die schlechteste Idee wäre), sollten die Degustationsmenüs in wesentlich intensiverem Umfang den Reflex auf die Sache in den Vordergrund stellen.

Dabei spielen vor allem zwei Aspekte eine Rolle. Einmal ist die moderne Form des sensorischen Menüs (wie man es vielleicht besser nennen könnte) nicht an bestimmte Küchenstile gekoppelt. So ist etwa im klassischen Sektor denkbar, dass man die Degustation von echten Hyperprodukten auf der Speisekarte etabliert (zum Beispiel ein korsisches Schwein, das ausschließlich in Eichen- und Buchenwäldern aufgezogen wurde) und diese sodann nur mit minimaler Begleitung, dafür aber in größerer Portion anbietet. Es ist unverständlich, dass diese genuin feinschmeckerische Form der Präsentation heute kaum noch zu finden ist und sich stattdessen viele Köche grundsätzlich in Miniaturen verlieren, die teilweise den Geschmack der Produkte kaum noch erkennen lassen.

Wenn es nicht mehr nur auf zeitgenössische Neuentwicklungen ankommt, sondern die Struktur eines Menüs seine Modernität mit einem übergeordnetdegustativen Grundgedanken rechtfertigt, ergeben sich zahlreiche neue Perspektiven auch für die klassische Küche. Im gleichen Maße wird eine Küche nicht allein dadurch eine sensorisch relevante, dass sie mit Elementen etwa einer ausgeweiteten Texturpalette arbeitet.

Der zweite Aspekt betrifft die gezielte Irritation des Essers, die in entscheidender Weise die Aufmerksamkeit auf sensorisch-degustative Prozesse lenken kann. Die Dekonstruktion (grob: Veränderung der Form unter Beibehaltung des Aromas, etwa eine Gemüsesuppe in Geleeform) als Element des Aufbrechens von Wahrnehmungsautomatismen hat noch nicht ausgedient, schon gar nicht in den Kreisen der klassischen Gourmets. Sie sollte aber konsequenter angewandt werden und sich nicht hinter der Zeichensprache der Moderne verstecken. Einige äußerlich gleiche panierte und ausgebackene Kroketten mit völlig unterschiedlichem Inhalt können mehr irritieren und die Wahrnehmung schärfen als Gebilde, die wie moderne Plastiken aussehen.

Zwischen diesen beiden Aspekten kann sich ein großes Feld an spannenden Menüs entwickeln. Man kann mit der Degustation einer optimal zubereiteten Kartoffel mit hervorragender Butter und verschiedenen Salzen beginnen, sich an einigen Irritationen durch Dekonstruktion erfreuen, ein Hyperprodukt in puristischer Zubereitung erleben, drei Stücke Lamm von dreierlei Rassen vergleichen, um wenig später diverse krosse Plättchen mit verschiedenen sphärischen Ravioli aus dem Kalziumchloridbad zu probieren. Eine Reihe von Löffelgerichten mit sensorisch ausgetüftelten Akkorden, die zum Beispiel den zeitlichen Verlauf von Wahrnehmung in den Mittelpunkt stellen, könnte die volle Konzentration des Essers beanspruchen, und danach könnte er es mit einer Versuchsanordnung zu tun bekommen, die ihm das Kombinieren von verschiedenen Elementen ermöglicht – wenn er eine ganz bestimmte Kombination schafft, kommt es zu einer extrem auffälligen aromatischen Reaktion.

Zur Degustation gehören auch aromatische Entdeckungen und seltene Produkte, durchaus spielerische Effekte aus den Zauberkästen der Chemie (wie die essbare Speisekarte) und immer wieder die Anregung, der kulinarischen Wunderwelt in all ihren Facetten zu begegnen und sich nicht im Redundanten zu verlieren. Jene Kochkunst, die in der Lage ist, eine völlige Umstrukturierung der üblichen Menüklischees zu gestalten, ist eine größere, als wir sie im Moment vorfinden. Sie beschränkt sich nicht mehr nur auf die reine Herstellung von Speisen, sondern wird um wesentliche Faktoren erweitert – und zwar nicht nur durch die immanente Forderung nach ständiger Recherche, sondern auch um eine hochentwickelte sensorische Konstruktion (bei den sensorischen Verläufen), um eine heute selten zu findende Optimierung (bei der Arbeit mit Hyperprodukten) und nicht zuletzt um Konzepte, die weit über das hinausgehen, was wir bislang kennen.

Köche, die sich einer solchen Herausforderung stellen, brauchen einen sehr freien Geist. Die skizzierten Elemente finden sich allerdings so oder ähnlich an den verschiedenen Stellen der Welt. Ihr wichtigster Effekt ist genuin kulinarisch: Faszination für die Materie und das, was man mit ihr erleben kann. ❧

14. 04. 2007, F.A.Z., Feuilleton, Seite 34

Vater und Sohn

Im belgischen Restaurant „De Herborist“ streiten die Generationen

Arnold und Alex Hanbuckers vom Restaurant „De Herborist“ in St. Andries bei Brügge in Belgien haben in der Vergangenheit immer wieder mit interessanten Büchern auf sich aufmerksam gemacht. Dabei beschäftigte sich Vater Arnold eher mit Kräutern und Gemüse („De Kookkunst van een Herborist“), während es Sohn Alex deutlich in Richtung der spanischen Moderne trieb – sein letztes Werk „Cooking – (R)evolution“ ist ein gelungener Versuch, aktuelle technische Entwicklungen in die Küche zu integrieren.

So weit die Theorie. Im Restaurant arbeiten Vater und Sohn nebeneinander. Das einheitliche Menü beginnt schwungvoll mit einigen kleinen Gerichten, die in der Optik deutlich die Hand des Juniors verraten. Bei der Linsensuppe mit Speckeinlagen und einer Bouillon-Air überzeugt die gute und leicht individuelle Würze, während der Schaum ein Aroma vermissen lässt. Dieses Problem mit den dekorativ aussehenden, meist mit Lecithin stabilisierten Schäumen ist im Moment häufig zu finden. Die Beigabe ergäbe Sinn, wenn sie das geeignete Mittel zur dezenten Aromatisierung einer leichten Suppe böte. Wie aber sollte ein weitgehend entmaterialisierter Schaum eine kräftig gewürzte Suppe ergänzen können?

Bei der folgenden Räucherlachsmousse mit Räucherlachsstückchen und Käseespuma ist die Logik eine andere. Der Schaum aus dem Syphon („Espuma“) ist kräftig und bildet mit der ebenfalls schmelzenden Mousse einen klaren Akkord, an dessen Ende – sensorische Logik – deutlich die nicht schmelzenden Stücke Fisch übrig bleiben. Nach einigen sphärischen Ravioli aus dem Kalziumchloridbad, weiteren Schäumen und krokanten Glukosescheibchen blitzt bei den Jakobsmuscheln plötzlich echter Glanz auf: Serviert werden zwei Teller, offensichtlich von unterschiedlichen Urhebern. Der Vater serviert die Muscheln auf einem Sockel aus vielleicht zwanzig Minielementen, darunter auch Olivenstückchen und solche vom Lardo di Colonnata. Der ständig changierende Akkord ist interessant und wird durch eine Vinaigrette aus roten Früchten noch weiter individualisiert.

Der Sohn liefert dazu ein Gericht, das in Auffassung und Qualität an gute Arbeiten von Martin Berasategui erinnert: Es gibt ein Räucherlachs-Tatar, kleine Austernstückchen, ein Zitroneneis, einen dichten Schaum mit leichtem Käsehintergrund und hauchdünne platzende Wasabi-Bonbons. Das ist faszinierend zu essen, in sich wegen der Texturregie erstaunlich stimmig und ergibt auch einen spannenden Wechselakkord mit der Kreation des Vaters. Ginge es so weiter, hätte man hier eine hochinteressante Küche zu kosten.

Dann aber scheint der Spaß ein Ende haben zu müssen. Man erinnert sich, dass der Vater eine der kleinen Vorspeisen seines Sohnes mit einem leichten Unterton serviert hatte: Das sei ein Vol-au-vent „im modernen Stil“, hieß es da, und Tonfall und Gestik schienen leicht vergiftet. Nun also kommt die Seezunge in einer vollständig klassischen Form: zu einem Päckchen gefaltet und mit Kartoffelpüree gefüllt, die heimischen braunen Garnelen obenauf und Champignonscheiben in der Sahnesauce. Aber das Gericht ist bestens gemacht: vom hervorragend frischen Fisch bis zur virtuosen Beherrschung aller der Klassik möglichen Nuancen.

Und dabei belässt es der Vater nicht: Der Hirsch mit Hirschschinken, einem ziemlich klebrigen Topinamburpüree und einer Pfeffersauce hat zwar ein wenig Textur durch völlig unnötige krosse Lauchschnipsel abbekommen, entspricht aber ansonsten ebenfalls dem klassischen Muster. Die Überlagerung des Hirscharomas durch den Schinken und die Röstnoten des getrockneten Lauchs ergeben eine rustikale Note, die Feinheiten wie bei der Seezunge verhindert. Man meint jedenfalls, in einem anderen Restaurant zu sein.

Nach dieser Demonstration des Vermögens und – beim Hirschen – auch Unvermögens der Klassik kommt aus der Küche zuerst eines jener Desserts, die sich die Altmeister immer wieder einmal schweren Herzens abzuringen scheinen – in diesem Falle ein unsägliches Kürbiseis auf einer Erdbeercreme mit ein paar Orangenspalten und krossen Bröseln. Dann darf der Sohn wieder ans Werk, dem aber in ganz auffälliger Weise – zumindest im Vergleich zu seinem Teil der Zubereitung der Jakobsmuscheln – der rote Faden abhandengekommen ist. Es folgt ein Cocktailglas mit einem wirren Gemisch aus allen möglichen Versatzstücken der Moderne. Im Mittelpunkt soll mit Chips, diversen krokanten Elementen, Espuma, Air und (Apfel-)Meringue ein Texturspiel stehen, das aber mangels funktionaler Abstimmung zwischen Aromen und Textur völlig ungeordnet wirkt. Auch diese Assemblagen zeitgenössischer Elemente finden sich im Moment in vielen Küchen, und häufig mangelt es an der kulinarischen Logik.

Der Abschluss des Menüs ist wieder ganz der Optik gewidmet, wobei sich allerdings nicht erschließt, warum ein belangloses Minierdbeertürmchen auf einem schwarzen Stein serviert oder ein noch belangloseres Glas mit Vanillemilch von einem querliegenden krossen Teigstängchen begleitet wird. Die ungewöhnliche Kombination aus hervorragender Küche und Banalitäten blockiert im „Herborist" momentan vor allem die Entwicklung von Alex Hanbuckers. Es bleiben allerdings Zweifel, wo sein Stil lokalisiert werden könnte: bei subtilen Kreationen mit einer hervorragenden sensorischen Struktur und aromatischer Originalität oder bei Basteleien ohne jeden Sinn? Sind die gelungenen Gerichte nur Zufallsprodukte?

Der Schaden, den sich ein Küchenkonzept dieser Art selbst zufügt, ist die eine Sache. Eine andere ist der ärgerliche Zustand, dass die Trittbrettfahrer der Moderne mit ihrem fahrlässigen Unverständnis von Zusammenhängen und Perspektiven regelmäßig denjenigen Munition liefern, die nicht verstehen wollen. Es gibt technische Weiterentwicklungen wie etwa eine hochentwickelte Vakuumgarung, die nicht ganz einfach zu realisieren sind. Das, was man unnötigerweise unter „Molekularküche" zusammenfasst, fasziniert, weil man mit ein paar Handgriffen dabei sein kann. Moderne im Sinne einer fortgeschriebenen Moderne aber bereitet immer Schwierigkeiten. ❧

21. 04. 2007, F.A.Z., Feuilleton, Seite 40

Aus dem Kopf statt dem Bauch

Anne-Sophie Pic kocht sich in die Weltklasse vor

Von André Pic, dem Großvater der neuen französischen Drei-Sterne-Köchin Anne-Sophie Pic, wird erzählt, er sei in der freien Zeit zwischen Mittag- und Abendessen geboren worden. Das war im Jahre 1893, und es klingt so, als hätte man für so etwas wie Geburten in Gastronomiefamilien sonst eben keine Zeit. Von André wird gesagt, dass er die Küche zeit seines Lebens kaum verlassen habe. 1934 erhielt er den dritten Michelin-Stern und wurde Teil des Triumvirats der klassischen Haute Cuisine: Pic in Valence, Fernand Point von „La Pyramide" im nahen Vienne und Alexandre Dumaine vom „La Côte d'Or" in Saulieu. Auf André folgte dessen Sohn Jacques (drei Sterne von 1973 bis zu seinem Tod im September 1992) und nun dessen Tochter Anne-Sophie. Ein Zufall?

Nein, aber der Grund liegt nicht in einem irgendwie gearteten Familienwissen, sondern vermutlich in einer vererbten Persönlichkeitsstruktur, die eine selten gewordene Konzentration auf die Arbeit begünstigt. Die zierliche siebenunddreißigjährige Anne-Sophie Pic erweckt den Eindruck, als gäbe es außer Perfektion in ihrem Beruf für sie keine anderen Ziele. Das von außen unscheinbar an der südlichen Ausfallstraße von Valence gelegene Haus erweitert sich zu luxuriösen Lounges und Salons, in denen bis hin zur aufwendig gestalteten Speisekarte und kleinsten Details nichts dem Zufall überlassen wird. Hier erweckt alles den Anschein von „Grande Maison" auf der Höhe der Zeit, was in Frankreich oft auch bedeutet, dass der Gesamteindruck eines Restaurants vor den Ansprüchen anderer Kunstformen bestehen kann.

Die Kreationen der Küche sind modern im Sinne einer fortgeschriebenen Moderne, haben meist originelle Reize und sind vor allem akribisch strukturiert. Schon die ersten Kleinigkeiten wie einige Blätterteigstangen mit Algen und „Epices doux" zeigen einen Gestaltungswillen, der kein Element als selbstverständlich oder normiert akzeptiert. Da kommt etwa ein Quader aus Auberginenkaviar mit einem Geleedeckel und einem Tupfer Basilikumkonzentrat oder ein hauchdünnes Teigröllchen mit einer Chorizocreme und einer bläulichen Kugel nach Art des „falschen Kaviars" bei Ferran Adrià. Selbst eine Krokette mit Käsefüllung demonstriert Finesse, bevor die Kombination einer Crème brûlée aus Foie gras mit Apfelespuma und einem zu großen Stück Popcorn dann doch etwas aus der Spur gerät. Die Textur wäre ja noch kein Problem. Wenn aber das Popcorn-Aroma wegen der

Größe des Stücks kurzzeitig dominiert, wird die Foie gras trivialisiert.

Auch beim pochierten Ei mit Anis, einem Spargelschaum und Spargelstreifen bleibt Madame Pic unter ihren Möglichkeiten, weil trotz der interessanten Kombination von Ei und Anis und einem intensiven Grünspargelaroma die Sensorik zu gleichförmig ausfällt und sich alles nach kurzer Zeit zu einer undefinierbaren Creme vermischt. Dann aber kommen abgezirkelte Kreationen, die mit bestem Handwerk und Verständnis für feinste Zusammenhänge Anne-Sophie Pic mitten in die Riege der besten französischen Köche katapultieren.

Das mit Salbei gebratene Kaninchen „Rex de Poitou“ ist eine ungewöhnlich aufwendige Vorspeise. Der Teller hat mit zwei „Linien“ eine degustativ geplante Anordnung, bei der man automatisch von unten nach oben isst. Rechts gibt es Scheiben vom Rücken mit einer Unterlage aus geschmortem Fleisch plus einer eingearbeiteten Blätterteigschicht (ein typisches Stilmerkmal der französischen Koch-Ikone Joël Robuchon), links einen Streifen Safrangelee mit einem krossen Teigstreifen, mehreren einzelnen Koteletts und einen vielfältigen Kräuter- und Blütensalat. Das Geschmacksbild ist passend zum Hauptprodukt sehr mild und vermeidet aromatische Extreme. Dafür entsteht ein außergewöhnlich dichtes sensorisches Spektrum, das vor allem vom Kontrast zwischen gegarten und rohen Elementen bestimmt wird. Der volle Akkord beider „Linien“ ist ausgesprochen komplex, überfordert die Wahrnehmung wegen seiner Ausgewogenheit aber nie.

Ähnlich wird auch der in Butter gebratene Seeteufel präsentiert. Die bestens gegarten Scheiben Fisch liegen auf einem Bett aus hauchdünnen und gebratenen Kartoffelstreifen, das an beiden Seiten von einer Sauce mit winzigen Schweinsfußstücken begrenzt wird. Dazu kommen konfierte Kastanien, eine Kastaniencreme und ein Galgant-Jus (von der Ingwer-Variante). Der forciert klingende Akkord bleibt wegen seiner zurückhaltenden Intensität ausgesprochen elegant und kombiniert eine leichte Bratnote der Kartoffeln mit einem noch leichteren Fleischaroma und der durch den Galgant ausgewogenen Süße der Kastaniencreme. Man hat den Eindruck, dass Madame Pic ein Geschmacksbild entwickelt, das nicht von Klischees bestimmt ist („Bratkartoffeln passen nicht zum Seeteufel“), sondern von der Einsicht, dass es optimale Schnittmengen auch zwischen scheinbar gegensätzlichen Elementen gibt. Diese hier jedenfalls ist von großer Selbstverständlichkeit und lässt gerade dadurch die Küchenleistung brillant erscheinen. Das gilt auch für ein Lammgericht mit einer Terrine aus geschmortem Gemüse in leicht nordafrikanischer Würze, das mit dem bestechend guten Lamm aus regionaler Produktion und einer wunderbar leicht und körnig wirkenden Textur durch ein minimal angetrocknetes Kichererbsenpüree jede Schwere vermeidet.

Anne-Sophie Pic überzeugt also mit einer Küche, die einen so differenzierten strukturellen Rahmen besitzt, dass hier buchstäblich alles möglich erscheint. Es zeigt sich hier wie sonst bei nur wenigen Köchen, dass die entwickelte Strukturierung der kulinarischen Kreation ein neues Werkzeug ist, das geeignet ist, die alten Aus-dem-Bauch-Köche (und -Köchinnen) und deren Zufallsprodukte hinter sich zu lassen. Natürlich stellt sich die Frage nach der Existenz einer spezifisch weiblichen Küche. Man meint, sie im Verzicht auf Extreme und große Kontraste im aromatischen und texturellen Sektor zu erkennen, findet aber jederzeit genügend männliche Gegenbeispiele – von Berasategui bis Wohlfahrt. Die Frage, ob Frauen Weltklasseköchinnen sein können, ist allerdings endgültig vom Tisch. ❧

28. 04. 2007, F.A.Z., Feuilleton, Seite 34

Dem Gast ist kannibalisch wohl

Das kulinarische Werk: Joachim Wisslers Schweinekinn

Die Entwicklung der Kochkunst wird in den nächsten Jahren davon abhängen, inwieweit es den Köchen gelingt, sich kreative Freiräume zu schaffen. Diese Räume entstehen im Wesentlichen in zwei Richtungen. Am Anfang steht die Verstärkung des Reflexes auf die eigene Arbeit und die Überwindung der einseitig handwerklichen Orientierung des Faches. Handwerkliche Perfektion wird in Zukunft bei Spitzenköchen weniger Ziel als Grundlage sein. Weit über den gegenwärtigen Produktkanon und die gängigen Geschmacksklischees hinaus werden sie zu unverwechselbaren Interpretationen und Neuentwicklungen kommen. Die zweite Richtung ist die intelligente Überzeugungsarbeit bei einem Publikum, das in ähnlicher Weise den Reflex auf die eigenen Wahrnehmungen und Verhaltensweisen noch kaum entdeckt hat. Hier gilt es, mit überzeugenden Leistungen Automatismen in der Rezeption des kulinarischen Werkes zu durchbrechen und eine neue Sensibilität zu etablieren, die wesentlich stärker eine komplexe, sinnlich-genussvolle Erfahrung als ein vordergründiggeschmäcklerischer Abgleich mit den Resultaten der eigenen kulinarischen Sozialisation sein könnte.

Joachim Wissler vom „Vendôme" in Bergisch Gladbach ist mit seinem Schweinekinn mit Saiblingskaviar, Semmelknödeln, Kräutersalat und Erbsencreme eine Kreation gelungen, die in exemplarischer Weise die Bemühungen um die Schaffung neuer Freiräume dokumentiert. Auf dem Teller finden sich eine Scheibe Schweinekinn mit der auch vom Schweinebauch her bekannten Aufteilung von Fleisch- und Fettschichten. Die beim normalen Garen hart werdende und das Essen erschwerende Schwarte wird in einem komplizierten Verfahren abgetrennt und zu einem aromatisch konzentrierten, leicht krossen Plättchen umgewandelt. Auf dem Stück Schweinekinn befindet sich ein leichter Limonenschaum, darauf eine dickere Schicht Saiblingskaviar. Dazu gibt es kleine Semmelknödel, eine Erbsencreme und einen vielfältigen, aus kleinen Elementen zusammengesetzten Kräutersalat.

Die möglichen Akkorde können unterschiedliche Schwerpunkte bekommen. Das Fleisch ist aus einem größeren Stück herausgeschnitten und kann durch die Entfernung der Schwarte absolut pur probiert werden. Dabei stellt sich heraus, dass sowohl der Fleisch- als auch der Fettanteil eine Finesse besitzen, die fast allen anderen Stücken des Schweines überlegen ist. Das Aromatisieren erfolgt in einer klassisch-engen Form, also ohne dass texturelle Aspekte eine größere Rolle spielen. Die Würze kommt vom Saiblingskaviar und dem Zitronenschaum, wobei der jodige Anteil des Kaviars keine direkte Rolle spielt, sondern lediglich dem Salz eine gewisse aromatische Färbung und Komplexität gibt. Das sanfte Zerplatzen der einzelnen Kügelchen sorgt für eine kleine sensorische Bewegung. Auch die Hinzunahme von Knödelmasse bleibt klassisch-eng, ergibt also über die Texturähnlichkeit eine schnelle Vermischung der Aromen, die dann allerdings eine leicht rustikale Färbung bekommen.

Wesentlich anders ist der Akkord mit dem Kräutersalat, der für sehr belebende Kontraste sorgt. Im Zusammenhang mit dem Fleisch ist zunächst eine Freistellung beider Elemente zu beobachten, die sich nicht sofort überlagern oder vermischen, sondern fast immer getrennt wahrnehmbar bleiben. Dabei ergeben sich durch das leicht zeitverzögerte Aufschließen der einzelnen Kräuterelemente immer wieder unterschiedliche aromatische Färbungen. Die Erbsencreme ist auf den Kräutersalat bezogen und hat die Funktion, die Bitternoten der Kräuter zu neutralisieren, ohne deren Aromaentwicklung zu beschädigen. Die dünnen Scheiben von der krossen Schwarte haben zusätzlich noch den Vorteil, dass sie eine feine, bröckelige Konsistenz haben, die zusammen mit dem Fleisch nur knapp den Anfang des Geschmacksverlaufs dominiert, um in zerkauter Form nur noch einen dezenten Hintergrund zu bilden.

Mindestens genauso interessant wie die Mechanik der Komposition ist ihr fachlicher und psychologischer Hintergrund. Wissler benutzt mit dem Schweinekinn, den Knödeln und auch dem rohen Kräutersalat in Verbindung zum gegarten Fleisch Elemente, die in strenger klassischer Auslegung nicht unbedingt in dieser Form in der Spitzenküche vorkommen sollten oder gar als minderwertig verpönt sind. Der sensible und geradezu elegante Aufbau des Gerichtes beweist freilich nachhaltig, dass die üblichen Luxusprodukte der Spitzenküche ohne Schwierigkeiten durch sogenannte rustikale Elemente ersetzt werden können. In dieser Qualität der Adaption steht das komplette Spektrum traditioneller Küche ebenso zur Verfügung wie die Unmenge von Produkten, die neben den üblicherweise verwendeten Stücken existieren. Wenn man in dieser technischen Perfektion arbeitet, kann die Produktpalette der Spitzenküche also rigoros ausgeweitet werden.

In diesem Falle wirkt das Schweinekinn wie die Innerei schlechthin, wie etwas aus dem unberührten Kern des Tieres, von großer optischer wie aromatischer Reinheit. Stimmt man – was viele hervorragende Köche tun – diesem Urteil zu, dann ergibt sich für das Bild vom Schwein als Lieferanten von mehr oder weniger rustikalen Speisen mit dem entsprechenden Assoziationshintergrund vom dröhnenden Wirtshaus bis zu Mist und Gestank eine schillernde Anspielungskette. Das scheinbar Triviale, von dem man sich mit einem engen Kanon „erlaubter" Edelprodukte abzuheben trachtet, entpuppt sich als gleichwertig oder sogar überlegen. Für viele Gäste der Spitzenküche ist ein solches Gericht zudem ein ungewohntes Eindringen des Konkreten in die Welt der oft kunstvoll, blut- und abfallfrei der optischen Realität entzogenen „Filetstücke".

Natürlich ist auch die von Wissler verwendete kleine Schnitte optisch gewissermaßen neutralisiert, aber eine Speckschicht und vor allem der Name „Schweinekinn" reichen zur Irritation aus. Dass das Schweinekinn bei Wissler ein großer Erfolg geworden ist, lässt hoffen und ist ein Beweis dafür, dass die Sensibilisierung für eine ausgeweitete Palette von „oben" kommen muss. Wer, wie dies eine beträchtliche Anzahl von Spitzenköchen tut, sich auf eine minimale Liste typischer Edelprodukte (Steinbutt, Hummer, Foie gras) beschränkt, praktiziert nicht nur einen langfristig problematischen Populismus, sondern wendet sich in letzter Konsequenz gegen die Kochkunst selbst. Er bedient sich ihrer, verweigert sich aber ihrer durchdachten und im Prinzip selbstverständlichen Anwendung auf alle möglichen Realien. Joachim Wissler sollte in dieser „emanzipatorischen" Richtung weiterarbeiten. ❧

Glossar

Glossar

Abstrakte Küche/Abstraktion In der Kochkunst hat „Abstraktion" überhaupt nichts mit der Vorstellung von Abstraktion in der Bildenden Kunst zu tun. Abstraktion setzt nicht mit dem Fehlen der Möglichkeit zur optischen Identifizierung ein – sonst wäre auch das Kartoffelpüree schon ein abstraktes Objekt. Abstraktion tritt in der Kochkunst erst dann ein, wenn die aromatische Identifizierung schwierig wird und sich beim Esser deshalb ein sonst meist nicht stattfindender Reflex einstellt. Ist die Schwierigkeit mit der aromatischen Identifizierung auch noch mit einer ungewohnten Textur gekoppelt (wie z.B. „trockenes" Eis aus dem Paco-Jet) wird das abstrahierende Moment noch weiter verstärkt. Ein wirklich abstraktes Gericht wäre eines, bei dem so gut wie keine Analogien („das schmeckt wie ...") feststellbar wären. Die Abstraktion erhöht automatisch die Aufmerksamkeit, kann aber auch schnell zur Ablehnung führen. In einer zukünftigen, sich aber durch die Arbeit von Ferran Adrià und anderen durchaus andeutenden Küche könnte sie eine wichtige Rolle für eine Art der purifizierten Wahrnehmung spielen.

Additive Aromen / Geschmacksbildung Die hohe Kunst der kulinarischen Konstruktion besteht nicht darin, ein paar Sachen zusammenzulegen, die irgendwie zusammenpassen. Sie besteht auch nicht darin, Elemente auf den Teller zu bringen, die nur dann gut zusammenwirken, wenn man zufällig einmal die „richtige" Mischung auf der Gabel hat (kumulative Aromenbildung). Die additive Aromenbildung meint das planvoll gestaltete Zusammenwirken von Aromen und Elementen, die in sich perfekt optimiert sind und in der Kombination etwas erreichen, was über ihre eigene Qualität hinausgeht.

Aggregatzustände Ein Begriff, der im Zusammenhang mit meiner „Stufentheorie des Kochens" steht. Er fasst das präziser, was man sonst unter „Texturen" versteht. Die vierte Stufe der Stufentheorie bezeichnet die Variation der Aggregatzustände, also die Veränderungen, die die physikalische Beschaffenheit eines Produktes annehmen kann. Dazu gehören natürlich die unterschiedlichen Texturen von kross bis bröckelig oder von schmelzend bis zähflüssig, aber eben auch die unterschiedlichen Temperaturen. Die gezielte Veränderung der Aggregatzustände hat eine enorme Bedeutung für die Sensorik einer kulinarischen Komposition. Man kann z.B. Erbsen ganz normal warm einsetzen, aber auch in voller Absicht hart und tiefgekühlt, weil sie in dieser Form eine bestimmte Funktion ausfüllen können. Warm verbinden sie sich in einem herkömmlichen Gericht zügig mit dem in der Regel ebenfalls warmen Hauptprodukt und bilden zusammen mit ihm schnell eine homogene Einheit, einen Mischgeschmack. Eiskalt würde eine Erbse unter Umständen zunächst alle weiteren Wahrnehmungen blockieren (wie das alle eiskalten Elemente tun), würde stärker als Textur wirken, weil sie noch fest ist, und sich erst beim Erwärmen im Mund aromatisch aufschließen, also einen zeitlichen Verlauf der Wahrnehmung produzieren.

Akkord, enger A., weiter/breiter A. Die Analogien zum musikalischen Bereich sind bei der Beschreibung von Essen außerordentlich nützlich. Gemeint sind natürlich nicht so pompöse Vergleiche wie „die große Telleroper", sondern vor allem die ganz konkreten Detailbegriffe wie etwa „Akkord". Dieser Begriff ist in der Weinsprache – dort für den Akkord von Wein und Essen – längst eingeführt.
Er bezeichnet beim Essen das geschmackliche Zusammenwirken verschiedener Bestandteile, also zum Beispiel von einem Stück Fleisch mit Sauce und etwas Gemüse. Die Bestandteile eines Akkordes können zwischen eher aromatisch wirksamen und eher texturell wirksamen aufgeteilt werden. In diesem Sinne liegt ein enger Akkord vor, wenn sich die Elemente stark ähneln, wie etwa bei einem weichen Fischfilet mit einem eher dünnen Kartoffelpüree und sehr weichen Lauchabschnitten. Ein breiter Akkord liegt vor, wenn sich die Elemente stark voneinander unterscheiden, also etwa bei einem zarten Stück Lammrücken mit kross ausgebackenen Kartoffelfäden und einem eiskalt servierten Zitrusfruchtgelee mit nordafrikanischen Gewürzen. Wenn man in dieser Art weiterdenkt, werden auch Begriffe wie „Instrumentationslehre" oder „Harmonielehre" interessant.

Angebotscharakter Die meisten Gerichte haben im Grunde einen Angebotscharakter und sind nicht wirklich ausformulierte kulinarische Kreationen. Alle Elemente passen irgendwie zusammen, ohne dass sich aus den Proportionen der Elemente bestimmte konkrete Hinweise auf die eventuell gewünschte Form der Degustation ergäben. Typisch für Gerichte mit Angebotscharakter ist, dass man die Elemente – wenn man sie unbedacht „normal" isst, also zum Beispiel ein Stück Fleisch mit etwas Sauce und etwas Gemüsebeilage – oft in einer nicht optimierten Form zu sich nimmt. Es kann zum Beispiel keine optimale Form der Degustation sein, wenn sich Elemente sensorisch oder aromatisch so überlagern, dass man sie nicht mehr wahrnimmt. Eine sensorisch entwickelte Küche antizipiert die mögliche Degustation und schafft entsprechende Verhältnisse auf dem Teller. Wenn etwa ein Hummer mit einer intensiven Gewürzsauce kombiniert wird, wäre es nach den Regeln der Kunst sinnlos, ihn dick mit dieser Sauce zu überziehen oder auch eine große Menge einer dickflüssigen Sauce anzurichten. In beiden Fällen bestünde die Gefahr, dass beim „normalen" Essen zuviel Gewürz an den Hummer käme. Hätte man einen Hummerschwanz mit wenig mehr als einem Tupfer einer dünnflüssigen Sauce (von der dann nicht so viel am Hummer haften bliebe), sähe die Sache völlig anders aus, weil man mit ziemlicher Sicherheit automatisch weniger davon nähme.

Aroma Ich benutze den Begriff „Aroma" nur noch in einem engeren Sinne, also für die klassisch-wissenschaftliche Aufteilung in süß, sauer, bitter, salzig und umami und die daraus folgenden Bezeichnungen. In diesem Sinne sind also Aromen z.B. auch „nussig" oder „fruchtig". Den Begriff „Geschmack" verwende ich für die Summe der mit dem Mund zu machenden Wahrnehmungen insgesamt – den retronasalen Akkord natürlich eingeschlossen. Dazu gehört also auch die Wahrnehmung von Temperaturen, Texturen oder komplexen sensorischen Zusammenhängen. Im Alltagsgebrauch antwortet man auf die Frage „Wie schmeckt das?" üblicherweise mit einem Begriff aus der Aromenwelt (oder mit einer Wertung). „Hart", „kalt" oder „kross" wird hier niemand antworten. Die Sprache hinkt dort der differenzierten Entwicklung noch etwas nach. Begriffe sind dann gut, wenn sie geeignet sind, bestimmte Phänomene trennscharf zu bezeichnen. Sind sie dies nicht – wie in unserem bisherigen Sprachgebrauch –, sollten sie weiterentwickelt werden.

Breitwandaromen Anders als ich es schon in Interpretationen meiner Texte gelesen habe, benutze ich diesen Begriff nicht als eine Parallele zu Breitreifen, mit denen Autos „aufgemotzt" werden. Ich meine ganz schlicht und einfach ein sehr breites Aromenspektrum. Wenn überhaupt, dann gäbe es also eine Ähnlichkeit zum Breitwandfilm. Ein enges Aromenspektrum findet sich zum Beispiel oft bei Süßspeisen oder Kuchen, weil dort alle beteiligten Elemente durch einen hohen Zuckeranteil stark aneinander angeglichen sind. Ein breites Spektrum wäre etwa die Kombination eines milden Räucherlachses mit Basilikumblättern, einem Zitronengelee, Artischockenwürfeln und einer süßen Frucht.

Dekonstruktion Im kulinarischen Bereich versteht man unter „Dekonstruktion" in erster Linie die Veränderungen der Textur unter Beibehaltung des Aromas der Produkte. Diese zunächst noch etwas begrenzt erscheinende Verkürzung der Dekonstruktion auf das Offensichtliche hat sich – vor allem durch die Arbeit von Ferran Adrià – als sehr wirkungsvoll herausgestellt, weil sie weitgehend auf ein Publikum trifft, das tatsächlich schon von kleinsten Veränderungen wie einer Gemüsesuppe in Geleeform „irritiert" wird. Die Dekonstruktion könnte in einer wesentlich avancierter arbeitenden Kochkunst aber noch von großer Bedeutung werden.

Dreiundsiebziger Die Dreiundsiebziger sind das kulinarische Äquivalent zu den Achtundsechzigern. Das Jahr 1973 war für die Entwicklung der modernen Küche ein sehr bedeutsames Jahr, weil hier Gault und Millau ihre Zehn Gebote der Nouvelle Cuisine veröffentlichten und damit einer Bewegung Form gaben, die bis heute nachwirkt. Es ist allerdings längst klar, dass die „Nouvelle Cuisine" neben einer Reihe von positiven Ermahnungen (die Forderung einer marktfrischen Küche, die Aufforderung zu ständiger Kreativität) auch eine erstaunliche Engstirnigkeit erzeugt hat – unter anderem durch die Aufforderung, bestimmte „alte" Kochtechniken, die „den Produktgeschmack übertünchen" (z.B. stark geschmorte Gerichte wie klassische Ragouts) nicht mehr einzusetzen. Hier setzt sich die begrenzte Weltsicht der Achtundsechziger fort, die ebenfalls im Grunde zu ideologisch dachten und nicht in der Lage waren, Begriffe wie Toleranz und Freiheit wirklich zum allgemeinen Nutzen zu füllen. Heute stehen die Dreiundsiebziger oft wie knorrige, bockige Außenseiter da, die nach wie vor von sich behaupten, sie hätten die allein seligmachende Form der Kochkunst anzubieten. Tatsächlich sind sie von der Entwicklung der modernen Kochkunst völlig überrollt worden.

Emanzipation des Produktes Der Begriff „Emanzipation" mag ja dem Menschen vorbehalten sein, leistet aber beim Essen ebenfalls sehr gute Dienste. Auch Produkte könnten eine Emanzipation vertragen, weil sie im Verlauf der Geschichte der Kochkunst in bestimmte Schubladen gesteckt und nicht wirklich in ihrem ganzen Potential erkannt wurden. Schweinefleisch zum Beispiel galt lange Zeit in einer falsch verstandenen Spitzenküche als unfein und nicht den Edelprodukten zugehörend. Diese Fixierung auf bestimmte Produkte hat mit Kochkunst nichts zu tun und entspringt einem eher naiven Verständnis der Zusammenhänge. Köche, die diese „niederen", oft auch „rustikal" genannten Produkte von Würsten bis zu diversen Innereien oder Gemüsen in ihre Spitzenköche integrieren, emanzipieren das Produkt. Es steht gleichberechtigt neben den normalerweise für die Spitzenküche eingesetzten Luxusprodukten.

Emanzipation, kulinarische Ein Satz wie „über Geschmack lässt sich nicht streiten" ist kompletter Unsinn, weil durch ihn ein Freiraum reklamiert wird, der einfach nicht existiert. Natürlich ist auch der persönliche „Geschmack" ein Produkt der kulinarischen Sozialisation und damit Resultat von Bildung oder Nicht-Bildung oder von Zufälligkeiten aller Art. Wer sich – wie das heute noch sehr weit verbreitet ist – eine solche gedankliche Fehlkonstruktion zu eigen macht und fest daran glaubt, hat zu seiner persönlichen Befreiung durchaus so etwas wie eine kulinarische Emanzipation nötig. Zu den Anti-Rationalisten im kulinarischen Sektor gehören auffällig viele sogenannte Intellektuelle, die meinen, sich hier und da ästhetische Freiräume erlauben zu können, ihr Verhalten also nicht gesellschaftlich rückkoppeln zu müssen. Sie sind neben den klassisch antirationalen Kräfte – vom Rand der Gesellschaft bis zu den geistigen Kleinbürgern anderer Schichten – wesentliche Verursacher des kulinarischen Verfalls, weil sie nicht in der Lage sind, nachhaltig positive Akzente zu setzen. In der aktuellen Situation spielt dabei eine große Rolle, dass die Kluft zwischen kulinarisch „aufgeklärten" Intellektuellen und nicht-aufgeklärten sehr groß ist. Man ahnt, dass man nichts weiß und da etwas übersehen hat. Würde man so etwas zugeben?

Gastrosophie, alte Die alte Gastrosophie ist so etwas wie der geistige Speckmantel, den sich die klassische Spitzenküche gerne umlegt, um sich kulturell wertvoll zu gebärden. Bei genauerer Betrachtung sind die sprachlich meist altertümlich verquollenen Texte inhaltlich völlig haltlos und voller Prämissen. Die alte Gastrosophie ist in der Regel bloße Ausschmückung und hat mit einer wie auch immer zu entwickelnden Theorie der Kochkunst wenig zu tun.

Generation Witzigmann Gemeint sind die Zeitgenossen und Schüler des deutschen (eigentlich: österreichischen) „Jahrhundertkochs" Eckart Witzigmann, der als erster Koch in Deutschland mit drei Michelin-Sternen ausgezeichnet wurde. Eine kritische Bestandsaufnahme der Generation Witzigmann steht noch aus. Ich habe aber z. B. schon mehrfach darauf hingewiesen, dass die unkritische Adaption der französischen „Nouvelle Cuisine" in Deutschland nicht nur einen gewissen Nutzen gehabt, sondern auch viel zerstört hat. Besonders die Entwicklung einer modernen Regionalküche hat durch unsinniges Kopieren französischer Küche schwer gelitten.
Erst in der letzten Zeit beginnen sich die ersten Köche konsequent von den mit der Zeit sehr abgeschliffenen und immergleichen Geschmacksbildern der „Generation Witzigmann" zu lösen und eigene Schwerpunkte zu setzen. Die „Generation Witzigmann" ist allerdings nicht mit Witzigmann selber zu verwechseln. Viele seiner positiven Anregungen – zum Beispiel im Bereich der Integration der Regionalküche – wurden von seinen Anhängern leider nie ähnlich konsequent weitergeführt.

Geschmack Der Begriff „Geschmack" wird hier in ausgeweiteter Form für die Gesamtheit der mit der Sensorik des Mundraumes zu machenden Wahrnehmungen benutzt, also nicht nur auf den aromatischen Sektor (s. unter „Aroma") bezogen. Die ausgeweiteten Wahrnehmungen betreffen die Textur und die Temperatur.

Geschmacksbild Neutral gesehen ergibt sich das typische Geschmacksbild eines bestimmten Küchenstils (sagen wir: der bayerischen Wirtshausküche oder der euro-asiatischen Küche im Gourmetbereich) aus der Zusammensetzung diverser Einzelelemente. Tatsächlich sind diese Bilder aber nie neutral, sondern geprägt von gesellschaftlichen Vereinbarungen oder individuellen Konzepten. Diese vereinbarten Geschmacksbilder stehen heute noch eindeutig im Vordergrund und werden zum Beispiel zur Etablierung von Wertigkeiten herangezogen. Ein Meister der klassisch-französischen Küche wird seinen Schülern ganz klar sagen können, wann eine bestimmte Komposition im Sinne seines Geschmacksbildes gut ist und wann sie fehlerhaft ist. Die Kommunikation über solche Geschmacksbilder, die als vereinbarte keineswegs den Rang von Naturgesetzlichkeiten haben, sollte sich die Existenz dieser Vereinbarungen immer vor Augen halten. Tut sie dies nicht, wird sie prämissiv.

Geschmackskurven In meiner „Geschmacksschule" (2005) habe ich erstmals die Wahrnehmungseffekte in Mund und Nase beim Essen in eine komplexe graphische Struktur gebracht. Die Voraussetzung für die Kurven war die Erkenntnis, dass die Wahrnehmung jedes Produktes eine bestimmte Verlaufskurve hat, die sehr unterschiedlich ausfallen kann, aber sich aus den gleichen vier Elementen (Attack, Plateau, Decay, Sustain) zusammensetzt.

Gewürzraum Viele Produkte hinterlassen beim Essen nachhaltige Spuren im Mund, deren Funktion und Bedeutung bisher kaum gesehen wurden. Ein einfaches Beispiel: Man isst zuerst ein Stück normal gebratenes Lammfleisch. Dann trinkt man eine Flüssigkeit, die intensiv mit einem Curry gewürzt ist. Diese Flüssigkeit hinterlässt einen ausgeprägten Gewürzraum. Isst man nun abermals ein Stück Lammfleisch, so wird es deutlich anders schmecken, weil unsere Wahrnehmung den noch vorhandenen Nachhall der Gewürze mit dem Lamm verbindet.

Die absichtsvolle Arbeit mit diesem sehr natürlichen Effekt kann zu hervorragenden Ergebnissen führen und die Wahrnehmung bestimmter Realien erheblich steigern.

Globalisiertes Kochen Ein Phänomen, für das die Spitzenküche besonders anfällig zu sein scheint. Die rege Kommunikation über die Arbeit der Spitzenköche weltweit hat zu einer starken Stilvermischung geführt. Im Kern dieses globalisierten Kochens steht meist mehr oder weniger die klassisch-französische Haute Cuisine, die in der Regel eine gewisse regionale Ausprägung erfährt, sehr häufig aber auch mit internationalen Versatzstücken aus der asiatischen, der mediterranen, der amerikanischen oder der südamerikanischen Küche komplettiert wird. Einen großen Einfluss haben dabei die internationale Reisetätigkeit fast aller Spitzenköche, aber auch die oft über den ganzen Erdball verstreuten Arbeitsplätze vieler Köche. Was auf den ersten Blick nach Bereicherung klingt, führt in der Realität oft zu einem Hantieren mit oberflächlichen Reizen, zum Verlust ausgeprägter Regionalstile und zu einer Nivellierung der Individualstile.

Hochschule für Kochkunst Eine „Deutsche Hochschule für Kochkunst" ist eigentlich längst überfällig. Dass sie im Moment noch nicht einmal ernsthaft diskutiert werden kann, liegt an der mangelnden Weitsicht vieler der möglichen beteiligten Instanzen. Zwei Beispiele: Da sind etwa die Köche selber, die gerne Sätze von sich geben wie „An einer Universität kann man nicht kochen lernen". Diese Köche propagieren ein naives Bild von Essen herstellenden Handwerkern, die gefälligst am Herd zu stehen haben. Die Realität beweist immer wieder, dass eine der größten Schwächen sehr vieler Köche ihr mangelndes theoretisches Verständnis ist. Natürlich würde an einer Hochschule für Kochkunst nicht gelehrt, wie man Zwiebeln schneidet. Aber vielleicht gäbe es an ihr eine Aufnahmeprüfung, die selbst fertige Küchenmeister in Schwierigkeiten bringen würde. Zweitens sind da zum Beispiel Professoren aus allen möglichen geisteswissenschaftlichen Fachgebieten, die aus unverständlichen Gründen meinen, eine periphere Beschäftigung mit Detailproblemen des Essens (im weitesten Sinne) sei eine ausreichende Qualifikation, sich als wichtige Theoretiker der Essens zu legitimieren. Viele dieser Wissenschaftler verstehen von der Praxis des Faches überhaupt nichts, geschweige denn von seinen entwickelteren Formen. Dass sie Begriffe wie „Kochkunst" in der Regel ablehnen, hat seinen Grund nicht selten exakt in ihrer Unkenntnis der Materie. Sie ähneln in gewisser Weise Musikwissenschaftlern, die Bach und Mozart nicht kennen, keine Noten lesen können und – was bei Musikwissenschaftlern eigentlich selbstverständlich ist – gute Fähigkeiten zumindest im Klavierspiel mitbringen. Der Knoten löst sich in dem Moment, wo man die Kochkunst wie die entwickelten Formen der Musik oder Bildenden Kunst ganz selbstverständlich in den Mittelpunkt rückt und die anderen Fächer – wie an einer Kunsthochschule oder Musikhochschule – zuordnet.

Hofnarr-Küche Erstens: „Hofnarr-Küche" ist natürlich ein polemischer Begriff, der die TV-Köche betrifft, die in zwanghafter Lustigkeit kulinarische Narrenfreiheit beanspruchen, um ihr Publikum zu unterhalten. Zweitens ist der Begriff nicht ganz korrekt eingesetzt, weil man von der Narrenfreiheit des Hofnarren sagt, dass sie benutzt wird, um immer wieder auch einmal unangenehme Wahrheiten zu verkünden. Das wiederum trifft auf die TV-Köche nie zu. Sie verschleiern eher die kulinarischen Wahrheiten – einerseits durch ihre Grobheit beim Umgang mit dem Material, andererseits durch die Unterschlagung der wirklichen Probleme eines guten Kochens.

Hyperprodukt Ein Begriff wie „Spitzenprodukt" existiert schon lange und meint zum Beispiel so etwas wie das nach strengen Regeln erzeugte Bresse-Huhn. Die weltweite Kommunikation über Produktqualitäten hat allerdings schnell dazu geführt, dass innerhalb der Spitzenprodukte noch einmal unterschieden wird und es sozusagen das „normale" Spitzenprodukt (z.B. das Bresse-Huhn) und das ganz spezielle, singuläre Spitzenprodukt (z.B. das der Firma „Mieral") gibt. Es empfiehlt sich also für die kaum im normalen Handel zu findenden Produkte die Verwendung des Begriffes Hyperprodukt. Auf diese Weise können auch die Aussagen vieler Köche relativiert werden, die immer alle behaupten, sie würden ausschließlich Spitzenprodukte verwenden. In der Realität ist zum Beispiel bekannt, dass viele der französischen Hyperprodukte, wie etwa besonders große Steinbutte etc., direkt an die französischen Starköche gehen und Deutschland oder andere Länder nur äußerst selten erreichen.

Hypersensibel / Hyposensibel Die beiden Begriffe stammen aus der Geschmacksforschung. Nach den Ergebnissen dieser Forschung sind nicht alle Menschen in ihrer geschmacklichen Wahrnehmung (s. oben, gemeint ist hier eigentlich die Wahrnehmung von Aromen) gleichermaßen sensibel. Ganz grob gesprochen sind etwa 15 Prozent hypersensibel und ebenso viele hyposensibel. Der Rest ist mehr oder weniger „normal". Der Hypersensible nimmt Feinheiten wahr, die die anderen Menschen nicht wahrnehmen. Der Hyposensible hat eine höhere Reizschwelle und braucht intensivere Reize, bis er etwas wahrnimmt. Unabhängig davon, dass die Tests für solche Untersuchungen keinen Praxisbezug haben (man arbeitet z.B. mit unterschiedlich intensiven Zuckerlösungen), muss auch die mögliche Bedeutung einer solchen Erkenntnis sehr vorsichtig gesehen werden, weil sie aus heutiger Sicht ein viel zu eingeschränktes Bild von der Sensorik und damit von den vielfältigen Wahrnehmungen in den verschiedensten Bereichen des Essens und Trinkens hat.

Instrumentalisierung, Essens-Instrumentalisierer Die Instrumentalisierung des kulinarischen Bereichs für alle möglichen Zwecke ist eine der ganz großen Plagen, die regelmäßig das eigentliche Potential des Kulinarischen verkleistert.
Wer instrumentalisiert, braucht nur ein geeignet klares Zeichen und ist darüber hinaus an Dingen, die nicht seinem Zweck dienen, kaum interessiert. Das Problem ist, dass die Form der Instrumentalisierung teilweise schon auf das Objekt abgefärbt hat. Wenn zum Beispiel in Volksmusiksendungen regelmäßig Spitzenköche auftauchen, die dort ein paar im Grunde simple Sachen vorführen, entsteht bei vielen Zuschauern der Eindruck, Spitzenküche sei so.
Eine andere, ähnlich schädigende Instrumentalisierung ist die des Essens als Lifestyle-Objekt. Wenn z.B. die sogenannte „Toskana-Fraktion" simplifizierende bis trivialisierende Aussagen über das Essen macht („am liebsten Pasta und weiße Trüffel"), steht dahinter nicht selten der Versuch, sich gegen andere Formen der Beschäftigung mit dem Objekt in einer dominanten Form abzugrenzen.

Interpretation Der überwiegende Teil der Kreationen der Spitzenküche sind eigentlich bestenfalls Interpretationen schon lange bekannter Gerichte. Anders als etwa im musikalischen Bereich ist die Nennung von Urhebern oder Ähnlichkeiten mit bestimmten Kreationen äußerst selten.
Der Grund ist die bisher weitgehend handwerkliche Struktur des Faches, die unter anderem für eine im Vergleich zu anderen Kunstformen geringe Individualisierung sorgt. Eine Profilierung unter Aspekten der Urheberschaft könnte enorm positive Auswirkungen auf die Entwicklung von Kreativität haben.

Klassische Küche Gemeint ist die klassisch-französische Haute Cuisine, wie sie sich in der Folge von z.B. Escoffier, Point, Pic, Bocuse usw. entwickelt hat. Da sich diese Küche ganz überwiegend über das Starkoch-System rund um die Vergabe der Michelin-Sterne verbreitet hat, war und ist bis auf den heutigen Tag vielen Protagonisten nicht klar, was an ihr unbedingt erhaltenswerte Substanz und was modisch-geschmackliche Füllung ist. Zur Substanz sollte man unbedingt diverse Gartechniken oder die Saucenkonstruktion zählen. Andere, normalerweise mit der klassischen Küche verbundene Elemente, wie etwa die häufige Verwendung von Trüffel, Foie gras, Butter oder Sahne, sind eher aus dem Zeitgeschmack zu verstehen und können nicht selbstverständlich zum Ausweis einer entwickelten Küche erhoben werden.

Konfektionierung des Geschmacks Die Küchenleistungen der besseren Küche sind bei weitem nicht so individualisiert, wie es dem „normalen" Besucher, der eher in unregelmäßigen Abständen solche Lokalitäten aufsucht, erscheinen mag. Tatsächlich ist das Angebot weitgehend konfektioniert, also so zurechtgestutzt, dass es für möglichst viele Gäste passend ist. Durch diese ständige Angleichung an die Geschmacksvorstellungen eines breiteren Publikums und an die im Prinzip genau so denkenden Kollegen ergeben sich immer größere stilistische und geschmackliche Ähnlichkeiten.

Kontrastierendes Prinzip Die klassische Küche redet immer von der „Harmonie" der Aromen und meint damit ausschließlich solche Verbindungen, die sich eng miteinander verzahnen und einen als „harmonisch" empfundenen Mischgeschmack ergeben. Das „kontrastierende Prinzip" beschreibt eine völlig andere Technik, bei der exakt das Gegenteil stattfindet: Die einzelnen Aromen werden besonders klar freigestellt, weil sie sich mit den anderen Aromen nicht sofort oder nicht so deutlich vermischen. Dieses Nichtvermischen bedeutet allerdings überhaupt nicht, dass sie sich nicht gut miteinander vertragen. Ein kaltes Erbsengelee und ein leicht panierter, warmer Bauchspeck vermischen sich zum Beispiel kaum, liefern aber trotzdem ein interessantes Geschmacksbild. Zur Erzielung kontrastierender Momente eignen sich vor allem deutliche Kontraste in der Textur und in der Temperatur.

Kreativität, aleatorische Die aleatorische oder zufällige Kreativität scheint bei vielen Köchen der Normalfall zu sein, spielt aber auch bei hervorragenden Kreativen eine große Rolle. Viele Rezept-„Erfindungen" entstehen aus dem Ausprobieren aller möglichen Kombinationen. Die Einfälle dazu sind oft spontan, die „Trefferquote", also der Anteil der Ideen, die wirklich auf Dauer Bestand haben, ist gering. Für den Esser spielt das alles kaum eine Rolle. Die Vermutung, manche Einfälle eines Kochs seien mehr oder weniger ein Zufallsprodukt, wird dadurch genährt, dass sich auf der Karte von Köchen mit eher aleatorischer Kreativität oft kein stabiles, kreatives Niveau findet.

Kreativität, fortgeschriebene Meister-Kreativität Im Gegensatz zur aleatorischen Kreativität entwickeln manche hervorragenden Köche eine sehr vor- und umsichtige Form der Entfaltung neuer Ideen. In der Regel wissen sie sehr viel von dem, was überhaupt innovativ sein könnte, und prüfen ihre neuen Ideen in alle möglichen Richtungen, bevor sie sie tatsächlich den Gästen präsentieren. Die fortgeschriebene Meister-Kreativität sorgt für eine oft kaum merkliche, aber stetige Veränderung des Erscheinungsbildes der kulinarischen Kreation.

Kreativität, genuin innovative Diese Form der Kreativität ist in der Kochkunst den wirklichen Avantgardisten vorbehalten, die keine Fortschreibung, sondern das Neue schlechthin suchen. Ferran Adrià hatte für viele seiner Arbeiten keine Vorbilder, sondern hat sich zu ganz wesentlichen Teilen seine kulinarische Welt selber erschaffen. Echte Innovatoren, deren Originalität überraschend und oft weit entfernt von gängigen Ideen ist, sind extrem selten.

Kreativität, rückgekoppelte Wenn man die Werbetexte besserer Köche liest, könnte man den Eindruck haben, alle Köche seien mehr oder weniger kreativ. Subjektiv mag das ja gelten, weil es tatsächlich denkbar ist, dass jemand das Rad neu erfindet und einfach bisher nicht gemerkt hat, dass es schon erfunden ist. Von rückgekoppelter Kreativität kann man erst dann reden, wenn der Kreative sein Fach beobachtet und mehr oder weniger systematisch strukturiert. Er erfindet, weil er gesehen hat, dass bestimmte Dinge noch nicht erfunden sind, oder er erfindet, weil seine Analyse des Faches zwingend kreative Explorationen provoziert. Der Mangel an rückgekoppelter Kreativität ist in Deutschland noch sehr ausgeprägt, in Spanien zum gegenwärtigen Zeitpunkt aber deutlich geringer. Dort ist so etwas wie ein Wettkampf um neue Erfindungen ausgebrochen, in dem natürlich nur derjenige auffällt, der wirklich etwas Neues entwickelt hat – wie immer auch dessen Qualität aussehen mag. Die rückgekoppelte Kreativität ist – anders als die fortgeschriebene Meister-Kreativität – oft auch zu sprunghaften Innovationen fähig.

Kreativität, systematische Die systematische Kreativität wäre eine sehr gute, weil sie gezielt erforscht, was an welcher Stelle der Kochkunst noch zu tun ist, und exakt dort weiterarbeitet. Man braucht zu systematischer Kreativität allerdings einen umfassenden und wachen Blick, der nicht von Handwerksregeln verstellt wird, sondern bereit ist, Alles und Jedes immer wieder zu hinterfragen. Würden mehr Köche systematisch kreativ denken, gäbe es schnelle und sehr große Fortschritte in der Kochkunst.

Kulinarische Desozialisierung *(Infantilisierung, Regression)* Normalerweise haben alle gesellschaftlichen Institutionen, die sich mit der Weitergabe von Wissen befassen, das klare Ziel einer Verbesserung der Lage. Im Bereich des Essens hat sich leider der Virus der Simplifizierung eingeschlichen. Man macht sich – vor allem bei diversen populären TV-Formaten – die im kulinarischen Bereich auffällig hohe Unkenntnis vieler Zuschauer zunutze, um dem Publikum die Illusion von wirkungsvollen Vereinfachungen vorzugaukeln. Dieses Prinzip führt – gerade durch die Konkurrenzsituation vieler Sendungen – unweigerlich zu einer Spirale des Qualitätsverlustes und damit statt zu einer Verbesserung zu einer Verschlechterung der Lage. Für den Einzelnen mag sich hier und da ein kleiner positiver Effekt ergeben. Der Schaden entsteht in erster Linie mittelbar durch Verschiebungen des kulinarischen Weltbildes. Statt eines Komplexitätsgewinns auf breiter Front ergibt sich das widersinnige Bild von guten Ergebnissen, die mit minimalsten Kenntnissen möglich seien. Da die Vermittlung eines solchen Eindrucks objektiv falsch ist (die Vereinfachung ist und bleibt ein Privileg der Meister), hat die Behandlung des Kulinarischen in den Massenmedien in der gegenwärtigen Form einen regressiven Charakter.

Kulinarische Konstruktion Die kulinarische Konstruktion ist ein Begriff aus meiner Stufentheorie des Kochens (siehe unter „Stufentheorie des Kochens"). Man versteht darunter die Zusammenstellung von Elementen bei einem Gericht. Diese Zusammenstellung ist in jedem Falle zu beobachten – egal ob ein Koch explizit über sie nachgedacht hat oder nicht. Wir finden sie in allen Bereichen, also vom Hamburger bis zu vielfältigen Kreationen einer entwickelten Spitzenküche. Eine präzise kulinarische Konstruktion, die vor allem auch das mögliche Verhalten des Essers antizipiert, ist Abbild der am weitesten fortgeschrittenen Form des kulinarischen Denkens. Der Begriff ist eng verknüpft mit dem der strukturalistischen Küche (siehe dort). Über viele Jahrhunderte bis hinein in die Jetztzeit spielte die kulinarische Konstruktion kaum eine Rolle. Es ist bis auf den heutigen Tag und bis hinein in die besten Restaurants der Welt zu beobachten, dass sich die Köche nur sehr begrenzt Gedanken um ihre Kreationen machen, die über ein etwas schwammiges „Zusammenpassen" hinausgehen.

Kulinarische Souveränität Ein souveränes Handeln im kulinarischen Bereich ist immer noch eine große Seltenheit. Es kann erst dann möglich werden, wenn sich so etwas wie eine kulinarische Aufklärung weiter durchgesetzt hat. De facto ist der Mensch heute im kulinarischen Bereich ein Spielball von allem Möglichen, von seiner eigenen Unkenntnis, von Interessen der Industrie oder von Instrumentalisierern aller Art. Kulinarische Souveränität ist ohne ein ganz entscheidend ausgeweitetes Wissen nicht denkbar.

Kulinarische Sozialisation Auch der Bereich des Kulinarischen ist voll und ganz Objekt von Sozialisation. Insofern ist der scheinbar freie Wille, der zu so abstrusen Sätzen wie „Das ist Geschmackssache“ geführt hat, eine Fiktion. Unser kulinarisches Verhalten ist das Ergebnis intentionaler und nicht-intentionaler Beeinflussung und basiert nur in extrem seltenen Fällen auf einer Eigensteuerung, die diesen Namen verdient. Insgesamt ist die Rückkoppelung des Kulinarischen an die Gesellschaft ein wichtiges Thema für die Zukunft.

Kulinarisches Weltbild Das kulinarische Weltbild des Einzelnen entsteht aus dem, was er über diesen Bereich erfährt. Interessant wird dieser Begriff vor allem bei der Diskussion über das, was zum Beispiel von Seiten der Medien durch Tun oder Unterlassen von Berichterstattung als kulinarisches Weltbild vermittelt wird. Die oft erstaunlich weit vom Essen entfernten Lehrpläne entsprechender Schulfächer (Ernährungslehre o.ä.) vermitteln zum Beispiel nicht selten ein einseitiges Gefährdungsszenario, in dem vieles ungesund oder gefährlich ist. Das kulinarische Weltbild ist heute im Allgemeinen noch in einem sehr unstrukturierten und von wenig Informationen geprägten Zustand.

Mainstream-Moderne Mangelnde Individualität gekoppelt mit unreflektierter Nachahmung erzeugt zwangsläufig einen Mainstream, der mehr oder weniger oberflächlich wird. Die kopierenden Köche scheinen oft nur bestimmte Anrichteweisen oder neue Zutaten zu sehen und ahmen sofort nach. Da sie die Zusammenhänge oft nicht begreifen, entgehen ihnen aromatische wie konstruktive Details, und die Ergebnisse sind ihrer Ecken und Kanten beraubt. Wenn man sich dann vorstellt, dass auch kopierende Epigonen noch nachgeahmt werden, ergibt sich so etwas wie eine Spirale nach unten. Die Mainstream-Moderne ist ein Hauptübel der deutschen Spitzenküche. Die Kreationen vieler Köche unterscheiden sich oft noch nicht einmal in Nuancen, bleiben unpersönlich und geschmacklich oberflächlich. Leider trifft diese verkürzte kulinarische Zeichensprache oft auf ein Publikum, das man – mangels Kenntnis – durchaus damit beeindrucken kann. Auch viele Restaurantführer machen dieses Spiel mit, weil sie nicht konsequent gegen diesen Trend nach unten angehen.

Nachhall Auch das Essen hat einen Nachhall oder Nachgeschmack – ganz so, wie wir das vom Wein her kennen. Im Zusammenhang mit dem Essen kann der Nachhall aber eine wesentlich ausgeweitete Funktion bekommen, weil der Nachhall beim weiteren Essen eine wichtige Funktion haben kann: Er ist für den „Gewürzraum“ verantwortlich (siehe dort) und modifiziert unter Umständen die weiteren Geschmackswahrnehmungen.

Nebenerwerbs-Spitzenköche Gemeint sind Köche wie Lafer, Schuhbeck etc., die bedauerlicherweise ihre Tätigkeiten extrem aufgeteilt haben und ihre kulinarischen Möglichkeiten nicht ernsthaft ausschöpfen. In einer Zeit, in der die meisten Spitzen der internationalen Szene intensiver denn je in der Küche arbeiten, befassen sich die Nebenerwerbs-Spitzenköche eher mit der Vermarktung ihrer schon etwas in die Jahre gekommenen Kenntnisse. Das reicht dann noch für einen Stern oder ähnliche Bewertungen und allemal für Fernsehauftritte vor einem Publikum, das durch ihre verblassenden Leistungen noch zu beeindrucken ist. Tatsächlich wird der Abstand zur Spitze galoppierend größer.

Neue Deutsche Schule Nach langen Jahren, in denen die deutsche Spitzenküche von einer oft besinnungslosen Nachahmung der französischen Haute Cuisine geprägt war, sind nun endlich einige wichtige jüngere Köche dabei, sich von dieser Altlast zu befreien. Hintergrund ist natürlich, dass die Strahlkraft der französischen Haute Cuisine unter dem Einfluss der spanischen Kreativen deutlich nachgelassen hat. Ich habe vor einiger Zeit dafür den Begriff der „Neuen Deutschen Schule“ geprägt, um bei der Formierung dieser Bewegung zu helfen und dem Kind einen Namen zu geben. Es ist in Deutschland selten so intensiv an der Entwicklung der Küche gearbeitet worden, wie seit der Ausprägung modernerer Tendenzen bei den Protagonisten der Neuen Deutschen Schule. Ein weiterer Grund für die begriffliche Fassung ist die internationale Lage. Mit einer formlosen, aber inhaltlich gut beschreibbaren Gruppierung wie dieser lässt sich im internationalen Zusammenhang wesentlich besser diskutieren. In gewisser Weise ist dieser Begriff eine Folge der Arbeit an der F.A.Z.-Gourmetvision, die eine neue Plattform für die kreativen deutschen Köche sein sollte.

Neue Gourmet, Der Der neue Gourmet zeichnet sich vor allem durch einen intensiven Reflex auf das Essen, aber auch auf seine eigene Wahrnehmung aus. Im Gegensatz zum „alten“ Gourmet erschöpft er sich nicht im möglichst korrekten Nachvollzug vorgegebener Geschmacksklischees, sondern begreift das avancierte Essen als einen im weitesten Sinne kommunikativen Vorgang und damit unter anderem das kulinarische Werk als ein Objekt der Entschlüsselung.

Optimierung Die Vorstellungen von der möglichen Qualität der Zubereitung eines Produktes sind nicht statisch, sondern entwickeln sich unter dem Einfluss der weltweiten Kommunikation und neuer Techniken weiter. Auch wenn sie in letzter Instanz das Produkt einer gesellschaftlichen Vereinbarung sind, gilt für eine eher praktische Ebene der Kochkunst durchaus ein klares Verständnis von der Optimierung von Zubereitungen. Während in vergangenen Jahrzehnten die Optimierung eines der klarsten Merkmale einer entwickelten Kochkunst war, verschwimmt der mögliche Inhalt heute etwas. Das Interesse vieler Köche geht eher in die Breite und in die Oberfläche – also zu Neuigkeiten aller Art – und seltener in die konzentrierte Optimierung. Von dieser Entwicklung sind selbst die absoluten Spitzen des Faches betroffen.

Placebo-Effekt Die Qualität von Essen, speziell im Bereich der Spitzenküche, wird von allerlei Drumherum überhöht. Die Wirkung des Geredes von der überragenden Kreativität des Meisters, von hohen Bewertungen und allgemein einer entsprechenden Inszenierung der Arbeit entspricht gewissermaßen der Wirkung eines Placebos: Nichtigkeiten werden nicht mehr als solche bemerkt, sondern automatisch für etwas Spezielles gehalten. Es gibt heute eine ganze Reihe von sehr bekannten Restaurants der Spitzenklasse, die Gerichte in einer Qualität präsentieren, die ihrem zugeschriebenen Niveau bei weitem nicht entsprechen. In diesen Fällen würde unter Umständen gelten, dass bei einer Blindverkostung die Qualität der Großmeister vielleicht nicht erkannt würde ...

Plastizität (der Wahrnehmung) Im Prinzip ähneln unsere geschmacklichen Wahrnehmungen einem Klangbild in der Musik, und zwar durchaus auch in Hinsicht auf eine räumlich unterscheidbare Wahrnehmung. Im Gegensatz zu einem Mischakkord von Produkten, die sich wegen gleicher Temperatur und Textur sofort zu einem homogenen, bestenfalls aromatisch komplexeren Gebilde verbinden, entsteht plastische Mehrdimensionalität durch das gleichzeitige Vorhandensein von sehr unterschiedlichen Elementen – also zum Beispiel einem warmen Stück Fleisch, einem kalten Gelee und einer krossen Beigabe. Eine zusätzliche Plastizität ergibt sich durch ein zeitlich verzögertes Aufschließen der Aromen. Wenn alle sensorischen Informationen zum gleichen Zeitpunkt auftreten, wird das Registrieren schnell zu schwierig. In solchen Fällen essen wir unter Umständen etwas, ohne wahrgenommen zu haben, was es ist. Durch eine gut strukturierte Plastizität des Geschmacksbildes wird nicht nur ein komplexeres Bild möglich, sondern auch die Wahrnehmung erleichtert.

Plateauphase Deutsche Übersetzung der zweiten Phase meiner Geschmackskurven. Der Geschmack jedes Produktes lässt sich in einer Kurve darstellen, die vier charakteristische Abschnitte hat : Attack, Plateau, Decay, Sustain. Der Geschmack entwickelt sich, der Geschmack hat eine Phase, in der er vollständig präsent ist (Plateauphase), er hat eine Phase des Abklingens und einen Nachhall.

Redundanz-Esser Ein Begriff, der eine Art Parallele zum „Redundanz-Hörer" von Adorno bedeutet. Der Redundanz-Esser ist jemand, der immer die gleichen Gerichte essen muss und sich sonst nicht wohl fühlt. Bedauerlicherweise findet sich der Redundanz-Esser nicht etwa nur im Milieu der Imbissstuben, Brauhäuser oder Kettenrestaurants, sondern auch in der Spitzenküche. Das scheinbar Wählerische vieler Gourmets ist oft eine verkappte Form des redundanten Essens. Redundanz-Esser blockieren die Entwicklung, ohne in der Regel wirklich nützliche Bewahrer das Gesicherten zu sein.

Referenzgröße, Referenzküche Die Zeiten, in denen man einen oder wenige einzelne Köche zum Vorbild für alle anderen machen konnte, sind längst vorbei. Unter dem Einfluss der weltweiten Kommunikation über die Leistungen der Köche wurde klar, dass einzelne Köche nur noch in einzelnen Sparten die Spitze ihres Faches darstellen. Ferran Adrià ist sicherlich eine Referenzgröße für die Variation der Aggregatzustände, der Bretone Olivier Roellinger in Cancale vielleicht eine Referenzgröße für den sensiblen Umgang mit Fisch und Alain Passard in Paris für die Arbeit mit Gemüse.

Regionalität Der Bezug auf regionale Ressourcen bei Produkten und Rezepturen ist speziell in Deutschland eine komplizierte Angelegenheit. Die Orientierung an der klassisch-französischen Haute Cuisine hat gewissermaßen dazu geführt, dass in Deutschland eher französische Regionalküche als deutsche Regionalküche angeboten wird. Der entscheidende Punkt ist bei allen Überlegungen zur Regionalküche nicht der Einsatz von ausschließlich vor Ort produzierten Produkten. Eine solche Forderung würde unter strengen Gesichtspunkten eine hervorragende Küche nur in bestimmten Regionen möglich machen und den Einsatz ganzer Produktgruppen quasi ausschließen. Entscheidend ist der Zusammenhang zwischen Landschaft, Mensch, Produkten und Küche, der zu einer ganz spezifischen Identitätsbildung und einer ganz spezifischen Küche führen kann, die nur unter den jeweiligen Umständen möglich ist. Mit der meist völlig unreflektierten Hinwendung zu „anderen" Küchen – wie immer man diese Entwicklung historisch einordnen mag – hat sich in Deutschland eine Art Abkoppelung der Spitzenküche von der Regionalküche ergeben. Die Regionalküche ist – etwas übertrieben formuliert –

in den Augen vieler Spitzenköche etwas fürs breite Volk und hat immer den Hintergrund von „Rustikalität" und damit auch einer gewissen Grobheit. Trotz einer ganzen Reihe positiver Beispiele und Entwicklungen ist der selbstverständliche Bezug der Spitzenküche auf regionale (und damit auch traditionelle) Ressourcen längst nicht durchgesetzt. In einer entwickelteren Sicht besteht keinerlei Grund dafür, dass regionale und traditionelle Formen der Küche nicht ohne weiteres in die Spitzenküche integriert werden können (siehe auch unter „Rustikalität").

Ressentiment-Küche Eine Küche, die gezielt mit typischen kulinarischen Erinnerungen spielt. Dieses Spiel ist allerdings in völlig unterschiedlich motivierten Formen möglich. Einerseits finden sich hier die Konzepte, die zum Beispiel „die Sonne des Südens" oder „das Beste aus Großmutters Rezeptbuch" präsentieren und die positive Besetztheit dieser Begriffe bei den Gästen voraussetzen. Im Prinzip arbeiten fast alle geographisch versetzten Küchen, von der Pizzeria über das argentinische Steakhouse bis zu chinesischen Restaurants und nachgeahmten amerikanischen Grill-Rooms mehr oder weniger auf dieser Schiene. Für die Zukunft sind in diesem Bereich allerdings hochinteressante neue Konzepte zu erwarten, die nicht nur mit einigen klischeehaften Bildern spielen, sondern gezielt auch Ressentiments angehen, die nicht nur im „schönen" Bereich liegen. Ein extremes Beispiel wäre etwa ein Restaurant, das ein einheitliches Menü mit unterstützenden Video-Projektionen „aufführt": Das Lammgericht wird serviert und die Projektionen zeigen ein Schaf mit Lämmern auf einer sonnenüberfluteten bergigen Wiese. Mitten im Essen wird auf Schlachthausszenen umgeschnitten ... So etwas wäre kein Spiel, sondern schon eine ziemlich ernsthafte Auseinandersetzung mit den psychischen Konnotationen des Menschen im Zusammenhang mit Essen.

Rustikalität Im Prinzip sollte dieser Begriff überflüssig sein, weil das, was er bezeichnen könnte – also kräftig gewürzte Würste ländlicher Herstellung, kräftig geschmorte oder gegrillte Fleischstücke und all das, was man fälschlicherweise nicht wirklich „fein" nennt –, ohne weiteres auch Teil der Spitzenküche sein könnte, wenn nicht sein müsste. Das Problem einer solchen Unterscheidung ist erst mit dem Merkmal „Verfeinerung" in der Spitzenküche aufgekommen. Ein Begriff wie „Verfeinerung" lässt sich allerdings sehr unterschiedlich interpretieren. Man kann einerseits die Verdünnung von Aromen und den Verzicht auf kräftige Aromen als Verfeinerung ansehen, andererseits aber auch eine Optimierung, die nicht zwangsläufig eine „Kastrierung" von Aromen sein muss und damit natürlich auch eine „verfeinerte" Rustikalität sein kann. Es gibt tatsächlich Köche, für die zum Beispiel Gerichte mit Kalbskopf nicht in die Spitzenküche gehören, es gibt andere, die servieren einen kompletten, ausgelösten Schweinefuß mit Trüffeln. Es wäre sehr hilfreich, wenn grundsätzlich alle Produkte und alle Gartechniken als potentielle Elemente der entwickelten Küche gesehen würden.

Saucenklischees, klassisch Die Herstellung klassischer Saucen folgt gewissen Regeln, die zu sehr guten Ergebnissen führen. Mit Hilfe dieser Regeln ließen sich mit etwas Mühe wesentlich mehr Saucentypen herstellen, als dies im gegenwärtigen klassischen Kanon der Fall ist. Der Denkfehler liegt darin, dass man die eigentlichen Mechanismen des Saucenaufbaus und die klassischen Zutaten nicht voneinander trennt und auf diese Weise Saucen, die nicht klassisch schmecken, gerne für fehlerhaft hält. Die klassischen Saucenklischees sind zusammen mit anderen Geschmacksklischees der klassisch-französischen Haute Cuisine indirekt ein Grund für die schwächer werdende Position dieser Küche. Sie fördern unreflektiertes Nachahmen und erzeugen damit oft eine typische Epigonen-Qualität. Wer nicht mehr wirklich weiß, warum man bestimmte Techniken anwendet, wird immer Schwierigkeiten haben, höchste Perfektion zu erreichen.

Sensorik, erweiterte Sensorik Die Wahrnehmung von Essen wurde über viele Jahre an Begriffe wie „süß", „sauer", „bitter" oder diverse Analogien (z.B. „nussig") gebunden. Mittlerweile ist klar, dass die Komplexität der sensorischen Ereignisse im Mund durch solche das Aroma im engeren Sinne betreffenden Begriffe nicht mehr ausreichend erfasst werden kann. Dazu kommt noch, dass die sensorischen Ereignisse im Mund eine bestimmte Gewichtung erfahren, die unter Umständen die Wahrnehmung von Texturen in den Mittelpunkt stellt und aromatische Aspekte nur noch am Rande berührt. Die erweiterte Sensorik wird durch meine Geschmackskurven (s. dort) präzise erfasst. Das sich ergebende Bild überschreitet das klassische Verständnis vom Essen beträchtlich.

Sozialisationsdefizite s. Kulinarische Sozialisation

Stereo Wir kennen Begriffe wie „Stereopanorama" und unterscheiden zwischen Mono und Stereo. Im Bereich der Tontechnik kennt man sehr wohl den Unterschied zwischen Vordergrund und Hintergrund, zwischen „trockenen" und räumlichen Klängen, zwischen links und rechts. Ein Geschmacksbild ist oft besonders beeindruckend und sensorisch interessant, wenn es sich ähnlicher Gedanken bedient.

Strukturalistische Küche Die strukturalistische Küche unterzieht jedes Element auf dem Teller einer genauen Analyse, und zwar nicht nur wegen des Zusammenwirkens aller Elemente der jeweiligen Komposition, sondern auch im Hinblick auf die Rezeption des Essens. Es versteht sich von selbst, dass die Einbeziehung der Rezeption durch den Koch – inklusive der gesamten Sensorik – nicht ohne Auswirkungen auf die verwendeten Materialien bleibt. Ziel der strukturalistischen Küche ist die Herstellung von Gerichten, die möglichst umfassend strukturiert sind und dadurch eine intensivere Kommunikation über das Essen ermöglichen. Die strukturalistische Küche ist schon von ihrer Grundidee her undogmatisch und öffnet sich ganz selbstverständlich dem gesamten Kanon an Produkten und Zubereitungen. Das heißt natürlich auch, dass sie weder klassische noch „molekulare" Formen der Küche a priori ablehnt. Die strukturalistische Küche ist weniger ein irgendwie einengender Stil, sondern betrifft die hinter jedem Stil stehende kulinarische Konstruktion.

Stufentheorie des Kochens Meine erstmals in der „Geschmackssache" vorgestellte Stufentheorie der Kochkunst/des Kochens ist in der Lage, jede mögliche Annäherung an das Kochen von der Urzeit über die klassisch-französische Haute Cuisine bis zu ethnischen Küchen und der Molekularküche zu beschreiben und einzuordnen. Dabei wird quasi jeder Alleinvertretungsanspruch einer bestimmten Küchenrichtung relativiert, und es werden viele Perspektiven für die Zukunft sichtbar. Die Stufentheorie des Kochens kennt fünf Unterteilungen: Produktauswahl, Produktvorbereitung, Aromatisierung, Variation der Aggregatzustände (nicht nur Texturen, sondern auch Temperaturen berücksichtigend) und die kulinarische Konstruktion.

Süffig Der „undifferenzierte Wohlgeschmack" (siehe dort) könnte auch als „süffig" bezeichnet werden. „Süffig" sind Dinge, die in allgemein verbreiteter Vorstellung gut schmecken und völlig unproblematisch sind. Den Geschmack einer Auster wird man wohl kaum als „süffig" bezeichnen, den einer mit Foie gras gefüllten und kräftig getrüffelten Taubenbrust schon eher. Die „süffigen" Aromen haben sich als zentrale Geschmacksbilder meist über längere Zeit entwickelt und gehalten. Sich von ihnen zu befreien und sie auch einmal kritisch zu betrachten, fällt nicht nur vielen Essern, sondern vor allem vielen Köchen schwer. Für sie haben solche Geschmacksbilder nicht selten den Rang von Naturgesetzlichkeiten.

Textur Der Begriff „Textur" ist einer von mehreren Begriffen, die die sensorische Beschaffenheit von Essen beschreiben. Im Zusammenhang mit der verbesserten Beschreibung dessen, was tatsächlich beim Essen passiert (s. „Geschmackskurven"), ergab sich eine Trennung von Aromen im engeren Sinne (also etwa „süß", „sauer", „nussig") und weiteren Parametern vom Geruch über das Aussehen und die Temperatur bis zur Textur. „Textur" bezeichnet Aggregatzustände wie hart, weich, schmelzend oder kross. Andere Aggregatzustände sind zum Beispiel „kalt" oder „warm".

Undifferenzierter Wohlgeschmack Der undifferenzierte Wohlgeschmack ist ein Zeitphänomen, das den Übergang von der lange Zeit alles dominierenden klassisch-französischen Haute Cuisine zu einer echten Gourmet-Küche begleitet. Das Problem ist nicht der Begriff „undifferenziert", mit dem man ziemlich allgemeinverständlich den in der Klassik oft vorkommenden Mischgeschmack von Elementen beschreiben kann, die sich in Textur und Temperatur ähnlich sind und deshalb schnell zu einem Mischgeschmack verschmelzen. Das Problem ist der Begriff „Wohlgeschmack", den ein heute ganz normal sozialisierter Freund der gehobenen Küche sozusagen ganz automatisch erlernt hat. Auch dagegen wäre nichts einzuwenden, wenn er sich denn auch anderen Geschmäckern gegenüber öffnen würde. Das Problem ist, dass viele Köche diesen undifferenzierten Wohlgeschmack in einer reinen Zeichenfunktion einsetzen. Es reicht dann, irgendwo etwas Trüffel und Foie gras, Sahne oder Butter im Übermaß einzusetzen, und schon sind alle zufrieden, weil der nämliche Wohlgeschmack erzielt wurde. Ob dabei gegebenenfalls eine undifferenzierte und uninteressante Küche präsentiert wird, spielt für die Freunde des Wohlgeschmacks kaum eine Rolle.

Versüßen, kritisch gesehen Leider ist dieser Begriff schon besetzt – wenn auch eigentlich im Vergleich zum „Versalzen" falsch. Ich habe ihn im Sinne von „Versalzen" eingesetzt, um das von viel zu starkem Zuckereinsatz bestimmte Bild vieler Desserts zu beschreiben.

Virtuelles Menü Das virtuelle Menü setzt sich aus den besten Zubereitungen in allen denkbaren Sparten der Küche und mit allen denkbaren Zutaten zusammen (z. B. ein Pavé de Boeuf bei Troisgros, die Arbeit mit neuen Texturen bei Adrià, Gemüsevariationen bei Alain Passard). Die gegenwärtige Lage der internationalen Kochkunst kennt keinen Koch, der auch nur annähernd dieses „virtuelle Menü" zusammenfassend kochen könnte. Auch wenn das „virtuelle Menü" also ein theoretisches Konstrukt ist, muss sich eine analytische Restaurantkritik exakt auf die Details eines solchen „virtuellen Menüs" stützen können, um in der Lage zu sein, jeden Koch der Welt kritisch-einordnend würdigen zu können. Ein großer Teil der

Restaurantkritik versagt bei der Kritik der besten Köche der Welt, weil ihr die Werkzeuge zur Relativierung (eben durch das „virtuelle Menü") fehlen. Das hat zur Folge, dass in manchen Restaurantführern schon bei der Mittelklasse der „Sterneköche" nur noch begründungsloses Lob verteilt wird.

Wattierte Wahrnehmung *(aus dem Geist des Lokalpatriotismus)* Die wattierte Wahrnehmung hat sehr viel mit dem Placebo-Effekt zu tun. Aus lokaler Sicht wird schnell aus einem durchschnittlichen Koch ein Meister seiner Zunft, vor allem dann, wenn er dies auch noch selber immer behauptet, wenn ein Michelin-Stern zum Ausweis von Weltklasse wird (obwohl in Deutschland rund 180 Restaurants einen solchen Stern haben) und wenn die lokale Presse nur zu allerhöchstem Lob greift. Leider gilt das alles hin und wieder auch für die Positionierung der Küchen ganzer Länder. Vergleiche sind und bleiben schwierig und sind ohnehin nur Experten wirklich möglich.

Zustand der reinen Degustation Begriffe sind immer Hilfskonstruktionen, die ständig auf dem Prüfstand stehen. Beim Essen fehlen uns zudem auch noch für viele relativ klar zu umreißende Beobachtungen die Worte.
Dennoch bemühe ich mich immer, Worte zu finden, mit denen man arbeiten kann. Der „Zustand der reinen Degustation" meint das Verschmelzen von Emotion und komplexer sinnlicher Wahrnehmung unter Ausschaltung aller störenden Elemente. Er beschreibt also eine Mischung aus Versunkenheit und höchster Konzentration, eine Art der kulinarischen Meditation. In ihm gibt es keinen Hunger und keine Sättigung, sondern ausschließlich die ungetrübte Begegnung mit dem kulinarischen Objekt. Ob Sprache oder Versprachlichung der dann möglichen Eindrücke der Idee dieses Zustandes widerspricht, ist durchaus noch keine ausgemachte Sache. Heute ist es uns ohne weiteres bewusst, dass man bestimmte Dinge glasklar wahrnimmt, sie aber nicht verbalisieren kann. In Zukunft wird es vielleicht nicht unbedingt neue Worte für diese Erlebnisse geben, aber vielleicht eine neue Präzision in der Beschreibung kulinarischen Erlebens, die dann durchaus eine sinnvolle Kommunikation über das kulinarische Objekt zulässt.

Die Stufentheorie des Kochens

Die Entwicklungen der Kochkunst in den letzten Jahren, insbesondere die Entwicklung der kreativen Küche mit ihren Schwerpunkten in Spanien und Frankreich, haben eine neue Sicht auf das Kochen ermöglicht. Es wird heute deutlich, dass die Fixierung auf die klassische französische Haut-Cuisine und ihre möglichst perfekte Exekution nicht zwingend den finalen Rahmen für die Kochkunst repräsentiert. Die unvoreingenommene Rezeption neuer Konzepte und ihrer Schwerpunkte öffnet den Blick auf die eigentliche Struktur des Kochens – von der Frühzeit der Menschheit bis hin zu Prognosen für die Zukunft der avancierten Küche.

Vor diesem Hintergrund ist die Zeit gekommen, wesentlich intensiver als bisher an einer Theorie des Kochens zu arbeiten. Die verstärkte Kommunikation über die Kochkunst in allen ihren Facetten bedarf dringend einer Systematisierung, die das Stadium individueller Meinungen verlässt und versucht, eine gemeinsame Sprache – also einen intersubjektiv verständlichen Rahmen zu schaffen. Ein solcher Rahmen mit einer Sehweise, die von Einzelinteressen abstrahiert und sich nicht zum Sprachrohr bestimmter Tendenzen macht, wäre vor allem in der Lage, eine neue Sachlichkeit in die oft emotionsgeladenen Diskussionen um die Küche und ihre Stile zu bringen und damit gleichzeitig auch eine neue Freiheit zu installieren. Wenn es weniger um richtig oder falsch geht, sondern mehr um eine übergeordnete Logik des kulinarischen Denkens, wird der Weg frei für eine emanzipierte Küche.

Im Folgenden wird eine Stufentheorie des Kochens entwickelt, die in der Lage ist, die Aneignung des Kochens in allen seinen möglichen Ausprägungen zu beschreiben. Die Anforderungen bei der Erarbeitung dieser Theorie waren komplex und sollten es ermöglichen, die Annäherung des Menschen an das Kochen von der Frühzeit bis zur aktuellen Moderne und das in einer universellen Sicht – also in allen möglichen Kulturen – zu beschreiben. Es sollte möglich werden, die Position der klassisch französischen Haut-Cuisine ebenso zu beschreiben wie die Stellung von Avantgardisten wie Ferran Adrià, die Aneignung des Kochens durch ein Schulkind ebenso wie die professionelle Erarbeitung des Bereiches. Darüber hinaus sollten vor allem historische Entwicklungen und Zusammenhänge sichtbar und nicht zuletzt ein Analyse möglicher Defizite und ein Blick auf zukünftige Entwicklungen möglich werden.

In der Stufentheorie des Kochens wird die Aneignung des Kochens in fünf Bereiche aufgeteilt.

Diese Bereiche sind:

1. **Materialauswahl (MA)**
2. **Vorbereitung des Materials (MV)**
3. **Aromatisierung (AR)**
4. **Aggregatzustände (AG)**
5. **Kulinarische Konstruktion (KK)**

1. Materialauswahl

Die Materialauswahl betrifft die Auswahl von zum Essen geeigneter Materialien in allen ihren Formen. In der Frühzeit der Menschheit waren das z.B. eher grundsätzliche Fragen der Essbarkeit bestimmter Tiere, Früchte oder Wurzeln. Zur Materialauswahl gehören aber auch alle Aspekte der Produktqualität bis hin zur Auswahl singulärer Hyperprodukte in der Spitzenküche. Hier findet sich alles, was für ein bestimmtes Produkt relevant ist, von Frischekriterien bis zur Reife oder dem Verfall, der es ungenießbar macht. Die Spannweite durch die Kulturen der Welt ist sehr groß und reicht vom Servieren quasi lebender Fische in Japan bis zum Verzehr „verfaulten" Fleisches in einigen Stammeskulturen. Es kann in diesem Bereich unter anderem deutlich werden, dass die Frischekriterien der europäischen Spitzenküche beim Fisch wesentlich anspruchsvoller sind, als dies in anderen Teilen der Welt der Fall ist, aus einer extremen japanischen Sicht aber nicht anspruchsvoll genug.

2. Vorbereitung des Materials

Die Vorbereitung des Materials zum Essen reicht vom archaischen Entfernen des Fells bei Tieren, die man dann roh isst, bis hin zu den entwickelten „Mis en place"-Techniken der professionellen Küche westlicher Prägung, die wiederum (siehe unter 1.) teilweise noch nicht so differenziert sind, wie etwa die Schneidetechniken japanischer Meisterköche. In erster Linie sind hier Vorbereitungen gemeint, die noch keine grundsätzliche Veränderung des Geschmacks bedeuten. In einem entwickelten Stadium geht es hier um Formen der Selektion bestimmter Stücke eines Ausgangsmaterials, die erfolgt, um die Voraussetzungen für komplexe kulinarische Strukturen zu schaffen. In einigen Sonderfällen, wie z.B. beim Reifenlassen von Fleisch, kann man die Vorbereitungen des Materials auch unter Aspekten des Bereiches 3 (Aromatisierung) diskutieren.

3. Aromatisierung

Der Bereich der Aromatisierung des Ausgangsmaterials umfasst alle absichtlichen Eingriffe zur Veränderung des Aromas. Neben den vielen verschiedenen Formen des direkten oder indirekten Würzens werden hier auch alle Formen der Garung einbezogen, die ja ebenfalls das Aroma des Materials erheblich verändern können. Die Garung, die ja in der europäischen Küche eine zentrale Rolle spielt, sollte nicht als ein eigener Bereich gesehen werden, weil auch sie in erster Linie ein Eingriff zur Geschmackveränderung ist, der lediglich durch eine objektiv falsche Einstufung (Stichwort: der Übergang vom Rohen zum Gegarten als Ausweis besonderen zivilisatorischen Verhaltens) eine Überbewertung erfahren hat. Es kann in diesem Zusammenhang nicht davon geredet werden, dass die Kultur des Roh-Essens etwa in Japan eine unterentwickelte Kultur sei.

4. Aggregatzustände

Unter „Aggregatzuständen" werden hier die verschiedenen Formen verstanden, die ein Ausgangsmaterial annehmen kann, also von roh bis verflüssigt, getrocknet, gefroren, pulverisiert oder auch mit Hilfe zusätzlicher Verfahren in Mousse, Gelees oder Schäume verwandelt. Dieser Bereich scheint auf den ersten Blick für die Avantgarde reserviert zu sein, betrifft tatsächlich aber auch viele Techniken der klassisch-europäischen Küche vom Spiegelei über das Kartoffelpüree bis zum Soufflé oder zum Eis. Ausgangspunkt für die Variation der Aggregatzustände ist jeweils die Überlegung, dass mit dieser Veränderung eine andere Sensorik erreicht wird.

5. Kulinarische Konstruktion

Die kulinarische Konstruktion meint die Zusammenführung verschiedener Materialien zu komplexeren Gebilden. Hier reicht die Spannbreite von im Prinzip eher beobachtbaren, aber kaum geplanten kulinarischen Konstruktionen, die ihre Ursprünge in vielen unbewussten Faktoren haben, bis zu einer absichtsvollen kulinarischen Konstruktion, die das Zusammenwirken der Elemente unter komplexen Gesichtspunkten betreibt. Für diese detaillierte kulinarische Konstruktion soll hier der Begriff der „strukturalistischen Konstruktion" benutzt werden. Als Beispiel für eine bewusste kulinarische Konstruktion, die sich aber bei weitem nicht auf alle denkbaren Faktoren erstreckt, könnte man hier viele Formen der klassischen Küche nennen. Dieser primär am Zusammenwirken von Aromen interessierten Küche steht eine Erweiterung in der strukturalistischen Konstruktion gegenüber, die alle verfügbaren Faktoren, also auch Temperaturen und Texturen und sogar deren mögliche Rezeption im Auge hat.

Für die graphische Darstellung der Stufentheorie empfiehlt sich folgende Form:

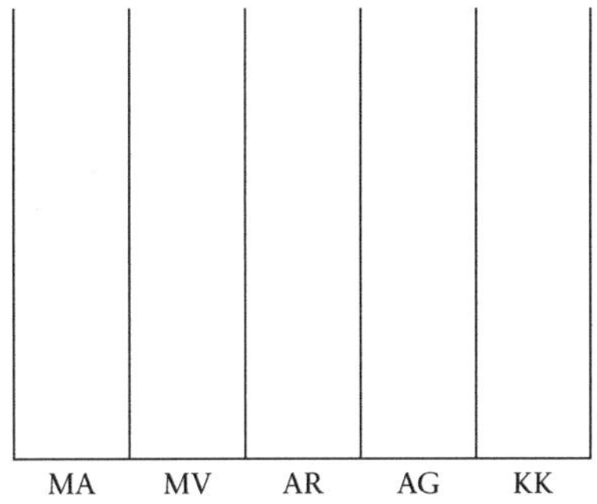

Die Füllung der einzelnen Säulen/Stufen beschreibt die Intensität und Komplexität, mit der in diesem Bereich gearbeitet wird. Wenn man ein – hier nur grob vermutetes – Bild aus der Frühzeit des Menschen einsetzt, so könnte dies etwa so aussehen (ob es tatsächlich so war, spielt hier eine geringe Rolle, es geht mehr um die Demonstration der Nützlichkeit der graphischen Darstellung):

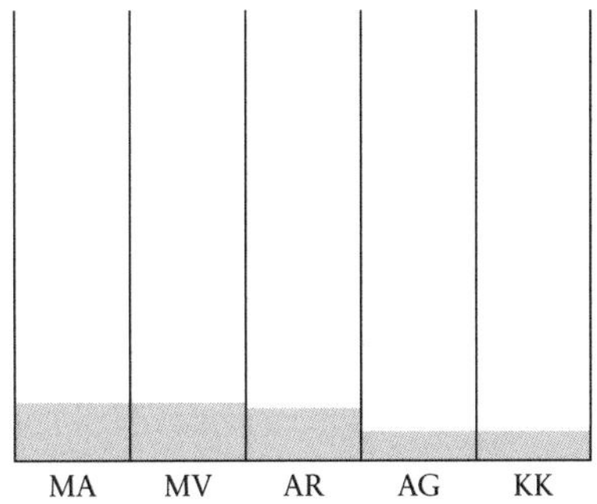

Wir erkennen eine im Vergleich zu einer avancierteren Küche gering ausgebildete Intensität bei der Materialauswahl und der Materialvorbereitung, und eine noch geringere bei den anderen Stufen.

Ganz anders sieht die Graphik bei der entwickelten japanischen Küche aus, die eine extreme Sorgfalt bei der Materialauswahl und der Materialvorbereitung zeigt, bei der Aromatisierung eine entwickelte, aber bei weitem nicht die Ressourcen voll ausschöpfende Position hat. Bei der Variation der Aggregatzustände und der kulinarischen Konstruktion hält sie sich vergleichsweise zurück.

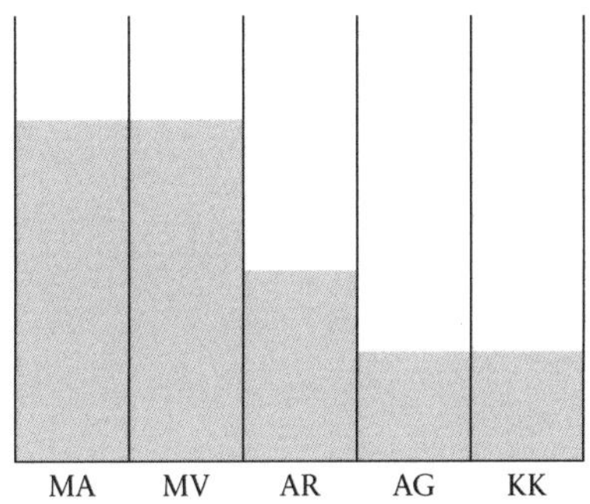

Im Vergleich zu den starken Sensibilitäten der Japaner im Bereich der Produktauswahl und Produktvorbereitung ist die klassisch-französische Küche (vor Nouvelle-Cuisine) in diesen beiden Bereichen weniger entwickelt, hat dafür aber im Bereich der Aromatisierungen, der Variation der Aggregatzustände und der kulinarischen Konstruktion ein in etwa gleichmäßig entwickeltes Profil. Mit den Erfahrungen der Nouvelle Cuisine gesehen sind diese Stufen jedoch noch nicht sehr hoch entwickelt.

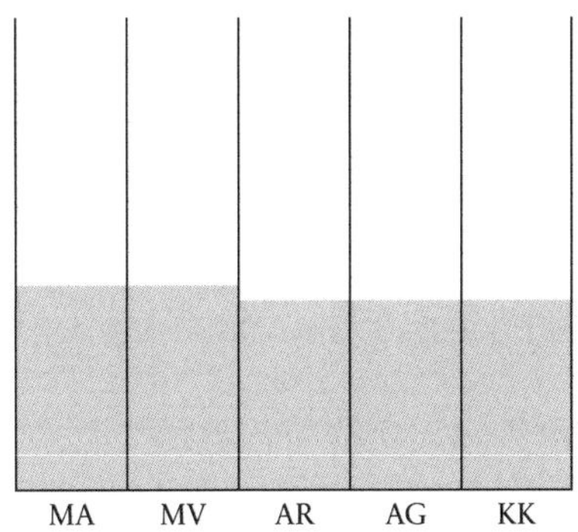

Die Auswirkungen der Nouvelle-Cuisine in Frankreich zu Beginn der Siebziger Jahre des Zwanzigsten Jahrhunderts schafften mit ihrer Betonung des Spitzenproduktes einen Anstieg bei den Sensibilitäten im Bereich der Produktauswahl und der Produktvorbereitung. Ihre differenziertere Arbeitsweise und die teilweise Öffnung gegenüber den Aromen der Welt brachten auch bei der Aromatisierung Fortschritte. Der Bereich der Variation der Aggregatzustände konnte relativ wenig Zugewinn an Aktivitäten verzeichnen, der Bereich der kulinarischen Konstruktion ebenfalls.

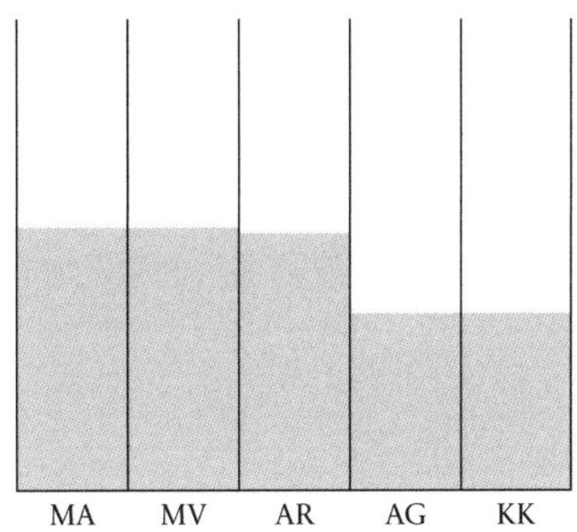

Die Position von Ferran Adrià wird in dieser Darstellung sofort deutlich. Auf der Grundlage seines Studiums der Nouvelle-Cuisine hat Adrià die bis dahin erreichte Basis der Küche nicht wesentlich verlassen, aber eine ganz entscheidende Veränderung im Bereich der Variation der Aggregatzustände erzielt, die in der Geschichte der Kochkunst ohne Beispiel ist. Die graphische Darstellung beschränkt sich auf die Darstellung dieser Verschiebung des Bereiches 4 gegenüber der Nouvelle-Cuisine.

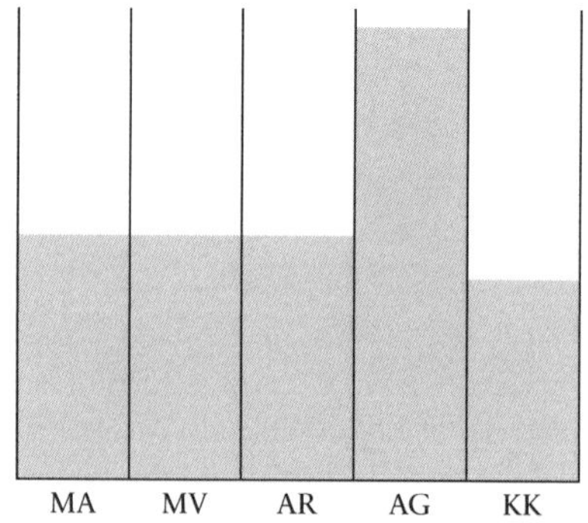

Aus dieser Darstellung wird vor allem klar, dass Adrià der größte Anreger in der Geschichte der Kochkunst ist, nicht aber zwangsläufig ein Vollender der Kochkunst. Wenn man seine Arbeit in den letzten Jahren betrachtet, so sind eindeutig Tendenzen zu erkennen, auch zum Beispiel im Bereich der Materialauswahl und im Bereich der Aromatisierung weitere Fortschritte zu machen. Im Bereich der kulinarischen Konstruktion scheint sich gerade im Moment eine wesentliche Entwicklung abzuzeichnen, weil deutlich wird, dass die im Bereich der Variation der Aggregatzustände entwickelte Sensorik nicht nur etwas ist, das sich auf einzeln erfahrbare „Effekte" bezieht, sondern auch und gerade in einer komplexen kulinarischen Konstruktion eine Bedeutung haben könnte.

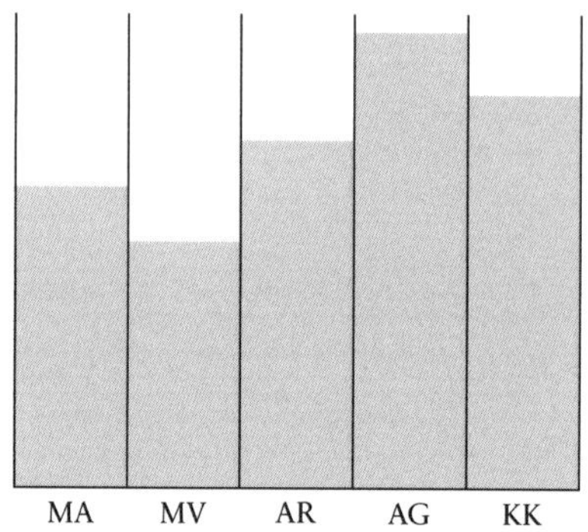

Die Arbeit von Ferran Adrià scheint insofern noch nicht abgeschlossen, weil beim Zusammenfügen aller neuen Erkenntnisse der Kochkunst in den letzten Jahren noch ein deutliches Entwicklungspotential sichtbar wird.

Bevor einige Kernsätze und Folgerungen der Stufentheorie formuliert werden können, sollte man sich die graphische Darstellung noch einmal unter dem Aspekt des Lernens und Lehrens ansehen.

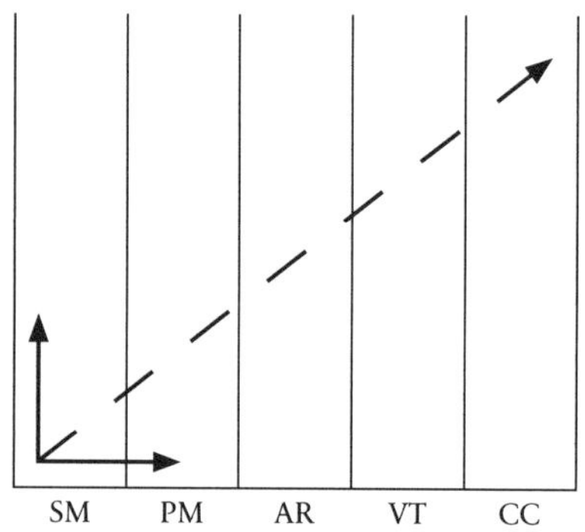

Eine systematische Lehre der Kochkunst wie ein systematisches Erlernen sollte sich die Komplexität des Systems vor Augen halten und beginnen, von der Wiederholung und Einprägung erprobter Standards zu einem systematischen Begreifen der Kochkunst und ihrer Zusammenhänge zu kommen. Der Beginn sollte also immer beim Material liegen, wobei man sich – der graphischen Darstellung folgend – einerseits von der Materialauswahl bis zur kulinarischen Konstruktion vorarbeitet und andererseits in den jeweiligen Bereichen eine Intensivierung anstrebt. Ein solcher Zustand ist in unserer Ausbildung bei weitem nicht erreicht. Insofern bestehen hier nicht nur Entwicklungspotentiale, sondern regelrechte Defizite.

Aus der Stufentheorie des Kochens ergeben sich eine Reihe von Folgerungen, die hier kurz angerissen werden sollen:

- Die Stufentheorie zeigt keinerlei Einschränkungen für eine weitere Entwicklung der Kochkunst. Sie gibt im Gegenteil durch genauere Lokalisierung bisheriger Entwicklungen Hinweise darauf, dass die Entwicklung insgesamt bei weitem noch nicht abgeschlossen ist.

- Vor dem Hintergrund der Stufentheorie erscheinen alle Formen der Küche als Ausschnitte aus dem Gesamtspektrum, müssen also in einem etwaigen Absolutheitsanspruch relativiert werden.

- Die Entwicklung der Kochkunst zeigt eine generelle Tendenz zur Intensivierung und Erforschung der einzelnen Bereiche wie eine Tendenz zur Entwicklung hin zur durchdachten kulinarischen Konstruktion im Sinne des Strukturalismus.

- Eine besonders hoch entwickelte Küche ist die Summe aus fortgeschrittenen Entwicklungen in den einzelnen Bereichen. In der Logik der Stufentheorie wäre sie z.B. dadurch gekennzeichnet, dass sie gleichzeitig ein Produktverständnis und eine Produktvorbereitung wie die Japaner besitzt, undogmatisch alle Aromen der Welt aufnimmt, die Variation der Aggregatzustände auf dem Niveau von Ferran Adrià betreibt und eine kulinarische Konstruktion zu erreichen sucht, die alle Aspekte der Kochkunst in sich vereinigt.

- Das Verhältnis zwischen dem erkennbar werdenden theoretischen Rahmen der Kochkunst und ihrer Rezeption erscheint im Moment extrem problematisch, weil bisher weder bei den Köchen noch beim Publikum nennenswerte theoretische Strukturen zu erkennen sind – von Ausnahmen vor allem in Spanien einmal abgesehen.

- Die Stufentheorie des Kochens sollte als eine Aufforderung verstanden werden, diesem wichtigen Bereich der Kultur über einen grundlegenden theoretischen Rahmen eine substantielle Verankerung in der Gesellschaft mit allen seinen Konsequenzen zu verschaffen.

Über den Autor

Geboren in Oberhausen im Ruhrgebiet, Abitur, Militärzeit, Studien der Kunst, Musik und Philosophie an der Kunstakademie Düsseldorf und den Universitäten Köln und Düsseldorf. Von 1970 bis 1983 professioneller Rockmusiker, Aufnahmen für BASF, RCA, EMI. Weiter als Autor und Produzent. 1988 Rückkehr zur Malerei. Zunehmendes Interesse am Kochen seit etwa 1983. Nach einem Briefwechsel von Johannes Gross zum Schreiben über Essen aufgefordert. Seit 1999 Arbeit für die *F.A.Z.*, etwas später dann auch *F.A.S.* und *Der Feinschmecker.* Ab 2005 Autor von kulinarischen Büchern für den *Tre Torri Verlag*.

Impressum

F.A.Z.-Geschmacksache
von Jürgen Dollase, Mönchengladbach

Herausgeber: Ralf Frenzel
© 2007 Tre Torri Verlag GmbH, Wiesbaden
www.tretorri.de

Umsetzung: CPA! Communications- und Projektagentur GmbH, Wiesbaden
www.cpagmbh.de
Die CPA! ist Mitglied der Deutschen Akademie für Kulinaristik und fördert Slow Food Deutschland e.V.

Gestaltung: Guido Bittner, Wiesbaden
Illustration: Oliver Sebel, Obertshausen
Reinzeichnung: Peter Winkelmann, Wiesbaden

Printed in Germany

ISBN: 978-3-937963-71-6